新 자원봉사론

초의수 · 최영규 · 박선숙 · 민은주 · 최미선 공저

학지사

〈 누구를 위하여 종은 울리나(묵상록 17) 〉

그 어떤 이도 그 자체로 완전한 섬일 수 없다.
각각 대륙의 한 조각이요, 대양의 한 부분인 것처럼.
만일 흙덩이가 바다로부터 씻겨 사라진다면
모래곶이나 그대 친구 혹은 그대 영지가 줄어드는 것처럼 유럽 대륙은 그만큼 사라지는 것.
나는 인류 전체에 속해 있으므로
각자 한 인간의 죽음은 곧 내가 소멸되는 것.
그러므로 조종(弔鐘)이 누구를 위하여 울리는지 알려 하지 말라.
종은 바로 그대를 위해 울리고 있으므로.

- 존 던(John Donne) -

머리말

지난 세기 동안 한국만큼 빠른 변화를 보인 나라도 드물다. 『총 균 쇠: 인간 사회의 운명을 바꾼 힘』의 저자 제레드 다이아몬드(Gered Diamond)가 제2차 세계대전 종전 이후에 세계에서 가장 크게 변모한 나라로 한국을 꼽은 데에서도 잘 알 수 있다. 일제강점기의 수탈적 체제에서 광복을 맞은 한국은 1950년에 다시 전쟁의 참화를 겪어야만 했다. 폐허가 된 국토와 전쟁 이재민으로 넘쳐 나던 나라에서 해외의 원조 및 지원은 도약의 기틀을 마련하는 데 중요한 계기가 되었고, 이젠 G10의 경제대국으로 올라서게 되었다. 도움을 받던 우리나라가 고도성장까지 이룩할 수 있었지만, 실제 이타적 사회로서의 제대로 된 면모를 갖추었는지는 곰곰이 성찰해 볼 필요가 있다.

현대사회는 디지털, AI, 자동화 등의 기술 발전, 긱 경제 등 경제구조의 전환, 기후변화와 지속가능에 대한 도전 등 다양한 변모 속에서 혼란과 정돈을 거듭하며 나아가고 있다. 초연결 사회이면서도 고도로 고립된 개인들의 외로움이 무섭게 확산되고 있고, 4차 산업혁명의 폭발적 성장에도 양극화로 신음을 겪고 있으며, 단단한 체계로 이루어진 것 같으나 끊임없이 유동하는 액체사회이자 위기에 취약한 위험사회의 모습을 동시에 갖는다. 이 속에서 자원영역은 이러한 위기를 치유하며 사회적 통합과 연대를 이루어 내는 커다란 힘으로 작용할 수 있다.

민주주의 및 공화주의의 다양한 도전과 훼손의 위협 속에서도 시민사회의 건강함을 지켜 내는 힘도 자발성과 참여성을 중심으로 하는 자원영역이 있기 때문에 가능하다. 1987년 6월 항쟁, 2016년 촛불집회, 최근 탄핵 응원봉 집회까지 시민 중심의 민주주의를 사수하고 더 심화된 공화주의로 나아가는 힘은 '깨어 있는 시민'의 성찰, 참여, 조직화된 실천에서만 담보할 수 있는 것이다.

세계 최저의 출산율, 최고의 자살률을 기록하며 지속가능성 면에서 최대 위험 국가인 대한민국호가 지속적 번영과 발전으로 나아가려면 국가의 역량도 중요하지만, '리바이어던'과 같은 거대 국가를 견제하고 균형을 이루도록 시민사회의 성장이 절대적으로 중요하다. 이것은 다론 아제모을루(Daron Acemoglu)와 제임스 로빈슨(James Robinson)의 주장처럼 '좁은 회랑(narrow corridor)'에서만 가능한 매우 어려운 일이다. 좁은 회랑에서 성장한 시민사회와 자원영역이 새로운 대한민국으로 나아가게 하는 원동력으로 작용하기에 우리에게는 더욱 소중한 비전이다. 1997년 외환위기의 극복, 2002년 한일 월드컵 응원, 2007년 태안 기름 유출 사고 피해 복구 참여, 2020년 코로나19로부터 회복하게 한 K방역, 2024년 내란 위기에 맞선 헌정 질서 회복 역시 모두 참여적 시민사회와 열정 때문에 가능하였듯이, 이미 진행되는 기후 재앙, 생태 위기, 에너지전환 대응도 시민의 자발적 연대와 실천에서 해답을 구할 수밖에 없다. 이러한 시민의 힘을 길러 내는 것은 자원봉사와 사회참여의 훈련을 통해 가능하기에 자원봉사의 가치는 소중하며, 이 책을 기획하고 집필하게 된 배경이 되기도 한다.

이 책은 자원봉사를 단순히 자원봉사 자체의 개념적 · 구성적 · 기술적 측면에서 바라보는 것이 아니라 시민사회의 핵심적 구성으로 보고, 현대사회의 능동적이자 대안적 주체로 인식하고 있으며, 좁은 테두리에서 벗어나 넓고 다양한 사회기여 활동을 포함하는 광범위한 주제로 접근하고 있다는 점에서 기존의 자원봉사 관련 연구들과 차별성을 가지고 있다. 자원영역과 자원봉사의 전개 과정이 인권 확장과 근대적 시민사회의 맥락 속에 있음에 주목하고, 현대사회의 다양한 위기를 극복할 수 있는 핵심적 대안으로 인식하고 있다. 예를 들면, 좁은 의미의 자원봉사활동에 머무르는 것이 아니라 지금도 진화 및 발전하고 있는 다양한 사회기여 활동이 전환 사회의 긍정적 계기가 될 수 있음에 초점을 두고 있다는 것이다. 아울러 가능한 한 자원봉사의 최근 흐름을 반영하고자 노력하였다. 팬데믹 이후, 자원봉사의 주요 흐름을 기존과는 다른 '자원봉사4.0'이라는 관점에서 접근하고 있으며, 영국, 미국, 일본의 자원봉사도 할 수 있는 한 최신의 정책 및 사업 내용을 중심으로 담아내려고 하였다. 새로운 자원봉사의 확산으로 기부 및 모금, 기업 사회 공헌 및 ESG, 국제 자원봉사의 흐름 및 주요 사업 등에 주목하여 이를 주요 내용으로 포함한 것도 이 책이 갖는 특성이다.

이 책은 제1부 현대사회와 자원영역, 제2부 자원봉사의 이론, 제3부 국내외 자원봉사의 흐름, 제4부 자원봉사의 실천, 제5부 자원봉사의 새로운 확산 등 총 5부, 14장으로 구성되어 있다.

제1부 현대사회와 자원영역은 시민사회의 기본적이고 체계적인 이해, 현대사회와 자원영역의 의미, 새롭게 등장하는 사회기여활동의 주요 변화를 다루고 있다. 제1장 시민사회의 이해에서는 사회의 의미, 관점, 패러다임을 파악한 뒤, 시민사회의 정의와 핵심적 구성요소를 살펴보고, 시민사회의 역사와 주요 사상에 대해 이해하게 되며, 시민사회와 관련된 민주주의, 공화주의, 사회운동, 시민권, 사회적 가치, 시민적 책임의 핵심적 내용을 살펴보게 될 것이다. 이러한 과정을 통해 시민사회가 시민들의 자발적이고 능동적인 참여의 과정임을 인식하게 될 것이다. 제2장 현대사회와 자원영역에서는 현대

사회의 특성, 이론, 전환기적 위기 등을 파악하고, 자원영역의 개념과 특성을 살펴보며, 현대 복지국가 및 복지 공급 체제 속에서 자원영역의 기능을 파악한 뒤, 현대사회의 도전 속에서 자원영역의 역할에 대해 성찰하게 될 것이다. 특히 전환기적 현대사회의 위기 속에서 자원영역은 어떤 역할을 통해 이에 역동적인 대응을 할 수 있는지 체계적인 이해를 할 수 있을 것이다. 제3장 새로운 사회기여활동의 등장과 발전에서는 최근 더욱 확대되고 있는 사회기여활동의 확장 추세와 대두 배경, 사회기여활동의 정의 및 확산의 의미, 다양한 사회기여활동의 유형, 사회기여활동의 활성화 정책 방안 등을 살펴보게 될 것이다. 사회기여활동은 자원봉사나 기부의 개념을 넘어서서 사회 가치를 촉진하고, 공익을 구현하며, 사회를 성장시키고, 자아실현 등을 위한 일련의 호혜적이고 자발적인 일체의 활동으로, 모든 사람을 일방적 수혜자가 아닌 기여자이자 공여자로 서로 연결하는 사회적 선순환 모델의 특성을 창출할 수 있다.

제2부 자원봉사의 이론은 자원봉사의 다양한 개념적 · 이론적 이해 그리고 동기 및 가치를 다루고 있다. 제4장 자원봉사의 이해에서는 자원봉사의 개념, 유사한 용어와의 비교, 자원봉사활동의 주요 유형, 원칙, 특성에 대해 자세히 파악하고 자원봉사의 의의를 국가 및 사회적 측면, 사회복지적 측면, 자원봉사자 활용 기관의 측면, 자원봉사자 개인적 측면에서 살펴보게 된다. 제5장 자원봉사의 동기와 가치에서는 자원봉사 동기의 다양한 개념적 측면과 자원봉사 가치의 복합적 측면을 파악한다.

제3부 국내외 자원봉사의 흐름은 우리나라의 자원봉사, 외국의 자원봉사 그리고 나눔의 실태와 과제에 대해 다룬다. 제6장 우리나라의 자원봉사에서는 우리나라 자원봉사의 역사, 운영체계, 구조 변화, 새로운 도전과 과제를 다룬다. 자원봉사의 역사적 변화과정을 근대 이전에서 1994년까지, 자원봉사 정부 체계가 마련된 1995년부터 2001년까지, 「자원봉사활동기본법」이 제정된 2002년부터 2017년까지, 제3차 자원봉사활동 국가기본계획이 수립된 2018년부터 현재까지의 4단계별로 파악하며 자원봉사의 운영체계를 추진체계, 관리체계, 지원체계, 자원봉사활동 진흥 계획을 중심으로 제시하였다. 제7장 외국의 자원봉사에서는 영국, 미국, 일본 자원봉사의 역사, 운영체계, 주요 사업, 법제적 기반, 재원의 특성을 중심으로 살펴본다. 영국의 경우, 2000년대 이후 'Platform2' 'Do-it.org', 전국자원봉사단체협의회(NCVO), 타임뱅킹 등에 대해 자세히 검토하였다. 미국은 자원봉사의 역사와 더불어 2000년대 이후 '촛불재단' '국가 및 지역사회 서비스법(National and Community Service Acts)' 'AmeriCorps', 타임뱅킹을 중심으로 살펴본다. 일본은 자원봉사의 운영체계, 주요 사업, 법제적 기반, 재원의 세부적 특성을 중심으로 파악한다. 제8장 나눔 실태와 과제에서는 자원봉사활동의 참여 실태, 만족도 · 참여 의

지, 참여 동기, 관리와 지원 현황, 패러다임 변화를 중심으로 주요 내용을 제시한다.

제4부 자원봉사의 실천은 자원봉사실천의 절차 · 방법 · 환경, 자원봉사의 관리, 주체별 자원봉사활동의 내용을 다루고 있다. 제9장 자원봉사실천에서는 자원봉사실천의 절차, 실천 방법, 인권 친화적 환경 조성 등을 중심으로 세부 내용을 제시한다. 제10장 자원봉사의 관리에서는 자원봉사관리의 의미와 필요성, 자원봉사관리자의 역할과 윤리, 자원봉사관리 과정을 차례로 살펴보게 된다. 제11장 주체별 자원봉사활동에서는 청소년 자원봉사, 대학생 자원봉사, 노인 자원봉사, 전문자원봉사의 순으로 살펴본다.

제5부 자원봉사의 새로운 확산은 자원봉사 외에도 나눔에서 중요한 기부와 모금, 기업 사회공헌과 ESG활동 그리고 점차 확대되고 있는 국제 자원봉사활동을 다룬다. 제12장 기부와 모금에서는 기부의 개념 및 의의, 동기, 현황, 기부 트렌드를 파악하고, 모금의 개념 및 의의, 이론적 이해, 모금 전략 등에 대해 살펴보게 된다. 제13장 기업사회공헌과 ESG에서는 기업사회공헌의 개념 및 특성, 현황 및 한계를 살펴본 뒤, ESG의 역사, 적용 필요성, 우리나라에서 ESG의 확산 배경, 주요 적용 사례를 중심으로 파악한다. 제14장 국제자원봉사활동과 전망에서는 점차 비중이 커지고 있는 국제자원봉사에 대한 개념, 동기 및 효과, 역사적 변천 과정 및 전망, 주요 활동영역, 국제자원봉사 조직 및 기구 등을 중심으로 파악한다.

각 집필진이 자원봉사와 관련한 최근의 정책, 현황, 이슈, 과제 등을 중심으로 서술하고자 하였으나 여전히 제시하지 못한 많은 부분이 있다. 이는 빠른 사회적 변화와 여전히 진화하는 현실의 영향도 있을 것으로 생각한다. 또 여러 저자의 공동 집필에 따른 통일성이나 체계의 일관성 유지에도 일정한 한계와 미흡한 부분이 있을 것이다. 부족한 부분은 향후 개정을 통해 보완의 기회를 갖도록 하겠다.

예정하였던 시기를 지나 제출된 원고와 촉박한 일정에도 불구하고 세심한 검토와 편집으로 책다운 면모를 갖추도록 최선을 다해 주신 학지사 편집진께 깊은 감사를 드린다. 이 책을 통해 이웃돕기를 몸소 실천하고, 공동체의 연대를 위해 애쓴 수많은 자원봉사자와 그들의 가치를 조금이라도 기억할 수 있기를 희망한다.

2025년 5월

백양산에서

저자 대표 초의수

차례

제13장

기업사회공헌과 ESG

제14장

국제자원봉사활동과 전망

제1부

현대사회와 자원영역

제 1 장

시민사회의 이해

학습목표

1. 사회에 대한 의미, 관점, 패러다임, 초점, 주요 측면에 대한 이해
2. 주요 이론을 통한 시민사회 정의(定義)의 파악
3. 시민사회에 대한 고대 그리스 사례와 중세 말기 및 근세 초기의 형성 과정에 대한 고찰
4. 시민사회에 대한 다양한 사상가의 이론 및 주장에 대한 이해
5. 시민사회, 민주주의 및 공화주의, 사회운동, 시민권, 사회적 가치, 시민적 책임에 대한 비판적 성찰

학습개요

- 제1장은 시민사회에 대한 이해로서 먼저 사회와 사회이론의 패러다임을 살펴보고, 시민사회이론, 시민사회의 역사적 형성 과정, 시민사회 사상가들의 주장, 시민사회와 관련된 민주 · 공화 주의 등 핵심 주제에 대해 살펴본다.
  - 1절에서는 사회의 의미, 사회에 대한 관점, 사회에 대한 이론적 패러다임, 사회의 주요 측면에 대해 이해한다.
  - 2절에서는 시민사회의 정의와 구성요소에 대해 파악한다.
  - 3절에서는 고대 그리스 시민사회와 중세 말기 및 근세 초기 시민사회의 역사적 형성 과정에 대해 고찰한다.
  - 4절에서는 시민사회에 대한 주요 사상가를 중심으로 핵심적 이론에 대해 이해한다.
  - 5절에서는 시민사회와 관련하여 민주주의, 공화주의, 사회운동, 시민권, 사회적 가치, 시민적 책임의 의미에 대해 성찰한다.

1. 사회란 무엇인가

1) 사회의 의미와 관점

인간은 사회(社會) 속에서 산다. 혼자만 고립되어 살 수 없다. 한자의 사람 '人'자는 사람이 다리를 벌리고 서 있는 모습이란 설도 있지만 서로 기대고 서 있는 사람의 모습에서 유래하였다는 주장이 더 지배적이다. 후자의 경우에는 서로 사회 속에서 의존할 수밖에 없는 특성을 잘 반영하고 있다. 그런 의미에서 사회는 모든 인간의 삶과 분리할 수 없는 특성을 가지고 있다. 인간은 당연히 군집 생활을 하면서 발전하였는데, 이는 기원전 300여 년 전에 태어난 아리스토텔레스의 말처럼 "인간은 사회적 동물이다."라는 정의와도 정확히 일치한다.

사회는 '같은 무리끼리 모여 이루는 집단'으로 정의되는데, 포괄적 의미로서 사회란 인간의 공동생활을 위한 구성체이자 공동생활 과정에서 생겨난 집합체이다(한국민족문화대백과사전, 2024). 조금 더 포괄적인 정의를 내리면 사회란 다소 질서 있는 공동체에서 함께 생활하며 공통의 문화·경제·정치·사회 구조를 공유하는 개인들의 집단이다. 여기에는 사람들 간에 상호작용하기 위해 만들고 사용하는 관계, 제도 및 규범을 포함한다.

외래어를 번역하며 등장한 개념인 사회는 영어로 society인데, 이는 친밀하고 우호적인 사람들 간의 유대를 뜻하는 라틴어 societas나 결사체를 의미하는 프랑스어 société에서 유래하였다.[1] 사회는 역사적으로 전근대와 근대의 두 가지 경우로 나누어 볼 수 있는데, 이를 가장 잘 구분한 학자는 페르디난트 퇴니스(Ferdinand Tönnies)이다. 그의 1887년 저서 『공동사회와 이익사회(Gemeinschaft und Gesellschaft)』(2017)에서 잘 정의하고 있다. 그는 공동체(Gemeinschaft)와 사회(Gesellschaft)를 구분하였는데, 공동체(혹은 공동사회)란 친족과 같은 혈통, 근린의 장소적 특성, 우정의 정신적 특성을 공유하며 본질의지에 기초하고 취향, 습관, 신념에 의해 만들어진 것이다. 반면에 사회(혹은 이익

1) 우리나라에서 사회(社會)란 단어는 1896년 일본 유학생 중심의 『친목회 회보』에서 등장하였고, 이후 『독립신문』 등의 지면에서 사용되었는데, 이 시기에 사회의 뜻은 주로 국가와 대비되어 사적 자율성에 기초해 이루어지는 결사체적 개념에 가까웠다(한국민족문화대백과사전, 2024). 서구에서 시작된 사회란 개념이 한중일 동북아시아에서 사용된 지는 얼마 되지 않았고 일본에서 society를 사회로 처음 번역하면서 확산되었다.

사회)는 통일성과 공동선이 아닌 개인의 이기적 요인과 선택적 의지에 더 큰 기초를 두고 상품교환, 계약, 교환 등의 인위적이며 타산적인 이해관계에 의해 이루어진다. 이익사회는 개인이 목적을 중심으로 다른 개인들과 결합되어 있다면, 사회는 목적을 위한 실체로서 의미를 갖게 된다. 오늘날 사회는 이익사회적 특성이 더 강하게 작용하고 있으나 공동사회 요소도 완전히 소멸된 것은 아니라고 할 수 있다. 오늘날도 가족, 친족, 향우회 등은 공동사회의 특성이 강하다고 하면, 기업, 노동조합 및 경영인 단체, 정부 및 공공기관 등은 이익사회적 특성을 중심으로 운영되고 있다.

사회를 바라보는 관점은 크게 보면 사회명목론과 사회실재론으로 구분된다. 사회명목론은 사회란 개인의 집합체에 불과하며, 이름만 존재하는 명목적인 것으로 사회를 개인들의 특성으로 환원할 수 있어서 실제 중요한 것은 개인이라는 관점이다. 사회란 인간들의 상호작용 및 관계에 따른 개인 특성의 연장선 속에서 파악되어야 한다는 것이다. 이는 막스 베버(Max Weber), 게오르그 짐멜(Georg Simmel), 찰스 호튼 쿨리(Charles Horton Cooley), 조지 허버트 미드(George Herbert Mead) 등의 사회학자들에게서 주장되었다. 이들에게서 사회란 독자적으로 사고하고 행위하는 개인과 그 개인 간의 상호작용에 의해 이루어지는 것이며, 연구나 분석의 초점도 개인의 의미, 마음, 의지에서 시작하여 개인 간의 상징을 사용하며 상호작용하여 발전해 가는 과정에서 찾아야 한다는 것이다. 반면에 사회실재론은 사회는 개인의 구성의 합을 넘어서는 것으로 단지 개인을 합한 것으로 설명될 수 없는 고유의 실재를 가지고 있다는 관점이다. 사회는 개인들로 환원이 될 수 없는 고유한 특성을 갖고 있다는 것이다. 사회실재론자인 오귀스트 콩트(Auguste Comte), 카를 마르크스(Karl Marx), 에밀 뒤르켐(Émile Durkheim) 등 고전파 사회학자와 이후 탤컷 파슨즈(Talcott Parsons) 등의 이론에서 사회란 개인 밖에 실재하며 개인에 대해 영향을 주는 독자적 존재로 강조되고 있다.

2) 사회에 대한 이론적 패러다임

사회를 규명하고 분석하는 이론적 패러다임은 크게 보면 기능주의(functionalism), 갈등이론(conflict theory), 사회적 행위이론(social action theory) 혹은 상징적 상호작용 이론(symbolic interaction theory)으로 구분할 수 있다(Giddens & Sutton, 2018: 42). 기능주의에서 사회란 다양한 부분이 기능을 수행하며 사회 전체의 안정과 지속성을 유지하게 된다는 입장이다. 각 부분은 상호 관계와 사회 전체와 관계를 맺으며 발전한다. 이 입장은 사회의 질서와 안정을 유지시키는 도덕적 합의의 중요성을 강조한다. 파슨즈는 AGIL 패러다임 모형을 제시하였는데(Parsons, 1970), 사회체계는 적응(adaptation), 목표 달성(goal attainment), 통합(integration), 잠재성(latency) 혹은 잠재적 유형 유지(latent pattern maintenance)의 4가지로 구성된다. 적응은 환경과 상호작용하는 능력으로, 자원을 수집하고 사회적 재분배를 하는 경제, 기업 및 생산의 영역(생산조직)과 관련이 깊다. 목표 달성은 목표 설정 및 그와 관련된 의사결정의 능력이자 목표를 성취하는 것을 의미하는데, 정부 및 정치적 영역(정치조직)과 관련이 있다. 통합은 사회 전체의 조화를 위한 노력이고, 이를 위한 사회적 가치와 규범의 뒷받침이 필요하며, 주로 법과 경찰영역(통합조직)이 관련된다. 잠재성은 앞의 사회통합을 위해 사회적 제 요소를 유지시키는 것과 관련이 있으며, 세대 간 전승과 교육・문화・종교 영역(유형유지조직)이 중요하게 작용한다. 기능주의 사회 분석에서 중심은 기능으로, 로버트 머튼(Robert Merton)은 잠재적 기능과 명시적 기능으로 구분하였는데, 명시적 기능이 사회활동 참여자가 인식하는 기능이라고 한다면, 잠재적 기능은 당사자가 인식하지 못하는 기능이다. 아울러 머튼은 사회 전체의 역할에 따라 긍정적 기여를 하는 기능(function)과 부정적 결과를 미치는 역기능(dysfunction)으로 구분하였다. 사회질서 유지에 중점을 두는 기능주의는 사회의 변화와 갈등에 설명하지 못하여 갈등이론이 더욱 부각하게 되었다.

갈등이론은 사회 내 분열, 집단 간 대립 및 투쟁, 권력과 자원의 불평등 문제에 더 큰 관심을 가지며, 사회는 서로 다른 이익과 관심을 추구하는 집단으로 구성되어 있다고 본다. 갈등이론은 마르크스주의나 비판이론(critical theory), 기능론적 갈등이론, 페미니즘(feminism), 반인종주의(anti-racism) 등에 의해서 주로 제기된다.

상징적 상호작용 이론은 베버에 의해 많은 영감을 얻어 미드가 지대한 공헌을 하였다. 인간은 언어와 상징에 의해 상호작용을 하면서 자신의 개별성과 타인에 의한 객체화된 자신을 형성하고 인간 간에 공유된 의미와 이해를 하게 된다. 상징적 상호작용은 일상생활의 대면적 상호작용에 주목하면서 말과 행동에 의한 의미 형성에 초점을 둔다. 미드는 자아의 발달과 사회화에 영향을 미치는 관계로서 중요한 타자(significant other)와 일반화된 타자(generalized other)를 구분하였다. 중요한 타자는 아동 시기에 부모나 교사로서 자아 형성에 영향을 미치게 되나, 일반화된 타자는 아동기 이후 사회의 일반적・전반적・공통적 기대 및 가치를 내면화시키는 과정을 의미하며, 이를 통해 각 개인은 자율적 행동이 가능하다. 미드에 따르면, 자아는 주체적 자아인 'I'와 객체적 자아인 'Me'의 변증법적 관계를 통해 형성된다. 상호작용이론에 중요한 이론가인 쿨리는 자아의식이 다른 사람과의 상호작용을 통해 타인이라는 거울, 즉 '거울 속의 자아(looking glass self)'를 통해 자아가 형성된다고 보았다. 타인이 긍정적으로 자신을 인정하면 자신도 긍정적으로 인식하고, 부정적으로 평가하면 부정적인 인식을 하게 된다는 것이다. 쿨리는 사회 관계에 주요한 영향을 미치는 집단으로 1차 집단(primary group)과 2차 집단(secondary group)을 제시하였는데, 1차 집단은 대면 접촉을 통해 친밀하게 결합된 집단으로 주로 성장기 가족과 놀이집단이고 이를 통해 개인의 인격 형성에 영향을 준다면, 2차 집단은 비대면의 간접적 접촉과 목적 달성을 위한 수단적 만남이 중심이 되며 의식적이고 인위적인 상호작용을 바탕으로 하게 회사나 사회적 결사체가 중심을 이루게 된다.

3) 사회의 주요 측면

사회에 대한 초점을 어디에 두는지와 관련하여 사람들의 일상적 행동 및 개인 간 상호작용에 관심을 두는 미시사회학(micro sociology)과 사회체계 및 장기적 변화에 중점을 두는 거시사회학(macro sociology)으로 나눌 수 있다. 하지만 미시와 거시의 측면은 서로 접점 없이 평행선을 달리는 것이 아니라 상호 영향과 서로의 기반 및 전제가 된다. 거시적 사회 및 사회체계는 일상의 상호작용이 기초가 되어 존립이 가능하며, 일상적 생활 및 관계는 조직과 제도에 영향을 받으며 유지된다. 이러한 측면을 적극적으로 강조한 학자는 앤서니 기든스(Anthony Giddens)로 그는 구조화 이론(theory of structuration)을 제시하면서 사회구조는 고정된 것이 아니라 다수의 사회적 실천의 결과이자 매개물이며, 일상생활의 연속적 재생산을 통해 형성되고, 문화 등 거시적 제도들은 사회적 맥락으로 삶의 양식과 일상적 생활의 미시적 행위를 제한한다고 주장하였다(Giddens, 1984). 즉, 사회구조(social structure)와 행위(action)는 상호 영향을 주고받으며 구조화(structuration)의 과정을 통해 발전한다는 입장이다.

사회의 주요한 측면에는 다음의 주요한 내용들이 포함된다.

① **사회구조**: 여기에는 사회의 기초를 함께 형성하는 관계 및 제도의 조직화된 유형이 포함된다. 사회구조에는 가족 단위, 교육 시스템, 종교 조직, 정부 및 경제 등이 있다.

② **문화**: 문화는 사회 구성원이 공유하는 신념, 행동, 대상 및 기타 특성을 의미하며,

언어, 예술, 음악, 음식, 관습 및 전통이 포함된다.

③ **규범과 가치**: 규범은 사회가 구성원의 행동을 안내하는 규칙과 기대이고, 가치는 사회 구성원들이 중요하게 생각하는 공유 원칙이나 표준을 의미한다.

④ **사회 제도**: 사회 제도란 사회의 기본적인 필요를 충족시키는 데 도움이 되는 조직적이고 확립된 구조이다. 가족, 교육, 종교, 경제 등이 그 예라고 할 수 있다.

⑤ **역할 및 지위**: 사회 내에서 개인은 상호작용과 책임을 정의하는 다양한 역할(예: 교사, 부모, 지도자)과 지위(예: 부, 지위)를 갖는다.

⑥ **사회 집단**: 사회는 가족이나 친구 같은 작은 집단부터 공동체나 국가 같은 더 큰 집단에 이르기까지 다양한 집단으로 구성된다.

⑦ **사회적 상호작용**: 여기에는 사람들이 서로 반응하는 방식이 포함된다. 이러한 상호작용은 사회적 규범, 역할, 지위에 따라 형성된다.

⑧ **사회화**: 이는 개인이 사회의 가치, 규범 및 역할을 학습하고 내면화하는 과정으로, 주로 가족, 학교, 동료, 미디어 및 기타 대리인을 통해 발생한다.

사회는 역동적이다. 즉, 기술 발전, 문화 교류, 경제발전 등 다양한 요인으로 인해 시간이 지남에 따라 진화하고 변화한다. 사회를 이해하려면 이러한 구성요소를 연구하고 이러한 구성요소가 인간의 행동과 조직을 형성하기 위해 어떻게 상호 연관되는지 연구해야 할 필요가 있다.

2. 시민사회란 무엇인가

사회는 국가, 시장, 가족, 시민사회 등 다양한 구성으로 이루어져 있는데, 이중 시민사회(civil society)란 공유된 이해, 목적, 가치를 둘러싼 자발적이며 강제되지 않은 집합적 행동이 이루어지는 영역이다. 시민사회의 정의를 보다 분석적으로 접근하자면 시민사회는 다음과 같은 특징을 갖는다.

첫째, 시민사회란 현대사회 내의 국가, 시장, 가족 외의 대부분의 영역으로, 주로 비정부조직, 자발적 단체, 비영리단체 등과 같이 정부나 시장과는 분리되고 독립적인 사회적 조직들을 의미한다. 안하이어와 테플러(Anheier & Toepler, 2010)는 시민사회를 국가와 시장으로부터 독립된 조직화된 사회생활의 영역으로 정의를 내리고 있어서 이러한 정의에 가장 가까운 입장을 취하고 있다. 하지만 시민사회는 분리되는 영역의 하나이지만 국가, 시장, 가족과 상호 영향을 주고받고 그 경계도 매우 복잡하고 모호하다. 시민사회는 다양한 공간, 행위자, 제도적 형태를 포괄하며, 형식성과 자율성, 권력 면에서 국가, 시장, 가족과 다양한 차이를 나타낸다. 시민사회는 자원봉사단체, 비정부조직, 지역사회 공공체, 시민사회단체, 종교단체, 직능단체, 노동조합, 자조집단, 사회운동, 기업집단, 권익옹호 단체 등 그 범위가 매우 넓은 실정이다.

둘째, 시민사회는 공유된 이익, 목적 및 가치를 중심으로 한 비강제적인 집합 행동의 장으로서의 역할을 한다(Skocpol, 2011). 이런 측면에서 스카치폴(T. Skocpol)의 시민사회의 정의에는 공유된 이익과 자발적 집합의 요소가 강조된다.

셋째, 시민사회는 내부 구성원들 간의 자발적 결사체의 그물이나 사회자본의 조직으로서 구성된다. 퍼트남(Putnam, 1993)은 시민사회를 "자발적 결사체의 그물(web)"로 정의하였으며, 특히 시민사회 내의 집단 내 및 집단 간 협력을 촉진하는 네트워크, 규범, 신뢰를 의미하는 사회자본의 중요성을 강조하였다. 퍼트남의 정의에는 사회자본이라는 시민사회의 적극적 역할과 기능에 대한 설명이 포함되어 있다.

넷째, 시민사회는 하버마스(Habermas, 2001)의 주장처럼 개인들이 모여 공동 관심사에 대해 합리적 담론과 심의에 참여하는 '공공영역(public sphere)'으로 운영된다. 이 공공영역이 민주주의의 기능과 비판적 여론의 발전에 중요한 역할을 한다.

다섯째, 시민사회와 시민적 사회(civic society)는 차이가 있다. 시민적 사회는 시민들이 사회적, 정치적으로 다양한 문제에 대해 직접적으로 참여하고 활동하며, 자발적이며 봉사적인 다양한 행동을 의미한다. 시민사회가 비정부 조직과 단체 등과 같이 독립적인 사회적 조직을 의미한다면, 시민적 사회는 개별 시민들의 참여와 활동을 강조한다. 시민사회와 시민적 사회는 상호 영향력을 미치게 된다. 시민적 사회의 활동을 통해 시민사회의 역할이 더욱 활성화되며, 국가, 기업에 대해 시민사회의 영향력은 더욱 확대될 것이다. 시민적 사회가 활력을 잃게 되면 시민사회 역시 국가, 기업에 대해 시민사회의 영향력이 축소될 것이다. 따라서 시민사회가 활성화되려면 개별 시민들의 적극적 참여와 활동이라는 시민적 사회가 촉진되어야 한다.

3. 시민사회의 형성과 발전

1) 고대 시민사회

왕과 전제정치를 중심으로 했던 다른 고대국가와 달리 공화정을 선택했던 고대 그리스는 도시국가를 중심으로 시민의 대표가 중요한 역할을 수행하였다. 특히 아테네는 국왕이 없이 도시의 유력자 및 귀족을 중심으로 한 민주정이 추진되었다. 아크로폴리스를 중심으로 시민(고대 그리스어 Polites)이 직접 참여하는 민주제가 운영된 것이다. 기원전 508년 아테네의 귀족인 클레이스테네스는 시민과 함께 참주 히피아스를 축출한 뒤 10개 부족의 500인회를 통해 평의회제도를 운영하였고, 민주정을 위협하는 독재자가 발을 붙이지 못하게끔 이들을 추방할 수 있는 도편 추방제를 실시할 정도로 시민의 권력을 크게 신장시켰다. 고대 그리스에서 아리스토텔레스는 군주정이 타락된 독재정(獨裁政)의 위험성뿐 아니라 민주정 타락의 정치체제인 중우정(衆愚政)의 위험성도 경고하였다. 고대 그리스에서 시민은 시민권자에게서 출생한 자유로운 성인만 가능하여 여성, 노예, 외국인은 제외되었고, 민주적 절차에 참여하며, 공직을 맡았고, 병역을 이행하며, 법적 보호를 받을 권리를 포함한 특정 특권과 책임을 가졌다. 도시국가의 복지에 기여하고 다양한 업무에 적극적으로 참여하였다. 이들의 시민권은 법에 기초한 지위였고, 동시에 정체성과 시민적 자부심의 원천으로 작용하였다.

고대 그리스의 시민사회는 오늘날 시민사회와 다르지만 시민생활, 정치조직, 집단 거버넌스의 측면을 포괄하는 폴리테이아(Politeia)라는 시민사회의 특성이 존재하였다. 이것은 공적 조직을 위한 법률, 제도 및 관행을 포함하여 도시국가의 정치체제 또는 헌법을 의미하기도 하고, 시민의 적극적 참여 활동을 뜻하기도 하였다. 고대 아테네와 같은 민주주의 도시국가에서 시민사회는 의사결정, 공개토론, 사법행정에 높은 수준의 시민참여가 있었고, 폴리스 내에서 시민 생활, 정치조직 및 집합적 행동의 폭넓은 영역을 포괄하는 다양한 활동도 가능하였다.

고대 시민사회의 또 다른 전형은 기원전 509년부터 기원전 27년까지의 고대 로마 공화정의 정치체제 및 가치에서 찾아볼 수 있다. 로마 공화정은 군주제, 귀족제, 민주주의의 요소를 활용한 혼합 헌법체제에 기초했으며, 원로원(Senate), 집정관(Consul), 민회

(Popular Assemblies)[2]가 중요한 정치적 역할을 수행하였다. 로마 공화정은 자의적인 통치와 폭정에 대한 보호책으로 법치를 강조하였고, 집정관 및 그 통치 행위 역시 법적 제약을 받도록 하였다. 이 시기의 공화정이 시민사회로서 중요한 시사점을 갖는 것은 로마시민이라면 시민의 미덕과 공적 봉사(civic virtue and public service)로서 정치, 군복무, 공동체 생활에 참여하여 공화정의 안녕과 안정을 위한 필수적 노력을 해야 했고, 개인적인 이익보다 공동선을 우선시하고자 하였다.

2) 중세 말기와 근세 초기의 시민사회 형성

근대 사회란 '근대적 시민사회'가 형성된 사회이다. 근대적 시민사회가 일찍 시작된 유럽 사회에서는 그 시작을 10~15세기의 중세 봉건제 후기의 길드 운영에서 엿볼 수 있다. 생산과 부의 집중, 기술의 진보에 따라 길드의 힘은 점차 커지게 되었다. 도시 중심부의 장인과 상인의 중요한 협회로 등장한 길드는 무역을 규제하고, 표준을 설정하며, 사회적 지원을 제공하고, 지역 거버넌스에서 핵심 역할을 수행하였다. 아울러 수도원 등 종교기관도 사회서비스, 교육, 의료서비스를 제공하면서 지역사회 거버넌스에 일익을 담당하였다.

장인 수공업자와 상인들은 부를 축적하면서 영주로부터 자유를 획득하였다. 이들은 도시 중심지에 몰리면서 사회적 협회와 기관에 관련된 활동을 하였고, 이들의 활동 결과 도시는 경제, 무역, 문화의 중심지로 발전하였으며, 자유를 획득한 시민들이 조직화되면서 도시는 자유 시민의 집합적 거주지로 성장하게 되었다. 오늘날 시민은 독일어 Bürger, 프랑스어 Burgeosie로 표현되는데, 유럽의 어원에서 그 뜻을 파악할 수 있다. 이 말의 어원과 중세 영어 burgeis(이후 burgess)는 모두 성곽 안 마을에 사는 사람[3]이라는 뜻이다. 중세 후기의 사업주 및 상공업 계층이 부, 정치권력, 교육, 문화, 사회, 금융 및 생산 등 자본을 축적한 계급으로 성장하였고, 이들이 시민계급으로 전환, 성장하였으며, 성곽도시에서 활동하고 거주하였음을 시민의 어원에서 확인할 수 있다. 이후 시민계급의 이익을 반영하는 의회 등 대의기관이 등장하여 정치적 대의와 심의의 장을 마련하였고, 정부와 시민사회의 발전을 위한 토대를 마련했다.

---

2) Comitia Centuriata와 Comitia Tributa로, 부와 지리에 따라 인구를 대표한다.

3) burg는 성(城)이란 뜻이며, 중세 네덜란드어 burgher, 스페인어 burgués, 포르투갈어 burguês, 폴란드어 burżuazja 모두 동일한 어원을 공유한다.

16~18세기에 시민사회가 본격적으로 열리게 되었다. 근대 초기에는 국민국가와 중앙집권적 군주제가 등장하여 정치적 지형이 바뀌었는데, 군주는 권력을 강화하고 관료제를 확립했으며, 권위를 강화하기 위해 시민사회 기구를 통제하려고 했다. 근대 초기 무역과 상업의 확장은 경제성장과 자본주의사회의 출현을 촉진했으며, 이로 인해 시민사회 조직을 통해 자신의 이익을 보호하고 권리를 주장하려는 부르주아지와 같은 새로운 사회계급이 형성되었다. 17세기와 18세기의 문화적 · 지적 운동인 계몽주의는 이성, 자유, 평등, 개인의 권리와 같은 이상을 장려했고, 계몽주의 사상가들은 정치 개혁, 종교적 관용, 시민 자유의 확대를 주창하여 현대적 시민사회의 지적 기반을 마련했다.

경제적 기반 확립과 의식적 변혁으로 무장된 시민계급들은 군주와 귀족계급들과 갈등 및 투쟁으로 이어지면서 근대 시민사회의 문을 열어 나갔다. 영국에서는 1534년 헨리 8세의 영국 국교회 설립으로 인한 종교적 박해, 1628년 찰스 1세의 시기 권리 청원(The Petition of Right), 이후 왕권과 의회권 간의 분쟁으로 촉발된 영국 남북전쟁, 1688년 명예혁명, 1689년 권리장전은 시민계급 대변의 의회 우월주의와 입헌군주제로 이어지면서 현대적 민주주의를 확장시키는 데 중요한 공헌을 하였다. 프랑스에서도 귀족과 성직자의 세금 면제와 제3신분인 농민 및 부르주아지에 대한 세금 부담은 계몽사상과 자유, 평등, 박애 사상으로 각성된 시민계급의 절대군주제에 대한 도전으로 이어져 1789년 제3신분의 국민의회 선언, 프랑스대혁명, 인간과 시민의 권리선언 등으로 시민사회의 기틀이 마련되었다. 1848년은 '국민국가의 봄(spring of nations)'이라고 할 만큼 전 유럽이 시민혁명의 물결로 뒤덮였다. 프랑스의 2월 혁명 등으로 자유와 평등의 근대 시민 사상이 확장되었으며, 영국은 10여 년에 걸친 차티스트 운동(Chartist movement)의 전개 및 산업자본가층의 정치권 확립이 이루어졌다. 독일은 충분한 성과를 거두지 못했지만, 같은 해 3월 혁명으로 인한 봉건제 타파와 근대 민주 정의 구축 요구가 제기되었고, 이탈리아는 동년 민중봉기에 이어 다음 해에 마치니(Giuseppe Mazzini)의 청년 이탈리아당이 로마공화국을 건설하였다.

유럽 각국의 혁명 운동으로 시민들은 군주제 권위와 귀족 특권에 도전하고, 민주적 통치, 국민 주권, 개인의 권리를 옹호했으며, 정치적 지형을 재편하고, 시민사회의 범위를 확대했다. 시민계급은 정치적 이익의 확장뿐 아니라 자선단체, 상호 원조, 문화 교류, 정치적 행동주의 등 자발적 결사체를 확산시키면서 시민사회의 발전에 크게 기여하였다.

전반적인 정리를 하면 중세 후기와 근대 시민사회의 형성과 발전은 경제적 · 정치적 · 사회적 · 문화적 요인의 복잡한 상호작용에 의해 영향을 받았다. 그 속에서도 중세 후기의 길드와 종교기관부터 근대 초기의 자발적 결사체 및 혁명운동에 이르기까지 시민사회는 사회 변화, 정치 개혁, 개인의 권리와 자유 증진을 위한 역동적인 세력으로 발전하였다.

4. 시민사회론의 주요 사상가

앞서 언급한 것처럼, 계몽시대의 주요 사상은 시민계급의 인식에 변화를 주고 이것이 시민사회를 여는 데 중요한 영향을 미치게 되었다. 계몽시대 직전부터 근대 시민사회의 발전에 역할을 한 주요 사상가로는 토머스 홉스(Thomas Hobbes, 1588~1679), 존 로크(John Locke, 1632~1704), 장자크 루소(Jean-Jacques Rousseau, 1712~1778), 게오르그 빌헬름 프리드리히 헤겔(Georg Wilhelm Friedrich Hegel, 1770~1831), 카를 마르크스(Karl Marx, 1818~1883), 안토니오 그람시(Antonio Gramsci, 1891~1937), 알렉시스 드 토크빌(Alexis de Tocqueville, 1805~1859), 위르겐 하버마스(Jürgen Habermas, 1929~현재) 등을 들 수 있다. 다음에서 이들의 주장을 차례로 살펴보기로 한다.

〈표 1-1〉 주요 이론가들의 시민사회론

이론가	인간과 시민	시민사회	주요 특성
홉스	자연 상태에서 이기적 인간. 만인 대 만인의 투쟁	계약을 통해 주권 당국으로 질서 유지	계약을 통해 안전과 질서 대가로 개인의 특정 자유를 주권 당국에 양도
로크	생명, 자유, 재산에 대한 자연권을 가짐	사회계약을 맺은 개인 구성의 정치공동체	국민 동의의 법과 합법적 정부에 의한 통치, 권력 분립, 역성혁명
루소	고귀한 야만인. 사유재산 제로 위협	사회계약으로 일반의지 대표의 시민사회 형성	시민들이 입법과 통치에 직접 참여하는 직접민주주의 강조
헤겔	윤리적 삶을 사는 개인	가족과 국가 간의 중간 영역. 욕구체계, 사법행정, 경찰 및 기업의 3주체의 사회	국가는 시민사회의 특정 이익과 집단적 이익을 조화시키며 보편적 이익, 즉 공동선을 구현
마르크스	유(類)적 존재. 사회적이자 생산체계 속의 인간	부르주아지 지배의 계급사회	노동자계급의 노동의 가치에 대한 자본가계급의 전유. 프롤레타리아 혁명의 불가피성

〈계속〉

그람시	헤게모니 지배 속 인간	힘과 강압보다는 동의와 문화적 지배(헤게모니) 작동	국가는 억압 기구뿐 아니라 동의 및 안정 추구의 헤게모니에 의한 통치도 작용. 문화적 지배와 투쟁 강조
토크빌	참여하는 인간	개인과 국가 간의 중재, 완충	시민사회는 민주사회의 건강과 안정에 필수적이고, 국가권력에 대한 균형추 역할을 하며, 민주적 습관과 실천을 위한 훈련장을 제공
하버마스	성찰과 의사소통의 인간	민주적 참여 촉진, 비판적 공적 담론 육성, 국가와 사적 영역 사이의 중재	자발적 결사체를 통한 공론장 형성 촉진과 공적 영역 강화 필요

1) 홉스

홉스는 인간이 생존과 권력에 대한 욕구에 따라 활동하기 때문에 천성적으로 이기적이라고 보았다. 이러한 특성은 사람들 간에 서로 해를 끼치거나 죽이는 능력을 본질적으로 똑같이 갖고 있어서 결국은 경쟁과 갈등으로 인해 '만인에 대한 만인의 투쟁(bellum omnium contra omnes)'을 피하기 어렵다. 이런 상태가 자연 상태이며, 합리적인 개인은 사회계약을 체결함으로써 자연 상태인 무정부 상태를 벗어나려고 한다. 계약은 안전과 질서를 대가로 특정 자유를 주권 당국에 양도하기로 한 개인 간의 합의인데, 이를 보장할 수 있는 주체가 필요하다. 그 주체가 리바이어던(Leviathan)이며, 계약을 통해 확립되어 평화를 유지하고 자연 상태로의 복귀를 막는 절대적인 권력을 지닌 존재로, 홉스는 절대적인 권위만이 인간의 타고난 이기심과 폭력적 성향을 효과적으로 관리할 수 있다고 보았다(선우현, 2023). 이 리바이어던은 오늘날 국가와 같은 존재라고 할 수 있다.

홉스에 따르면, 시민사회는 개인들이 주권 아래에 이익공동체(commonwealth)를 형성하기로 집단적으로 동의할 때 형성된다. 이 사회는 평화와 안전을 보장하기 위해 해당 법률을 집행할 수 있는 법률과 통치기관이 존재한다는 특징이 있다. 주권자의 주요 역할은 보호를 제공하고 사회계약을 유지하는 것으로, 그 권위는 절대적이다. 권력의 분할은 불안정을 초래하고 잠재적으로 자연 상태의 혼란으로 돌아갈 수 있기 때문이다.

시민사회에서는 행동을 규제하고 갈등을 해결하기 위해 법이 필요하며, 사회질서의 붕괴를 막기 위해 강력한 법적 틀과 법 집행이 중요하다. 시민사회와 주권의 기본 목적은 안전을 제공하고 자연 상태에 내재된 위험으로부터 개인을 보호하는 것으로, 사회 내 개인은 통제와 규제를 통한 안전한 사회에서 생활하는 혜택을 대가로 자유를 포기하는 데 서로 동의하게 된다.

요약하면, 홉스는 시민사회를 혼란스럽고 위험한 자연 상태에서 벗어나려는 합리적 욕구에서 나오는 구성체로 설명하였으며, 각 개인은 사회계약을 통해 평화, 안전, 질서를 보장하는 절대 주권의 국가를 만들게 된다는 것이다.

2) 로크

로크는 인간의 본성과 시민사회의 구성과 관련하여 홉스의 사상과 대조되는 입장을 갖고 있었다. 그는 자연 상태에서 인간은 본질적으로 생명, 자유, 재산에 대한 자연권을 가지고 있다고 보았으며, 자연법칙을 이해하고 유지할 수 있는 이성적 존재로 보았다. 자연 상태에서 인간은 자연법의 테두리 내에서 자유롭게 행동할 수 있으며, 권리가 평등하고, 다른 사람의 생명, 자유 또는 재산에 해를 끼치지 않도록 의무화되어 있다.

하지만 자연 상태는 자유를 제공하지만 확실하고 공정한 판결과 자연법 집행이 부족하며, 법률 집행이 개인에게 맡기고 있어서 잠재적인 갈등과 불안을 초래하게 되므로 사회계약을 통해 자연권을 보호할 수밖에 없다. 피지배자는 자연 상태에서보다 더 효과적으로 자신의 자연권을 보호하는 정부를 설립하기 위해 정치사회를 구성하는 데 집단적으로 동의하게 된다. 사회계약에 동의함으로써 개인은 자신의 권리를 수탁하는 정부에 자연법을 집행할 수 있는 권한을 위임한다. 이러한 위임은 신뢰에 기초한 것이며, 정부가 직무를 수행하지 못할 경우에 철회될 수 있다(Locke, 2021).

로크에게 시민사회는 자연 상태를 떠나 사회계약을 맺은 개인들로 구성된 정치공동체로, 국민의 동의로 제정되고 합법적인 정부에 의해 집행되는 법률에 의해 통치하게 된다. 정부는 입법권, 행정권, 사법권을 행사하되 입법부, 행정부, 사법부로 권력이 분리되며, 시민의 자연권을 보호하지 못하거나 폭군으로 변할 경우에 국민은 언제든지 동의를 철회하고 정부를 전복시킬 권리(역성혁명)가 있다고 주장했다.

3) 루소

루소는 자연 상태의 인간을 자유롭고 평등한 '고귀한 야만인(noble savages)'으로 묘사했다. 자연 상태에서 인간은 시민사회에서 발생하는 이기심과 달리 연민(타인에 대한 자연스러운 공감)과 자기애에 의해 움직이며, 사회적 관습과 불평등에 구애받지 않고 자연스러운 자유를 누리게 된다. 루소는 "어떤 사람이 한 땅에 울타리를 치고 '이것은 내 것이다'라고 말했고, 이를 순진하게 믿고 따른 최초의 사람이 진정한 의미의 시민사회 창시자가 되었다."고 하면서 시민사회의 기원이 불평등을 야기하는 사유재산제의 시작과 더불어 시작되었다는 점에 주목하였다. 그는 사유재산제의 도입이 경쟁, 탐욕으로 이어져서 인류의 자연적 선함을 타락시킬 것이며, 궁극적으로는 부패와 불평등으로 귀결될 것으로 보았다(Rousseau, 2018).

루소는 인구가 증가하고 상호작용이 증가함에 따라 개인은 생존과 안정을 보장하기 위해 협력하며 사회를 형성해야 한다는 필요성을 느끼고, 개인 간의 합의인 사회계약을 통해 일반의지를 대표하는 집단적 통치체인 시민사회를 만들게 된다고 보았다. 그는 개인의 이익의 총합인 전체의지와는 달리 공익을 목표로 하는 국민의 집단이익인 일반의지가 있는데, 이것이 시민사회의 최고 권위가 되어야 하며, 법과 정책은 공동선에 봉사하고 평등과 자유를 유지하려는 일반의지를 반영해야 한다고 보았다. 루소에 따르면, 개인은 사회계약을 체결함으로써 도덕적 자유, 즉 정치공동체의 구성원으로서 자신이 규정한 법률에 따라 생활할 수 있는 능력인 도덕적 자유를 얻게 되며, 올바른 시민사회는 모든 시민의 정치 과정에서의 평등과 적극적인 참여를 기반으로 해야 하고, 그런 의미에서 시민들이 입법과 통치에 직접 참여하는 직접민주주의가 필요하다는 것이다(Rousseau, 2022).

루소에 따르면, 정부는 법률을 통해 표현된 일반의지를 이행하는 집행기관 역할을 하며, 주권자(국민)가 제정한 법률을 집행하는 데 꼭 필요한 도구의 역할을 한다. 권력 남용을 방지하기 위해 권력은 분리되어야 하고, 정부가 일반의지에 일치할 때는 정당한 권위를 갖지만 그렇지 않으면 불법이 되며, 시민들은 정부를 전복할 권리가 있어서 정부는 시민에 대해 합당한 책임을 가져야 한다.

루소의 시민사회에 대한 비전은 집단적 의사결정, 공동선, 시민의 적극적인 참여를 강조하며 현대 민주주의와 참여 정치 이론의 기초를 제공하였다.

4) 헤겔

시민사회에 대한 헤겔의 설명은 그의 윤리적 삶(Sittlichkeit), 자유, 자의식의 발전 개념 속에 자리 잡고 있다. 인간의 윤리적 삶의 세 가지 영역은, ① 사랑과 화합의 특징인 가족, ② 경제 활동, 법적 관계, 사회제도가 운영되는 특수성과 개인의 이익영역인 시민사회(Burgerliche Gesellschaft), ③ 가족과 시민사회를 통일되고 합리적인 전체로 통합하는 최고의 윤리적 삶의 형태인 국가로 구성된다(Hegel, 2020).

헤겔에게 있어서 시민사회는 가족과 국가 사이의 중간 영역으로, 경제활동과 법적 틀을 통해 개인의 필요와 이익이 추구되는 영역이며, 개인의 특정 이익과 보편적 규범 및 법률의 균형을 유지하고, 법적 · 윤리적 틀 안에서 개인의 자유가 행사되는 공간이다. 시민사회는, ① 개인의 물질적 욕구를 충족시키는 경제생활과 효율성 제고와 동시에 종속 및 불평등도 야기하는 노동 분업이 자리 잡고 있는 욕구체계, ② 상호작용 규제, 분쟁해결, 개인 권리 보호의 법률체계와 개인 권리 및 재산권 인정이 가능한 사법행정, ③ 공공복지 및 질서유지를 위한 경찰과 다양한 결사체로서의 기업 등 3가지로 구성된다.

헤겔의 시민사회는 자신의 이익을 자유롭게 추구하는 주관적 자유와 법률 및 윤리 규범을 준수해야 하는 객관적 자유가 보장되며, 개인의 특정 이익과 국가의 보편적 이익 사이를 중재하게 된다. 개인은 시민사회 참여를 통해 교육받고 사회화되며, 개인의 이익과 지역사회 및 국가에 대한 의무의 균형을 맞추는 방법을 학습하게 된다.

국가는 시민사회의 특정 이익과 십난석 이익을 소화시키며 보편적 이익, 즉 공동선을 구현하고 시민사회를 보편적인 법과 윤리적 규범의 틀 안에서 개인의 자유가 실현되는 윤리적 공동체로 변화시킨다.

5) 마르크스

마르크스는 인간의 유(類)적 존재를 사회적이며 생산적인 존재이자 노동과 생산 활동을 하는 것으로 보았으며, 삶의 물질적 조건과 생산 방식이 인간의 의식과 사회구조를 형성하는 유물론적 입장을 견지하였다. 헤겔의 국가 및 시민사회 구분론을 비판하면서 국가는 부르주아지(자본가계급)의 이익을 보호하고 영속시키기 위해 고안된 지배계급의 도구에 지나지 않는다고 보았다. 시민사회는 상품과 서비스의 생산, 분배, 소비를 포괄하는 경제적 기반, 즉 물적 토대가 지배하며 자본가계급과 프롤레타리아 간의 적대적

계급관계가 중심을 이루고 있다.

노동자계급의 일을 통한 노동의 가치에 의해 부가 생산되지만, 생산수단의 사적 소유를 하는 자본가계급이 부를 전유(appropriate)시키는 모순적 사회구조가 유지되고 있어서 노동자계급의 프롤레타리아 혁명에 의해 공산주의체제로 전환하는 것은 불가피하다고 보았다. 공산주의사회에서는 생산수단의 집단적 소유에 의해 진정한 자유와 인간 발전이 가능하다고 마르크스는 강조하였다.

6) 그람시

이탈리아 마르크스주의 철학자이자 정치가인 그람시는 자신의 폭넓은 헤게모니 이론의 맥락에서 시민사회에 대한 독특하고 영향력 있는 설명을 제공하였다. 그람시의 감옥에서 쓴 옥중 수고(Gramsci, 2006; Gramsci, 2007)는 마르크스에게서 볼 수 없는 자본주의하의 시민사회의 역동성과 작동 기제에 대해 자세히 소개하고 있다. 그람시는 자본주의의 지배가 단순히 힘이나 강압을 통해서가 아니라 피지배자의 동의를 통해 지배계급 및 집단이 사회를 지배하는 헤게모니(hegemony) 지배가 중요하게 작동되고 있음을 강조하며, 이러한 지배력은 문화적 · 이념적 · 제도적 수단을 통해 달성된다고 보았다. 그가 말하는 시민사회는 전통적인 정의를 넘어 국가와 개인을 중재하는 문화 및 이데올로기 제도의 모든 영역을 포괄하며, 사회의 신념, 가치 및 규범을 형성하는 교육기관, 미디어, 종교 단체, 노동 조합, 문화 협회 및 기타 형태의 사회조직이라는 제도, 이념 전반의 내용이 포함된다(Gramsci, 2006).

헤게모니로서 시민사회의 기능은 동의 창출과 세계관의 형성, 그리고 문학, 예술, 음악, 미디어 등 문화 생산이라는 문화적 헤게모니와 여론 형성 및 사회 · 경제적 특권을 유지하는 문화 생산 및 보급의 역할을 하는 문화적 리더십도 포함된다(Gramsci, 2007).

국가는 경찰과 군대와 같은 억압 기구뿐 아니라 시민사회의 다양한 기관을 포괄하는 통합국가(integral state)의 역할을 한다. 국가는 강압을 통해 직접적인 통제를 행사하지만, 시민사회는 지배계급의 장기적인 동의와 안정을 확보하는 데 더 중요한 역할을 수행하면서 국가와 시민사회 간의 힘의 균형을 유지한다. 그람시적 관점에서 크게 보면 국가와 시민사회는 서로 연결되어 있으며, 시민사회 기관은 국가의 강압기구와 함께 패권 유지에 기여하고, 계급적 지배를 위해 국가 및 시민사회 모두가 강압과 동의 사이의 복잡한 상호작용을 한다. 시민사회 내의 피지배계급은 지배계급의 지배만 받는 것이 아니라 사회운동, 노동조합, 풀뿌리 조직 등 반(反)헤게모니 세력이 지배 이데올로기에 맞서고, 사회관계 변혁을 추구하게 되며, 시민사회는 헤게모니와 반헤게모니의 전선이 구축되는 투쟁의 장이 된다. 반헤게모니 저항에 중요한 역할을 하는 것이 유기적 지식인(organic intellectuals)이다. 반헤게모니 세력의 투쟁은 전면전도 있겠지만 지구전(持久戰)으로서 진지전도 있으며, 이때는 지배적 내러티브에 도전하고 대중의 지지를 동원하며 다양한 집단 간의 동맹의 구축을 통한 문화 및 정치 참여가 중요한 역할을 하게 된다.

그람시의 시민사회에 대한 설명은 문화적·이념적 제도가 사회에서 권력관계를 어떻게 형성하는지 이해하는 데 중요한 렌즈를 제공하며, 그의 주요 개념은 자본주의 시민사회 내의 넓은 범위의 사회적·정치적 변화에서 문화 투쟁의 중요성을 강조하였다.

7) 토크빌

프랑스의 정치 사상가이자 역사가인 토크빌은 그의 저서 『미국의 민주주의』(Tocqueville, 2013)에서 시민사회를 설명하면서 시민사회에 의한 민주주의, 시민 참여, 사회 안정 촉진의 다양한 역할에 주목하였다. 그는 시민사회를 개인과 국가 사이의 공간으로 정의하며, 이 공간에 정부로부터 독립된 광범위한 자발적 협회, 조직 및 기관이 포함되어 있다고 하였다. 시민사회의 중요한 주체는 사람들이 공동의 이익과 목표를 추구하기 위해 결성한 정치, 종교, 상업, 산업 및 기타 사회조직이 포함된 자발적 결사체라고 그는 강조하였다. 시민사회는 민주사회의 건강과 안정에 필수적이며, 국가권력에 대한 균형추 역할을 하고 민주적 습관과 실천을 위한 훈련장을 제공한다. 아울러 자발적 결사체의 참여를 통해 시민 참여, 사회적 책임, 사회적 자본 개발을 촉진하게 되며, 여기서 성장한 시민사회가 다원주의를 촉진하고 권력이 소수의 손에 집중되기보다는 분산되도록 함으로써 폭정의 증가를 방지하는 데 도움이 된다고 보았다.

토크빌에 따르면 시민사회에서 중요한 것은 시민권의 교육으로, 시민사회단체가 시민들에게 자치의 기술을 교육하고, 시민들의 참여를 독려하면서 시민들은 더욱 숙고하고, 협상하고, 타협하는 방법을 배우게 된다. 시민사회단체와 자발적 결사체는 민주주의가 제대로 작동하는 데 중요한 협력, 관용, 공공 정신과 같은 시민의 미덕을 배양시켜 준다.

시민사회는 개인과 국가 사이를 중재하는 완충 장치 역할을 하며 정부의 과잉 접근으로부터 개인의 자유를 보호하는 데 도움이 된다. 또 마을 만들기와 자치활동은 지역공동체의 의식과 소속감을 조성하고, 각 개인을 하나로 묶고, 사회적 결속에 기여하는 관계 네트워크를 만들며, 개인의 고립을 완화하고 이에 맞설 수 있는 힘을 길러 주게 된다고 그는 강조하였다. 토크빌은 건강한 민주주의의 잠재적 위협으로 과도한 개인주의, 권력의 집중화를 경계하였고, 이를 방지할 수 있는 희망도 시민사회에서 찾았다.

8) 하버마스

독일의 저명한 철학자이자 사회학자인 하버마스는 의사소통 행동과 심의 민주주의에 대한 폭넓은 이론의 틀 안에서 시민사회에 대해 상세히 설명하였다. 하버마스는 시민사회야말로 민주적 참여를 촉진하고, 비판적 공적 담론을 육성하며, 국가와 사적 영역 사이를 중재하는 역할을 하고 있다고 강조하였다(Habermas, 2001).

하버마스는 시민사회를 국가와 개인 및 가족의 사적 영역 사이의 매개 영역으로 보았으며, 국가 및 시장과 독립적으로 운영되는 자발적 결사체, 이익 집단, 사회운동, 비정부기구(NGO) 등의 집단으로 구성된다고 보았다. 시민사회는 시민들이 열린 대화에 참여하고, 다양한 관점을 교환하며, 사회적 문제를 집단적으로 해결할 수 있는 플랫폼을 제공함으로써 공론장(public reasoning)을 촉진한다. 또 지배적 담론에 도전하고 대안적인 관점을 옹호하는 하위 주체 또는 소외된 집단인 대안적 공중(counter-publics)을 지원하기도 한다. 시민사회는 개인과 공동체 간의 연대, 상호 지원, 협력 활동을 위한 공간을 조성하여 사회통합을 촉진하고 교육 프로그램, 문화 활동 및 풀뿌리 이니셔티브를 통해 시민의 미덕, 문화 다양성 및 공유의 가치를 증진하는 데 문화 및 교육 역할을 수행하기도 한다.

하버마스는 시장의 힘과 개인주의적 이해관계가 집단적 행동과 대중의 정신을 약화시키고 시민사회의 상업화와 파편화를 가져올 위험성에 대해서도 경계를 하였다. 아울러 정부 권력에 대한 견제 역할을 하는 시민사회의 자율성과 능력을 약화시킬 수 있는 국가 및 기업의 이익의 위협도 지적하였다. 상업화, 미디어 조작, 사익의 영향력이 공적 담론의 질을 훼손하고 시민사회의 역할을 약화시킬 수 있는 현대사회의 공론장의 훼손에 대해서도 그는 우려를 표시하였다.

이러한 위협에 맞설 수 있는 것이 공적영역(public sphere)이다. 이는 국가의 통제와 경제적 압력에서 벗어나서 개인들이 모여 공통 관심사를 논의하고 토론하는 공간으로서 시민 누구에게나 열려 있으며, 국가 및 상업적 이익과 구별되어 자유롭고 비판적인 토론이 가능한 영역이다. 공적 영역은 시민사회의 일부이면서 시민사회의 발전에 중요한 플랫폼이자 지원 기반으로 작용한다.

5. 시민사회와 민주 · 공화 주의, 사회운동, 시민권, 사회적 가치, 시민적 책임

시민사회는 역사적 발전 과정에서 민주주의, 공화주의를 출생시키기도 하였지만, 사회운동의 과정에서 성장하였으며, 동시에 시민권, 사회적 가치, 시민의 책임을 발전시켜 왔다. 시민사회가 이것들에 미치는 영향을 각각 살펴보기로 한다.

1) 시민사회와 민주주의 및 공화주의

어느 나라이든지 헌법은 중요하며, 헌법적 가치에 가장 중요한 것을 제1조에 담고 있다.[4] 그런 측면에서 「대한민국 헌법」의 제1조는 가장 중요한 조문인데, 제1항은 "대한민국은 민주공화국이다."이며, 제2항은 "대한민국의 주권은 국민에게 있고, 모든 권력은 국민으로부터 나온다."이다. 제1조에 등장한 '민주공화국(民主共和國)'이란 사전적으로 주권이 국민에게 있고, 주권의 운용이 국민의 의사에 따라 이루어지는 나라를 의미한다. 민주공화국은 정치체제로 단순히 군주제가 아닌 비군주제란 소극적 의미보다는 주권재민(主權在民), 즉 국민에 의해 권력이 나온다는 것과 더불어 국민에 의한 권력 지배란 적극적 의미를 포함한다. 아울러 민주와 공화라는 두 가지 가치의 다원성과 통합성을 함축하고 있다. 민주주의는 '모든 국민(또는 시민)에 의한'의 가치에 근접해 있다면, 공화주의는 '모든 국민(또는 시민)을 위한' 원칙을 중요시 여긴다.

시민사회는 「대한민국 헌법」 제1조 제1항인 민주주의와 공화주의에 중요한 영향을 미친다. 우선 시민사회가 민주주의에 미치는 영향은 다음과 같다.

첫째, 시민사회는 시민들의 참여를 활성화시킨다. 시민사회단체(civil society organizations)들은 시민들의 투표 참여, 타운홀 미팅 등 지역사회 의제 협의 및 토론, 사

4) 대개 많은 나라의 헌법 제1조에서는 그 나라의 가장 중요한 가치 및 정치체제를 다룬다.

회적 주제 이슈화 등으로 참여를 독려한다. 더불어 시민사회단체는 시민들에게 자신의 권리, 책임, 민주주의 시스템의 기능에 대해 교육하여 정보에 입각한 참여를 강화한다. 토크빌(Tocqueville, 2013)은 시민의 적극적 참여가 민주주의의 건전성 유지를 위해 매우 중요하며, 자발적 결사체와 시민사회단체가 핵심적 역할을 하게 된다고 주장하였다.

둘째, 시민사회는 사회의 다양한 주체 간에 협력과 네트워크라는 사회적 자본을 육성한다. 시민사회는 민주주의가 제대로 작동하는 데 필수적인 개인 간의 신뢰와 협력 네트워크를 조성하며, 다양한 집단을 하나로 모아 사회적·민족적·경제적 격차를 해소하고, 사회적 결속을 촉진하여 민주주의의 핵심 기반인 사회적 자본을 튼튼하게 구축다.

퍼트남(Putnam, 1993, 2016)은 시민 참여와 지역사회 활동의 참여 감소로 사회적 자본이 위축되고 결국은 민주주의를 훼손한다고 주장하였다.

셋째, 시민사회는 사회에 대한 책임성을 중시하여 정부 및 기업에 대한 감시와 투명성을 제고한다. 투명성과 책임을 요구하면서 정부 및 기업의 행동을 모니터링하고 감시 역할을 하면서 부패, 권력 남용 및 기타 부정 행위를 폭로한다. 취약계층을 포함하여 다양한 인구 집단의 이익과 결핍 문제를 대변하고 정책 변경 및 개혁을 위해 문제 제기와 권익 옹호에 적극적 역할을 수행한다. 시민사회는 국가 및 시장과 별개의 영역으로 존재하면서 개인과 국가 사이를 중재하며, 국가-시장-시민사회 간의 상호작용을 촉진하고 건강한 민주주의의 발전을 위해 시민사회의 자율성을 지속적으로 확장해 간다 (Cohen & Arato, 2012a, 2012b).

넷째, 시민사회는 공론화와 숙려활동을 촉진한다. 시민사회는 다양한 목소리를 들을 수 있도록 공개토론과 심의를 위한 플랫폼을 제공하고, 이에 대한 포괄적이고 대표적인 민주적 수렴과 의견 표출 과정에 기여한다. 시민사회단체는 정책 토론에 전문적이고 실천적인 지식을 제공하여 보다 효과적이고 신속하게 정책이 형성하도록 역할을 한다. 하버마스(Habermas, 1962)는 공공 문제에 대해 합리적-비판적 토론을 벌이는 공간인 공론장과 시민사회의 건강한 공공영역이 민주적 심의와 정당성을 위해 필수적이라고 강조하였다.

다섯째, 시민사회는 시민에 대한 인권과 자유를 옹호하고 보호한다. 이러한 활동에는 다양한 차별에 맞서 싸우고, 평등을 주장하며, 소외된 집단을 보호하는 것이 포함된다. 권리가 침해된 개인 및 집단에 법적 지원을 제공하여 법치주의가 올바로 세워지도록 한다. 왈저(Walzer, 1999)는 독립적이고 다양한 단체와 공동체가 민주적 삶에 기여하며, 정의와 평등을 증진시키는 데 결정적인 기여를 함을 강조하였다. 즉, 시민사회는 이러한 단체들을 통해 다양하고 공정하며 민주적인 사회를 촉진시킴을 확인할 수 있다.

여섯째, 시민사회는 사회복지에 대한 보완적 · 혁신적 지원을 제공한다. 시민사회는 의료, 교육, 돌봄, 재난 구호 등 정부영역이 미치지 못하는 부족한 분야에 필수 서비스를 제공하기도 하며 사회적 격차를 완화하고 지역사회복지를 지원하는 데 많은 노력을 한다. 정부의 사회서비스 제공에 혁신을 이루고 새로운 접근 방식을 실험적으로 개발하고 추진하여 창의적인 사회적 성과가 확산되도록 노력한다.

일곱째, 시민사회는 민주주의의 문화와 인식을 제고시킨다. 시민사회단체는 내부적으로 민주적 원칙을 실천함으로써 민주주의 문화를 육성하며 관용, 반대 의견에 대한 존중, 숙려와 같은 가치를 장려한다. 소외된 목소리에도 힘을 실어 주어 배제되고 제대로 대표되지 못하는 집단에 역량을 실어 그들의 목소리가 민주적 과정에 포함될 수 있도록 보장되게 한다.

시민사회가 공화주의에 미치는 영향도 매우 크다.

첫째, 시민사회는 시민의식과 시민 교육의 증진으로 공동선 우선의 사회로 발전시킨다. 교육기관, 종교단체, 지역사회단체 등 시민사회단체는 시민의 덕목 함양에 중요한 역할을 한다. 그들은 도덕 및 시민 교육을 제공하여 개인이 공동선을 우선시하고 윤리적 행동에 참여하도록 장려한다.

둘째, 시민사회는 적극적인 참여를 독려하여 시민이 주도하는 공화주의의 초석을 강화한다. 시민사회단체는 시민들이 투표, 공개회의 참석, 풀뿌리 캠페인 참여 등 정치 및 시민 활동에 참여하게 하고, 궁극적으로는 역량과 정보를 갖춘 시민에 의존하는 공화주의의 초석이 되게 한다. 시민들이 공공정책과 거버넌스에 영향을 미칠 수 있는 통로 역할을 하며, 옹호단체와 사회운동을 통해 개인은 자신의 우려를 표명하고 법률 및 정책 형성에 기여할 수 있게 한다. 시민들의 정치생활에 참여하는 공동체의 중요성은 고대 그리스의 도시국가 시대의 아리스토텔레스(Aristoteles, 2023)에게서 이미 나타났는데, 그는 시민참여로 사회적 공동선 및 시민 미덕과 같은 공화주의 가치가 증진된다고 보았다. 마키아벨리(Machiavelli, 2019) 역시 부패와 폭정으로부터 공화국을 보호하기 위해서는 시민의 미덕과 공공생활에 대한 적극적인 참여의 중요성을 주장했다.

셋째, 시민사회는 사회적 토론 및 공론화를 활성화시킨다. 시민사회는 시민들이 공동의 관심사에 대해 토론하고 심의할 수 있는 공개토론과 심의의 장을 제공한다. 이는 결정이 대중의 집단적 의지와 합리적인 판단을 반영해야 하는 공화주의 체제의 기능에 필수적 역할을 한다. 시민사회단체는 공공적 담론에서 다양한 관점이 표현되도록 보장하여 보다 포괄적이고 민주적인 심의 과정에 기여한다.

넷째, 시민사회는 시민의 권익을 위한 법치와 책임성을 강화한다. 시민사회단체는 정부와 기업에 대해 감시견 역할을 하며, 정부 조치에 대해 모니터링하고 정부 및 관련 공무원에게 책임을 물어 공화주의 원칙에 어긋나는 권력 남용과 부패를 방지하는 데 기여를 한다. 다수의 시민단체는 법이 공정하게 적용되고 모든 시민의 권리가 보호되도록 법적 지원과 옹호를 제공한다.

다섯째, 시민사회는 공동체의 이익과 사회적 공동선을 증진시킨다. 시민사회단체는 사회 문제를 해결하고 필수 서비스를 제공하며 취약계층을 지원함으로써 공익을 위해 노력한다. 그들의 노력은 보다 정의롭고 공평한 사회를 만드는 데 기여한다. 편협하고 개인적인 이익이 아닌 공동선을 반영하는 정책을 옹호하고 전문 지식을 제공함으로써 정책 결정에 기여한다. 앞서 살펴본 것처럼 루소(Rousseau, 2022)는 국민의 집단적 이익을 대표하는 '일반의지'라는 개념을 제시하였는데, 공화정이 일반의지를 표현하고 공동선을 달성하기 위해서는 시민들의 참여가 결정적인 역할을 한다고 보았다.

여섯째, 시민사회는 국가 및 시장과의 관계에서 견제와 균형을 유지한다. 시민사회는 국가 권력에 대한 균형을 잡는 역할을 하여 어떠한 주체도 견제받지 않는 권한을 갖지 않도록 보장한다(Hamilton et al., 2019). 이러한 것은 권력 집중을 방지하고 개인의 자유를 보호하려는 공화주의의 이상과 일치한다. 시민에게 권한을 부여하고 거버넌스에 참여할 수 있는 역량을 강화함으로써 시민사회는 균형 잡힌 권력 분배를 유지한다.

2) 시민사회에서 의제 형성 및 사회운동의 발전

(1) 사회 문제에 대한 주요 의제 형성

아무리 복잡한 현대사회의 문제라고 하더라도 시민사회는 그냥 잠잠히 침묵하고 있지만 않는다. 시민사회는 이에 대해 문제를 제기하며 대안을 제시하고 해결책을 마련하도록 촉구하는 요구를 한다. 이들 단계별로 보면, 첫 번째, 사회 문제를 인지하고 정의한다. 두 번째, 문제에 적극적으로 대응하기 위해 조직화를 시도하게 된다. 세 번째는 정부조직이나 기업, 사회기관에 공식적인 입장 표명과 대응을 하는 단계에 돌입한다. 네 번째는 정부나 기업에 대한 공식적 · 비공식적 반응에 대응하여 다시 재(再)대응을 하는 단계에 들어가기도 한다. 이 단계에서 문제가 해소될 수도 있지만 오히려 재격화의 단계에 접어들 수도 있다. 마지막 단계는 대안적 전략의 개발단계이다.

사회 문제에 대한 의제 형성에 대표적인 국제적 의제는 유엔(UN))의 지속가능한 발전 목표(Sustainable Development Goals: SDGs)이다. 지속가능한 발전 목표는 2015년 UN 제70차 총회에서 2000년부터 진행한 밀레니엄 발전 목표(Millenium Development Goals: MDGs)를 대신하여 세계 각국의 공동적 사회발전 목표로 수립되었다. 지속가능발전목표는 경제성장, 사회 안정 및 통합, 환경보전의 균형 발전을 지향하고 현재 세대를 넘어 미래 세대와 함께 경제, 사회, 환경의 조화와 공생을 추구하는 발전 정책이다. 총 17개의 목표와 169개의 세부목표를 제시하고 있는데, 빈곤퇴치, 기아 해소와 식량 안보 달성 및 지속가능 농업 발전 등 상위 17대 목표와 하위 세부목표는 세계적 전문가의 참여와 국제적 협력의 결과물로 설정되었다.

사회 문제에 대한 학계의 대응으로는 '미국 사회사업 및 사회복지학회(the American Academy of Social Work and Social Welfare: AASWSW)'가 추진한 '사회복지의 거대 도전(grand challenges for social work)' 의제 수립이 대표적이다. '미국 사회사업 및 사회복지학회'에서는 미국 사회의 당면한 사회 문제로 대규모 수감(mass incarceration) 인구의 증가, 기후변화, 인구의 고령화, 정신질환, 소득불평등 확대 등을 경험하고 있고, 이들 문제가 근본적으로 미국 사회를 압박하고 있다고 지적하면서 이에 대한 대응의 필요성으로 '사회복지의 거대 도전' 의제를 제시하였다. 2016년 창립 20주년 특별학회의 기획분과 발표를 통해 이들 문제를 논의하기 시작하여 총 3개 영역, 13개 의제를 제시하였다(Maiden & Eugenia, 2023). 구체적으로, 첫째, 개인 및 가족 복지영역에서는 ① 청소년의 건강한 발전 보장, ② 건강 격차 해소, ③ 폭력 종식을 위한 건강한 관계 구축, ④ 길고 생산적인 삶의 진보의 4가지 의제가 설정되었다, 둘째, 더 강한 사회적 구조영역에서는 ⑤ 사회적 고립 근절, ⑥ 노숙 문제의 종식, ⑦ 변화하는 환경에 대한 사회적 반응 창출, ⑧ 사회적 선(善)을 위한 기술 활용의 4가지 주제가 제시되었다. 셋째, 정당한 사회영역에서는 ⑨ 인종차별 근절, ⑩ 스마트한 탈(脫)구금 환경 조성, ⑪ 모든 사람을 위한 재정능력 조성, ⑫ 극심한 경제적 불평등 감소, ⑬ 평등한 기회와 정의 실현의 5가지 주제가 제안되었다.

최근 10년 동안 EU나 미국 시민사회의 주요 사회 의제를 보면 환경 및 생태 문제영역에서 기후변화 및 기후재난, 생물의 다양성 소실, 대기 및 수질 오염이 대두되고, 경제영역에서 코로나19 이후에 인플레이션, 경제적 불평등, 실업과 프레카리어트(precariat),[5]

5) precariat는 precario(불안정한)와 proletariat(무산계급)의 합성어로, 저임금, 저숙련, 불안정 고용과 생활영역에 놓인 현재의 취약한 노동자 계층을 의미한다.

청년실업과 니트족(Not in Education, Employment or Training: NEET) 문제가 부각되고 있으며, 인구 및 사회 문제영역에서는 인구의 고령화와 국제 이주노동자, 정치적 양극화, 사회적 혐오, 성차별의 문제가 관심을 끌고 있다.

우리나라에서도 환경 및 생태 영역에서는 미세먼지, 기후변화, 재생에너지, 플라스틱 오염 문제가 대두되고, 경제영역에서는 청년실업과 고용불안정, 소득불평등의 문제가 부상하며, 인구 및 사회갈등영역에서는 저출산과 고령화, 젠더 갈등, 세대 갈등, 지역갈등 등의 문제가 시민사회와 국가정책에서 이슈로 부각되었다. 시민사회는 이처럼 사회적 이슈를 적극 제기하면서 위기 및 위험에 경고를 보내는 호루라기 부는 사람(whistle blower)의 역할을 감당하고 의제를 제시하며 사회 전반에 문제 대응력을 높인다.

(2) 사회 문제 해결을 위한 사회운동 전개

시민사회는 사회운동을 촉진시켜 더 강한 민주주의(strong democracy)[6)]를 만드는 데 크게 기여한다. 기존의 사회운동(old social movement)이 노동, 정당 및 정치 영역을 중심으로 이루어졌다면, 새로운 사회운동(new social movement)은 대의민주주의, 자유민주주의의 정치적 제한, 기업 주도의 조직 자본주의 기반의 경제적 위기를 비판하면서 여성, 인권, 빈민, 문화, 지역, 생태 및 환경 등 다양한 영역에서 발전하는 특성을 갖고 있다(Giugni & Passy, 1998).

세계 각국의 다양한 사회운동은 매우 다양한 형태로 전개되고 있다. 유럽과 미국의 주요 사회운동 이슈는 유럽 전체의 재생에너지, 지속가능 농업, 탄소 배출 감소 등을 주도하는 유럽 그린 딜(European Green Deal), 청년들을 중심으로 긴급 기후 행동에 대한 강력한 옹호를 주도하는 '미래를 위한 금요일(Fridays for Future)', 경제적 형평성, 노동권 옹호, 지역사회 조직에 중점을 두면서 최저임금법 인상을 주도하는 '15불을 위한 투쟁(Fight for $15)', 프랑스에서 경제적 불평등 현실 및 정책에 저항하였던 '노란 조끼(Yellow Vests, Gilets Jaunes) 운동', 소수자, 여성, 아동에 대한 성희롱 및 폭행에 반대하는 '미투 운동(Me Too Movement)', 저소득 및 중간 계층의 의료보장을 위한 미국의 저렴하고 적절한 돌봄 법(Affordable Care Act) 등 많은 사회운동이 사회 문제에 대응하기 위해 실천적 활동을 전개하고 있다.

---

6) Barber(2004)에 따르면, 시민사회는 자유주의적 민주주의, 공동체적 민주주의, 강한 민주주의의 세 가지 특징을 갖고 있는데, 이 중에서 자발적·비강제적·공공적 성격을 지니는 강한 민주주의가 자발적 결사체 등을 통해 개인과 국가, 개인과 기업 간에 중재적 역할을 하면서 다양성, 평등성을 확장할 수 있다고 보았다.

우리나라 역시도 다수의 시민사회단체들이 정부, 기업, 정당 등의 권력에 대응하기 위한 견제 및 비판, 대안적 의제 설정 및 확산, 시민사회의 조직화 및 결집을 위해 실천적 노력을 하고 있다. 최근 국내외적 사회운동의 특성을 정리하면, 첫째, 광범위한 계층 및 집단의 참여를 위한 포용성과 평등성에 주목하고 있다. 둘째, 일회적 대응이 아닌 장기적 · 종합적 접근을 강조하고 있다. 예를 들면, 유럽 그린 딜은 2050년까지의 탄소중립(Carbon Neutral)을 목표로 하고 있으며, 유엔의 지속가능발전목표는 2030년을 목표 연도로 설정하고 있다. 셋째, 다중적 거버넌스를 운영하고 있다. 파리의정서와 ESG는 시민사회나 NGO 내에 머무르는 것이 아니라 정부 및 기업과 협력을 중시하고 있으며 개인과 사회와의 연대에 주목하고 있다. 넷째, 창의적 민첩성과 적응성이 강조된다. 사회 문제는 끊임없이 진화하고 있으므로 변화하는 현실에 민첩하고, 유연하며, 창의적인 적응이 매우 중요하다고 하겠다. 다섯째, 최근 새로운 사회운동은 추상적 슬로건에 머무르는 것이 아니라 측정 가능하고 구체적인 전략적 성과 목표를 중심으로 접근하고 있다.

3) 시민사회와 시민권, 사회적 가치, 시민적 책임

(1) 시민사회와 시민권

시민사회가 지향해야 할 중요한 방향은 시민권의 존중이며, 시민사회의 발전은 시민권의 확장 과정이다. 사전적 의미로서 시민권(市民權, citizenship)이란, ① 일반 국민이나 주민이 누리고 가지는 권리, ② 시민으로서의 행동, 사상, 재산, 신앙의 자유가 보장되고 정치에 참여할 수 있는 권리로 정의할 수 있다. 영국의 마샬(Marshall, 2013)은 이를 공민권(civil right),[7] 정치권(political right), 사회권(social right)으로 구분하였는데, 이 세 가지 단계별로 시민권이 발전한다고 보았다. 공민권은 근대 시민혁명 이후에 시민계급이 투쟁하여 쟁취했던 개인의 자유를 위한 권리(신체의 자유, 언론 및 사상의 자유, 사유재산 보장, 계약의 자유, 법 앞의 평등 등)를 중심으로 한다면, 정치권은 투표 등 정치적 참정권을 의미하고, 사회권은 사회복지 및 사회보장, 경제적 보장 등을 받을 권리를 의미한다. 현대적 의미의 시민권이란 자국 내에서 일할 권리, 투표 등 정치적 참정권, 정부의 보호받을 권리, 교육 등 서비스 권리 등 권리의 측면과 납세 및 봉사 등 책무의 측면, 문화, 역사, 가치 등 정체성 및 소속감 측면, 다양한 사회 · 정치 과정에서의 참여 측면을 내포하

7) 마샬의 시민권(citizenship)에서 civil right는 그의 이론적 내용을 명확히 하는 의미에서 공민권이라고 하고, 이후의 서술에서는 시민적 권리로 번역한다.

고 있다. 시민권은 개인과 국가 사이의 관계의 기초이며, 개인의 정체성과 정치공동체의 구조에 영향을 미치게 된다. 시민권은 개인의 권리, 자유, 법 앞의 평등이란 측면에 관심을 갖는 로크의 자유주의, 시민 참여, 공동선, 시민적 미덕에 주목하는 루소의 공화주의, 사회권, 복지국가, 기회 평등 관점의 마샬의 사회론, 글로벌 책임과 보편적 인권을 강조하는 마사 누스바움(Martha Nussbaum)의 세계주의, 다양한 문화적 집단을 중요시하는 다문화주의, 공적 숙의 및 민주적 대화론의 숙의주의(deliberatism), 초국적 세계화의 맥락에서 시민권을 강조하는 사스키아 사센(Saskia Sassen)의 탈국가주의 등 다양한 접근이 있다.

세계 각국의 시민권의 수준에 대해 CS Global Partners는 매년 세계 시민권 보고서(World Citizenship Report)를 발간한다. 2024년 보고서에 따르면, 종합 순위에서 아일랜드, 스위스, 덴마크, 오스트레일리아, 아이슬랜드, 독일, 노르웨이가 높았고, 한국은 19위를 차지하였다. 한국 시민권의 분야별 국제 순위를 보면 안전과 치안(safety & security) 41위, 경제적 기회(economic opportunity) 23위, 삶의 질(quality of life) 33위, 국제적 이동성(global mobility) 4위, 금융적 자유(financial freedom) 25위로 국제적 이동성은 매우 높으나 안전과 치안, 삶의 질에서 낮은 순위에 머물렀다.

citizenship과 civil right는 둘 다 시민권이라고 번역할 수 있지만 두 용어를 구분하기 위해 전자는 시민권, 후자는 시민적 권리로 사용한다. 시민적 권리(civil right)는 고용, 교육, 주택 등 다양한 환경에서 평등한 대우를 받고 부당한 대우나 차별로부터 자유로울 개인의 권리로, 민주사회에서 공정성과 정의를 보장하는 데 필수적이다. 시민적 권리는 평등과 차별 금지, 법에 의한 보호, 표현의 자유 등 기본적 자유, 투표 및 피선거권, 노동, 교육, 주거 등 사회 권리 보호 등을 모두 포함한다. 시민적 권리는 평등, 정의, 개인의 자유 등 다양한 측면이 있고, 시민적 권리의 근거는 로크의 자연권 이론, 루소의 사회계약론, 제레미 벤담(Jeremy Bentham) 및 존 스튜어트 밀(John Stuart Mill)의 공리주의(Utilitarianism), 존 롤스(John Rawls)의 자유주의적 평등주의(liberal egalitarianism), 킴벌리 크렌쇼(Kimberlé Crenshaw)의 비판적 인종이론(Critical Race Theory: CRT), 아마르티아 센(Amartya Sen)의 인권이론 등 여러 이론에서 찾아볼 수 있다.

시민권과 시민적 관리 모두 국가 내에서 보장받는 법적 권리 및 보호, 개인의 이익 및 복리 보호, 정의 및 평등, 인간의 존엄성 원칙에 기초, 법적 집행 및 절차적 구제 가능, 의무 및 책임, 정체성과 소속감, 참여, 권리 취득 등에서 공통의 특성을 갖는다. 하지만 다음과 같은 측면에서 서로 구별되기도 한다.

〈표 1-2〉 시민권과 시민적 권리

구분	시민권(citizenship)	시민적 권리(civil right)
정의	권리와 책임 수반의 특정 국가 구성원을 나타내는 법적 지위	개인의 평등 대우, 법에 따라 부당한 대우나 차별받지 않을 권리
범위	특정 국가와 관련된 광범위한 법적 권리, 책임 및 정체성 포함	개인의 자유와 평등 대우 보장에 중점
주요 권리	투표, 공직 유지, 해외 체류 시 보호 등 국가 구성원에게 고유한 권리	표현의 자유, 공정한 재판을 받을 권리, 사생활 보호 권리, 인종, 성별, 종교 등에 따른 차별에서 보호받을 권리 등의 기본권
취득	출생, 혈통, 귀화 또는 기타 법적 절차를 통한 취득	모든 개인에게 고유하며, 종종 국가 헌법, 국제 협약 및 법률에 의해 보호되고 명시
책임	법률 준수, 세금 납부, 군 복무 등의 의무	본질적으로 특정 책임 표명을 않지만 국가 포함 타인 침해로부터 개인 보호

시민권, 시민적 권리와 유사한 개념으로는 인권(human right)이 있다. 인권은 태어나서 죽을 때까지 전 세계 모든 사람이 갖는 기본적 권리이자 자유이다. 이는 국적, 민족, 성별, 종교 또는 기타 지위에 관계없이 보편적이고 양도할 수 없으며 모든 개인에게 내재되어 있는 것이다. 인권은 보편성 및 양도 불가능성, 개별적인 모든 인간의 인격과의 불가분성, 각 권리 간의 상호 의존성, 차별 없는 평등성, 부당한 대우의 차별금지, 모든 인간에게 주어지는 권리성, 국가 및 개인의 인권 존중 · 보호 · 이행 의무의 특징을 갖는다.

(2) 시민사회와 사회적 가치

시민사회는 사회적 가치를 존중하고 이를 발전시킨다. 사회적 가치란 개인이 자신이 속한 세계나 그 안에 존재하는 특정 대상에 관해 나타내는 근원적인 태도나 관점을 의미한다(표준국어대사전, 2024). 구체적으로는 사회 내에서의 기관 및 조직, 사업 및 활동이 사회, 경제, 환경에 미치는 긍정적인 영향 및 가치로, 개인 및 지역사회의 복지와 지속가능한 발전에 기여하는 광범위하고 비(非)재무적인 혜택을 포함한다. 세부적으로는, ① 일자리 창출, 지역 경제발전, 기술 향상과 같은 경제적 기여, ② 지속가능한 실천, 탄소 배출량 감소, 자원 보존 및 환경 복원과 같은 환경적 영향, ③ 신체 · 정신의 건강 증진, 의료서비스 이용 및 건강한 생활방식 증진과 같은 건강 및 웰빙, ④ 문화유산의 보존 및 진흥, 예술 및 교육 지원, 문화의 다양성 및 이해 증진과 같은 문화 · 교육적 영향을 들 수 있다.

시민사회의 사회적 가치 지향은 사회성과 연계 채권(Social Impact Bond: SIB)에서 구체적으로 나타난다. 사회성과 연계 채권이란 사회적으로 쉽게 해결하기 어려운 문제에 대해 정부, 기업, 비영리단체 등 다양한 이해관계자가 상호 협력하여 해결하는 성과 기반의 보상 프로그램을 의미한다. 사회혁신 채권이라고도 하는 이 채권은 사회 문제 해결 지향의 공공사업이 목표를 달성했을 경우에 그에 따른 보상(조건부 성공 지불)을 하는 정부와 민간사업자 간의 상호 이행 계약으로 구체화된다. 이 채권에 의한 사업은 현재 다수의 국가에서 시행 중이며, 우리나라의 경우에는 서울시 등 여러 지역에서 청년실업 해소, 재활사업, 노숙자 자립 지원, 아동 및 청소년 문제 해결 등 복수의 주제로 운영 중에 있다.

중요한 전환기에 있는 현 단계에서 발생하는 다양한 사회 문제에 직면하여 법과 계획이 수립된 이후에 경직적 체계로 접근할 수밖에 없는 국가나 이윤 동기에 의해 움직이는 기업 및 시장만으로 문제 해결은 한계에 봉착하게 될 것이다. 시민사회는 기업과는 달리 사회적 공공가치를 지향하고 있고, 정부보다는 매우 유연하게 문제에 대응하여 더 효과적으로 사회 문제를 해결할 수 있는 장점이 있다.

(3) 시민사회와 시민적 책임

사회 문제를 해결하고 사회가 발전하기 위해서는 사회 구성원들의 책임이 중요하다. 특히 날이 갈수록 환경과 인권, 노동 관행, 조직의 지배구조, 공정한 운영 관행, 소비자, 지역사회 참여 및 사회개발 등의 측면에서 국가나 기업이 지켜야 할 공적 책임인 사회적 책임(표준국어대사전, 2024)이 강조되고 있다. 사회적 책임(social responsibility)이란 개인, 조직, 기업이 사회 전체의 최선의 이익을 위해 행동해야 하는 윤리적 틀과 의무로 정의할 수 있다. 여기에는 단순한 법률 및 규정 준수를 넘어 지역사회복지에 적극적으로 기여하고 환경을 보호하며 사회적 형평성과 정의를 증진하는 것이 포함된다. 사회적 책임은 윤리적 행동, 환경적 관리(stewardship), (지역)사회 참여, 경제적 책임, 인권 및 노동 관행, 자선적 활동 등 다양한 측면에서 접근이 가능하다. 현대사회에 있어서 사회적 책임은 크게 보면 기업의 사회적 책임(Corporate Social Responsibility: CSR), 정부의 사회적 책임(Governmental Social Responsibility: GSR), 그리고 개인의 사회적 책임(Individual Social Responsibility: ISR)이 모두 중요한데, 시민사회는 이러한 사회적 책임이 제대로 준수되고 수행되도록 긴장감을 갖고 실천적 활동을 전개한다.

시민사회는 시민권과 시민적 권리를 보호하고 확장시키기도 하지만 시민사회의 유지와 발전을 위해서는 시민적 책임이 뒷받침되어야 한다. 시민적 책임은 시민이 사회에 대해 가져야 할 책임인데, 크게 보면 광의의 시민 책임(civil responsibility)과 협의의 시민적 책임(civic responsibility)으로 구분할 수 있다. 시민 책임은 시민사회 및 국가 안에서 법, 제도, 원칙을 중심으로 한 책임으로, 예를 들면 법률 및 규정 준수, 사회규범 준수, 타인의 권리 존중, 사회질서 및 사법체계를 존중하는 행동 등이 여기에 포함된다. 협의적 의미의 시민적 책임은 사회와 지역사회 공동체에 대한 시민으로서 의무와 책임이다. 예를 들면, 투표 및 공공적 업무에의 참여, 사회의 공적 의제에 대한 토론 및 감시, 자원봉사, 지역사회 및 관련 서비스 제공에 참여, 사회적 취약집단 및 인권 옹호활동에 참여 및 행동주의 활동 등이 포함된다. 시민 책임이 법과 규정 준수, 규범 및 기준 준수, 의무 이행이라고 하면, 시민적 책임은 참여 및 봉사, 과정과 행동의 측면에 더 가깝다고 할 수 있다.

올바르고 좋은 시민사회는 저절로 만들어지는 것이 아니다. 시민이 자신이 속한 사회와 지역사회 및 공동체의 거버넌스, 문제 해결, 목적 달성, 민주주의 위협에 대한 견제 및 비판 등 다양한 활동에 참여하고 이를 의무로 여기는 시민적 책임이 뒷받침될 때 실질적 민주주의, 공정하고 평등한 사회, 모두가 참여하고 골고루 혜택을 누리는 번영적 사회가 달성될 수 있다. 시민적 책임은 구체적으로 정치 과정 참여, 지역사회 및 공동체 관여와 헌신, 공공적 서비스 참여 및 의무 이행, 올바른 자원 배분 및 사회 변화를 위한 옹호(advocacy)와 행동적 실천(activism), 자신 및 타인을 위한 교육활동을 중심으로 이루어진다.

시민적 책임에 대한 이론적 근거는 사회적 계약을 강조하는 홉스, 로크, 루소의 사회계약이론(social contract theory), 공동체를 위한 개인의 책임을 강조하는 아미타이 에치오니(Amitai Etzioni) 및 찰스 테일러(Charles Taylor)의 공동체주의(communitarianism), 시민의 미덕과 공공 생활에 대한 적극적인 참여의 중요성을 강조하는 필립 페티(Philip Pettit), 마이클 샌델(Michael Sandel)의 시민적 공화주의(civic republicanism), 민주적 과정에서의 토론 및 숙의의 필요성을 주장하는 하버마스 및 롤스의 숙의민주주의(deliberative democracy), 신뢰 및 규범 · 상호 호혜성 기반의 사회적 자본을 강조하는 로버트 퍼트넘(Robert Putnam)과 제임스 콜만(James Coleman)의 사회적 자본 이론(social capital theory) 등 매우 다양하다. 다양한 이론에도 불구하고 시민사회 발전을 위해서는 시민 한 사람 한 사람의 참여, 행동, 몰입, 기여, 협력이 중요하다는 점이 대부분의 이론이 갖는 공통의 특성이라고 할 수 있다.

학습 과제

1. 현재 우리나라의 가장 큰 사회 문제는 무엇이며, 이를 해결하기 위해 가장 설득력 있다고 생각하는 사회에 대한 이론적 패러다임은 무엇인지 설명하시오.
2. 시민사회의 특징 중 최근 가장 의미가 부각되는 것은 무엇인지 설명하시오.
3. 고대 그리스 시민사회와 중세 말기 및 근세 초기의 시민사회 형성에서 현 단계의 시민권 확장을 위해 가장 참고하거나 주목할 만한 내용은 무엇인지 제시하시오.
4. 사회적 고립과 감시의 확대가 일어나는 현재 사회에서 이를 가장 잘 설명하거나 해법을 제시하는 사상가는 누구인지, 왜 그러한지에 대해 설명하시오.
5. 우리나라 사회에서 시민권을 확장하고 더 발전된 민주주의 및 공화주의의 확대를 위해 어떠한 실천적 노력이 필요한지 설명하시오.

참고문헌

선우현(2023). 홉스의 리바이어던 – 국가의 힘은 개인들에게서 나온다. EBS BOOKS.

표준국어대사전(2024. 4. 30 검색).

한국민족문화대백과사전(2024. 4. 30 검색).

Anheier, S., & Toepler, S.(eds.). (2010). *International Encyclopedia of Civil Society*, Reference Work.

Aristotles. (2023). 아리스토텔레스 정치학 (*politics*). (김재홍 역). 그린비.

Barber, B. R. (2004). Strong Democracy: Participatory Politics for a New Age. University of California Press.

Cohen, J., & Arato, A. (2012a). 시민사회와 정치이론 1 (*Civil Society and Political Theory*). (박형신, 이혜경 역). 한길사. (원서는 1990년대 초반 출간).

Cohen, J., & Arato, A. (2012b). 시민사회와 정치이론 2 (*Civil Society and Political Theory*). (박형신, 이혜경 역). 한길사. (원서는 1990년대 초반 출간).

CS Global Partners. (2024). *World Citizenship Report*. CS Global Partners.

Giddens, A. (1984). *The Constitution of Society: Outline of the Theory of Structuration*. University of California Press.

Giddens, A., & Sutton, P. (2018). 현대사회학 (*Sociology*). (김미숙, 김용학, 박길성, 송호근, 신광영, 유홍준, 정성호 역). 을유문화사. (원서는 2017년에 출간).

Giugni, G., & Passy, F. (1998). "Contentious Politics in complex Societies: New Social Movements between Conflic and Cooperation". In G. Giugni, D McAdam, & C. Tilly (Eds.), *From Contention To Democracy*. Rowman & Littlefield Publishers.

Gramsci, A. (2006). 그람시의 옥중수고 1 (*Quaderni del carcere*). (이상훈 역). 거름. (원서는 1948~1951년에 출간).

Gramsci, A. (2007). 그람시의 옥중수고 2 (*Quaderni del carcere*). (이상훈 역). 거름. (원서는 1948~1951년에 출간).

Habermas, U. (1962). The Structural Transformation of the Public Sphere: An Inquiry into a Category of Bourgeois Society.

Habermas, U. (2001). 공론장의 구조변동: 부르조아 사회의 한 범주에 관한 연구 (*Strukturwandel der Öffentlichkeit*). (한승완 역). 도서출판 나남. (원서는 1962년에 출간).

Hamilton, A., Madison, J., & Jay, J. (2019). 페더럴리스트 (*The Federalist Papers*). (박찬표 역). 후마니타스. (원서는 1788년 출간).

Hegel, G. W. F. (2020). 법철학(베를린, 1821년) (*Rechtsphilosophie*). (서정현 역). 지식을만드는지식. (원서는 1932년에 출간).

Locke, J. (2021). 통치론 (*Il Principe*). (강정인, 문지영 역). 까치. (원서는 1532년에 출간).

Machiavelli, N. (2019). 로마사 논고 (*Discorsi sopra la prima deca di Tito Livio*). (김경희 역). 한길사. (원서는 1531년에 출간).

Maiden, P., & Eugenia L. W. (2023). *Social Work Education and the Grand Challenges – Approaches to Curricula and Field Education*. Oxford: Routledge.

Marshall, T. H. (2013). 시민권과 복지국가 (*Citizenship and Welfare State Reform in Europe*). (김윤태 역). 이학사. (원서는 1999년에 출간).

Parsons, T. (1970). *The Social System*. London: Routledge & Kegan Paul Ltd.

Putnam, R. (1993). *Making Democracy Work: Civic Traditions in Modern Italy*. Princeton. N. J.: Princeton University Presss.

Putnam, R. (2016). 나홀로 볼링: 사회적 커뮤니티의 붕괴와 소생 (*Bowling Alone: The Collapse and Revival of American Community*). (정승현 역). 페이퍼로드. (원서는 2000년에 출간).

Rousseau, J. (2018). 인간 불평등 기원론 (*Discours sur l'origine et les fondements de l'inégalité parmi les hommes*). (주경복, 고봉만 역). 책세상. (원서는 1755년에 출간).

Rousseau, J. (2022). 사회계약론 (*Du Contrat Social; ou Principes du Droit Politique*). (김영욱 역). 후마니타스. (원서는 1762년에 출간).

Skocpol, T. (2011). 민주주의의 쇠퇴: 미국시민생활의 변모 (*The Crisis of Democracy*). (강승훈 역). 한울아카데미. (원서는 1975년에 출간).

Tocqueville, A. (2013). 미국의 민주주의 (*De la démocratie en Amérique*). (은은기 역). 계명대학교출판부. (원서는 1840년에 출간).

Tönnies, F. (2017). 공동사회와 이익사회 (*Gemeinschaft und Gesellschaft*). (곽노완, 황기우 역). 라움. (원서는 1912년 출간).

Walzer, M. (1999). 정의와 다원적 평등: 정의의 영역들 (*Justice and the Politics of Difference*). (정원섭 외 역). 철학과 현실사. (원서는 1995년에 출간).

World Economic Forum. (2024). *The Global Risks Report 2024*, 19th Edition.

미디어

연합뉴스. 2024년 6월 19일자 보도, "윤대통령, '인구 국가비상사태' 선언… '범국가적 총력 대응'".

제2장

현대사회와 자원영역

학습목표

1. 현대사회의 특성과 관련 이론에 대한 이해, 전환기 사회의 위기와 내용에 대한 비판적 성찰
2. 현대사회에서 자원영역의 개념, 중요성, 특성에 대한 체계적 이해
3. 현대 복지국가와 다양한 공급체제 구성에 대한 이해와 그 속에서의 자원영역 기능 파악
4. 현대 한국 사회의 주요한 도전과 자원영역의 역할에 대한 이해

학습개요

- 제2장은 현대사회의 특성과 자원영역의 의미를 살펴보는 것으로, 현대사회의 특성 및 이와 관련된 이론, 위기를 파악하고 이 속에서 자원영역의 의미, 복지국가에서의 기능, 자원영역의 역할 등에 대해 알아본다.
  - 1절에서는 현대사회의 주요 특성, 이에 대한 이론, 전환기로서 현대사회와 위기의 주요 내용을 분석한다.
  - 2절에서는 자원영역의 개념과 현대사회에서 자원영역의 특성을 규명한다.
  - 3절에서는 현대 복지국가와 다양한 복지 공급체제를 파악한 뒤, 이 속에서 자원영역이 어떤 기능을 하는지 파악한다.
  - 4절에서는 현대 한국 사회의 주요 도전의 내용은 무엇이고, 자원영역은 어떤 역할을 하는지 성찰적으로 살펴본다.

1. 현대사회의 특성과 위기

1) 현대사회의 특성

(1) 현대사회의 주요 특성

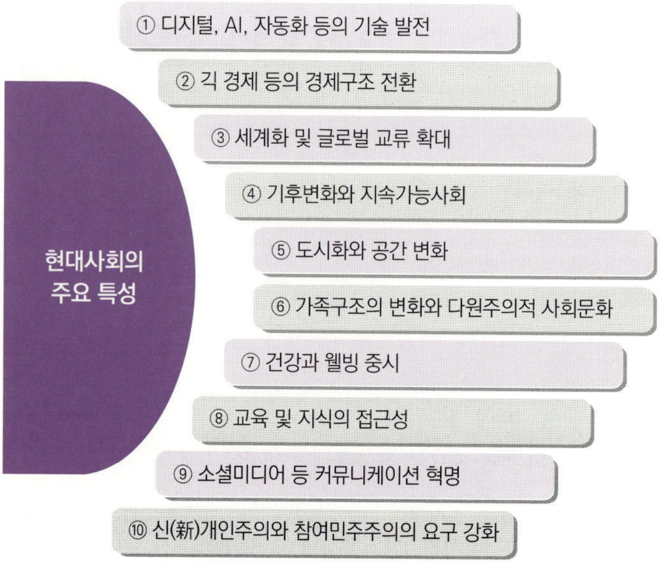

[그림 2-1] 현대사회 주요 특성

현대사회의 주요 특성을 최근의 사회 변화의 핵심적 사항을 중심으로 조망해 보면 디지털, AI, 자동화 등의 기술 발전, 긱 경제(Gig economy) 등의 경제구조 전환, 세계화 및 글로벌 교류 확대, 기후변화와 지속가능한 사회, 도시화와 공간 변화, 가족구조의 변화와 다원주의적 사회문화, 건강과 웰빙 중시, 교육 및 지식의 접근성, 소셜미디어(social media) 등 커뮤니케이션 혁명, 신(新)개인주의와 참여민주주의의 요구 강화 등으로 살펴볼 수 있다.

① 디지털, AI, 자동화 등의 기술 발전

기술 발전의 핵심 요인 중 하나는 디지털 혁명이다. 2023년 기준 인터넷 접속 인구는 약 51억 8천만 명으로 세계 인구의 약 65%에 이르며, 모바일 전화 사용자는 73억 3천만 명에 달하여 현대는 디지털 생활 사회라고 해도 과언이 아니다. AI(Artificial Intelligence,

인공지능)는 산업과 경제 곳곳에 영향을 미쳐 세계 기업의 과반수 이상은 비즈니스 기능에서 AI를 채택하고 있으며, 세계 AI시장은 2020년 623억 5천만 달러에서 2027년에는 7,337억 달러로 12배 가까이 성장하여 미래는 AI가 지배하는 시대가 될 것으로 예상된다. 빅데이터(Big Data) 역시 중요하다. 전 세계에서 매일 약 2,500경 바이트의 데이터가 생성되며, 기업과 정부 등 기관 및 조직에서는 빅데이터를 통한 의사결정, 고객 맞춤 분석, 시스템 최적화 운영으로 2027년까지 1,030억 달러까지 그 시장을 확대할 것으로 예상된다. 빅데이터가 가능한 것은 클라우드 컴퓨팅(Cloud Computing) 때문이기도 하다. 이미 94% 이상 클라우드 서비스를 받고 있는 기업은 클라우드 컴퓨팅을 통해 확장이 가능한 리소스(resource)를 제공받고 유연성을 통해 변화하는 시장에 신속히 적응함으로써 연평균 성장률이 17.5% 이상이 될 정도로 혁신적 성장을 거듭하고 있다. 5G 출시로 네트워크 성능이 향상되고 있으며, Zoom, Microsoft Teams, Google Meet과 같은 플랫폼은 특히 코로나19 팬데믹 기간 동안에 기하급수적인 성장을 보이며 원격 작업과 커뮤니케이션에 혁명을 일으키고 있다. 2021년 전자상거래는 세계 소매 매출의 19.6%를 차지하고 있고, 2025년에는 전체 소매의 1/4에 육박하게 되며 그중에서도 모바일(mobile) 상거래의 확장세가 두드러질 것이다. 2023년 기준 연결된 IoT(Internet of Things, 사물인터넷)는 140억 개이며, 스마트홈, 자동차, 물류체계 등에서 변화를 촉진하고 있다. 원격 의료, 웨어러블 건강 기기, 맞춤형 의료 등 생명공학(biotechnology)과 의료 혁신(healthcare innovation)은 환자와 일반 시민들의 건강과 질병 극복에 중요한 기여를 하고 있다.

② 각 경제 등의 경제구조 전환

앞서 살펴본 디지털, AI, 자동화와 같은 기술 발전은 경제를 더욱 성장시키고 있다. 세계무역량은 계속 증가하여 2022년에만 4.7% 증가하였고, 해외 직접 투자(Foreign Direct Investment: FDI) 역시 2021년 전 세계 유입액은 약 1조 6,500억 달러에 달해 코로나19 이후 빠른 성장세를 회복하는 중이다. 경제는 제조업도 중요하지만 서비스가 전체 경제의 다수를 지배하고 있다. 특히 정보 기술, 교육, 연구 개발(R&D)을 포함한 지식 집약적 활동의 성장이 빠르며, 서비스 부문은 미국에서 전체 GDP의 약 77%를 차지할 정도로 다수를 차지하고 있다. 글로벌 금융시장과 투자 기회의 영향을 받아 국경을 넘어 자본 이동이 증가하고 있고, 자본 시장 내 암호화폐(cryptocurrency)가 블록체인 기술의 발전에 힘입어서 전체 주식시장에서 차지하는 비중도 크게 확대되고 있다. 플랫폼 경제 및 플랫폼 테크가 차지하는 비중도 빠르게 늘어나고 있고, 이는 노동시장에도 큰 영향을 미치고 있다. 기업이 필요에 따라 단기 계약직 또는 임시직으로 인력을 충원하는 형태의 경제인 긱 경제가 크게 확장되고 있다. 긱(Gig)은 '일시적인 일'이라는 의미로, 과거 미국 재즈클럽 등의 공연장에서 단기계약의 연주에서 유래하였는데, 오늘날은 프리랜서, 단기계약의 서비스 제공자를 의미한다. 택배 등 배달서비스 노동자가 대표적인데, 긱 경제(Gig economy)는 2018년 2,040억 달러에서 2023년 4,550억 달러에 달하여 급속도로 증가하고 있다. 긱 경제는 노동의 자율성이 있으나 긱 노동자들의 고용 불안, 질 낮은 일자리, 부의 플랫폼 기업 이전 등 문제점도 다수 노정하고 있다. 다양한 경제 구조의 변화는 사회경제적 불평등을 촉진시켜서 세계 인구의 상위 1%가 세계 부의 43%를 보유하고 있을 정도로(Credit Suisse, 2023) 부의 격차는 심화되고 있는 실정이다.

③ 세계화 및 글로벌 교류 확대

세계화는 국가와 문화의 상호 연결성과 상호 의존성이 증가하는 현대사회의 특징으로 주요 양상을 살펴보면 다음과 같다. 국제 무역 규모가 크게 증가하여 2021년에는 상품과 서비스의 세계무역이 약 28조 5천억 달러에 달하고 있고, 유럽연합(European Union: EU), 북미 자유 무역 협정(North American Free Trade Agreement: NAFTA, 현재 US-MEXICO-CANADA Agreement: USMCA), 포괄적이고 진보적인 환태평양 파트너십 협정(CPTPP)과 같은 지역 무역 협정을 통해 거대 지역 경제권 내 무역과 경제협력을 촉진시키고 있다. 하지만 지난 10여 년간 자국 우선주의 등을 통해 자유무역의 장벽이 생기고 있고 코로나19로 인한 이동 제한이 글로벌 교류에 한계로 작용하기도 하였다. 생산과 공급의 국제화로 인해 생산의 네트워크가 중요해지고 있고, 적시 생산(just-in-time production)을 위해 글로벌 공급망(global supply chains)이 어느 때보다도 각국의 이해관계에 핵심으로 자리 잡고 있다. 국제적 교류는 노동력의 이동에서도 나타나고 있다. 더 나은 경제적 기회, 교육 및 안전을 위해 사람들은 국경을 이동하여 2020년 기준 약 2억 8,100만 명의 국제 이주자가 발생하였다. SNS 등으로 세계는 기술적으로 연결되어 있으며, 음악, 영화, 패션, 음식 등의 글로벌 교류를 통해 문화가 융합되고, 지역 문화도 글로벌 트렌드에 영향을 미치고 있다. 넷플릭스(Netflix) 및 스포티파이(Spotify)와 같은 플랫폼은 전 세계적으로 수백만 명의 구독자를 보유하고 있으며, 국경을 넘어 다양한 문화 콘텐츠를 전파하고 있는데, K-POP, K-Drama, K-Food가 그 중요한 사례이기도 하다.

④ 기후변화와 지속가능사회

현대사회의 특징 중의 하나는 기후변화와 지속가능사회에 대한 관심이다. 최근의 기후변화는 그전과 달리 인간이 유발한 것으로, 심각성과 긴급 조치의 필요성이 증가하고 있다. 삼림 벌채, 서식지 파괴, 오염 등 인간의 활동으로 인해 생물종과 생태계가 급속히 손실되고 있어서 종의 멸종률은 지난 천만년 동안의 평균보다 수십 배에서 수백 배 더 높은 상황으로 2020년 기준 전 세계적으로 육지 및 내륙 수역의 약 15%, 해양 및 해안 지역의 7%가 보호지역(protected areas)으로 운영되고 있다. 매년 약 1,100만 톤의 플라스틱이 바다로 유입되어 해양생물과 생태계에 영향을 미치고 있고, 재활용률은 독일이 60%를 넘고 있으나 대부분의 국가는 부진한 실정에 있다. 지구온난화에 대응하기 위해 산업화 이전의 수준보다 섭씨 2도 이하로 제한하는 것 등을 규정한 파리협정에 세계 197개국이 서명하였고, 지속가능한 개발 프로젝트에 녹색 금융을 통한 투자에 나서고 있다. 대기 및 수질 오염의 피해가 불균형적, 불평등적으로 발생하기 때문에 환경적 차별에 주목하고 있고, 탄소중립을 위한 산업재구조화의 정의로운 진행을 위한 공정 전환(just transition)과 환경 정의(environmental justice)에 관심이 확대되고 있다. 스웨덴의 그레타 툰베리(Greta Thunberg)가 시작한 '미래를 위한 금요일(Fridays for Future)'과 같은 운동은 전 세계 수백만 명의 청소년을 동원하여 기후변화에 대한 조치를 요구하고 있으며, 다양한 계층이 기후변화와 지속가능한 미래를 위한 실천에 동참하고 있다.

⑤ 도시화와 공간 변화

2023년 기준 전 세계 인구의 약 57%가 도시지역에 거주하고 있으며, 이는 1950년 30%에서 크게 증가한 수치이고, UN은 2050년까지 세계 인구의 68%가 도시지역에 거주할 것으로 예상하고 있다. 이러한 도시화가 가능한 것은 교통망 등 SOC에 힘입은 바가 크다. 서울을 위시한 뉴욕, 런던, 도쿄와 같은 도시에는 광범위한 대중교통망이 발달되어 있으며, 싱가포르, 바르셀로나, 암스테르담과 같은 도시는 IoT와 데이터 분석을 통합하여 도시 생활을 향상시키는 스마트 시티 전략을 주도하고 있다. 스마트 그리드, 지능형 교통 시스템, IoT 장치 등은 도시의 스마트 인프라로서 녹색 건물 표준, 재생 가능 에너지 프로젝트 및 폐기물 관리 시스템 구현으로 지속가능한 도시 발전에 중요한 기여를 하고 있다. 도시는 혁신과 기업가 정신의 중심지인 경우가 많으며, 수많은 스타트업과 기술 기업이 입주해 있어서 전 세계 GDP의 약 80%를 차지할 정도로 국가 성장에도 중요한 기여를 하고 있다. 다수의 대도시 지역은 다양한 기회를 제공하여 인구가 유입되고 있고, 이에 따라 과밀, 혼잡, 주거, 오염[1] 등 도시 문제를 확대시키기도 한다. 도시 공간의 중요한 변화는 메가시티(Mega cities)의 성장으로 2023년 기준 전 세계적으로 34개의 메가시티가 있으며, 2030년까지는 43개로 늘어날 것으로 예상된다. 대도시권을 중심으로 한 원심력으로 메가시티 또는 슈퍼 메가시티도 늘어나고 있지만 일상의 공간 내에서 주민의 생활권을 존중하는 구심력으로 'N분' 도시도 확대되고 있다. 스페인 바르셀로나, 미국 클리블랜드 및 포틀랜드, 프랑스 파리, 우리나라 부산 및 서울 등은 15분, 혹은 20분 내에서 주민들의 보행권, 교류권, 근린생활권을 강조하고 있다.

⑥ 가족구조의 변화와 다원주의적 사회문화

세계 다수의 국가는 기대수명의 증가와 출산율 감소로 인해 인구노령화가 진행되어 2050년까지 전 세계 65세 이상 노인인구는 2019년 7억 300만 명에서 15억 명에 이를 것으로 예상된다. 우리나라는 2023년 합계출산율이 0.72명으로 세계에서 가장 낮은 나라에 속하며 과도하게 낮은 출산율만큼 고령화의 진행도 가파르게 상승하여 사회적 대처에도 많은 어려움이 예상된다. 저출생, 고령화, 도시화, 만혼(晩婚), 개인주의 인식 확대, 페미니즘과 성별 역학(gender dynamics) 등은 1인가구를 확대하고 있다. 주요 선진 국가들도 대체로 1인가구의 비율이 높아 스웨덴 51%, 독일 41%, 일본 35%, 영국 30%이며, 우리나라도 2023년 기준 34.5%에 이르고 있다. 1인가구의 증가는 소형 주택 수요 증가, 소비 양식의 변화뿐 아니라 고립, 외로움, 노인 돌봄, 사회보장, 사회서비스 등의 변화도 야기하여 사회복지의 공급 및 운영체계의 1대 변화를 초래할 수밖에 없다. 가족구조의 변화, 1인가구의 증가 등은 정신건강에도 문제를 야기하고 있으며, 세계 다수의 국가에서 우울증을 확대시키고 있다. 인종, 성별, 성적 취향, 생활 방식의 선택의 다양성이 더 많이 수용되면서 사회적 규범과 가치가 진화하고 있다. 인구 변화, 가족구조의 변화, 성평등 및 LGBTQ+[2] 권리 발전, 기술적 영향, 교육 및 기술 개발의 변화, 경제적 불평등, 사회운동, 문화적 규범의 변화에 의해 사회문화적인 다원성과 다원주의는 더욱 확대될 것으로 전망된다.

---

1) 도시지역은 전 세계 이산화탄소 배출의 약 70% 이상을 발생시키기도 한다.

2) LGBT는 성소수자 중 레즈비언(Lesbian), 게이(Gay), 양성애자(Bisexual), 트랜스젠더(Transgender)를 합하여 부르는 단어이고, LGBTAIQ는 여기에 무성애자(Asexual), 간성(Intersex), 아직 자신의 성정체성, 성적 지향에 의문을 품는 사람(Questioner)을 포함한 것이며, Q+는 퀴어(Queer) 또는 AIQ 등을 더한 개념으로 사용된다.

⑦ 건강과 웰빙 중시

건강과 웰빙은 의료 접근성, 생활 방식, 정신건강 인식, 사회경제적 결정 요인 등 다양한 요인의 영향을 받고 있다. 수명이 길어진 것은 축복받은 삶이지만 건강한 노후 생활이 보장되어야 의미가 있다고 할 수 있다. 세계보건기구(WHO)에 따르면 세계 인구의 약 절반이 필수 의료서비스를 받지 못하고 있으며, 이에 세계 각국은 예방, 치료, 재활을 포함한 필수 의료서비스에 대한 보편적 접근을 달성하기 위해 보편적 건강 보장(universal health coverage) 정책을 실시하고 있다. 2019년 전 세계 약 6억 9천만 명이 영양실조 상태이며, 코로나19가 식량 불안을 가중시켜 영양실조 인구를 증가시키고 있고, 과체중 또는 비만 성인은 20억 명이 넘어 국가적 과제로 대두되고 있다. 건강은 소득 불평등과 실업 등 사회경제적 요인, 문해력 등과 관련이 커 사회구조와 밀접한 관련을 갖고 있다. 정신건강 및 정신장애는 사람들의 1/4 이상에게 영향을 미치고, 주로 우울이 중요한 원인으로 작용한다. 의료 기술, 치료 및 의약품을 통해 의료의 발전이 이루어지고 있으며, 코로나19의 영향으로 원격의료서비스도 확대되고 있는 추세이다. 하지만 의료 인프라와 백신에 대한 접근성 격차로 인해 국가 간 건강 불평등은 악화되고 있다. 국가 내에서도 소득 집단 간, 계층 간, 지역 간의 건강 결과와 의료접근성의 격차가 존재하여 보다 표적화된 정책이 중요한 실정에 있다. 웰빙(wellbeing)은 현대 복지국가가 지향하는 중요한 과제이다. OECD(경제협력개발기구)는 2011년부터 경제적 · 사회적 진보의 다차원 내용의 측정을 위해 '더 나은 삶 지수(better life index)'를 개발하고 가입 국가의 지표를 제시하여 정책적 개선을 도모하고 있다(OECD, 2023). 관련 지수는 경제적 진보 이상으로 환경적 지속 가능성 , 웰빙 증가, 불평등 감소, 시스템 회복력이라는 네가지 핵심 영역에 중점을 두고, ㉠ 주택, ㉡ 소득, ㉢ 일자리, ㉣ 커뮤니티, ㉤ 교육, ㉥ 환경, ㉦ 시민참여, ㉧ 건강, ㉨ 삶의 만족도, ㉩ 안전, ㉪ 일-생활 균형의 11개 주제를 중심으로 주요 지표들을 측정해 발표하고 있다. 2020년 '더 나은 삶 종합 지수'는 노르웨이, 아이슬란드, 스위스, 스웨덴, 핀란드, 네덜란드, 오스트레일리아 순으로 높고, 41개국 중 우리나라는 32위로 하위권에 머물렀다.

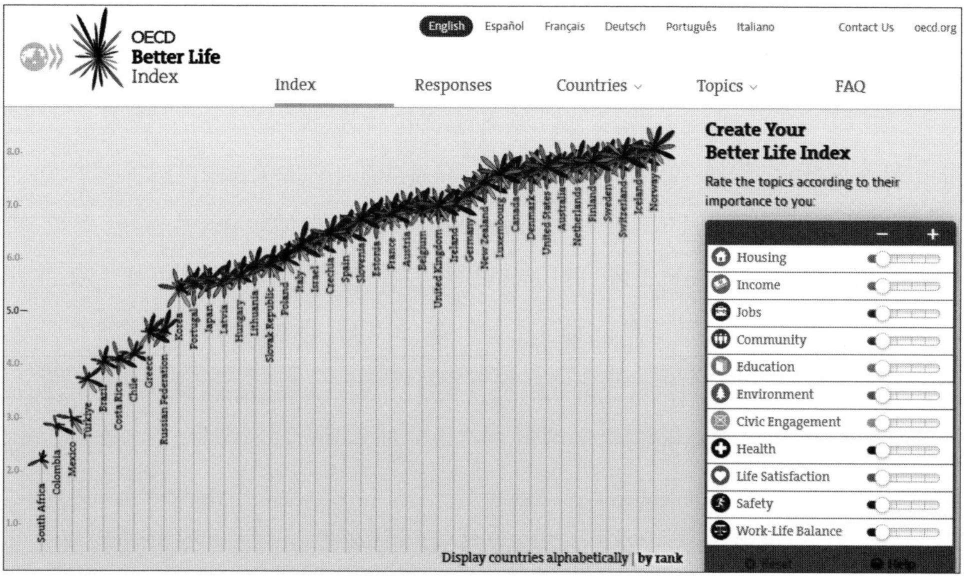

[그림 2-2] 더 나은 삶 지수 순위

자료: OECD (2024).

⑧ 교육 및 지식의 접근성

교육과 지식은 현대사회의 중요한 구성 요소로서 경제발전, 사회발전, 문화적 풍요를 주도하고 있다. 2021년 기준 전 세계 초등학교 이수율은 83%이고, 고등교육기관에 약 2억 2천만 명의 학생이 등록하였다. 여전히 세계적으로 높은 문맹률과 지식 격차가 심하고, 교육 및 지식 서비스 접근성에 불평등이 있다. 문자 중심의 문해력뿐 아니라 디지털, 건강의 문해력도 매우 중요해지고 있다. 온라인 학습 플랫폼, 가상 교실, 교육용 앱 등 디지털 기술을 교육에 통합하는 디지털 학습이 강조되고 있고, 코로나19로 인해 가속화된 원격 학습 프로그램이 확장되고 있다. 2023년 기준 전 세계 e-러닝 시장은 온라인 교육 도구 채택 증가로 인해 1조 2천억 달러에 달하는 등 디지털 학습 플랫폼이 강조되고 있다. 전 세계 유학생 수는 2020년 기준 660만 명을 넘어섰으며, 미국, 호주, 영국 등의 국가에 많이 유입되고 있어서 국제적 교육을 위한 이동 및 교환 프로그램이 확대되고 있다. 21세기 기술에는 비판적 사고, 창의성, 의사소통 및 디지털 활용 능력 개발에 중점을 두고 정보 기술, 엔지니어링, 의료 등의 분야에서 기술적 능력에 대한 수요가 증가하고 있다. 신규 교육 인력뿐 아니라 기존 현장의 기술 인력에 대해서는 전체 직원의 50%가 재교육이 필요한 실정에 있다. 산업뿐 아니라 과학기술은 특히 새로운 국가안보의 대상이 되며 학생들이 수요가 높은 분야의 직업을 준비할 수 있도록 STEM(Sci ence · Technology · Engineering · Mathematics, 과학 · 기술 · 엔지니어링 · 수학) 교육을 강화할 필요가 있다. 길어진 수명과 노후생활, 산업 및 기술의 변화로 인해 평생학습이 차지하는 중요성은 더욱 높아지고 있다. 급변하고 있는 현대사회에 중요한 교육은 지속가능발전 교육(education for sustainable development)과 세계시민교육(global citizenship education)이다. 지속가능발전한 교육은 환경 관리 및 지속 가능한 실천을 장려하기 위한 것이고, 세계시민교육은 글로벌 문제에 대한 공감, 다양성 존중, 책임감을 함양하는 것을 목표로 한다.

⑨ 소셜미디어 등 커뮤니케이션 혁명

웹사이트, 소셜미디어, 모바일 앱 등 디지털 채널을 통해 뉴스, 엔터테인먼트, 정보 소비가 증가하고 있으며, 이는 디지털 플랫폼이 운영되고 있기 때문에 가능하다. 전통적인 미디어(인쇄물, 라디오, TV) 역시 이 플랫폼에 통합되어 있다. 특히 모바일 기기(mobile devices)는 인터넷 트래픽의 대부분을 차지하고 다수가 스마트폰을 통해 온라인 접근을 하고 있다. 전 세계적으로 46억 명이 넘는 사람들이 소셜미디어 플랫폼을 사용하고 있으며, Facebook, YouTube, WhatsApp, Instagram과 같은 플랫폼이 사용자 참여를 주도하고 있다. 우리나라에서는 카카오톡, 세계적으로는 와츠앱(WhatsApp) 및 위챗(WeChat)과 같은 메시지 앱은 전 세계적으로 개인 커뮤니케이션과 비즈니스 상호작용 모두에서 인기를 얻고 있으며 세계적으로도 서로 연결을 이루고 있다. 이제는 커뮤니케이션 미디어도 비디오 스트리밍, 팟캐스트, 블로그, 대화형 멀티미디어 등 콘텐츠가 다양해지고 있으며, 미디어의 다원성과 표현의 자유를 보장하기 위해 독립적인 저널리즘이 다양한 관점을 옹호하고 있다. 넷플릭스 및 스포티파이와 같은 스트리밍 서비스는 전 세계적으로 수백만 명의 가입자를 보유하고 있으며, 이는 주문형 및 개인화된 미디어 소비로의 전환을 반영한다. 디지털 기반 미디어 아울렛과 팟캐스트의 등장으로 미디어 환경이 다양해졌고 대안적인 관점과 콘텐츠 형식이 제공되고 있는 실정이다. 반면에 가짜 뉴스, 잘못된 정보, 허위 정보가 온라인으로 확산되어 대중 담론과 미디어에 대한 신뢰에 영향을 미치고 있어서 스노프(Snopes)와 팩트체크(FactCheck.org) 등은 허위 정보를 폭로하고 미디어 활용 능력을 향상시키는 데 중요한 역할을 하고 있다. 커뮤니케이션의 다양화 속에 청중이 정보 소스와 미디어 콘텐츠를 비판적으로 평가할 수 있도록 미디어 활용 능력이 중요하며, 사회적 정의를 위한 시민 저널리즘, 시민 인식, 소셜미디어 플랫폼을 활용한 시민참여가 핵심적인 기능을 하게 된다.

⑩ 신(新)개인주의와 참여민주주의의 요구 강화

인간에게 자유는 가장 중요한 가치이다. 자유는 표현의 자유, 사생활 보호, 자기 결정의 자유에 대한 개인의 권리를 인정하고 보호하며, 자기 발견을 장려하고, 개인의 신념, 가치 및 생활 방식을 선택할 수 있는 개인의 정체성을 보장한다. 자유로운 사회는 사회 내 복수의 문화적 · 종교적 · 이념적 관점을 존중하는 다양성을 보장하며, 인종, 성 정체성, 성적 취향, 사회경제적 지위에 관계없이 관대하고, 평등한 대우를 옹호하는 포용성을 지지하는 사회이다. 새로운 개인주의는 신분적 구속, 정치적 제한, 경제적 빈곤 등으로부터 자유롭고자 하는 소극적 자유가 아니라 개인의 성장, 성취, 개인의 목표와 열망과 같은 행복을 추구하는 적극적 자유이며, 개인적 및 사회적 발전에 기여하는 기업가적 노력 및 혁신적 지향과 연결되는 기업가적 정신과 관련이 크다. 여성, 원주민, 성소수자, 난민 등의 인권 문제도 더욱 중요해지고 있고, 디지털 사회 내의 자유 및 개인정보 보호도 강화되고 있다. 소비자의 권리 및 선택의 자유, 경제적 자유, 역량 개발의 자유, 혁신의 자유 등은 새로운 개인주의의 주요 내용들이다. 새로운 개인주의와 자유는 참여를 바탕으로 한다. 신개인주의와 자유의 보장은 참여민주주의로 가능하다. 새로운 참여민주주의는 지역 및 글로벌 문제를 해결하기 위한 사회봉사, 자원봉사활동 및 사회활동에 참여하는 적극적 행동, 기업의 개인 및 지역사회 이익 존중과 사회 기여, ESG 경영 및 사회공헌활동 등 시민적 행동의 뒷받침을 통해 가능하다. 현대사회는 새로운 법적 · 윤리적 문제에 관심이 크고, 데이터 개인정보 보호 및 감시, 알고리즘(algorithm) 시스템의 투명성과 편견 해소, AI 및 생명공학의 윤리적 고려, 지적 재산권의 보호, 사이버 보안 위협에 대한 대처, 기술의 윤리적 사용, 기업의 사회적 책임 등 새로운 윤리에 대해서도 적극적이다.

(2) 현대사회의 주요 이론

20세기 중반 이후부터 현재까지는 약 70년의 기간이라 하나로 묶어 설명하는 데에는 무리함이 있지만 이 시기가 급격한 사회 변화를 겪었던 격동의 현대사회라고 할 수 있다. 이 현대사회 시기를 설명하는 주요 이론들로 근대화 이론 및 탈산업화 이론, 비판사회이론, 글로벌화 이론, 세계체계론, 포스트모더니즘, 정보사회이론, 네트워크사회이론, 문화이론, 액체사회이론, 위험사회이론 등을 들 수 있다.

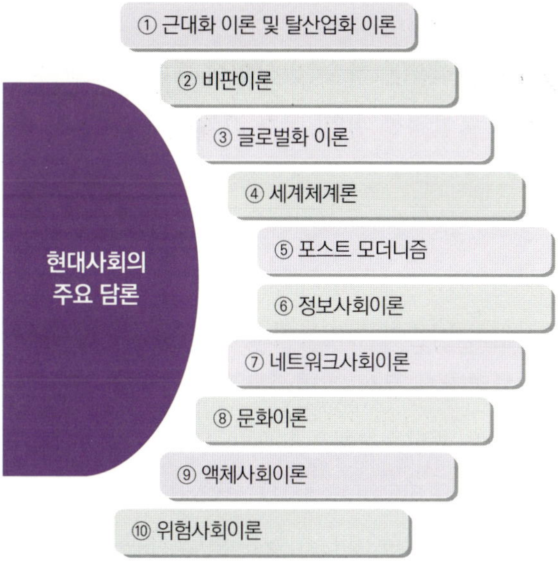

[그림 2-3] 현대사회의 주요 이론

① 근대화 이론(modernization theory) 및 탈산업화 이론(post-industrial society theory)

근대화 이론은 20세기 중반에 등장한 사회경제학 이론으로, 사회가 어떻게 전통 국가에서 현대 국가로 변화하는지를 설명하고 있다. 이 이론에 따르면 대부분의 사회는 전통에서 근대로 선형적인 진보를 하며, 산업화와 기술 발전을 통해 농업 경제에서 산업 및 서비스 기반 경제로 전환하고, 이러한 변화 속에는 사회제도, 문화적 가치, 개인 행동의 변화가 포함된다. 도시화, 민주적 정치발전, 현대적 가치 및 관행의 확산이 이루어진다. 관련 이론가로 월트 로스토우(Walt Rostow)는 경제성장의 5단계를 전통사회, 도약의 전제조건, 도약기, 성숙기, 대량소비시대로 제시했고(Rostow, 1960), 데이비드 맥클랜드(David McClelland)는 경제발전의 추진력은 개인의 심리적 동기, 특히 성취 욕구와 연결되어 있다고 주장했다(McClelland, 1961).

탈산업화 이론은 1970년대 이후 경제의 제조 기반에서 서비스 산업 전환, 지식 및 정보의 중요성, 전문직 및 기술직의 중요성 등을 강조하면서 대두되었다. 특히 다니엘 벨(Daniel Bell)은 탈산업사회가 되면 상품 생산의 중심에서 서비스 기반 경제로 전환이 이루어지고 이론적 지식이 중심적 역할을 하게 된다고 보았다. 앨빈 토플러(Alvin Toffler) 역시 『The Third Wave』(1980)에서 농업(1차 물결)에서 산업(2차 물결), 후기 산업(3차 물결) 사회로 전환하게 되고, 후기산업사회에서는 정보와 지식의 역할이 핵심이 된다고 주장하였다. 존 네이스비트(John Naisbitt)도 정보와 서비스를 향한 사회와 경제의 주요 변화를 지적하였다(Naisbitt, 1982).

근대화 이론 및 탈산업화 이론은 기술 및 산업에 대해 과도한 강조를 하였고, 발전에 따른 불평등, 서비스직의 불안정한 취업, 국가 간 불평등 등의 문제를 간과한다는 비판도 다수 존재하고 있다.

② 비판이론(critical theory)

근대화 이론 및 탈산업화 이론이 현대사회로의 전환을 낙관적으로 전망한 것과 대조적으로 권력, 불평등, 사회정의 등의 측면에서 비판적으로 접근하는 논의가 비판사회이론이다. 비판사회이론은 프랑크푸르트학파라고도 하며, 호르크하이머(Horkheimer, 2022)가 창립하고, 아도르노(Adorno, 2001), 프롬(Fromm, 2020), 그리고 하버마스(Habermas, 2001) 등이 주축을 이루었다. 이들은 현대 자본주의 사회의 권력, 지배, 불평등의 구조를 보면서 사회적 부정의를 지속시킨다고 비판하였으며, 억압받는 집단과 개인을 해방해야 한다고 주장하였다. 대중매체, 교육, 문화가 이데올로기가 되어 사회 통제에 기여하고 있음을 지적하며, 비판이론은 지속적인 자기 성찰과 비판의 과정을 거쳐야 함을 역설한다. 이들 이론은 오늘날에도 진행되는 글로벌 자본주의의 불평등과 착취, 다양한 미디어를 통한 대중적 지배, 민주주의의 옹호 등에 중요한 시사점을 주었다. 하지만 비판사회이론은 실제적, 경험적이기보다는 추상적이고 철학적 주장에 가깝고, 긍정적 변화보다는 비관주의적이며 부정적인 접근에 가깝다.

③ 글로벌화 이론(globalization theory)

글로벌화 이론은 세계사회, 경제, 문화의 상호 연결성과 상호 의존성이 증가하는 과정과 결과에 주목한다. 이 이론은 세계 경제가 무역, 투자, 생산의 국제화를 통해 점점 더 통합되고 있으며, 미디어, 엔터테인먼트, 패션, 라이프 스타일의 확산 및 교류, 국제 및 초국가적 기관의 영향력 확대, 환경의 세계화, 이주 및 관광 등의 초국경적 변화가 활발히 진행되는 데 주목하고 있다. 주요한 이론가로 앤소니 기든스(Anthony Giddens), 데이비드 헬드(David Held), 마누엘 카스텔(Manuel Castells) 등을 들 수 있는데, 이들은 전 세계적 사회적 관계의 강화로 세계화, 글로벌 민주적 거버넌스의 중요성, 정보통신 중심의 전 세계적 디지털 네트워크 진행에 주목하였다. 하지만 이들 이론은 경제적 측면의 강조, 서구 중심의 관점, 세계화의 균질적 진행 강조 및 혼성화 간과, 결정론적 전망의 한계가 제기되기도 하였다.

④ 세계체계론(world-systems theory)

세계체계론은 글로벌화 이론과 유사한 측면이 있다. 세계는 국경을 넘나드는 경제적 · 정치적 관계의 복잡한 네트워크를 갖춘 단일 사회체계의 성격이 강하며, 복수의 국가 간에 상호 의존적 특성을 갖고 있다. 세계체계론을 강조한 학자는 이매뉴얼 월러스틴(Immanuel Wallerstein)으로, 그는 현대사회를 여러 국가에 걸쳐 상호 의존적인 글로벌 경제의 역동성으로 설명하였다(Wallerstein, 2004). 이 체계는 세계무역과 경제활동을 지배하는 고도로 발전하고 산업화된 중심 국가 및 중심부와 주변부 사이에 위치하며, 산업화된 부문과 저개발 부문이 혼재된 반주변국가, 농업 및 원자재 수출에 의존하는 주변국가로 구성되는데, 중심 국가가 주변국가 및 반주변국가에 대해 경제적 착취를 하는 구조로 이루어진다. 세계체계론은 세계경제에서 선진국가와 개발도상국가 간의 상호 의존 및 착취적 관계, 구조적 불평등, 헤게모니의 변화에 대한 주요한 시사점을 제공한다. 하지만 이 이론은 중심부-반주변부-주변부의 관계의 기계적 결정론, 예측력이 미흡한 구조 중심주의의 한계도 존재한다.

⑤ 포스트모더니즘(postmodernism)

포스트모더니즘은 구조와 체계, 인과성, 합리성과 법칙성으로 세계를 파악하는 모더니즘(modernism)을 비판하며 거대 서사(narrative)에 대한 회의주의, 구조에 대한 해체(Derrida, 1996), 분리되고 다양화되는 분절화(fragmentation), 현실보다 더 현실적인 초현실(hyper-reality), 진리와 지식의 상대주의를 강조하고 있다. 포스트모더니즘을 하나로 정의하기는 어려우며 모더니즘과 대비되는 경향이라고 규정할 수 있다. 이 흐름은 현실로부터 분리되어 소비되고 재생산되는 현대 소비 문화(Jameson, 2022), 미디어 및 디지털 문화의 분절적 운영, 현대사회의 성적 기호의 다양화와 정신의 지배로부터 독립된 육체 및 욕망의 부각(Foucault, 2020), 사고 및 언어의 기존 구조에 대한 비판과 해체에 주목하고 있다. 이러한 주장들은 초현실성의 창조와 현실 인식에 대한 디지털 문화의 영향에 대한 중요한 통찰력을 제공하며, 젠더, 섹슈얼리티, 인종, 교차성에 대한 새로운 논의를 이끌어 내고, 문화상품이 대량 생산되고 급속히 소비되는 동시대의 소비자 문화를 이해하는 데 도움을 주며(Baudrillard, 2015), 거대한 서사(grand narrative) 중심에서 일상적 생활세계와 미소 서사(micro narrative)의 복잡성 및 다원성에 더 주목하고 있다.

⑥ 정보사회이론(information society theory)

정보사회이론은 주로 정보통신기술(Information and Communications Technology: ICT)의 확산이 주도하는 사회 변화에 주목하는 이론으로, 현대사회에서 정보의 생산, 처리, 보급이 가장 중요한 경제적 · 문화적 활동이 된다고 가정하고 있다. 이 이론은 정보는 노동, 자본과 마찬가지로 기본적인 경제 자원이자 점점 더 정보 상품과 서비스의 생산, 유통, 소비에 의존하고 있다고 본다. 컴퓨팅, 통신, 미디어 기술의 융합은 서로 다른 플랫폼과 장치 간에 정보의 원활한 흐름을 가능하게 하여 다양한 형태의 커뮤니케이션을 통합하는 기술 융합(technological convergence)이 두드러지고, 전 세계적으로 개인과 기관을 연결하는 디지털 네트워크를 중심으로 사회 구조와 활동이 조직화하는 특성을 갖게 된다(Castells, 2008). 이러한 사회에서는 ICT 전문가, 과학자, 교육자 등 정보를 관리하고 처리하는 지식노동자가 경제적 생산성과 혁신의 중심이 되고 있다고 주장한다. 현대사회에서는 ICT가 사회적 상호작용, 문화적 관행 및 일상생활에 미치는 광범위한 영향을 미치고 있는데, 여기에는 소셜미디어, 디지털 엔터테인먼트, 온라인 커뮤니티의 등장이 포함되며, 사람들이 상호작용하고, 미디어를 소비하고, 문화활동에 참여하는 방식의 변화에서 그 특성을 확인할 수 있다. 현대사회에서 ICT가 미치는 영향은 디지털 경제, 긱 경제, ICT 관련 일과 고용, 글로벌 연계, 교육과 평생학습 등 다양한 영역에서 발생하고 있다. 정보사회이론은 디지털 및 정보 격차, 경제적 불평등, 감시 및 개인정보 보호, 문화적 균질화 등 다양한 부분에서 발생하는 부정적 측면에 대한 더 엄밀한 연구가 필요한 상태이다.

⑦ 네트워크사회이론(network society theory)

네트워크사회이론은 디지털 및 정보 기술의 발전이 사회 · 경제 · 정치 구조를 어떻게 네트워크로 변화시켰는지에 주목한다. 이 이론은 디지털 기술에 의해 촉진된 네트워크가 사회의 기본적이자 지배적인 조직구조가 된다고 가정하고 있으며, 이러한 네트워크는 기존의 계층적 조직과 달리 유연하고 확장이 가능하며 신속한 재구성이 가능하다고 본다(Castells, 2014). 현대사회는 산업 경제에서 정보의 생산, 처리, 보급이 주요 경제활동인 정보 경제로 전환이 되며, 지식과 정보가 핵심 자원이 된다. 네트워크 사회는 문화 및 사회 생활에 영향을 미치고, 의사소통, 정체성 및 사회적 상호작용을 재구성하며, 디지털 미디어와 소셜 네트워크가 사람들이 의사소통하고, 커뮤니티를 형성하며, 자신을 표현하는 방식을 변화시키게 된다. 네트워크 사회를 가능하게 하는 인프라는 ICT이며 특히 인터넷, 모바일 기술, 디지털 플랫폼이 중요한 역할을 하고 있다.

⑧ 문화이론(cultural theory)

문화이론은 문화, 구체적으로는 문화적 의미, 관행 및 제도가 사회(또는 사회적 역동성), 정체성, 권력구조를 형성하는 방식을 분석하기 위한 접근이다. 문화이론은 내용상으로 넓은 스펙트럼을 갖고 있다. 그람시는 문화 헤게모니를 제시하였는데, 이 개념은 사회의 지배적인 집단이 대중의 신념과 가치를 형성하는 문화 기관 및 관행을 통해 통제를 유지하고 현상 유지를 지원하는 합의를 창출하는 방식을 의미한다. 상징적 상호작용론은 개인과 집단이 언어, 상징, 상호작용을 통해 사회적 현실을 어떻게 창조하고 유지하는지에 초점을 맞추고 있으며, 사람들의 행동과 경험에 주관적인 의미를 부여하는 과정에 주목한다. 문화의 생산과 소비에 주목하는 입장은 사회 내에서 문화상품이 어떻게 생산, 유통, 소비되는지 탐구한다. 취향, 선호도, 문화적 규범을 형성하는 데 있어 문화산업의 역할을 살펴본다.

피에르 부르디외(Pierre Bourdieu)는 사회 내에서 사회적 이동성과 권력을 가능하게 하는 비경제적 자원으로 문화자본(지식, 기술, 교육, 규범)을 강조하였다. 부르디외는 사회의 상위에 속할수록 특별한 이익을 갖게 되는데, 이를 자본이라고 지칭하였다. 자본은 경제자본, 문화자본, 사회관계 자본, 상징자본으로 구분되며, 경제자본은 경제적 능력, 문화자본은 사회화 과정에서 체득한 문화에 대한 특정한 감각 및 능력, 사회관계 자본은 지연, 혈연, 학연과 같이 집단과 사회 연결망 내의 위치 및 관계, 상징자본은 이상의 세 자본이 사회적으로 수용되며 승인되는 형식으로 위신, 존경, 명예, 명성 등과 같은 것이다(Bourdieu & Passeron, 1990). 부르디외의 이론에서는 취향이 중요한데, 취향이란 사람들이 사회 내에서 경험과 생활 속에서 체득하는 것으로, 이것이 구조화, 위계화, 계층화되면서 형성되는 성향의 체계를 아비투스(habitus)로 부른다. 문화자본은 사회화를 통해 의식적으로 획득되고 수동적으로 상속되는 지식으로, 내재적 문화자본, 사회의 토대로 형성된 객관화된 문화자본, 사회적 공식화로 인정된 제도화된 문화자본으로 다시 분류할 수 있다. 부르디외의 문화이론은 현대 미디어, 교육, 소비 문화, 사회운동 및 행동주의, 성적 정체성, 세계화와 문화 교류 등 다양한 영역에서 설득력 있는 해석틀로 중요한 역할을 한다. 특히 지배담론만이 정당화되는 현실을 극복하기 위해 대중이 스스로 말하고 지배담론을 넘어서도록 능력을 향상시키는 데에도 문화자본 활용이 긴요함을 시사하고 있다. 하지만 문화이론은 개념적 명확성의 결여, 문화적 특성 중심의 설명체계 등의 문제점도 갖고 있다.

⑨ 액체사회이론(liquid society theory)

사회학자 지그문트 바우만(Zygmunt Bauman)이 발전시킨 액체사회이론은 이전 시대의 견고하고 안정적인 구조인 고체사회(solid society)와 달리 현대사회의 특성을 유동적이고 불안정하며 끊임없이 변화하는 것으로 설명하였다(Bauman, 2022). 이 이론은 액체사회(liquid society)가 사회구조, 관계, 정체성이 고정되어 있지 않고 유동적이고 일시적이어서 끊임없는 변화와 불안정성에 의해 불확실성과 불안감을 낳게 된다고 주장한다. 액체사회는 집단적 안정과 사회적 유대를 희생하는 대가로 나타나며, 개인의 주체성과 유연성, 개별화를 강조한다. 또 사람들은 소비 선택과 라이프 스타일에 의해 개인의 정체성과 사회적 지위가 확정되는 소비주의의 지배를 받게 된다. 현대사회 노동시장에서 사람들은 단기계약, 시간제 근무, 고용 안정성 부족 등으로 고용불안정을 경험하게 된다. 디지털 기술의 확산은 개인 간 연결성과 정보에 대한 접근을 향상시키지만 사회적 상호작용 및 관계를 일시적으로 만드는 특성을 동시에 발생시킨다. 액체사회이론은 모든 것을 유동성에만 초점을 두게 되어 다양한 사회 집단, 문화, 지역에 따른 경험의 차이를 설명하지 못할 수도 있으며, 유동적인 현대성의 압력에 저항하는 개인과 집단의 주체를 과소평가할 우려도 존재하고, 철학적 · 이론적 주장에 더 의존하여 강력한 경험적 뒷받침이 부족한 것도 한계로 볼 수 있다.

⑩ 위험사회이론(risk society theory)

울리히 벡(Ulrich Beck)이 주로 개발한 위험사회이론은 현대사회가 어떻게 위험의 생산, 관리 및 완화에 점점 더 몰두하고 있는지 설명하였다. 벡은 현대사회는 부의 생산에 초점을 맞춤과 동시에 위험사회로 전환되고 있다고 주장하였다. 이전의 위험은 자연에 의한 위험이라면, 현대적 위험은 기술 및 산업 발전의 부산물로 '만들어진 위험'으로 규정된다. 현대적 위험은 기후변화, 금융위기, 전염병과 같은 위험이 전 세계적으로 영향을 미친다는 점에서 세계화되는 특성을 가진다. 위험사회이론에 따르면, 위험은 사회적 원인이 큼에도 불구하고 개인이 자신의 삶에서 위험을 관리하는 책임이 더욱 커지고 있다. 이러한 측면에서 대중들이 위험에 대한 인식을 형성하는 것과 관련하여 미디어와 과학적 담론의 역할이 중요하며, 이것들이 위험 인식 및 의사소통의 과정에 핵심적 역할을 하게 된다. 벡에 따르면, 현대화 자체가 새로운 위험과 불확실성을 생성하기 때문에 이에 대한 인식을 성찰적으로 하는 '성찰적 현대화'가 매우 중요하다고 지적하였다(Beck, 2014). 위험사회이론은 기후변화, 오염, 자연재해 등 환경 문제를 분석하기 위한 틀을 제공하며, 이러한 위험의 전 세계적인 성격과 국제 협력의 필요성을 강조하고 있고, 생명공학, 인공지능, 사이버 보안 위협 등의 기술 발전과 관련된 위험에 대한 통찰력을 제공한다. 전염병, 항생제 내성 등 공중보건 위험, 경제위기의 위험과 글로벌 금융 불안정의 영향, 효과적인 위험 커뮤니케이션, 규제 및 거버넌스의 중요성 등도 위험사회이론이 갖는 설명력의 영역이기도 하다.

2) 전환기와 현대사회의 위기

(1) 전환기로서 현대사회

현대사회는 이전 시기보다 변화 정도가 매우 빠르게 전개된다. 이러한 변화는 큰 변화(big change)이자, 기존의 흐름과는 다른 특성이 있다는 측면에서 전환(transition)이기도 하고, 구조적이고 질적인 변화라는 측면에서 변혁(transformation)일 수도 있다. 폴 크루첸(Paul J. Crutzen)의 지적처럼 지질학적 관점에서 보면 홀로세에서 인류세(人類世, Anthropocene)로의 전환일 수도 있다(이별빛달빛, 2022).

5대 대전환	주요 과제
신흥 전염병, 팬데믹	아폴로의 화살, 코로나19 등 신흥 전염병과 글로벌화, 원격의료, One Health, 건강의 사회적 결정, 사회경제적 멈춤, Me First, 재난의 불평등, 재난자본주의
4차산업혁명과 디지털 전환	AI, 로봇 등 4차산업혁명, Big Data, Superintelligence, Iot, Bio 등 혁신 성장, 제2의 기계 시대, 파괴적 혁신, Great Convergence, 초연결 사회, 사회경제 전반의 디지털화, 감시자본주의, Gig 경제, 노동 불안, 기술적 실업, Precariot, 격차 확대
기후변화	온실가스, 산업화 이전에 비해 1.5도 상승, 인간에 의한 영향(IPCC 6th Report), 기후 재앙, 기후(환경) 정의, 위협 6차 멸종, 인류세(Anthropocene), 상업생태학
에너지 전환	화석연료 및 원자력 기반으로부터 재생에너지 등 지속가능한 에너지로 전환, 전력/난방/운송에서의 전환, 세계 주요국 에너지 전환 등 그린뉴딜 추진과 한국의 취약한 대응력, 에너지 기본권과 접근성
인구구조 전환	세계 최저 출산율, 초고속 고령화 및 생산가능인구 축소(20~50세), 인구 절벽 도래, 축소 사회, 지역 및 동네 소멸, 행복하지 않고 우울/고립의 한국인(세계 최고 자살률)

[그림 2-4] 5대 대전환과 주요 과제

자료: 초의수(2023)에서 수정.

지금은 대전환기이다. 대전환의 주요 유형은 얼마 전에 겪은 코로나19와 같은 반복되는 신흥 전염병 및 팬데믹, 4차산업혁명과 디지털 전환, 기후변화, 에너지 전환, 인구구조의 전환 등이다(초의수 외, 2024).

① 신흥 전염병 및 팬데믹

신흥 전염병 및 팬데믹은 그리스 · 로마신화의 내용처럼 인류 사회에 전염병을 퍼뜨린 아폴로(Apollo)의 화살처럼, 다음에는 코로나19와 같은 신흥 전염병의 지속적 등장과 전 세계적 확산 과정에서 구체적으로 대두될 수 있을 것이다. 감염병은 방역 등으로 원격의료기술 개발과 서비스 확대를 가져올 것으로 예상할 수 있다. 대부분의 감염병이 인수 공통 전염병의 특성을 가지고 있어서 인간, 동물, 환경의 건강과의 상호 의존성과 공동의 접근, 즉 One Health의 관점을 견지할 필요가 있다. 건강은 단순히 신체적 · 생물적 특성에 의해 결정되는 것이 아니라 사회적 · 경제적 · 환경적 요인이 더 크게 작용하여 공중보건을 개선하고 건강 격차를 줄이는 노력을 해야 한다. 코로나19 팬데믹에서 경험했듯이 감염병의 확산은 봉쇄와 사회적 거리두기로 사회경제적 멈춤을 야기하고, 자원 확보를 위한 자국 우선주의(Me First)를 촉진시키게 된다. 재난은 어려운 취약계층에 더 가혹하게 작용하는 불평등한 모습을 갖고 있으며, 재난의 과정과 결과가 오히려 부익부-빈익빈을 촉진시키는 재난자본주의로 진행될 가능성이 크다(Klein, 2023).

② 4차산업혁명과 디지털 전환

4차산업혁명과 디지털 전환은 과학기술, 산업 중심의 구조적 전환을 의미한다. 세계경제포럼의 클라우스 슈왑(Klaus Schwab)의 주장에서 본격화된 이 논의에서 1차산업혁명은 18세기 후반의 방직기와 증기기관의 발명, 2차산업혁명은 19세기 후반의 전기 발견과 자동화, 3차산업혁명은 1970년대 이후의 인터넷, 개인용 컴퓨터 등 디지털 기술 중심이라고 하면, 4차산업혁명은 로봇 공학, AI(Artificial Intelligence, 인공지능), 나노 기술, 양자 프로그래밍, 생명공학, IoT, 3D 인쇄 및 자율주행 차량 등 여러 분야에서 새로운 기술에 주목한다(Schwab, 2017). 현재는 AI와 초지능(Super-intelligence),[3] Big Data, Iot 등은 초연결 사회, SNS, 데이터 경제를 주도하고 있으며, 이들 기술에 의해 사회경제 전반의 디지털화와 많은 주체를 연결하고 통합하는 거대한 수렴(Great Convergence)이

3) 초지능은 인간의 정신을 뛰어넘는 지능을 가진 가상의 에이전트(agent)로 제시된다(Bostrom, 2014).

이루어지고 있다. 로봇 등 4차산업혁명, Bio 등 혁신 기술이 비약적으로 발전하는 현실에서는 인간과 기계의 공생이 필요한 제2의 기계 시대(Brynjolfsson & McAfee, 2014), 기존 틀에 대한 파괴적 혁신이 중심 담론으로 부상하고 있다. 하지만 기계에 의한 인간 지배라는 감시자본주의, 긱 경제의 발전 등으로 인한 노동 불안, 기술적 실업, 불안정 계급인 프레카리아트의 문제점도 확산되고 있다.

③ 기후변화

가장 광범위한 전 지구적 전환은 기후변화이다. 이전과 달리 산업혁명 이후의 기후변화는 인간에 의한 것으로(IPCC[4], 2023), 온실가스 확산과 온난화 진행에 따라 산업화 이전에 비해 지구 온도는 지속적으로 상승하고 있기 때문에 산업화 이전 19세기 후반과 비교하여 1.5℃ 이하로 억제하는 것이 전 지구적 과제로 대두되고 있다. 기후변화로 생물의 다양성이 위협받고, 식량 수급이 불안정해지며, 빈곤층의 삶에 더 많은 위협이 가해지고 있다. 그럼에도 불구하고 이미 지구 표면의 평균온도는 인류가 이를 본격적으로 측정한 1880년도부터 계속 상승하여 평균 14℃에서 1℃ 정도 오른 15℃를 기록하고 있어서 한계 온도 대비 남은 온도는 0.5℃에 불과하다. 기후변화를 넘어서 이제는 기후재앙이 지구 곳곳에서 발생하고 있으며, 6차 대멸종 또는 인류세(Anthropocene) 멸종[5]에 이르렀다는 우려도 제기되고 있다.

④ 에너지 전환

기후변화와 동반하는 중요한 것은 에너지 전환이다. 이제 화석연료 및 원자력 기반으로부터 재생에너지 등 지속가능한 에너지로 전환을 필요하게 되었고, 전력, 난방, 운송에서의 대대적인 전환과 그린뉴딜 추진을 요구하고 있다. 기업이 환경 파괴가 아닌 환경 복원의 주체로 나서고 지속가능한 관행 및 실천을 할 것인지 그 방향을 제시하는 상업생태학(The Ecology of Commerce) 역시 중요한 과제이다. 탄소중립의 사회경제적 실천은 기존 산업의 구조 전환을 요구하게 되며, 이는 기존 산업에 일하고 있는 사람들의 실업과 전직을 수반하여 정의로운 전환(just transition)과 사회경제적 실천을 크게 고려

4) Intergovernmental Panel on Climate Change.

5) 약 2억 5,200만 년 전 페름기(Permian period) 대멸종은 지구 탄생 이후 가장 큰 멸종으로 육상 척추동물의 70%, 해양생물의 96%를 멸종시켰는데, 원인은 이산화탄소이다. 당시 이산화탄소로 지구 평균온도를 6℃ 정도 상승하여 해양의 이산화탄소 유입 및 산성화 등으로 지구상의 생명 멸종에 큰 영향을 미쳤다.

해야만 한다. 취약한 계층의 에너지 접근성과 빈곤계층의 에너지 기본권도 더욱 절실해지고 있다.

⑤ 인구구조 전환

우리나라에 더욱 심각한 부정적 변화는 인구구조의 전환이다. OECD 다수 국가는 대체출산율인 2.1명보다 낮은 출산율을 기록하고 있고, 특히 우리나라는 2023년 합계출산율이 0.72로 전 세계 1.0 이하의 유일한 국가로 기록되고 있다. 기대수명은 지속적으로 증가하여 고령인구의 비율은 초고속으로 상승하고 있으며, 생산가능인구의 비율은 줄어들고 있다. 낮은 출산율은 인구절벽과 축소 사회를 불가피하게 하고 있으며, 다수 지역을 인구, 사회서비스, 산업 및 기업의 사막화로 밀어 넣고 있다. 많은 OECD 국가에서 인구 증가, 다양성 및 노동시장에 영향을 미치는 상당한 이민이 이루어지고 있으며, 이민 증가로 인한 사회통합의 장애요인 역시 증가하고 있다. 생활 비용의 상승 및 결혼 부담은 결혼과 출산을 지연시키고 있고, 노인 독신가구를 포함하여 전 연령대에 걸쳐 1인 가구를 크게 증가시키고 있다. 한국은 추후 생산연령인구의 감소와 노령인구의 급증으로 세금을 부담하는 인구는 줄어들고 연금 및 보건의료 비용은 크게 늘어나 연금체계와 보건의료보장에 큰 압박과 지속가능성 애로에 직면할 것으로 예상된다. 무한경쟁의 사회는 출산율뿐 아니라 사회 관계의 질적 약화 및 악화를 동반하여 사람들을 우울과 고립에 빠뜨리며 행복하지 않은 상태로 밀어 넣는다. 우리나라는 2024년 유엔 산하 지속가능해법네트워크에서 낸 세계 행복보고서에 따르면, 3개년 통합 순위가 52위로 OECD 국가 중 최하위 수준에 머무른 것으로 나타났으며, 10만 명당 자살률이 2022년 25.2명으로 세계 최고 수준의 행복하지 않은 위험사회의 단면을 보여 주고 있다.

(2) 대전환기의 복합 위기와 현대사회의 주요 문제

대전환의 시기는 처음 경험하는 것이자 너무나 근본적이어서 쉽게 해결할 수 없고 무엇부터 시작해야 하는지, 이전의 전례(前例)나 알려진 방법도 찾기 어려워 '고약한 이슈이자 문제(wicked issues and problems)'로 대두될 가능성이 크다. 리텔과 웨버(Rittel & Webber, 1973)는 고약한 이슈의 특징으로 명확한 공식이 없고, 중단시킬 규칙도 없으며, 진위(眞僞)보다는 선악(善惡)적 접근의 해결책이고, 해법을 테스트하기 어려우며, 시행착오로 연구하기 어렵고, 해결책의 수는 끝이 없으며, 본질적으로 독특하고, 다른 문제의 증상으로 설명할 수 있으며, 설명 방식에 따라 해결책이 결정되고, 해결책이 틀릴 권

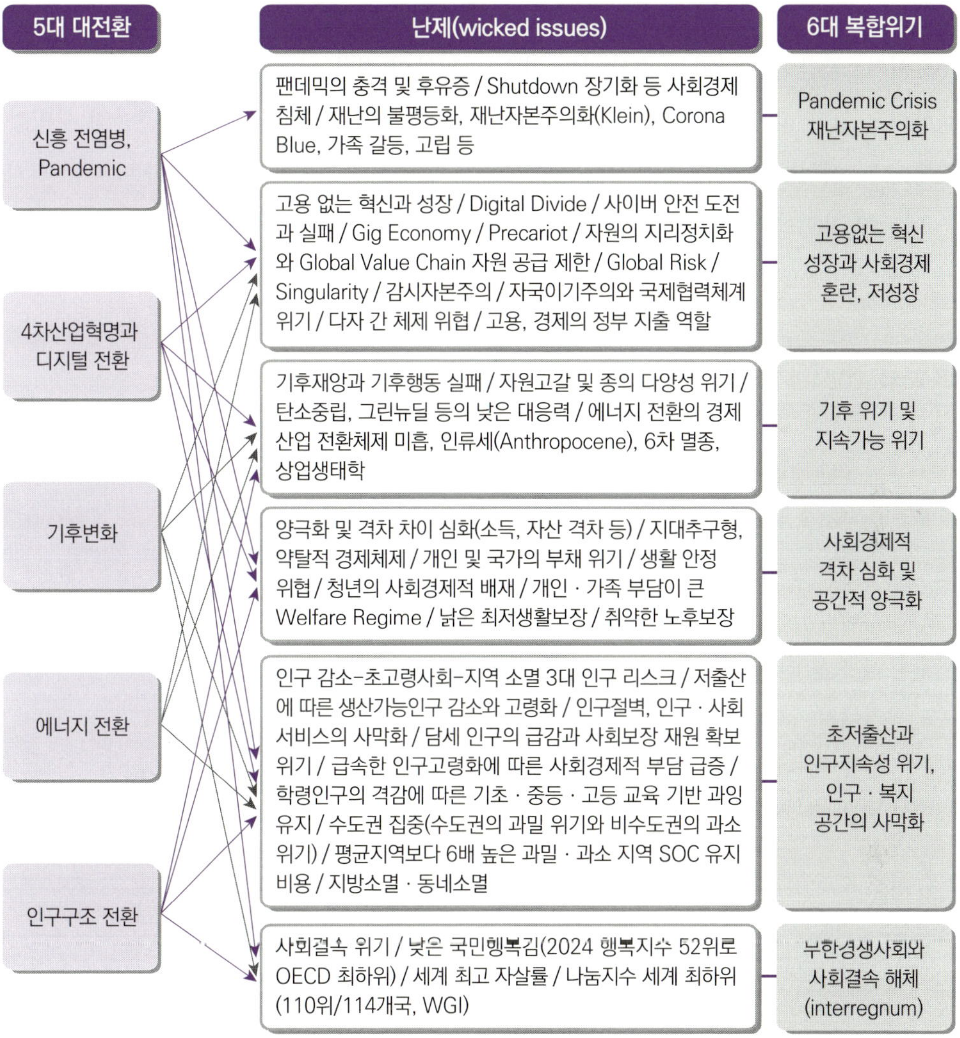

[그림 2-5] 5대 대전환, 난제, 6대 복합위기

자료: 초의수(2023)에서 수정.

리는 없이 결과에 책임을 져야 하는 것들로 설명하였다. 대전환의 주요 주제들은 이처럼 해결이 매우 어려운 고약한 문제로서 특성을 가지고 있다. 대전환의 주요 주제들이 고약한 문제, 즉 난제(難題)로서의 성격을 갖고 있기 때문에 다양한 복합적 위기를 초래하게 된다.

우리나라의 현재 당면한 5대 대전환과 난제들은 다음과 같은 6대 복합적 위기를 초래하고 있다. 복합적 위기는, 첫째, 팬데믹의 위기와 재난자본주의로서의 진행이다. 둘째, AI 등 4차산업혁명으로 고용 없는 혁신 성장 및 중저 성장체제의 진입이다. 셋째 위기는 기후 위기이자 지속가능성의 위기이다. 넷째, 사회경제적 격차의 심화 및 공간적 양극화이다. 공간적 양극화는 수도권과 비수도권 간의 격차 및 도농 간의 격차 등으로 구체화되고 있다. 다섯째, 초저출산과 인구 지속성의 위기, 인구 및 복지의 공간적 사막화 진행이다. 여섯째 위기는 무한경쟁사회의 진행과 사회결속의 해체이다. 이 마지막 위기는 이전에 사회를 규제하였던 규범과 질서체제는 사라졌으나 새로운 질서와 규범은 아직 정립되지 못한 궐위시대(the times of interregnum)적[6] 성격으로 나타나고 있다.

〈표 2-1〉 2024년 10대 글로벌 위기

순위	향후 2년	(영역)	향후 10년	(영역)
1	잘못된 정보 및 허위 정보	(기술)	기상이변	(환경)
2	기상이변	(환경)	지구체계에 심각한 변화	(환경)
3	사회적 양극화	(사회)	종의 다양성 상실과 생태체계 붕괴	(환경)
4	사이버 불안	(기술)	자연자원 고갈	(환경)
5	국가 간 무력 갈등	(지정학)	잘못된 정보 및 허위 정보	(기술)
6	경제적 기회 결핍	(사회)	AI 기술의 역전적 결과	(기술)
7	인플레이션	(경제)	비자발적 이주	(사회)
8	비자발적 이주	(사회)	사이버 불안	(기술)
9	경제적 하향 기조 전환	(경제)	사회적 양극화	(사회)
10	오염	(환경)	오염	(환경)

자료: World Economic Forum (2024).

세계경제포럼(World Economic Forum)은 세계적 차원에서 발생하는 다양한 단기(2년 이내)와 장기(10년 이상)의 위기들에 대해 전문가들의 조사 등을 바탕으로 매년 글로벌 위기에 대한 보고서를 발간하고 있다. 여기서 위기란 사회, 경제, 인구, 자원, 생태, 기술 등에 부정적인 영향의 정도가 높은 것을 의미하는 것들이다. 보고서에서는 2년 이내의 단기적 위기로 잘못된 정보 및 허위 정보, 기상 이변, 사회적 양극화, 사이버 불안, 국가 간 무력 갈등, 경제적 기회 결핍, 인플레이션, 비자발적 이주, 경제적 하향 기조 전환, 오염을 들고 있으며, 10년 이후의 장기적 위기로는 기상이변, 지구체계에 심각한 변화, 종

6) 궐위시대란 고대 로마법에서 최고 권력의 공백상태를 의미하였는데, Gramsci가 자본주의 사회의 권력 공백기의 혼란기와 병리적인 징후의 확산을 비유하여 사용하였다. Bauman(2012)은 현대 자본주의의 액체적 특성, 권력과 정치의 분리, 해결의 난맥상 경험 등을 들어 현대사회를 궐위시대로 지칭하였다.

의 다양성 상실과 생태체계 붕괴, 자연자원 고갈, 잘못된 정보 및 허위 정보, AI 기술의 역전적 결과, 비자발적 이주, 사이버 불안, 사회적 양극화, 오염 등을 제기하고 있다. 위기는 경제, 사회, 기술, 지정학, 환경 등의 영역인데, 단기적으로는 사회적 위기가 많지만 장기적으로는 10대 위기 중 과반이 생태 환경의 위기로 다수를 이루고 있다.

현대사회는 과학기술의 진보 및 경제성장, 삶의 질 향상 등 발전적 측면을 갖고 있다. 하지만 해결해야 할 사회 문제도 함께 갖고 있다. 사회 문제는 '사회적'인 것과 '문제'라는 것의 합성어이다. '사회적'이라는 것은 집합적 · 사회구조적 · 관계적이라는 의미이고, '문제'는 부정적이고 바람직하지 않으며 해소해야 할 것이라는 뜻을 함께 갖고 있다. 종합하자면 사회 문제란 특정한 사안 및 행동 등에 대해 다수의 구성원이 사회적 · 공동체적 가치에 문제가 있고 바람직하지 않다고 생각하여 적극적으로 개선하기를 희망하는 것들이다(초의수 외, 2024).

현대사회의 사회 문제의 주요 원인은 매우 다양하다. 첫째는 자본주의와 신자유주의의 진화 및 발전에 의해 사회 문제 역시 변화를 겪게 된다. 4차산업혁명, AI 및 디지털 경제, 플랫폼 경제, 긱(Gig) 경제, 탈탄소화 등에 따라 핵심 영역의 산업 · 기술 · 인적 자원만 남겨둔 채 다수를 핵심에서 끊임없이 배제시키고 잉여적 영역으로 밀어내게 된다. 신자유주의는 때로는 글로벌 팽창주의로, 때로는 자국중심주의로, 한편으로 국제 이주노동자를 흡수하면서, 다른 한편으로 인종차별로 밀어내고 있으며, 소수 핵심에 고임금의 최고 처우를 보장하면서, 다수 노동은 구조조정 및 비정규직으로 내몰리게 만든다. 둘째, 부의 집중과 양극화를 심화시키고 있다. 소득만으로는 빈곤을 설명하기 어려운 다면적 불평등인 사회적 배제(social exclusion)와 사회적 결핍(social deprivation)을 끊임없이 재생산시킨다. 셋째, 실업과 불안정한 고용 계층 등 고용의 위기를 확산시킨다. AI의 확대는 수많은 마트 캐셔(cashier), 식당 종업원, 제조업 노동자의 일자리를 빼앗고, 탄소 중립화는 화력발전소의 노동자를 실직으로 내몰 수밖에 없게 되며 공정 전환의 중요성을 부각시킨다. 넷째, 현대사회는 성차별, 인종차별, 연령차별 등 3대 차별과 더불어 다양한 차별을 발전시킨다. 2006년 미국의 사회운동가 타라나 버크(Tarana Burke)가 소수 인종, 여성, 아동들이 자신의 피해 사실을 드러내도록 지원하고 서로 연대하여 사회를 바꾸자고 역설한 미투 운동(Me Too Movement)은 국경을 넘어 우리나라에도 강력한 영향을 미쳤다. 인종차별과 더불어 연령차별은 고령화사회가 되면서 더욱 경각심을 불러일으켜서 각국의 법과 제도로 이에 대응하려는 노력이 확산 중이다. 다섯째, 자본과 이윤의 논리에 지배되는 생활공간의 위기는 젠트리피케이션(gentrification)으로, 기존 주민을 축출하는 현상으로 나타나고 있다. 특히 우리나라는 수도권과 비수도권 간의 심각한 격차를 발생시켜서 지역 균형 발전의 필요성이 더욱 강력히 대두되기도 한다. 자동차와 환경오염이 지배하던 공간을 보행, 교류, 연대의 공간으로 바꾸어야 한다는 주장은 파리, 포틀랜드, 클리블랜드, 바르셀로나 등 해외뿐 아니라 부산, 서울, 제주 등 국내의 다수 도시에서도 제기되고 있다. 여섯째, 가장 큰 사회 문제는 인구의 빠른 고령화이다. 특히 한국은 2023년 합계출산율이 0.72명으로, 세계적 유례를 찾아보기 어려울 정도의 인구학적 지속 가능 위기에 직면해 있다.[7]

2. 자원영역이란 무엇인가

1) 자원영역의 개념과 중요성

(1) 자원영역의 개념

자원영역(voluntary sector)은 시민사회 발전의 결과이자, 좋은 시민사회임을 반영하는 지표이며, 자본주의사회의 한계 및 복지국가의 위기를 타개하는 수단이기도 하다. 자원영역은 학술적으로 명확히 정의되어 있지는 않지만 대체로 정부영역과 영리영역(혹은 시장영역)으로부터 독립적으로 운영되는 광범위한 조직 및 활동을 의미한다. 사적영역(private sector)에 있지만 영리영역(profit sector)이 아닌 비영리영역(non-profit sector)에 속하고, 정부영역(government sector)이 아니면서 공적영역(public sector)을 지향하는 것이 자원영역이다. 즉, 사회에 있어서 영리가 아닌 공적인 목적을 정부가 아닌 사적인 영역에서 추구하는 행위이다. 자원영역은 제1영역이 정부, 제2영역인 기업(혹은 시장)과 구분되는 제3영역(the third sector), 독립영역(independent sector)으로 불리기도 하였다. 전통적으로 자원영역은 주로 기부와 자원봉사에 의해 시민들이 참여하면서 공익사업을 수행했지만, 오늘날에는 정부 및 기업 영역에 대한 견제뿐 아니라 이들과 상호협력, 연대, 공동의 사업을 하기도 하여 다양한 모습으로 진화하고 변화, 발전하고 있다. 자원영역에 대해 UN은 사회복지, 개발, 인권 증진에 중요한 역할을 하는 비정부기구(NGO)와

---

7) 윤석열 정부는 2024년 6월 19일 인구 국가비상사태를 공식 선언하고, 저출생 문제 극복을 위해 범국가적 총력 대응체계를 가동하겠다고 선언하였다(연합뉴스 2024년 6월 19일자 보도).

시민사회단체(CSO)에 초점을 맞추고 있으며, OECD는 자원봉사 부문을 주로 상업 또는 정부가 아닌 조직 및 기관을 포함하여 시민사회의 일부로 설명하며, 세계은행은 사회 · 경제 · 정치 발전을 위해 일하는 NGO, NPO, 기타 시민단체로 보고 있다. 자원봉사활동이 가장 활발한 영국의 자선위원회(UK Charity Commission)는 공익을 위해 운영되는 자선단체 및 자원봉사단체에 초점을 두고 있으며, 영국의 자원봉사전국협회(The National Council for Voluntary Organisations: NCVO)는 정부로부터 독립적이고 주로 가치 중심적이며 이익을 분배하기보다는 사회적 목표를 달성하려는 욕구에 의해 동기가 부여되는 조직으로 정의하고 있다. 존스 홉킨스 대학교 시민사회 연구센터는 민간에서 자발적 · 자율적 · 비영리적 공공가치를 지향하는 활동의 조직 및 기관을 자원영역, 혹은 비영리 영역으로 정의하고 있다(Salaman et al., 1999).

자원영역은 정부 부문과 기업 부문이 다양한 사회적 영역을 충족시키지 못할 경우에 주로 이에 대한 활동을 주도할 때 사용된다. 예를 들면, ① 노숙자, 노인, 장애인 또는 빈곤으로 고통받는 사람들과 같은 취약계층에 대한 사회서비스 제공, ② 의료서비스가 부족한 지역에서 병원, 진료소 및 건강 교육 프로그램을 통한 건강 및 웰빙 관련 서비스 제공, ③ 소외된 지역사회에 교육 서비스, 장학금 및 훈련 프로그램 제공, ④ 환경 보호, 인권, 사회정의와 같은 문제에 대한 공공 정책에 영향을 미치는 옹호 및 인권활동, ⑤ 지역 활성화 사업, 청소년 활동 지원 등 지역사회 개발, ⑥ 멸종 위기종 보호, 자연 서식지 보존, 지속가능한 사회 등 생태 및 환경보호 활동, ⑦ 문화유산 보호 및 예술 지원 활동 등이다.

(2) 자원영역의 중요성

자원영역은 다음과 같은 부문의 활동을 통해 가치와 중요성을 발휘한다.

첫째, 자원영역은 사회 문제 해결을 위한 긍정적인 사회적 영향(social impact)을 미친다. 특히 취약하고 소외된 계층에게 의료 · 교육 · 사회 서비스 등 필수 서비스를 제공하거나, 지역사회의 문제에 대응하여 공동체의 유대감 및 소속감을 강화하고, 사회적으로 소외된 집단의 이익을 옹호하고 대변하며 사회적 정의의 가치를 구현한다.

둘째, 자원영역은 일자리 등을 통해 경제적인 기여를 한다. 자원영역은 사회적 가치가 높은 분야를 중심으로 다수의 생산적 일자리를 만들어 내며, 취약계층의 일자리를 창출한다. 수많은 자원봉사자들의 활동 참여 경험을 통해 공동체의 일에 대한 경험과 인적자원 역량 및 자기효능감 제고를 가능하게 한다. 또 서비스 제공, 사회적 기업, 기부모금을 통해 사회경제적 비용 절감과 미덕에 기초한 문제 해결을 통해 경제적 가치 창출에도 기여한다.

셋째, 자원영역은 사회적 혁신과 유연성을 높인다. 자원봉사단체는 사회 혁신의 최일선에서 복잡한 사회 문제를 혁신적으로 해결하며 법과 제도가 있어야 구체적인 개입이 가능한 정부 부문과 이윤이 발생해야 활동할 수 있는 기업 부문에 비해 훨씬 신속하고 유연하게 문제 해결과 사회 가치 달성에 역량을 발휘한다.

넷째, 자원영역은 사회적 공동체에 윤리적이고 도덕적인 리더십을 발휘한다. 자원봉사 부문은 공동선을 위한 집단 행동을 독려하며 이타주의, 연대, 사회정의와 같은 가치를 증진하게 되고 정부와 기업에 대한 견제와 균형 활동을 하고 인권 침해, 환경 파괴, 부패와 같은 문제를 모니터링하고 보고 활동을 하여 사회적 가치를 실현한다.

다섯째, 자원영역은 시민과 시민사회의 능력을 배양하는 통로가 된다. 자원봉사 조직은 리더십, 기술 개발 및 시민 참여 기회를 제공하여 개인에게 역량을 향상시키고 자기효능감을 높인다. 또 사회적 가치 실현을 위한 네트워크를 구축하여 사회적 탄력성과 대응력을 제고하게 된다.

여섯째, 자원영역은 글로벌 활동을 통해 국제적 문제 해결 및 국가 간 교류 협력을 증진시킨다. 다수의 국제 자원봉사단체와 기관들은 빈곤, 건강 위기, 기후변화와 같은 글로벌 문제를 해결하며, 인도주의적 지원, 재난 구호 및 개발 지원을 제공하면서 전 세계적으로 활동하고 있다. 아울러 국제 프로그램과 파트너십을 통해 문화 교류와 글로벌 이해를 촉진하고 국경을 초월한 평화와 협력을 촉진하는 역할을 한다. 특히 지난 코로나19 기간 동안에 비영리단체인 COVAX(COVID-19 Vaccines Global Access)는 백신의 위기를 겪고 있는 국가들에 대해 백신을 공급하며 감염병 예방 및 확산 방지에 중요한 역할을 하였다.

(3) NGOs와 NPOs

자원영역과 유사한 용어로는 NGOs(Non Government Organizations)와 NPOs(Non Profit Organizations)가 있다. NGOs는 정부로부터 독립적으로 운영되는 조직으로, 일반적으로 지역, 국가 또는 국제 규모의 사회적, 정치적, 환경적 또는 인도주의적 문제를 해결하는 데 참여하며, 국제앰네스티, 그린피스, 국경없는의사회 등이 대표적 사례이다. NPOs는 비영리단체로, 수익을 조직의 이사, 회원 또는 주주에게 분배하는 대신에 사회적 목적이나 사명을 더욱 달성하는 조직으로 이익을 창출하는 것이 아니라 교육, 보건,

사회복지 등 다양한 분야에서 공익에 봉사하는 단체이며, 적십자사, 사회복지공동모금회, 해비타트(HABITAT) 등이 대표적 사례이다.

NGOs나 NPOs 모두 비영리 지향, 사회의 공익적 가치 추구 활동, 자원봉사 중심의 활동, 정부와 기업의 영향력으로부터 독립적 역할, 기부 및 모금활동, 보조금 등 다양한 재원으로 운영된다는 점에서 공통점을 가지고 있다.

하지만 차이점도 존재하는데, 먼저 범위 및 초점에서 NGOs가 인권, 환경보호, 재난구호와 같은 보다 넓은 범위의 문제를 다루면서 더 광범위하고 때로는 국제적인 이슈에 초점을 맞추는 반면, NPOs는 교육, 의료, 사회복지 등 특정 서비스나 지역사회 요구 사항에 더 중점을 두는 경우가 많다. 용어 사용에 있어서 NGOs는 국제적인 맥락에서 더 일반적으로 사용되며 종종 국제 개발, 인도주의적 지원 및 글로벌 옹호와 관련된 조직을 지칭하는 반면, NPOs는 국내 상황에서 특정 국가나 지역 내에서 서비스를 제공하거나 지역사회의 요구 사항을 해결하는 데 중점을 두는 조직을 설명하기 위해 더 일반적으로 사용된다. 법적 지위에 있어서 NGOs는 일부 국가에서 특히 국제적으로 운영되는 경우에 다른 유형의 비영리단체와 구별되는 특정 법적 명칭을 가질 수 있는 반면, NPOs는 일반적으로 자선단체, 재단, 사회적 기업 등 국제 활동에 참여할 수도 있고 참여하지 않을 수도 있는 더 넓은 범주의 비영리단체를 의미한다.

2) 자원영역의 특성

비영리영역, 제3영역 또는 시민사회로도 알려진 자원영역은 이익보다는 사회적 · 문화적 · 환경적 목표를 추구하는 조직으로 구성된다. 세부적 특성을 보면, 첫째, 이익 창출보다 사회적 목표를 우선시하고 지역사회 문제 해결과 공공복리에 기여하는 등 비영리적 지향점을 갖고 있다. 발생된 수익도 이익으로 배분되기보다는 조직의 공공적 가치를 위해 재투자된다. 둘째, 대부분은 재정적 보상보다는 자신의 시간과 기술을 기부하는 자원봉사자로 구성되는 등 자원봉사로 운영되고 있다. 셋째, 정부 및 기업의 영향으로부터 독립적으로 운영된다. 때로는 정부 및 기업과 협력하거나 공동 활동을 전개하기도 하고, 사업과 관련하여 재정적 지원을 받기도 하지만 기본적으로 독립성을 유지한다. 정책 수립, 운영에서도 독립성을 가지고 활동한다. 넷째, 자원영역의 활동 및 서비스는 공공 또는 지역사회 내의 소외계층 또는 소수 집단에 혜택을 주는 데 관심을 갖고 있고 재정 및 조직 운영에서도 철저히 공익을 지향한다. 기관 운영에 있어서 계획 및 결과 보고, 재정 운영도 기부자, 수혜자, 일반 대중 등 이해관계자에게 공개하여 투명성 및 책임 중심의 운영을 하고 있다. 다섯째, 자원영역의 재원은 개인, 재단, 기업 및 정부 기관의 기부, 보조금 및 자선활동 등 다양하며, 행사, 캠페인, 호소 등 다양한 모금활동을 할 수 있다. 여섯째, 일반적으로 자원영역의 활동 기관은 비영리단체로 등록하여 자선단체의 자격을 가질 수 있으며, 이를 통해 종종 세금 혜택과 세금 공제 기부금을 받을 수 있다. 일곱째, 모든 활동, 의사결정 프로세스 및 전략 계획을 안내하는 명확한 사명이 담긴 정관을 갖고 있고, 단기적인 금전적 이익보다는 장기적인 사회적·문화적·환경적 목표를 달성하는 데 중점을 둔다. 여덟째, 법과 제도를 중시하는 정부 기관과 달리 관료적 제약이 적어 혁신과 유연성을 통해 각종 문제에 대응하여 성장한다. 아홉째, 자원영역은 다른 비영리단체, 기업, 정부 기관과의 파트너십 및 네트워크에 참여하여 영향력을 강화하고, 사업 운영에서 지역 주민 및 구성원의 참여를 중시하는 등 협력과 파트너십이 중시된다.

3. 현대 복지국가와 자원영역

1) 현대 복지국가와 복지 공급체제

현대사회는 복지국가이다. 복지국가란 광의적 의미에서 국민의 경제적·사회적 복지를 보호하고 증진하는 데 핵심적인 역할을 하는 국가 운영체제이다. 복지국가는 모든 시민에게 최소한의 복지를 보장하는 사회로 시민권 진화의 필수적인 결과이며, 시민적·정치적·사회적 권리가 모든 개인에게 확대되는데, 교육권, 의료권, 사회보장권이 그 핵심 내용이다(Marshall, 2013). 복지국가는 실업, 질병, 노령 및 빈곤과 관련된 위험으로부터 개인을 보호하기 위해 개인에게 사회보험, 복지 서비스 및 공공 지원을 제공하는 일련의 정부 프로그램을 지칭하기도 하는데, 이러한 정의는 개인이 삶의 불확실성으로부터 보호받고 적절한 생활 수준을 유지할 수 있도록 보장하는 복지국가의 보호 기능을 강조하는 접근이다(Wilensky & Lebeaux, 1965). 또 복지국가란 자원의 공평한 분배, 모든 구성원의 발전을 위한 기본 욕구와 기회 접근 보장을 목표로 하는 사회시스템으로, 누진세 및 사회서비스와 같은 메커니즘을 통해 사회정의를 촉진하고 불평등을 줄이는 역할을 하게 되는데, 이 경우에 복지국가의 재분배 기능이 강조된다(Titmuss, 1968). 복지 제공과 국가, 시장 및 가족 간의 관계에 대한 서로 다른 접근 방식, 탈상품화(개인이 시장에 의존하지 않고 생계를 유지할 수 있는 정도)와 계층화(복지 시스템이 사회적 불평등을 생성하거나 완화하는 방식)로 복지국가의 기준을 삼은 에스핑 안데르센(Esping-Andersen, 2007)은 서구 사회를 자유주의, 보수주의, 사회민주주의의 세 가지 체제로 분류하기도 하였다.

학자에 따라 정의와 강조점의 차이는 있지만 복지국가는 다음과 같은 특성을 갖고 있다. 첫째, 사회서비스 제공으로, 복지국가는 모든 시민에게 의료, 교육, 주택, 사회보장과 같은 필수 서비스에 대한 접근을 보장한다. 둘째, 부의 재분배로, 복지국가는 누진세와 사회 지출을 통해 소득불평등을 줄이고 소외계층에 대한 지원을 제공하는 것을 목표로 한다. 셋째, 사회적 위험으로부터의 보호로, 복지국가는 다양한 사회보험제도를 통해 실업, 질병, 장애 및 노령에 직면한 개인에게 안전망을 제공한다. 넷째, 사회적 결속 촉진으로, 복지국가는 사회적 불평등을 해결하고 기회균등을 촉진함으로써 사회 통합과 결속을 촉진하는 것을 목표로 한다.

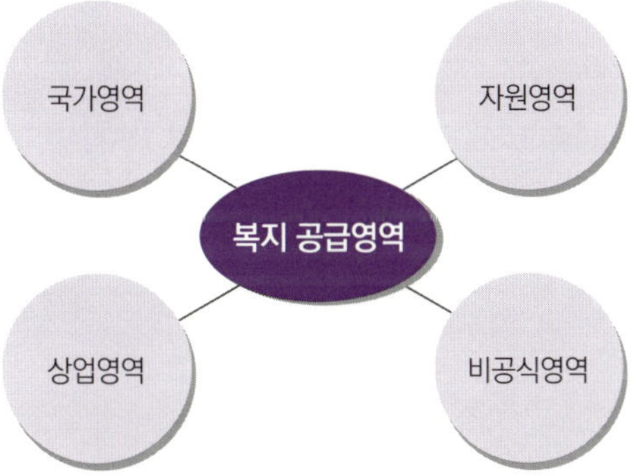

[그림 2-6] 존슨의 복지 공급영역
자료: Johnson (1987).

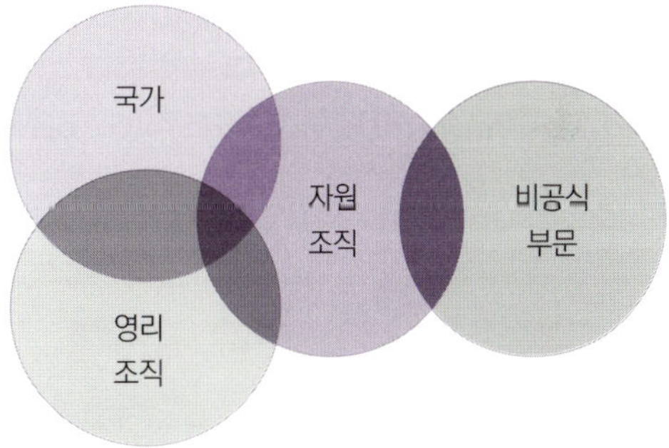

[그림 2-7] 앨콕의 복지 공급 주체
자료: Alcock (1996).

복지국가는 국민들에게 복지를 공급하는 국가로, 공급 주체의 세부적 유형은 학자들에 따라 다양하게 제시되고 있다. 존슨(Johnson, 1987)은 국가영역, 자원영역, 비공식영역(informal sector), 상업영역(commercial sector)으로 구분하였다. 앨콕(Alcock, 1996) 역시 유사하게 복지 공급의 주체를 국가, 영리 조직, 자원조직, 비공식영역으로 나누었다.

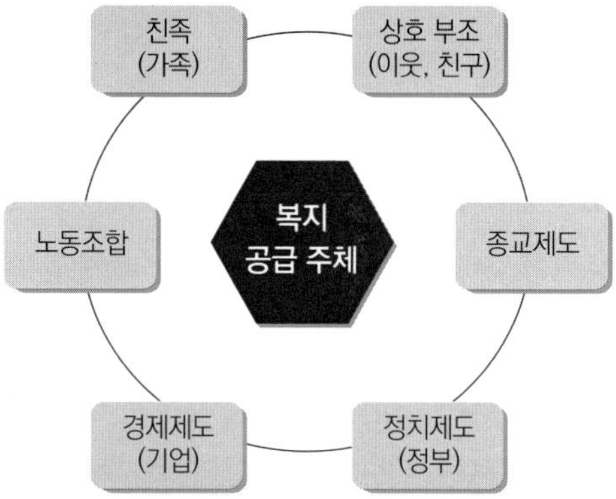

[그림 2-8] 길버트와 테럴의 복지 공급 주체

자료: Gilbert & Terrell (2023).

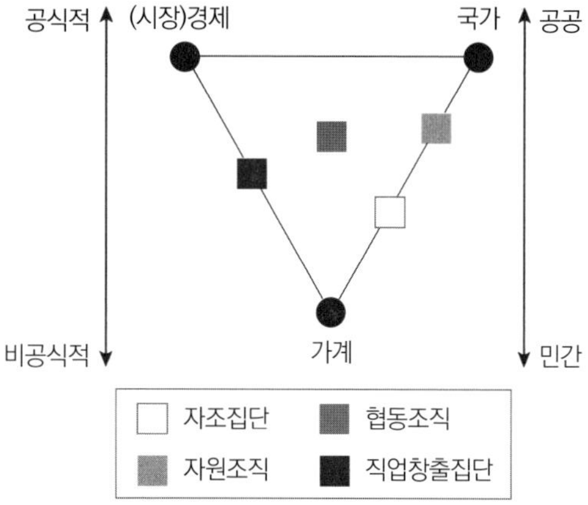

[그림 2-9] 에버스 등의 복지 공급 주체

자료: Evers & Wintersberger (1990).

길버트와 테럴(Gilbert & Terrell, 2023)은 가족 및 친족, 종교, 기업, 시장, 상호 부조, 정부의 6개 공급 주체로 분류하였다. 에버스 등(Evers et al., 1990)은 복지 공급 주체의 세 축을 가계(household), 국가, 시장경제로 설정하고 세 축 사이에 4개의 추가적 복지공급 주체를 제시하였다. 가계와 국가 사이에 가계에 더 가까운 자조집단(self-help group), 국가에 더 가까운 자원조직(voluntary organization)이 존재하며, 가계와 시장경제 축 사이에는 소규모 직업 창출 집단(small-scale initiative for job creation)이 있고, 가계, 국가, 시장경제의 정중앙에는 협동조직(cooperative oraganization)이 활동한다고 보았다.

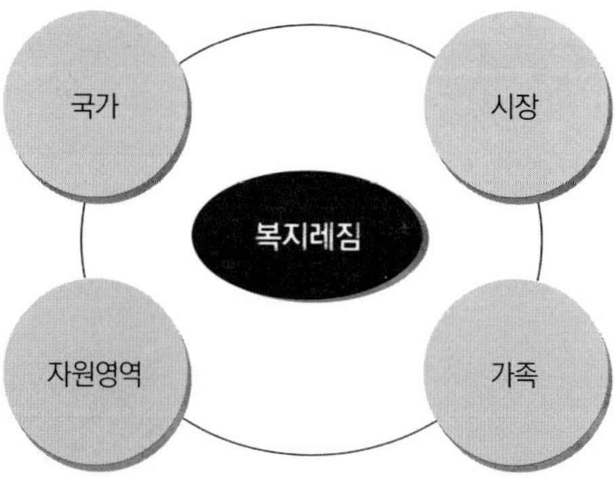

[그림 2-10] 테일러-구비의 복지레짐

자료: Tayler-Gooby (2004).

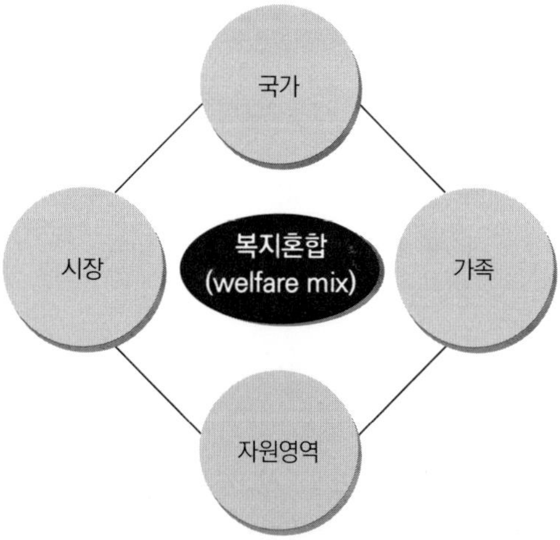

[그림 2-11] 포웰의 복지혼합

자료: Powell (2011).

테일러-구비(Taylor-Gooby)는 앞서 존슨과 유사하게 복지국가의 복지레짐(welfare regime)을 국가, 시장, 자원영역, 가족의 네 가지로 구분하였다. 국가는 공공정책, 프로그램, 서비스를 통해 복지를 제공하는 데 중요한 역할을 하며, 의료, 교육, 사회보장, 주택 등 복지 서비스에 자금을 지원하고 규제할 책임이 있다. 특히 불평등을 줄이기 위해 보편적인 적용 범위를 보장하고, 표준을 설정하며, 자원을 재분배하는 데 국가의 역할이 큰 영향을 미친다. 시장 역시 복지 서비스 제공의 중요한 주체로서 민간의 의료, 보험, 연금, 교육과 관련된 기관이 여기에 포함된다. 시장은 수요와 공급의 원칙에 따라 운영되며, 테일러-구비는 접근성과 형평성에 관한 잠재적인 문제와 효율성, 혁신 등 시장 기반 복지의 이점과 한계가 존재한다고 지적하였다. 가족은 비공식적인 돌봄과 지원을 제공하는 복지 제공의 기본 단위로, 여기에는 보육, 노인 돌봄, 가구 내 재정적 지원이 포함된다. 국가 및 시장 공급이 제한되는 상황에서는 가족 기반 복지가 더욱 중요하게 작용하고, 특히 여성의 경제활동 참여, 불안정 고용이 확대되며 돌봄의 위기 등 신사회위험(new social risk)이 대두됨을 지적하였다. 자원영역은 복지 서비스를 제공하는 비영리단체, 자선단체, 지역사회 단체가 포함되며, 이들 기관에 의해 취약한 국민에게 전문적인 지원을 제공하여 국가와 시장이 남긴 공백을 메우는 경우가 많이 발생한다. 테일러-구비는 지역사회 참여를 촉진하고, 맞춤형 진료를 제공하며, 사회 변화를 옹호하는 데 있어서 자원영역의 역할을 강조하고 있다. 포웰(Powell)의 복지 공급 체제를 복지혼합(welfare mix)으로 지칭하는데, 이의 혼합체계를 구성하는 유형은 테일러-구비와 유사하다. 국가는 세금으로 재원을 조달하는 정책, 프로그램, 서비스를 통해 복지를 제공하는 공공 부문으로, 사회보험, 공공 의료, 교육, 주택, 다양한 형태의 소득 지원 및 사회서비스가 포함된다. 시장은 복지 관련 상품 및 서비스를 제공하는 영리조직을 포함하는 민간영역으로, 민간 의료, 보험 회사, 개인연금제도, 사립 교육기관 등이 있다. 가족은 가족 구성원과 긴밀한 사회적 네트워크가 제공하는 보살핌과 지원을 포함하는 비공식 부문으로, 가정과 지역사회 내의 보육, 노인 돌봄, 재정적 지원, 정서적 지원이 포함될 수 있다. 자원영역은 복지 서비스를 제공하는 비영리단체, 자선단체, 지역사회 단체 등이 있다. 이러한 단체는 기부, 보조금, 자원봉사활동을 기반으로 운영되며, 보호소, 푸드 뱅크, 상담, 다양한 취약계층에 대한 지원과 같은 서비스를 제공한다. 포웰은 복지혼합에서 중요한 것으로 네 개 영역 간의 비율과 균형, 상호작용, 문화, 역사, 정치, 경제의 맥락, 결과 및 복지혼합의 효과성이라고 지적하였다.

우리나라의 복지레짐을 분석하면, 우리의 경우에는 복지를 가족 중심으로 접근하였고, 개인의 임금을 통해 가계 생활을 유지하고 시장을 통해 복지 서비스를 충족시켜 왔다. 또 그동안 국가와 사회의 책임성은 낮았으나 점차 비공식영역인 가족의 비중이 낮아지고 국가의 비중이 높아지는 추세에 있다. 아울러 자원영역이 강화되는 측면도 있지만 지난 10여 년 동안 점차 기부 및 자원봉사활동의 비중은 줄어들고 있는 복지혼합의 특성을 갖고 있다.

2) 현대 복지국가에서 자원영역의 기능

앞에서 살펴보았듯이, 현대 복지국가에서 자원영역은 사회복지 공급 주체의 중요한 일원으로 역할을 하고 있다. 현대 복지국가에서 자원영역이 수행하는 주요한 기능을 살펴보면 다음과 같다.

① **서비스 제공**: 자원영역은 국가와 기업, 가족 등 비공식영역이 하지 못하는 중요한 서비스를 직접 제공하는 역할을 수행한다. 특히 서비스가 충분하지 않거나 소외된 국민에게 의료, 교육, 주택, 식량 지원, 사회서비스와 같은 필수 서비스를 제공한다. 장애인 지원, 정신건강 서비스, 노인 돌봄, 가정폭력 피해자 지원 등 공공이 제대로 감당하지 못하는 부분에 대해 전문적이거나 일반적인 서비스를 제공한다.

② **사회 문제 및 취약집단에 대한 옹호 및 로비**: 사회 문제 및 취약집단과 관련하여 인권, 환경 보호, 사회 정의, 공중 보건의료 등 주요 공공 정책 및 입법에 영향을 미치기 위해 노력하고 정책 옹호의 역할을 한다. 또 중요한 문제에 대해 시민을 교육하고, 변화를 옹호하며, 여론 환기 및 인식 확산을 위한 다양한 캠페인을 실행한다.

③ **지역사회 공동체 만들기**: 지역 활성화, 커뮤니티 센터, 청소년 클럽, 문화 행사 등 지역사회 공동체 개발을 촉진하고 지역 주도의 발전 프로젝트를 주도한다. 지역사회 활동 및 이니셔티브를 지원하기 위한 자원봉사활동을 장려하고 촉진하며 지역사회 내 자원을 동원한다.

④ **교육 및 훈련**: 건강, 환경, 시민권, 사회적 책임과 같은 주제에 대한 인식을 제고하기 위한 교육 프로그램 및 워크숍을 제공하고, 취업 가능성과 자립 능력을 향상시키기 위해 직업 훈련, 성인 교육 및 기술 구축 프로그램을 제공한다.

⑤ **연구 및 혁신 확산**: 대안적 정책을 알리고 서비스를 개선하며, 새로운 요구 사항에 대한 정리를 위해, 또한 사회 문제에 대한 데이터의 수집, 분석, 진단, 대안 마련을 하기 위해 필요한 연구를 수행한다. 사회 문제에 대한 혁신적인 해결 방안과 새로

운 접근 방식을 실험하며 이후 다른 부문에서 확장하거나 적용하기 위해 선도적(pilot) 프로젝트를 운영하기도 한다.

⑥ **긴급 구호 및 인도주의적 지원:** 자연재해, 분쟁 및 기타 긴급 상황 발생 시 즉각적인 지원을 제공하고 장기 복구 및 재건 노력을 지원하여 지역사회가 정상성과 회복력을 갖도록 돕는다.

⑦ **환경 보전:** 자연자원 보존, 야생동물 보호, 지속가능사회 실천을 목표로 하는 활동을 주도하며 환경에 대한 인식 개선을 위해 대중에게 환경 문제에 대해 교육하고 환경친화적인 행동을 장려하는 프로그램을 운영한다.

⑧ **문화 보존 및 진흥:** 예술 지원, 문화유산 보존, 문화활동 및 행사 홍보활동을 하고 다양한 문화적 표현과 전통이 존중되며 유지되도록 보장한다.

⑨ **지원 및 상담:** 개인이 정서적 · 심리적 어려움에 대처할 수 있도록 상담, 지원 그룹 및 정신건강 프로그램을 제공하고, 약물 남용 및 중독에 처한 사람들을 위한 재활 및 지원 서비스를 제공한다.

⑩ **사회적 경제 등 경제개발:** 소액 금융 및 중소기업 지원, 특히 소외된 지역사회와 집단에 대한 소액 금융 대출 및 지원과 중소영세기업 및 기업가를 위한 금융서비스를 제공한다. 중소기업 및 사회적 경제영역에서 고용의 기회를 창출한다.

⑪ **네트워킹 및 협업:** 복잡한 사회 문제를 해결하기 위해 다양한 부문, 조직 및 이해관계자 간의 협업 및 파트너십을 촉진하고, 다양한 시민사회 조직과 지역사회 공동체의 역량을 강화하기 위해 지식, 모범 사례, 자원을 공유한다.

⑫ **인권 보호 및 법률 구조 지원:** 시민사회의 확장을 위한 교육, 옹호, 직접적인 행동을 통해 인권을 증진하고 보호한다. 경제적 여유가 없는 개인에게는 법적 지원 및 변호를 제공하고 이민, 차별, 민권과 같은 문제를 해결한다.

4. 현대 한국 사회의 도전과 자원영역

1) 현대 한국 사회의 주요 도전

국회미래연구원에서는 전문가의 설문조사와 알고리즘 분석을 통해 우리 사회의 이머징 이슈를 분석하였는데, ① 기후, 환경, 도시, 인프라, ② 국제관계, ③ 에너지 전환, ④ 과학기술, 우주, ⑤ 경제(생산과 소비), ⑥ 가족관계, ⑦ 교육(개인의 성장), ⑧ 제도와 법률, ⑨ 문화 등 총 9가지로 제시하였다. 이들 내용의 다수는 기후 위기, 국제사회 갈등의 확산, 인공지능 오용, 탈사회화, 감시사회 등 위기적 요소를 담고 있기도 하지만 인문교육의 중요성, 디지털 민주주의, 에너지 전환 등 위기 극복을 위한 시도들도 제시되고 있다.

〈표 2-2〉 주요 영역별 이머징 이슈

주요 영역	이머징 이슈
기후, 환경, 도시, 인프라	위기의 다층화와 우울증의 심화/기후 위기의 대응으로 새로운 공간의 등장/토지의 공공성 부각/에코파시즘/세포 농업의 확대/초대형 생태연구의 등장
국제관계	미국+동맹 vs. 중국의 대립 격화/환경 재난의 국가 간 갈등 확대
에너지 전환	에너지 자립과 분권화의 결합/교통과 물류에서 에너지 전환 급진
과학기술, 우주	로봇의 자율성에 대한 사회적 합의/인공지능의 오용, 알고리즘의 편향성/GMO(유전자변형생물)의 다양한 활용/원격의료의 확산/가상현실 시대/합성생물학 급진전/우주 생활권 진입
경제(생산과 소비)	탈사회화(asocial)/탈성장론 부상/노동자의 시간 주권 감소화(알고리즘 기반 조정의 상시화)/새로운 임금 체계 합의를 위한 사회적 대화/임차세대(generation rent) 증가/사회적 돌봄 노동의 요청 증가/순환 경제의 귀환/팬터즘(phantasm, 환상주의)에 기초한 경제적 활동
가족관계	모자이크 공동체(가족) 등장/로봇, 반려종을 포함한 새로운 커먼즈(공유자원)
교육(개인의 성장)	정신적 건강까지 고려한 원격 교육/인문교육의 중요성 재부각
제도와 법률	감시사회의 이중성 논란/디지털 민주주의/잉여 자원 확충의 제도화/가상사회의 캐릭터 인격권 부각
문화	명상 문화 확산/이슬람 공포증/디지털 문화 지속가능성 저하

출처: 박성원 외(2021).

2) 한국 사회와 자원영역의 주요 역할

자원영역은 한국 사회의 발전을 위해 다음과 같이 다양한 역할을 수행하고 있다.

① **필요 서비스 제공으로 복지국가 발전**: 정부, 기업만으로는 다양하고 광범위한 가족 및 개인의 욕구를 다 해소하기 어려워 자원영역은 정부의 손이 미치지 못하는 곳이나

위기에 처한 개인 및 가족의 필요한 욕구에 대처하기 위하여 일반적이고 전문화된 각종 서비스를 제공하고 있다. 특히 복지 등 사회지출이 OECD 주요국에 비해 매우 낮은 우리나라의 경우에는 자원영역을 중심으로 한 서비스 제공은 정부와 가족의 복지 공급의 부족한 부분을 채워 주는 역할을 하게 되고, 복지레짐 및 복지혼합에 있어서 균형 잡힌 복지국가의 확장에도 큰 역할을 하게 된다. 사회복지 공급과 관련하여 정부 및 공공영역과의 관계에서 대안적 관계, 보충적 관계, 파트너십 관계, 계약관계, 옹호적 관계 등 다양한 관계 및 역할의 설정이 가능할 것이다.

② **재난 및 긴급사태 대처**: 코로나19 시기처럼 재난을 당하였을 때 정부와 공공의 역할도 컸지만, 자원영역도 감염병과 그로 인한 재난 상황에 대처하는 데 큰 역할을 하였다. 마스크 부족 시기에 민간에서 만들기도 하였고, 수많은 태풍 피해, 대규모 화재, 기름유출 등의 재난 상황에도 시민단체나 자원봉사단체들은 직접 참여를 통해 피해 대처 및 확대 예방에 중대한 역할을 수행했다.

③ **민주주의의 성숙과 발전**: 우리나라는 근대화 과정에 시민계층의 성장이 더디었고, 정부의 과잉 성장 및 국가 주도 성장 모델의 영향이 컸으며, 재벌이라는 대기업 중심의 경제성장을 해 왔다. 이러한 역사적 경험으로 인해 시민사회는 정부와 시장영역에 비해 아직도 취약함을 가지고 있다. 자원영역은 시민사회의 힘을 키우고 시민 주체, 참여, 평가의 기능을 향상시키고 민주주의의 발전에 커다란 기여를 하게 된다.

④ **새로운 사회 문제에 대한 문제 제기 및 인식 개선**: 대전환기에 있어 새로운 사회 문제는 지속적으로 확장된다. 이러한 상황에서 자원영역은 환경, 생태, 사회복지, 빈곤, 소수집단, 다문화, 교육, 소비자, 경제적 약자 등과 관련된 많은 문제를 제기하며 이들에 대한 사회적 인식 개선을 위해 노력한다.

⑤ **취약계층에 대한 인권 옹호 및 이익 대변**: 자원영역은 인권, 환경보호, 사회정의와 같은 문제에 대해 적극 대처하고, 취약계층의 인권을 옹호하며 이들의 이익을 대변하는 역할을 수행한다. 자원영역은 불리하고 소외된 집단에게 목소리를 제공하여 공공 및 정치 분야에서 그들의 권익이 반영되도록 노력한다.

⑥ **지역사회 문제 해결 및 역량 강화**: 자원봉사단체는 종종 지역사회 개발 프로젝트에 참여하여 지역 활동과 주도적 실천을 통해 사회적 결속력과 공동체 정신을 육성한다. 또 지역사회 및 주민들이 기술 및 역량을 향상시켜 문제를 해결하고 극복할 수 있도록 자원봉사조직들은 끊임없는 노력을 실천하고 있다.

⑦ **혁신적 대안 마련**: 자원봉사단체는 사회 문제에 대한 새로운 접근 방식과 대안을 개

발한다. 또 자원봉사영역은 정부 기관보다 더 유연하고 덜 관료적인 요식을 통해 새로운 문제에 대한 혁신적인 솔루션을 신속하게 적용하고 구현하게 된다. 혁신적인 방안을 마련하여 사회적 영향과 집합적 성과를 창출한다.

⑧ **자원봉사 및 시민 참여 확대**: 자원봉사영역의 다양한 플랫폼과 인프라들은 더욱 진화하고 있는 자원봉사의 다양한 부문의 활동을 촉진시키며, 정부 및 공공기관의 일방적 수혜자가 아니라 사회 문제와 사회 발전의 능동적 주체로 역할을 하도록 한다. 이러한 자원봉사를 통하여 시민의 참여를 확대하며 시민과 사회의 문제해결력과 목표 달성력을 높이고 더 성숙하고 좋은 사회로 발전하는 계기가 만들어진다.

학습 과제

1. 현대사회의 특성 중 향후 3년, 5년, 10년 뒤에 우리나라에 가장 큰 영향을 미칠 내용은 무엇인지 각각 제시하시오.
2. 현대사회의 주요 이론 중 가장 설명력이 큰 이론은 무엇인지, 왜 그렇다고 생각하는지 근거를 중심으로 설명하시오.
3. 전환기 현대사회의 특징 및 과제 중 우리나라에 가장 도전적인 과제를 제시하고, 왜 그렇다고 생각하는지 이유를 중심으로 설명하시오.
4. 전환기 우리나라의 문제를 해결하는 데 사회자원영역이 어떤 기여를 할 수 있는지에 대해 구체적으로 제시하시오.
5. 현대 복지국가에서 가장 중요한 영향을 미칠 자원영역의 기능은 무엇인지 설명하시오.
6. 우리나라의 주요한 도전 과제 중 가장 중요한 성과를 발휘할 자원영역의 역할은 무엇인지 제시하시오.

참고문헌

박성원, 김유빈, 여영준, 송민, 전준, 장나은, 김기환(2021). 이머징이슈연구. 국회미래연구원.

이별빛달빛(2022). 인류세와 기후위기의 대가속. 한울아카데미.

초의수(2023). 대전환시대 역량기반 지역균형발전 방향과 전략. 시민대안 부산 창간호. 시민대안정책연구소.

초의수, 정원철, 최선경, 한지나, 아영아, 박선숙, 박해긍(2024). 사회문제와 사회복지. 양서원.

Adorno, W. (2001). 계몽의 변증법 (*The Dialectic of Enlightenment*). (김유동 역). 문학과 지성사. (원서는 1944년에 출간).

Alcock, P. (1996). *Social Policy in Britain: Themes and Issues*. London: Palgrave.

Baudrillard, J. (2015). 소비의 사회 (*La société de consommation*). (이상률 역). 문예출판사. (원서는 1970년에 출간).

Bauman, Z. (2022). 액체 현대 (*Liquid Modernity*). (이일수 역). 필로소픽. (원서는 1999년에 출간).

Beck, U. (2014). 위험사회: 새로운 근대성을 향하여 (*Risikogesellschaft: Auf dem Weg in eine andere Moderne*). (홍성태 역). 새물결. (원서는 1986년에 출간).

Bell, D. (1973). *The Coming of Post-Industrial Society: A Venture in Social Forecasting*. New York: Basic Books.

Bostrom, N. (2014). *Superintelligence: Paths, Dangers, Strategies*. London: Oxford University Press.

Bourdieu, P., & Passeron, J. C. (1990). *Reproduction in Education, Society and Culture*. London: Sage Publications Inc.

Brynjolfsson, E., & McAfee, A. (2014). 제2의 기계시대 - 인간과 기계의 공생이 시작된다 (*The Second Machine Age*). (이한음 역). 청림출판. (원서는 2014년에 출간).

Castells, M. (2008). 정보도시 (*The Information City*). (최병두 역). 한울. (원서는 1992년에 출간).

Castells, M. (2014). 네트워크 사회의 도래 - 정보시대: 경제. 사회, 문화 1 (*The Rise of the Network Society*). (김묵한, 박행웅, 오은주 역). 한울 아카데미. (원서는 1996년에 출간).

Credit Suisse. (2023). *Global Wealth Report*.

Derrida, J. (1996). 해체 (*Deconstruction: A Reader*). (김보현 역). 문예출판사. (원서는 1993년에 출간).

Esping-Andersen, G. (2007). 복지 자본주의의 세 가지 세계 (*The Three Worlds of Welfare Capitalism*). (박시종 역). 성균관대학교출판부. (원서는 1990년에 출간).

Evers, A., & Wintersberger, H. (1990). *Shifts in the Welfare Mix: Their Impact on Work, Social Services, and Welfare Policies*. Franfurt: Campus Verlag.

Fromm, E. (2020). 소유냐 존재냐 (*To Have or To Be?*). (차경아 역). 까치. (원서는 1976년에 출간).

Foucault, M. (2020). 성의 역사 1: 지식의 의지 (*La volonté de savoir*). (이규현 역). 나남. (원서는 1976년에 출간).

Gilbert, N., & Terrell, P. (2023). 사회복지정책론: 분석틀과 선택의 차원 (*Social Welfare Policy: Analysis and Choices*). (남찬섭, 조성은, 김기태, 민기채, 김수정 역). 지식터. (원서는 1985년에 출간).

Habermas, U. (2001). 공론장의 구조변동: 부르조아 사회의 한 범주에 관한 연구 (*Strukturwandel der Öffentlichkeit*). (한승완 역). 도서출판 나남. (원서는 1962년에 출간).

Horkheimer, M. (2022). 도구적 이성 비판 (*Kritik der instrumentellen Vernunft*). (박구용 역). 문예출판사. (원서는 1974년도에 출간).

IPCC. (2023). *Climate Change 2023 Synthesis Report*.

Jameson, F. (2022). 포스트모더니즘, 혹은 후기자본주의 문화 논리 (*Postmodernism, or, The Cultural Logic of Late Capitalism*). (임경규 역). 문학과 지성사. (원서는 1991년에 출간).

Johnson, N. (1987). *The Welfare State in Transition: The Theory and Practice of Welfare Pluralism*. Brighton: Wheatsheaf.

Klein, N. (2023). 자본주의는 어떻게 재난을 먹고 괴물이 되는가 (*The Shock Doctrine: The Rise of Disaster Capitalism*). (김소희 역). 모디딕북스. (원서는 2007년에 출간),

Marshall, T. H. (2013). 시민권과 복지국가 (*Citizenship and Welfare State Reform in Europe*). (김윤태 역). 이학사. (원서는 1999년에 출간).

McClelland, D. (1961). *The Achieving Society*. New York: Van Nostrand.

Naisbitt, J. (1982). *Megatrends: Ten New Directions Transforming Our Lives*. New York: Warner Books.

OECD. (2023). OECD Better Life Index. (https://www.oecdbetterlifeindex.org/, 2024. 4. 30 검색).

Powell, M. (2011). 복지혼합 (*Understanding the Mixed Economy of Welfare*). (김기태 역). 나눔의집. (원서는 2007년에 출간).

Rittel, H. W., & Webber, M. (1973). "Dilemmas in a General Theory of Planning". *Policy Sciences, 4*(2), 155-169.

Rostow, W. (1960). *The Stages of Economic Growth: A non-communist manifesto*. London: Cambridge University Press.

Salaman, L., Anheier, H., Toefler, S., & Sokolowski, S. (1999). *Global Civil Society: Dimensins of the Nonprofit Sector*. The Johns Hopkins Comparative Nonprofit Sector Project.

Schwab, K. (2017). 클라우스 슈밥의 제4차 산업혁명 (*The Fourth Industrial Revolution*). (송경진 역). 새로운현재. (원서는 2016년에 출간).

Taylor-Gooby, P. (2004). *Making a European Welfare State?*. London: Blackwell.

Titmuss, R. (1968). *Commitment to Welfare*. London: Unwin Books.

Toffler, A. (1980). *The Third Wave*. New York: Bantam.

Wallerstein, E. (2004). *World-Systems Analysis: An Introduction*. North Carolina: Duke University Press.

Wilensky, H., & Lebeaux, C. (1965). *Industrial Society and Social Welfare*. New York : Free Press.

World Economic Forum(2024). *Global Risks Report 2024*.

⁂ 사이트

OECD 홈페이지. 2024. 4. 20. 접속. https://www.oecdbetterlifeindex.org

제3장

새로운 사회기여활동의 등장과 발전

학습목표

1. 새로운 사회기여활동의 대두 배경 파악
2. 사회기여활동의 정의 및 현대사회에서의 의미 이해
3. 사회기여활동의 서비스 및 재화 관련 세부 유형 파악
4. 사회기여활동 활성화를 위한 정책 방안 모색 및 도출

학습개요

- 제3장은 새롭게 확대되고 있는 사회기여활동에 대한 것으로, 대두 배경, 의미, 주요 내용, 정책 방안을 중심으로 파악하게 된다.
  - 1절에서는 사회기여활동의 확장 추세와 대두된 배경에 대해 살펴본다.
  - 2절에서는 사회기여활동의 정의, 다양한 확산 의미에 대해 검토한다.
  - 3절에서는 서비스 관련과 재화 관련의 사회기여활동의 다양한 유형에 대해 분석하고 문제점에 대해 알아본다.
  - 4절에서는 사회기여활동을 활성화하기 위한 다양한 정책 방안을 도출한다.

1. 새로운 사회기여활동의 대두

종래의 나눔 활동의 대표적 영역이던 자원봉사와 기부 중심의 실천 범위를 넘어서서 새롭고 다양한 공익 및 공동선 지향의 활동이 확산되고 있다. 기존의 자원봉사활동의 특성과 유형과는 다른 사회적 실천 사례들의 비중이 점차 늘어나고 있는데, 주요 추세를 보면 다음과 같다.

이러한 새로운 추세에 중요한 계기가 되었던 것은 코로나19와 관련이 있다. 팬데믹은 종래의 대면 중심의 자원봉사에서 비대면 사회기여활동을 촉진하는 계기가 되었다. 2020년 우리나라를 포함한 전 세계는 코로나19 감염의 확산과 팬데믹을 경험하였다. 이로 인해 마스크 부족, 의료 인력의 부족, 백신 공급 부족, 취약계층 및 복지대상자의 고립 및 단절 등 많은 문제에 직면하였다. 이런 과정에 민간에서 마스크를 제작하고, 무료로 공급하였으며, 다수의 보건의료 봉사자가 선별진료소 운영 및 감염자 치료에 참여하였고, 백신 취약 국가에 백신을 제공하였으며, 취약계층에 밀키트(meal kit) 제공 등 생존 지원을 위한 봉사가 확산되는 등 가치 나눔의 확산이 재난 극복에 큰 도움이 되었다. 특히 그중에서도 감염병의 특성 때문에 비대면, 비접촉, 전문성 중심의 자원봉사는 빠른 속도로 증가하였다.

개인의 시간이나 재능을 필요로 하는 사람에게 제공하면 그 대가로 시간 화폐가 발생, 적립되어 이후 본인이 필요로 할 때 이를 쓸 수 있는 시간은행도 확대되고 있다. 이러한 활동은 에드가 칸(Edgar Cahn)이 적극 제기한 이래 미국, 영국 등에서 크게 확산되었고, 우리나라에서도 구미, 안산, 서울 일부 지역 등에서 실천적으로 적용되었다.

사회 문제의 해결을 위해 교육, 통번역, 의료, 법률, 기술 등 다양한 부분의 전문적인 재능을 살려서 공익 차원의 활동을 하는 프로보노[1]도 갈수록 확대되는 추세이다. 비교적 큰 규모의 기업들이 사회적 경제의 주요 주체들을 돕거나, 변호사, 회계사, 문화예술인, IT 전문인 등이 다양한 부분의 사회적 역할을 하고 있으며, 재난 및 사고가 발생할 때 전문가들이 주도하여 대처하는 사례들도 점차 늘어나고 있다.

환경 및 생태 문제를 해소하고 에너지를 절약하기 위한 노력은 정부와 기업의 힘만으로는 어렵고 시민이 직접 참여해야만 하는 공동의 해결 과제를 위한 대표적 실천활동이

1) 프로보노란 pro bono publico의 줄임말로, '공익을 위하여'라는 뜻이다. 넓은 의미로는 재능 기부라는 뜻이지만 좁은 의미로는 전문적 지원활동을 지칭한다.

다. 이를 위해 주요 시민사회단체, 비영리 공익단체 등에서는 에너지 절감, '쓰담줍기' 및 환경 정비, 투명 페트병 분리수거 등도 빠른 속도로 확산하고 있다.

사회취약계층을 대상으로 지원활동을 하거나 다이어트를 여러 사람이 함께하는 것은 즐거움으로 함께하는 노력이다. 사회적으로 가치 있는 기업에 소비하고자 하는 착한 소비 등도 최근에 확산되는 중요한 실천활동들이다.

기업과 단체의 사회 공헌활동도 더욱 강화되고 있지만, ESG활동에 동참하는 것 역시 최근 몇 년 간의 주요한 변화이다. 기업뿐 아니라 공공기관, 동네 공동체에도 ESG 중심의 노력이 확산되고 있다.

착한 운전에 대한 마일리지나 스마트 국민 제보 역시 안전하고 공정한 사회공공선을 위한 활동으로, 좋은 사회를 위해 참여하고 노력하는 개개인의 노력이 점차 왕성하게 확대되고 있다.

주민이 주도하여 지역사회 문제 해결과 공동체 회복을 위한 노력 역시 집단적인 성과와 영향력이 되어 지역 변화를 선도하고 있다. 취약 지역의 재생, 동네 골목상권의 부활, 청년 주도의 소셜벤처, 농어촌 지역의 활성화 등 다수의 사업영역에서 집단적 혁신의 결실이 이어지고 있다. 지역화폐 역시 소상공인의 서비스 및 물품 구입 시 일정 비율의 화폐로 적립되어 이윤과 기업 중심의 경제활동 문제를 보완하며 지역경제와 공동체 경제를 지탱하는 통로 역할을 단단히 해내고 있다.

이러한 다양한 활동은 기존의 자원봉사활동이나 기부의 개념을 포괄하는 상위의 개념으로, 사회기여활동의 성격으로 새로운 공공적인 실천으로서 주목해야 할 내용들이라 하겠다.

2. 사회기여활동의 의미

1) 사회기여활동의 정의

기존의 자원봉사나 기부 행위 외에도 사회적 공공선과 공동체의 이익, 사회적 가치에 기여하는 다양한 활동을 포괄하는 행위들이 확대되고, 변화하는 사회환경에 따라 다양하게 진화, 발전해 가지만 여전히 이에 대한 체계적 규명이 부족하고 정의를 내리기도 쉽지 않은 상황이다. 아직은 다양한 활동이 전개되면서 명확한 개념 정의가 어려운 실정에 있다.

정부(관계부처합동, 2022)는 사회기여활동을 '사회가치를 촉진하고, 공익을 구현하며, 사회를 성장시키고, 자아실현 등을 위한 일련의 호혜적이고 자발적인 일체의 활동'으로 정의를 내리고 있으며, 이러한 활동은 누구나 어떤 형태로든 기여할 수 있으며, 일방적인 수혜자가 아닌 서로 돕는 기여자이자 공여자가 되는 순환모델의 측면에서 의미가 있음을 지적하고 있다.

사회기여활동은 공익과 사회가치 실현이라는 공동체의 이익을 위한 시민 · 개인 단위에서의 기여가 다수를 이루고 있지만 기업, 단체, 집합적 성과(collective impacts)라는 측면의 활동에 있어서도 매우 넓은 영역에서 이루어지고 있다. 주체의 측면에서 개인, 시민사회단체, 지역 주민, 기업, 전문재능단체, 봉사단체 등 매우 넓은 범위에서 이루어지고 있다.

대상도 취약계층, 개인 및 일반 시민, 지역 주민, 아동 · 청소년 · 노인 · 장애인 · 다문화가족 · 빈곤계층, 공공기관, 사회 일반 등 다양하다. 시간은행은 도움이 필요한 사람 간에 상호 원조 활동으로 진행되고, 주민 참여는 지역공동체가 대상이 되며, '착한 일을 하는 가게'를 위한 '돈쭐내기'와 '착한 소비'는 가게 및 기업이 되기도 하고, 지역화폐는 역내 소상공인과 사회적 경제 이해관계자 전체가 혜택을 받게 되며, 탄소중립 실천포인트는 공동체 전체가 될 수도 있다.

사회기여활동은 자원봉사, 시간은행, 재능기부와 같이 용역(서비스)이 중심을 이루는 영역과 기부, 푸드뱅크, 지역화폐, 착한 소비 등 재화가 중심을 이루는 영역으로 구분되고 하위의 유형은 더 특색 있게 나누어지고 있다.

이상과 같이 사회기여활동은 목적, 주체, 대상, 영역 및 방법 등에서 매우 복잡하고 다양하기 때문에 단일한 정의를 내리기는 매우 어렵다. 하지만 앞의 내용들을 바탕으로 포괄적으로 접근하자면 사회기여활동은 개인, 집단, 기업 등 민간이 인적 및 물적 자원, 능력 등을 통해 도움이 필요한 사람이나 집단에 서비스, 재화, 기술, 가치를 제공하면서 사회와 공동체의 발전에 기여하는 행위로 정의할 수 있다(조태준 외, 2021; 관계부처합동, 2022).

2) 사회기여활동의 의미

사회기여활동은 대전환기의 중층적 · 복합적 문제에 대한 대처와 사회발전을 위해 다음과 같은 의미를 발휘하게 된다.

첫째, 사회기여활동은 고립 및 사회 불평등 해소와 적극적 사회통합에 기여할 수 있다. 우리나라의 1인가구 증가율은 매우 빠르며, 서구에 비해 비자발적 1인가구가 많아 고립, 외로움의 정도도 심화되고 있고 고독사 비율도 빠르게 증가하고 있다. 노인과 장애인들과 같은 취약계층은 코로나19를 경험하면서 사회적 단절 및 외로움이 더욱 증가하였다(한국행정연구원, 2022). 사회구조 및 경제 산업구조의 변화 등으로 인해 부의 격차도 여전히 심각한 수준이며, 부동산 격차는 급격히 확대되었다. 수도권과 비수도권, 대도시와 중소도시 및 농촌, 성장지역과 소멸지역 등 지역 간의 격차도 심각한 상태이다. 세계적으로도 여전히 높은 성별 격차와 더불어 학력 및 학벌주의 경향 등 우리 사회를 균열로 이끌고 있다. 외로움, 고독사 위험, 노인 및 장애인의 사회적 단절은 곳곳에 만연해 있으며, 정부가 발견하기도 쉽지 않고 직접적 대응도 어려워서 시민의 직접적 참여라는 사회기여활동으로 해결이 가능하다. 다양한 격차도 우리 사회 전체의 이익과 공공선을 중심으로 한 각성과 시민운동으로 접근하지 않으면 해결이 어려울 것이다. 격차와 배제, 차별과 불평등을 넘어서서 통합에 이를 수 있는 것은 좋은 정부도 중요하겠지만 시민의 조직화된 참여라는 사회기여활동이 잘 결합되어야만 가능하다.

둘째, 사회기여활동은 환경 및 지구 생태 문제 해결에 유일한 대안이다. 지금 지구는 6차 대멸종의 위기를 맞고 있다. 그동안 오르도비스기 말(4억 4,400만 년 전), 데본기 후기(3억 7,200만 년 전과 3억 5,900만 년 전), 페름기 말(2억 5,200만 년 전), 트라이아스기 말(2억 100만 년 전), 백악기 말(6,600만 년 전)의 5차례의 멸종에 이어 생물의 다양성 위기가 중요한 멸종의 징후로 나타나고 있다(Benton, 2024). 인류가 지구 지질이나 생태계에 영향을 미친 지질시대로 인류세(人類世, Anthropocene)가 제안되기도 한다(이별빛달빛, 2022). 그전의 대멸종이 자연활동의 과정이라면, 현재는 인간의 활동으로 탄소 배출 및 지구온난화 같은 기후변화, 생물의 다양성 위기, 플라스틱 같은 인공 물질의 범람 등 수많은 생태환경의 위협이 곳곳에 도사리고 있다. 산업혁명 이후 인류와 생명체가 안전하게 살기 위한 온도 상한선은 1.5이다. IPCC(2023)는 2030년 내에 1.5도 경계선을 넘을 확률이 50% 정도로 전망하고 있고, 2040년 내에는 반드시 넘을 것으로 보고 있다. 특히 한국은 재생에너지 비율이 10%도 안 되는 OECD 국가 중 최하위 수준이고, 1인 연간 배출 온실가스 양은 12톤으로 매우 높은 수준이다. 결국은 사회적 실천이다. 한 사람이 출퇴근 시 자가용 운행을 줄이면 2톤, 해외여행을 안 하면 1톤, 채식 위주 식사는 1톤을 줄이게 되므로(김병권, 2024) 결국은 개인의 실천이 중요하다. 탄소중립 기업의 참여는 더 놀랄 만한 변화를 초래할 것이다. 에너지 위기, 기후 재앙, 대기오염에 대처하고 리사이클링(recycling)과 업사이클링(up-cycling), 신재생에너지의 활용, 탄소 감축, 플라스틱 줄이기, 절전운동 등에 대한 시민들의 목표지향적이고 성과지향적인 컬렉티브(collective) 자원봉사가 위기를 늦추고 지속가능한 미래를 보장하는 데 중요한 역할을 하게 될 것이다.

셋째, 사회기여활동은 사회서비스 공급체제의 다원화와 이를 통해 성과를 제고시킬 수 있다. 앞서 살펴보았지만 전통적으로 사회는 국가, 시장, 시민사회의 관계로 구성되어 있다고 보면, 복지 공급은 비공식 부문, 정부 부문, 시장 부문, 그리고 민간 비영리 부문으로 구축된다. 물론 이들 간에는 서로 연결되어 있으며 상호 중첩적으로 역할을 한다. 각 개인에게 필요한 서비스에 대해 가족과 같은 비공식 부문 중심의 공급은 개인과 가족의 여력에 맡기게 되어 비체계적이며 불평등을 방치할 수밖에 없을 것이다. 시장의 공급은 구매력이 있는 사람만 공급받게 되어 불평등하고 배제된 취약계층의 문제를 발생시킨다(시장의 실패). 국가는 평등하게 제공할 수 있으나 관료제적 경직성과 새로운 욕구 및 변화하는 현실에 유연하게 적응하기 어렵다(국가의 실패). 하지만 자발적 결사체, 종교단체, 시민사회단체들은 시장의 불평등을 해소하게 되고 국가의 경직성과 비혁신성을 극복하면서 시장과 국가의 사각지대에 대해 창의성, 자발성, 혁신성, 유연성을 통해 만족도를 높일 수 있다. 또 국가도 새로운 욕구에 유연하게 대응하기 위해 사회서비스의 공급과 관련하여 민간 중심으로 역할을 하게 하거나 민관협력의 제3섹터 방식으로 가능하게 하도록 재정적 · 정책적 지원을 하기도 한다. 대표적인 사례가 영국 등에서 적극적으로 대두되었던 신공공관리론(new public management)이다. 이처럼 사회기여활동은 현대 복지국가에서 사회서비스의 진화적 발전에도 중요한 역할을 하고 있다.

넷째, 우리나라 같이 심각한 인구 축소를 경험하고 있는 사회에서 사회기여활동은 사회경제적 부담을 경감시키며 안정적 재정 운영에 기여할 수 있다. 2023년 한국의 합계출산율은 0.72명으로 갈수록 낮아지고 있으며, 고령화율은 18.4%이고 노인인구 1,000만 명을 목전에 두고 있다. 1955년에서 1974년에 걸친 1, 2차 베이비부머 중에서 1974년생까지 2034년 법정 정년에 들어가면 최다 인구집단이 노동시장에서 물러나게 되고, 2020년 OECD 생산가능인구 비율 1위였던 한국이 2040년이 되면 36개국 중 거의 최하위 수준인 34위로 낮아질 전망이다. 생산가능인구는 절대적으로 부족해지고 돌봄과 복지 등 주요 서비스 인력도 높아진 고령화율을 감당하기에 역부족인 상황에 접어들 것으로 예상된다. 자원봉사로 미래의 부족한 인력을 모두 해결할 수 있는 것은 아니겠지만 상호 지지와 돌봄으로 만족도와 사회적 가치가 높은 인력적 대응이 가능하다. 사회 기여는 경제적 편익을 확대하여 생산 인력 증가와 경제성장에도 큰 도움이 된다. 다양한 사회기여활동은 공공 사회서비스 공급에 중요한 일익을 담당하면서 관련 지출을 감축시키고 정부의 재정 운영에도 도움을 줄 수 있다. 사회기여활동은 노인 인력 등 다양한 사회적 인력을 경제적으로 자원화하고 사회경제적 활동에 참여하도록 하면서 축소시대의 사회적 활력을 촉진시킬 수 있을 것이다.

다섯째, 사회기여활동은 역량 중심의 민주적 시민사회 운영을 가능하게 한다. 사회의 발전은 정부와 정치의 역할이 중요하지만 그것만으로는 불가능하다. 민주사회에서 시민의 참여, 정부와 정치에 대한 견제 및 감시, 사회 역량 향상에 대한 노력 등으로 더 좋은 사회를 만들 수 있다. 사회의 갈등, 문제 해소, 다양한 문제의 극복을 위해서는 시민이 직접 나서서 참여할 때 더 효과적이고 효율적이며 안정적이 된다. 시민이 직접적 문제 해결의 주체가 될 때 시민사회는 더욱 성숙하고 사회적 가치성을 제고시키며 수준 높은 민주주의의 발전을 가능하게 할 것이다.

여섯째, 사회기여활동은 참여를 통해 시민적 효능감 및 행복도를 증가시킬 수 있다. 고도의 복잡성과 복합성이 강화되는 사회구조에서 개인은 무력감과 무능감에 빠지기 쉽다. 1인가구의 증가와 사회 관계의 결핍 및 낮은 실석 수준에 따라 고립과 외로움에 처한 개인은 증가되고 있으며, 사회경제적 구조 등 외적 환경의 압도적 지배력에 사람들은 무기력, 스트레스, 낮은 효능감 및 자존감, 우울감에 시달릴 가능성이 높아지고 있다. 사회기여활동은 자신의 역할, 존재 의미, 유능감을 회복시키고, 공공적 참여 주체로서 중요성을 각성시키며, 시민으로서 역할이 확대되고 있음을 느끼게 하여 자기효능감, 자존감, 행복도를 높일 수 있다. 좋은 사회는 행복한 개인이 가능할 때 비로소 성취된다고 할 수 있다. 사회기여활동으로 좋은 사회는 가능하며, 이에 대한 실천을 통해 개인 역시 행복에 이를 수 있다.

3. 사회기여활동의 주요 내용

개인, 집단, 기업 등 민간이 인적 및 물적 자원, 능력 등을 통해 도움이 필요한 사람이나 집단에 서비스, 재화, 기술, 가치를 제공하면서 사회와 공동체의 발전에 기여하는 행위인 사회기여활동은 크게 보면 서비스(또는 용역)를 중심으로 하거나 재화를 중심으로 이루어진다. 이 두 유형을 중심으로 사회기여활동의 실태를 정리해 보기로 하자(조태준 외, 2021; 관계부처합동, 2022).

〈표 3-1〉 사회기여활동의 주요 유형

유형		주체	대상	내용	목적
용역	시간은행 (타임뱅크)	지역 주민	지역 주민	시간 기반 서비스 제공, 구입 * 예: 차량 공유, 육아 품앗이, 반찬 나눔, 반려동물 산책	공동체 활력 유지 지역경제 자립
	재능기부 (프로보노)	전문가, 단체	개인, 조직	법률 자문, 교육 지원, 통역 조력, 의료 지원, 기계 수리 등 전문 분야	사회 문제 해결 자아 · 사회 성장
	지역공동체 (콜렉티브임팩트)	지역 주민	지역 주민	공동 과제 해결을 위한 주민 결집 · 활동 * 예: 마을 기업, 관광두레, 청년 공동체, 도시활력 증진 지역	지역 문제 해결 공동체 회복
	자원봉사	개인/단체	취약계층, 공공기관 등	대가 없는 노동 · 서비스 제공 * 예: 고령자 돌봄, 공공시설 프로그램 운영 지원, 시설 복구	사회 문제 해결 사회안전망 확충 사회연대 제고
	주민 참여	지역 주민	공공기관	계획, 정책 수립 등 의사결정 참여	시민 수요 기반 민주적 행정 수행
	사회공헌	기업, 단체	개인, 집단	교육, 의료 · 보건, 문화 · 예술 등	사회적 책무 실현
	공익신고/ 마일리지	개인	공공기관	마일리지 · 크레디트 · 포인트 적립 및 활용 * 예: 안전신문고, 스마트국민제보, 탄소중립실천포인트, 착한운전 마일리지	사회 개선 사회 문제 해결

〈계속〉

재화	퍼네이션 (fun+donation)	개인	취약계층, 비영리단체, 민간기관 등	IT 기반으로 즐겁게 사회변화 동참, (소액)기부 * 예: 아이스버킷 챌린지, 쇼핑+기부(온스타일), 다이어트+기부(내살네쌀), 걷기+기부(빅워크)	사회 문제 해결 사회안전망 확충 지속가능성 향상
	식품 등 기부 (푸드뱅크)	식품 제조· 유통 기업, 개인	독거노인, 재가장애인, 저소득층 등	생활용품, 식품 나눔	소외계층 도움 먹거리 자원 활용
	착한 소비 (미닝아웃)	개인	기업	윤리경영을 실천하는 기업의 제품 구매	지속가능성 향상
	지역화폐	지역 주민	지역 기업 (지역 주민)	역내 소상공인의 서비스·물품 구입 시 일정 비율 화폐 적립 * 청주페이 '기부美' - 지역화폐 잔액 1천 원 이상 기부 가능	소상공인 지원 지역경제 활성화
	마이크로 크레디트	시민사회 단체	취약계층, 저소득층	무담보 소액 대출	저소득층 자립 지원
	금전/물품 기부	개인, 단체, 기업	취약계층, 소외단체 등	자선·공공 사업을 위해 반대급부 없이 금전·물품 지급 * 예: 입양아 후원성금, 구호물자 기부	사회안전망 구축 건강한 공동체 구현 시민의식 성장

출처: 관계부처합동(2022. 7. 21.). 서로 도우며 함께 성장하는 사회기여활동 활성화 방안.

1) 서비스 관련 사회기여활동

(1) 자원봉사

자원봉사는 사회기여활동의 대표적 유형이다. 자원봉사활동이란 「자원봉사활동기본법」에 따르면 "개인 또는 단체가 지역사회·국가 및 인류사회를 위하여 대가 없이 자발적으로 시간과 노력을 제공하는 행위"를 말한다(동법 제3조). 동법에 따르면, 사회복지 및 보건 증진에 관한 활동, 지역사회 개발·발전에 관한 활동에서 국제협력 및 국외봉사활동, 공공행정 분야 사무 지원에 관한 활동까지 매우 광범위하게 규정하고 있어서 거의 사회기여활동 전반을 포괄하는 것처럼 보인다(동법 제7조). 또 관련 법에서 자원봉사활동의 주요 원칙으로 무보수성·자발성·공익성·비영리성·비정파성·비종파성을 들고 있는데, 이는 사회기여활동의 넓은 범위에 비해 비교적 좁은 범위로 제한되고 있음을 알 수 있다. 자원봉사는 국가마다 다소 다르게 정의하고 있으며, 우리나라에서도 사회복지협의회, 한국자원봉사협의 등 관련 주체별로 서술된 정의가 차이가 있는 편이다. 자원봉사는 주요 정부부처의 행정 전달체계를 중심으로 분류하면 먼저, 행정안전부에서 운영하는 1365(자원봉사 포털) 기반의 자원봉사가 있다. 광역시 · 도의 광역자원봉사센터와 시군구의 지역자원봉사센터, 그리고 읍면동의 커뮤니티 기반 자원봉사캠프가 행정안전부 자원봉사체계와 관련이 있다. 복지 중심의 자원봉사는 보건복지부 소관 VMS(사회복지 자원봉사 포털)가 대표적이다. VMS는 Volunteer Management System의 약자로 자원봉사자 관리 시스템을 의미하는데, 이는 한국사회복지협의회와 시도 사회복지협의회가 주관하며, 사회복지자원봉사관리센터가 사업 수행을 하고 있다. 각 사회복지기관의 자원봉사자들의 관리는 주로 VMS를 통해 운영되며 1365와 연동되기도 한다. 학교는 국가교육정보시스템(National Education Information System: NEIS)의 체계 아래 운영되고, 교육부, 17개 시도교육청 및 교육지원청, 산하기관, 1만여 개의 일선 학교에서 교육과 관련하여 활용된다. 청소년 자원봉사는 DOVOL을 통해 운영된다. DOVOL은 'Do Volunteer', 즉 "자원봉사활동을 하다."라는 의미의 약자로, 청소년 대상의 자원봉사활동에 대한 포털로 주무 부처는 여성가족부이다. 2023년 자원봉사자 등록 인원은 15,459,626명으로 등록율은 30.1%이고, 활동 인원은 2,087,995명으로 활동률은 13.5%이다. 1인당 평균 봉사 횟수는 8.2회, 1인당 연간 평균 자원봉사 시간은 26.8시간이다[행정안전부, (재)한국중앙자원봉사센터, 2024]. 2010년대 이후로 등락은 있으나 감소하고 있는 실정이다. 자원봉사의 무보수성과 공익성이라는 원칙의 강조는 자원봉사의 확대를 어렵게 하고 있으며, 새로운 자원봉사활동에 대한 기획 및 확대가 잘 이루어지지 않고 있어서 자원봉사 전반의 체계적 전환이 필요한 상황에 있다.

(2) 시간은행

시간은행(time banking)은 타인을 도운 봉사시간을 화폐 가치로 적립하여 필요 서비스를 해당 시간만큼 받을 수 있는 다자 간 교환 시스템이다(김정훈, 이다겸, 2018a). 타인을 위해 제공한 봉사시간을 환산한 화폐 단위는 시간 크레디트(time credit)으로, 참여자가 이를 또 다른 타인 및 지역사회 가맹기관들과 교환을 하게 된다. 타임뱅크와 관련하여 미국, 영국, 스페인, 일본, 중국 등 세계 30여 개국 이상에서 운영될 정도로 국제적인 관심이 확대되고 있으며(김정훈, 이다겸, 2018b). 우리나라에서도 확산 추세에 있다. 구미,

안산, 서울 및 노원, 은평 등 일부 구에서 시간은행의 원리를 활용한 정책을 펼치기도 하였으며 정책 및 이론적 관심도 많았다.

시간은행은 지역공동체 내 타임뱅킹 운영기관(time bank)을 중심으로 공동체 내 지역주민 간에 필요한 욕구(복지, 돌봄, 건강, 일상생활 지원)를 상호 충족시키며 다양한 활동을 수행하고 있다. 시간은행의 창시자는 칸(Cahn, 2023)으로, "모든 사람의 1시간 봉사는 동일한 가치를 지닌다."라고 하며 모든 참여자의 봉사는 동등하게 평가되어야 한다고 주장했다. 그는, ① 자산(asset, 모든 이가 자산을 가짐), ② 새로운 노동 정의(redefining work, 가격을 넘어선 일, 시장경제와 동일한 가치 인정), ③ 상호성(reciprocity), ④ 사회 네트워크(social networks, 사회적 자본도 투자가 필요), ⑤ 존중(respect)의 5가지 핵심 가치(core value)를 제시하였고, 시장경제(market economy)와 별도로 가족 및 공동체로 이루어진 영역인 비시장경제를 핵심경제(core economy)로 보면서 비시장경제의 중요성을 강조하였다. 칸의 시간은행의 핵심은 공동생산(co-production)으로 공공과 민간의 협력적 생산체제이며, 강력한 공동체와 더욱 효과적인 사회서비스를 위해 전문가와 수혜자가 함께 일하는 것을 전제로 운영되고 있다.

시간은행은 봉사의 상호 교환 관계에 따라 운영되는데, 개인 대 개인(Person-to-Person 혹은 Neighbor-to-Neighbor: P2P 혹은 N2N), 개인 대 기관(Person-to-Agency: P2A), 기관 대 기관(Agency-to-Agency: A2A) 등으로 유형을 나눌 수 있다. 현실에서는 이들 유형 간에 상호 혼합과 변형이 가능하다.

〈표 3-2〉 시간은행의 주요 운영 원리

① 모든 사람은 시간은행의 회원이 될 수 있다. ② 회원들은 자신이 제공할 수 있는 서비스와 필요한 서비스를 등록한다. ③ 모든 회원은 서비스를 주고받는 것에 동의한다. ④ 도움을 제공한 1시간당 1타임크레디트를 받는다. ⑤ 회원들은 자신들의 점수(크레디트)로 필요한 서비스를 구매한다. ⑥ 모든 거래는 시간은행 시스템에 기록한다. ⑦ 회원들은 자신의 타임크레디트를 타인이나 공동 계좌에 기부할 수 있다. ⑧ 시간은행의 코디네이터(조정자)는 서비스의 공급자와 수요자를 연결하고 운영을 관리한다. ⑨ 모든 활동은 봉사의 표준과 윤리 강령에 따른다.

자료: 김정훈, 이다겸(2018a).

시간은행은 모든 이의 참여, 보람과 봉사의 동시적 발생, 세금이 없이도 중요한 기여를 함, 비화폐적 지불이 가능, 사회적 가치의 선순환, 예산 없이도 지불 가능, 비화폐경제로 삶의 질 변화 견인 등이 중요한 강점으로 작용한다. 하지만 우리나라에서의 적응에 있어서는 시민의 낮은 이해, 지역 제한, 사용처 제한, 수요와 공급의 불일치, 높은 이용 비용 발생, 시장 교란 가능 등이 주요한 문제점이라고 할 수 있다. 시간은행은 자원봉사의 확대와 사회적 가치의 선순환 구조를 마련할 수 있는 강점에도 불구하고 수요-공급의 미스 매칭과 사용처 제한 등의 한계가 존재할 수 있다. 따라서 시간은행의 장점은 흡수, 발전을 통해 자원봉사의 범위를 확대시키도록 활용하되 한계는 보완해 가는 전략이 필요할 것이다.

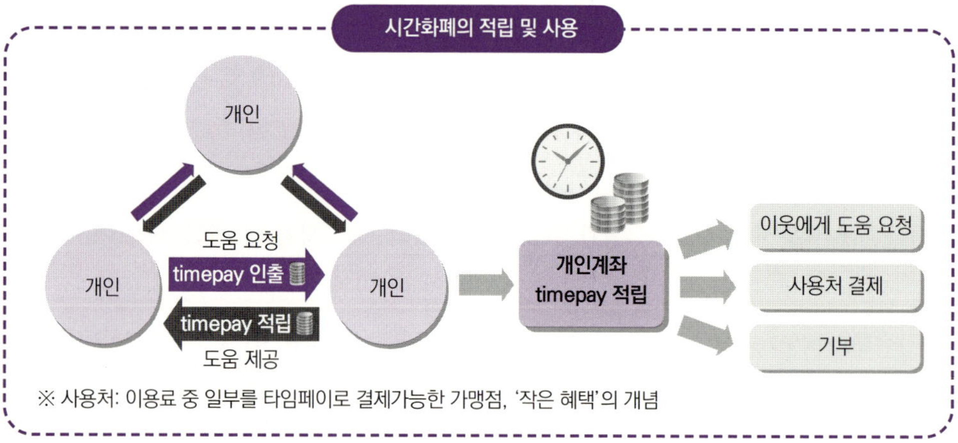

[그림 3-1] 서울시간은행의 시간화폐 적립 및 사용

자료: 서울시(2022).

서울시는 1시간 활동을 1시간 화폐로 하고 이를 적립하며 필요시 사용하도록 도움 제공과 도움 요청 시 시간화폐로 교환할 수 있게끔 하였다. 가족이나 친지가 아닌 이웃, 지역사회를 위해 하는 모든 활동을 포괄하는 것으로 공익활동을 정의하였고, 사익을 위해 타인의 이익을 해치는 행위를 배제하는 상호 간의 호혜활동을 공익활동 내에 흡수하면서 2022년 시범사업을 거쳐 시간은행을 발전시키려고 하였으나 2023년 이후 서울시간은행은 지속되지 못한 상태로 있다.

부산시는 2024년 '블록체인 기반 자원봉사은행'을 추진하고 있는데, 자원봉사와 시간은행을 결합하되 블록체인 등 디지털 기술이 플랫폼 및 시스템 운영에 기반이 되고 있다. 부산시의 '블록체인 기반 자원봉사은행'은 자원봉사 참여자 중심의 자원봉사 제공 및 수요 매칭 플랫폼을 지향하고, 이용자 누구나 편리하고 자율적으로 가입등록활동찾기신청이 가능하며, 자원봉사 실적 데이터를 포인트로 연계하여 활성화되는 선순환의 자원봉사로 발전함을 목적으로 하고 있다(초의수 외, 2022). 이는 신개념의 자원봉사은행의 운영체계로 자원봉사활동에 의해 봉사포인트를 획득하고, 이를 데이터지갑에 적립하며, 필요시 돌봄, 기부, 교육, 돌봄, 의료 등과 교환할 수 있는 체계로 운영되고 있다.

(3) 지역공동체 활동 및 주민참여 활동

지역공동체 활동은 일정한 지역을 주요 기반으로 하여 공동의 사회적 · 정서적 유대감을 가지고 서로 긴밀하게 상호작용하면서 지역 공동의 가치와 목표를 추구하는 주민집단의 활동(조태준 외, 2021)이며, 주민참여 활동은 지역 주민이 해당 지역과 지역의 주민을 대상으로 하여 지역사회 내의 공동의 과제 해결과 지역사회 발전을 위한 활동이다. 따라서 두 내용은 서로 긴밀한 관련이 있다. 지역공동체 활동은 특정한 지역을 중심으로 하는 지역성, 주민들 간의 상호작용성, 그리고 지역 주민 간의 소속감 및 유대감을 기본 요소로 한다.

현재 주요 사례는 마을기업, 관광두레, 청년 공동체, 도시활력 증진지역 사업 등을 들 수 있다. 지역공동체 활동은 주민 참여를 전제로 하여 이루어지는 활동으로, 주민의 의식 변화, 공동체의식 및 책임의식 배양, 지역 문제 해결 및 공동 발전 추진 등의 성과를 가져올 수 있다. 주민참여에 의한 지역공동체 활동에는 지역사회위원회, 주민자치위원회 및 주민자치회, 공청회 및 토론회, 주민과의 대화, 원탁회의, 전자주민회의, 주민제안, 모니터링, 여론조사 및 각종 조사 참여, 주민참여예산제 등 매우 광범위하게 이루어질 수 있다.

서울 성미산공동체, 부산 반송 희망세상 및 감천문화마을, 경기도 안산의 석수골마을 및 수원 행궁동 벽화마을, 강원 삼척의 복동아리 마을, 전북 임실의 치즈마을 및 박사골마을, 충남 홍성의 풀무공동체, 경남 통영의 동피랑 벽화마을 및 창녕의 성곡 친환경마을 등 수많은 지역공동체 활동이 운영되었으며, 지금도 ESG, 탄소중립, 동네 재생, 골목상권 살리기, 청년 소셜벤처 등 수많은 과제를 중심으로 지역의 활성화에 중요한 역할을 하고 있다.

지역 주민들이 거주와 생활을 하고 있는 지역의 계획 및 정책 수립 등에 참여함으로써 주민의 욕구와 의사를 반영하게 되며, 모니터링과 성과 달성을 점검함으로써 주민의 실질적 만족도를 반영한 사업의 달성이 가능하다.

지역공동체 활동 및 주민참여 활동은 인구 소멸과 쇠퇴, 산업 쇠퇴와 지역경제 쇠락의 위기를 겪고 있는 지역에 활력을 불러일으키고 다시 소생시키는 역할을 수행하여 사회적으로 중요한 기여를 하고 있다.

(4) 기업의 사회공헌활동

기업의 사회공헌활동은 기업의 사회적 책임(social responsibility)과 유사하게 이해되지만, 기업의 사회적 책임은 기업이 경영활동을 하는 데 있어서 기업이 사회적으로 책임을 지는 것이고, 그 책임에는 경제, 법, 윤리, 자선 등의 내용이 포함된다. 경제적 책임은 판매 및 거래, 소비자 권리와 관계되고, 법적 책임은 법률적, 제도적인 것이며, 윤리적 책임은 사회적으로 적절한 행위 및 도덕의 규범 준수이고, 자선적 책임은 자선적 · 공익적 활동에 대한 책무와 관련된다. 이 네 가지 책임은 시대적 · 단계적 발전의 경향을 나타내기도 한다.

사회공헌활동은 기업, 기관, 단체가 사회에 갖는 책임 활동으로, 해당 기업 등과 관련된 이해당사자들이 요구하는 사회적 의무를 충족시키기 위해 수행하는 재정적 지원(현금 기부) 및 비재정적 지원(현물 기부, 자원봉사활동, 시설 지원) 활동이자, 기업의 자산과 핵심 역량을 사회에 투자하여 사회적 가치를 창출하는 활동이다. 기업의 사회공헌은 기업의 재정과 자산의 사회적 지출 및 투자, 기업의 기술과 전문적 활동 및 인력 지원을 통한 공공적 목적 수행, 사회적 가치를 위한 기업의 활동, 사회적 가치 부합의 일자리 창출 등의 제반 활동이 포함된다. 종래의 사회공헌활동은 시혜와 자선을 중심으로 하였다면, 최근에는 해당 기업의 이익과 사회적 이익을 동시에 충족하고 기업과 사회의 공동 비전과 전략 목표 달성에 관심이 큰 전략적 활동에 더 주력하는 경향이 크다.

최근 주요 기업, 기관, 단체가 교육, 의료 · 보건, 문화 · 예술 등에 사회적 책무를 수행하고 있으며, ESG가 강조되면서 이러한 사회공헌활동은 더욱 발전을 거듭하고 있다. 기업은 장학 및 교육, 학술연구, 사회복지 및 돌봄, 생태 및 환경, 보건 · 의료 등에 관심이 높아지고 있고 관련 재단을 설립하여 체계적인 활동을 하고 있다. 재단은 기부자의 최초 기부금으로 조성되고 이후 독립재단으로 운영하기도 하지만, 기업 단위에서 사회공헌활동을 하기 위해 출연 및 후원하는 기업출연재단으로 경영되기도 한다. 재단을 통해 지원하지 않고 직업 재원을 사회공헌활동 및 비영리단체에 지원하는 직접 기부 형태도 있다. 직접 기부에는 재정 중심의 물적 유형과 인력 중심의 인적 유형이 있다. 물적 유형에는 기금, 상품, 제품 및 장비, 시설 및 사무실 제공 등이 있고, 인적 유형은 일반 인력과 전문직 및 기술직 인력 지원이 포함된다.

(5) 재능기부활동

재능기부는 금전적 보상 없이 공익적 가치에 따라 지식 및 기술을 사회적으로 필요로 하는 영역에 참여하고 제공하는 활동이다. 현대사회의 복잡성과 기술적 고도화, 사회문제 해결에 있어서 전문지식 연계 및 고도화가 작용하고 있어서 자원봉사도 이러한 전문적 재능을 활용하는 것이 갈수록 중요해지고 있다. 문화예술, 보건의료 및 건강, 체육, 돌봄, 상담, 교육, 재난 대응 등에서 전문 기술 활용 및 연계가 갈수록 더 많이 요청되고 있다.

재능기부활동 중 전문가의 봉사활동으로 프로보노(Pro Bono)가 있는데, 앞선 내용처럼 이는 '공익을 위하여(pro bono publico: for the public good)'라는 뜻으로, 주로 전문가가 자신의 전문성을 자발적이고 대가 없이 공공(사회)을 위해 봉사(public service)하는 것을 의미한다. 프로보노 단체로는 공익 지향의 법조인 및 법률지원 단체, 이주민 지원센터, 서울시복지재단의 사회복지공익센터 등이 있으며, 변호사의 일반적 공익활동과 마을변호사 등이 우리 사회의 대표적 활동 유형이다.

재능기부활동의 영역은 프로보노를 포함하여 다음과 같이 넓은 범위에서 이루어진다(주성수, 2005; 조태준 외, 2021). 첫째, 전문직의 전문 봉사활동으로 의사, 약사, 변호사, 교육자의 활동을 들 수 있다. 전문직이 아니더라도 이용과 미용의 전문 기술을 갖고 있다면 이 역시 전문 봉사활동에 속한다. 둘째, 경력에 기초한 재능기부로 자원봉사의 경력자가 전문적 역할을 수행하는 사례를 들 수 있다. 오랜 기간 장기적으로 자원봉사를 수행한 경우에 특정 분야의 전문적 식견을 갖추어서 일반 자원봉사자들을 지도하고 지원할 수 있는 역량을 갖추게 된다. 호스피스의 경우에는 차츰 장기 자원봉사자가 의사, 간호사, 사회복지사 등과 함께 시한부 삶을 사는 대상자와 관련된 서비스와 지원 업무에 전문 역량을 발휘할 때 전문직의 업무만큼 중요한 기여를 할 수 있다. 셋째, 선(先)경험자의 재능기부로 이루어진 전문자원봉사활동이다. 암을 경험하고 극복한 사람은 처음 암을 겪는 사람들에게 깊이 있는 경험과 치료에 도움을 줄 수 있으며, 알코올 및 마약 중독자로 탈중독의 단계까지 이르렀을 때 당사자 혹은 동년배(peer) 프로그램을 통해 큰 도움을 줄 수 있고, 학교폭력 가담 비행청소년 역시 이러한 과정을 경험하고 극복했던 선배들이 더 실제적으로 용기와 힘을 북돋아 줄 수 있다. 넷째, 전문단체에 의한 재능기부로 전문사업지원의 단체를 중심으로 이루어지는 활동이다. 호스피스봉사단, 문화예술봉사단, 노래봉사단, 집수리봉사단, 컴퓨터 및 디지털 전문봉사단, 외국어봉사단, 외국인노동자 지원 봉사단, 해양오염봉사단, 한방봉사단 등이 이에 속한다. 한국자원봉사협의회는 재능기부 유형의 프로젝트로 의료와 보건 등 건강 관련 분야의 '슈바이처 프로젝트', 공연활동 및 관람 기회와 사진 및 영상 등 문화와 예술 분야의 '오드리햅번 프로젝트', 기관을 방문해 봉사 및 물품, 후원금을 지원하는 보호와 돌봄의 '마더테레사 프로젝트', 상담과 교육 분야의 '키다리아저씨 프로젝트', 집수리, 도배 등 기능 · 기술 및 체육활동의 '헤라클레스 프로젝트' 등을 제시하기도 하였다(조태준 외, 2021: 50).

(6) 퍼네이션

퍼네이션(funation)[2)]은 '재미'를 뜻하는 'fun'과 '기부'를 뜻하는 'donation'의 합성어이다. 국립국어원은 '놀이형 기부'로 표현하기를 권장하기도 한다. 기부는 더불어 살고 따뜻한 사회를 만들기 위한 중요한 활동이지만 헌신, 봉사, 기부금품 전달 등 고정적이고 고착화된 이미지를 못 벗어날 수 있다. 퍼네이션은 기부활동의 재미, 활동, 보상으로 연결되어 즐겁게 기부할 수 있는 분위기를 형성하기 위해 조성된 개념이다. 마라톤을 완주하면서 환경 개선, 동물보호에 기부할 수 있도록 하는 '기부 마라톤'이나 지하철 계단을 오르면 기부가 되는 '건강 계단' 등이 퍼네이션의 주요한 프로그램으로 활용되기도 한다. 카드회사에서 특정 주제의 카드를 만들면서 이용자들이 해당 주제의 카드를 사용할 때마다 일정 비율의 금액을 특정 주제에 사용하도록 하는 것이나, 특정 주제의 이슈에 대해 다양한 응답('댓글 쓰기', '좋아요' 클릭, '굿즈' 구매 등)을 하면 기부액이 증가하는 것 역시 퍼네이션의 사례들이다. 2014년 '아이스 버킷 챌린지' 활동으로 루게릭병(근 위축성 측삭경화증) 환자들의 고통을 체험하고 이들을 위해 지원활동을 했던 것도 인상적 경험이었다. 최근에는 휴대전화 애플리케이션을 통해서 걷는 거리만큼 기부금이 적립되고 지출할 수 있게 하는 것도 즐거운 마음으로 기부활동을 하게 하는 전략이라고 할 수 있다.

이와 같이 퍼네이션은 재미의 요소와 다양한 유무형의 보상을 제공하여 참여하는 사람이 즐겁게 기부에 동참할 수 있도록 한다.

2) 퍼네이션은 기부적 성격도 있지만 서비스 제공과 활동적 요소도 함께 있어서 서비스와 재화 모두 융합의 특성으로 분류한다.

2) 재화 관련 사회기여활동

(1) 기부

기부는 현금기부와 현물기부로 구분이 된다. 주체는 개인, 단체, 기업이 된다. 기부는 자선·공공 사업을 위해 대가 없이 금전이나 물품을 제공하는 행위이다. 기부활동은 모금 등 모인 돈이나 물품으로 취약계층을 위해 제공되면서 사회안전망 구축, 건강한 공동체 구현, 시민의식 성장을 목적으로 한다. 최근에는 앞에서 이미 다룬 재능기부 역시 기부의 한 영역으로 다루지만, 재능기부는 서비스 성격에 가까운 활동적 성격이라고 할 수 있다. 모발기부는 소아암이나 백혈병 등으로 인한 치료 과정의 부작용으로 머리카락이 없는 어린이에게 제공하는 것이다.

기부 유형은 직접 기부, 단체기부, 재단 설립을 통한 기부 등으로 분류할 수 있다. 첫째, 직접 기부는 기부의 주체가 다른 단체나 기관의 도움 없이 직접 기부대상자에게 현금 및 현물을 제공하는 방법이다. 직접 제공을 통해 더 많은 현금과 물품을 전달할 수 있고 당사자 간의 직접적 교류로 만족도도 높다는 장점이 있다. 하지만 기부대상자 발굴에 따른 정보 및 전문성 확보를 하기 어렵고, 기부 행위에 대한 증명을 하는 데 어려움을 겪을 수 있는 단점도 있다. 둘째, 단체기부는 기부사업을 전문적으로 수행하는 단체 및 기관에 기부를 하는 방법이다. 다수의 사람이 함께 기부활동을 하기 때문에 기부 당사자의 적은 노력으로 많은 규모의 기부를 할 수 있는 장점이 있다. 하지만 직접적 제공에 따른 만족감은 낮을 수 있다. 셋째, 독립적인 기부재단을 설립하여 기부활동을 하는 방법이 있다. 재단을 통한 기부는 전문성, 체계성, 안전성의 장점이 있다. 하지만 설립을 위해 대규모 조직, 인력, 비용이 소요된다는 단점이 있다.

기부를 위해서는 미국 등 다수의 선진국처럼 세금 감면이 필요하나, 우리나라의 경우에는 아직 세금 감면이 제한적이며, 현행 세법에서 기부가 자산가 및 대규모 기업에서 세금 회피를 위한 행위로 볼 경우에 막대한 증여세와 법인세 등을 부과하는 사례도 다수 발생하고 있어서 공익 기부 과세에 대한 제도적 개선이 필요한 실정에 있다. 미국 등 다수의 선진국에서 기부활동이 왕성하고 또 권장되기도 하지만 일부에서는 바람직한 복지국가는 국가가 세금에 의해 제도적으로 빈곤 및 자원결핍자를 지원해야 한다고 주장하는 경우도 있다. 기부는 국가와 별도로 개인, 기업 등에서 자원을 필요한 사람들에게 직간접적으로 제공하므로 높은 수준의 사회기여활동이며, 사회적 통합과 연대의 가치를 제고하는 것이라고 할 수 있다.

(2) 푸드뱅크

푸드뱅크는 식품제조기업이나 유통기업, 개인이 만든 제품을 유효기간이 넘기 전에 필요한 수요자에게 전달하는 나눔 운동이다. 수요자들은 독거노인, 재가장애인, 빈곤계층들로 구성된다. 푸드뱅크는 1960년대 후반 미국에서 시작되었으며, 우리나라는 1998년 IMF 경제위기 이후에 급격히 증가한 노숙인 및 결식아동의 급식 문제 해결을 위해 처음 제시되었다. 전국적인 조직체계를 구축하여 운영되고 있으며, 2024년 기준 전국 푸드뱅크 1개소(한국사회복지협의회 위탁 · 운영), 시도 광역 푸드뱅크 17개소,[3] 시군구 기초 푸드뱅크 293개소, 푸드마켓 131개소가 운영되고 있다. 푸드뱅크는 이용자에게 직접 전달하는 시설이고, 푸드마켓은 이용자가 편의점 형태의 매장을 직접 찾아와

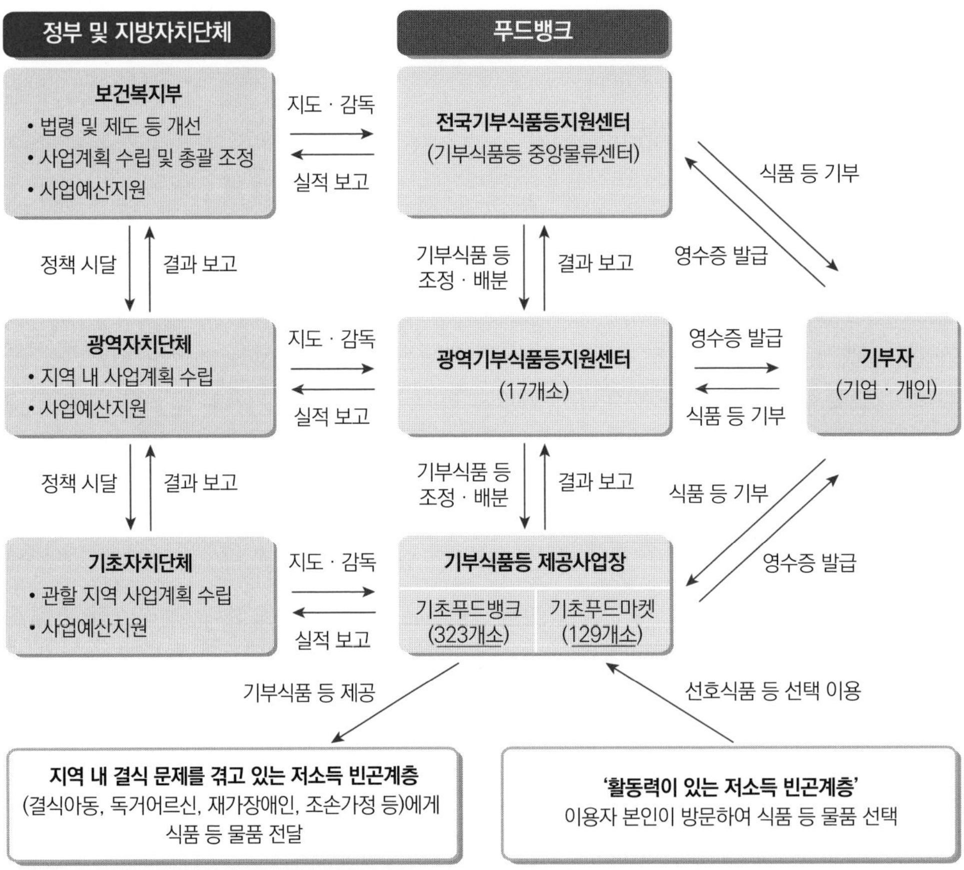

[그림 3-2] 푸드뱅크 사업추진체계

자료: 보건복지부(2019).

---

3) 시도 사회복지협의회 13개, 사회복지법인 2개(대구, 강원), 사단법인 1개(울산), 시설 1개(경남).

서 이용하는 시설이다.

우리나라에서의 관련 근거는 「식품등 기부 활성화에 관한 법률」이며, 푸드뱅크를 통해 소외계층의 생활자원 공급의 복지 증진, 사회연대감 조성뿐 아니라 식품자원의 낭비를 예방한다는 점에서 의의가 있다.

푸드뱅크 기부 시에는 최대 100%까지 세제 혜택이 가능하며, 5,000kg 이상의 대규모 물품 기부는 전국 푸드뱅크에 기부하고, 그 이하는 가까운 푸드뱅크에 기부한다.

푸드뱅크의 기부 규모는 2023년 총 2,459억 원(잠정)이며, 누적으로 2조 8천억 원(1998~2023년)을 달성하였고, 약간의 등락 속에 점차 증가하는 추세이지만 2021년 이후에는 다소 완만히 증가하고 있다.

〈표 3-3〉 기부 식품 등 후원 현황 (단위: 백만 원, '23년은 잠정 실적)

구분	'98	(중략)	'15	'16	'17	'18	'19	'20	'21	'22	'23
계	2,770	(중략)	160,901	178,316	202,803	219,849	236,548	211,849	240,047	247,592	245,944
식품	2,770		139,371	152,067	164,819	185,064	197,450	174,327	189,743	199,147	204,948
생활용품	-		21,530	26,249	37,984	34,785	39,098	37,522	50,304	48,445	40,996

자료: 보건복지부(2024).

(3) 착한 소비

착한 소비는 개인이 윤리경영이나 바람직한 기업활동을 실천하는 기업의 제품을 구매하는 행위에서 발생한다. 이를 '미닝아웃(meaning out)'이라고 하는데, 소신대로 소비하는 활동과 일치시키기도 한다. 밖으로 나온다는 '커밍아웃(coming out)'을 의미나 신념을 뜻하는 개념에 적용한 합성어라고 할 수 있다. 일상에서 '돈쭐내다'라고도 하는데, 사회적 선행이나 사회적 가치를 실천하는 기업에 대해 제품 구매를 적극적이고 집합적으로 하여 판매자 전반에 경각심과 각인을 주기 위한 활동으로 볼 수 있다.

제품 구매 시 저렴하지만 품질이 좋거나 적합하다고 느낀 정도를 '가성비'라고 한다면, 가격보다 마음의 만족을 충족시키는 제품을 '가심비'라고 하는데, 이제는 소비자들이 가치관에 맞는 구매활동을 착한 소비, 또는 미닝아웃이라고 하여 구매 행위를 단순한 구매행동이 아니라 사회활동으로 접근하고자 하는 소비 트렌드가 생성된 것이다.

착한 소비의 주된 영역은 친환경, 사회적 약자 고용, 동물권 보호에서 많이 등장하고 있다. 친환경은 '제로 웨이스트 챌린지(zero waste challenge)'와 같이 일회용품 자제 및 지속가능한 개인용품을 사용하는 기업과 매장에 대한 지원, 동물성 대신 식물성 재료 사용하기, 생수 · 패스트푸드 등에서 라벨 제거 및 '에코캡(eco-cap)' 이용하기, 가구업체의 바이오플라스틱 이용하기, 미국 친환경 패션 브랜드인 '파타고니아'의 지구환경을 살리기 위한 사업하기 등에서 엿볼 수 있으며, 대체로 그린슈머(greensumer)를 주요 소비층으로 설정하고 있다고 하겠다. 주요 축산물에 동물복지 인증 제품 도입하기, 동물성 대신 식물성 대체식품 이용하기, 아마존 멸종위기 동물보호 기금 마련하기, 해양생물의 다양성 보존을 위한 연구 지원하기, 라이프스타일 제품 브랜드인 '그린블리스(Green Bliss)'의 멸종위기 동물 및 자연환경 소개하기 등은 생물의 다양성과 동물보호에 중점을 두고 있다. 2022년 울진-삼척 산불 진화 과정에서 수고한 소방관, 자원봉사자들과 이재민에게 무료 식사 및 숙박을 제공한 자영업자들에 대한 방문 지원, 영국 제이미 올리버(Jamie Oliver)의 이탈리안 식당 '피프틴 레스토랑(Fifteen Restaurant)'에서 불우청소년 요리사 만들기 등은 재난 시 봉사자들에 대한 지원이나 사회적 약자 고용에 앞장선 업체에 대한 가치 소비 행위와 관련되어 있다.

착한 소비는 녹색 소비, 친환경 소비, 동물복지 소비 등 가치 소비 및 윤리적 소비 활동과 관련이 있으며, 나쁜 상품의 불매운동인 '보이콧(boycott)' 대신에 좋은 제품에 대한 '바이콧(buycott)'으로 소비자들의 가치주도적 행동에 기반을 두고 있다. 특히 MZ세대와 같이 젊은 계층들이 이러한 활동에 더욱 민감하게 대처하고 있다.

(4) 지역화폐

지역화폐는 '레츠(Local Exchange & Trading System: LETS)'로도 불리는데, 돈(화폐)이 아닌 서비스나 기술을 지역 주민들이 '품앗이' 형태로 거래하는 나눔 활동이다. 주민이 서비스, 기술, 재활 등을 교환하는 네트워크를 구축한 후에 한 회원이 서비스나 기술을 다른 회원에게 제공하여 지역화폐를 받을 수 있고, 그것을 이용해서 다른 회원의 재능이나 서비스를 구입할 수 있게 하는 것이다(조태준 외, 2021: 30). 이웃집에 해충을 잡아주고 본인이 필요할 때 장을 봐 달라고 부탁하는 등 서비스를 상호 교환할 수도 있는데, 이때 특정 지역사회 및 관련 네트워크에서 사용하고 지불 및 결제의 수단인 화폐를 지급받고 통용하는 형태가 지역화폐이다.

지역화폐에는 공동체화폐, 보완화폐, 전환 · 이행화폐, 가치절감화폐가 있다. 지역화폐는 지역에 기반하여 지역 내에서 통용되는 화폐인데, 세부적으로 공동체화폐는 물리적 지역뿐만 아니라 특정 공통 요소를 갖는 공동체 내에서 통용되는 화폐를 뜻하고, 보완화폐는 자원순환 활성화 등 법정화폐를 보완하는 화폐적 성격이며, 전환 · 이행화폐는 기존의 에너지 의존적이고 환경 파괴적인 사회에서 더 생태적인 사회로의 전환 및 이행을 추구하며, 그 과정을 지원하는 화폐이고, 가치절감화폐는 이자를 붙이지 않고 스탬프나 인지 등의 방식을 통해 시간이 지날수록 화폐의 가치를 떨어뜨리는 방식을 통해 감가상각되는 화폐의 특성을 갖는다(이수연, 2014).

현재 전 세계의 대안화폐, 또는 지역화폐의 종류는 수천 개에 이르며, 우리나라에서도 대전, 과천, 성남, 서울 노원구 등에서도 통용되었으나 일부 지역에서는 확장되지 못했다. 지역화폐는 우리나라의 전통적 상부상조의 교환 행위에서도 나타났던 일이었으나 새로운 환경에서 진화, 변모를 하고 있으며 기존 경제 및 화폐와 다양한 관계를 형성하고 있다.

지역화폐는 수평적 호혜 관계와 상호 부조를 강화하고 지역경제 및 지역경제의 자립과 활성화를 촉진시키기도 한다. 즉, 공동체 활성화, 신뢰 사회의 구축, 사회자본의 형성과 같은 정책적 기대효과와 더불어 지역순환경제의 구축, 지역 일자리 창출, 지역경제 활성화 등 경제적 생태계에도 핵심적 기대효과가 발휘된다.

(5) 마이크로 크레디트

마이크로 크레디트(micro credit)는 기존의 제도권 금융기관과의 이용 및 거래에 한계가 있는 저소득층을 대상으로 창업자금을 위한 보증이나 무담보 대출, 경영 및 마케팅 등을 지원하는 제도이다. 대표적인 사례는 2006년 노벨평화상 수상자인 방글라데시 무하무드 유누스의 그라민은행으로, 이 기관을 통해 지역사회 내 빈곤층, 저소득 여성 등 사회적 취약계층 집단을 대상으로 지역공동체 공동 책임의 소규모 무담보 대출서비스를 제공하였다. 마이크로 크레디트의 첫 글자를 따 MC서비스라고도 하는데, 오늘날 남아시아와 남미 등 각국으로 확장되었다. 최초의 단순한 대출을 넘어 저소득층 소득 창출의 전반적이고 종합적인 금융서비스로 마이크로 파이낸스(micro finance)로 확장되는 경향이 있다. 미시적으로는 대출서비스가 진행되고, 중범위적으로는 원활한 업무 지원 체제가 있으며, 거시적으로는 법과 제도적 환경이 요청되는 종합적인 체제로 마이크로 크레디트를 염두에 둘 필요가 있다.

국내에서는 1999년 '신나는 조합'이 최초 마이크로 크레디트의 사례이고, 이후 사회연대은행과 아름다운가게 등이 선두 주자로 활동하였으며, 2009년 미소금융재단이 설립되면서 기업 수익의 사회 환원 차원에서 금융기관-기업-민간단체 등이 연계하여 운영하고 있다(조태준 외, 2021: 27-28). '신나는 조합'은 그라민은행과 유사하게 지역단위의 결속력을 기반으로 하여 관계 매니저(relationship manager)를 통해 운영을 지원하였다. 국내 마이크로 크레디트의 경우에는 신청하면 대출 자격 심사, 사업 계획 심사 후에 지원을 결정하고 필요한 지원 및 관리의 단계로 이어진다.

마이크로 크레디트는 기존 은행과 비교하여 융자 및 지원을 받을 경우에 담보와 보증을 필수요건으로 하지 않으며, 해당 일선 지역 기관의 의사결정 자율성이 존중되고, 금융적 수익이 목적이 아니라 창업 당사자의 자립 및 자신감 제고가 중요하며, 사업 진행 과정 지원 및 사후관리에 초점을 둔다.

3) 사회기여활동의 문제점

사회기여활동의 전반적인 확대에도 불구하고 아직까지 우리 사회에서 개선해야 할 문제점도 다음과 같이 다수 제기되고 있다.

첫째, 아직까지 우리나라는 자원봉사 중심의 접근에서 크게 벗어나지 못하고 있고, 사회기여활동에 대한 인식이 부족한 실정에 있다. 현재 우리나라는 자원봉사활동이 비약적인 증가는 하지 못하고 있는데, 이는 공공적 가치 중심으로 나아가야 할 새로운 사회적 수요에 기존의 자원봉사체제의 대응이 미흡하기 때문에 나타난 현상이라고 할 수 있다. 자원봉사의 범위도 폭넓게 전개되는 사회적 수요에 비해 매우 협애한 상황이다.

둘째, 현재 자원봉사체계는 우리나라 「자원봉사활동 기본법」에서 규정한 자원봉사 원칙처럼 엄격한 무보수성 및 공익성 중심으로 접근하여 사회기여활동의 확장성에 제한을 주고 있으며, 자원봉사의 확대에도 상당한 한계를 노정하고 있다. 인센티브 및 보상체계에 한계가 있으며, 공익성 강조로 인해 사적 수요이지만 사회적 공공성을 갖는 활동에 매우 제한적인 대응이 이루어지고 있다. 엄격히 적용되고 있는 자원봉사 원칙이 다양한 사회기여활동의 포괄적 접근과 적용에 어려움을 주고 있는 실정이다.

셋째, 사회기여활동에 대한 법과 제도의 기반이 서로 다르고 상호 간의 연계가 부족한 실정이다. 사회기여활동과 관련된 법은 「자원봉사활동 기본법」의 전체적 내용이 대표적이며, 「사회보장기본법」에서 자원봉사, 기부 등 나눔의 활성화를 위한 각종 지원 사업에 대해 규정하고 있고(제27조), 「사회복지사업법」에서는 자원봉사활동과 관련된 내용을 언급하고 있으며(제9조), 「건강가정기본법」「청소년활동진흥법」「재난 및 안전관리 기본법」 등 다양한 법적 기반이 있다. 하지만 사회기여활동에 대한 포괄적 법적 기반이 없고 상호 간 연계에 대한 규정도 없는 실정이다.

넷째, 관련 부처 간의 상호 연계나 통합적 전달체계도 미흡하다. 자원봉사활동은 주로 행정안전부가 주관부처로 관련 주요 계획의 수립, 관리, 운영 등의 업무를 담당하고 있고 자원봉사센터 등을 운영하고 있다. 행정안전부는 광역 및 기초 단위의 관련 업무, 민간단체에 대한 경상 보조, 자원봉사활성화 관련 시책을 추진하고 있다. 행정안전부-시도 자치단체-시군구 자치단체와 더불어 한국중앙자원봉사센터-시도 자원봉사센터-시군구 자원봉사센터의 전달체계를 운영하고 있고, '1365' 포털을 관리하고 있다. 보건복지부는 「사회복지사업법」에 근거해서 사회복지 분야와 관련한 자원봉사활동을 관장하고 있고, 주요한 포털은 '사회복지자원봉사인증관리시스템(VMS)'이다. 교육부는 초중고 학생의 자원봉사활동을 관장하고 있으며, 'NEIS' 체계를 운영하고 있다. 여성가족부는 「청소년활동진흥법」에 기초하여 청소년 자원봉사활동을 관장하며, 'DOVOL(Do Volunteer)'이라는 온라인시스템을 운영하고 있다. 이외에도 법무부는 범죄예방자원봉사위원 및 교정위원의 자원봉사 프로그램이 있으며, 문화체육관광부, 경찰청, 소방청 등 복수의 부처 및 정부 행정단위에서 자원봉사와 관련된 업무를 운영하고 있으나 상호 연계나 총괄적 운영의 체계가 미흡하고 법의 다양성 및 제도적 복잡성의 문제가 해소되지 못하고 있는 실정에 있다.

다섯째, 사회기여활동은 서비스와 서비스, 즉 용역과 용역 간의 상호 교환과 연계체계가 중요하나 아직까지 이러한 활동이 활발하지 않고 통합적 운영체계가 미흡하다. 사회기여활동이 다른 활동과 상호 연계하여 서비스-서비스 간의 상호 교환 및 연계의 통합적 운영이 진행되어 사회 전체적으로 선순환을 구축하며 공공적 발전을 도모할 필요가 있으나 이러한 체계 및 지원사업이 미흡하다. 사회기여 참여자가 본인의 활동 및 재능에 투입한 시간을 적립하고 본인이 필요로 할 때 다른 사회기여활동으로 교환하는 선순환의 구조가 구현될 필요가 있으나 아직 이에 대한 체계 운영이 취약한 실정에 있다.

여섯째, 사회기여활동에 대한 보상제도가 미흡하다. 현행의 자원봉사는 무보수성, 공익성의 원칙이 강하여 보상이라는 주제에 대해 매우 거리를 두는 입장을 취하고 있다. 이러한 사정으로 인해 다양한 사회기여활동에 대한 인센티브, 예우, 상호 교환 등의 과정이 미흡하고 동기부여 및 확산이 매우 제한되고 있다.

일곱째, 사회기여활동에 대한 통합적 지원 기능 및 시스템이 미흡하다. 부처별, 대상별로 자원봉사활동이 나뉘어 있고, 이들 간에 통합의 과정 및 시스템 운영이 취약하여 비용은 증가하나 활동의 확장성은 제한받는 현상이 반복되고 있다. 현재 자원봉사활동의 주 포털인 1365와 VMS 간에 상호 연계가 이루어지고 있으나 사회기여활동 전반에 대한 인정, 상호 연계 등은 거의 진전이 이루어지지 못하고 있는 실정이다. 시간은행, 지역공동체 활동 및 주민참여 활동, 기업의 사회공헌활동, 재능기부활동, 퍼네이션, 기부, 푸드뱅크, 착한 소비, 지역화폐, 마이크로 크레디트 등을 아우르는 사회기여활동에 대한 통합적 접근은 여전히 중요한 발걸음을 옮기지 못하고 있다.

4. 사회기여활동의 정책 방안

지금까지 살펴보았듯이, 사회적 주요 변화의 흐름과 더 나은 사회적 가치 실현을 위해서는 자원봉사의 틀로는 한계가 많아 사회기여활동의 활성화가 불가피하다. 이를 위한 정책 방안으로 다음을 제시할 수 있다.

첫째, 자원봉사를 넘어 사회기여활동 중심의 정책적 전환이 필요하다. 특히 기존의 자원봉사활동, 기부 등도 참여율이 하락하고 있으며, 기여활동의 부익부, 빈익빈 같은 '기여 마태효과'도 심화되고 있고, 아예 자원봉사 등 사회기여영역에 무관심한 사람의 비중도 크게 증가하고 있어서 시민적 흥미와 주목이 큰 주제를 중심으로 활동의 동력을 이끌어 내는 것이 중요하다고 하겠다. 정책적 전환을 위해서는 인식의 전환이 선행되어야 한다. 시민교육 및 포럼과 연계한 나눔형 인재 양성 등 교육 및 홍보를 강화해야 한다.

둘째, 사회기여활동에 대한 프로그램 발굴 및 보급을 확대해야 한다. 그동안 자원봉사 중심의 활동은 원칙 등으로 인해 활동의 범위가 매우 제한적이었으며 다양성에도 한계가 있었다. 사회적 수요의 끊임없는 변화에 따라 새로운 사회적 가치의 영역 확장을 활발하게 할 사업과 프로그램을 개발하고 발굴하며 보급을 왕성하게 할 필요가 있다. 이를 위해 소규모 사회 기여 공동체를 활성화하고 생애주기별 맞춤형 프로그램 개발, 지역별 사회기여 우수사례 발굴 및 확산이 중요하다.

셋째, 사회기여활동에 대한 정보 제공 및 상호 간 매칭 활동의 적극적 확대가 필요하다. 사회기여활동 정보 종합 안내서 제작과 온라인 및 오프라인에서 정보 제공을 활성화해야 한다. 온라인 및 오프라인에서 사회기여활동 플랫폼 구축과 코디네이터를 통해 도움 제공자 및 도움 수요자 상호 간의 연결과 매칭을 촉진시켜야 한다. 사회기여활동을 기존의 자원봉사 동네캠프와 연계하여 운영함으로써 대면·비대면 활동을 다각화하고 지리적·심리적 접근성을 높일 필요가 있다.

넷째, 사회기여활동에 대한 적정한 인센티브를 제공하여 참여 유인을 촉진시켜야 한다. 사회기여활동의 유형별 특성에 따라 보상체계를 다변화하여 다중적인 동기유발이 가능하게 할 필요가 있다. 사회기여 마일리지 적립제도를 마련하고, 마일리지 활용처를 개발하여 참여를 활성화해야 한다. 사회기여자에 대한 인정과 보상도 확대하고, 개인뿐 아니라 기업 및 단체의 기여도 인정제도를 조성하여 사회적 기여가 사회 곳곳에서 역할을 할 수 있게 한다. 사회기여 마일리지에는 블록체인 기술을 적용하여 활동이 발생할 때마다 비트코인으로 적립, 운영하는 것도 바람직하다.

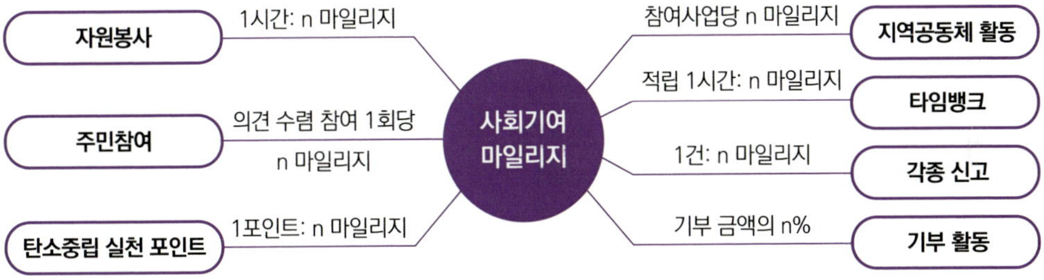

[그림 3-3] (가칭)사회기여 마일리지 제도

자료: 관계부처합동(2022).

다섯째, 사회기여활동 참여자에 대한 관리의 신뢰성을 보장해야 한다. 참여자에 대한 보험 적용 확대 및 안전 관련 사전교육 의무화로 안전관리를 강화하여 참여자 누구나 안심하고 참여할 수 있도록 한다. 참여자에 대한 활동 만족도 평가 등 환류 시스템을 도입하고 기부금 단체의 회계 책무성도 강화하여 사회기여활동의 질적 향상을 도모할 필요가 있다.

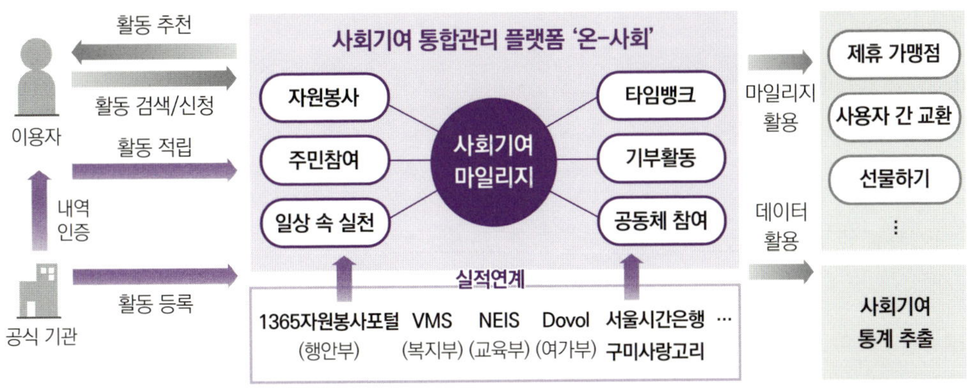

[그림 3-4] 사회기여 통합관리 플랫폼 '온-사회'

자료: 관계부처합동(2022).

여섯째, 모든 사회기여활동을 총괄하고 상호 연계할 통합관리 플랫폼을 운영할 필요가 있다. 당초 정부에서는 사회기여 통합관리 플랫폼인 (가칭)'온-사회'를 구축할 계획이었는데(관계부처합동, 2022), 아직 제대로 추진되지 못하고 있다. 이를 조속히 구축하고 각종 활동 실적 및 혜택을 연계하여 사회기여활동의 체계적 운영이 연착륙되도록 해야 한다. 통합플랫폼인 AI, 알고리즘을 활용한 앱을 개발하고 개인이 직접 휴대전화 앱을 이용해서 본인의 적성과 기호에 맞는 활동 선택이 가능하게 하며, 활동 사항의 점검도 본인이 직접 확인할 수 있도록 해야 한다. 플랫폼을 통해 마일리지 적립 및 확인, 마일리지 활용을 통한 인센티브 및 보상 구매, 기부 등도 원활하게 이루어지도록 할 필요가 있다.[4] 사회기여활동의 정책 수립과 활성화를 위해 사회기여활동 유형별 분류체계를 확립하고, 이에 대한 정기적인 실태조사를 실시하며, 관련 통계의 관리, 활용을 통해 데이터 운영을 선진화하는 것도 중요하다.

학습 과제

1. 사회기여활동이 확산되는 다양한 이유에 대해 구체적으로 제시해 보시오.
2. 사회기여활동이 현대사회발전에 어떠한 의미를 갖는지에 대해 설명하시오.
3. 사회기여활동 중 대학생 등 청년층이 선호하는 유형과 중장년층이 선호하는 유형은 무엇인지 비교하여 설명하시오.
4. 사회기여활동을 활성화시키기 위해 가장 필요한 정책 방안은 무엇인지 설명하시오.

4) 이와 관련하여 선도적으로 활동을 하고 있는 부산광역시자원봉사센터의 '부산자원봉사은행'을 참고할 필요가 있다(https://www.1365busanbank.or.kr/, 2024년 10월 1일 검색).

참고문헌

관계부처합동(2022). 서로 도우며 함께 성장하는 사회기여활동 활성화 방안. 사회관계장관회의 발표자료 (2022. 7. 21.).

김병권(2024). 1.5도 이코노믹 스타일: 기후가 걱정되는 이들을 위한 경제책. 착한책가게.

김정훈, 이다겸(2018a). 지역공동체경제 활성화를 위한 전략연구: 타임뱅크를 중심으로. 경기연구원.

김정훈, 이다겸(2018b). 타임뱅크(Time Bank)를 활용한 복지서비스의 혁신. 경기연구원.

보건복지부(2019). 푸드뱅크 이용 현황.

보건복지부(2024). 취약계층 먹거리 · 생활용품 지원 위해 푸드뱅크와 함께 더욱 노력할 것(보도자료 2024. 1. 24.).

서울시(2022). 서울시간은행 시범사업 추진계획. 서울특별시.

이별빛달빛(2022). 인류세와 기후위기의 대 가속. 한울아카데미.

이수연(2014). 지역화폐와 지역경제발전, 새사연 이슈진단. 새로운 사회를 여는 연구원.

조태준, 김기형, 권오균(2021). 사회기여 보상 제도 설계 및 운영방안. 상명대학교 산학협력단.

주성수(2005). 자원봉사: 이론, 제도, 정책. 아르케.

초의수, 정희선, 김종현(2022). 블록체인 기반 자원봉사은행 시행계획 수립 연구. 부산광역시자원봉사센터.

한국행정연구원(2022). 2021년 사회통합실태조사.

행정안전부, (재)한국중앙자원봉사센터(2024). 2024 자원봉사센터현황.

Benton, M. J. (2024). 대멸종의 지구사 (*Extinctions: How Life Survives, Adapts and Evolves*). (김미선 역). 뿌리와이파리, (원서는 2023년에 출간).

Cahn, E. S. (2023). 이제, 쓸모없는 사람은 없다: 타임달러 코프러덕션 (*No More Throw-Away People*). ((사)구미사랑고리공동체 역). 새물결. (원서는 2000년에 출간).

Intergovernmental Panel on Climate Change. (2023). *The Sixth Assessment Report*.

제2부

자원봉사의 이론

新 자원봉사론

제4장

자원봉사의 이해

학습목표

1. 자원봉사의 개념과 특성에 대한 이해
2. 자원봉사의 의의와 효과에 대한 이해

학습개요

- 제4장에서는 자원봉사의 개념 및 특성, 의의 및 효과에 대해 이해한다.
  - 1절에서는 자원봉사의 개념, 유사한 용어와의 비교, 자원봉사활동의 주요 유형, 원칙, 특성에 대해 자세히 파악한다.
  - 2절에서는 자원봉사의 의의를 국가 및 사회적 측면, 사회복지적 측면, 자원봉사자 활용 기관의 측면, 자원봉사자 개인적 측면에서 파악한 뒤, 자원봉사가 갖는 효과에 대해 고찰한다.

1. 자원봉사의 개념과 특성

1) 자원봉사의 개념

자원봉사(自願奉仕, volunteering) 혹은 자원봉사활동(自願奉仕活動, volunteer activity), 그리고 자원봉사자(自願奉仕者, volunteer)는 일상생활에서 많이 사용하는 단어이며, 오랜 역사를 통해 형성되었고, 현대사회에서도 매우 중요한 의미를 갖는다. 하지만 자원봉사는 시대나 국가에 따라 다소 상이하게 정의되고 있다. 자원봉사는 표준국어대사전에서 '어떤 일을 대가 없이 자발적으로 참여하여 도움, 또는 그런 활동'으로 정의하고 있으며, 자원봉사자란 '어떤 일을 대가 없이 자발적으로 참여하여 돕는 사람'으로 정의하고 있다.

메리엄-웹스터(Merriam-Webster) 사전에서는 자원봉사자를 '대가를 지불받거나 재산의 양도 없이 서비스를 자발적으로 수행하거나 수행할 의사를 나타내는 사람'으로 기술하고 있고, 미국 사회복지 사전에서는 자원봉사자를 '개인, 집단, 지역사회에서 발생하고 있는 여러 가지 사회 문제의 영향을 예방하거나 개선하는 일에 종사하고 있는 공적·사적 조직 내의 서비스 제공자'로 정의하고 있다.

자원봉사자 volunteer의 어원은 라틴어의 자유의지를 뜻하는 voluntas에서 유래되었으며, 영어의 의지를 뜻하는 will인 라틴어 volo와 관련이 커서 자유의지, 자발적 의지와 동일한 맥락을 갖는다. 오늘날 자원봉사와 비슷한 의미는 1600년경 중세 프랑스어 voluntaire에서 시작되었는데, 이는 '군 복무에 자신을 바치는 사람'이라는 뜻에서 파생되었다. 처음에는 징집이 아닌 자발적 병역의무에서 주로 사용되었으며, 1630년경에는 군사적 용어 외에 지역사회 봉사라는 의미로도 사용되었다. 이후 영어 volunteer는 미국 남북전쟁 전후로 취약계층에 대한 인식과 노예제 반대의 근본 원인에 대해 성찰하였던 '대각성(the Great Awakening)' 운동이 중요한 계기가 되었고, YMCA(1851년), YWCA(1858년), 미국 적십자사(1881년) 등의 연이은 설립, 1889년 '존스타운(the Johnstown) 대홍수' 피해자 구호활동 등에 다수의 자원봉사자가 참여하면서 대중화되었다. 20세기 들어 구세군 자원봉사, 로타리(the Rotary International), 키와니스(Kiwanis International), 라이온스 클럽(Lions Clubs International) 등 자발적인 결사체적 성격의 자원봉사단체들이 크게 확대되었다. 미국에서 대공황과 이의 극복을 위한 실천은 자원봉사가 확대된 결정적 계기가 되었으며, 제2차 세계대전 역시 이타적 열정이 집중하는 발판이 되었다. 1960년대 존 F. 케네디(John F. Kennedy) 대통령의 미국 '평화봉사단' 창설, 1964년 린든 존슨(Lyndon B. Johnson) 대통령의 '빈곤과의 전쟁', 'Just Serve'와 'Ameri Corps'와 같은 조직을 통한 자원봉사 운영은 자원봉사 확대에 중요한 기폭제로 작용하였다.

"자원봉사활동에 관한 기본적인 사항을 규정함으로써 자원봉사활동을 진흥하고 행복한 공동체 건설에 기여함을 목적"(제1조)으로 하는 우리나라 「자원봉사활동 기본법」에서 자원봉사활동은 "개인 또는 단체가 지역사회 · 국가 및 인류사회를 위하여 대가 없이 자발적으로 시간과 노력을 제공하는 행위"(제3조 제1항)를 뜻하며, 자원봉사자란 "자원봉사활동을 하는 사람"(제3조 제2항)이고, 자원봉사단체란 "자원봉사활동을 주된 사업으로 하거나 이를 지원하기 위하여 설립된 비영리 법인 또는 단체"(제3조 제3항)를 의미하며, 자원봉사센터는 "자원봉사활동의 개발 · 장려 · 연계 · 협력 등의 사업을 수행하기 위하여 법령과 조례 등에 따라 설치된 기관 · 법인 · 단체 등"(제3조 제4항)으로 정의하고 있다. 통계청에서 수행하는 사회조사에서는 자원봉사활동을 "개인 또는 단체가 타인 및 지역사회 등을 위하여 자발적으로 영리적 반대급부 없이 시간과 노력을 제공하는 행위" "사회통념상 보수라고 생각되지 않을 정도의 점심값, 교통비 등 실비만 받고 봉사"하는 경우도 포함하는 행위로 정의하고 있다. 한국사회복지협의회에서는 "사회 문제의 예방 및 해결 또는 국가의 공익사업을 수행하고 있는 공사의 공식 조직에 자발적으로 참여하여 영리적 반대급부를 받지 않고서 인간 존중의 정신과 민주주의 원칙에 입각하여 낯선 타인들을 상대로 필요한 서비스를 제공함으로써 사회의 공동선을 고양시킴과 동시에 이타심의 구현을 통해 자기실현을 성취하고자 하는 활동"으로 정의하고 있다. 한국자원봉사협의회에서는 "한 개인이 가지고 있는 자원이나 능력을 활용하여 자발적으로 사회와 공동체, 환경 혹은 타인을 위하여 반대급부를 요구하지 않으면서 계획적이고 지속적으로 수행하는 활동으로, 체계적인 노력을 통해 문제를 개선하고 변화시키는 활동"으로 규정하고 있다.

주요 국가 및 국제기구에서 규정하는 자원봉사활동의 정의는 매우 다양한 편으로(조태준 외, 2021) 주요 정의는 다음과 같다. 미국 국가 및 지역사회 자원봉사협회(Corporation for National and Community Service: CNCS)에서는 금전적 보상 없이 사회와 지역사회, 환경 또는 가족 외 타인의 이익을 위해 시간과 에너지를 투자하는 것으로 설정하고 있다. 영국 자원봉사협의회(National Council for Voluntary Organizations:

NCVO)에서는 환경이나 다른 사람(개인 또는 그룹)에게 이익이 되는 일에 대해 무급적 시간을 기초로 이루어지는 모든 활동으로 정의하고 있다. 캐나다 자원봉사단(Volunteer Canada)은 대가 없이 다른 사람이나 특정 목적을 위해 시간과 서비스를 제공하는 활동으로 설정하고 있다. 호주에서는 지역사회와 자원봉사자에게 유익이 되고, 어떠한 강요도 없이 자원봉사자의 순수한 자유의지에 의해 수행되며, 금전적 보상을 받지 않고 비영리기관이나 비영리적 목적의 행사에서 수행되는 활동으로 정의하고 있다. 독일 연방자원봉사협의회(Bundesarbeitsgemeinschaft der Freiwilligenagenturen: BAGFA)에서는 '공동선을 위해 자유의지로 시간을 제공하는 명예로운 활동'으로 정의하고 있다. 일본 사회복지협의회(Japan National Council of Social Welfare: JNCSW)에서는 사회 일반이나 특정 집단을 위해 보상 없이 자발적으로 수행하는 활동으로 기술하고 있다.

국제노동기구(ILO)는 개인이 단독이나 조직을 통해서 가족 외에 다른 사람을 위해 무보수로 직접 제공하고 수행하는 활동으로 정의하고 있다. 유럽연합(EU) 집행위원회에서는 공식적이든 비공식적이든, 풀타임이든 파트타임이든, 국내든 해외든 공동체나 사회 전체에 이익이 되는 모든 형태의 활동으로 정의하여 가장 포괄적으로 접근하고 있다. UN은 보편적 공공선을 위해 자유의지로 수행되는 활동이며, 금전적 보상이 주된 동기 부여 요소가 아닌 경우의 활동으로 궁극적으로는 사회복지, 평화, 발전에 기여하는 활동으로 보고 있다.

지금까지 살펴본 세계 주요 국가와 국제기구의 자원봉사활동은 타인 및 집단, 사회적 공공선을 위해 자신의 시간, 기술, 서비스를 자발적이자 금전적 보상을 기대하지 않고 제공하는 것으로서 핵심 요소는 자발적 의지에 의한 선택, 이타주의, 무보수성을 기초로 하고 있다.

2) 자원봉사와 유사 용어

자원봉사, 자원봉사활동, 자원봉사는 이미 앞에서 정의를 서술하였는데, 자원봉사와 유사한 개념이 다수 사용되고 있다. 이들 개념은 자원봉사의 확장적 의미를 담는 것도 있지만 새로운 활동의 발전으로서 기존의 자원봉사활동과 비교해야 할 중요한 가치를 지닌다. 자원봉사와 유사한 용어는 다음과 같은데, 이 중 사회기여활동 일부는 3장에서 구체적으로 서술하였으나 비교를 위해 다시 간략히 함께 제시한다.

① **자원주의**(voluntarism): 자원주의는 강압이나 정부의 통제가 아닌 개인과 조직의 자발적인 행동이 사회 및 경제 발전에 필수적인 역할을 한다는 것을 강조하는 철학 또는 원칙이며, 사회적 맥락에서 자원주의는 지역사회나 자선활동에 대한 자발적인 참여를 우선시하며 사람들이 사회적 필요를 해결하기 위해 자신의 자유의지에 따라 행동해야 함에 초점을 두고 있다.

② **자원봉사주의**(혹은 자원봉사, volunteerism): 자원봉사주의는 자선단체, 비영리단체 또는 지역사회 기반 조직에서 재정적 보상을 기대하지 않고 다른 사람의 이익을 위해 시간, 기술 및 서비스를 자발적으로 제공하는 제반 실천을 뜻하는 것으로, 다른 사람을 돕고 무급 노력을 통해 사회복지에 기여하는 개인에 중점을 둔다.

③ **자발적 행동**(voluntary action): 자신의 의지나 선택에 의한 행위로서, 자발적 행동이 모두 자원봉사활동은 아니다. 구체적으로는 다른 사람을 돕거나 대의에 기여할 목적으로 개인이나 집단이 강압이나 의무 없이 시작하고 수행하는 행위로, 모두 개인적인 선택에 따라 이루어지며, 종종 이타주의, 시민적 책임 또는 사회적 조건을 개선하려는 욕구에 따라 결정된다.

④ **자원영역**(voluntary sector): 자원영역은 비영리 또는 제3부문이라고도 하는데, 이는 정부 및 기업으로부터 독립되어 있고, 사회, 자선 또는 지역사회 중심 임무를 수행하는 영역을 의미한다. 이 영역의 기관이나 조직은 주로 의료, 교육, 사회복지 등의 분야에서 공공재와 서비스를 제공하고 운영하기 위해 자원봉사자와 기부금에 크게 의존한다.

⑤ **자원봉사기관**(voluntary agency): 자원봉사기관은 다른 사람을 돕거나 사회적 공공의 이익 등 대의에 기여할 목적으로 개인이나 집단에 의해 조직되고, 민간 재원에 의해 주로 기금이 조성되며, 목적과 관련된 분야에 강압이나 의무 없이 행위 및 활동을 수행하거나 이를 지원하는 기능을 수행하는 기관을 의미한다. 정부 보조금 및 공공 기금을 받는다고 하더라도 민간에 의해 조직된 경우에는 자원봉사기관으로 분류된다. 자원봉사기관과 관련하여 우리나라에서 중요한 기구는 자원봉사센터로서 「자원봉사활동 기본법」 제19조에 따르면 국가기관 및 지방자치단체는 자원봉사센터를 설치할 수 있도록 규정하고 있고, 현재 특별시 · 광역시 · 도, 시군구에 운영 중이다. 특별시 · 광역시 · 도 자원봉사센터는 「자원봉사활동 기본법 시행령」 제15조에 ㉠ 특별시 · 광역시 · 도 지역의 기관 · 단체들과의 상시협력체계 구축, ㉡ 자원봉사 관리자 및 지도자의 교육훈련, ㉢ 자원봉사 프로그램의 개발 및 보급,

㉣ 자원봉사 조사 및 연구, ㉤ 자원봉사 정보자료실 운영, ㉥ 시 · 군 · 자치구 자원봉사센터 간의 정보 및 사업의 협력 · 조정 · 지원, ㉦ 그밖에 특별시 · 광역시 · 도 지역의 자원봉사 진흥에 기여할 수 있는 사업을 수행하도록 하고 있고, 시군구 자원봉사센터는 ㉠ 시 · 군 · 자치구 지역의 기관 · 단체들과의 상시협력체계 구축, ㉡ 자원봉사자의 모집 및 교육 · 홍보, ㉢ 자원봉사 수요기관 및 단체에 자원봉사자 배치, ㉣ 자원봉사 프로그램의 개발 · 보급 및 시범운영, ㉤ 자원봉사 관련 정보의 수집 및 제공, ㉥ 그밖에 시 · 군 · 자치구 지역의 자원봉사 진흥에 기여할 수 있는 사업 등을 수행하도록 규정하고 있다.

⑥ **자원봉사자협의회**(volunteer association): 자원봉사자협의회는 다른 사람을 돕거나 지역사회에 자원봉사를 제공하려는 공통의 목적과 관심을 바탕으로 함께 모인 회원들의 조직으로, 회원들은 서로 협력하고 활동을 조직하며, 협회는 종종 다양한 자선활동이나 다양한 목표 관련 사회활동을 위한 지원 네트워크로 운영된다. 「자원봉사활동 기본법」 제17조에 의하면 자원봉사단체는 전국 단위의 자원봉사활동을 진흥 · 촉진하기 위해 한국자원봉사협의회를 설립할 수 있도록 규정하고 있으며, 회원단체 간의 협력 및 사업 지원, 자원봉사활동의 진흥을 위한 대국민 홍보 및 국제교류, 자원봉사활동과 관련한 정책의 개발 및 조사 · 연구, 자원봉사활동과 관련된 정책의 건의, 자원봉사활동과 관련된 정보의 연계 및 지원의 활동을 하도록 정하고 있다.

⑦ **기부**(donation): 기부는 어려움에 처한 사람을 돕거나 사회적 공공선을 위한 목적 및 사명과 관련된 사업을 지원하기 위해 주로 자선단체나 비영리단체에 제공되는 현금, 상품, 서비스 등을 의미한다. 자선이나 대의를 목적으로 대가 없이 내놓는 것으로, 금전이 많지만 이외에도 음식, 의복과 같은 물품, 혈액, 장기 등도 있으며, 자선과 대의에 관련된 서비스가 모두 포함된다.

⑧ **시간은행**(time banking): 시간은행은 타인을 도운 봉사시간을 화폐 가치로 적립하여 필요 서비스를 해당 시간만큼 받을 수 있는 다자 간 교환 시스템이다. 참여자들이 시간을 화폐 단위로 사용하여 서비스와 기술을 교환하는 시스템으로 개인이 제공하는 매 시간의 근무에 대해 하나의 시간 크레디트(time credit)을 획득하고 시간은행 내에서 다른 사람으로부터 서비스를 받는 데 사용할 수 있다. 이 시스템은 상호성과 커뮤니티 구축을 강조하게 된다.

⑨ **푸드뱅크**(food bank): 푸드뱅크는 식품제조기업이나 유통기업, 개인이 만든 제품을

유효기간이 넘기 전에 필요한 수요자에게 전달하는 나눔 운동이다. 식품 저장실, 무료 급식소 및 기타 지역사회 기관과의 파트너십을 통해 기아나 식량 불안에 직면한 사람들에게 식품을 수집, 저장 및 배포하는 비영리 조직 또는 시설로 주로 개인, 소매업체, 식품제조업체의 기부에 의존한다.

⑩ **지역화폐 혹은 레츠**(Local Exchange & Trading System: LETS): 지역화폐는 돈(화폐)이 아닌 서비스나 기술을 지역 주민들이 '품앗이' 형태로 거래하는 나눔 활동으로, 주민이 서비스, 기술, 재활 등을 교환하는 네트워크를 구축한 후에 한 회원이 서비스나 기술을 다른 회원에게 제공하여 지역화폐를 받을 수 있고, 그것을 이용해서 다른 회원의 재능이나 서비스를 구입할 수 있게 하는 것이다. 소속 회원은 네트워크 내의 다른 사람에게 서비스나 상품을 제공하여 크레디트을 획득하고, 해당 크레디트을 다른 회원이 제공하는 서비스나 상품에 사용할 수 있다. 지역화폐는 지역 경제를 촉진하고 참여자 간의 상호 지원을 촉진한다.

⑪ **마이크로 크레디트**(micro credit): 마이크로 크레디트는 기존의 제도권 금융기관과의 이용 및 거래에 한계가 있는 저소득층을 대상으로 창업자금을 위한 보증이나 무담보 대출, 경영 및 마케팅 등을 지원해 주는 제도이다. 일반적으로 빈곤하거나 서비스가 부족한 지역사회에 거주하며, 전통적인 은행 시스템에 접근할 수 없는 개인에게 소액 대출을 제공하는 금융서비스로 운영된다. 마이크로 크레디트는 빈곤을 줄이고 경제발전을 촉진한다는 목표를 가지고 취약계층이 소규모 사업을 시작하거나 확장하도록 돕는 것을 목표로 하는 경우가 많다.

⑫ **전문 자원봉사활동**(professional volunteering activity): 전문 자원봉사활동은 개인이 자신의 전문 기술과 전문지식을 도움이 필요한 조직이나 지역사회를 돕기 위해 보상 없이 기부하는 자원봉사활동으로, 전문지식(예: 법률, 의료, 엔지니어링)을 활용하여 자선단체, 비영리단체 또는 지역사회 기반 조직에 효과적인 지원을 제공한다. 재능기부와 맥락을 같이한다. 이와 관련하여 프로보노(Pro Bono)가 있는데, 이는 전문가가 서비스를 제공받을 여유가 없는 사람들에게 서비스를 제공하기 위해 자발적으로 대가 없이 수행하는 전문적인 작업을 의미한다. 주로 법률, 의료, 컨설팅 분야에서 소외된 지역사회를 지원하는 일이 일반적이다.

⑬ **지역사회봉사**(community service): 개인이나 집단이 지역사회 내의 삶의 질을 향상시키기 위해 시간과 노력을 제공하는 자발적인 활동이다. 지역사회봉사는 청소와 같은 환경 정비, 취약한 이웃 돕기, 아동 및 청소년 보호 등 다양한 범위에서 이루어

지며 금전적 보상을 기대하지 않고 이루어진다.

⑭ **자선활동**(charitable action): 자선활동은 다른 사람을 돕거나 사회적 조건을 개선하기 위한 모든 이타적인 행위로, 일반적으로 시간, 돈 또는 서비스 기부를 통해 수행된다. 자선활동은 빈곤 구호, 교육, 의료 또는 환경 보존과 같은 목적을 지원하면서 도움이 필요한 사람들을 대상으로 하는 경우가 많은데, 자원봉사활동과 겹치는 경우가 많다. 자선활동은 자선적 행위에 더 중점을 둔 표현이다.

⑮ **공동선**(common good): 공동선은 공동체나 사회의 모든 구성원이 공유하는 혜택, 이익 또는 복지로서 개인과 집단이 번영하고 만족스러운 삶을 살아갈 수 있도록 하는 집단적인 사회적 · 경제적 · 환경적 조건을 나타내기도 한다. 이는 개인의 이익을 우선시하기보다는 전체 공동체의 복지를 위해 일하는 개인과 기관 모두의 협력, 상호 이익, 책임을 강조하는데, 공동선의 예로는 깨끗한 공기, 공교육, 의료, 인프라, 안전하고 정의로운 사회와 같은 공공재 및 서비스가 있다. 공동선은 많은 경우에 자원봉사활동의 목적이기도 하다.

⑯ **시민권**(citizenship): 시민권은 권리, 책임, 정체성을 수반하는 특정 국가 회원의 법적 지위이다. 이에는 투표, 공직 유지, 해외 채류 시 보호 등 국가 구성원에 대한 고유한 권리가 포함되며, 출생, 혈통, 귀화 또는 기타 법적 절차를 통해 취득한다. 아울러 법률 준수, 세금 납부, 공적 봉사, 군 복무 등의 의무도 동반된다. 자원봉사활동이 시민권을 의미하는 것은 아니지만, 시민권은 자원봉사활동의 발로이자 동기와 관련이 크다.

⑰ **사회적 책임**(social responsibility): 사회적 책임은 사회 전반의 이익을 위해 행동해야 하는 개인, 기업, 조직의 윤리적 의무이다. 사회적 책임에는 지속가능성 노력, 윤리적 노동 관행, 자선활동 등 긍정적인 사회적 · 환경적 · 경제적 결과를 촉진하는 조치를 취하는 것이 포함된다. 모든 자원봉사활동이 사회적 책임과 관련이 있는 것은 아니나 자원봉사활동의 동기나 취지와 깊은 관련을 맺고 있다.

⑱ **나눔**: 2012년에 입법 예고된 「나눔기본법(안)」에 따르면, 나눔은 인간의 복지 향상과 공공복리의 증진을 위하여 자발적으로 물적 · 인적 요소의 이전 및 기타 공공의 복리에 도움이 되는 행위를 말한다. 나눔에는 물적나눔, 인적나눔, 생명나눔이 있는데, 물적나눔은 금전 또는 물품 등 환가성 있는 일정한 유형의 이전 및 기타 공공의 복리에 도움이 되는 행위이고, 인적나눔은 나눔 주체의 전문적 또는 비전문적인 지식과 기술 등의 사용 및 기타 공공의 복리에 도움이 되는 행위이며, 생명나

눔은 타인의 건강 증진 및 생명 연장을 위하여 신체의 전부 또는 일부의 제공 및 기타 공공의 복리에 도움이 되는 행위를 의미한다. 나눔은 자원봉사, 기부, 헌혈 등 생명나눔 등의 여러 영역을 포괄하는 강점이 있다.

3) 자원봉사활동의 유형

자원봉사활동의 유형은 매우 다양하게 운영되고 있으며, 자원봉사활동과 비자원봉사활동 간의 모호한 경계에 있는 경우도 다수 있다. 자원봉사활동에 중요한 법인 「자원봉사활동 기본법」 제7조에서는 자원봉사활동의 범위로서 총 15개 유형을 다음과 같이 제시하고 있다.

① 사회복지 및 보건 증진에 관한 활동
② 지역사회 개발 · 발전에 관한 활동
③ 환경보전 및 자연보호에 관한 활동
④ 사회적 취약계층의 권익 증진 및 청소년의 육성 · 보호에 관한 활동
⑤ 교육 및 상담에 관한 활동
⑥ 인권 옹호 및 평화 구현에 관한 활동
⑦ 범죄 예방 및 선도에 관한 활동
⑧ 교통질서 및 기초질서 계도에 관한 활동
⑨ 재난 관리 및 재해 구호에 관한 활동
⑩ 문화 · 관광 · 예술 및 체육 진흥에 관한 활동
⑪ 부패 방지 및 소비자 보호에 관한 활동
⑫ 공명선거에 관한 활동
⑬ 국제협력 및 국외봉사활동
⑭ 공공행정 분야의 사무 지원에 관한 활동
⑮ 그 밖에 공익사업의 수행 또는 주민복리의 증진에 필요한 활동

우리나라 자원봉사활동의 조사에서는 생활편의, 주거환경, 상담, 교육, 보건의료, 농어촌, 문화행사, 환경보호, 행정 보조, 안전방범, 인권 · 공익 재해 · 재난 · 응급, 국제협력으로 나누어 실시하고 있어서 「자원봉사활동 기본법」과 다소 차이가 있다. 2021년의 '나눔실태조사'(고경환 외, 2022)에 따르면, 우리나라 자원봉사활동은 안전방범 19.8%,

생활편의 19.4%, 환경보호 7.6%, 행정 보조 7.1%, 교육과 문화행사가 각각 5.6%이며, 기타도 21.5%로 특정 분야에 집중됨이 없이 매우 다양하게 추진되고 있음을 알 수 있다.

정부부처와 관련해서 보면 2021년 기준 행정안전부(1365)에 활동하는 자원봉사자는 1,863,141명이고, 보건복지부(VMS)에 활동하는 자원봉사자는 477,699명이며, 등록 대비 활동하는 자원봉사의 비율은 행정안전부 12.7%, 보건복지부 5.3%이다.

전통적인 자원봉사활동부터 최근 내용까지 모두 포괄하는 자원봉사활동의 주요 유형을 소개하면 다음과 같다.

① **지역사회 자원봉사**(community volunteer work): 지역사회 자원봉사는 지역사회 내의 비영리기관, 정부기관 등에서 지역사회 개선, 삶의 질 개선 등을 중심으로 이루어진다.

② **사회봉사**(social volunteering) **및 사회복지봉사**(welfare volunteering): 병원, 학교, 박물관, 사회복지기관 등 사회 일반의 자원봉사와 사회복지 분야 중심의 자원봉사이다.

③ **환경 자원봉사**(environmental volunteering): 환경 자원봉사는 환경 관리 또는 보존에 기여하는 자원봉사를 말하며, 환경 모니터링, 재생 식생 및 잡초 제거와 같은 생태적 복원, 멸종위기에 처한 동물보호, 자연환경 보존 및 지원, 관련 교육 등 다양한 활동을 수행한다.

④ **비상 상황 자원봉사**(volunteering in an emergency): 비상 상황 자원봉사는 쓰나미, 홍수, 가뭄, 허리케인, 지진과 같은 자연재해 및 재해 이후의 복구 노력에서 중요한 역할을 수행한다. 국내외적으로 자연재해, 사회적 재난 등에서 대표적으로 이루어진다.

⑤ **학교 자원봉사**(volunteering in schools): 학교 자원봉사는 국내외적으로 학교, 교육과 관련된 자원봉사활동이다.

⑥ **봉사학습 프로그램 내 자원봉사**(volunteering as utilized by service learning programs): 봉사학습 프로그램에서 활용되는 자원봉사는 학생들의 교육과정에서 이루어지며, 지역사회 봉사를 할 수 있도록 교육을 통해 지원한다.

⑦ **기술 기반 자원봉사**(skills-based volunteering): 기술 기반 자원봉사는 이웃돕기나 사회 공공선을 위해 전문 기술과 재능을 활용하여 이들이 사명을 성공적으로 달성할

수 있는 역량을 구축하고 유지하도록 돕는 활동이다.

⑧ **의료 자원봉사**(medical volunteering): 취약한 상황에 있는 환자들의 의료서비스 및 부대 서비스 제공과 관련된 자원봉사이다. 국외 의료 취약 지역의 관련 자원봉사도 포함된다.

⑨ **기업 자원봉사**(corporate volunteering): 기업 자원봉사는 기업을 기반으로 이루어지는 모든 자원봉사를 의미하는 것으로, 기업 임직원 및 사원, 노조 등을 중심으로 수행된다. 영국이나 서구에서는 기업 내 유급 자원봉사가 다수 진행되고 있는데, 이를 통해 기업의 사회적 책임이 강조되고, 관련 기업에 대한 국가적 장려가 활발하게 진행되기도 한다.

⑩ **스포츠 이벤트 자원봉사**(volunteering at major sporting events): 스포츠 이벤트 자원봉사는 올림픽, 월드컵, 아시안게임, 전국체전 등 주요 메가 스포츠 행사에서 이루지는 자원봉사를 의미한다.

⑪ **가상 자원봉사**(virtual volunteering): e-자원봉사 또는 온라인 자원봉사라고도 불리는 가상 자원봉사는 인터넷과 가정, 학교, 텔레센터 또는 직장 컴퓨터 또는 PDA 또는 스마트폰과 같은 다른 인터넷 연결 장치를 사용하여 업무를 수행하는 것으로, 급여를 받지 않는 점을 제외한다면 관련 내용과 동일 업무를 수행한다.

⑫ **마이크로 자원봉사**(micro-volunteering): 마이크로 자원봉사는 인터넷에 연결된 기기를 통해 수행되는 작업을 수행하는데, 선별과 관련된 교육 기간이 필요 없다는 점에서 가상 자원봉사와 차이가 있다.

4) 자원봉사활동의 원칙과 특성

(1) 자원봉사활동의 원칙

우리나라의 「자원봉사활동 기본법」에서는 자원봉사활동의 기본원칙으로 무보수성, 자발성, 공익성, 비영리성, 비정파성(非政派性), 비종파성(非宗派性)을 제시하고 있다.

① **무보수성**: 자원봉사활동 및 시간 제공과 관련하여 어떠한 보수를 받지 않는다는 것이다. 세계 주요 국가의 자원봉사활동의 정의에서 강조되고 있는 것으로서 특히 금전과 같은 경제적 보상에 대해서는 우리나라에서 매우 경계하고 있다. 하지만 자원봉사활동 수행에 필요한 최소한의 경비 및 수당에 대해서는 지급이 필요하다는 입장도 적극 개진되고 있다. 자원봉사활동의 원래 목적이나 취지를 저해하지

않는다면 교통비, 식사비 등 최소한의 실비 지원이 자원봉사활동을 더욱 촉진시킬 수 있을 것이다.

② **자발성**: 타인이나 국가의 강요와 억압에 의한 것이 아니라 자발적으로 다른 사람을 돕거나 공동선을 위한 활동을 자신의 의지로 하려는 것을 의미한다. 자원봉사의 어원이 자유의지와 자발성에 기초하고 있을 정도로 자발성은 매우 중요한 원칙이다. 자원봉사활동을 활성화하기 위해서는 자원봉사자의 자발적 동기의 조직화가 매우 중요하다. 법과 제도도 자발성을 침해하지 않고 자유로운 동기의 촉진에 역점을 두는 것도 자원봉사의 기본원칙을 존중하는 것이라고 하겠다.

③ **공익성**: 자원봉사활동이 공익적 목적과 가치를 목적으로 하고 지향해야 한다는 것으로, 사적인 목적 추구가 아니어야 한다는 점이다. 공익성의 범위도 매우 넓으며, 사회 공동선은 그중 가장 광범위한 개념이기도 하지만 좋은 사회를 유지하는데 중요한 개념이기도 하다. 특히 최근의 사회기여활동의 확대 추세를 보면 특히 공익성이나 사회 공동선이 그 저변에 놓여 핵심적 요소로 작용하고 있다.

④ **비영리성**: 자원봉사활동이 기업 및 시장의 이윤과 이익 추구가 아니라 비영리적 활동이 되어야 한다는 것으로, 이러한 원칙 때문에 자원봉사의 모든 관련 기관과 참여자, 운영의 모든 과정이 비영리적으로 추진된다.

⑤ **비정파성**: 협의의 의미에서는 특정한 정당과 정파에 독립적이어야 한다는 것이고, 광의의 의미에서는 정치적으로 중립과 탈정치적 입장의 견지를 강조하는 것이다.

⑥ **비종파성**: 특정한 종교의 영향 및 이해로부터 독립적이어야 함을 강조하는 것이다. 하지만 현실적으로 다수의 종교기관에서 자원봉사와 공익적 활동을 하고 있어서 어느 범위까지 비종파성의 원칙을 준수하는 것인지 판단하는 일은 실제 용이하지 않다. 직접적 포교와 종교생활의 강요나 압박이 아니고 종교적 영향력의 행사가 목적이 아니라면 수용될 수 있다. 실제 독일의 경우에 최대 비영리 복지법인은 '카리타스(Caritas)'와 '디아코니아(Diakonia)'라는 종교법인으로, 이들은 포교가 일차 목적이 아니라 종교의 사랑 실천과 봉사의 가치가 우선적이다.

「자원봉사활동 기본법」은 앞과 같은 원칙 외에도 ㉠ 자원봉사활동은 국민의 협동적인 참여 능력을 높일 수 있는 방향으로 추진, ㉡ 모든 국민은 나이, 성별, 장애, 지역, 학력 등 사회적 배경과 관계없이 누구든지 자원봉사활동에 참여할 수 있도록 추진, ㉢ 자원봉사활동의 진흥을 위한 정책의 민·관 협력의 기본 정신을 바탕으로 추진 등의 기본방향을 함께 제시하고 있다.

우리나라의 자원봉사활동 기본원칙은 자원봉사의 기준 및 가치를 지키고 자원봉사의 순수성을 견지하는 데 중요한 기여를 하였다. 하지만 과도한 원칙의 강조가 오히려 다양한 자원봉사활동의 확대 및 활성화에 어려움을 초래할 수 있고, 새로운 사회적 기여 활동의 확장에 장애요인으로 작용할 수 있다. 먼저 무보수성과 관련하여 현재도 자원봉사에 다양한 인센티브를 제공하고 있으며, 인센티브의 확장이 자원봉사활동에 많은 기여를 할 수 있으나, 우리나라에서 특히 엄격한 기준의 적용은 확장에 어려움을 초래하는 실정이다. 미국의 경우에는 자원봉사나 공익활동 수행에 대해 대상자 요청 시 대학 교육비 지원 등 다양한 인센티브가 제공되고 있으며, 국가별로 넓은 의미의 다양한 사회적 보상이 주어지기도 한다. 공익성 역시 새로운 인식 전환이 요구된다. 공익성에 대해 좁은 개념의 접근은 우리나라뿐 아니라 세계 주요 국가에서도 진행되고 있는 시간은행에서의 주 활동인 개인과 개인 간의 용역의 제공을 통한 상호 간의 활동을 자원봉사활동의 영역 밖으로 밀어내는 결과를 초래할 수도 있다. 시간 크레디트을 통한 지역경제 내에서의 선순환과 활성화 기능을 생각한다면 제한된 공익성이 아니라 사회적 기여라는 넓은 의미로 개념의 확장이 필요하다. 엄격한 비영리성 원칙의 적용 역시 다양한 사회기여활동을 제한할 수 있다. 예를 들면, 착한 소비, '돈쭐내기', '미닝아웃(meaning out)' 등 공공적 선을 행한 기업에 대한 소비자들의 지원 행동을 제한할 수도 있다.

(2) 자원봉사활동의 특성

앞에서 제시된 자원봉사활동의 주요 원칙들도 자원봉사활동의 특성의 주요 내용이라고 할 수 있다. 하지만 다음에서는 앞에 제시된 자원봉사활동의 원칙 외에 다음과 같은 별도의 주요한 특성을 제시하고자 한다.

① **이타성**(altruism): 이타주의는 다른 사람의 행복에 대한 이타적인 관심 및 실천을 내포하고 있다. 자원봉사는 대가를 기대하지 않고 친절한 행동을 하는 것을 특징으로 하고 있어서 이타주의적 요소가 매우 강하다. 자원봉사자는 순전히 다른 사람의 삶을 개선하려는 열망에 따라 사회 문제 해결, 취약계층 돕거나 공익을 위한 기여를 목표로 하는 활동에 참여하는 경우가 많다.

② **자아실현성**(self-actualization): 자아실현은 자신의 완전한 잠재력과 개인적 성장을 실현하는 것을 말하며, 종종 에이브러햄 매슬로(Abraham H. Maslow)의 욕구 계층 구조의 정점으로 간주될 정도로 고차적인 욕구이다. 자원봉사자들은 본인의 활동을 통해 삶의 목적, 의미 또는 성취감을 발견하거나 향상시키는 경우가 많다. 사람

들은 자원봉사를 통해 개인은 자신의 가치를 표현하고, 도전하며, 개인적으로 성장할 수 있고, 이는 종종 더 깊은 만족과 성취로 이어지는 경우가 많다.

③ **교육성**(education): 교육이란 학습과 지식의 공유를 의미한다. 자원봉사활동은 자원봉사자와 지역사회 모두를 위한 비공식 교육 플랫폼 역할을 한다. 자원봉사자는 읽고 쓰는 능력을 가르치고, 개인교습을 제공하며, 직업 기술을 공유하는 동시에 자신이 봉사하는 지역사회에서 배울 수도 있어서 상호 교육적 성과를 발생시킨다. 자원봉사는 교육자와 학습자 모두를 풍요롭게 하는 양방향 교환이다.

④ **시민성**(citizenship): 시민성은 지역사회나 사회의 책임감 있고 활동적인 구성원이 되는 것을 의미하는데, 자원봉사는 사회 개선에 기여해야 하는 시민적 의무나 책임감으로 표출된다. 사회에 대한 시민적 책임으로 자원봉사활동을 하기도 하지만 자원봉사활동을 통해 시민성이 육성되기도 한다. 국가와 시장은 각자의 주체를 갖고 있지만, 자원봉사활동은 시민이 주체가 되며 시민사회를 튼튼하게 확장시키는 힘으로 발현된다.

⑤ **민주성**(democracy): 민주주의는 국민이 의사결정에 발언권을 갖고 참여하는 거버넌스 시스템이다. 민주주의는 국민에 의한 지배이기도 하지만 국민의 것이자 국민을 위한 것이기도 하다. 자원봉사는 사회 문제에 대한 적극적인 참여, 협력 및 포용성을 촉진함으로써 민주적 가치를 강화하는 데 도움이 된다. 자원봉사자는 옹호, 유권자 등록 운동 및 소외된 지역사회에 힘을 실어 주는 기타 활동에 참여하여 민주적 절차에서 그들의 목소리가 전달되도록 한다.

⑥ **역량성**(competency): 역량이란 업무나 역할을 효과적으로 수행하는 개인의 능력으로, 개인과 사회의 발전에 핵심적 요소이다. 자원봉사자는 리더십, 프로젝트 관리 또는 기술 및 전문지식과 같은 특정 기술에 대한 역량을 얻거나 입증하기 위한 활동에 참여할 수 있다. 자원봉사는 의미 있는 기여를 하면서 개인적·직업적 기술을 연습하고 다듬고 향상시킬 수 있는 기회를 제공하게 된다.

⑦ **복지성**(welfare): 복지는 개인 및 지역사회의 복지와 삶의 질을 포함한다. 대부분의 자원봉사활동은 사회적 불평등을 해결하고 소외계층에게 서비스를 제공하거나 공중보건 계획을 지원함으로써 타인의 복지를 개선하는 데 중점을 둔다. 자원봉사자는 도움이 필요한 사람들에게 음식, 쉼터, 의료 및 정서적 지원을 제공하는 프로그램을 통해 사회복지에 기여한다.

2. 자원봉사의 의의와 효과

1) 자원봉사의 의의

(1) 국가 및 사회적 측면

① **국가 및 사회의 문제 해결과 발전 도모**: 자원봉사는 국가와 현대사회가 직면한 다양한 사회 문제를 해결하고 다양한 욕구를 해소할 수 있다.

② **국가 및 사회의 정체성, 자긍심 함양**: 자원봉사는 국가적 자부심과 정체성을 키우는 데 중요한 도움이 된다. 환경보존, 문화 보존, 재난 구호와 관련된 활동에 자원봉사를 하는 사람들은 자신의 일이 국가 발전에 기여한다고 생각하는 경우가 많아 국가 역량이 향상된다. 국가 봉사 프로그램은 공유된 목적의식과 소속감을 강화하여 국민적 정체성과 자긍심을 높이게 된다.

③ **글로벌 시민의식 함양 및 국제사회 기여**: 글로벌화된 현재 세상에서 자원봉사는 국경을 넘어 확장되고 있다. 재난 구호, 의료, 교육 등의 분야에서의 국제 자원봉사활동은 문화 간 이해와 글로벌 연대를 촉진하고 전 세계 국가와 지역사회 간의 관계를 강화하는 데 크게 기여한다.

④ **지역사회 공동체 강화**: 자원봉사자는 특히 자원이 부족한 지역에서 공공 시스템의 공백을 메우는 서비스를 제공한다. 교육, 의료, 재해 구호, 지역사회 구축 프로젝트 등 어떤 분야에서든 자원봉사자는 지역의 필요 사항을 해결하여 지역사회 공동체를 향상시킨다. 이를 통해 연대감과 사회적 결속력을 키우며, 이는 보다 포용적인 사회를 만드는 데 중요한 역할을 한다.

⑤ **공공서비스의 지원**: 재난 대응, 의료, 교육 등 많은 필수 공공서비스가 자원봉사자들의 노력으로 강화되는데, 예를 들면 위기 상황에서는 자원봉사 네트워크가 정부 기관보다 더 빠르게 동원되어 즉각적인 구호와 지원을 제공하는 경우가 많다. 그들의 작업은 공공 인프라에 대한 부담을 완화하는 데 기여한다.

⑥ **격차 완화로 사회적 평등의 증진**: 자원봉사는 다양한 배경을 가진 개인들이 공통의 목표를 향해 함께 일할 수 있는 기회를 제공함으로써 사회적 평등을 촉진한다. 이는 소외된 그룹이 교육, 의료, 법적 지원 등 부족할 수 있는 서비스와 자원에 접근할 수 있도록 하여 격차를 줄이는 데 도움이 된다.

(2) 사회복지적 측면

① **삶의 질 향상**: 다양한 사회복지활동을 통해 자원봉사자들은 소외계층의 전반적인 삶의 질을 향상시킨다. 그들은 노인들에게 동료애를 제공하고, 어려움을 겪고 있는 학생들을 지도하며, 아픈 사람들을 위한 의료 지원을 돕고, 위기에 처한 사람들에게 정서적 지원을 제공한다. 다양한 기부는 물질적 필요를 해결할 뿐만 아니라 수혜자의 정신적·정서적 안녕을 향상시키게 된다.

② **사회적 포용과 형평성 증진**: 자원봉사는 주류사회복지 시스템에서 소외될 수 있는 소외계층에 접근함으로써 포용성을 촉진한다. 자원봉사자는 장애인 및 노인, 빈곤계층, 다문화가족, 난민, 소외된 지역사회와 협력하여 사회적 장벽을 허물고 형평성을 높이는 데 도움을 준다. 그들의 노력은 모든 사람이 필수 서비스에 접근할 수 있도록 보장함으로써 불평등을 줄이는 데 기여하게 된다.

③ **사회안전망 강화**: 자원봉사자는 공식적인 사회복지 안전망의 비공식적 확장 역할을 담당한다. 배고픈 사람들에게 식사를 제공하든, 사람들이 복잡한 정부 시스템을 탐색하도록 돕든 그들은 다른 방법으로는 이용할 수 없거나 접근하기 어려운 중요한 지원을 제공한다. 특히 경제적 어려움, 자연재해 또는 공중보건 위기 상황에서 개인이 복지 시스템의 균열로 인해 추락하는 것을 방지하는 데 도움이 된다.

④ **사회복지 공백 메우기**: 공공 중심의 사회복지 프로그램은 법적 요건이나 자격 사항 중심으로 운영되고, 자금이 부족하거나 대상자가 많아 모든 개인의 필요를 모두 충족할 수 없는 경우가 많다. 자원봉사자들은 빈곤하거나 사각지대 중심으로 이러한 서비스를 지원하여 더 많은 사람이 음식, 보호소, 의료, 교육과 같은 중요한 자원에 접근할 수 있도록 보장한다. 이러한 추가 지원은 노인, 장애인, 노숙자, 저소득층 가족과 같은 취약계층에게 매우 긴요하게 전달된다.

⑤ **지역공동체 강화**: 자원봉사는 지역사회 내 역량을 강화하여 사람들이 자신의 복지를 스스로 관리할 수 있도록 돕는다. 자원봉사자는 종종 지역사회의 리더 역할을 하면서 자원을 조직하고 변화를 옹호하고 개인이 스스로 일어설 수 있도록 힘을 북돋아 준다. 집단적 책임의 정신을 함양함으로써 지역사회가 사회복지 문제에 대한 지속 가능한 해결책을 강구하며 노력하도록 다양한 방법으로 지원한다.

⑥ **새로운 사회적 요구 해결**: 자원봉사자는 난민, 자연재해 피해자, 공중보건 비상 사태 등 새로운 사회 문제에 가장 먼저 대응하는 경우가 많다. 그들은 즉각적이고 장기적인 지원을 제공하기 위해 신속하게 동원하고 적응할 수 있으며, 지연되거나 범위

가 제한될 수 있는 정부 또는 NGO 대응을 보완하거나 심지어 보상할 수도 있다.

⑦ **상호 원조와 연대 장려:** 자원봉사는 개인과 그룹이 필요할 때 서로를 지원하는 상호 지원의 원칙을 강화한다. 이러한 나눔과 연대의 집단정신은 사회적 유대를 강화하고, 지원 네트워크를 형성하며, 사회복지가 공동 책임이라는 생각을 강화하게 된다. 이러한 상호 지원은 공식적 사회서비스에 대한 부담을 줄여 사회의 회복력을 높이는 데 도움이 된다.

⑧ **사회 혁신 추진:** 자원봉사자들은 종종 사회복지 문제에 대한 신선한 아이디어와 접근 방식을 제시한다. 지역사회에 직접 참여함으로써 충족되지 않은 요구 사항을 파악하고 혁신적인 해결 방안을 제안할 수 있다. 노인과 1인가구 등을 위한 '공동밥상' 등 함께 식사하기, 쓰레기 줍기 등의 플로깅(polgging), 동년배 상담 서비스 제공 등 성공적인 사회 프로그램 중 상당수는 자원봉사활동을 통해 탄생하였다. 이러한 혁신은 공식적인 사회복지 체계의 개혁을 불러일으킬 수 있다.

(3) 자원봉사자 활용 기관의 측면

① **조직의 역량 확대:** 자원봉사자는 조직, 특히 비영리단체와 자선단체가 활동 범위를 확장하고 서비스 제공 능력을 높일 수 있도록 해 준다. 무급 노동을 제공함으로써 자원봉사자는 조직이 제한된 재정 및 인적 자원으로 더 많은 성과를 달성할 수 있도록 지원하게 된다. 이러한 확장된 용량은 예산 제약에 직면한 비영리단체에 특히 중요하게 작용한다.

② **비용 절감:** 자원봉사자 활용의 가장 직접적인 이점 중 하나는 운영비 절감이다. 자원봉사자는 보상 없이 자신의 시간과 기술을 제공하므로 조직은 재정 자원을 서비스 제공, 프로그램 개발 또는 인프라와 같은 다른 중요한 영역에 할당할 수 있다. 이러한 비용 절감 측면은 프로그램의 지속가능성과 중단 사이의 차이가 될 수 있다.

③ **전문적인 기술과 전문성:** 자원봉사자는 종종 획득하는 데 비용이 많이 드는 귀중한 기술과 전문지식을 조직에 접목한다. 의료, 교육, 법률, 마케팅, 기술 등 다양한 분야의 전문가들이 자발적으로 서비스를 제공하여 전문적인 업무를 수행하거나 새로운 이니셔티브를 시작하는 조직의 능력을 향상시킨다. 이러한 인재 투입은 조직 업무의 전반적인 품질을 높일 수 있다.

④ **서비스 품질 향상:** 추가 인력을 활용하면 조직은 보다 개인화되고 포괄적인 서비스를 제공할 수 있다. 예를 들어, 병원이나 요양 시설의 자원봉사자는 환자에게 정서

적 지원과 동료애를 제공할 수 있으며, 교육 프로그램에서는 유급 직원이 제공할 시간이 없는 일대일 개인 교습을 제공할 수 있다. 이는 전반적인 서비스 품질을 향상시켜서 서비스를 받는 지역사회에 더 나은 결과를 가져올 것이다.

⑤ **혁신과 새로운 관점의 육성:** 자원봉사자는 조직에 신선한 관점과 창의적인 아이디어를 제공하는 경우가 많다. 자원봉사자들은 다양한 배경을 갖고 있고, 조직의 규범에 덜 뿌리박혀 있기 때문에 도전 과제에 대한 혁신적인 해법을 제공한다. 이러한 새로운 아이디어의 유입은 조직이 특히 빠르게 변화하는 사회, 경제 또는 환경에서 역동적이고 적응력을 유지하는 데 도움이 된다.

⑥ **사기 및 조직 문화 증진:** 열정적이고 헌신적인 자원봉사자의 존재는 유급 직원과 다른 자원봉사자 모두의 사기에 긍정적인 영향을 미치게 된다. 조직의 사명에 대한 그들의 열정과 헌신은 종종 다른 사람들에게 영감을 주고 봉사, 협업, 목적 공유의 문화를 조성한다. 이러한 자원봉사 정신은 업무 환경을 개선하여 관련된 모든 사람에게 동기를 부여하고 성취감을 더해 준다.

⑦ **조직의 신뢰성 강화:** 자원봉사자를 성공적으로 동원하고 참여시키는 조직은 대중, 기부자 및 이해관계자의 눈에 신뢰를 얻는 경우가 많다. 강력한 자원봉사 기반은 조직의 사명에 대한 지역사회의 신뢰와 지원을 나타내어 잠재적 재정 및 자원 제공자에게 더 매력적으로 작용할 것이다. 이러한 신뢰성은 기부, 보조금 및 파트너십 증가로 이어질 수 있다.

⑧ **지속가능성과 연속성:** 자원봉사자는 조직의 프로그램과 계획의 장기적인 지속가능성을 보장하는 데 중요한 역할을 한다. 많은 조직은 일상적인 운영, 특히 재해 구호, 교육, 지역사회 내의 봉사활동과 같은 분야에서 자원봉사자에게 크게 의존한다. 대규모 자원봉사자 네트워크에 참여시킴으로써 조직은 재정적으로 불확실하거나 직원 이직 기간에도 지속적인 서비스 제공을 유지할 수 있다.

⑨ **리더십 개발 및 향후 인력 배치:** 자원봉사는 미래의 리더와 직원을 위한 훈련의 장 역할을 하는 경우가 많다. 많은 자원봉사자가 자신의 경험을 조직 안이나 유사한 분야에서 정규직으로 승진하는 디딤돌로 삼는다. 조직은 기회가 생길 때 유급 역할을 맡을 준비가 되어 있는 잘 훈련되고 임무에 부합한 후보자 풀을 보유함으로써 이러한 배열의 이점을 누릴 수 있다. 또한 자원봉사 프로그램은 리더십 기술, 팀워크, 참여자 간의 문제해결력을 키우고 강력한 내부 리더십 파이프라인을 구축하는 데 도움이 된다.

⑩ **자원봉사 유지 및 참여 개선**: 자원봉사자에 의존하는 조직의 경우에는 자원봉사자를 효과적으로 관리하고 참여시키는 것이 장기적인 성공의 열쇠이다. 가치 있고, 지원을 받으며, 조직의 사명에 부합하다고 느끼는 자원봉사자는 계속 헌신할 가능성이 더 높다. 높은 유지율로 인해 지속적인 채용 및 교육의 필요성이 줄어들어 조직은 안정적이고 경험이 풍부한 자원봉사 인력을 유지할 수 있다.

⑪ **자금 조달 및 파트너십 유치**: 적극적이고 참여도가 높은 자원봉사 프로그램을 갖춘 조직은 자금과 파트너십을 유치할 가능성이 더 높다. 기부자와 기업 후원자는 자원봉사를 통해 강력한 지역사회 참여를 보여 주는 조직을 호의적으로 보는 경우가 많다. 또한 많은 자금 지원 기관은 자원봉사 참여를 효과적인 자원 동원의 신호로 간주하여 보조금 신청 시 조직의 경쟁력을 높이게 된다.

(4) 자원봉사자 개인적 측면

① **개인적 성취와 목적**: 자원봉사는 강한 성취감과 목적의식을 제공한다. 많은 사람이 자원봉사를 통해 환경보호, 취약계층 지원, 교육 증진 등 자신이 깊이 관심을 갖고 있는 일에 기여할 수 있기 때문에 동기를 부여 받는다. 다른 사람들의 삶에 실질적인 변화를 가져오는 행위는 자원봉사자들에게 깊은 목적의식을 심어 주고 자신의 삶을 풍요롭게 할 수 있다.

② **기술 개발 및 학습 기회**: 자원봉사자들은 경험을 통해 새로운 기술과 지식을 습득하는 경우가 많다. 자원봉사활동의 성격에 따라 개인은 의료, 교육, 이벤트 관리 또는 재난 대응과 같은 분야에서 리더십 능력, 팀워크, 문제 해결, 의사소통 기술 및 기술 전문지식을 개발할 수 있다. 이러한 기술은 개인의 성장을 향상시킬 뿐만 아니라 경력 개발에도 유용할 수 있다.

③ **사회적 연결과 네트워크 구축**: 자원봉사는 새로운 사람들을 만나고 의미 있는 관계를 형성할 수 있는 기회를 제공한다. 동료 자원봉사자들과 협력하거나 그들이 봉사하는 지역사회와의 상호작용을 통해 개인은 평생 지속될 수 있는 관계를 구축한다. 이러한 사회적 연결은 소속감에 기여하고 정서적 웰빙을 향상시키며 고립감을 줄일 수 있는 지원 네트워크를 조성할 수 있다.

④ **정신적 · 정서적 웰빙 개선**: 자원봉사는 수많은 정신건강상의 이점이 많다. 주요 연구에 따르면 자원봉사를 하는 사람들은 종종 더 높은 수준의 행복, 만족도 및 전반적인 웰빙을 누리는 것으로 나타났다. 다른 사람을 돕는 행위는 자존감을 높이고 스

트레스를 줄이며 우울증이나 불안감을 극복할 수 있다. 다른 사람의 필요 사항에 초점을 맞춤으로써 자원봉사자는 관점을 얻고 자신의 삶에 대해 더 낙관적인 느낌을 가질 수 있다.

⑤ **공감과 연민의 증가**: 자원봉사는 개인을 다양한 경험과 도전에 노출시키며, 종종 이전에 고려하지 않았던 방식으로 다른 사람들의 어려움을 이해하도록 돕는다. 이는 개인 관계를 강화하고 개인 성장에 기여하는 자질인 공감과 연민의 증가로 이어지며 사회 문제와 불의에 더 잘 적응하게 되어 사회적으로 높은 가치와 관점을 형성하게 된다.

⑥ **성취감 획득**: 어린이의 독서 능력 향상을 돕거나, 지역 공원을 청소하거나, 도움이 필요한 사람들에게 음식을 나눠 주는 등 자원봉사활동을 통해 의미 있는 결과를 얻는 것은 자원봉사자에게 강한 성취감을 제공한다. 이러한 성취감은 자신감을 높이고 자신의 노력을 입증하여 인생의 새로운 도전에 대처할 수 있는 능력과 힘을 느끼게 해 준다.

⑦ **경력 발전의 기회**: 자원봉사는 이력서를 향상시키고 실제 경험을 제공함으로써 직접적인 경력상의 이점을 제공할 수 있다. 많은 고용주는 자원봉사활동이 주도성, 리더십, 헌신, 팀워크에 참여하려는 의지를 보여 주기 때문에 가치 있게 여긴다. 학생이나 직업 변경을 고려하는 사람들에게 관련 분야의 자원봉사는 실무 경험을 제공하고 전문 네트워크를 확장하며 잠재적으로 취업 기회로 이어질 수 있다.

⑧ **개인적 성장과 자기 발견**: 자원봉사를 통해 개인은 자신의 강점, 가치, 열정, 한계 등 자신에 대해 더 많이 알게 된다. 다양한 유형의 자원봉사활동에 참여하면 새로운 관심사나 숨어 있는 재능이 드러날 수 있으며 개인을 익숙한 영역에서 벗어나 개인적 성장을 촉진할 수 있다. 이러한 자기 발견 과정은 종종 더 큰 자기 인식과 자신감으로 이어질 수 있다.

⑨ **신체 건강상의 이점 발생**: 특히 지역사회 청소, 건축 프로젝트, 건강 캠페인 등 적극적인 역할을 수행하는 자원봉사는 신체 건강에 도움이 될 수 있다. 자원봉사자는 신체 건강이 더 좋아지고 혈압이 낮아지며 만성 통증이 감소하는 경우가 많다. 자원봉사를 통해 조성되는 정신적·정서적 웰빙과 결합된 신체활동은 전반적으로 더 건강한 생활 방식에 기여한다.

⑩ **감사와 겸손을 심어 주기**: 서비스가 부족한 사람들과 함께 일하거나 다른 사람들의 어려움을 목격함으로써 자원봉사자들은 종종 자신의 상황에 대해 더 큰 감사의

마음을 갖게 된다. 이러한 깨달음은 겸손과 삶에 대한 좀 더 근거 있는 관점을 키워 주고, 그들이 가질 수 있는 특권에 대해 감사하는 마음가짐을 갖도록 격려할 수 있다.

⑪ **사회에 유산 남기기**: 자원봉사를 통해 개인은 자신보다 더 큰 무언가에 기여할 수 있으며, 자신이 속한 지역사회나 자신이 관심을 갖는 대의명분에 긍정적인 영향을 미칠 수 있다. 많은 사람에게 유산을 남긴다는 느낌은 생애에 깊은 의미를 갖는다. 자원봉사자들은 자신의 시간과 노력이 지속적인 변화를 가져왔고, 자신의 삶에 개인적인 성취를 넘어서는 의미를 부여했다고 생각하게 된다.

⑫ **이타주의를 통한 기쁨 획득**: 많은 사람은 다른 사람에게 베풀고 돕는 행위에서 기쁨을 찾는다. 자원봉사의 이타적인 성격은 개인적인 이익을 통해서가 아니라 그들이 돕는 사람들의 행복을 통해 만족을 가져다준다. 다른 사람을 위해 좋은 일을 하면서 느끼는 이러한 기쁨과 성취감은 많은 자원봉사자의 핵심 동기가 되며, 친절한 행동을 통해 자신의 삶을 풍요롭게 한다.

2) 자원봉사의 효과

(1) 좋은 경제성장

① **사회경제적 인프라 지원**: 자원봉사자는 재해 복구, 환경보전, 지역사회 개발 프로젝트 등 사회 기반 시설을 구축하고 유지하는 데 중요한 역할을 하는 경우가 많다. 이러한 활동은 지역사회의 전반적인 건강과 안정성을 향상시켜서 결과적으로 경제성장을 지원하게 된다. 예를 들어, 자원봉사자들이 기반 시설을 구축하거나 수리하는 것을 통해 기업과 서비스가 보다 효율적으로 운영되고 해당 지역의 경제활동을 촉진한다.

② **혁신과 사회적 기업 장려**: 자원봉사자는 지속적인 사회 및 경제 문제에 대한 새로운 접근 방식을 개발하여 사회 혁신을 주도한다. 지역 경제발전에 기여하는 많은 사회적 기업과 지역사회 기반 조직은 자원봉사 중심의 이니셔티브로 시작하는 사례가 많다. 이러한 자원봉사 노력은 빈곤, 환경 악화, 의료 접근성 등의 문제를 해결함으로써 지속가능한 경제발전에 기여한다.

③ **포용적 경제성장 촉진**: 자원봉사는 소외되고 취약한 집단이 서비스와 기회에 접근할 수 있도록 보장함으로써 포용적인 성장을 촉진한다. 교육, 의료, 경제적 기회의 불

평등 격차를 해소하는 데 도움을 줌으로써 자원봉사자는 자원과 기회의 보다 공평한 분배에 기여한다. 이는 더 많은 사람이 경제성장에 참여하고 혜택을 누릴 수 있는 보다 포용적인 경제로 이어지게 한다(Wilson et al., 2020).

④ **건강 및 교육 성과 개선을 통한 좋은 성장 기반 마련**: 자원봉사자는 좋은 경제성장의 기본인 공중보건 및 교육 결과를 개선하는 데 중요한 역할을 한다. 더 건강하고 교육수준이 높은 인구는 생산성이 더 높고 경제에 더 효과적으로 기여하는 경향이 있다. 예를 들어, 자원봉사자가 주도하는 건강 교육 프로그램, 예방접종 캠페인 또는 문해력 증진활동은 지역사회의 복지와 기술을 향상시켜서 경제발전에 장기적으로 긍정적인 영향을 미칠 것이다.

⑤ **지속가능한 개발과 환경보호**: 숲 가꾸기 프로젝트, 자연보존 노력, 리사이클링 및 업사이클링 등 환경 자원봉사활동은 지속가능한 발전에 기여하게 된다. 이러한 계획은 특히 농업, 관광, 에너지와 같은 부문에서 장기적인 경제성장에 필수적인 천연자원을 보호하는 데 도움이 된다. 자원봉사자가 지원하는 지속가능한 실천은 환경피해를 줄여 오염, 자연재해, 자원 고갈과 관련된 경제적 비용을 낮출 수도 있다.

(2) 재정 절감 및 효율적 재정 운영

① **정부 지출 절감**: 자원봉사자는 종종 공공서비스의 공백을 보완하거나 메워 정부의 재정적 부담을 줄이는 데 기여한다. 예를 들어, 재해구호, 노인 보호, 아동복지와 같은 분야에서 자원봉사자는 국가 후원 프로그램에 대한 수요를 줄이는 필수 서비스를 제공한다. 이는 복지 프로그램, 의료, 재해 복구에 대한 공공지출을 줄여 경제개발의 다른 중요한 영역에 정부 자원을 확보할 수 있게 해 준다(Hackl et al., 2009).

② **비영리 및 공공서비스를 위한 비용 절감**: 비영리단체, 자선단체, 공공기관에서는 비용을 지불해야 하는 서비스를 제공하기 위해 자원봉사자에게 크게 의존하는 경우가 많은데, 이는 상당한 비용 절감 효과를 가져오게 된다. 예를 들어, 기금 모금, 행정, 개인교습, 간병 등의 역할을 자원봉사자에게 의존하는 조직은 인건비를 늘리지 않고도 서비스를 확장하거나 더 많은 사람에게 다가가는 데 더 많은 재정 자원을 할당할 수 있다. 의료와 같은 분야에서 자원봉사자는 종종 환자 치료, 행정 업무, 지역사회 봉사활동을 지원하여 의료진에 대한 부담을 완화하고 의료시설의 운영 비용을 절감하게 된다.

③ **사회 프로그램의 자원 극대화**: 자원봉사자에 의존하는 사회 프로그램은 관리 비용이

나 인건비 대신에 더 많은 자원을 서비스 제공에 직접 투입함으로써 예산을 더욱 늘릴 수 있다. 이렇게 효율성이 향상되면 재무 관리가 향상되어 조직이 추가 재정 지출 없이 프로그램을 유지하거나 확장할 수 있다(Wilson et al., 2020).

④ **지역사회의 금융 지식 및 역량 구축**: 많은 자원봉사자가 지역사회 내에서 금융 이해력과 관리 기술을 향상시키기 위해 노력하고 있다. 저소득층 개인과 가족에게 예산 책정, 저축 및 투자 기술을 가르치는 자원봉사자의 금융 지식 프로그램은 사회적 역량 구축에 기여하게 된다. 개인의 재정 관리 기술을 향상함으로써 자원봉사자는 더 나은 재정적 의사결정을 촉진하고 부채를 줄이며 저축률을 높여서 지역 경제를 강화하는 데 도움을 줄 수 있다.

⑤ **비영리 재정 관리 지원**: 자원봉사자, 특히 금융 전문지식을 갖춘 자원봉사자는 조직이 자원을 더 잘 관리하는 데 도움을 줄 수 있다. 예를 들면, 회계사 및 금융전문가는 예산 편성, 회계 또는 모금 전략에 도움을 주어 비영리단체의 재정 건전성을 향상시킬 수 있다. 이러한 종류의 지원은 조직이 보다 효율적이고 지속 가능하게 운영할 수 있도록 지원하여 재정적 관리 문제 없이 운영을 계속하고 영향력을 극대화할 수 있도록 보장한다.

⑥ **조직의 자원 효율성 장려**: 자원봉사자는 무급 노동력을 제공하여 조직이 자원 사용을 최적화하도록 돕는다. 이를 통해 유급 직원의 필요성이 줄어들고 조직의 임무 달성에 더 많은 자금이 투입될 수 있다. 이러한 재정적 효율성은 조직이 예산을 더 잘 관리하고, 낭비를 줄이며, 장기 프로젝트에 더 효과적으로 투자하는 데 중요한 기여를 할 수 있다.

(3) 선순환의 노동시장 및 인적자원개발

① **기술 개발 및 취업 역량 제공**: 자원봉사는 개인에게 노동시장에 적용할 수 있는 귀중한 기술을 제공한다. 자원봉사자는 다양한 활동에 참여함으로써 하드 스킬(예: 기술, 관리 또는 산업별 능력)과 소프트 스킬(예: 의사소통, 팀워크, 리더십)을 개발할 수 있다. 이는 특히 처음으로 인력에 입사하거나, 경력을 전환하거나, 휴식 후 노동시장에 재진입하는 사람들의 고용 가능성을 향상시키게 된다. 젊은이들에게 자원봉사는 체험 학습의 한 형태로서 정규 교육을 보완하는 실질적인 경험을 제공하기도 하고, 취업을 준비하는 대다수의 다른 사람들에게 유급 직장에서는 할 수 없는 역할을 맡음으로써 전문성 개발을 강화할 수 있는 기회를 제공할 수 있다(Kamerāde

& Ellis, 2014).

② **취업에 이르는 가교**: 자원봉사는 취업을 위한 가교 역할을 할 수 있다. 즉, 많은 개인이 특히 동일한 조직이나 부문 내에서 자신의 자원봉사 경험을 유급 일자리로 나아가는 디딤돌로 활용할 수 있다. 이는 개인에게 자신의 기술, 직업윤리 및 헌신을 보여 줄 수 있는 기회를 제공하며 이는 취업으로 이어질 수 있다. 다수의 조직에서는 자원봉사 경험을 잠재적 직원의 주도성, 리더십 및 사회적 책임에 대한 긍정적인 지표로 본다. 또한 자원봉사는 개인이 자신의 전문 네트워크를 확장하는 데 도움이 되며, 다른 방법으로는 만들지 못했을 연결을 통해 취업의 기회로 이어질 수 있다.

③ **사회 주요 부문에 인재 파이프라인 연계**: 자원봉사는 특히 의료, 교육, 사회복지, 환경사업과 같은 분야에서 조직을 위한 인재 파이프라인을 창출한다. 자원봉사자가 참여하는 조직은 궁극적으로 정규직으로 전환할 수 있는 의욕이 넘치고 숙련된 개인풀에 접근할 수 있다. 자원봉사자들이 이미 자신의 능력을 입증했기 때문에 이를 통해 모집 비용과 알려지지 않은 후보자를 고용하는 것과 관련된 위험을 줄일 수 있게 된다. 또한 자원봉사자는 조직의 문화와 운영에 대한 깊은 이해를 갖게 되므로 최소한의 교육이나 현장 경험을 통해 유급 역할로 쉽게 전환할 수 있으며, 이에 기초하여 인사 부서에 대해 사전에 심사된 후보자의 귀중한 인재 채용 자료가 생성된다.

④ **실업 감소**: 자원봉사는 특히 청년, 최근 졸업생, 오랜 휴식 후에 재취업하는 사람들의 실업률을 완화하는 데 도움이 된다. 자원봉사활동에 참여함으로써 개인은 활동적인 상태를 유지하고, 자신의 기술을 유지 또는 향상시키며, 노동시장과의 연결을 유지하여 장기 실업의 위험을 줄이게 된다. 이는 또한 취업 전망에 매우 중요할 수 있는 경력의 공백을 방지할 수 있다.

⑤ **리더십과 경력 개발**: 다수의 조직에서는 직원들 간의 리더십 기술을 개발하기 위한 수단으로 자원봉사를 활용한다. 직원들이 지역사회 프로젝트 주도, 행사 조직, 다른 사람의 멘토링 등 자원봉사 역할을 맡도록 장려함으로써 조직은 직원 내에서 리더십 역량을 구축하는 데 도움을 준다. 자원봉사를 통해 개인은 실제 상황에서 리더십 기술을 연습하고 연마할 수 있으며, 이는 전문적인 역할에서 더 나은 성과로 이어질 수 있다. 자원봉사는 개인 및 경력 개발에도 도움이 된다. 예를 들어, 기술 역할을 맡은 직원은 자원봉사 리더십을 통해 관리 기술을 개발할 수 있으며, 이는 회사 내에서 더 높은 직위로 전환하는 데 도움이 될 수 있다.

⑥ **직원 참여 및 유지**: 직원 참여 전략의 일환으로 자원봉사 기회를 장려하거나 촉진하는 조직은 직원의 만족도와 유지율이 더 높은 경우가 많다. 회사가 후원하는 행사 중이든, 개인 시간 활용이든, 직장을 통해서이든 자원봉사를 할 수 있는 직원은 자신이 속한 지역사회 및 회사의 가치와 더 밀접하게 연결되어 있다고 느끼게 된다. 이러한 목적의식은 직무 만족도와 조직에 대한 충성도를 높일 수 있다. 국내외의 다수의 회사에서는 직원들이 급여 손실 없이 근무 시간 중에 자원봉사를 할 수 있도록 하는 자원봉사 휴가(Volunteer Time Off: VTO)[1] 프로그램을 제공하고 있다. 이 전략은 직원의 사기를 높이고 일과 삶의 균형 및 지역사회 참여를 지원하는 조직의 좋은 이미지 및 위상을 높이게 된다.

⑦ **직장 문화 개선**: 자원봉사는 협업, 공감, 팀워크의 정신을 함양하여 긍정적인 조직문화를 조성한다. 직원들이 특정 목적을 위해 함께 자원봉사를 하면 결속력이 강화되고, 내부 의사소통이 향상되며, 목적의식이 공유될 수 있다. 이러한 직장 문화의 개선은 생산성 향상, 직업 만족도 향상, 이직률 감소로 이어진다. 자원봉사 문화가 있는 기업은 조직의 가치에 부합하는 직원을 유치하는 경향이 있으며, 이는 결과적으로 긍정적이고 사회적으로 의식적인 업무 환경을 강화한다.

(4) 노인 등 복지대상자의 자원봉사 참여로 역량 향상과 인식 변화

① **기술 개발 및 개인적 성장**: 자원봉사는 취약계층이 도움을 받는 사람이 아니라 도움을 줄 수 있도록 기술 개발과 개인적 성장의 기회를 제공한다. 노인들은 자원봉사 역할을 통해 새로운 기술을 배울 수 있는 반면, 장애인들은 자신감과 독립성을 얻을 수 있다. 저소득층 자원봉사자는 자신의 직업적 열망과 관련된 기술을 습득하여 취업의 가능성과 취업 전망을 향상시킬 수 있다.

② **향상된 목적의식과 웰빙**: 노인, 장애인, 저소득층 개인의 경우에는 자원봉사를 통해 목적의식과 소속감을 키울 수 있다. 의미 있는 활동에 참여하면 고립감과 우울증을 퇴치하는 데 도움이 되며, 정신건강과 전반적인 웰빙이 향상될 것이다. 이러한 기여 감각은 개인이 자신의 가치와 지역사회에 미치는 영향을 인식함으로써 자존감과 자긍심을 높이게 된다.

---

1) 자원봉사 휴가는 기업이나 기관에서 직원이 자원봉사를 위해 휴가를 이용하는 제도로, 국내에서는 메트라이프 생명이 2016년에 도입하였고(http://volunteeringculture.or.kr/archives/13307), 구글, SC은행 등에서도 운영되고 있으며, 독일 및 영국 등 다수의 국가에서는 이미 활성화되고 있는 제도이다.

③ **소셜네트워크 구축**: 자원봉사활동에 참여하면 개인은 소셜네트워크를 구축하고 우정과 관계를 조성하여 사회적 지원을 향상할 수 있다. 노인의 경우에 이는 외로움을 이겨 내는 데 특히 중요하게 작용하고, 장애인은 자신의 어려움을 이해하는 지원 커뮤니티를 찾을 수 있다. 저소득층 개인은 비슷한 상황에 처한 다른 사람들과 연결되어 상호 지원과 자원 공유를 촉진할 수도 있다.

④ **임파워먼트**(empowerment) **강화**: 자원봉사 참여는 개인에게 지역사회에서 목소리와 주체성을 부여함으로써 개인에게 역량을 실어 주게 된다. 이를 통해 주변 환경을 적극적으로 형성하여 사회 문제에 대한 자신감과 참여를 높일 수 있다. 이러한 임파워먼트는 시민 및 정치 활동에 대한 추가 참여를 장려하여 지역사회의 주인의식과 책임감을 고취시킬 수 있다(Sherraden st al., 2008).

⑤ **신체 및 정신 건강 향상**: 연구에 따르면, 자원봉사활동은 특히 노인들의 신체 건강을 향상시키게 된다. 자원봉사활동에 참여하면 신체활동, 사회적 상호작용 및 정신적 자극이 촉진되어 전반적인 건강 결과가 향상되는 경우가 많다. 장애인의 경우에 자원봉사는 신체 재활 및 이동성 향상의 기회를 제공할 수도 있다.

⑥ **지역사회 회복력 강화**: 노인, 장애인, 저소득층 개인이 자원봉사를 하면 지역사회 회복력에 기여한다. 푸드뱅크, 보호소, 지역 보건 이니셔티브 등 지역사회 봉사 프로젝트에 참여하면 소셜네트워크와 지역 지원 시스템이 강화된다. 다양한 구성원을 참여시키는 커뮤니티는 더 넓은 범위의 기술과 경험을 활용할 수 있기 때문에 경제적 · 사회적 문제에 더 탄력적으로 대응하는 경향이 있다.

⑦ **사회적 포용 촉진**: 자원봉사 참여는 소외된 집단이 지역사회에 참여할 수 있는 기회를 제공함으로써 사회적 통합을 장려한다. 이러한 참여는 다양한 인구 간의 연결을 촉진하고 사회적 고립을 줄이며 다양한 사회집단 간의 이해와 공감을 촉진한다. 이러한 개인들이 자신의 시간과 기술을 기여함으로써 더욱 응집력 있고 지원적인 사회를 만드는 데 도움이 된다.

⑧ **인식과 고정관념의 변화**: 취약계층의 자원봉사 참여는 사회적 고정관념과 오해에 도전한다. 사회에 적극적으로 기여함으로써 자신의 역량을 발휘하고 노화, 장애, 빈곤에 대한 부정적인 이야기에 대응하게 된다. 이러한 변화는 이들 집단의 권리와 필요에 대한 더 큰 존중, 이해, 옹호로 이어져서 더욱 포용적인 사회를 조성할 수 있다.

⑨ **사회적 요구 해결**: 이러한 소외된 집단이 자원봉사를 할 때 그들은 종종 자신의 지역

사회에 영향을 미치는 특정한 사회적 필요를 해결한다. 예를 들어, 저소득층 개인이 푸드뱅크나 주택 계획에 자원봉사를 함으로써 해당 서비스가 지역사회의 고유한 문제에 부응하도록 할 수 있다. 이러한 풀뿌리 참여는 지역사회 중심의 관점으로 설계되어 사회복지 프로그램의 효율성을 향상시킨다.

⑩ **정책 옹호 및 인식 개선**: 소외 계층의 자원봉사자들은 사회 변화를 옹호하고 긴급한 사회 문제에 대한 인식을 높이는 데 중요한 역할을 할 수 있다. 그들의 생생한 경험은 옹호활동에 신뢰성을 부여하여 지역사회 정책과 관행에 영향을 미친다. 이러한 옹호는 더 나은 사회복지 정책과 취약계층에 대한 지원 증가로 이어질 수 있다.

(5) 좋은 정치체제 및 국가 운영

① **시민 참여형 정치체제 운영**: 자원봉사는 개인이 지역사회에 적극적으로 참여하도록 장려함으로써 시민 참여 문화를 조성한다. 자원봉사자들은 종종 지역 문제, 정책, 거버넌스 프로세스에 대해 더 잘 알게 되어 정치 참여가 증가하게 되고, 이러한 고양된 인식은 선거 과정, 공개 토론 및 옹호활동에 더 많이 참여하여 궁극적으로 민주적 참여를 향상시킬 수 있다(Booth & Richard, 1998).

② **소외계층 정책 옹호 및 영향력 확대**: 자원봉사자들은 소외된 지역사회의 이익을 대변하면서 사회 문제를 해결하기 위한 옹호활동에 자주 참여하게 된다. 그들의 직접적인 경험은 귀중한 통찰력을 제공하여 지역사회의 필요와 우려 사항을 정책 입안자에게 효과적으로 전달할 수 있게 해 준다. 이러한 풀뿌리 옹호는 공공정책에 영향을 미쳐 보다 공평하고 대응적인 거버넌스를 이끌어 낼 수 있다.

③ **민주주의의 강화**: 다양한 목소리와 관점을 장려함으로써 자원봉사는 보다 포괄적인 정치적 담론에 기여한다. 이러한 다양성은 의사결정 과정에서 더 넓은 범위의 이해관계가 반영되도록 보장함으로써 민주주의를 강화한다. 자원봉사는 또한 정치에 대한 무관심을 막고 보다 활동적이고 정보에 입각한 시민을 만드는 데 도움이 될 수 있다.

④ **정치 네트워크 구축**: 자원봉사활동은 비슷한 관심사나 관심사를 공유하는 개인 간에 네트워크 형성을 촉진하는 경우가 많다. 이러한 네트워크는 정치적 동원을 위한 강력한 플랫폼이 될 수 있으며, 이를 통해 자원봉사자들은 사회 변화를 옹호하는 집단 행동, 캠페인 또는 이니셔티브를 조직할 수 있다. 자원봉사자들이 함께 일하면서 그들은 더 넓은 영역에 영향을 미칠 수 있는 리더십 기술과 정치적 통찰력

을 개발할 수 있다.

⑤ **정부 서비스 강화:** 자원봉사자는 특히 재난 구호, 공중 보건, 사회복지 등의 분야에서 정부 서비스를 지원하고 강화하는 데 중요한 역할을 한다. 이들의 기여는 정부 프로그램의 범위와 효율성을 확장하여 도움이 필요한 사람들에게 필수 서비스를 제공하는 데 도움이 될 것이고, 자원봉사자와 정부 기관 간의 이러한 파트너십은 전반적인 국가 운영 및 서비스 제공을 개선할 수 있다.

⑥ **사회 문제 해결을 통한 정부의 역량 향상:** 자원봉사활동은 정부 프로그램에서 간과되거나 자금이 부족할 수 있는 중요한 사회 문제를 다루는 경우가 많다. 이러한 격차를 메움으로써 자원봉사자들은 사회복지와 공중 보건에 기여하며, 이는 국가 자원에 대한 부담을 어느 정도 완화할 수 있다. 예를 들어, 의료 분야의 자원봉사자는 공중 보건 캠페인을 지원할 수 있고, 교육 분야의 자원봉사자는 소외된 지역사회의 문해율 향상에 도움을 줄 수 있다.

⑦ **국가적 위기 대응 및 복구:** 자연재해나 공중보건 비상사태 등 국가적 위기 상황이 발생하면 자원봉사자들이 대응 및 복구 노력의 최전선에 있는 경우가 많다. 신속한 동원과 현지 지식을 통해 즉각적인 지원을 제공하고 물류를 지원하며 재난 및 위기 지역의 회복을 돕는다. 이러한 신속한 대응 능력은 위기 상황에서 국가 회복력과 운영 효율성을 향상시키게 된다.

⑧ **국민 통합과 정체성 증진:** 자원봉사활동은 다양한 배경을 가진 개인이 모여 공통의 목표를 향해 일함으로써 국가 정체성과 단결감을 고취시키는 경우가 많다. 이러한 공유된 경험은 지역사회 유대를 강화하고 국가의 복지에 대한 집단적 책임감을 키울 수 있다. 국가 자원봉사 프로그램은 시민들에게 시민 의무에 대한 자부심과 헌신을 심어 준다.

(6) 사회적 통합 제고

① **사회적 격차 해소와 통합 증진:** 자원봉사는 사회경제적 지위, 계층, 성별, 연령 등 다양한 배경을 가진 개인이 상호작용하고 협력할 수 있는 기회를 제공한다. 이러한 상호작용은 상호 이해와 존중을 촉진하여 장벽과 고정관념을 무너뜨리는 데 도움이 되며, 자원봉사는 사회통합을 위한 강력한 도구가 되어 지역사회 내 포용성과 다양성을 촉진할 수 있다(Putnam, 2016).

② **소외 집단에 대한 임파워먼트:** 소외된 집단에게 자원봉사는 임파워먼트와 사회적 통

합의 수단이 될 수 있다. 자원봉사활동에 참여함으로써 저소득층이나 불리한 배경을 가진 개인은 지역사회 내에서 존재감과 발언권을 획득한다. 이러한 참여는 사회적 네트워크를 구축하고 소속감을 키우는 데 도움이 되며, 이는 사회통합에 필수적인 요소로 작용한다.

③ **공유 가치와 목표 증진**: 자원봉사활동을 통해 개인은 종종 사회적 구분을 초월하는 공통의 가치와 목표를 발견한다. 이러한 공유된 목적은 공동체의식과 소속감을 조성하고, 사회적 결속을 촉진하게 하며, 사람들이 자신이 관심 있는 문제를 해결하기 위해 함께 모일 때 신뢰와 협력을 바탕으로 관계를 구축하고 사회통합을 증진시킬 것이다(CS Global Partners, 2024).

④ **문화 교류 및 이해 증진**: 자원봉사는 다양한 배경을 가진 개인을 모아 지역사회 프로젝트에 참여함으로써 문화 교류를 촉진할 수 있다. 이러한 상호작용을 통해 자원봉사자들은 서로에게서 배우고, 경험을 공유하며, 다양한 문화에 대한 더 깊은 이해를 발전시키고, 관련된 교류는 문화적 역량과 이해를 높여 사회적 화합과 통합에 기여할 수 있다.

(7) 민주주의 및 공화주의 발전

① **시민 참여 확대**: 자원봉사는 개인이 지역사회에 적극적으로 참여하도록 장려함으로써 시민 참여를 촉진한다. 참여하는 시민은 투표하고, 공개회의에 참석하고, 지역 거버넌스에 참여할 가능성이 더 높다. 이러한 참여 증가는 의사결정 시 더 폭넓은 목소리와 관점이 고려되도록 보장함으로써 민주적 절차를 강화한다(Barber, 2004; Skocpol, 2011).

② **시민 정보력을 통한 의사결정에 기여**: 자원봉사는 개인이 사회 문제, 지역 거버넌스, 공공정책에 대해 더 많은 정보를 얻을 수 있게 해 준다. 자원봉사자들은 종종 지역사회 문제의 최전선에서 일하면서 이웃에 영향을 미치는 문제에 대한 직접적인 지식을 획득하며, 이러한 인식을 통해 그들은 정치적 담론에 보다 효과적으로 참여하고 정보에 기초한 의사결정에 기여할 수 있다.

③ **정치적 분열 및 간극 해소**: 자원봉사는 다양한 배경과 정치적 신념을 가진 개인 간의 협력을 장려한다. 공통의 목표를 향해 함께 일함으로써 자원봉사자들은 당파적 분열을 초월하는 관계를 구축할 수 있다. 이러한 상호작용은 보다 포괄적인 정치적 환경을 조성하고 다양한 관점 간의 대화와 이해를 촉진하게 된다(Putnam, 1993).

④ **시민적 책임성 증진을 통한 공화주의 강화**: 시민들이 자원봉사활동에 적극적으로 참여하면 정부에 책임을 물을 가능성이 더 높다. 자원봉사자는 지역사회의 요구사항을 파악하고 정책 변경을 옹호하여 선출된 공무원이 구성원에게 지속적으로 반응하도록 할 수 있다. 이러한 책임은 지도자들이 공익을 우선시하도록 보장하므로 건강한 민주주의에 필수적이다. 공화주의는 개인의 권리와 시민적 책임의 중요성을 강조하는데, 자원봉사는 개인이 공동선에 기여하도록 장려함으로써 이 원칙을 구현한다. 자원봉사를 통해 시민들은 자신의 권리를 행사하는 동시에 지역사회를 지원하는 책임을 지며 공화주의의 가치를 강화하게 된다(Marshall, 2013).

⑤ **사회적 자본 구축**: 자원봉사는 공화주의 거버넌스에 필수적인 사회적 자본을 육성한다. 강력한 소셜네트워크와 지역사회 유대는 시민 간의 협력을 강화하여 공공적 가치에 대한 지원을 더 쉽게 가능하게 하고, 지도자에게 이에 대한 책임을 물을 수 있다. 이러한 사회적 자본은 자치에 적극적으로 참여하는 시민이라는 공화주의적 이상을 강화한다.

⑥ **시민의 미덕 장려**: 자원봉사는 이타주의, 책임, 지역사회 봉사의 가치를 심어 줌으로써 시민의 미덕을 장려한다. 이러한 미덕은 개인이 개인의 이익보다 공동선을 우선시하도록 장려하므로 공화주의의 핵심이 된다. 시민들은 자원봉사활동을 통해 건강하게 기능하는 공화국에 기여하는 시민의식을 함양하게 된다.

(8) 시민사회의 발전

① **민간 부문 역량 강화**: 자원봉사는 다양한 비영리단체, 풀뿌리 운동, 지역사회의 선도적 노력을 지원하므로 시민사회 발전에 필수적이다. 이러한 조직은 종종 시민과 정부 사이의 중개자 역할을 하면서 사회 변화를 옹호하고 공공기관에 책임을 묻는다. 활발한 시민사회는 시민 참여를 장려하고 투명성을 촉진하므로 민주주의에 필수적이다(Skocpol, 2011).

② **시민사회의 다원성과 다양성 조성**: 자원봉사는 다양한 배경, 문화, 사회경제적 지위를 지닌 개인을 하나로 모아 시민사회 내의 다양성과 다원성을 장려한다. 이러한 상호작용은 사회적 결속과 안정에 필수적인 상호 이해와 존중을 촉진한다. 다양한 시민사회는 모든 시민의 이익을 더 잘 대표할 수 있으며, 이는 보다 공평한 거버넌스로 이어질 수 있다.

③ **사회 변화 옹호 및 촉진**: 시민들은 자원봉사를 통해 빈곤 완화, 교육, 의료, 환경보호

등 다양한 문제에 대한 사회 변화를 옹호할 수 있다. 이러한 풀뿌리 옹호는 개인이 개혁을 추진하고 공공 정책에 영향을 미칠 수 있도록 지원하므로 시민사회 발전에 필수적이다. 강력한 시민사회는 시민들이 행동에 나서게 하고 민주적 절차에 참여하도록 독려한다.

④ **시민 참여 문화 조성**: 자원봉사는 개인이 행동을 취하고 지역사회에 기여할 수 있는 권한을 느끼는 참여 문화를 조성한다. 이러한 문화는 시민들이 사회적 · 정치적 문제에 적극적으로 참여하도록 장려하기 때문에 번영하는 시민사회에 필수적이다. 사람들은 자신의 자원봉사 노력이 미치는 영향을 알게 되면 다른 시민활동에 참여하여 민주적 규범을 강화할 가능성이 더 높아진다.

(9) 사회 문제 및 복지 사각지대 해소와 균형적 복지국가의 발전

① **보완적 서비스 제공**: 자원봉사자는 종종 기존 사회복지서비스 제공에 공백을 메워 도움이 필요한 지역사회에 필수적인 지원을 제공한다(Gilbert & Terrell, 2023). 많은 사회복지기관은 식량 지원, 주택 지원, 의료, 교육 등의 서비스를 제공하기 위해 자원봉사자에 의존하고 있으며, 이러한 추가 지원을 통해 관련 조직은 범위를 확장하고 취약한 인구에게 보다 포괄적인 지원을 제공할 수 있다(Powell, 2011).

② **사각지대 소외계층에 대한 서비스 접근성 향상**: 자원봉사자는 교통 지원, 복잡한 시스템 탐색 지원을 제공하여 사회복지서비스에 대한 접근성을 향상시키는 데 도움을 줄 수 있다. 이러한 지원은 의료, 교육 또는 주택과 같은 필수 서비스에 접근하는 데 장벽에 직면하는 소외된 인구에게 특히 중요하게 작용한다(Hogg & Baines, 2011).

③ **복지 비용의 효율적 제공**: 자원봉사자는 사회복지기관의 운영 비용을 크게 줄일 수 있다. 무료 노동력을 제공함으로써 자원봉사자는 조직이 프로그램 개발 및 서비스 제공에 더 많은 자금을 할당하도록 돕는다. 이러한 비용 효율성 덕분에 사회복지서비스는 더욱 지속 가능하게 운영되고 서비스 제공 범위가 확대된다.

④ **현장 기반 기술 개발 및 혁신**: 자원봉사자는 종종 다양한 기술, 경험 및 관점을 사회복지기관에 제공하며, 이러한 노력은 다양한 문제 해결 및 프로그램 전달에 대한 혁신적인 접근 방식으로 이어질 수 있다. 또한 자원봉사자는 교육 및 멘토링에 참여하여 직원 및 기타 자원봉사자의 기술을 더욱 발전시킬 수 있다.

⑤ **커뮤니티 기반 솔루션 제공**: 자원봉사는 사회서비스의 설계 및 구현에 지역사회의 참

여를 장려한다. 지역사회 구성원이 적극적으로 참여하면 서비스가 지역의 필요에 더 적합하고 반응할 가능성이 높게 되는데, 이러한 풀뿌리 접근 방식은 자원봉사자와 서비스 수혜자 간의 주인의식과 책임감을 키워 준다.

⑥ **정부의 노력 보완**: 자원봉사는 사회복지서비스를 제공하는 정부의 노력을 보완하게 된다. 복지국가가 서비스 제공에 중요한 역할을 하는 반면, 자원봉사자는 정부의 지원과 지역사회 요구 사이의 격차를 해소하는 데 도움을 준다. 이러한 파트너십은 보다 총체적이고 효과적인 사회복지 시스템으로 이어진다(Walker, 1987).

⑦ **정책 변화의 옹호**: 자원봉사자들은 종종 사회복지에 영향을 미치는 체계적 문제를 해결하기 위한 옹호활동에 참여한다. 지역사회의 필요에 대한 인식을 높이고 정책에 변화를 추진함으로써 자원봉사자는 복지국가의 우선순위와 자원 할당에 영향을 미친다. 이러한 옹호는 정책 토론에서 소외된 인구의 목소리를 들을 수 있도록 보장한다.

⑧ **복지국가에 대한 대중의 인식 개선**: 자원봉사 노력의 가시성은 복지국가에 대한 대중의 인식을 형성할 수 있다. 시민들이 자원봉사가 지역사회에 미치는 긍정적인 영향을 알게 되면 정부 계획과 사회서비스 자금조달을 지지할 가능성이 더 높아질 수 있으며, 이러한 지원은 탄탄한 복지국가를 유지하는 데 필수적이다(Stolle & Hooghe, 2005).

(10) 개인의 행복 및 역량의 발전

① **삶의 만족도 향상**: 자원봉사활동에 참여하면 다중적 경험을 통해 삶의 만족도가 높아진다. 개인이 자신의 지역사회에 기여하고 다른 사람을 도울 때 종종 성취감과 목적의식을 경험하여 전반적인 행복을 높일 수 있으며, 이러한 삶의 만족도의 증가는 삶에 대한 보다 긍정적인 전망과 더 큰 정서적 웰빙으로 이어질 수 있다(Nichol et al., 2023).

② **긍정적인 감정 확대와 부정적인 감정 해소**: 자원봉사자들은 활동을 통해 자주 기쁨, 감사, 만족과 같은 긍정적인 감정을 경험했다고 보고하고 있다. 다른 사람을 돕는 행위는 종종 '도우미의 최고'라고 불리는 엔돌핀의 방출을 촉발할 수 있다. 이러한 정서적 고양은 전반적인 행복감에 기여하게 된다. 아울러 자원봉사는 우울증과 불안 수준을 낮추게 된다. 다른 사람을 돕는 데에서 파생되는 사회적 상호작용, 목적의식, 감정적 보상은 정신건강 문제의 증상을 완화하고 전반적인 심리적 웰빙에 기여

할 수 있다. 또 자원봉사는 기분을 좋게 하고 스트레스를 줄이며 다른 사람을 돕는 행위는 성취감을 제공하여 정신건강과 정서적 안정을 향상시킬 수 있다(Nichol et al., 2023).

③ **폭넓은 경험 획득**: 자원봉사를 통해 개인은 다양한 환경, 문화 및 관점에 노출된다. 이러한 확장된 경험은 적응성과 문제 해결 기술을 향상시켜서 자원봉사자들이 다양한 상황에서 더욱 유능하고 지혜로운 대처를 할 수 있게 한다(Jenkinson et al., 2013).

④ **사회적 연결 확대**: 자원봉사는 사회적 상호작용과 새로운 교류의 기회를 제공한다. 이러한 사회적 연결은 낮은 수준의 행복과 관련된 외로움과 사회적 고립을 해소할 수 있다. 자원봉사를 통해 관계를 구축하면 더 행복하고 만족스러운 삶에 기여하는 지원 네트워크가 만들어진다(Jenkinson et al., 2013).

⑤ **향상된 경력 기회**: 자원봉사는 실제 경험을 제공하고 지역사회 봉사에 대한 헌신을 보여 줌으로써 고용의 가능성을 향상시킬 수 있다. 자원봉사활동 중에 배운 기술은 개인의 이력서를 향상시키고 새로운 직업 기회나 발전으로 이어질 수 있다.

⑥ **자신감 증가**: 자기효능감은 목표를 달성하고 도전을 극복할 수 있는 능력에 대한 개인의 믿음을 의미하는데, 자원봉사는 개인이 자신의 기여가 미치는 직접적인 영향을 볼 수 있기 때문에 자기효능감을 크게 높일 수 있다. 자원봉사활동을 하면서 성공적으로 임무를 완수하고 어려움을 극복하는 것은 자신의 삶과 지역사회에 변화를 가져올 수 있다는 믿음을 강화하게 된다(Nichol et al., 2023).

⑦ **삶의 의미와 목적의식 부여**: 자원봉사활동에 참여하는 것은 개인이 자신의 삶에서 의미와 목적을 찾는 데 도움이 된다. 이러한 목적의식은 심리적 웰빙에 매우 중요하며, 정체성과 소속감에 대한 보다 깊은 감각으로 이어진다(Jenkinson et al., 2013).

⑧ **회복탄력성(resilience) 구축**: 자원봉사활동에 참여하면 개인이 대처 전략과 문제 해결 기술을 갖추게 되어 회복력을 구축하는 데 도움이 된다. 자원봉사활동 중에 직면하는 어려움은 인내력과 적응력을 키워 더욱 탄력적인 사고방식을 갖게 해 준다.

⑨ **체력 향상**: 많은 자원봉사 기회에는 지역사회 청소, 식량 배급, 대피소 돕기 등 신체활동이 포함되는데, 이러한 활동은 힘든 과정을 수반하나 체력을 향상시켜서 전반적인 건강을 향상시키는 데 도움이 될 수 있다.

⑩ **건강생활 유지**: 유형에 따라 다르지만 몸을 사용하는 자원봉사는 혈압 저하, 만성질환 위험 감소, 면역기능 향상 등 다양한 건강상의 이점이 있다. 자원봉사의 사회

적·정서적 이점은 신체 활동 증가 및 영양 개선과 같은 보다 건강한 생활 방식의 선택으로 이어질 수도 있다.

학습 과제

1. 자원봉사활동의 주요 유형을 설명하고, 향후 가장 확대된 활동은 무엇인지 그 이유와 함께 설명하시오.
2. 자원봉사활동의 주요 원칙에 대해 설명하고, 자원봉사의 활성화를 위해 탄력적인 적응이 필요한 원칙은 무엇인지 제시해 보시오.
3. 자원봉사의 의의를 다양한 측면에서 설명하고, 현재 우리나라에서 가장 의미가 큰 측면은 무엇인지 그 이유와 함께 설명하시오.
4. 자원봉사의 효과를 다양한 측면에서 설명하고, 우리나라 사회에서 가장 성과가 높은 측면은 무엇인지 그 이유와 함께 설명하시오.

참고문헌

고경환, 이연희, 조용찬, 진재현, 장영식(2022). 나눔실태 2021. 한국보건사회연구원.

조태준, 김기형, 권오균(2021). 사회기여 보상제도 설계 및 운영 방안. 상명대학교 산학협력단.

「나눔기본법(안)」.

「자원봉사활동 기본법」.

「자원봉사활동 기본법 시행령」.

Barber, R. (2004). *Strong Democracy: Participatory Politics for a New Age*. University of California Press.

Booth, A., & Richard, P. (1998). Civil Society, Political Capital, and Democratization in Central America. *The Journal of Politics, 60*(3), 780-800.

CS Global Partners. (2024). *World Citizenship Report*. CS Global Partners.

Gilbert, N., & Terrell, P. (2023). 사회복지정책론: 분석틀과 선택의 차원 (*Social Welfare Policy: Analysis and Choices*). (남찬섭, 조성은, 김기태, 민기채, 김수정 역). 지식터. (원서는 1985년에 출간).

Hackl, F., Halla, M., & Pruckner, G. (2009). *Volunteering and the State, NRN Working Paper*. The Austrian Center for Labor Economics and the Analysis of the Welfare State.

Hogg., E., & Baines, S. (2011). Changing Responsibilities and Roles of the Voluntary and Community Sector in the Welfare Mix: A Review. *Social Policy and Society, 10*(3), 341-352.

Jenkinson, C., Dickens, A., & Jones, C. (2013). Is Volunteering a Public Health Intervention?: A Systematic Review and Meta-analysis of the Health and Survival of Volunteers. *Public Health, 13*(1), 1-10.

Kamerāde, D., & Ellis, A. (2014). Volunteering and Employability: Implications for Policy and Practice. *Voluntary Sector Review, 5*(2), 259-273.

Marshall, T. H. (2013). 시민권과 복지국가 (*Citizenship and Welfare State Reform in Europe*). (김윤태 역). 이학사. (원서는 1999년에 출간).

Nichol, B., Wilson., R., Rodrigues., A., & Haighton, C. (2023). Exploring the Effects of Volunteering on the Social, Mental, and Physical Health and Well-being of Volunteers: An Umbrella Review. *International Journal of Voluntary and Nonprofit Organizations, 35*(6).

Powell, M. (2011). 복지혼합 (*Understanding the Mixed Economy of Welfare*). (김기태 역). 나눔의집. (원서는 2007년에 출간).

Putnam, R. (1993). *Making Democracy Work: Civic Traditions in Modern Italy*. Princeton. N. J.: Princeton University Presss.

Putnam, R. (2016). 나홀로 볼링: 사회적 커뮤니티의 붕괴와 소생 (*Bowling Alone: The Collapse and Revival of American Community*). (정승현 역). 페이퍼로드. (원서는 2000년에 출간).

Sherraden, M., Lough, B., & McBride, A. (2008). Effects of International Volunteering and Service:

Individual and Institutional Predictors. *Voluntas, 19*, 395-421.

Skocpol, T. (2011). 민주주의의 쇠퇴: 미국시민생활의 변모 (*Diminished Democracy: From Membership to Management in American Civic Life*). (강승훈 역). 한울아카데미. (원서는 2003년에 출간).

Stolle, D., & Hooghe, M. (2005). Inaccurate, Exceptional, One-Sided or Irrelevant?: The Debate about the Alleged Decline of Social Capital and Civic Engagement in Western Societies. *British Journal of Political Science, 35*(1), 149-167.

Walker, A. (1987). Enlarging the Caring Capacity of the Community: Informal Support Networks and the Welfare State. *International Journal of Health Services, 17*(3): 369-386.

Wilson, A., Mantovan, N., & Sauer, R. (2020). The Economic Benefits of Volunteering and Social Class. *Social Science Research, 85*: 3-34.

제5장

자원봉사의 동기와 가치

학습목표

1. 자원봉사의 동기를 구성하는 철학 · 이념적 요인을 탐색하고, 자원봉사활동의 실천적 함의에 대한 이해
2. 자원봉사의 원칙이나 특성 파악
3. 자원봉사의 개인적 가치, 경제적 가치, 사회적 가치에 대한 이해

학습개요

- 제5장은 자원봉사의 동기와 가치에 대한 장으로, 자원봉사의 동기를 구성하는 철학 · 이념적 요인들에 대한 패러다임을 살펴보고, 자원봉사가 가져다주는 현대적 가치와 자원봉사의 가치에 따른 영향 요인에 대하여 개인적 가치, 사회적 가치, 경제적 가치, 자원봉사 기관의 가치로 분류하여 학습한다.
  - 1절에서는 자원봉사의 동기를 구성하는 철학 · 이념적 요인들인 종교적 신념, 박애 정신, 상부상조, 시민참여 정신의 측면에서 이해한다.
  - 2절에서는 자원봉사의 가치적 특징과 원칙적 특성에 대하여 살펴본다.

1. 자원봉사의 동기

1) 자원봉사 동기의 개념

동기란 어떤 일이나 행동을 일으키게 하거나 마음에서 결정하게 하는 원인이나 계기를 일컬으며, 개인의 행동 결정에 매우 중요한 기능으로 개인의 욕구에서 발생한다. 동기(motivation)란 단어는 라틴어인 'movers(움직인다)'에서 유래하였으며, 욕구를 충족시키려고 움직인다는 의미를 내포한다. 욕구를 충족시키기 위해 목표지향적 행동으로의 전환을 가능하게 하며, 개인의 행동을 자극한다는 의미이다(한덕웅, 1990; 류기형, 2004). 자원봉사활동이라는 구체적인 행동도 자원봉사자의 동기에 의해 실천으로 결정된다고 볼 수 있다. 인간의 모든 행동이 그렇듯이 자원봉사를 하는 동기 역시 매우 다양하다. 인류 역사의 기록에 따르면, 자원봉사는 종교적 윤리에 근거한 이타적 동기에서 시작되었다고 전해진다.

BC 6세기경 인도의 석가모니에 의해 성립된 불교는 자비(慈悲)의 종교로서 자(慈)는 사랑의 마음으로 중생에게 즐거움을 주는 것을 말하고, 비(悲)는 불쌍히 여기는 마음으로 중생의 괴로움을 없애는 것을 의미한다. 또한 대승불교의 자리이타(自利利他)는 자신의 이익(수행)뿐만 아니라 타인의 이익(중생 구제)을 위한 실천을 강조한다.

이 세상에 온 이유가 인간을 섬기기 위해서라고 말한(마태복음 20장 28절) 예수의 가르침을 따르는 기독교는 교회 또는 수도원에서 고아, 미망인, 가난한 사람 등의 사회적 약자에 대한 배려와 보호 차원이었다. 또한 신자들은 이웃 사랑을 종교적 신념으로 여기며 실천하였다. 이슬람교도 자기 수입의 일정 비율을 가난한 사람들에게 기부하도록 하는 등 종교적인 신념이 타인을 위한 자원봉사를 하도록 촉진하였다.

그러나 최근에는 자원봉사 참여 동기가 과거의 종교적 동기에 근거한 이타적 측면으로부터 점차 여가 선용, 자기 계발, 학생들의 학점 따기, 취업을 위한 스펙 쌓기, 친목 도모 및 사교 등의 이기적인 경험 추구로 변화되어 가고 있다. 이처럼 자원봉사에 대한 동기를 크게 이타주의적 동기와 이기주의적 동기로 구분할 수도 있다. 그러나 패닝턴(Fairnington, 2011)이 21세기를 이기적 이타주의(selfish altruism) 시대[1]로 규정하였듯이,

1) 자원봉사활동의 결과로서 타인이나 사회에 이익을 가져다주지만, 그 행동에 대한 동기는 개인의 이기심에서 비롯된다는 의미이다.

자원봉사의 동기를 굳이 이기적 또는 이타적 동기로 구분하기보다는 자원봉사자의 이기적 욕망을 사회적으로 요구되는 행위로 잘 연결해서 자원봉사자와 사회 모두가 이익이 되는 효율적인 사회적 시스템을 갖추는 것이 더욱 중요하다고 하겠다.

일반적으로 알려진 자원봉사활동의 동기를 구성하는 철학 · 이념적 요인들을 살펴보면 다음과 같다.

(1) 종교적 신념

동양의 경우에는 불교의 자비(慈悲) 사상에서, 서구의 경우에는 기독교의 자선(慈善) 사상에서 자원봉사활동이 유래하였다고 볼 수 있다. 특히 가난한 자, 고통받는 자, 고아와 과부 등 사회적 약자들에 대해 자선을 베푸는 것을 신앙생활의 실천으로 여기는 기독교의 영향권에 있는 지역에서는 자선 행위가 보편적으로 행해졌다. 이처럼 종교적 배경을 가진 자선 행위는 기독교뿐만 아니라 불교, 이슬람교 등 여타 종교에서도 신앙생활 및 포교의 수단으로 이용되고 있으며, 최근에는 대부분의 종교기관에서 자원봉사활동을 종교활동의 일환으로 행하고 있다. 길거리에서 죽어 가는 가난한 사람을 위해 인도에서 사랑의 선교회를 설립하여 평생 동안 빈자(貧者)를 사랑으로 보살폈던 테레사 수녀와 그녀를 도운 자원봉사자들을 생각하면 종교적 신념이 어떻게 숭고한 자원봉사로 승화되는지를 잘 이해할 수 있다.

(2) 박애 정신

박애 정신(philanthropy) 혹은 박애 사업이란 비종교적 동기, 즉 19세기에 개화된 인도주의(humanitarianism)적 도덕과 윤리에 기초하여 생활이 어려운 자를 도와주는 민간인의 활동을 말한다.

박애는 인간이 가질 수 있는 가장 넓은 의미의 공통 감정으로서 인간이 겪는 모든 현실에서의 차별, 즉 인종, 종교, 신분, 풍습, 이해관계 등의 차별을 초월하고 인간의 존엄성을 기초로 하여 근심, 불행, 괴로움 등을 같이 나누려는 마음을 갖고 자원봉사활동을 하는 것을 말한다(이병순 외, 2025). 예를 들면, 국가나 민족, 인종, 종교 등을 초월하여 어려움을 겪는 사람이 있는 곳이면 세계 어느 곳이든 가서 도움을 내미는 국제 의료구호 단체인 '국경없는의사회'를 들 수 있다. 한국 전쟁 당시 부산 영도구 남항동에서 무료진료 기관인 복음병원을 설립하는 등 의료 사각지대에 있던 수많은 영세민에게 의료 혜택을 준 우리나라의 슈바이처 장기려 박사의 삶 또한 좋은 사례가 된다.

한국 전쟁 이후 전국의 피난민이 몰려든 부산 서구의 어느 병원. 극빈자 무료 진료와 가난한 활자들을 대상으로 파격적으로 저렴한 진료비를 받던 그 병원 덕에 겨우 목숨을 건진 어느 환자는 건강이 회복되어 갈수록 얼굴에 수심이 깊어 갔다. 그 이유를 묻는 의사에게 그 환자는 이렇게 대답했다. "치료비 낼 돈이 없어서" 그 말을 들은 의사는 이렇게 말했다.

"내가 밤에 병원 뒷문을 열어 둘 테니 몰래 도망가시오. 집에서 푹 쉬면서 이 약을 계속 복용하면 완치가 될 거요. 그리고 이거 얼마 안 되지만 차비라도 하시고." 그 바보 의사가 바로 그 병원 원장 장기려 박사이다.[2)]

故 장기려 박사
(1911~1995)

[그림 5-1] 딴지일보(2016. 4. 5.) 기사

(3) 상부상조

상호부조(mutual aid) 또는 상부상조는 도움이 제공되는 방식에 대한 통제가 도움을 받는 사람 자신에 의해 좌우되는 도움의 형태이다(진재문, 2014). 자선과 박애가 도움을 주는 자와 받는 자의 구분을 명확히 하여 불평등 관계를 형성하는 데 비해, 상부상조는 서로 대등한 입장에서 도움을 주고받는 것이다. 상호부조는 오래되고 보편적인 제도로서 중세 유럽에서의 동업조합(guild)이나 우리나라의 향약,[3)] 계, 두레[4)] 등에서 그 예를 찾을 수 있다.

이러한 상호부조 정신은 '우리'라는 공동체의식이나 연대 의식을 바탕으로 하여 서로 돕는 행위와 정신을 의미하며, 사회적 또는 공동체적 존재로서 자연스럽게 나타나는 인

2) 딴지일보 기사의 일부이다(http://www.ddanzi.com/ddanziNews/87073030에서 사진과 기사를 재인용함). 장기려 박사의 생애에 대하여 알아보자. 인생을 살면서 좋은 교훈을 얻을 수 있을 것이다.

3) 조선시대 향촌 사회의 자치 규약이다. 원칙적으로 양반들의 향촌 자치와 이를 통한 하층민의 통제가 목적이었다. 그럼에도 불구하고 향촌의 도덕적 질서의 확립, 미풍양속 진작은 물론이고, 재난을 당했을 때 상부상조하기 위한 규약을 담고 있다(한국민족문화대백과, http://terms.naver.com 검색). 지켜야 할 네 가지 덕목을 보면 덕업상권(德業相勸, 좋은 일을 서로 권한다.), 과실상규(過失相規, 나쁜 일은 서로 규제한다), 예속상교(禮俗相交, 서로 예절을 지킨다), 환난상휼(患難相恤, 어려운 일은 서로 돕는다)이 있다. 특히 환난상휼이 상부상조의 핵심이라고 할 수 있는데, 수·화재, 도적을 맞은 경우, 질병에 걸려서 앓고 있을 때, 상을 당하였을 때, 모함을 받아 억울하게 죄를 얻었을 때, 생계가 막막한 빈민, 어른이 모두 사망하고 남은 자녀가 외롭고 의지할 곳이 없을 때 등 일곱 가지 상황에서는 꼭 도와주라는 규약을 제시하고 있다.

4) 농민들이 농번기에 농사일을 공동으로 돕기 위해 동네 혹은 부락 단위로 만든 조직을 의미한다. 모내기 두레, 김매기 두레, 길쌈 두레 등이 있다.

간의 행동 양식이다.

일반적으로 상부상조나 상호부조의 관행들은 전통사회나 근대화 이전 시기에 활발했던 것으로 설명된다. 산업화 이전에 모내기 철이면 우리 농촌에서 자주 볼 수 있었던 두레는 농업의 기계화가 정착한 요즈음에는 좀처럼 찾아보기 힘들다. 그러나 품앗이는 도시의 아파트 문화에서도 '아이 맡아 주기' 등의 형태로 살아 있으며, 경조사비 역시 상호부조의 전통적인 문화가 이어 온 것으로 볼 수 있다. 이처럼 현대사회에서 상부상조의 정신이나 관습 모두가 없어졌다고 보기는 힘들다. 다만, 상부상조 정신이 사회경제적 환경의 변화로 인해 전통적인 것과는 다른 형식으로 시민의 삶 속에 자리 잡고 있다고 보아야 할 것이다.

슬로시티 악양 향약(鄕約)

따사로운 햇볕의 땅 우리 소도시 악양은 문화와 생명과 인정이 살아 숨 쉬는 고장이다. 자연에 대한 경외감과 사람 존중의 미덕을 우리 시대를 넘어 후손에게까지 유산으로 남겨 사람을 치유하고 보배로운 땅이 되도록 해야 할 것이다.

이에 우리는 성장에서 성숙, 양에서 질, 속도에서 깊이와 품위를 존중하는 느림의 삶을 지켜서 아름다운 전통문화 유산을 올곧게 보존하고 전승시키고자 향약을 제정하여 모든 주민이 실천하기로 한다.

하나, 향토 음식을 먹고 적절한 운동과 여가활동을 통해 건강한 삶을 살아간다.

하나, 전통 놀이와 미풍양속과 같은 우리 교육의 문화를 보존해 나간다.

하나, 자녀들에게 어른 공경, 이웃 사랑의 예를 가르치며 어른들이 먼저 본이 되는 삶을 살아간다.

하나, 쓰레기는 줄이고 재활용은 늘려 환경오염을 줄여 나가고 자연경관을 잘 보전하여 건강하고 아름다운 고장이 되게 한다.

하나, 지역 문화의 복원과 함께 미래 가치가 높은 농업 육성 등 지역 경제의 활성화를 더 한다.

하나, 사회질서 준수와 안전의 생활화를 통해 서로 믿고 의지하는 사회를 조성해 나간다.

우리는 느림, 작음, 지속성을 생활의 가치로 삼아 국제슬로시티 회원 도시로서의 책임을 다하고 주민의 자긍심을 키워 나간다.

슬로시티악양주민협의회

[그림 5-2] 경남 하동군 악양면이 제정한 '슬로시티 악양 향약'의 일부

경상남도 하동군 악양면에서 되살린 '슬로시티 악양 향약(鄕約)'은 전통적인 것이 현대사회에 어떻게 재현되는지에 대한 모범을 잘 보여 준다.

(4) 시민 참여 정신

고대 그리스 도시국가 시대의 민주주의 제도에 기반을 둔 시민 참여는 봉사의 대상을 특정한 요보호자에게만 한정시키는 종교적 자선과는 달리 전체 시민을 자원봉사의 대상으로 삼는다. 자원봉사자는 시민 참여를 통해 얻는 사회의 이익과 참여활동의 결과로 얻는 개인의 만족감을 직접 경험하면서 자신이 속해 있는 사회에 대한 책임감과 사명감을 갖게 되어 시민 참여는 민주주의의 생활방식을 터득할 수 있게 한다. 진정한 민주사회의 생존과 발전은 시민의식에 기반을 둔 자원봉사에 의해 이루어질 수 있다. 환경운동연합, 참여연대, 경제정의실천시민연합 등 각종 시민단체에서 활동하는 자원봉사자들이 이러한 동기에 의해 봉사활동을 하는 사례가 된다.

이외에도 사회조사를 통하여 살펴본 자원봉사자의 동기는 다양한 양상을 보여 준다. 한국사회복지협의회(1998)의 조사에서는 자원봉사의 동기가 인간에 대한 이해 및 새로운 경험을 위해(47%), 이타주의 및 봉사심에 의해(26%), 지식과 경험을 활용하고자(10%), 안정된 기관에의 소속감 및 원만한 인간관계를 위해(10%), 여가를 활용하기 위해(7%)의 순으로 나타났다. 한편, 자원봉사 참여 동기에 대하여 페네 등(Pernner et al., 1997)은 자신의 자유로운 의지로 특정 조직에 참여하여 보수를 기대하지 않고 서비스를 제공하는 것이며, 이윤신 등(2014)은 '자발적인 도움을 제공하기 위하여 시간을 투입하고, 자원봉사활동의 기회를 획득하기 위한 노력이며, 몰입과 헌신으로 봉사활동을 유지하기 위한 추진 동력'이라고 하였다.

이처럼 자원봉사 참여 동기는 개인이 추구하는 가치나 삶의 방식에 따라 매우 다양하기 때문에 자원봉사자를 조직하고 관리하는 기관은 자원봉사자의 동기를 정확하게 파악하여 그들의 욕구를 충족시킬 수 있도록 하고, 자원봉사활동 과정을 통하여 그들이 기쁨과 보람을 느끼면서 봉사활동을 지속해서 헌신할 수 있도록 프로그램 개발에 힘써야 하며, 자원봉사자들의 흥미와 관심, 기대를 고려하여 자원봉사활동에 참여할 기회를 제공하여야 한다. 자원봉사 프로그램이 단순한 노력 봉사 수준에서 자원봉사자들의 경력과 지식을 활용할 수 있는 전문적인 프로그램으로 발전되어야 하는 당위성이 강조된다. 자원봉사자들 또한 자원봉사에 참여하기 전에 자신의 참여 동기를 정확히 인지하고 참여할 때 자원봉사활동을 통해 보람과 가치와 재미를 추구할 수 있으며, 자원봉사활동을 지속해서 실천할 수 있다.

2. 자원봉사의 가치

1) 자원봉사의 현대적 가치

자원봉사활동이 가지는 원칙이나 특성은 학자들에 따라 여러 가지로 서로 다르게 분류되거나 나열된다. 대개 이러한 분류나 나열은 상식적인 통찰에 기초하여 이루어진다(남기철, 2022). 이와 관련된 기존의 여러 견해를 종합하여 양창삼(1995)은 다음과 같이 전형적인 자원봉사활동의 가치적 특징을 나열하였다.

첫째, 자원봉사활동은 각 개인이 사회적으로 자신의 존재를 자각하고 타인에게 또는 타인과 함께 봉사활동을 경험함으로써 인격적 성장을 가져옴과 동시에 자신의 잠재 능력을 실현하는 자아 실현성의 특징을 가지고 있다.

둘째, 자원봉사활동은 자발성과 자주성이라는 특징을 가지고 있다. 자발성이나 자주성이란 자원봉사가 자신의 의지로 활동을 하는 것이지, 권력이나 외부의 세력 등 타인에 의해 강제로 활동하는 것이 아니라는 것이다. 따라서 자원봉사활동은 개인의 자유의지에 따른 자발적인 활동이어야 하며, 이웃이라는 연대감 속에서 자발적으로 도움을 주고받아야 한다.

셋째, 자원봉사활동은 경제적으로 유급이 아니고 순수한 의미에서 봉사활동이라는 무보수성의 특징을 가진다. 즉, 직업으로서가 아니라 비영리적인 행위로서 금전적 보수를 기대하지 않고 행하는 활동을 말한다.

넷째, 자원봉사활동은 타인의 생명을 존중하며 이웃과 더불어 사는 가치관에 바탕을 두는 이타성을 기초로 한다.

다섯째, 자원봉사활동은 사회에 영향을 주고 사회적 책임을 다하는 사회성을 특징으로 한다. 사회성은 각 개인이 다른 사람들과 공통성을 가졌다고 의식하고 소속감을 느낄 때 발생한다. 그러므로 자원봉사활동은 자기 발전과 성숙에 기반이 되는 사회성을 강화할 수 있다.

여섯째, 자원봉사활동의 특징으로 공동체성을 들 수 있다. 자원봉사활동은 공동체의식을 높일 뿐만 아니라 그러한 생활을 실현하는 장이다. 공동체성은 사회에 대한 소속감, 주인의식, 적극적인 참여 없이는 불가능하므로 자원봉사활동은 이러한 특징을 기초로 한다.

일곱째, 자발성에 바탕을 둔 행위는 자신만의 이익이 아니고 지역사회의 구성원이나 욕구를 지닌 사람들의 복지 향상과 관련된 복지 명목을 특징으로 한다. 이는 자원봉사활동이 자신의 영리나 어느 특정 종교의 포교를 목적으로, 혹은 특정 집단의 이익이나 특권을 지지하는 목적하에서 수행되어서는 안 된다는 것과 관련된다.

여덟째, 자원봉사활동은 영리적 보상을 받지 않고 인간 존중의 정신과 민주주의 정신에 입각하여 필요한 서비스를 제공함으로써 사회의 공동선을 실현하는 것이다. 따라서 자원봉사활동은 민주주의 철학과 밀접한 관계가 있다.

아홉째, 자원봉사활동은 개척성과 지속성을 갖는다. 자원봉사활동에서는 모두가 공동체 건설에 헌신한다는 개척적인 사명 의식이 동반되며, 이러한 자원봉사활동은 우연한 일회성의 활동이 아니라 의도되고 계획적인 일정 기간의 지속적인 프로그램을 가지고 있어야 하며, 활동 자체가 단절되거나 왜곡되어서는 안 된다.

1365 자원봉사 포털에서는 자원봉사의 특징으로 자발성, 무보수성, 공익성, 지속성을 대표적인 것으로 정리하고 있다. 사회복지 자원봉사 관리체계(VMS)에서는 이중 공익성을 사회복지성으로 표현하기도 한다.

- **자발성**: 자신의 의사로 시간과 재능, 경험을 도움이 필요한 이웃과 지역사회 공동체 형성에 아무런 대가 없이 활동하는 것
- **무보수성**: 경제적 보상과 관련되는 것으로, 자원봉사활동에 대해 금전적 대가를 받지 않는 것
- **공익성**: 이웃과 지역사회 내에 산재하고 있는 문제를 해결하여 삶의 질을 향상시키기 위하여 활동하는 것
- **지속성**: 자원봉사활동에 참여하게 되면 일정 기간 동안 지속적, 정기적으로 봉사활동에 참여하는 것

「자원봉사활동 기본법」 제2조에서는 자원봉사활동의 진흥을 위한 정책을 추진하기 위한 기본 방향을 제시하고 있는데, 이는 공식적인 자원봉사활동의 원칙이라고 할 수 있다. 특히 제2호의 경우에 이를 잘 나타내고 있으며, 제5조에서는 자원봉사활동에서

정치활동 등의 금지,[5] 자원봉사활동 강요의 금지 등도 명시하고 있다.

「자원봉사활동 기본법」 제2조의 기본 방향

「자원봉사활동 기본법」 제2조(기본 방향) 자원봉사활동의 진흥을 위한 정책은 다음 각 호의 사항을 기본 방향으로 하여야 한다.

자원봉사활동은 국민의 협동적인 참여 능력을 높일 수 있는 방향으로 추진하여야 한다.

자원봉사활동은 무보수성, 자발성, 공익성, 비영리성, 비정파성(非政波性), 비종파성(非宗波性)의 원칙에 따라 수행될 수 있도록 하여야 한다.

모든 국민은 나이, 성별, 장애, 지역, 학력 등 사회적 배경에 관계없이 누구든지 자원봉사활동에 참여할 수 있도록 하여야 한다.

자원봉사활동의 진흥을 위한 정책은 민·관 협력의 기본 정신을 바탕으로 추진하여야 한다.

한국 사회복지사협의회에서는 자원봉사활동의 기본적 특성으로 [그림 5-3]과 같이 자발성, 무보수성, 지속성, 상호성을 강조하고 있다. 기본적 맥락은 대체로 앞에서 서술했던 것들과 유사하게 나타나고 있다.

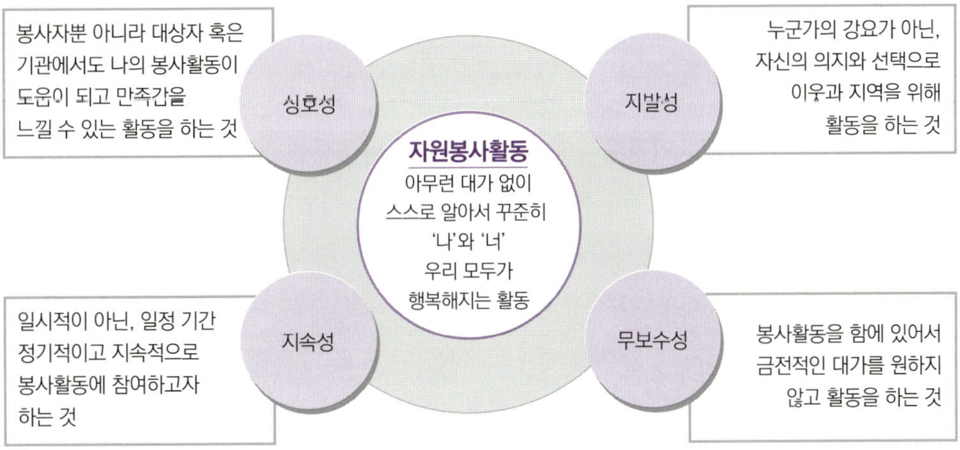

[그림 5-3] 한국사회복지협의회의 자원봉사 특성

출처: 복지넷(www.bokji.net).

5) 포괄적인 의미에서는 자원봉사활동에서 정치적 성격의 금지는 논란이 발생할 수 있다. 「자원봉사활동 기본법」 제5조에서 명시하고 있는 바는 국가의 지원을 받는 자원봉사단체와 자원봉사센터는 그 명의 또는 그 대표의 명의로 특정 정당이나 특정인의 선거운동을 하여서는 아니 된다는 의미이다.

자원봉사활동의 원칙적 특성은 이처럼 다양하게 논의될 수 있다. 이 중 지나치게 무보수성과 이타성의 측면에서만 조망하다 보면 자원봉사활동이 자원봉사자의 '자기희생'에만 초점을 두게 되고 일반 시민의 참여활동이라는 점이 희석될 수 있다.

자원봉사활동의 특성은 단지 나열되는 속성으로서가 아니라 실제의 자원봉사활동과 관련되어 다음과 같이 몇 가지 중요한 쟁점을 유발할 수 있다.

(1) 자발성과 유도된 자발성

자원봉사활동의 가장 중요한 속성은 자발성 혹은 자주성과 관련된다. 이것이 없다면 강제적인 활동이 되어 자원봉사라고 할 수 없는 경우가 된다. 그러나 실제 자원봉사활동은 순수한 자발성만으로 이루어지지 않는 경우도 있다.

우리나라의 대학 중 상당수는 졸업을 위해 1개 혹은 2개 코스의 자원봉사 프로그램을 이수해야 하는 학제를 운영하고 있다. 이에 따라 학생들은 본인이 의사가 없어도 대학 졸업 전까지 정해진 수십 시간의 자원봉사활동 참여가 의무화되어 있는 경우가 많다. 같은 대학 내의 자원봉사동아리 활동 등과는 달리 졸업을 위한 프로그램 이수의 경우에는 참여자의 순수한 자발성이라기보다는 봉사활동을 의무화하는 제도에 의해 봉사활동이 이루어진다고 할 수도 있다. 대학과 인접한 봉사활동 현장에서도 졸업 학점 이수를 위한 자원봉사자를 기피하고, 같은 대학 내의 봉사동아리나 '순수 자발적' 자원봉사 학생을 선호하여 이를 모집의 조건이 되기도 한다.

사회봉사명령제도, 교육기관에서 교과활동으로 자원봉사를 편성해야 하는 경우, 졸업을 위해서는 필수 학점으로 자원봉사 학점을 이수해야 하는 경우 등 여러 가지 경우에 이를 자발성에 기초한 자원봉사활동이라고 할 수 있는지에 대한 논란의 여지가 있다.

그러나 자원봉사활동이 가지는 긍정적인 효과나 가치는 큰 의미가 있기 때문에 자원봉사 활성화를 위한 제도에 참여한 경우에 이를 '유도된 자발성'이라고 하여 자원봉사의 범주에 포함시키는 것이 일반적이다. 이를 강제적이라는 것과 동일시하지는 않는다. 단, 유도된 자발성에 기초한 자원봉사 프로그램에서도 자원봉사의 가장 중요한 속성이 자발성인 만큼, 이 특징이 퇴색되지 않도록 해야 한다. 프로그램의 운영에서 참여자의 자발성과 자주성을 최대한 보장하도록 하는 노력이 필요하다.

(2) 이타성과 자아실현성

자원봉사활동은 다른 사람을 돕는다는 이타성을 가진다. 그러나 실제로 이타적인 측면만이 있는 것이 아니라 이기적인 측면도 있다. 자원봉사활동을 통해 해당 분야의 실제에 대한 지식을 얻고자 하는 욕구가 있다거나 나중의 직업을 얻기 위해 경력(career)을 쌓고자 하는 것들은 분명히 이기적 측면에 해당한다. 혹은 자원봉사활동을 통해 남을 도왔다는 '자기만족'을 얻었다면 이것 역시 이기적인 측면이기도 하다.

자원봉사활동이 다른 사람을 이롭게 하는 내용을 가져야 한다는 이타성은 기본적 특징에 해당한다. 하지만 그렇다고 해서 이기적 속성이 반드시 배제되어야 함을 의미하는 것은 아니다. 자원봉사활동은 그 철학과 활동 내용에서 이타성을 기본으로 하지만 이는 활동 참여자(자원봉사자)의 자아실현과 관련되기 때문이다. 자아 실현성은 궁극의 이기적 측면이라고 할 수 있다. 따라서 모든 자원봉사활동은 이타적 측면과 이기적 측면이 동전의 양면처럼 함께 존재한다.

이타적 활동은 긍정적인 것이고, 이기적 활동은 부정적이라는 이분법은 자원봉사활동의 실제를 잘 반영한 것이 아니다. 자원봉사활동이 이타성과 자아실현성(이기성)을 동시에 가지고 있는 만큼 이 양자의 가치를 모두 충족시킬 수 있는 활동이 이루어질 수 있도록 하는 것이 중요하다.

(3) 무보수성과 보상

자원봉사활동은 기본적으로 보수를 받는 활동이 아니다. 그러나 다른 한편으로는 자원봉사자에게 여러 가지 직간접적 형태의 보상이 이루어지기도 한다. 심지어는 '유급 자원봉사'라고 하여 활동에 대해 금전적으로 직접 보상해 주기도 한다. 최근에는 아무런 보상이 없는 자원봉사활동이 오히려 드문 경우도 있다.

대학생인 A는 여름방학 동안 특정 기업에서 운영하는 자원봉사활동 프로그램에 참여하였다. 이 프로그램에서 A는 시각장애인의 이동을 일주일간 동행하며 보조해 주는 역할을 담당하였다. 그리고 활동일마다 일정한 액수에 해당하는 활동비를 지급 받았다.

A의 친구인 B는 같은 여름방학 동안 패스트푸드 식당에서 일하며 시급을 받았다.

B는 A에게 일당을 받았다면 자원봉사활동이 아니라 B가 했던 것과 마찬가지인 아르바이트가 아니냐고 질문하였다.

자원봉사활동에 참여하는 사람은 보상을 원하지 않고 자신의 시간을 할애하여 참여한다. 그런데 활동을 위해서는 이동을 위한 교통비나 활동을 위한 경비 등이 소요되는 경우가 많다. 이럴 경우에 자원봉사자가 활동을 위해 필요한 비용까지 동시에 부담하기는 어렵다. 따라서 활동에 필요한 실비는 봉사 현장에서 자원봉사자에게 지급하는 것이 보통이다. 어떤 경우에는 활동 시간 중에 식사 시간이 있으면 자원봉사자에게 식사를 제공하기도 한다.

최근에는 자원봉사자의 활동 만족도를 높이는 방편으로 다양한 승인과 보상 방법을 강구하고 있다. 그리고 이 중에는 물질적인 보상도 포함되며, 이러한 보상이 무조건 자원봉사활동의 순수성을 떨어뜨리는 것은 아니다.

자원봉사자의 무보수성은 자원봉사활동의 기본적 특징이다. 그러나 이는 아무런 보상이나 승인을 받아서는 안 된다는 의미보다는 '보수를 추구하는 것'이 활동에 참여하는 주된 동기가 되지 않는다는 것으로 받아들여야 할 것이다. 따라서 일정한 활동비를 보상으로 받는 유급 자원봉사활동의 경우에도 그 보상의 내용이 일반적으로 급여나 보수처럼 활동 참여의 동기가 될 만한 속성이나 금액에 이르지 않는 한, 자원봉사활동으로 인정하는 것에는 무리가 없다.

(4) 조직성

현대의 자원봉사활동은 모두 '조직(organization)'을 매개체로 이루어진다. 혼자서 우발적으로 이루어진 활동에 대해서 선행(善行)이라고 할 수는 있어도 자원봉사활동이라고는 할 수 없다. 조직적인 결정과 계획에 의해 휴지를 줍는 것은 자원봉사활동의 일환일 수 있으나 누군가 길에 버려 있는 휴지가 지저분해 보여서 혼자의 생각에 따라 그 근처를 청소한 것은 자원봉사활동이라고 부르기 어렵다.

> 대학생 A는 학교의 자원봉사 담당 관리부서에서 장애 학생이 교내에 편의시설이 없는 특정 건물로 이동할 때 그 통행을 지원해 주는 자원봉사활동을 하도록 부여받았다. 다른 자원봉사자들과 교대하며 일주일에 일정한 시간대를 담당하는 활동이다. 그런데 A의 담당 시간대에는 장애 학생이 아무도 해당 건물로 이동하는 경우가 없어서 실제로 도움을 준 경우는 없다.
>
> 같은 대학의 B는 같은 강좌를 듣는 학생 중에 지체 장애 학생이 있어서 수시로 장애 학생의 휠체어를 들어 주는 등 우연적이지만 실제로 도움을 주는 경우가 많다.

이 경우에 A는 실제로 장애인에게 도움을 준 것이 없고, B는 도움을 주었지만 통상 A에 대해서만 '자원봉사활동'을 했다고 한다.

자원봉사활동이 일정한 조직을 통해 이루어지는 것은 궁극적으로는 활동의 책임성(responsibility)을 고양시키고자 하는 시도로 볼 수 있다. 개인적이고 우연적인 활동은 전체적으로 보아 활동 대상자에게 도움이 되지 못할 수 있으며, 부적절한 활동(malpractice)이 이루어질 가능성도 높다. 따라서 현대사회에서의 모든 자원봉사활동은 조직적으로 이루어진다. 이 조직에는 학교, 기업, 자원봉사 관련 단체, 사회복지기관, 공공단체 등 여러 가지 유형이 있을 수 있다. 자원봉사자는 자신이 소속된 조직의 일원 혹은 위임받은 대리인으로서 자원봉사활동을 하는 것이다. 동시에 자원봉사자의 활동과 그 환경에 대해서는 관련 조직체가 책임과 보장을 수행한다. "무보수로 원해서 하는 활동이므로 아무런 구속을 받지 않고 자유롭게 활동하고 싶다."라는 욕구가 나타날 수 있으나 소속이나 조직체 없이 활동한다는 것은 사실상 현대적 자원봉사활동에서는 어렵고, 자기만족 외에 아무 의미가 없을 수 있다. 다만, 사회 구성원의 욕구에 비추어 자원봉사활동의 조직체가 자칫 관료적이고 경직되어 있지는 않은지 잘 검토하고 더욱 유연하고 다양한 방식의 운영을 위한 노력은 중요하다.[6)]

(5) 인권 존중

자원봉사활동은 그 활동의 내용과 방법에서 인간의 인권을 존중하고 옹호하는 민주적 성격을 견지해야 한다. 신나치나 KKK 같은 인종차별주의 활동에 참여한다거나 특정 정치적 입장 혹은 종교의 선교 목적으로 활동하는 경우에는 자원봉사활동이라고 하기 어렵다.

종교단체에서 종교적 목적을 가지는 행사에 사람들이 참여하도록 하는 경우에 이는 종교활동(해당 종교단체에서는 신도들의 자원봉사활동이라고 부르더라도)이지 자원봉사활동은 아니다. 특정 정치적 입장이나 특정 종교적 입장을 초월하는 보편적인 인권 증진의 관점이 자원봉사활동의 기본적 특징이다.

---

6) 잭슨 등(Jackson et al., 2019)은 자원봉사활동에 대해 "재정적인 보상 없이 자유로운 의지로 자신의 가족 범위를 넘어선 사람을 위해 시간과 노력을 기울여 행하는 모든 활동을 포함한다."는 에디 호그(Eddy Hogg)의 정의에 기초하여 자원봉사활동 관리에서 공식적 자원봉사활동만이 아니라 비공식적 자원봉사활동을 포함해야 한다고 서술하며 조직성의 의미를 협소하게 규정하는 것을 경계하였다.

2) 자원봉사의 가치에 따른 영향 요인

최근의 자원봉사 가치나 철학에 대한 논의는 공동체적 가치관 복원에 초점을 둔다(Hardy & Cull, 1973). 즉, 인간성 상실과 기회의 불균형에 대한 의혹과 기계, 조직, 제도화, 특히 관료제 등의 비인간적 압력에 대한 저항으로서 자원봉사의 인간 존중과 인화(人和) 추구의 가치가 대안으로 제기되고 있다. 여기서는 현대 자원봉사의 대안적 가치에 대하여 전혀 새로운 가치의 창출이 아니라, 공동체적 윤리성의 복원을 의미한다(이성록, 2004).

자원봉사의 가치는 자원봉사자에게는 성취감과 보람을 가져다주고, 자원봉사활동의 대상이 되는 개인이나 사회에게는 스스로 할 수 없는 일을 도움을 받아서 하고자 하는 일을 이루어 행복감을 가져다주며 보다 나은 생활과 안정된 사회로 더욱 발전시키는 데 기여할 수 있다는 점이다(유용식 외, 2018). 또한 자원봉사에서 가치는 봉사활동의 전과 후 모두에서 자원봉사자와 영향을 주고받는다. 우선 환경, 복지, 인권 등 다양한 분야 중 어떤 분야에서 자원봉사를 하고, 어디에서 어떤 활동을 할 것인가를 결정하는 것은 자원봉사자 개인이 추구하는 가치에 따라 상당 부분 영향을 받게 된다. 다른 한편으로는 자원봉사를 하는 과정에서 자원봉사자가 가지고 있는 기존의 가치가 변화되거나 새로운 가치를 형성하고 내면화시킬 가능성도 있다. 이처럼 자원봉사는 가치에 의해 규정되기도 하고, 가치를 변화시키거나 형성하기도 한다. 자원봉사활동을 통하여 봉사자 개인이나 사회가 추구하고 발전시킬 수 있는 개인적 · 사회적 가치는 다양하며, 일반적으로 다음과 같은 요인이 중요하게 강조된다.

(1) 개인적 가치

첫째, 개인이 가지고 있는 기술과 지식을 나누어 베풀어 줌으로써 학습의 보람과 가치를 느낀다. 자원봉사활동은 개개인이 가지고 있는 지식과 기술을 필요로 하는 사람들에게 제공해 줌으로써 상대방으로 하여금 더욱더 행복한 생활이 되도록 하고, 그러한 생활이 결국 사회의 건전한 발전에 기여하도록 함과 동시에 학습 욕구를 가지게 함으로써 지식과 기술을 더욱 발전시키게 된다.

둘째, 자원봉사자 자신의 자존감과 정신건강에 도움을 준다. 인간의 특성 중 하나는 사회생활을 한다는 것이며, 사회생활이란 각기 다른 사람들 간에 상호 의존하고 사랑을 베푸는 호혜적 관계를 유지하면서 살아가는 삶이다. 특히 자원봉사는 타인에게 도움이 되는 일이고, 매우 행복한 일이며, 일상생활에서의 정신건강에도 매우 도움을 주는 일이다. 특히 펀(fun) 볼런티어의 경우에 더욱 그러하다.

셋째, 자신과 가족에 대한 애정이 강해진다. 자기 스스로가 존엄한 가치로 인정받기 위해서는 당연히 가치 있는 생각과 행동을 해야 한다. 이와 같이 자기 자신뿐만 아니라 타인을 사랑하는 마음은 본질적으로 인간의 생명에 대한 존엄성을 스스로 깨달아야 하기 때문에 결국 가까운 가족에게 소속감과 사랑하는 욕구를 키워 주게 되고, 스스로 가치적인 생활의 적극성을 가지고 사회생활에서의 일탈 행위 또는 사회에 해악을 주는 행위에 대하여 사전에 예방이 가능하도록 한다.

넷째, 자신감과 성취감을 느끼게 한다. 자원봉사자는 자유의지에 의한 자발적인 활동으로 의욕적이며, 최선을 다하기 때문에 성공적일 수밖에 없다. 실천에서도 성공적인 달성 후에 얻게 되는 성취감은 새로운 현장에 대한 자신감과 즐거움을 획득하게 된다.

다섯째, 인격적으로 성숙하고 발전하도록 한다. 자원봉사활동은 개인의 인격적 성숙과 자신만을 위한 생활이 아니라 함께 더불어 살며 서로 사랑하고 도와주는 생활이다. 인격적인 삶이란 스스로를 귀히 여기는 일이며, 스스로를 귀하게 하려면 타인을 귀하게 여기는 일에서 출발해야 한다. 타인의 아픔과 어려움을 나의 일처럼 여기면서 자신의 능력을 다해 함께 살아가고 행동하는 것에서 비롯된다. 이와 같이 인격적인 행동은 자신의 삶과 사회의 성숙함이 바탕이 되며, 인격을 갖추도록 하는 데 바람직한 활동이 바로 자원봉사활동이다.

여섯째, 인간관계를 원만하게 개선해 준다. 자원봉사는 인간적이고 건전한 가치를 추구하는 사람들과의 만남의 기회를 제공해 줄 뿐 아니라 자원봉사자와 클라이언트 간의 깊은 인간적인 만남의 기회를 만들어 주어 더욱 성숙한 인간관계를 형성하게 된다. 자원봉사자가 가지는 개인적인 직위와 직업, 재산, 권력, 성별, 연령을 초월하여 더욱 다양하고 폭넓은 인간관계를 만들어 준다.

마더 테레사 효과(The Mother Teresa Effect)

미국 하버드 대학교 의과대학에서 발표한 연구자료에 의하면, 남을 위한 봉사활동을 하거나 선한 일을 보기만 해도 신체 내에서 바이러스와 싸우는 면역강화 물질이 증가한다는 것을 가리켜서 '마더 테레사 효과'라고 하였다. '마더 테레사 효과'는 헐벗고 굶주린 어려운 사람들에게 자원봉사활동을 통해 돌보며 생활하였음에도 테레사 수녀가 건강하게 장수할 수 있었던 점은 면역강화 물질이 생성되었기 때문이라고 했다.

일곱째, 일상생활에서 즐겁고 안정된 생활을 하게 해 준다. 자원봉사활동은 인간으로 하여금 스스로 미래의 어떤 불완전한 생활에 대하여 또는 예기치 못한 우연한 사고 유발에 대하여 준비하게 하고 그에 따른 마음의 안정을 가져다준다.

(2) 사회적 가치

첫째, 국가나 지방자치단체의 행정이 미치지 못하는 부분에 대한 보완 역할, 자원봉사활동은 법 규정이나 행정기관이 수행하는 정책적 사업 이외의 영역을 담당한다. 자원봉사활동은 이처럼 공식적 업무 이외의 역할을 담당함으로써 더욱 완벽한 사회복지사업의 과업을 수행하는 데 기여한다.

둘째, 공동체의식과 참여 의식 고취, 자원봉사활동은 사회 구성원들로 하여금 실질적으로 투자하는 에너지 활용 이외에 함께 고민하고 함께 행동한다는 공동체의식을 불러일으킬 수 있다. 또한 다른 프로그램에 대한 참여 의식을 더 높여 준다.

셋째, 유휴자원의 효과적인 활용은 사회와 개인의 발전에 기여하며, 사회 구성원들 중에는 부자, 빈자, 사업주, 근로자, 전문 기술자 등 수많은 사람이 공존하는데, 이러한 사람들이 각각 홀로 존재한다면 모두가 불완전하고 불만족스러운 생활을 하게 될 것이다. 그렇다고 해서 사람들을 어떤 공권력에 의해 재조직하거나 다른 자원을 동원할 수도 없는 일이다. 또한 여성, 노인, 퇴직자 등의 유휴자원을 활용함으로써 인적자원을 효과적으로 활용할 수 있으며, 사회복지 재원의 효과적 사용을 가능하게 해 준다. 따라서 자원봉사자들은 스스로 자원봉사활동을 했다는 만족감을 느낄 수 있으며, 사회적으로는 육체적 · 정신적 잉여에너지를 건전한 방향으로 활용할 뿐만 아니라 불필요한 부분으로 낭비되어 다른 문제가 야기되지 않도록 하는 예방 효과도 거둘 수 있다.

넷째, 복지사회로의 발전, 국민의 집단적 이기심과 책무를 도외시하는 권리의 주장, 이와 같은 문제에 대한 해결은 곧 국민 스스로가 복지 의식을 가지는 일이며, 복지사회란 국가뿐 아니라 사회 구성원들 모두가 사회 구성원의 일원으로서 스스로 복지 향상을 추구하는 사회를 의미한다. 이러한 맥락에서 자원봉사자들은 자발적인 봉사활동을 통해서 스스로 책무를 다하는 생활은 물론 이타주의를 실천함으로써 복지국가의 형성에 기여하는 가치를 가지게 된다.

다섯째, 사회 구성원으로서 소속감과 안정감 형성, 인간에게 사회 구성원으로서 소속감과 안정감은 생활의 활력소를 제공해 줄 뿐만 아니라 창조적이고 의욕적인 생활을 하게 한다. 자원봉사활동을 통한 순수한 인간관계는 스스로 인정받고 있다는 인식을 하게 하며, 이러한 안정감으로 응집된 결과는 자신이 홀로 존재하는 것이 아니라 더불어 살아가고 있다는 의식을 갖게 한다. 이와 같은 자원봉사의 동기는 마치 종교적 신뢰감이나 도덕적 이타심이 나타나는 동기들과 동일한 차원에서 찾아볼 수 있다.

여섯째, 정상화 이념과 사회통합 촉진, 자원봉사활동은 사회 구성원으로 하여금 함께 고민하고 행동한다는 정상화 이념과 공동체의식을 고취시키며, 새로운 프로그램 구상이나 실행에 도움이 되는 파급효과를 가져오며 동시에 다른 프로그램에 대한 참여의식을 고양시켜서 사회통합을 촉진시킨다.

일곱째, 계층 및 지역 간의 화합으로 건전한 사회발전, 자원봉사활동은 개인이 실천하는 경우도 있지만 여러 사람이 함께하는 경우가 많다. 자원봉사의 다양한 단계를 거치면서 뜻을 함께하는 사람들 간의 만남이 이루어지고 그러한 봉사 정신은 더더욱 커지게 된다.

여덟째, 사회 구성원의 공동 문제 해결 의지, 사회에 범람하는 풍요 속의 빈곤, 자연환경 파괴로부터 나타나는 두려움 등 어떠한 개개인의 힘으로는 도저히 감당해 내기 어렵거나 국가의 정책적 노력으로도 불가능한 부분에 대해 함께 극복하고 함께 보호함으로써 실질적인 변화뿐만 아니라 심리적 보상으로 문제를 해결할 수 있다는 자신감과 공포로부터 해방감을 느낄 수 있다.

아홉째, 냉소적 이기주의에서 온정적 이타주의 사회로의 변화, 자원봉사의 동기는 기본적으로 온정적 인간애와 타인에 대한 배려와 이타심에서 출발하기 때문이다(유용식 외, 2018).

나비효과(butterfly effect)

나비의 날갯짓처럼 작은 변화가 폭풍우와 같은 커다란 변화를 일으키는 현상으로, 사회적 가치와 비유하여 사용되기도 한다. 나비효과란 기상학의 카오스(Chaos)이론에서 유래된 말로 시작은 작지만, 그 결과는 크게 나타날 수 있다는 의미로도 활용된다.

(3) 경제적 가치

첫째, 거시 경제적 측면의 가치를 들 수 있다. 정부에서는 사회안전망 등 공공복지에 의해서 다양한 사회복지 정책을 펼치고 있으나 이렇게 세밀한 복지정책에서도 누락되는 복지대상자가 있기 마련이다. 자원봉사활동은 이렇게 정부의 세밀한 복지정책에서

누락되는 사회적 소수자들을 위해 활동하고 간격을 메우는 활동에 참여하는 활동이다.

둘째, 미시 경제적 측면의 가치를 들 수 있다. 자원봉사활동에 참여함으로써 정신적인 만족과 성취감을 얻을 수 있으며, 자원봉사자의 지위와 관련된 사회적인 명성을 얻을 수 있다. 또한 자원봉사활동을 통하여 노동시장에서 겪고 넘어야 할 숙련의 과정을 미리 훈련할 수 있다.

셋째, 자원봉사의 경제적 가치를 들 수 있다. 2011년 우리나라 20세 이상 성인의 자원봉사 참여율은 21.4%로 나타났다(볼런티어, 2012). 이를 우리나라 20세 이상 성인 인구수에 자원봉사 참여율을 적용하여 추정한 자원봉사의 연간 경제적 가치는 자원봉사 시간 수로는 약 8억 3천만 시간, 당시 금전적 가치로는 약 13조 3,000억 원으로 추정하였다(2010년 GDP 1,172조 8,000억 원의 약 1.12%에 해당).

(4) 자원봉사기관의 가치

자원봉사기관에서는 직원의 과다한 업무 부담을 나눌 수 있어서 업무의 질적 향상을 도모할 수 있으며, 자원봉사자가 가지고 있는 능력을 활용하여 다양한 새로운 서비스를 확대시킬 수 있다. 또한 대부분의 자원봉사자는 기관과 인접한 지역에 거주하기 때문에 지역사회의 접근성이 용이하며, 기관에 대한 지지자 또는 옹호자가 될 수 있다.

자원봉사기관의 가치로는 다음과 같다. 첫째, 업무의 질적 향상을 도모한다. 둘째, 새로운 서비스영역으로 확대시킨다. 셋째, 운영 경비를 절감할 수 있다. 넷째, 대부분 자원봉사자가 근린 지역에 거주하고 있어서 접근성이 용이하다. 다섯째, 특정의 문제나 클라이언트에 대한 집중적 서비스가 가능하다.

학습 과제

1. 자신이 하였던 자원봉사활동은 무엇이며, 자원봉사활동의 동기는 무엇이었는지에 대하여 생각해 보시오.
2. 자원봉사활동을 통하여 봉사자 자신이나 사회가 추구하고 발전시킬 수 있는 개인적 · 사회적 가치는 다양하다. 봉사자인 자신의 개인적 가치는 무엇이었는가에 대하여 생각해 보시오.
3. 자원봉사활동이 미치는 경제적 가치는 무엇인지에 대하여 생각해 보시오.

참고문헌

강기대(2011). 공공기관의 서비스 품질과 고객 만족 결정에 관한 연구-국립과학수사연구원을 중심으로. 부산대학교 박사학위 논문.

권중돈, 조학래, 김기수(2008). 자원봉사의 이해와 실천. 학지사.

김동배(2005). 시민사회와 자원봉사. 학지사.

김동배, 김선아, 이서원, 장신제, 조학래, 홍영수(2009). 자원봉사의 이해. 학지사.

김범수, 이기백(2021). 자원봉사론. 학지사.

남기철(2022). 자원봉사론. 학지사.

류기형(2004). 자원봉사론. 양서원.

류기형, 남미애, 박경일, 홍봉선, 강대선(2013). 자원봉사론. 양서원

양점도, 김도희, 류기덕, 박귀영, 박영국, 오주, 이금자, 이기량, 이재모(2010). 자원봉사론. 양서원.

양창삼(1997). 사회봉사의 철학과 기능. 한양대학교출판부.

유용식, 원요한, 김봉순, 유길준(2016). 자원봉사론. 양서원.

이병순, 김효정, 민승화, 배미희, 서찬수, 오효근, 조석영(2025). 자원봉사론. 공동체.

이성록(2013). 호모 볼런타스. 미디어 숲.

이윤신, 박성희, 김종경(2014). 간호대생의 셀프리더십, 자기효능감, 대인관계, 대학생활 만족. 한국콘텐츠학회 논문지, 14(6). 229-240.

조휘일(2002). 자원봉사 프로그램 관리. 학지사.

진재문(2014). 몸으로 실천하면 배우는 사회윤리적 인성. 통합인성. 경성대학교 창의인재대학 통합인성교재개발위원회 저. 경성대학교출판부.

진재문, 장유미, 강정희, 이강훈, 신세민, 조명희, 강송희, 정민성, 박성애(2019). 자원봉사와 시민의 삶. 학지사.

한덕웅(1990). 조직 행동의 동기 이론. 학지사.

현외성(2004). 자원봉사론 강해. 학지사.

Pennington, A. (2011). 이기적 이타주의자: 21세기 트렌드를 바꾸는 새로운 소비자 (*The Age of Selfish Altruism*). (김선아 역). 사람의무늬. (원서는 2010년에 출간).

Hardy, R. E., & Cull, J. E. (1973). *Applied Psychology in Law Enforcement and Corrections*. Edinburgh: Thomas.

Jackson, R., Locke, M., Hogg, E., & Lynch, R. (2019). *The Complete Volunteer Management Handbook* (4th ed.). London: Directory of Social Change.

McCurley, S., & Lynch, R. (1996). *Volunteer management*. Downers Grove, IL: Heritage Arts Publishing.

Penner, L. A., Midili, A., Kegelmeyer, J.(1997). Beyond job attitudes: A personality and social psychology perspective on the causes of organizational citizenship behavior. *Human Performance, 10*(2), 111-131.

미디어

딴지일보(2016. 4. 5.). 장기려 박사와 의료보험 그리고 복지에 대해서(https://www.ddanzi.com/ddanziNews).

사이트

1365 자원봉사포털(https://www.1365.go.kr/)

복지넷(https://www.bokji.net/)

월드프렌즈코리아(http://www.worldfriendskorea.of.kr)

한국민족문화대백과(http://terms.naver.com)

한국사회복지사협회(https://www.welfare.net/)

Charities Aid Foundation (2019). (https://kr.linkedin.com/company/charities)

제3부

국내외 자원봉사의 흐름

新 자원봉사론

제6장

우리나라의 자원봉사

학습목표

1. 우리나라 자원봉사의 역사적 흐름과 발전 단계에 대한 이해
2. 우리나라 자원봉사의 추진체계, 관리체계, 지원체계, 자원봉사활동 진흥 계획 등 전반적 운영체계 파악
3. 우리나라 자원봉사의 1990년대 이후의 구조적 변화 분석
4. 2000년대 이후 우리나라 자원봉사의 주요 도전과 새로운 흐름으로 자원봉사4.0에 대한 이해

학습개요

- 제6장에서는 우리나라 자원봉사의 역사, 운영체계, 구조 변화, 새로운 도전과 과제를 학습한다.
  - 1절에서는 우리나라 자원봉사의 역사적 변화 과정을 근대 이전에서 1994년까지, 자원봉사 정부체계가 마련된 1995년부터 2001년까지, 「자원봉사활동 기본법」이 제정된 2002년부터 2017년까지, 자원봉사활동 진흥을 위한 제3차 국가기본계획이 수립된 2018년부터 현재까지의 4단계에 대해 파악한다.
  - 2절에서는 우리나라 자원봉사의 운영체계를 추진체계, 관리체계, 지원체계, 자원봉사활동 진흥 계획을 중심으로 이해한다.
  - 3절에서는 1990년대 이후 우리나라 자원봉사의 구조 변화를 양적 성장, 범위의 확대, 인프라 구축 · 운영, 다양화 및 통합화 필요성 대두 등을 중심으로 분석한다.
  - 4절에서는 2000년대 이후 우리나라 자원봉사의 주요 도전 과제를 살펴보고, 새로운 흐름으로 자원봉사4.0의 주요 내용에 대해 이해한다.

1. 자원봉사의 역사

우리나라 자원봉사의 역사는 근대 이전부터 1994년까지 자원봉사 1단계(자원봉사 1.0), 자원봉사활동을 관장하는 행정체계가 마련된 1995년부터 2001년까지 자원봉사 2단계(자원봉사2.0), 우리나라 역사 최초로 다중적 시민의 자발적 사회참여가 있었고, 세계자원봉사대회 개최가 있었던 2002년부터 2017년까지 자원봉사 3단계(자원봉사 3.0), 그리고 자원봉사활동 진흥을 위한 3차 및 4차 국가기본계획이 진행되었고, 코로나19 팬데믹, 디지털 전환, 자원봉사활동 패러다임 전환이 진행된 2018년부터 현재까지의 자원봉사 4단계(자원봉사4.0)로 구분하여 서술하고자 한다.

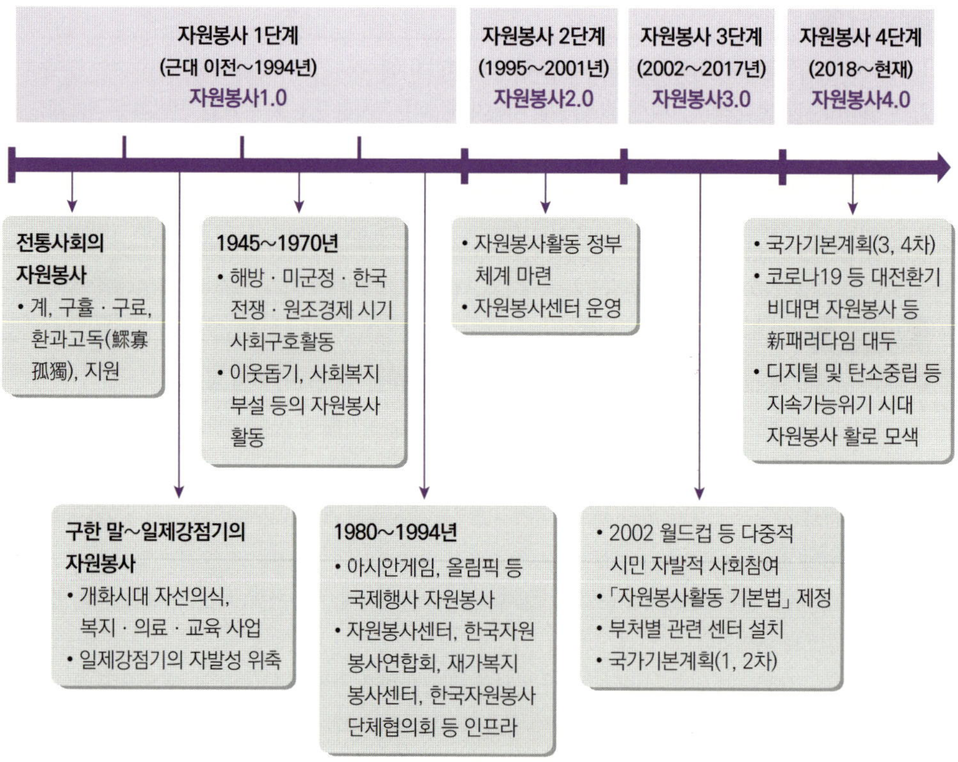

[그림 6-1] 한국 자원봉사의 역사적 단계

1) 자원봉사 1단계(근대 이전~1994년) – 자원봉사1.0

자원봉사 1단계는 근대 이전의 전통사회에서 구한말, 일제강점기, 1945~1970년대를 거쳐 1980년대에 대규모의 자원봉사가 조직화되고, 1990년대 초반에 민간 자원봉사가 전국 단위에서 조직화된 시기이다. 세부적으로 다음과 같이 서술할 수 있다.

(1) 전통사회의 자원봉사

우리나라의 전통적 자원봉사는 지역사회 내 상부상조의 실천에서 이루어졌다. 이는 이미 삼한시대부터 나타났는데, 일종의 계(契)로서 공동의 유희, 관혼상제, 제례 등 크고 중요하지만 혼자는 감당하기 어려운 지역사회 일을 서로 도우면서 시작되었다. 고구려에서는 환과고독(鰥寡孤獨)을 위한 사궁구휼(四窮救恤)이 실시되었고, 백제에서도 가뭄과 흉작 시 어려운 지역을 지원하는 일이 진행되었다(고재욱 외, 2017).

신라시대에는 기존의 계 이외에 촌락 단위에서 농경사회의 상호 협력을 목적으로 하는 두레라는 주민협동체가 형성되었고, 일손이 필요한 농번기에 노동력을 서로 교환하여 인력을 지원하는 품앗이 풍습도 확산되었다. 고려시대 역시 구휼(救恤)과 구료(救療)를 위한 일이 진행되었으며, 제위보(濟危寶)를 중심으로 유랑민과 노비들을 양인으로 전환시켜서 이들을 구제하는 일과 흉년 시 관곡을 대여하는 사업, 일반 백성들의 치료기관 등 다양한 사회적 구제활동이 이루어졌다. 향례(饗禮)를 통해 고령 노인, 독폐질자(篤廢疾者) 등에게 곡식 및 약품을 제공하였는데, 일반 백성의 참여라기보다는 주로 왕실에서 사민여자(思民如子), 즉 부모가 자식을 돌보듯이 국가가 백성들의 삶을 지원해야 한다는 생각에 기초하여 진행되었다. 조선시대에는 지역 주민들의 덕화 및 교화를 위해 자치적 협동조직인 향약(鄕約)이 조직되어 다수 지역에서 운영되었고, 계, 품앗이, 두레, 울력 등 주민들 간의 상부상조적 조직이 활동하였다. 울력은 마을 구성원 중 질병이나 어려운 일을 당했을 경우에 이웃에서 농사나 가사를 서로 도와주는 협력적 활동으로, 주민의 자조적 활동으로서 전통적인 자원봉사적 모습이 투영되고 있다. 민간에서 기부 및 경제적 지원 활동으로는 권분(勸分)이 대표적으로, 이는 경제적으로 여유가 있는 부민(富民)이 직접 기민(飢民)에게 곡식을 나눠 주거나 관아에 바친 부민의 곡식을 기민에게 제공하는 활동이다(이방현, 이방원, 2018).[1]

1) 권분은 지방 수령이 부민뿐 아니라 양인에게까지 곡식을 염출하는 폐해가 있어서 숙종 이후 영·정조에 이르기까지 금지되기도 하였다(이방현, 이방원, 2018).

조선시대에는 기민과 더불어 환과고독(鰥寡孤獨)에 대해서도 지원정책을 실시하였고, 백성의 의료와 관련해서 혜민서(惠民署)가 대민의료의 중심적 역할을 하였으며, 조선 후기에는 각 지역마다 민간 약국(藥局)이 발달하였고, 의료 환경이 취약한 지역에서는 약계(藥契)를 통해 약재를 마련하기도 하였는데, 여기서 지역적으로 상호 협력의 사회를 조성한 자원봉사의 중요한 기초를 발견할 수 있다(조의수 외, 2025).

개항 시기에 수해, 화재, 기근, 전쟁 등 자연재해 및 감염병 상황에 대해 현대 복지국가체제와는 달리 임시적이고 일시적인 대응을 주로 하였다. 제국주의 열강의 침탈 야욕이 강화되면서 지역사회를 중심으로 한 자주적이고 협력적인 상부상조의 전통은 점차 발전에 한계를 가지게 되었다. 이러한 시기에 서구의 제도, 공중보건과 위생, 의료, 군사, 경제 및 산업이 개화파 지식인에 영향을 많이 미쳤고, 사회적 약자, 여성, 낮은 신분계층에 대한 인권 보호 등의 사상도 이전까지의 왕조 중심 인식에서 벗어나 공화제적 인식으로 전환하는 중요한 계기가 되었다. 고아와 무의탁 노인, 여성에 관심을 가지고 이를 지원하는 노력들이 외국 선교사들을 중심으로 전개되었다. 반열방, 태화복지관, 근대교육기관에서 여성 중심의 접근을 하였고, 특히 이들 기관에서 사회적으로 낮은 신분층의 여성을 주로 참여시키면서 여성의 권익과 복지에 대한 강조를 하였다. 선교사와 선교단체들은 고아 및 무의탁 노인 보호, 여성의 권익 향상, 빈민 구제, 의료, 교육, 직업훈련 등 사회보장의 매우 많은 영역에서 새로운 사회복지를 확대하면서 국가 주도가 아닌 민간 주도 자선의 중요성에 대한 인식을 환기시켰다. 국내의 의식 있는 독지가나 단체들도 교육기관 설립, 자선단체 수립 및 활동, 고아원 및 수용 시설 운영, 진민소(賑民所) 등 구휼기관 운영 등 다양한 영역에서 의미가 큰 사회복지 실천을 수행하였다(조의수 외, 2025). 1885년 4월 조선 최초의 서양식 병원인 제중원(濟衆院, 처음에는 광혜원으로 설립)이 선교사 알렌의 제안에 의해 국가 주도로 개원, 운영되었고, 일반 의료활동과 더불어 치료비가 없는 자들에게는 의약품과 치료를 무료로 제공하기도 하였다. 1899년 정부 구료기관으로 내부병원(內部病院)은 1900년 광제원(廣濟院)으로 개칭하여 일반 치료활동과 더불어 빈민의 구료활동을 본격적으로 전개하였다. 특히 광제원은 전체 진료 환자의 80% 이상이 무료 환자로 빈민을 위한 구료기관으로서 역할을 충실하게 수행하였다. 1905년에는 대한적십자사병원을 설립하면서 일반 백성과 군인, 빈민들에 대한 의료활동을 하였다. 구한말 개신교, 천주교에서는 교육, 의료, 고아 구제 사업이 확산되었고, 자선부인회와 같은 자선활동도 활발하였다.

(2) 구한말~일제강점기의 자원봉사

전통사회의 상부상조 활동은 근대적 자원봉사의 맹아적 형태이지만 오늘날과 같은 자원봉사의 기틀을 갖기엔 한계를 가질 수밖에 없었다. 구한말 이후 외세의 침탈과 일본의 식민지가 되면서 자생적 발전을 할 기회를 놓쳤기 때문이다. 대한제국 이후 기독교 등에 의한 박애 사상과 개화사상[2]의 토대 위에서 교회, 시민사회단체, 여성단체들은 자원봉사활동에 나섰으며, 사회복지기관이 만들어지면서 지역사회의 개발, 사회의식 전환, 취약계층 지원 등의 활동이 이루어졌다(고재욱 외, 2017).

20세기 초 기독교의 영향, 근대 시민사회에 대한 인식, 계몽주의, 자선의식이 확대되며 다양한 봉사활동이 이루어졌다. 1903년 대한YMCA연맹, 1905년 대한적십자사, 1906년 반열방, 1921년 태화여자관, 1922년 대한YWCA연합회, 1934년 애린원 등이 설립되어 교육 및 계몽, 직업능력개발, 어린이 보호, 여성 보호, 농어촌 및 지역사회 개발 등 여러 가지 성격의 자원봉사 사업이 진행되었다. 이중 반열방, 태화여자관, 애린원은 감리교 선교사 및 기독교 조선감리회가 설립하여 지역사회활동을 하였고, 대한YMCA 연맹은 4H클럽을 통해 농촌 봉사 및 청소년 지도사업을 주도적으로 실시하였다. 서양의 적십자사 활동을 수용하여 만든 대한적십자사는 빈곤 및 천재지변의 상병자, 일반 환자 등에 대한 치료와 구호활동을 하였다. 천주교, 개신교가 전래되면서 선교기관 및 선교사들은 많은 관련 시설을 설립하고, 고아사업, 양로사업, 시약소(施藥所) 등의 의료사업, 교육기관 등 교육사업을 실시하였는데, 그 재원 및 활동 자원은 대부분 외국에서의 기부 및 자선활동을 기반으로 운영되었다. 1919년 경성보육원, 1927년 경서양로원 등 다수의 시설은 한국인 독지가에 의해 설립, 운영되기도 하였다.

일제강점기에는 자원봉사와 관련하여 민간의 자발적 노력이 없었던 것은 아니었지만 특히 후기로 갈수록 조선의 병참 기지화 등 군국주의가 노골화되면서 자선과 자발성 기초의 자원봉사는 더욱 위축되었다.

(3) 1945~1970년

1945년 해방과 미군정의 실시, 1948년 남한 단독정부의 수립, 1950년 한국전쟁, 절대빈곤과 사회 혼란, 원조경제, 1960년 4.19혁명, 1961년 5.16 군사쿠데타, 1962년 경제개발5개년계획과 고도 경제성장, 1970년대 중화학공업화, 1972년 유신헌법 제정과 권위

---

2) 개국 후 1881년에 신사유람단을 다녀온 박영효, 유길준은 사회적 빈곤 퇴치, 보편교육의 실시, 노비 및 여성에 대한 사회적 약자 지원의 필요성을 강조하였다(이방현, 이방원, 2018).

주의 정치화, 경제성장 이면의 빈부격차 심화 등 1945년에서 1970년대는 격동의 시대였고, 자원봉사는 거친 사회를 따뜻한 자선과 우애로 묶어 주는 통합의 역할을 하였다.

1945년 해방을 맞이하면서 귀환동포 및 빈곤계층을 위해 사회적 구호활동이 전개되었다. 대표적으로 1947년 적십자 부녀봉사대가 인도주의를 기초로 발족되어 전국에 무려 1,400여 개의 조직을 바탕으로 3만 명 이상의 자원봉사자가 가입하여 활동하였다. 그 외에도 봉사 정신이 강한 독지가 및 실천가들에 의해 많은 사회단체 및 사회복지시설이 만들어지고 취약계층에 대한 지원, 교육봉사, 청소년사업, 구호지원 등의 활동이 이루어졌다.

1950년부터 3년여에 걸친 한국전쟁은 500만 명 이상의 사상자와 1,000만 명 이상의 이산가족 및 이재민, 전쟁고아 및 미망인 발생 등 큰 인적 · 경제적 피해를 초래하였다. 전쟁으로 인한 다양한 구호활동이 이루어졌고, 공공과 민간의 총력적인 지원활동이 활발히 전개되었다. 해방 후 1950년대까지는 경제뿐 아니라 사회복지, 구호활동에 해외원조의 영향이 컸다. 영국, 캐나다, 스웨덴 아동구호재단 등 외국의 민간 원조기관이 한국에 진출하여 아동뿐 아니라 가족, 보건의료, 교육, 지역사회 개발까지 광범위한 사회복지활동을 하였다. 외원기관[3]이라고 하는 이들 국제 민간기관의 지원과 활동이 빈민을 포함한 요구호자들의 보호와 구호활동에 기여하였고, 지식, 방법, 기술의 전파에 계기가 되었으며, 현대적 자원봉사 및 복지 발전에 기초를 제공하였다.

1960년대 역시 해외 원조기관이 계속 활동하였으나 인력은 대부분 본국으로 철수하였고, 대표자 등 핵심 인력을 한국인으로 교체하였으며, 우리나라 민간 사회복지시설들이 아동양육시설 등 다수의 분야에 진출하였다.

1970년대는 경제고도화에도 오히려 빈부격차가 확대되어 빈약한 정부재원으로 인해 이웃돕기 운동을 전개하였고, 관 주도형의 모금과 배분활동이 전개되었다. 상부상조와 자선활동의 현대화는 의료협동조합으로도 발전하였는데, 1968년에 발족한 '청십자의료협동조합'은 저소득층 중심의 의료 지지체계로 역할을 하였고, 사회적 약자를 보호하기 위한 상호 연대 운동체로 성장하였다. 1968년 UN원조단이 철수하고, 1970년대에는 봉사(奉仕)라는 용어에서 볼런티어(vounteer)라는 생소한 외래말 용어가 도입되었으며, 볼

3) 외원기관은 본부가 외국에 있고 그 본부의 지원으로 국내에서 보건사업, 교육사업, 생활보호, 재해구호 또는 지역사회 개발 등의 사회복지사업을 행하는 비영리 사회사업기관으로서 사업지원이 외국에서 마련되고 실질적으로 외국인에 의해 운영되는 기관을 의미한다. 외원기관은 조선 말기까지 역사적 연원이 거슬러 올라가지만 대부분은 해방과 한국전쟁 이후에 진출한 기관이 전체의 65%를 넘을 정도로 다수를 이루고 있다(최원규 외, 2021).

런티어협회가 만들어지면서 자원봉사활동이 크게 확대되었다. 자원봉사교육도 볼런티어 스쿨(volunteer school)이란 이름으로 진행되었고, 볼런티어협회가 조직되어 소식지 발간, 자원봉사 홍보 및 수요처 개발 등 열정적으로 활동했다. 1978년에는 한국사회복지협의회에 자원봉사안내소가 부설기관으로 설치되었고, 이곳에서 자원봉사 인력은행의 기능이 이루어졌다. 자원봉사안내소에서 전화를 매개로 하여 자원봉사 지원자들과 수요처에 대한 접수를 받았고, 다수의 자원봉사자를 모집, 훈련을 하였으며, 일선 사회복지시설 등에 안내를 하여 자원봉사활동을 수행하도록 안내하였다.

(4) 1980~1994년

1986년 서울아시안게임과 1988년 서울올림픽은 대규모 국제행사였고, 많은 자원봉사자를 필요로 하였으며, 우리나라 역사상 처음으로 국가적인 자원봉사활동이 조직화되는 계기가 되어 한국 자원봉사에 큰 전환점이 되었다(자원봉사1.0).[4] 1984년에는 한국여성개발원에 자원봉사 인력은행이 설치되었고, 1985년에는 올림픽조직위원회에 자원봉사단이 구성되어 구체적인 조직화가 진행되었다(고재욱 외, 2017). 한국자원봉사능력개발연구회가 서울에 설립되어 활동하였고, 같은 해 대구에 자원봉사자센터가 설립되었다. 1980년대 3저 호황 등 경제적 수준의 향상, 시민들의 의식 발전, 사회공동체에 대한 중요성 각성 등으로 시민들의 자원봉사 참여가 확대되었다. 이후에도 생명의 전화, 사랑의 전화, 다양한 사회복지 시설 및 단체 등을 중심으로 자원봉사자 교육이 이루어졌고, 이를 통해 다수의 자원봉사자 배출과 활동이 확대되었다.

1991년에는 최초의 전문적 민간자원봉사단체로 부산에서 한국자원봉사연합회가 결성되어 적극적 활동을 하였다. 1992년은 UN이 정한 '세계 노인의 해'로 노인 자원봉사활동의 중요성을 인식하는 계기가 되었다. 동년과 1993년에는 보건복지부가 한국사회복지관협회를 통해 사회복지관 부설 재가복지봉사센터를 위탁 운영하여 자원봉사활동이 대규모로 본격화되는 계기가 되었다. 또 1993년 한국사회복지협의회의 자원봉사 전산망이 구축되어 자원봉사활동의 체계적 운영에 큰 기여를 하였으며, 부설 사회복지자원봉사센터가 설립되어 자원봉사자활동 지도자 교육, 자원봉사활동 조사 연구, 교재 발간, 홍보 및 정책 건의의 활동이 이루어졌다(고재욱 외, 2017). 1994년에는 한국자원봉사단체협의회가 설립되어 자원봉사단체 간에 상호 협력과 연계활동을 하였으며, 자원봉

4) 1986년 아시안게임과 1988년 올림픽은 대규모 자원봉사를 필요로 하였고, 이러한 의미에서 자원봉사 1단계 및 1.0에서 가장 정점이 되었던 계기였다고 할 수 있다.

사와 관련한 정보체계가 구축되었고, 지도자 교육, 교재 발간, 정책연구 등을 추진할 수 있었다. 기업에서도 삼성그룹이 자원봉사활동을 회사 내에 본격 도입하였고, 중앙일보는 자원봉사 공익캠페인을 하였으며, 한양대학교 등 몇몇 대학이 자원봉사에 적극적 활동을 펼치기 시작하였다. 요약하면 1980년대 후반에 본격화된 자원봉사1.0단계에서는 대규모 국제행사를 계기로 국가적 자원봉사 조직화가 추진되었고, 1990년대 초 한국자원봉사연합회, 한국자원봉사단체협의회 등 민간 조직화가 이루어진 것이 두드러진 특징이라고 할 수 있다.

2) 자원봉사 2단계(1995~2001년) – 자원봉사2.0

자원봉사 2단계는 자원봉사활동을 관장하는 행정체계가 마련된 것이 중요한 의미를 갖는다(자원봉사2.0). 이 시기에 자원봉사활동을 지원하고 통합적으로 관리할 수 있도록 행정체계가 요구되었고, 이에 1995년 내무부(현 행정안전부) 내 사회진흥과를 두어 관련 업무를 수행하게 되었다(고재욱 외, 2017). 더불어 다음 해부터 전국 지방자치단체별로 자원봉사센터를 설치하여 2002년까지 총 234개소가 설치되었다(목표 대비 98%). 이러한 인프라를 통해 노인 등 사회복지 분야 중심의 자원봉사가 환경, 문화, 지역사회 개발 등 다양한 영역으로 확대되었다.

1995년에는 학계, 정부, 사회복지시설, 기업 등이 서로 협력하여 자원봉사 발전을 도모하기 위해 한국자원봉사포럼이 발족하여 활동하게 되었다. 같은 해에 중요한 자원봉사의 변화는 중고 교육 현장에서 일어났다. 교육부에서 5 · 31 교육개혁 조치의 일환으로 학생들의 봉사학습을 강조하면서 청소년들의 자원봉사가 대규모로 확대되었다. 대학에서도 교양과정을 중심으로 자원봉사 강좌가 개설되었고, 한양대, 동덕여대, 대구대 등의 대학에서 자원봉사 교육이 학점으로 인정되었으며, 1996년에는 다수의 대학이 한국대학자원봉사협의회를 출범시키고 캠퍼스 내외에서 자원봉사활동을 활성화시켰다.

UN은 2001년을 '세계자원봉사의 해'로 지정하고 자원봉사의 확산과 사회 문제에 대한 적극적 대처를 강조하였으며, 자발적 의지에 의한 선택으로 자원봉사의 가치의 중요성을 천명하였다.

이 시기는 자원봉사2.0으로 설정할 수 있는데, 정부가 민간의 자원봉사활동을 지원하기 위해 전문 부서를 만들고, 전국적으로 자원봉사센터라는 관련 체계를 확립하였다는 측면에서 중요한 의미를 갖는다고 할 수 있다.

3) 자원봉사 3단계(2002~2017년) – 자원봉사3.0

2002년 한 · 일 월드컵은 6 · 25 전쟁 이후 시위나 저항이 아니라 응원과 즐거운 의지의 표현으로 시민들이 거리로 나온 첫 역사를 만들게 하였다. 국제행사를 지원하기 위해 다수의 자원봉사자가 참여하였지만, 가장 크게 주목할 부분은 국제 축구 경기 내내 가두에서 거의 모든 국민이 단체 응원을 마음껏 하였고, 질서 유지와 응원 후 청소 등 높은 시민의식을 발휘하였다는 점이다. 2002년 11월에는 IAVE(the International Association for Volunteer Effort) 세계자원봉사대회 조직위원회가 주체하는 제17차 세계자원봉사대회가 우리나라에서 개최되었다. 대회를 통해 전 세계 자원봉사단체 및 전문가의 화합과 교류의 장이 마련되었고, 폐허 속에서 성장한 한국의 국제적 위상과 자원봉사활동을 모든 세계에 알리는 계기를 마련하였다(고재욱 외, 2017).

2005년에는 법률 제7669호로 자원봉사활동의 법적 근거로 「자원봉사활동 기본법」이 처음으로 제정되었고, 다음 해에 시행되었는데, 동법은 자원봉사에 대한 정의, 원칙, 국가적 의무, 법적 지원과 보상 등을 규정하고 있어서 자원봉사활동을 국가가 보장하는 근거로 작용하게 되었다. 동법에서는 자원봉사 진흥을 위하여 민관이 협력해서 모든 국민이 자원봉사활동에 참여하도록 하고, 국무총리를 위원장으로 하는 자원봉사진흥위원회 설치, 자원봉사 보험, 자원봉사단체 지원, 자원봉사센터 설치 및 운영과 관련된 규정을 두었다. 「자원봉사활동 기본법」은 지방자치단체에 관련 조례와 지침을 수립하는 계기가 되었고, 자원봉사 업무의 전문화와 체계화를 가능하게 하였다.

정부 부처별로 자원봉사센터를 두었는데, 행정안전부는 광역시 · 도 및 시군구 총 248개에 자원봉사센터를, 교육부는 총 196개의 학생봉사활동정보안내센터를, 여성가족부는 157개에 시군구 여성자원봉사센터를, 보건복지부는 중앙 및 시도에 사회복지정보센터를 설치하였다. 보건복지부 사회복지정보센터는 전국 3,070개 자원봉사인증센터를 지정하여 운영하였다. 국가청소년위원회는 중앙 및 시도에 17개 청소년활동진흥센터를 설치 및 운영하였다. 자원봉사활동을 촉진하고 관련 인프라를 운영하기 위해 청소년육성발전기금 등 정부기금과 국고보조금, 지방비 등이 편성되어 지원되었다.

2007년 12월 7일 태안군 인근 해상에서 선박 충돌로 인해 다량의 기름이 유출되어 국내 최대의 해양오염 사고가 발생하였다. 삼성예인선단이 해상크레인을 끌고 가던 중 바다에 정박한 유조선 허베이스프리트호와 충돌하여 기름 유출사고가 발생한 것으로, 태안 앞바다에 엄청난 오염이 일어난 것이다. 사고 발생 후 주말마다 전국 각지에서 자원봉사자들이 몰려와 무려 연인원 964,000여 명이 수작업으로 일일이 기름때를 제거하였으며, 이러한 자원봉사에 의한 재난 극복 기록물은 2022년 11월 26일 유네스코 세계기록유산 아시아태평양 지역목록으로 최종 등재되기도 하였다.

2008년에는 최초의 자원봉사 국가기본계획인 '자원봉사활동 진흥을 위한 제1차 국가기본계획(2008~2012년)'이 수립 및 시행되었는데, '자원봉사 국가-행복한 사회'라는 비전하에 ① 자원봉사활동의 가치 증진과 참여 촉진, ② 자원봉사활동 인프라의 효율화 증진, ③ 자원봉사활동 관리 및 핵심 인력 양성, ④ 자원봉사활동 연구 기반 조성, ⑤ 자원봉사활동 국제교류 활성화의 5개 정책영역과 총 13개의 정책과제를 제시하였다. 이 계획은 자원봉사 국가계획의 방향과 인프라 구축 등에 중점을 둔 정책 내용으로 평가할 수 있으며, 특히 한국자원봉사센터의 설치, 지역별 자원봉사센터 인프라 강화, 자원봉사 참여율 증대 등의 성과가 나타났다. 하지만 환경 변화 반영 미흡, '자원봉사자들의 가치 증진 및 참여 제고, 전문 인력 양성 등의 개선이 필요하였다. 2013년부터는 '자원봉사활동 진흥을 위한 제2차 국가기본계획(2013~2017년)'이 '참여와 나눔, 지속가능한 미래'라는 비전과 성숙한 자원봉사 문화의 확산, 생애주기별 시민참여 확대, 시민사회 역량 강화의 3대 목표, 그리고 자원봉사 문화와 참여, 자원봉사 지원 인프라, 자원봉사 관리와 개발, 자원봉사 연구와 평가, 자원봉사 글로벌 협력의 5대 정책영역하에 14개 정책과제 및 35개 세부과제가 시행되었다. 법령 등 제도적 기반 구축, 인적자원 양성 제도 도입, 종합정보시스템 등 물적 인프라의 구축, 자원봉사 관련 모형 개발 등 연구사업, 주체 및 분야별 활성화와 전문성 추진, 새로운 프로그램 개발 및 추진 등이 중요한 내용을 이루었다. 제2차 국가기본계획에서는 여러 부처별 자원봉사 영역의 확장과 상호 연계 기능 강화, 자원봉사 제도 및 정책 정비, 자원봉사활동 관리 표준화와 전문성 교육, 지역사회 리더 육성 등의 내용이 강화되었다. 특히 제2차 국가기본계획은 자원봉사 분야의 제도화 및 양적 성장의 성과가 있었으나 이와 연동한 자원봉사의 실질적 참여로까지는 이어지지 못한 한계도 있다.

종합적으로 보면 자원봉사 3단계는 2002년부터 2010년대 중반으로 자원봉사활동의 총괄적 기본이 되는 「자원봉사활동 기본법」이 제정되었고, 자원봉사활동 진흥을 위한 국가기본계획이 두 차례 수립되었으며, 한일 월드컵의 자발적 응원, 태안 기름 유출 같은 재난에 대한 범국민적 대응 등으로 능동적 참여형 자원봉사가 시민 삶의 중심에 자리 잡았다는 측면에서 주요 전환기였고, 이를 자원봉사3.0으로 규정할 수 있다.

4) 자원봉사 4단계(2018~현재) – 자원봉사4.0

자원봉사 4단계는 '자원봉사활동 진흥을 위한 제3차 국가기본계획(2018~2022년)'과 '자원봉사활동 진흥을 위한 제4차 국가기본계획(2023~2027년)'이 진행되어 현재까지 이르는 기간이다. 3차 국가기본계획에서는 비전인 '성장하는 자원봉사, 함께 가는 대한민국', 목표로 시민성과 공공성 기반의 자원봉사 가치 확장(패러다임), 협력과 책임의 자원봉사 거버넌스 구현(구조), 연결과 순환의 자원봉사 생태계 조성(실천)이 제시되었다. 2차 계획과 유사한 5대 정책영역과 17개 정책과제, 36개 세부과제가 제시되었다. 3차 계획은 가치 기반 이행 중심의 질적 개선, 평가 및 연구 과정 내실화, 자원봉사활동의 질적 개선, 국정과제와의 연계 등이 핵심적 내용으로 제시되었다. 자원봉사 공로 인정 및 예우, 지방자치단체별 프로그램의 다양화, 비대면 자원봉사활동 기반 마련, 통합보험 가입, 포털 개편 및 보안 강화, 온라인 교육 플랫폼 및 학습 관리 시스템, 자격제도 도입 추진 연구 등의 성과가 있었으나 지방자치단체별 자원봉사진흥위원회 설치, 자원봉사센터 민간화, 교육 전담체계 마련, 성과평가모형 구축 등은 개선의 필요성이 있는 것으로 나타났다.

최근 자원봉사의 환경, 활동 방식, 가치 등에 가장 큰 영향을 미친 것은 코로나19일 것이다. 코로나19는 2019년 11월 중국 후베이성 우한시에서 최초 발생하여 발생 2개월 만에 국경을 넘어 우리나라에도 확산되었고, 3개월째는 대부분의 국가로 퍼져나갔으며, 세계보건기구(WHO)는 3월 11일 결국 팬데믹을 선언하였다. 이후 전 세계 역사는 코로나 이전과 코로나 이후로 구분해야 한다고 할 정도로(Friedman, 2020) 인류 역사상 최초의 전 지구적 감염병에 의한 최대 피해가 발생한 사건을 경험하게 되었다. 2020년 상반기 코로나19 초기에 대규모 확진자가 발생하고, 병상과 의료진의 부족으로 어려움을 겪었으며, 방역 마스크 부족, 사회적 거리두기로 인한 고립계층 증가, 취약계층의 의료, 돌봄, 복지서비스와 일상적 생활의 중대한 위기를 겪었다(초의수, 민은주, 2024). 이러한 재난에서 가장 중요한 것은 재난의 대응과 극복인데, 이에는 정부의 정책적 노력이 핵심이지만 전 사회적 참여와 자원봉사 역시 결정적 관건이 된다. 코로나19가 국내에서 발발한 2020년 상반기에만 약 60만 명에 달하는 시민이 참여할 정도로(김동훈, 2020; 노법래 외, 2022) 자원봉사는 적극적으로 이루어졌다. 시민들은 방역과 자원 제공에 적극적 역할을 하였으며, 초기 마스크 부족에서 천으로 된 마스크 제작과 공급에 나선 '마스크 의병'의 자원봉사도 전국적으로 전개하였다. 장애인 및 노인 등 취약계층을 위한 밀키트 등 생활용품 공급의 구호활동에 적극적이었으며, 보건의료 등 재난 필수 영역 종사자들에 대한 응원활동 등도 활발히 전개하였다. 특히 온라인과 같은 비대면 자원봉사 영역의 확대 등 다양한 영역에서 획기적 변화도 발생하였다(초의수, 민은주, 2024).

현재 자원봉사활동은 이전의 내용과는 다르게 매우 다양한 영역에서 이루어진다. 이는 앞서 제3장에서 본 바와 같이 자원봉사활동에만 국한되지 않는 사회적 공공선과 공동체의 이익, 사회적 가치에 기여하는 다양한 활동을 포괄하는 행위들의 확대이다. 정부도 사회적 기여활동을 포괄하는 주요 내용들을 정책적으로 확대할 필요성에 주목하고 있는데, 여기서 사회기여활동이란 사회가치를 촉진하고, 공익을 구현하며, 사회를 성장시키고, 자아실현 등을 위한 일련의 호혜적이고 자발적인 일체의 활동이다(관계부처합동, 2022). 정부가 밝힌 사회기여활동 활성화 방안은 총 5가지로 제시되고 있는데(관계부처합동, 2022), 첫째는 인식 제고로 ① 시민교육 및 포럼과 연계한 나눔형 인재 양성, 사회기여활동 관련 홍보 강화 등 교육・홍보 강화, ② 지역별 우수 사회 기여 우수사례 발굴 및 사회 기여 공헌자에 대한 정부 포상 등 우수사례 발굴 및 확산이 제시되었다. 둘째는 참여 편의성 향상으로 ① 사회기여활동 정보 종합 안내서 제작 및 코디네이터 확보, 사회기여활동 매칭・추천 지원의 정보 제공 확대, ② 소규모 기여 공동체 활성 및 생애주기별 맞춤형 프로그램 발굴 등 다야한 프로그램 발굴 및 제시, ③ 비대면 활동 다각화 등 지리적 접근성 제고가 주요 과제이다. 셋째는 참여 유인 제공으로 ① 사회 기여 마일리지 운영, ② 사회활동 기여자에 대한 사회적 예우 강화가 제시되었다. 넷째는 관리 신뢰성 보장으로 ① 참여자에 대한 안전관리 강화, ② 사회기여활동 환류 시스템 도입 등 질 향상이 핵심 과제이다. 다섯째는 인프라 정비로 ① 사회 기여 통합관리 플랫폼 운영, ② 사회기여관리 통계 등 데이터 관리 체계화가 제시되었다.

2020년부터 시작된 코로나19와 4차 산업혁명으로 대전환기를 맞아 '자원봉사활동 진흥을 위한 제4차 국가기본계획(2023~2027년)'이 수립되었다. 비전은 '자원봉사 가치 확장과 참여 확산, 연대와 화합으로 따뜻한 대한민국'이고, 핵심 가치 및 목표는 '연대 성장과 지역공동체 활성화(연대와 성장)' '지속가능한 자원봉사 생태계 조성(지속가능성)' '변화를 주도하는 혁신적 자원봉사(변화와 혁신)'가 제시되었다. 정책영역은 자원봉사 문화와 참여, 자원봉사 인프라 및 관리, 자원봉사 특성화 및 전략사업이며, 총 14개 정책과제와 33개 세부과제가 제시되었다. 6대 전략은 자원봉사 영역 확장과 방식의 다양화, 통합적 위기 및 재난 대응, 지역사회 중심 일상적 자원봉사 확산, 자원봉사 지식 기반과 환류체계 구축, 자원봉사 지원 고도화, 민간주도 자원봉사 거버넌스 재구성이다.

4단계 자원봉사는 전환기 패러다임의 변화에 기초해 있다. 기존의 참여 방식이 대면성, 집단성, 공식성, 정규성이라고 한다면, 새로운 자원봉사 패러다임은 온라인 자원봉사와 같은 비대면성, 비공식성, 비정규성, 개인적 일대일 접근 방식으로 전환하고 있다. 기존의 자원봉사가 박애 주의와 자선주의에 머물렀다고 한다면, 새로운 활동은 지역사회의 문제 해결을 위한 공공성, 시민성의 기반을 강조하고 있다. 자원봉사의 유형도 서비스뿐 아니라 물질, 경제 등 다양한 영역으로 확산되고 있으며, 개인을 넘어선 집합적 성과를 기대하는 방향으로 발전하고 있다.

4단계 자원봉사는 자원봉사4.0으로 압축된다. 자원봉사4.0은 코로나19로 촉발된 비대면 자원봉사활동의 확대, 온라인 및 디지털 자원봉사의 본격화, 전문자원봉사활동의 촉진이 두드러진 특징이다. 특히 이 시기는 기후 위기 대두, 온실가스 감축, 에너지 전환 등 환경과 생태적 문제, 탈탄소화(de-carbonization)가 본격화되었으며, AI, ICT 등 4차산업혁명과 디지털화(digitalization)가 심화되어 이들 영향이 자원봉사의 환경과 활동에 커다란 변화를 야기하였다. 사회 문제 해결에 과학기술 및 정보화를 접목시키는 혁신형 자원봉사가 촉진되었고, 전산 코디네이터 등 신기술의 접목도 확대되었으며, 코어경제 및 시장경제가 상호 결합되는 융합형 자원봉사도 확산되고 있다. 타임뱅크활동과 같은 비공식 자원봉사나 새로운 사회공헌활동이 두드러지게 나타나고 있다. 이러한 배경하에 '자원봉사활동 진흥을 위한 제3차 국가기본계획(2018~2022년)'에 이어 '자원봉사활동 진흥을 위한 제4차 국가기본계획(2023~2027년)'이 추진되고 있다.

2. 자원봉사 운영체계

자원봉사활동은 다양한 운영체계의 지원을 통해 계획적이고 조직적으로 촉진될 수 있다. 이러한 자원봉사 운영체계는 한국의 경우에 크게 보면 추진체계, 관리체계, 지원체계로 구분해 볼 수 있다.

1) 추진체계

우리나라의 「자원봉사활동 기본법」(제8조)과 동법 시행령(제2조)에서의 최고 정책 심의 기구는 자원봉사진흥위원회이며, 관련 주관 부처는 행정안전부와 여성가족부, 교육부, 문화체육부, 보건복지부, 외교부 등을 들 수 있다. 자원봉사진흥위원회는 자원봉사 진흥을 위한 정책 방향을 설정하고, 국가기본계획과 연도별 시행계획을 심의하며, 관련 제도를 개선하기 위한 사항을 조정하는 역할을 수행한다. 위원장은 국무총리이며, 기획재정부, 교육부, 법무부, 보건복지부, 여성가족부, 국무조정실 장관을 당연직 위원(총 8명)으로 하고, 그 외에 자원봉사단체, 학계, 사회공헌, 청소년, 사회복지, 언론 등 분야별 위촉직 민간위원(17명)으로 구성한다. 자원봉사진흥위원회 산하에 자원봉사진흥실무위원회(위원장: 행정안전부 차관)를 두고 있으며, 실무위원회는 시도 및 시군구 자원봉사 담당부서와 연결되어 있다.

주요 추진 조직으로는 자원봉사센터, 사회복지자원봉사관리본부, 청소년활동진흥센터 등이 있다(류기형 외, 2020). 자원봉사센터는 「자원봉사활동 기본법」 제19조와 동법 시행령 제15조에 근거하여 설치 및 운영되는 기구로, 중앙과 지역 자원봉사센터가 있다. 자원봉사센터는 동법 제3조 4호에 따라 '자원봉사활동의 개발 · 장려 · 연계 · 협력 등의 사업을 수행하기 위하여 법령과 조례 등에 따라 설치된 기관 · 법인 · 단체 등'을 지칭하며, 자원봉사활동을 체계적으로 활성화함으로써 시민(주민) 역량을 강화하고 사회 문제를 해결하며 더불어 살아가는 공동체를 구축하고자 설립되었다. 운영의 원칙은 민간 주도성, 주민 주도성, 전문성, 책임성, 투명성, 중립성이다. (재)한국중앙자원봉사센터는

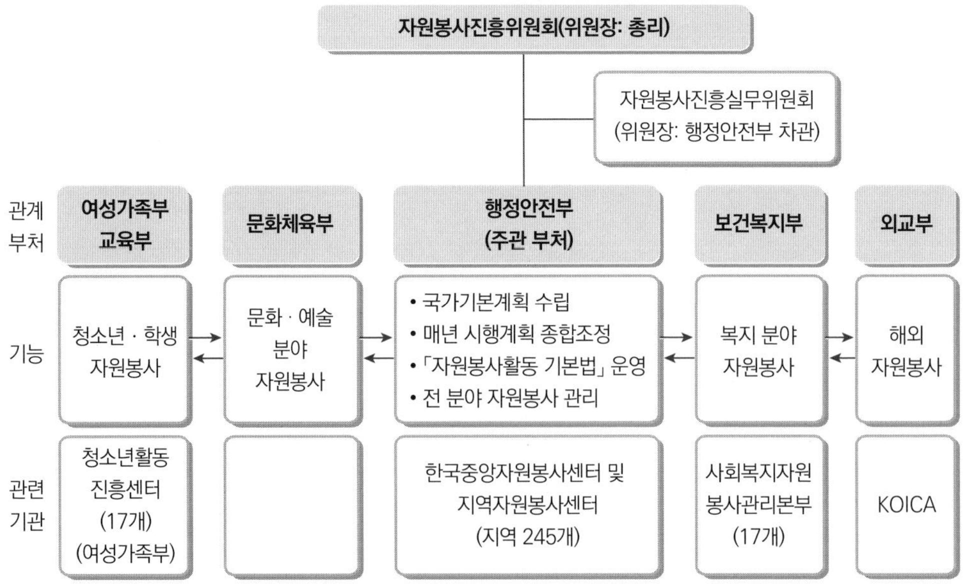

[그림 6-2] 자원봉사위원회와 자원봉사 업무 추진체계

자료: 서종희 외(2019).

자원봉사활동을 지원하고, 전문성 보완과 운영의 활성화를 중심으로 17개 광역시 · 도 및 시군구 자원봉사센터 네트워크 등 전국적인 자원봉사활동의 허브 역할을 수행한다. 사람, 연대 협력, 현장의 3가지 핵심 가치를 제시하고 있으며, 비전(vision)은 '모든 국민의 자원봉사 참여로 만드는 안녕한 대한민국'이고, 미션(mission)은 '자원봉사 지원체계의 허브'이다. (재)한국중앙자원봉사센터 활동의 핵심 목표는 현장 중심의 자원봉사 정책활동, 사회 변화를 위한 역량 강화, 시민이 주도하는 참여 문화 조성이고, 주요 사업은 지역사회 활력 증진 자원봉사 지원, 그린 볼런티어 네트워크, 자원봉사 아카이브 운영, 1365 자원봉사 포털 운영, 자원봉사활동 관리 지원, 자원봉사 인정 및 예우, 자원봉사 정책 개발, 자원봉사관리자 역량 강화, 중앙 통합자원봉사지원단 운영 등이 중심이다.

한국자원봉사센터협회는 「민법」 제32조에 근거한 비영리법인(행정안전부 등록)의 전국 자원봉사센터 협의체이다. 주요 사업은 지역 자원봉사센터 간의 정보 교류 및 협력사업, 자원봉사활동에 관한 조사연구사업 및 정책개발사업, 자원봉사활동 계몽 및 홍보

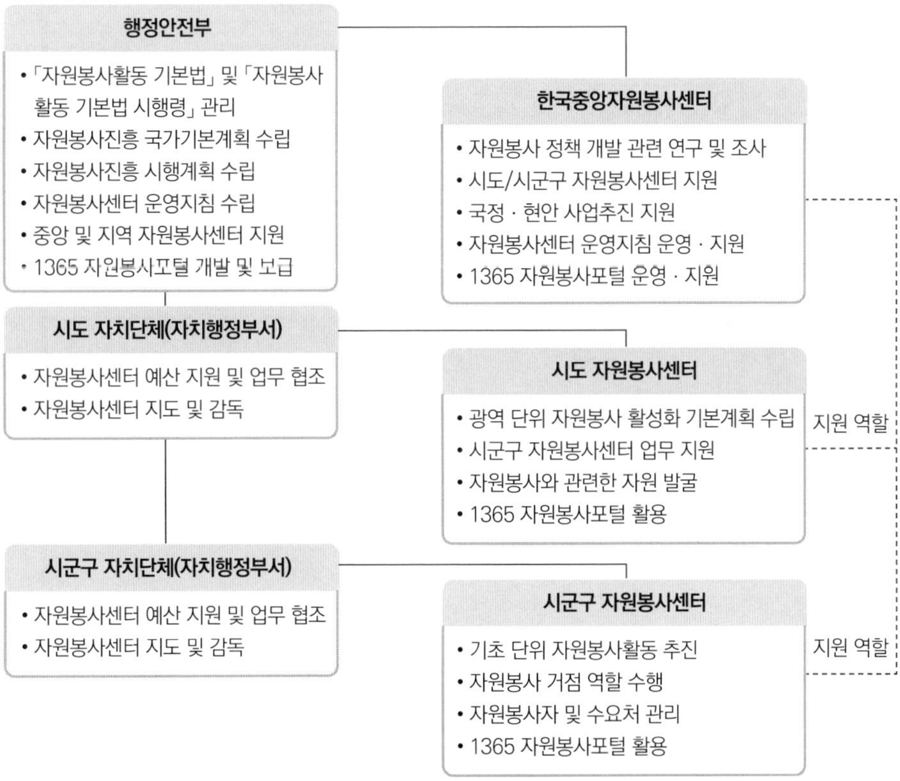

[그림 6-3] 자원봉사센터 중앙-시도-시군구 운영체계

자료: 행정안전부(2024).

사업 등이 있다.

한국자원봉사협의회는 「자원봉사활동 기본법」 제17조에 근거한 민간 자원봉사단체(121개)의 협의기구로, 자원봉사활동을 진흥하기 위한 목적으로 설립되었다. 주요 사업으로는 자원봉사활동의 진흥을 위한 대국민 홍보, 자원봉사활동과 관련된 정책의 개발 및 조사.연구, 자원봉사단체 간 협력 및 지원 사업, 자원봉사활동 진흥을 위한 국제교류 등을 들 수 있으며, 회원단체 간 친선 협력, 자원봉사 홍보 및 국제교류 등의 기능을 수행한다.

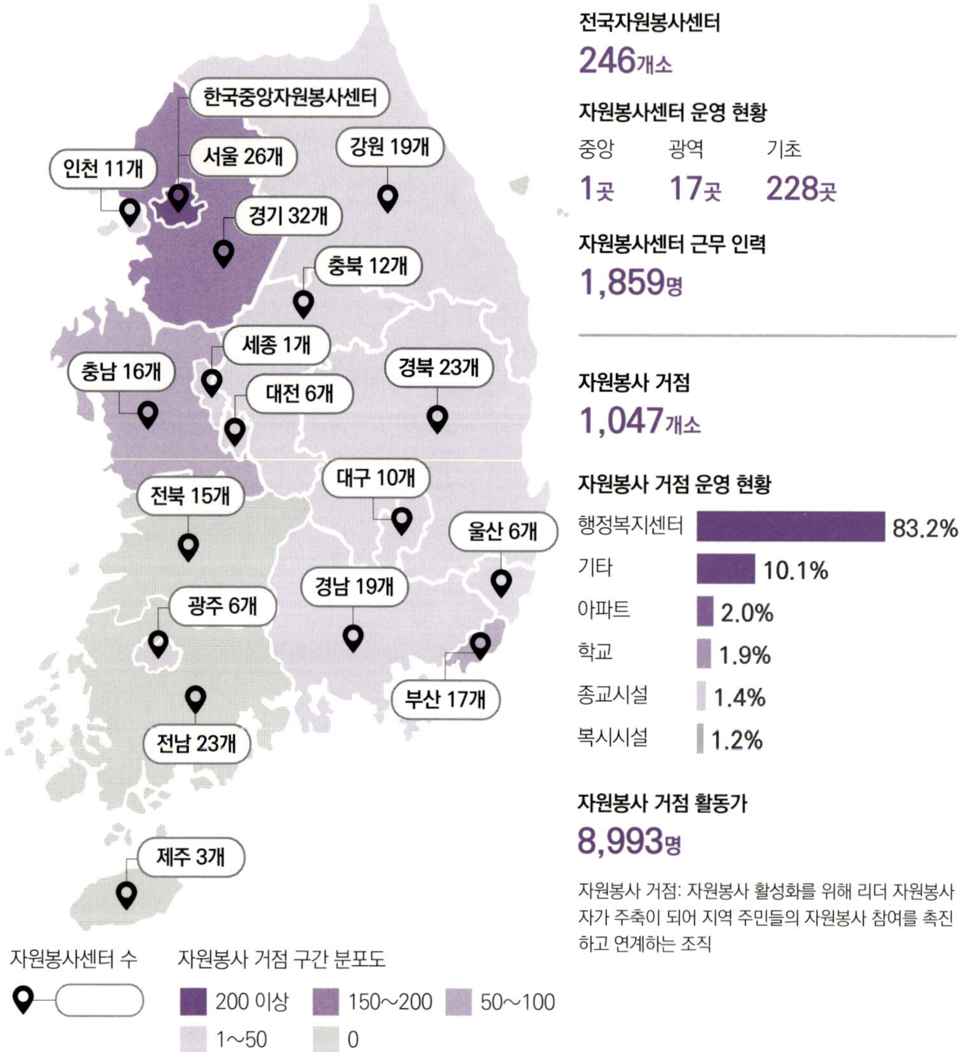

[그림 6-4] 자원봉사센터 현황(2024년)

자료: 행정안전부, (재)한국중앙자원봉사센터(2024).

자원봉사센터는 행정안전부-시도-시군구의 정부의 행정체계와 중앙-시도-시군구의 자원봉사센터의 체계를 통해 운영되고 있다.

2024년 기준 지역 자원봉사센터 중 광역 자원봉사센터는 17개 시도에, 기초자원봉사센터는 전국 228개 시군구에 설치되어 있다(총 246개). 자원봉사 거점은 1,047개소로 행정복지센터(83.2%)에 대부분 설치되어 있어 공공시설의 비중이 높고, 그 외에도 아파트(2.0%), 학교(1.9%), 종교시설(1.4%), 복지시설(1.2%), 기타(10.1%) 등 소규모이지만 다양한 민간시설에서 운영되기도 한다. 사용 방식은 무상 임대가 58%로 과반을 넘고, 유상 임대 29%, 자가 소유 13%의 비중을 차지하고 있다. 전국 자원봉사센터의 운영형태를 보면 직영 113개(45.9%), 법인 97개(39.4%), 위탁 36개(14.6%)로 직영이 가장 많은 실정이나 지난 5년간의 변화를 보면 점차 법인의 비중이 증가하고 있다. 자원봉사센터 근무 인력은 1,859명으로 근무인력 1인당 지원하는 자원봉사자 수는 8,316명이고, 총 거점 활동가는 8,993명에 이른다.

〈표 6-1〉 중앙-광역-기초 자원봉사센터의 주요 역할

중앙센터	광역센터	기초센터
• 자원봉사 정책 개발 및 연구 • 중앙 단위 자원봉사 기관 · 단체, 기업과 협력체계 구축 • 지역 자원봉사센터 지원 및 협력 • 자원봉사 아카이브 운영 • 자원봉사 국제교류 및 협력 • 1365 자원봉사포털 위탁 운영 • 자원봉사센터 행정업무정보화 지원 • 재난 대응 및 지원체계 구축(현장 자원봉사센터 설치 및 운영 지원 등) • 자원봉사 확산을 위한 홍보 및 문화행사 • 그 밖에 자원봉사 진흥에 기여할 수 있는 사업 추진	• 중앙 센터 및 시군구 센터와 협력체계 구축 • 광역 단위 기관 · 단체, 기업과의 협력 • 시군구 자원봉사 관리자 및 지도자 대상 교육 • 자원봉사 프로그램 개발 · 보급 • 지역 자원봉사 활성화를 위한 조사 · 연구 • 시군구 센터 간 정보 교류 및 사업 조정 · 지원 • 1365 자원봉사포털 서비스 이용 및 회원 정보 관리 · 운영 • 재난 대응 및 지원체계 구축(시군구 현장 자원봉사센터 설치 및 운영 지원 등) • 그 밖에 특별시 · 광역시 · 도 지역의 자원봉사 진흥에 기여할 수 있는 사업	• 기초 단위 기관 · 단체들과의 협력체계 구축 • 읍면동 자원봉사자 모집 및 교육 · 홍보 • 자원봉사활동 수요처에 자원봉사자 배치 • 자원봉사 프로그램 운영 • 지역 자원봉사 및 공동체 활성화의 거점 역할 수행 • 자원봉사 관련 정보의 수집 및 제공 • 1365 자원봉사포털 서비스 이용 및 회원정보 관리 · 운영 • 현장 자원봉사센터 설치 및 운영 • 그 밖에 시군구 지역의 자원봉사 진흥에 기여할 수 있는 사업

자료: 서종희 외(2019).

사회복지자원봉사관리본부는 「사회복지사업법」 제9조에 근거하여 사회복지 영역의 자원봉사활동을 지원하고 촉진하기 위해 한국사회복지협의회와 시도 및 시군구 사회복지협의회에 설치된 기구이다. 이는 1994년부터 운영된 사회복지자원봉사 정보안내센터가 전환된 것으로, 사회복지 관련 시설, 기관, 기업 등과 연계하고, 홍보활동을 통해 자원봉사자가 모집되면 개인 및 사회복지시설의 수요처와 연계하는 기능을 수행한다. 중앙에는 중앙사회복지자원봉사관리본부가 전체 사회복지자원봉사의 전반적 기능을 총괄하고 시도 및 시군구의 지역, 기초관리본부는 지역의 자원봉사 관리를 총괄한다(류기형 외, 2020). 사회복지 분야 법인, 단체, 기관에는 자원봉사관리센터를 두어 사회복지 자원봉사자의 모집 및 배치, 실적 관리 업무를 운영한다. 사회복지 자원봉사는 다양한 복지 수요에 맞춤형 자원봉사를 제공하여 공공 사회복지서비스 사각지대를 완화하고, 국민복지 향상에 기여하기 위해 자원봉사자의 실적을 체계적으로 집계 및 관리하며, 봉사활동의 동기부여, 자원봉사 문화 조성을 위한 사업을 수행한다. 사회복지자원봉사관리본부의 사회복지 분야의 자원봉사의 전반적 지원 내용은, ① 전국의 사회복지 자원봉사 운영관리, ② 자원봉사에 관한 조사연구, 정책 건의, 홍보 출판, ③ 사회복지 자원봉사 인증관리시스템(VMS) 구축/운영(자원봉사자의 봉사활동 실적관리 등), ④ 자원봉사자에 대한 인정 및 보상 제공과 자원봉사 종합보험 운영[사망 및 후유 장애, 의료비, 입원비, 타인(수혜자)의 물질 손괴 보상 등], ⑤ 기타 사회복지 자원봉사 활성화 사항(사기 진작 및 동기부여) 등으로 구성된다. 자원봉사자의 신청은 전화(1688-1090)로 하거나, 온라인 신청(사회복지 자원봉사 인증관리 홈페이지: www.vms.or.kr)을 하면 전화는 가까운 지역관리본부로 연결되어 상담 후 자원봉사활동에 참여할 수 있고, 온라인의 경우에는 등록 후 메뉴에서 본인이 원하는 봉사활동을 조회 후 봉사참여하기 관리센터나 수요처와 연결하여 실제 봉사활동에 참여할 수 있다. 2024년 12월 기준 자원봉사 관리센터는 총 13,810개이며, 인증관리요원은 26,418명이다.[5] 지역사회봉사단은 총 3,768개로 활동 분야별로 보면 노력・행정 1,179개(32.7%), 보건・의료 206개(5.7%), 문화・예술 443개(12.3%), 교통・환경 68개(1.9%), 기술・기능 532개(14.7%), 교육・학습 589개(16.3%), 상담・정보 88개(2.4%), 재가・운영 504개(14.0%)로 노력・행정, 교육・학습, 기술・기능 순으로 높게 나타났다(보건복지부, 한국사회복지협의회, 2023).

청소년활동진흥원은 「청소년활동진흥법」 제6조에 근거하여 청소년 육성에 관한 필요

5) V사회복지 자원봉사인증관리(https://www.vms.or.kr/statistics/societyType.do, 2024년 12월 검색).

한 정보 등의 종합적 관리 및 제공, 청소년수련활동 인증제도의 운영, 청소년활동 프로그램의 개발 및 보급뿐 아니라 청소년 자원봉사 활성화를 위해 설치된 기관이다. 아울러 동법 제7조에 광역시 · 도 및 시군구에 지방청소년활동진흥센터를 설치하도록 하고 있는데, 지역 청소년활동의 요구에 관한 조사, 청소년수련활동 인증제도의 지원뿐 아니라 지역 청소년 자원봉사활동의 활성화 등의 사업을 수행하도록 하고 있다.

자원봉사활동의 시스템은 행정안전부의 1365 자원봉사포털, 보건복지부 VMS, 교육부 NEIS, 여성가족부의 청소년자원봉사 중심의 DOVOL 등이 운영되고 있으며, 각 부처별 시스템은 서로 연관되어 있고, 상호 실적과 정보의 연계 및 제공이 이루어지고 있다.

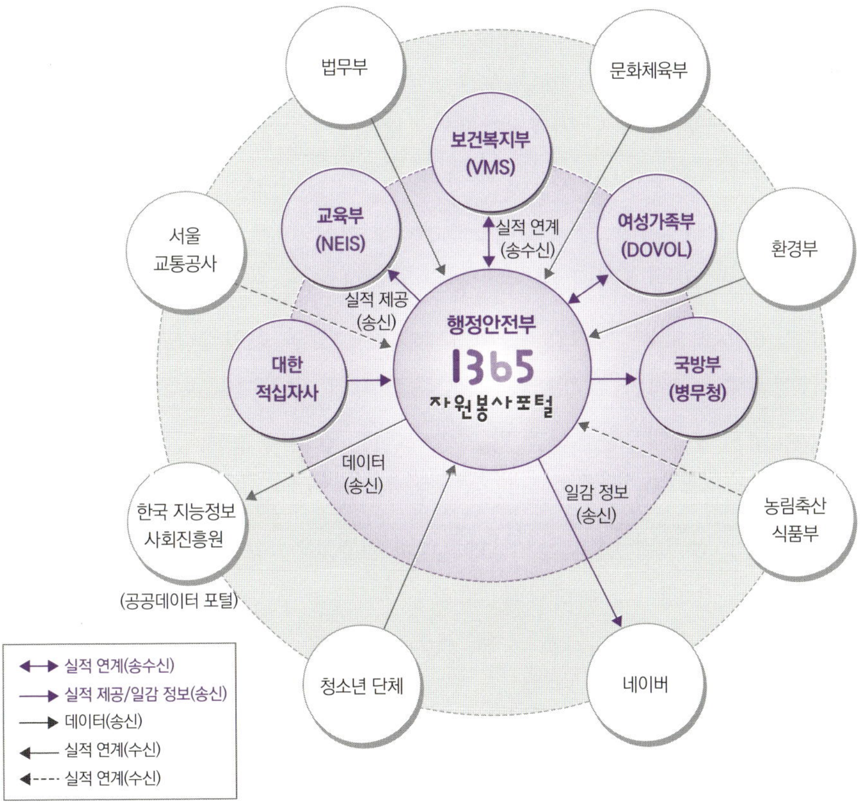

[그림 6-5] 자원봉사 시스템 연계 현황

자료: 행정안전부, (재)한국중앙자원봉사센터(2024).

자원봉사활동 추진체계의 재원은 정부재원과 민간재원으로 구성되며, 정부재원은 국고보조금, 지방비, 정부기금이 있고, 민간재원은 비영리민간단체 지원금, 자체 사업비, 모금 및 후원금으로 구성된다. 2023년 자원봉사센터의 총 예산은 181,813백만 원으로 전년 대비 11.3% 증가하였는데, 이 중 시군구 비가 60.0%로 2/3 가까이 차지하고 있고, 시도 비 22.6%, 기타 10.4%, 국비 7.0%를 차지하고 있다. 동년 집행은 169,239백만 원으로 전년 대비 15.1% 증가하였으며, 인건비 46.6%, 사업비 32.8%, 운영비 11.8%, 기타 8.7% 등의 순으로 높은 비중을 차지하였다.

2) 관리체계

(1) 관리 인력

자원봉사활동의 관리체계는 인력 및 과정을 중심으로 살펴볼 수 있다. 관리 인력은 자원봉사활동의 전문적 · 체계적인 운영을 위해 필수적인데, 자원봉사자자의 모집, 교육 · 훈련, 배치, 지도 감독, 평가 등의 중요한 역할을 수행한다. 자원봉사센터를 중심으로 2023년 근무 인력 현황[행정안전부, (재)한국중앙자원봉사센터, 2024]을 보면 총 1,859명 중 여성이 66%, 남성 34%로 여성이 다수를 차지하였다. 연령대별 구성을 보면 20대 12%, 30대 27%, 40대 29%, 50대 23%, 60대 이상 9%로 30대에서 50대가 대부분이었다. 소속은 91%가 민간인이 대부분이고, 공무원은 9%로 낮게 구성되었다. 근무 인력 1명당 지원하는 자원봉사자는 8,316명으로 매우 높은 편이었다. 자원봉사센터 근무 인력의 급여 수준은 3천만 원 미만 24%, 3~5천만 원 미만 52%, 5~7천만 원 미만 21%, 7천만 원 이상 3%로, 대부분 3천만 원 미만의 낮은 급여 수준인 것으로 나타나 다른 센터보다 열악하였을 것이다. 관리 인력의 근무기간은 1년 미만 22%, 1년 이상~3년 미만 23%, 3년 이상~5년 미만 13%, 5년 이상~10년 미만 18%, 10년 이상 24%로 나타나 3년 미만의 비중이 높은 것으로 나타났다. 자원봉사센터 근무 인력의 교육 횟수는 5,156회, 교육인원은 13,490명, 교육시간은 총 45,338시간, 1인당 평균 교육 이수시간은 약 24시간으로 나타났다. 교육 유형을 보면 공통 역량 1,785회(5,637명), 직무역량 2,794회(6,708명), 리더십역량 577회(1,145명)으로, 직무역량과 공통역량이 중심을 이루었다. 자원봉사관리자의 교육도 기후위기, 재난관리, 윤리인권 등의 욕구가 높아지고 있어서 시대적 환경에 적합하고 전문성 및 역량 향상에 실질적 기여를 할 수 있는 교육의 확대 및 질적 개선이 지속적으로 필요하다고 하겠다.

〈표 6-2〉 인구 규모별 자원봉사센터 근무 인력 현황(2023년) (단위: 명)

구분	5만 명 미만	5만 명 이상~10만 명 미만	10만 명 이상~20만 명 미만	20만 명 이상~35만 명 미만	35만 명 이상~50만 명 미만	50만 명 이상
자원봉사센터 평균 인력	5.2	5.8	6.8	7.2	8.8	12.8
상근 인원 최저 기준	4명 이상	5명 이상	8명 이상	10명 이상	11명 이상	12명 이상

자료: 행정안전부, (재)한국중앙자원봉사센터(2024).

인구 규모별 자원봉사센터 근무 인력 현황을 보면 자원봉사센터 운영 지침에서 제시하는 상근 인원 최저 기준에 부합하지 못하는 구간이 전체 50%에 해당할 정도로 과소 배치되어 있는 실정이었다. 지역의 인구 및 자원봉사자 규모 등을 고려하여 자원봉사센터가 효과적으로 운영될 수 있도록 조직 및 인력을 구성하여 자원봉사활동 진흥을 위한 조건을 갖추는 것이 매우 필요한 과제라고 할 수 있다.

(2) 관리 과정

자원봉사 관리는 자원봉사자를 모집, 교육·훈련, 배치, 평가 및 보상의 과정으로 이루어진다.

① 모집

먼저, 자원봉사자 모집은 적합한 자원봉사자를 발굴하고 등록을 받는 과정이다. 이 과정은 우리나라에서 자원봉사활동의 수요처 및 공급자를 연결, 조정, 육성하는 자원봉사센터에서 중심적으로 이루어지고 있지만, 공공부문과 민간부문에서 모두 모집이 진행된다. 공공부문은 정부 행정기관, 공기업인 공공기관, 학교 등 공공시설 등에서 수요처 등록이 이루어지고 있으며, 민간부문은 비영리 기관 및 단체, 사회공헌 활동의 기업체, 공익 목적의 보건복지의 시설 등에서 등록이 진행된다. 2023년 기준 자원봉사단체 수는 20,387개이고, 관련 회원은 1,047,263명이며, 총 활동시간은 10,790,969시간에 이르렀다. 동년 자원봉사 수요처는 44,739개, 자원봉사자 신규 등록 수요처는 2,910개, 수요자 관리자는 32,708명이었다. 자원봉사의 모집처는 자원봉사센터, 사회복지 영역의 주요 기관, 청소년 기관 등 다양했다. 2019년 신규 자원봉사자 가입은 1,042,096명이었으나 코로나19가 발생한 2020년 519,889명까지 큰폭으로 감소하였고, 2022년

478,882명까지 계속 감소하였으나, 2023년 538,253명으로 다시 증가하는 추세를 나타냈다. 2023년 실인원 중심으로 시간인증 분야별 자원봉사활동 현황을 보면 생활편의 27%, 문화행사 16.4%, 환경보호 10.3%, 교육 7.8%, 안전 · 방범 7.0%, 행정보조 4.6%, 주거환경 3.4%, 농어촌 1.9%, 보건의료 1.3%, 멘토링 0.7%, 인권 공익, 상담, 재해 · 재난 각 0.5%, 국제협력 0.2%의 순으로 높게 나타났고, 기타는 18%에 이르렀다. 동년 활동인증 중심으로 분야별 자원봉사활동 현황을 보면 캠페인 및 홍보 82.3%, 노력 활동 12.8%, 모니터링 활동 2.5%, 상담 및 멘토링 0.9%, 전문기술 제공 0.8%, 번역 및 통역 0.7% 순으로, 대부분 캠페인 및 홍보 위주의 단순 활동이 중심을 이루었다. 2023년 자원봉사활동 시간 55,888,159시간을 평균임금으로 환산하여 자원봉사의 경제적 가치를 책정해 보면 총 1조 4,190억 원의 금액에 달했다.

② 교육 · 훈련

자원봉사 교육은 자원봉사의 방향 및 가치, 전문성, 사회적 인식 등의 동기 강화를 통해 활동의 지속성, 확장성에 중요한 영향을 미치게 된다. 2023년 자원봉사자 교육은 10,373회 실시되었고, 총 870,503명이 참여하였는데, 유형별로 보면 기본교육 5,027회(737,753명), 전문교육 3,318회(94,497명), 보수교육 2,028회(38,253명) 순으로 높게 진행되었다. 주요 선행연구들에 의하면, 자원봉사교육의 확대에도 불구하고 여전히 기초적 교육이나 오리엔테이션 수준에 머물러 전문교육, 실무교육, 재교육의 확대 필요성이 다수 제기되고 있다(류기형 외, 2020). 자원봉사교육은 정부부문에서 주로 관리자 교육이 중점적으로 이루어진다면, 민간부문에서 자원봉사자 및 리더 교육이 주로 이루어지고 있다.

③ 배치

자원봉사자를 적재적소에 배치하는 것은 자원봉사활동의 목표 지향성 및 효과성, 효율성, 적합성, 적절성에 중요한 영향을 미친다. 「자원봉사활동 기본법」 제19조에 따른 자원봉사센터 코디네이터(coordinator)도 자원봉사의 수요와 공급을 매칭하고 조정하며 배치하는 역할을 하기에 붙인 이름이라고 할 수 있다. 자원봉사자의 배치를 원활하게 하기 위해서는 자원봉사 관련 기관과 지역사회 간에 네트워크가 잘 구축되어야 하며, 상호 정보 및 자원 교류, 협력적 거버넌스 등이 효과적이고 효율적으로 작동되어야 한다. 블록체인 등 디지털 기술, 온-오프라인(on-off line) 플랫폼의 운영도 자원봉사자의 배치에 큰 기여를 할 수 있다. 자원봉사 관련 기관과 지역사회의 다양한 주체 간 네트워크도 자원봉사의 성공적 매칭과 배치를 신속하고 효과적으로 돕는 역할을 하게 될 것이다. 이를 위해 참여자의 욕구, 기대, 특성을 사정하고 상담하며 분석하는 것과 필요한 수요처의 요구를 체계적으로 분류하고 특정하는 것이 동시적으로 잘 이루어져야 할 것이다. 자원봉사를 둘러싼 시대적 환경과 사회적 변화를 잘 분석하여 혁신적이고 창의적인 프로그램을 개발하고 적용하는 일도 활동의 활성화에 적극적인 기여를 할 것으로 기대된다. 자원봉사자의 배치 이후에도 적절한 활동이 진행되고 있는지, 자원봉사자와 수요처 간의 욕구 및 만족도는 어떠한지, 지속성 및 증감의 가능성은 있는지 등에 주목하여 체계적인 관리가 필요하다.

④ 평가 및 보상

자원봉사활동에 따른 평가와 보상은 자원봉사자에게 자긍심 및 동기를 높이게 되고, 지속적 활동으로 이어지도록 중요하게 기여한다. 현재 우리나라 자원봉사의 평가는 주로 기관 중심이라서 개인의 평가는 미흡한 실정에 있다. 기관에 대한 평가도 양적 실적 중심이라서 질적 진단과 사회적 영향(social impact) 등의 체계적이고 조직적인 평가는 미흡한 실정이다.

자원봉사자에 대한 인정과 보상은 중요하며, 자원봉사의 활성화에 결정적인 영향을 미칠 것이다. 시간 인증은 자원봉사활동의 확장성에 기여하고, 이외에도 자원봉사 마일리지(포인트), 현물 및 기회 제공, 표창 및 메달 수여, 문화이벤트 초청 및 위로 · 격려, 정서적 보상과 동기부여 등 다양한 방식의 인정 및 보상이 운영되고 있다. 세대별 인정 및 보상의 욕구도 다를 수 있어서 세대 맞춤형 프로그램의 개발 및 운영이 필요할 것이다.

2023년 전국 자원봉사센터가 시행 중인 자원봉사자 인정 예우 제도는 1,519건으로, 전년 914건에 비해 66% 이상 증가하여 코로나19의 영향 감소로 점차 늘어나고 있는 추세이다. 인정 예우의 유형별 현황을 보면 사회적 인정 30%, 경제적 인정 19%, 정서적 인정 18%, 기회의 인정 및 상징적 인정 각 17%의 순으로 나타나 사회적 인정 비중이 가장 컸다. 인정 예우 중 할인가맹점 현황을 보면 총 14,309개 중 민간이 11,518개(80%), 공공이 2,791개(20%)로 민간의 비중이 압도적으로 컸다.

자원봉사자의 위험 대비 및 보상으로 자원봉사자 종합보험이 있는데, 이는 자원봉사활동 중 발생한 사고에 대해 보장하는 대표적 제도이다. 2023년 자원봉사보험 예산액 및 집행액은 2,377백만 원이고, 보상금은 2,374백만 원이며, 보상률은 99.8%이었고, 보상금 수령인은 556명이었다. 보상건수는 총 682건으로, 유형별로는 재난 · 재해가

285건, 상담 86건, 보건의료 70건 순으로 많았다.

3) 지원체계

자원봉사활동의 지원체계의 대표적인 것으로 관련 법을 들 수 있는데, 우리나라의 대표적인 자원봉사 진흥을 위한 법은 「자원봉사활동 기본법」 및 「자원봉사활동 기본법 시행령」이 있다. 「자원봉사활동 기본법」은 2005년 6월에 제정되었다. 1994년부터 국회에서 여러 차례 자원봉사활동 지원법안을 발의하였으나 선거운동 봉사자 포함 등 다양한 이유로 합의 및 제정에는 이르지 못하였다. 2004년 자원봉사 관련 부처 공무원, 자원봉사단체, 전문가에 의한 자원봉사활성화 추진기획단이 구성되어 법안 마련을 위한 과업을 수행하였고, 이후 행정자치위원회 등을 거쳐 최종 국회 심의 및 의결을 거쳐 2005년에 제정, 공포되었다. 2006년 2월에 「자원봉사활동 기본법」 및 「자원봉사활동 기본법 시행령」이 시행되었다(류기형 외, 2020).

「자원봉사활동 기본법」은 자원봉사활동에 관한 기본적 사항을 규정하는 법으로, 자원봉사활동을 진흥하고 행복한 공동체 건설에 이바지함을 목적으로 하고 있다. 기본 방향으로, ① 국민의 협동적인 참여 능력 제고, ② 무보수성, 자발성, 공익성, 비영리성, 비정파성(非政派性), 비종파성(非宗派性)의 원칙 적시, ③ 나이, 성별, 장애, 지역, 학력 등 사회적 배경에 관계없이 누구든지 자원봉사활동에 참여, ④ 민 · 관 협력의 기본 정신을 바탕으로 제시하고 있다. 자원봉사활동, 자원봉사자, 자원봉사단체, 자원봉사센터에 대해 제3조에서 정의를 내리고 있으며, 제4조에서는 국가와 지방자치단체의 책무, 제7조에서는 자원봉사활동의 범위에 대해 규정하고 있다. 동법에서는 자원봉사진흥위원회(제8조), 자원봉사활동의 진흥에 관한 국가기본계획의 수립(제9조) 및 연도별 시행계획의 수립(제10조), 학교 · 직장 등의 자원봉사활동 장려(제11조), 포상(제12조), 자원봉사자의 날 및 자원봉사주간(제13조), 자원봉사자의 보호(제14조), 자원봉사활동의 관리(제15조), 국유 · 공유 재산의 사용(제16조), 한국자원봉사협의회(제17조), 자원봉사단체에 대한 지원(제18조), 자원봉사센터의 설치 및 운영(제19조), 벌칙(제20조) 등 관련 기구, 계획, 관리, 인식 확대 등 자원봉사와 관련된 핵심적인 사항에 대해 명시하고 있다. 「자원봉사활동 기본법」은 자원봉사활동에 대한 법적 근거 제시, 자원봉사활동의 범위와 정의의 명확화, 국가와 지방자치단체 등 정부 책무 강조, 자원봉사 관련 중요 기구 규정, 자원봉사활동의 활성화 및 관리를 위한 실천의 필요성을 제시하였다는 점에서 중요한 의의를 갖는다. 하지만 자원봉사센터의 민간적 자율성 보장, 한국자원봉사협의회의 예산 지원 근거, 한국자원봉사협의회와 센터 간의 관계 규정 미흡, 법적 효력이 미흡한 자원봉사진흥위원회 및 국가기본계획 등은 향후 개선될 필요성이 있다(류기형 외, 2020).

「자원봉사활동 기본법 시행령」은 「자원봉사활동 기본법」 시행에 필요한 사항을 규정하고 있는데, 총 16조와 부칙으로 구성된다. 세부적으로는 자원봉사진흥위원회 및 실무위원회 구성 · 운영과 위원 규정(제2조, 제3조, 제4조), 국가기본계획 및 시행계획 수립 · 제출 시기(제5조, 제6조, 제7조), 자원봉사자 포상 및 보험가입(제8조, 제10조), 한국자원봉사협의회의 회원(제13조), 자원봉사센터장의 자격요건(제14조), 자원봉사센터의 조직 및 운영 (제15조), 고유식별정보의 처리(제16조) 등에 대해 명시하고 있다.

기타 자원봉사 관련 법으로는 「사회복지사업법」 「청소년활동진흥법」 「재해구호법」 「재난 및 안전관리 기본법」 「대한적십자사 조직법」 「건강가정기본법」 「양성평등기본법」 「노인복지법」 「한국국제협력단법」 「소득세법」 「법인세법」 등 다수의 법률 및 시행령이 있다.

4) 자원봉사활동 진흥 계획(제4차 국가기본계획을 중심으로)

자원봉사활동 진흥 계획은 「자원봉사활동 기본법」 제9조에 근거한 것으로, 정부가 자원봉사활동 진흥을 위해 매 5년마다 국가기본계획을 수립하고, 매년 시행계획을 수립하도록 하고 있다. 기본계획은 자원봉사활동의 진흥을 위한 기본 방향, 관련 추진 일정, 주요 추진 시책, 재원, 기타 필요 사항을 포함한다.

이 장의 1절에서 이미 '자원봉사활동 진흥을 위한 제1차 국가기본계획(2008~2012년)' '자원봉사활동 진흥을 위한 제2차 국가기본계획(2013~2017년)' '자원봉사활동 진흥을 위한 제3차 국가기본계획(2018~2022년)' '자원봉사활동 진흥을 위한 제4차 국가기본계획(2023~2027년)'에 대해 이미 서술한 바가 있어서 여기서는 제4차 국가기본계획의 구체적인 내용만을 다루기로 한다.

제4차 국가기본계획의 정책영역은 자원봉사 문화와 참여, 자원봉사 인프라 및 관리, 자원봉사 특성화 및 전략사업으로 구성되어 있다.

제1영역 자원봉사 문화와 참여를 보면, ① 시민성(citizenship)의 가치 확장, ② 문제해결형 일상적 자원봉사 확대, ③ 자원봉사 지원 방식의 다원화, ④ 자원봉사 홍보 활성화, ⑤ 세계시민성 기반 국제 자원봉사 활성화의 5가지 정책과제를 제시하고 있다.

제2영역 자원봉사 인프라 및 관리에서는, ① 자원봉사 관련 법·제도 개선, ② 자원봉사 지원 및 재정의 안정화, ③ 자원봉사 관리자 및 자원봉사자 역량 강화, ④ 자원봉사 협력적 거버넌스 강화, ⑤ 자원봉사 정보시스템 고도화, ⑥ 자원봉사 연구·평가 체계화 및 활성화의 6가지 정책과제를 담고 있다.

제3영역 자원봉사 특성화 및 전략사업에서는, ① 디지털 기반 자원봉사 활성화, ② 생애별·사회계층별 맞춤형 자원봉사, ③ 대한민국 자원봉사 캠페인 및 브랜드화의 3가지 정책과제를 제안하고 있다.

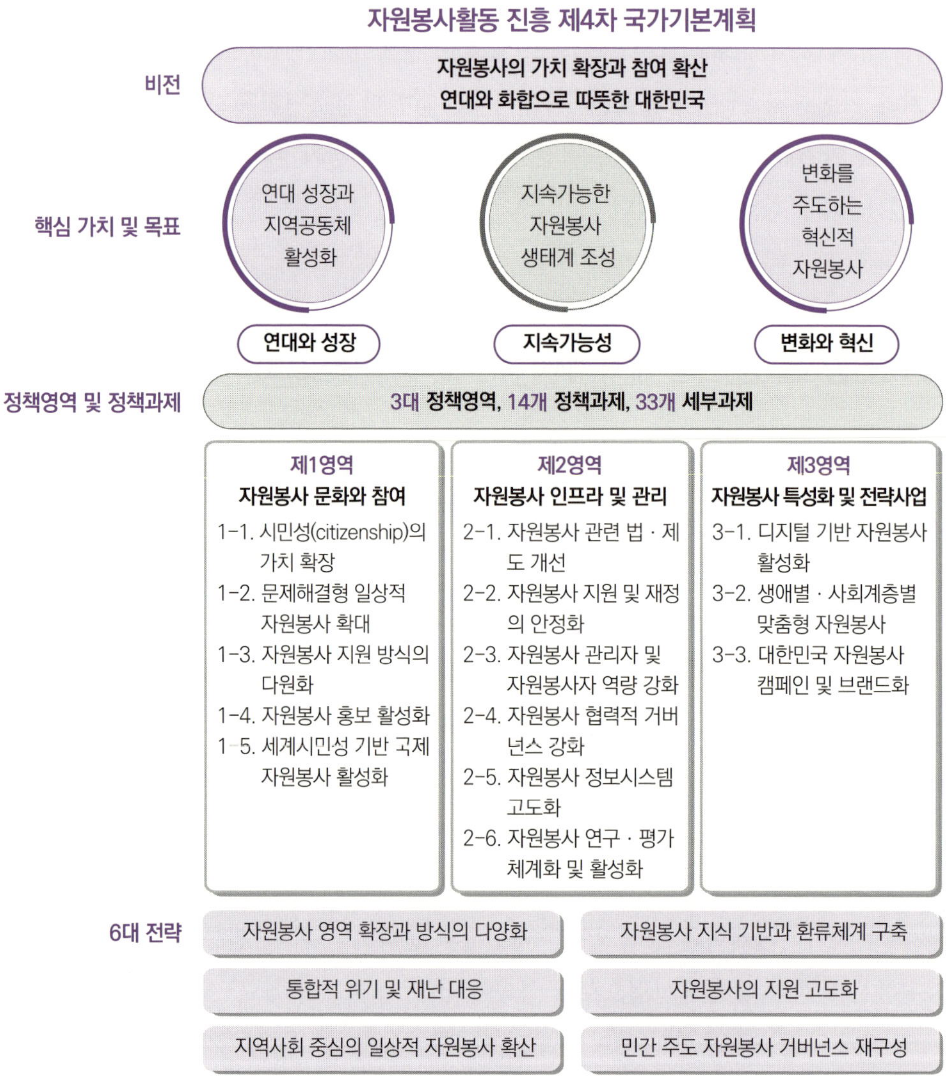

[그림 6-6] 자원봉사활동 진흥 제4차 국가기본계획

자료: 행정안전부(2023).

〈표 6-3〉 자원봉사진흥 활동 제4차 국가기본계획 정책영역별 세부과제

정책영역	정책과제	세부과제명
(제1영역) 자원봉사 문화와 참여	1-1. 시민성(citizenship)의 가치 확장	1. 시민성 기반 자원봉사 문화 확산
		2. 자원봉사 참여 영역의 확장
	1-2. 문제해결형 일상적 자원봉사 확대	1. 문제 해결형 자원봉사 프로그램 지원 및 컨설팅
		2. 재난 대응 자원봉사 지원체계 강화
		3. 공공 및 일상적 자원봉사활동의 활성화
	1-3. 자원봉사 지원 방식의 다원화	1. 시 · 공간적 참여 접근성 강화
		2. 자원봉사 가치 기반 사회적 인정 방식의 다양화
		3. 자원봉사 단체 지원 및 네트워킹
	1-4. 자원봉사 홍보 활성화	1. 자원봉사 참여의 장 확대
		2. 자원봉사 참여 문화 확산을 위한 홍보 다각화
	1-5. 세계시민성 기반 국제 자원봉사 활성화	1. 국제 자원봉사 활성화
		2. 국제 자원봉사 지원 인프라 강화
(제2영역) 자원봉사 인프라 및 관리	2-1. 자원봉사 관련 법 · 제도 개선	1.「자원봉사활동 기본법」개정
		2. 자원봉사 관련 지침과 조례 개정
	2-2. 자원봉사 지원 및 재정의 안정화	1. 자원봉사 정책 및 예산 운영의 효율성 제고
		2. 자원봉사 재원 다각화
	2-3. 자원봉사 관리자 및 자원봉사자 역량 강화	1. 자원봉사 자격제도 도입
		2. 자원봉사 관리자 역량 및 사회적 위상 강화
		3. 자원봉사 교육체계 구축 및 고도화
		4. 지역 자원봉사센터 전문성 및 역량 강화
	2-4. 자원봉사 협력적 거버넌스 강화	1. 민간영역 활성화를 위한 자원봉사 거버넌스 강화
		2. 지역 단위 민간 주도 자원봉사 협력체계 구축
	2-5. 자원봉사 정보시스템 고도화	1. 자원봉사활동 정보의 체계성 및 다양성 확보
		2. 자원봉사 활성화를 위한 정보시스템의 활용도 제고
	2-6. 자원봉사 연구 · 평가 체계화 및 활성화	1. 융 · 혼합형(hybrid) 자원봉사 활성화
		2. 디지털시민성 문화 공유 및 확산
		3. 자원봉사 데이터 기반 강화 및 디지털 기부 문화 조성
(제3영역) 자원봉사 특성화 및 전략사업	3-1. 디지털 기반 자원봉사 활성화	1. 융 · 혼합형(hybrid) 자원봉사 활성화
		2. 디지털시민성 문화 공유 및 확산
		3. 자원봉사 데이터 기반 강화 및 디지털 기부 문화 조성
	3-2. 생애별 · 사회계층별 맞춤형 자원봉사	1. 생애 맞춤형 자원봉사 활성화
		2. ESG · 사회적 가치 연대 강화
	3-3. 대한민국 자원봉사 캠페인 및 브랜드화	1. 대한민국 자원봉사 캠페인 및 브랜드 확산

자료: 행정안전부(2023).

제4차 국가기본계획은 다음과 같은 몇 가지 측면에서 중요한 진전이 있다고 평가된다. 첫째, 디지털, 기후변화, 사회참여 등 자원봉사를 둘러싼 환경적 변화에 주목하고 있다. 둘째, 시민성의 가치를 존중하고 사회적 책임성을 강화하고 있다. 복합적 위기와 다중적 사회 문제의 복합화 추세에 맞추어 문제를 해결하는 데 주력해야 한다는 목적의식이 반영된 것으로 판단된다. 셋째, 일상적 회복과 비공식적 영역의 자원봉사가 강조되고 있다. 코로나19 이후 회복탄력성 제고의 자원봉사의 필요성과 일상적 자원봉사의 중요성 제시도 주목할 만한 내용이다. 넷째, 협의적 의미의 자원봉사를 넘어서서 자원봉사 범위의 확장, 하이브리드화, 다원화가 강조되고 있다. 종래의 자원봉사 범위의 경계를 낮추고 사회기여활동 등 새로운 시대적 흐름에 부응하는 자원봉사영역의 확장이 두드러지고 있다. 다섯째, ESG 등 새로운 자원봉사영역이 강조되고 있다. 기후변화, 생태위기, 거버넌스 문제, 지속가능성의 위기에 적극적으로 대처하고자 하는 ESG가 자원봉사의 새로운 출구로 제시되고 있다. 여섯째, 세계 시민성과 국제 자원봉사를 적극 제안하고 있다. 한국의 경제적 · 정치적 · 문화적 위상이 높아지는 만큼 이에 부응하는 자원봉사의 역할을 제시하고 있다. 일곱째, 자원봉사의 정보체계가 강화되고 있다. 자원봉사 참여자가 확대되고 사업의 영역이 넓어질수록 이를 뒷받침하는 정보시스템은 아무리 강조해도 지나침이 없을 것이다. 특히 디지털 기술의 접목을 통해 자원봉사활동의 효과성과 효율성이 높아질 것으로 기대된다. 마지막으로 자원봉사 관리의 강화가 두드러지고 있다. 그동안 계속 제기되어 왔던 자격제도의 도입과 관리자 역량의 강조, 그리고 교육체계 구축 및 고도화는 자원봉사의 질적 수준을 높일 것으로 기대된다.

3. 자원봉사의 구조 변화

1990년대 초반 정부가 자원봉사에 대한 중요성을 인식하고 제도화를 시행한 이후에 지금까지 한국 자원봉사의 구조적 변화는 양적 성장, 범위의 확대, 인프라 구축, 다양화 및 통합화의 필요성 대두 등을 주요 특성으로 제시할 수 있다.

1) 양적 성장

자원봉사는 1990년대에 제도화 시기를 거치면서 규모면에서 성장하였다. 1980년대까지 자원봉사는 자선적 입장에 머무르고, 사회활동에서 주변적 역할이었으나 1990년대 이후에 양적인 성장이 두드러졌다. 1990년대 초 10% 수준의 자원봉사 참여율이 1990년대 말에는 14%를 상회하였고, 2000년대 중반에는 20%를 넘어서서 양적인 확대를 이루었다. 자원봉사활동의 증가에는 정부의 관심과 제도화, 그리고 사회단체, 기업, 대학 등 민간의 적극적 노력의 결과로 볼 수 있다(이창호, 2013). 제도화 시기 초반에 행정안전부의 지역봉사센터, 보건복지부의 사회복지자원봉사인증센터, 여성가족부의 청소년진흥센터 등 자원봉사와 관련한 주요한 거점 인프라들이 조성되면서 자원봉사자들을 결집시키게 되었다. 1995년 교육개혁의 일환으로 '학생봉사활동 운영지침'이 제정·시행되었고, 제7차 초중고등학교 교육과정 내에 봉사활동의 특별활동 편성 및 생활기록부 내에 봉사활동 실적 기록 등을 기반으로 학생들의 학습 연계의 자원봉사활동 활성화가 자원봉사의 저변을 촉진시켰다(서종희 외, 2019). 또한 1995년 일부 대학에서 사회봉사 학점제도 도입, 1996년 대학총장 주축의 대학사회봉사협의회 창립 이후 대학 교과목에서의 자원봉사과목 운영 등으로 대학생들의 자원봉사 확대가 본격화되었다.

2) 자원봉사활동 범위의 확대

1980년대 이전까지는 시민들의 자발적 참여 문화가 활성화되지 못했다. 1970년대까지의 박정희 유신정권, 1980년대의 전두환 정권까지 군사정권과 권위주의적 정치 문화에서 대중의 책임성 있는 자발적 참여 문화는 쉽지 않은 과정이었다. 하지만 1980년대의 아시안게임과 올림픽 등 국제행사는 시민들의 참여와 자원봉사를 필요로 하였고, 이 경험은 시민들의 사회적 참여의 긍지와 자신감을 갖게 한 소중한 계기로 작용하였다. 이후 1990년대의 자원봉사에 대한 정부의 제도화 노력이 결합되면서 자원봉사 인력이 체계적으로 양성되었고, 활동 범위가 크게 확대되었다(이철선 외, 2016).

현재「자원봉사활동 기본법」제7조에서는 자원봉사활동의 범위를 총 15개 유형으로 설정하고 있는데, 사회복지 및 보건 증진에 관한 활동, 지역사회 개발·발전에 관한 활동, 환경보전 및 자연보호에 관한 활동, 사회적 취약계층의 권익 증진 및 청소년의 육성·보호에 관한 활동, 교육 및 상담에 관한 활동, 인권 옹호 및 평화 구현에 관한 활동, 범죄예방 및 선도에 관한 활동, 교통질서 및 기초질서 계도에 관한 활동, 재난 관리 및 재해 구호에 관한 활동, 문화 · 관광 · 예술 및 체육 진흥에 관한 활동, 부패 방지 및 소비자 보호에 관한 활동, 공명선거에 관한 활동, 국제협력 및 해외봉사활동, 공공행정 분야의 사무 지원에 관한 활동, 그 밖에 공익사업의 수행 또는 주민 복리의 증진에 필요한 활동 등이다.

하지만 최근에는 좁은 의미의 자원봉사활동을 넘어서서 사회기여활동, 타임뱅킹과 같은 개인 대 개인의 비공식적 용역 제공 등 넓은 범위의 활동까지 진화, 발전하는 추세에 있다. 이런 추세를 반영하여 자원봉사활동 진흥 제4차 국가기본계획에서 보는 것처럼 자원봉사활동의 범위는 사회적 가치, ESG, 융복합(hybrid) 활동, 비공식 활동 등 넓은 범위의 내용들을 포괄하는 추세로 진행하고 있다.

3) 자원봉사 인프라 구축 · 운영

2005년에 「자원봉사활동 기본법」이 제정되고, 2006년에 「자원봉사활동 기본법 시행령」이 제정되면서 자원봉사도 법적 · 제도적 기반을 갖추게 되었다. 이후 자원봉사센터에 대한 업무 지침이 마련되었고, 각 지방자치단체 역시 관련 지원 조례를 제정하였으며, 자원봉사활동 관리 업무가 전문화될 수 있었다.

자원봉사센터는 자원봉사활동의 핵심 플랫폼 역할을 하고 있다. 행정안전부의 248개 시도 및 시군구 센터, 보건복지부의 중앙과 시도의 사회복지정보센터 및 자원봉사인증센터, 교육부의 196개의 학생봉사활동 정보안내센터, 여성가족부의 시군구 여성자원활동센터, 국가청소년위원회의 중앙 및 시도 청소년활동진흥센터 등은 각 분야별 자원봉사의 지원과 관리, 활성화에 중요한 기여를 하고 있다(서종희 외, 2019).

공공 부문의 인프라 외에도 한국자원봉사협의회, 한국자원봉사센터협회, 한국자원봉사관리협회 등은 공공 자원봉사 인프라와 전문분야별 자원봉사활동의 활성화 및 정책 지원과 관련해서 중요한 역할을 하고 있다.

4) 자원봉사활동의 다양화 및 통합화 필요성 대두

자원봉사활동은 전통적 의미의 자원봉사의 범위를 넘어서서 사회적 공공선과 공동체의 이익, 사회적 가치에 기여하는 다양한 활동을 포괄하는 영역으로 확대되고 있다. 주체의 측면에서도 개인뿐 아니라 시민사회단체, 지역 주민, 기업, 전문재능단체, 봉사단체 등 광범위한 범위에서 이루어지고 있다. 제3장에서 살펴본 바와 같이, 전통적 자원봉사를 넘어서서 공익과 사회적 가치 실현이라는 확대된 범위의 사회기여활동으로 넓어지고 있다. 개인 간 연결의 비공식적 사회기여활동은 타임뱅킹으로 더욱 주목을 받고 있는 실정이며, 재화 중심의 사회기여활동과 결합된 자원봉사도 갈수록 늘어나고 있는 실정이다.

자원봉사활동이 다양화될수록 이들을 서로 연계하고 통합화한다면 더 큰 시너지를 발휘할 수 있을 것이다. 1365와 VMS의 상호 연계 및 다른 포털과의 연계도 중요하나 지역사회 내 당사자들 간의 상호 돌봄과 같은 비공식 활동들의 타임뱅킹 등 상호 연계체계도 향후 중요한 과제이다. 다양한 사회기여활동은 갈수록 확대되지만 이들의 제도화와 상호 통합을 지원하는 것도 절실한 과제이다. 정부는 사회기여 마일리지제도를 제안하였지만 아직 이에 대한 구체화에 이르지 못하고 있다. 자원봉사활동과 사회기여활동에 대한 정보 제공 및 상호 간의 매칭활동의 적극적 확대, 정보 종합 안내서 제작과 온라인 및 오프라인에서 정보 제공의 활성화, 온라인 및 오프라인에서의 플랫폼 구축과 코디네이터를 통한 도움 제공자 및 도움 수요자 간의 연결·매칭 촉진 등은 통합화의 구체적인 운영 방식이 될 것이다. 자원봉사활동 및 사회기여활동의 참여 유인 확대 및 활성화에는 적정한 인센티브의 활성화가 필요하다. 유형별 특성에 따라 보상체계를 다변화하여 다중적인 동기유발이 이루어진다면 마일리지 적립과 활용처의 개발은 자원봉사자-플랫폼-봉사 수요처-마일리지 활용처 간의 상호 연계를 촉진시키는 계기가 될 것이다. [그림 6-7]은 부산자원봉사은행의 플랫폼으로 이러한 목적을 충족시키기 위해 개발되었고, 운영체계는 주로 블록체인 기술을 활용하였다는 점에서 특징적이다.

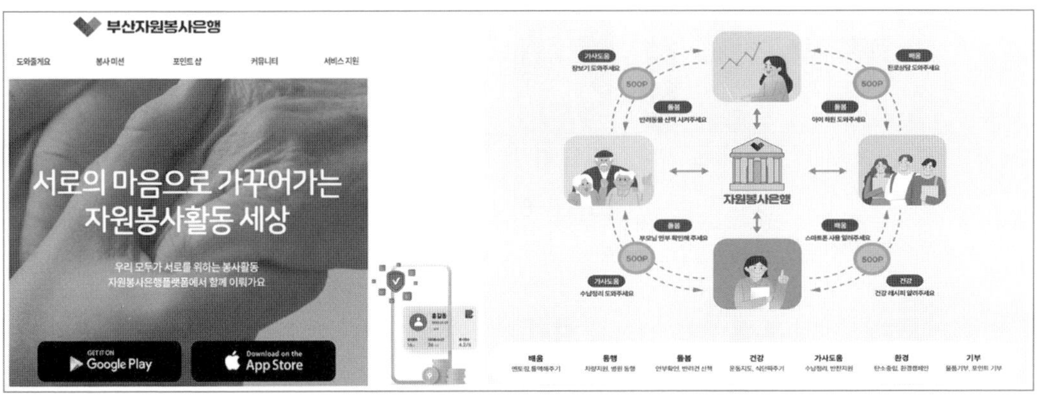

[그림 6-7] 부산자원봉사은행

자료: 부산자원봉사은행(https://www.1365busanbank.or.kr/, 2024년 10월 1일 검색).

4. 자원봉사의 도전과 자원봉사4.0

1) 자원봉사의 주요 도전

(1) 자원봉사활동의 추세적 감소에 대한 반전 필요

자원봉사활동의 지난 10년간 변화를 보면 2013년부터 참여율이 점차 감소하고 있다. 코로나19 기간 동안 실태조사를 하지 못해 실태조사에 의한 참여율은 알 수 없으나 통계청 사회조사나 1365 자원봉사포털의 참여자 수의 감소에서 이러한 경향을 확인할 수 있다. 2020년 코로나19 시기의 사회적 거리두기의 강화로 전통적 대면 방식의 감소를 감안하더라도 자원봉사의 참여는 큰 폭으로 감소하고 있어서 이에 대한 대응이 필요하다.

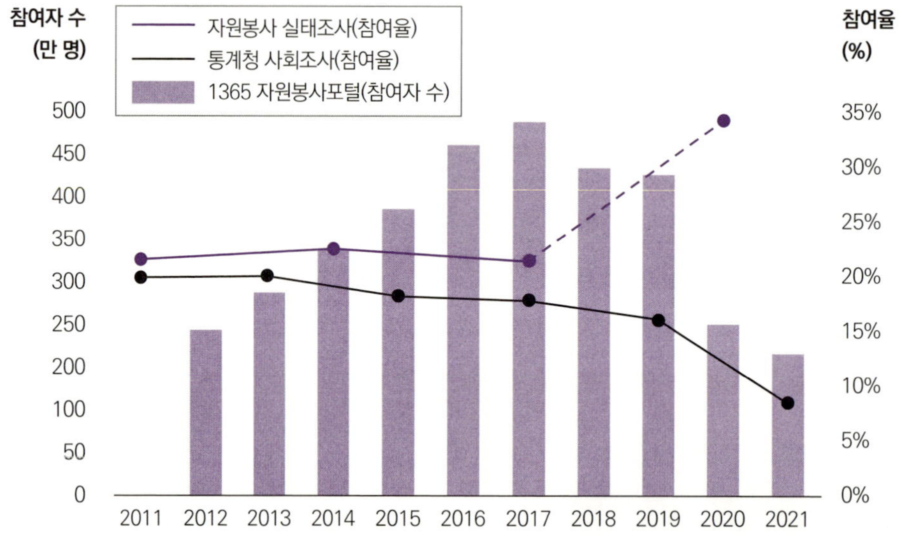

[그림 6-8] 자원봉사 참여율

자료: 관계부처합동(2023).

자원봉사 참여율의 성별 변화를 보면 여자가 남자보다 참여율이 높았으나 지난 10여년간 더 크게 감소하였으며, 연령대별 변화에서는 전 연령대의 감소와 더불어 참여율이 가장 높았던 20세 미만 학생의 참여율이 가장 큰 폭으로 감소하였다. 2013년 20세 미만의 참여율은 80.1%까지 올라갔고, 2019년에는 76.1%이었으나, 2021년의 참여율은 23.3%로 급감하였다. 팬데믹의 영향이기도 하였으나 2019년 대입 공정성 강화 방안에 따라 개인계획에 의한 봉사활동이 대학 입학의 자료에서 미반영하기로 결정되었으며, 2020년 학생봉사활동 연간 권장시간도 폐지되고 개별 학교 자율에 맡기게 되었다. 2020년 교육과정 개편에서는 봉사영역이 동아리 및 진로활동에 통합되어 학교 현장에서의 자원봉사의 중요성이 점차 후퇴하는 결과로 이어지게 되었다.

〈표 6-4〉 성별 및 연령별 자원봉사 참여율 (단위: %)

구분		'99년	'03년	'06년	'09년	'11년	'13년	'15년	'17년	'19년	'21년
전체		13.0	14.6	14.3	19.3	19.8	19.9	18.2	17.8	16.1	8.4
성별	남자	12.2	15.1	14.0	19.3	19.6	19.6	17.7	16.8	15.1	8.0
	여자	13.8	14.1	14.6	19.3	20.1	20.1	18.7	18.8	17.0	8.7
연령	20세 미만	33.8	52.4	59.5	79.8	77.7	80.1	76.6	78.4	76.1	23.3
	20~29세	7.8	10.3	8.3	13.9	13.2	13.7	11.6	11.5	9.9	6.4
	30~39세	13.2	11.6	10.2	13.6	11.2	11.2	10.6	10.7	9.8	4.8
	40~49세	13.0	14.2	13.9	18.6	17.0	17.3	15.6	17.0	15.4	8.9
	50~59세	10.8	12.2	12.4	15.5	14.6	14.5	14.6	14.2	12.6	9.4
	60세 이상	6.7	6.7	6.5	7.0	7.2	7.8	7.8	7.8	8.1	6.4

자료: 관계부처합동(2023).

(2) 자원봉사를 통한 문제 해결 대응 미흡

전 세계는 급격히 변화되고 있으며, 특히 최근 경험한 팬데믹은 기존의 기후 위기와 빈부격차 등 사회 문제의 가속화와 더불어 글로벌 공급망의 재편 및 신냉전 등 정치경제적 지형의 변화를 통해 새로운 과제를 지구촌에 던지고 있다. 자원봉사활동 역시 거대한 변화의 흐름에서 예외가 아니며, 기존의 대면 중심의 자원봉사활동만으로는 시대의 변화를 좇아가기 어려운 상황에 놓여 있다고 하겠다. 온라인 기술과 대면활동의 융합을 이미 경험한 자원봉사활동은 향후 디지털 기술, 소셜미디어, AI, 빅데이터 등 4차 산업혁명의 새로운 기술에 자극받아 더욱 큰 변화를 예상하고 있다. 코로나19 이후 국내외 자원봉사의 주요 변화는 팬데믹 등 재난 대응 자원봉사의 확대, 자원봉사의 운영에서 디지털화의 진전, 자원봉사활동의 온라인 전환, 공식적 활동 중심에서 비공식 활동의 증가, 정규적 활동에서 비정규적·개인주의적 일대일 대처 증가, 생태, 에너지, 탄소중립, ESG, 지속가능사회 등 사회 문제 해결을 위한 집합적 성과(collective impacts)에 대한 관심과 시민사회의 성찰적 자원봉사 인식 확산 등을 꼽을 수 있다(노법래 외, 2022; 송민경 외, 2022). 하지만 현재의 자원봉사체제는 기존의 법제와 체계에 묶여 새로운 변화로 진화하는 데 상당한 한계를 보이는 실정이라서 대개혁이 필요하다고 하겠다.

행정안전부 · 한국자원봉사문화(2020) 조사에 따르면, 시민들의 자원봉사 참여 동기로 '사회 문제를 해결하고 사회에 필요한 사람이 되기 위해서'라는 응답이 가장 큰 비중을 차지하였고, 자원봉사 참여 분야가 환경, 교육, 지역사회 등 다양한 영역으로 확장되고 있으나 현재의 자원봉사 운영 방식은 사회복지 영역 및 대인서비스 중심에 치중되고 있어서 참여자의 욕구와 자원봉사 운영 방식 간에 불궁합(mis-matching)이 발생되고 있다. 따라서 사회 문제의 적극적 해결을 위한 수단으로 자원봉사가 역할을 하도록 자리매김해야 할 것이다.

(3) 자원봉사의 시민적 역능성 연계 미흡

현재의 사회적 변화는 매우 급속도로 전개되고 있고, 코로나19 이후 맞이한 급속한 사회적 변화나 AI 및 디지털의 급진전, 기후 위기와 사회적 양극화 등 다양한 과제를 해결하고 지속가능한 사회를 안착시키기 위해서는 사회적 실천이 무엇보다도 중요하다. 이를 위해서는 정부와 기업뿐만 아니라 시민사회가 문제 해결을 위한 노력이 필요하며, 특히 시민사회의 근간을 이루는 시민 각자가 자원봉사활동에 참여하고 이를 통해 다양한 문제가 해결되도록 해야 할 것이다. 하지만 지금까지의 자원봉사는 자선적 가치에 크게 한정되어 있고 공동선과 이를 위한 적극적 사회 문제 해결의 지향점까지는 진행되지 못하였다. 자원봉사를 통해 시민 개인뿐 아니라 집단 및 사회의 역량을 키우도록 하는 실천적 노력이 필요하다.

(4) 다양한 자원봉사에 대한 적극적 대응 필요

그동안 자원봉사는 주로 센터나 단체 중심의 활동을 전개하였으나 점차 자원봉사활동의 개인화 혹은 소그룹화 경향이 크게 확대되고 있다. 아울러 과거 오프라인 중심의 대규모 참여 방식으로 진행된 활동 양상은 점차 줄어들고, 대신 소규모 단위로 봉사자 스스로 프로그램을 기획 · 참여하는 추세가 증가하고 있다. 예를 들면, 프로그램 공모전 참여가 큰 폭으로 증가하고 있으며, 기업의 자원봉사에서도 자기 주도 프로그램이 활성화되는 데에서도 알 수 있다. 특히 지역사회 내 비공식적 자원봉사활동도 늘어나고 있어서 다양한 자원봉사에 대한 적극적 대응이 필요하다.

(5) 온라인 비대면 및 하이브리드형 자원봉사 대응 필요

코로나19의 영향이 크겠지만 과거 대면 중심의 봉사활동에서 비대면 · 온라인 활동으로 전환이 가능한 부분이 다양하게 모색되었고, 디지털 기반의 새로운 자원봉사 프로그램이 활성화되고 있다. 전체적인 자원봉사활동 프로그램의 참여율은 팬데믹의 영향으로 감소하였지만, 온라인과 결합한 비대면 자원봉사나 디지털 기술 활용 자원봉사 등 새로운 자원봉사 프로그램에 참여하는 비중은 점차 늘어나고 있다. 행정안전부 · 한국자원봉사문화(2020)의 조사에 따르면, 자원봉사 참여자 중 10.2%가 온라인 · 비대면 자원봉사에 참여하고 있으며, 향후 비대면 활동 참여 의향을 묻는 문항에서는 79.7%가 긍정적으로 응답할 정도로 비대면 자원봉사 경향은 크게 증가하고 있다. 이에 대응하기 위해서는 향후 자원봉사는 대면과 비대면이 결합된 융복합의 하이브리드형 자원봉사가 강화되어 원하는 시간 및 장소에서 즉각적으로 실행될 수 있게 해야 할 것이다. 바쁜 일상과 여가활동에 상치되지 않도록 다양한 단기 맞춤형 자원봉사활동의 개발도 자원봉사활동의 활성화에 기여할 것이다.

(6) 기존의 자원봉사 플랫폼의 지속성 및 확산성의 한계

행정안전부 · 한국자원봉사문화(2020)의 연구에 따르면, 정부포털로 시간 관리를 하는 자원봉사자는 전체의 34.5%에 머물러 정부포털 사이트뿐 아니라 소그룹 및 기업에서 별도로 운영하는 포털사이트 등 다양한 시간 관리 방식이 존재하는 것으로 나타났다. 이는 정부에서 운영하는 공식 포털사이트에 의한 시간 관리를 넘어서서 정부가 공식적으로 인정하는 시간 인증의 프레임에 갇히지 않고 봉사자 스스로 선호하는 SNS를 통한 활동 인증이 다수 존재함을 의미한다. 현재 정부는 비대면 · 온라인 활동의 증가에 따라 시간으로 환산할 수 없는 다양한 활동이 반영되지 못하는 문제점을 개선하기 위해 새로운 활동 인증 방식을 개발하고자 노력하고 있으나 아직까지 구체적인 결과에 이르지는 못하고 있다.

아울러 기존의 자원봉사 인증 플랫폼은 여전히 개인이나 소그룹의 다양한 활동을 일일이 인증하기에 기준이 모호하고 추가적인 행정 비용을 발생시키는 요인이 된다.

현재 자원봉사 주요 플랫폼은 행정안전부의 1365 자원봉사시스템, 보건복지부의 VMS, 품앗e(문화체육부), DOVOL(여성가족부) 등 각 부처별로 별도의 운영체계가 구축되어 있으며, 이들 각 시스템은 중앙부처로부터 하향식으로 운영되는 하향적(top-down) 방식을 채택하고 있어서 참여자나 지역사회 중심의 상향적(bottom-up) 방식이 함께 결합될 필요가 있다. 현재의 플랫폼은 지역사회의 다양한 일감 발굴에서 한계를 드러내고 있고, 봉사자와 수혜자가 뚜렷이 구분되는 분절적 방식의 단점도 나타나고 있다. 또 기존의 자원봉사 포털시스템은 공식적 자원봉사 중심으로 구축 · 운영되고 있으나, 향후에는 비공식적 자원봉사 등 새로운 개념을 확장시킨 플랫폼 구축이 필요하다. 새로운 자원봉사 플랫폼은 현행의 「자원봉사활동 기본법」에 기초한 자원봉사센터로는 새로운 수요의 감당이 어려워 새로운 플랫폼 운영이 불가피할 것으로 판단된다. 새로운 방식은 쌍방향적 운영, 시민, 소상공인, 기업, 공공기관 등 다중적 참여, 서비스 자체의 유용성, 사회적 선순환의 생태계 조성 등이 주요 기준으로 작용할 것이다.

현재의 인증 플랫폼은 시간에 따른 마일리지 누적 방식으로 시간으로 환산할 수 없는 다양한 활동을 반영하지 못하며, 이는 자원봉사활동을 시간 관리에서 활동 인증 방식으로 전환하더라도 여전히 추가적인 행정 비용을 발생시키는 요인이 될 것이다. 따라서 현재의 공식 기관에서 개인이나 소그룹의 다양한 활동을 활동처에서 일일이 인증하는 방식을 극복하고, 자원봉사자 및 현장에서 자체적으로 인증하고 이를 신뢰할 수 있는 체계로 나아가야 할 것이다.

(7) 자원봉사 운영에서 다양한 디지털 기술의 접목 필요

현재는 AI 확대 시기이자 디지털 전환의 시대이다. 기술 개발의 진화 속도도 매우 빠르고 다중의 사람들이 이러한 환경에 더 깊게 노출되어 있다. 자원봉사영역에서도 새로운 기술이 접목되어 자원봉사를 더 효과적이고 효율적으로 운영할 수 있도록 해야 할 것이다. 현재 자원봉사의 시간적 가치 중심 인정 체계가 갖는 한계를 극복하고자 타임뱅킹을 활용한 자원봉사 방식이 부각되고 있다. 타임뱅킹은 남을 돕기 위해 활동한 시간을 적립하였다가 남으로부터 도움을 받을 때 그 시간만큼을 찾아 쓸 수 있도록 하는 다자간 교환시스템인데, 이 시스템은 디지털 및 블록체인 기술로 기존의 한계를 극복할 수 있다. 자원봉사 및 사회기여활동, 비공식 자원봉사활동을 시간 크레디트(time credit) 기반의 지역화폐처럼 발행하되, 이를 블록체인 시스템과 연동함으로써 시간 크레디트의 신뢰성을 제고할 수 있을 것이다. 앞서 [그림 6-7]에서 본 것처럼, 부산광역시자원봉사센터가 블록체인 기술을 접목시켜서 자원봉사은행을 운영하고 있는 점에서도 이를 확인할 수 있다.

2) 자원봉사4.0

앞에서 서술한 도전과 과제를 극복하고 새롭게 제시되어야 할 자원봉사의 특성은 자원봉사4.0이라고 할 수 있다. 자원봉사4.0은 자기 주도 비공식 자원봉사 강화, 사회 문제 해결형 자원봉사 확산, 자원봉사 역량 개발과 일자리 창출, 디지털 접목 자원봉사 플랫폼 운영, 인센티브를 통한 지역사회 연결망 촉진으로 압축할 수 있다(조의수 외, 2022).

(1) 자기 주도 비공식 자원봉사 강화

자원봉사활동의 진입장벽을 낮추고 접근성을 넓히기 위해서는 시민들의 일상적 생활과 주요 생활 동선 어디에서든 지역사회에서 필요한 일을 스스로 만들고 자발적으로 참여할 수 있는 기회가 주어져야 한다. 또한 자원봉사활동이 별도의 시간을 내어 참여하는 활동이기도 하지만, 동시에 일상생활 동선 및 온라인상에서도 쉽게 참여할 수 있는 활동이어야 한다. 따라서 기존의 자원봉사 개념에 포함되지 않은 온라인 디지털 자원봉사, 비공식 자원봉사 등의 새로운 개념과 접점을 형성하고, 활동처의 경우에는 현장뿐 아니라 가상공간을 포함함으로써 시민들의 자기 주도적이고 역동적인 자원봉사활동이 전개될 필요가 있다. 자원봉사센터나 코디네이터들은 청소년, 대학생 및 청년, 30대 및 40대, 중장년 및 노년, 연령대를 고려한 남녀별 욕구 등에 맞추어 프로그램을 개발하거나 각 자원봉사자가 혼자 또는 같이 참여할 수 있도록 개방형 시스템이 운영될 필요가 있다. 특히 자원봉사 플랫폼이나 휴대전화 및 인터넷의 앱을 활용해서 접근성을 높일 수 있다. 자원봉사의 각 거점과 동네 단위의 자원봉사 캠프를 활용하여 지역사회 내 개인과 개인 간의 자원봉사가 가능하도록 지원체제를 갖출 필요가 있다.

(2) 사회 문제 해결형 자원봉사 확산

자원봉사는 지역사회의 크고 작은 사회적 과제를 실질적으로 해결하는 데 기여해야 한다. 자신의 생활 반경에서 일어나는 다양한 독거어르신들을 돌보는 일부터 반찬 서비스, 수납 정리 등의 활동, 1인가구 지원, 아이 돌봄 등 지역에서 잠깐 시간을 내어 활동할 수 있는 다양한 영역을 프로그램으로 개발하고 참여하게 하여 지역사회 문제 해결과 욕구 충족이 가능한 자원봉사가 되어야 할 것이다. 보다 큰 지역의 아젠다인 환경영역에서 자원재활용, 탄소중립을 위한 전기 절약, '쓰담줍기(plogging)', 주차 문제 대처 등에 보다 다중의 일반 시민이 참여하여 문제를 해결할 수 있도록 하는 집합적 성과형

(collective impacts)의 자원봉사 프로그램 개발과 운영을 통해서 시민의 역능감을 높이는 기회를 만들 수 있을 것이다. 이웃돕기, 집안일 도와주기, 배움, 코칭 등 비공식적 자원봉사와 함께 도시재생, 탄소중립, 환경 및 생태계 보존, 취약 1인가구 고립감 해결 등 지역 아젠다 해결의 프로그램에 이르기까지 자원봉사의 활동 범위는 매우 넓게 적용되며, 이를 통해 사회 문제 해결의 경험은 더욱 축적될 수 있을 것이다.

(3) 자원봉사 역량 개발과 일자리 창출

자원봉사활동은 시민들의 역량 개발을 촉진시키고, 일자리의 창출에도 연결될 수 있다. 이를 위해서는 자원봉사활동에 참여한 시민들이 자신의 재능과 경력을 활용하여 자신의 역량을 강화하고 리더십을 향상하도록 지원해야 한다. 구체적 실천 전략을 제시하자면 자원봉사 리더 전문성 강화 프로그램 운영, 프로젝트 리더 교육과정의 개발 및 운영 등을 통해 역량과 전문성을 제고할 필요가 있다. 아울러 자원봉사활동은 특히 은퇴자 및 중장년층, 청년을 중심으로 지역사회의 다양한 사회적 과제와 연계한 사회적 경제, 마을 만들기 등의 사회공헌형 일자리를 창출함으로써 이들의 사회공헌 기여도를 제고하고 일자리 확대에도 기여하게 된다. 구체적인 예를 들면, 자원봉사 코디네이터를 구성하는 데 있어서 역량과 경륜을 갖춘 자원봉사자를 참여시키고, 이들에게 일정 정도의 비용을 제공함으로써 새로운 사회공헌형 일자리를 창출할 수 있다.

(4) 디지털 접목 자원봉사 플랫폼 운영

자원봉사 플랫폼에 디지털 기술을 혁신적으로 접목하여 자원봉사활동을 더욱 촉진할 수 있다. 특히 블록체인 기술은 다중적 연계 및 거래 활동, 중개자 없이 P2P 기반 거래를 하는 분산원장 기술(Distributed Ledger Technology: DLT) 활용, 정보 투명성 및 위변조 방지, 다양한 응용서비스를 가능하게 한다. 이러한 기술의 자원봉사영역의 활용은 자원봉사활동의 등록, 인증, 활동 기록, 활동 포인트, 수요처 연계, 포인트 적용(혹은 기부) 등을 제고하는 기반이 된다.

자원봉사에 대한 디지털 기술 접목의 하나는 앱 활용이다. 자원봉사 참여자에게는 일과 생활이 이루어지는 지역사회를 기반으로 개인이 자유롭게 참여하고 소통할 수 있는 쌍방향 및 선순환의 플랫폼이 요구된다. 즉, 일반 지역 주민과 소상공인, 기업과 비영리조직 등 다양한 주체가 정보를 제공받고 상호 참여하여 소통할 수 있어야 한다. 하향식이 아닌 상향식 플랫폼 구축을 통하여 공급자와 수요자가 상호 자유롭게 매칭하고 서비스 수혜자–공급자 간의 전환이 역동적으로 이루어질 수 있는 새로운 자원봉사활동 체계 구축 방안이 마련되어야 한다. 앱 기반의 쌍방향 · 선순환 플랫폼은 현재 구축되어 있는 자원봉사센터 및 지역 거점 등 오프라인 인프라를 입체화하며, 이를 반영한 새로운 거버넌스 체계를 형성할 수 있게 한다. 또한 앱 기술은 참여자 개인의 자기주도적이고, 능동적인 활동을 가능하게 할 것이다.

(5) 인센티브를 통한 지역사회 연결망 촉진

자원봉사는 무보수성이란 자원봉사의 원칙에 지나치게 얽매여서 자원봉사의 확장성에 중요한 장애요인으로 작용하였다. 자원봉사에 대한 사회적 인정과 지원, 인센티브 제공을 통해 활동을 더욱 촉진시킬 수 있다. 이를 위해 자원봉사 시간 및 활동을 포인트로 적립하고, 인센티브 등으로 사용이 가능하도록 포인트 제도를 운영할 필요가 있다. 자원봉사 활동에 대해 개인 활동의 이력을 관리하고 이를 포인트로 적립하여 사용하게 함으로써 자원봉사 참여 동기를 유발할 수 있을 것이다. 포인트는 이웃 도움 요청, 기부, 사회적 인증 및 공공서비스 할인 이용, 주요 가맹처 결제를 가능하게 하며, 점차 지역화폐에서도 사용이 가능하도록 제도적 검토를 거쳐 이용 범위를 확대할 필요가 있다. 특히 블록체인 기반의 누적 및 데이터 관리 시스템을 통해 자원봉사활동에 대한 시간 및 이력을 전환함으로써 각종 데이터에 대한 신뢰도를 확보하고 행정의 편의성을 갖출 수 있을 것이다.

학습 과제

1. 우리나라의 「자원봉사활동 기본법」의 주요 내용은 무엇이며, 향후 개정이 되어야 한다면 어떤 부분을 발전시키고 보완해야 할 것인지를 제시하시오.
2. 2000년대 이후 우리나라의 자원봉사가 그전에 비해 달라지고 있는 특성이나 패러다임은 무엇인지를 설명하시오.
3. 제4차 자원봉사활동 진흥 국가기본계획에서 가장 성과가 클 것으로 기대되는 정책과제 및 세부과제는 무엇인지, 왜 그러하다고 생각하는지 설명하시오.
4. 자원봉사의 감소 추세를 반전시킬 정책과제나 사업은 무엇인지 그 이유와 함께 제시하시오.
5. 자원봉사4.0에서 가장 성과가 클 것으로 기대되는 단기적 내용과 장기적 내용은 무엇인지 설명하시오.

참고문헌

관계부처합동(2018). 자원봉사활동 진흥을 위한 제3차 국가기본계획.

관계부처합동(2022). 사회기여활동 활성화 방안. 사회관계장관회의 발표자료(2022. 7. 21).

관계부처합동(2023). 자원봉사활동 진흥을 위한 제4차 국가기본계획.

고재욱, 송노원, 양경희, 이원웅, 조재숙(2017). 행복한 사회를 만들어가는 자원봉사론. 양서원.

김동훈(2020). 코로나19 감염병 재난 초기상황에서의 자원봉사활동 사례분석과 시사점. 한국자원봉사학회 2020년 춘계학술대회 자료집, 3-20.

노법래, 정진경, 최권호, 이민영(2022). 코로나19 팬데믹 이후 국내 자원봉사활동 변화의 실제: 온라인과 오프라인 활동의 시계열적 추세 분석을 중심으로. 한국사회복지학 74(1), 133-155.

대한민국정부(2007). 자원봉사활동 진흥을 위한 제1차 국가기본계획.

류기형, 남미애, 박경일, 홍봉선, 강대선, 배의식(2020). 자원봉사론. 양서원.

보건복지부 · 한국사회복지협의회(2023). VMS 사회복지자원봉사 통계연보.

서종희, 석현수, 조철민, 이지은, 권오현(2019). 자원봉사 민관협력체계 개편을 위한 방안 연구. 건국대학교.

송민경, 최유미, 김선희, 최권호, 최창욱(2022). 자원봉사진흥 제4차 국가기본계획(2023~2027) 수립 연구. 행정안전부, 한국자원봉사학회.

이방현, 이방원(2018). 한국 사회복지 역사. 신정.

이창호(2013). 한국의 자원봉사 민관 거버넌스의 성과와 과제. 한국자원봉사학회 추계학술대회 발표자료.

이철선, 이연희, 남상호, 김진희(2016). 자원봉사자의 사회적 · 경제적 가치분석: 서비스산업을 중심으로. 한국보건사회연구원.

초의수, 민은주(2024). 코로나19 시기 자원봉사자의 자원봉사 분야 IPA와 자원봉사 참여 긍정적 경험들의 영향 요인에 대한 연구. NGO연구, 19(3), 1-46.

초의수, 정희선, 김종현(2022). 블록체인 기반 자원봉사은행 시행계획 수립 연구. 부산광역시자원봉사센터.

초의수, 배화숙, 남찬섭, 이신정, 민은주(2025). 부산사회복지 · 보건의료사. 부산시사편찬위원회.

최원규, 진재문, 황보람, 이영수(2021). 사회복지역사. 학지사.

행정안전부(2023). 자원봉사활동진흥 제4차 국가기본계획.

행정안전부(2024). 자원봉사센터 운영지침.

행정안전부 · 한국자원봉사협의회(2012). 자원봉사활동 진흥을 위한 제2차 국가기본계획.

행정안전부 · (재)한국중앙자원봉사센터(2024). 2024 자원봉사센터 현황.

행정안전부 · 한국자원봉사문화(2020). 2020 자원봉사활동 실태조사 및 자원봉사활동 기본법 개정연구.

「자원봉사활동 기본법」

「자원봉사활동 기본법시행령」

Friedman, T. L. (2020). Our New Historical Divide: B.C. and A.C.: The World Before Corona and the World After. *New York Times*(2020. 3. 17.).

⁂ 사이트

사회복지 자원봉사인증관리 2024. 12. 검색. https://www.vms.or.kr/statistics/societyType.do.

부산자원봉사은행 2024. 10. 1. 검색. https://www.1365busanbank.or.kr/.

제 7 장

외국의 자원봉사

학습목표

1. 영국 자원봉사의 역사와 조직체계 · 사업 · 법제 · 재원 등 운영체계에 대한 이해
2. 미국 자원봉사의 역사와 조직체계 · 사업 · 법제 · 재원 등 운영체계에 대한 이해
3. 일본 자원봉사의 역사와 조직체계 · 사업 · 법제 · 재원 등 운영체계에 대한 이해

학습개요

- 제7장에서는 영국, 미국, 일본 등 외국의 자원봉사의 역사, 주요 조직, 정책 및 사업, 관련 법과 재원 등을 살펴본다.
  - 1절에서는 영국 자원봉사의 오랜 역사적 발전 과정과 현 단계의 주요 특성 및 과제에 대해 파악한다. 그리고 자원봉사 운영체계 중 먼저 중앙정부, 지방정부, 민간기구, 기업, 타임뱅킹의 조직체계를 검토하고, 정부 및 민간의 주요 사업체계를 살펴보며, 법과 제도적 기반을 확인한 뒤, 재원의 특성을 파악한다.
  - 2절에서는 이주민 개척에 의해 시작된 미국 자원봉사의 역사적 성장 과정과 최근 자원봉사의 주요 정책 및 과제를 파악한다. 자원봉사 운영체계와 관련하여 먼저 연방 및 지방정부의 조직, 민간 조직, 타임뱅킹의 진화적 발전을 분석하고, 주요 사업들을 살펴보며, 최근 법제적 변화를 파악한 뒤, 재원의 주요 내용에 대해 살펴본다.
  - 3절에서는 우리나라와 문화적 특성이 유사한 일본 자원봉사의 역사적 변천 과정과 팬데믹 및 디지털 등의 변화를 겪고 있는 현재 자원봉사의 변모에 대해 살펴본다. 자원봉사 운영체계에서 사회복지협의회의 틀 안에서 주로 운영되는 자원봉사 조직체계를 분석하고, 정부 및 민간의 주요 사업체계를 파악하며, 법과 제도적 기반을 검토하고, 재원의 특성을 살펴본다.

자원봉사활동은 사회적 산물로서 각 나라의 역사적 상황 및 경험, 사회적 문제와 결핍, 사람들의 욕구, 자선에 대한 가치 및 윤리 등에 영향을 받으며 발전해 왔다. 현대적 의미의 자원봉사활동의 역사와 경험이 짧은 우리나라의 실정에서 자원봉사활동의 오랜 역사를 가진 나라들의 경험과 활동, 제도와 정책들을 살펴보는 것은 자원봉사를 발전시키는 데 중요한 기여를 할 것으로 판단된다.

특히 코로나19의 팬데믹 영향, 디지털 및 정보화의 발전, 기후변화 및 생태위기 대응이 각국의 자원봉사에 중요한 영향을 미치고 있어서 자원봉사가 발전된 나라들의 정책과 사업을 살펴보는 것은 우리나라의 자원봉사 성장에 중요한 참고가 될 것이다. 이 장에서는 자원봉사활동의 오랜 경험을 갖고 있고, 급변하는 환경 속에서 다양한 창의적 정책 시도를 하는 영국, 미국, 일본의 사례를 중심으로 살펴보고자 한다.

1. 영국의 자원봉사

1) 자원봉사의 역사

영국의 자원봉사는 풍부하고 다양한 역사를 가지고 있으며, 각 시대별로 사회적 욕구를 충족시키기 위해 수세기에 걸쳐 발전해 왔다(Eliasoph, 2013).

(1) 10~15세기 중세 종교적 자선활동

영국의 자원봉사는 중세 10세기에서 15세기까지 거슬러 올라간다. 기독교의 지배하에 있던 당시 영국의 자원봉사는 교회가 자선사업에 중심적인 역할을 하였다. 특히 수도원은 빈곤계층과 부랑인 등 궁핍한 사람들에게 음식 및 의료서비스를 제공하였는데, 가난한 사람들에게 구호품을 나눠 주는 등의 자선 행위는 종교적 신앙과 관련된 도덕적 의무로 간주되었다. 중세봉건제 말기, 중상주의 시대로 이행하면서 수공업 및 상공업이 발전하였고, 상공업자들의 조합인 길드(Guild) 및 형제회(Fraternities)는 어려움을 겪고 있는 회원과 그 가족을 지원하고 지역사회에 자선활동을 제공하였다.

(2) 16~18세기 근세 초기 구빈제도와 자선활동

헨리 8세 시기에 시도된 수도원 해체는 전통적인 자선 구조를 붕괴시켰고, 새로운 자원봉사 체제 변화가 시도되었다. 자선이라는 명분 하에 진행된 1601년 「엘리자베스 구빈법(Elizabethan Poor Laws)」은 부랑인 및 취약계층들을 강제로 구빈원에 두고, 정주권을 제한하였으며, 강제적 노동을 시키는 대신 주거 및 기본적 생활수단을 제공하는 방식으로 진행되었다. 「엘리자베스 구빈법」과 이후 전개된 다양한 구빈제도는 국가의 취약계층 보호에 대한 의무라는 복지국가의 맹아기적 특성과 함께 빈민들에 대한 강제적 수용의 특성을 동시에 갖고 있었다. 부를 축적한 개인들은 박애주의(philanthropy)에 바탕을 두고 병원, 구호소, 학교 등 자선활동에 자금을 지원하기 시작했으며, 관리 및 전달에 자원봉사자가 참여하는 경우도 많았다. 1698년 기독교 지식 증진 협회(the Society for Promoting Christian Knowledge)와 같은 조직의 설립은 보다 조직화된 자원봉사활동으로 발전하는 계기가 되기도 하였다.

(3) 19세기 박애주의 시대 본격화와 사회개혁 및 자원봉사

산업혁명은 급속한 도시화와 새로운 사회적 도전을 가져왔고, 조직적인 자원봉사활동을 촉발시켰다. 1865년에는 구세군이 설립되었고, 1867년에는 바르날도(Barnaldo) 단체가 설립되는 등 다수의 자선단체가 빈곤, 노숙자 및 아동 복지 문제에 대응하면서 활동을 하였다. 중산층과 상류층의 여성들은 자선활동에 적극적으로 참여하였고, 여성 자선 협회와 같은 조직을 설립하고 운영하였다. 심지어는 자원봉사자 및 단체인 윌리엄 윌버포스(William Wilberforce)와 클래팜 종파(Clapham Sect)는 당시 아프리카에서 노예를 끌어오는 무역활동에 반대하는 인권운동을 전개할 정도로 의식이 깨어 있었다. 자원봉사를 주도한 지식인, 시민계층, 사회 독지가들은 더 나은 근무 조건, 공중 보건 및 교육을 옹호했으며, 종종 새로 설립된 노동조합과 협력하면서 사회개혁운동을 전개하였다. 국가는 억압적「구빈법」과 관련 제도를 진행시킨 반면, 사회개혁가들은 자선활동과 함께 인권과 근대적 박애주의의 확장을 위해 많은 노력을 하였다.

(4) 20세기 자원봉사의 본격적 확장

양 차례 진행된 세계대전은 자원봉사자의 역할에 큰 변화를 가져왔다. 제1차 세계대전(1914~1918년) 시기에 자원봉사자들은 VAD(Voluntary Aid Detachment)와 같은 조직을 통해 의료 및 구호 서비스를 제공하여 전쟁 피해 복구 노력을 지원했다. 1919년 전국

사회서비스협의회(National Council of Social Service: NCSS)가 설립되면서 돌봄 및 자원봉사와 관련된 중요한 역할을 하였다. 제2차 세계대전(1939~1945년) 때는 대피, 배급, 사기 진작 노력을 지원하기 위해 여성자원봉사단(WVS)과 같은 단체가 설립되고 활동하였다. 엘리자베스 매카덤(Elizabeth Macadam)은 이 시기를 '새로운 박애주의의 시대'라고 부를 만큼 민간 부문의 활동이 증가하였고, 자원봉사기관에 유급 직원을 채용할 정도로 체계적인 자원봉사 행정이 추진되었다. 20세기 이후 시드니 및 베아트리스 웹(Sydney and Beatrice Webb), 찰스 부스(Charles Booth), 시봄 라운트리(Seebohm Rowntree), 윌리엄 베버리지(William Beverige) 등 사회복지개혁가들의 등장은 자선의 범위에서 사회복지의 영역을 분리하여 국가가 적극적 관여를 하도록 함으로써 사회복지영역에서 자원봉사보다는 국가의 역할 및 책임을 강조하는 계기가 되었다. 1948년 국가보건서비스(NHS)가 설립되면서 의료 분야의 자원봉사자들에게 참여할 기회도 확장되었다. 1960년 「자선법(Charity Act)」「지방정부 사회서비스법(Local Authority Social Service Act)」은 민간 사회복지기관과 지역 차원에서의 자원봉사활동을 지원하기 위한 법으로 제정되었다. 1968년에 발표된 아베스(Aves)보고서는 자원봉사활동의 분기점을 제공하였다. 이 보고서는 자원봉사기관의 전문직 서비스와 사회서비스에서의 자원봉사자 참여의 중요성을 역설하고, 자원봉사자 모집, 훈련, 지원 등에 대한 지침을 제시하였다. 이를 통해 전국적으로 자원봉사센터 및 네트워크, 유급 자원봉사자 조직가가 늘어났고, 자원봉사활동의 전문화 및 규모 확대가 두드러지게 나타났다. 1980년에는 전국사회서비스협의회가 전국자원봉사단체협의회(National Council for Voluntary Organizations: NCVO)로 명칭을 변경하여 설립하였는데, 이 조직은 자원봉사 부문을 지원하고 장려하기 위해 설립되었으며, 이후 시민사회 조직을 옹호하는 데 중요한 역할을 수행하고 있다. 1990년대에는 지역사회 돌봄에서 지방정부 역할의 강화, 다양한 복지공급 주체를 강조하는 복지다원주의(welfare pluralism)가 지방정부를 독점적 복지공급자에서 서비스 구매자 및 조정자의 역할로 전환시켰고, 복지에서 민간 및 자원봉사의 역할을 더욱 강화하도록 하였다. 1992년에 「자선법」이 개정되면서 자원봉사단체의 활동에 대해 세금 공제가 가능하였고, 정부의 재정적 지원도 확대되면서 자원봉사는 더욱 발전하게 되었다. 1997년 토니 블레어(Tony Blair)의 노동당이 집권하면서 자원봉사 활성화를 위한 국가적 차원의 개입, 민관 협력을 위한 사회협약 체결 등이 진행되었고, 자원봉사에 대한 국가적 관심이 더욱 확대되었다.

(5) 2000년대 이후 현대 자원봉사활동 발전기

2000년대 이후 영국은 여러 분야에서 자원봉사를 활성화하기 위해 노력을 전개하고 있다. 우선 정부는 다양한 사회 문제를 해결할 수 있는 잠재력을 자원봉사에 두고 공공 정책 의제에서 이를 표방하며 복수의 부문에 걸쳐 자원봉사활동을 촉진하기 위한 정책 추진으로 이어 가고 있다. 이를 위해 특히 자원봉사에 어려움을 겪고 있는 젊은이들을 지원하기 위해 시작된 '자원봉사 미래 기금(Volunteering Futures Fund)'은 기술을 개발하고, 참여자의 웰빙을 향상하며, 소셜네트워크를 확장할 수 있는 기회를 제공하고 있다. 자선활동을 지원하고 다양한 부문에서 자원봉사자들을 보호하고 격려하는 데 대한 법적 강조가 이루어져 이루어졌고, 자원봉사에 대한 일반 시민들의 참여를 확대하기 위해 자원봉사 플랫폼이 개발·운영되었는데, 영국의 기술 회사인 OnHand에 의뢰한 플랫폼은 자원봉사자를 적절한 기회와 연결하는 과정을 간소화하여 참여를 향상시켰다.

자원봉사의 확대를 위한 주요 프로젝트로는, 우선 2007년부터 2010년까지 진행된 'Platform2'를 들 수 있다. 'Platform2'는 국제개발부(the Department for International Development)가 자금을 지원하는 국제 자원봉사 프로그램으로, 젊은이들이 남아프리카, 가나, 인도, 네팔, 페루와 같은 국가의 지역사회 프로젝트에 참여하도록 지원하는 것이며, 이를 통해 개발도상국의 생활 환경을 개선하고 글로벌 개발 문제에 대한 자원봉사자의 이해를 높이도록 설계되었다. 또한 2003년에 설립된 InterVol은 전 세계적으로 빈곤 감소, 보존 및 교육 프로젝트를 지원하고자 하는 것으로, 버밍엄, 랭커스터, 런던, 노팅엄, 옥스퍼드와 같은 대학에서 운영되었으며, 학생 주도의 지속가능한 개발 프로젝트를 촉진하고 장기적인 커뮤니티 파트너십을 육성하고자 하였다. 아울러 자연보존단 자원봉사(Conservation Volunteering) 프로젝트는 2000년부터 최근까지 전개된 사업으로, 생물의 다양성과 환경보존에 대한 실천을 목표로 하고 있고, 이를 통해 사회적 실천 의지를 고양하는 데 큰 기여를 하고 있다.

하지만 이러한 정책적 노력에도 불구하고 영국의 자원봉사는 좀처럼 상승세를 이어가지 못하고 있고, 다양한 분야의 사업이나 조직에서 자원봉사자를 모집하기가 쉽지 않으며, 자원봉사 참여에 대중들의 시간 부족을 토로하는 비중이 높아지고 있는 실정이다.

2000년대 이후의 영국의 자원봉사활동은 다양성, 포괄성, 현대적 과제에 대한 적응성을 특징으로 한다. 다양성은 디지털에서 구체적으로 나타나고 있는데, 특히 인터넷을 적극적으로 활용하는 'Do-it.org'와 같은 플랫폼을 통해 원격 자원봉사가 가능해졌으며, 이를 기반으로 전국적으로 활동가 및 기관을 연결해 주고 있다. 자원봉사활동의 포괄성은 지역사회 활동에서도 두드러지는데, 식량 빈곤, 정신건강, 환경보존과 같은 문제 해결이 주목을 받고 있다. 현대적 과제에 대한 대응은 코로나19 팬데믹과 같은 위기 상황에서 자원봉사자들은 의료시스템을 지원하고, 음식을 전달하고, 고립층에게 동반자를 연결하는 데 중요한 역할을 한 데에서 찾을 수 있다. 기업의 사회적 책임(Corporate Social Responsibility: CSR)도 두드러졌는데, 다수의 기업에서 전문적인 기술과 지역사회 봉사를 결합한 기업의 사회적 책임 프로그램을 통해 직원들이 자원봉사를 하도록 권장하고 있다(Brudney, 2016).

영국 자원봉사의 전반적인 특성은 다음과 같이 압축할 수 있는데, 첫째, 역사적으로 종교적인 영향이 크게 작용하였다는 점이다. 중세 이후 기독교의 박애와 이웃 돌봄의 사상은 영국 자원봉사의 전통으로 작용하였고, 그 연장선 속에 빈곤에 대한 자선의 필요성과 사람들의 참여를 강조하는 문화로 발전하게 되었다. 둘째, 다양한 사회개혁과 자원봉사실천이 서로 결합되어 진행되었다는 점이다. 자본주의화 과정에서 사회 불평등과 빈곤 문제에 대해 문제가 제기되어 왔고, 자원봉사가 이를 해결하는 하나의 방안으로 제시되었다. 물론 자원봉사로만 이들 문제를 해결할 수 없는 것은 당연하지만 사회복지 및 사회개혁의 방안의 하나로 자원봉사도 함께 제시되었다는 것에 주목할 필요가 있다. 셋째, 재난과 같은 사회적 위기에 대응하면서 자원봉사는 중요한 기여를 하며 성장하였다. 제1, 2차 세계대전에서 자원봉사는 전쟁 현장과 그 배후 지역에서 전쟁 피해로부터 회복하는 데 큰 기여를 하였다. 양차 대전 전후에 자원봉사는 빠른 속도로 성장해서 점점 사회적 역할을 강화하게 되었다. 2020년 코로나19는 정부가 모두 수행이 불가능했던 의료품 및 생필품 제공, 의료 및 방역 지원 등 다양한 봉사처에서 팬데믹 극복에 가장 큰 기여를 했던 것도 동일한 맥락이다. 넷째, 국제 자원봉사의 영역을 지속적으로 확장시키고 있다. 앞서 살펴본 것처럼 'Platform2'나 'InterVol'은 국제자원봉사의 중요한 기반이 되고 있다. 다섯째, 디지털 등과 같은 기술 발전이 자원봉사의 방식과 장소를 지속적으로 혁신시키고 있고, 그 결과 자원봉사의 외연 확장과 내적 질의 변화를 이끌어 내고 있다. 'Do-it.org'와 같은 플랫폼은 더욱 많은 사람을 자원봉사 활동가 역할을 하는 데 중요한 기여를 하고 있다(Connors, 2019).

2) 자원봉사 운영체계

(1) 조직체계

영국 자원봉사를 담당하는 중앙정부의 부서는 문화 · 미디어 · 스포츠부(Department for Culture, Media, and Sport: DCMS)로 자원봉사와 관련된 정책 및 사업을 총괄하고, 자원봉사 관련 민간조직과 긴밀히 협력하며, 홍보를 담당하는 핵심 정부 부서이다. 문화 · 미디어 · 스포츠부는 자원봉사 기회를 강화하고, 포용적 사회를 촉진하며, 중요한 장애 요인들을 해결하고, 민간의 단체 및 지역사회 프로젝트에 재원을 배분하며 지원하고 있다. 문화 · 미디어 · 스포츠부는 영국 전역의 자원봉사를 위한 국가 전략, 자금 지원 우선순위 및 법적 계획을 수립, 실행하는 역할을 한다. 자원봉사활동에 대한 전략적 방향을 제시하고, 정책 및 리더십을 발휘하며, 국립 복권 커뮤니티 기금과 같은 중개기관 재원을 바탕으로 자원봉사 기반 프로그램에 많은 자금을 배분하고 있다. 전국 시민서비스(National Citizen Service)를 운영하고, 국가보건서비스(National Health Service)의 자원봉사활동을 지원하고 있으며, 자원봉사자와 관련 기관을 보호하기 위해 법률, 보건, 안전 규정 등을 수립하고 있다(Buck et al., 2013).

영국의 지방정부 역시 지역 수준에서 자원봉사 전략의 구현에 중요한 역할을 담당한다. 지역사회 내에 자원봉사센터를 지원하고, 자원봉사자들이 푸드뱅크, 환경 보존, 청소년 프로그램 등에 참여하도록 노력하고 있으며, 특히 코로나19 팬데믹 기간이나 자연재해와 같은 긴급 상황 발생 시 필수 서비스 제공에 중요한 역할을 하고 있다. 지방정부 역시 보조금을 조성하여 풀뿌리 자원봉사 프로젝트를 지원하고, 지방정부의 시설을 제공하기도 하며, 전문인력을 채용하여 자원봉사활동의 전문적 활동을 조정하고 연결하는 역할을 담당하고 있다. 좀 규모가 큰 시 정부 단위에서는 문화 및 스포츠 행사, 도시재생 및 환경 개선, 지역사회 개발, 노숙자 및 이민자 통합지원 같은 사회 문제 해결의 과제에 자원봉사가 중요한 역할을 하고 있다. 영국 자원봉사는 패리쉬(parish), 카운슬(council) 등 기초지방정부 단위에서 환경, 폐기물 수거, 동네 환경 개선, 문화유산 보존, 교육, 자선, 돌봄 등에서 중요한 역할을 하고 있다(Buck et al., 2013; ONS, 2019).

대부분의 지역사회에는 지역 자원봉사센터(Volunteer Center)가 자원봉사의 중요한 허브 역할을 하고 있다. 자원봉사센터에는 유급 직원과 자원봉사자로 구성되어 있는데, 이들 센터에서 활동하는 인력은 2024년 기준 약 978,000명으로 영국 전체 노동력에 3%에 달한다. 이들 중 53%는 직원 수가 50명도 되지 않는 소규모 조직에서 활동하는 것으로 보아 소규모 조직을 중심으로 자원봉사활동이 전개되고 있음을 알 수 있다. 영국 전역에 약 200여 개가 넘는 이들 센터는 때로는 지방 당국의 자금 지원을 받기도 하지만, 대체로 독립적으로 운영되며, 자원봉사자들에게 자원봉사활동의 중요한 기회를 연결하는 데 필요한 자원과 지원을 제공하는 지역사회 거점의 역할을 하고 있다. 푸드뱅크, 다양한 쉼터, 소수 종교 예배 서비스 제공, 빈곤 구제 및 구호, 노인 돌봄, 청소년활동, 식료품 배달, 지역 안전 순찰, 동네 청소 및 환경 정비 등의 활동을 자원봉사자들과 협력하여 실천하고 있다(Wilson, 2000; Smith et al., 2016).

일선 학교 및 교육기관에서도 학생, 학부모, 교사의 직접적 참여를 통해 개인학습 지도, 환경 실천, 모금활동에 대해 적극적으로 실천활동을 하고 있다.

영국의 자원봉사활동을 총괄하는 민간기구는 전국자원봉사단체협의회(National Council for Voluntary Organisations: NCVO)이다. 이 기구는 2024년 기준 166,000개 자원봉사단체와 17,000개 이상의 회원 조직을 대표하며, 영국 내 자원봉사 분야 최대 규모의 상위 조직 중 하나이다. 이들 단체들과 관련하여 연간 1번 이상 자원봉사활동을 한 사람은 14,200,000명 이상이 될 정도로 자원봉사와 관련한 이들 소속 단체의 영향력이 매우 크다고 할 수 있고, 자원봉사 부문의 활동을 통해 연간 200억 파운드(약 35조 4,654억 원) 이상의 경제적 가치 생산에 기여하고 있다(NCVO, 2024).

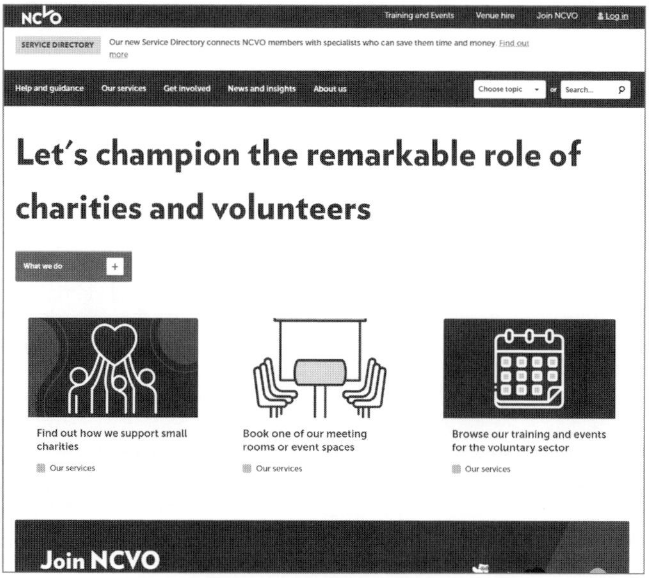

[그림 7-1] NCVO의 홈페이지

자료: National Council for Voluntary Organisations(https://www.ncvo.org.uk, 2024년 11월 1일 검색).

전국자원봉사단체협의회의 역사를 보면 제1차 세계대전 이후 자원봉사 부문 활동을 조정하기 위해 전국 사회서비스협의회(the National Council of Social Service)라는 이름으로 설립되어 실업 및 빈곤과 같은 전후 사회 문제를 해결하는 데 중점을 두고 활동하였다. 1950년대에는 영국 전역의 자원봉사단체에 대한 옹호, 연구, 지원을 포함한 활동으로 크게 확장되었다. 1980년에 보다 폭넓은 역할을 더 잘 반영하기 위해 전국자원봉사단체협의회로 명칭을 변경하였고, 자원봉사단체와 비영리단체를 지원하는 정책을 옹호하면서 영국 자원봉사 부문의 선도적인 목소리를 내고 있다. 최근에는 특히 디지털 혁신을 수용하고 혁신과 기술을 장려하여 자원봉사 조직에 힘을 실어 주면서 현재에 이르고 있다. 전국자원봉사단체협의회의 목적은, ① 자원봉사단체의 번영을 돕기 위한 자원, 교육, 지원을 제공하는 자원봉사단체의 역량 강화, ② 자원봉사활동 활성화에 적합한 환경을 조성하고 정부 정책 및 여론에 영향을 미치기 위한 옹호 활동 촉진, ③ 응집력 있고 회복탄력적인 지역사회를 구축하도록 자원봉사와 시민참여를 통한 지역사회 강화로 압축할 수 있다.[1)]

전국자원봉사단체협의회의 역할을 다음과 같다(NCVO, 2019).

① **옹호 및 정책 영향력**: 영국 정부, 지방 당국 및 국제기구에 대한 자원봉사 부문의 이익 대변. 자금 조달, 세금 감면 조치 등 자선단체가 효과적으로 활동할 수 있도록 하는 정책을 위한 캠페인 전개

② **역량 강화**: 거버넌스, 기금 모금, 관리 및 디지털 혁신 기술을 개발하는 데 도움이 되는 교육, 컨설팅 및 자원 제공

③ **연구 및 지식 공유**: 자원봉사 부문의 추세와 과제에 대한 연구를 수행하고, 의사결정에 도움이 되는 보고서와 데이터를 제공. 혁신과 개선에 영감을 주는 모범적 사례와 사례 연구 공유

④ **자원봉사 홍보**: 캠페인을 통해 자원봉사자 모집, 관리, 유지에 대한 지침을 제공하여 자원봉사를 장려

⑤ **파트너십 및 네트워킹**: 자원봉사단체를 서로 연결하고 기업 및 공공 부문 조직을 포함한 필요한 파트너와 연결 활성화

---

1) National Council for Voluntary Organisations 홈페이지(https://www.ncvo.org.uk) 참조(검색일 2024년 10월 25일).

영국의 기업들은 기업의 사회적 책임(Corporate Social Responsibility: CSR) 프로그램을 운영하고 있다. 구체적으로는 직원들이 근무시간 동안에 지역사회 봉사활동에 참여하도록 장려하거나 의무화하며, 때로는 자원봉사에 대한 유급 휴가를 제공하기도 한다. 기업과 기업의 직원이 가진 전문기술을 사용하여 자선단체, 자원봉사단체, 지역사회의 자원봉사활동을 수행하고 있고, 이들 기관과 기업이 다양한 파트너십을 통해 자원봉사활동을 후원하고 지원하기도 한다. 예를 들면, 바클레이(Barclays)은행은 'Life Skills' 프로그램을 통해 모든 세대와 지역사회에게 기술, 취업 기회, 직업교육을 제공하고 있다. 영국의 대표적 소매 마트인 마크스 앤드 스펜서(Marks & Spencer의 'Spark Something Good' 사업은 지역사회를 변화시키는 활동을 전개하여 좋은 성과를 거두고 있다.

영국은 민간 비영리단체인 다양한 자선단체(Charitable Organization)들이 오랜 기간 다양한 분야에서 성장하고 있고, 옥스팜(Oxfam) 같은 국제 분야에서도 활동하고 있으며, 최근 환경 보존, 동물 복지, 정신건강(예: RSPCA, Mind) 등 특정 전문 분야의 활동 역시 두드러진 특징 중의 하나이다.

지역공동체 이익회사(Community Interest Companies: CICs) 등과 같은 지역사회 공동체 기반의 기업의 발전도 특징적인 부분인데, 이들은 실업, 주택, 사회 통합과 같은 지역사회 문제를 다루고 있으며, 자원봉사자들이 직접적인 서비스, 멘토링 또는 지역사회 조직을 통해 지역공동체 변화에 앞장서고 있다.

이 외에도 구세군, 이슬람 구호, 유대인 돌봄과 같은 신앙 기반(faith-based)의 자원봉사 조직도 있고, 이웃 간 식료품 배달, 돌봄 제공, 비건 레시피(vegan recipe) 공유와 같은 상호 지원 단체(Mutual Aid Groups) 네트워크도 주목되는 자원봉사활동의 사례들이다.

영국 사회의 자원봉사영역에서 주목할 만한 변화는 타임뱅킹(time banking)이다. 이는 1980년대 미국의 민권변호사이자 경제학자인 에드가 칸(Edgar Cahn)에 영향을 받았지만 미국 이상으로 영국에서 확장세가 매우 컸다. 영국에 1990년대 후반에 도입된 타임뱅킹은 사회적 고립, 경제적 불평등, 전통적인 고용 기회에 대한 접근성 부족을 해결하기 위한 지역사회 기반 계획으로 주목을 받았다. 최초의 타임뱅킹은 1998년에 'Fair Shares'가 글로세스터셔(Gloucestershire)에 설립되었는데, 기술과 서비스를 교환함으로써 지역사회 구성원 간의 상호 지원을 촉진하기 위해 고안되었고, '영국 타임뱅크(Time Banks UK)'는 2000년도에 설립되어 전 영국의 타임뱅크 발전을 촉진 및 지원하고 있다. 정부 역시 사회통합과 지역사회 발전에 유용한 수단으로 타임뱅킹의 잠재력을 인식하여 관련 지원을 적극적으로 하고 있으며, 의료, 사회복지, 교육 등 공공서

[그림 7-2] Timebanking UK의 홈페이지

자료: Timebanking UK(https://www.timebanking.org/, 2024년 11월 1일 검색).

비스와 협력하는 활동을 적극적으로 전개하고 있다. 타임뱅킹이 갖는 강점은 칸의 주장처럼 병원의 환자도 입원 중에 타인을 도울 수 있으므로 도움을 받는 수동적인 존재가 아닌 적극적인 상호 돌봄의 주체로 성장할 수 있다는 점이며, 타인을 위한 활동 결과로 시간 크레디트 운영으로 대안적 경제공동체 형성도 가능하다는 것이다. 세대 간 돌봄 및 이웃 돌봄으로 노인 장기요양서비스 제공이 어려운 주말 재가 돌봄의 공백을 막을 수 있고, 안정적이고 호혜적인 돌봄 공동체 운영이라는 이상적 복지국가의 실천도 가능하게 만들 수 있다는 점도 강점으로 들 수 있다. 영국 타임뱅킹의 특성을 보면, ① 지역사회단체, 자선단체, 사회적 기업에 의해 조직되며 지역사회 욕구 기반의 지역공동체 중심, ② 모든 연령, 능력, 사회경제적 배경을 가진 사람들의 참여를 통한 정원 가꾸기, 개인교습, DIY 프로젝트, 언어 교육, 노인 교제 등 다양한 활동, ③ 전통적인 자원봉사활동과 달리 참여자는 서비스를 받는 데 사용할 수 있는 시간 크레디트을 지급받는 비금전적 교환 가능 등을 들 수 있다. 영국 타임뱅킹의 성과를 들면 ① 실업자, 노인, 장애인 등 소외계층의 기여를 다른 사람들과 동등하게 평가함으로써 역량을 강화하는 사회적 포용의 진전, ② 이웃 간의 유대감을 더욱 강화하고 소속감과 상호 지원을 조성하는 커뮤니티 구축, ③ 다른 방법으로는 서비스를 이용할 여유가 없는 개인에게 서비스에 대한 접근을 제공하여 통화 시스템에 대한 의존도를 줄이는 경제적 탄력성 강화, ④ 활발한 지역사회 참여를 통해 정신건강이 향상되고, 고립이 줄어들고, 자신감이 높아지도록 하는 정신적 · 육체적 웰빙의 진전 등을 들 수 있다.

영국은 타임뱅킹 외에도 시간 크레디트을 사용하여 자원봉사 및 지역사회 참여를 장려하는 사회적 기업의 활동도 있다. Spice Time Credits은 플랫폼인 'Tempo'를 통해 의회, 주택 협회, 학교 및 보건서비스와 협력하는 사업을 빈곤 지역을 중심으로 전개하고 있으며, 자원봉사활동 이후에 받는 시간 크레디트으로 상품, 서비스 또는 경험(예: 극장 티켓, 박물관 방문)과 교환할 수 있도록 지원하고 있다. 지역 단위의 타임뱅킹으로는 런던의 Southwark Time Bank, Camden Shares 등을 들 수 있는데, 이들은 철저히 지역 독자적인 운영을 하고 있다.

(2) 주요 사업

영국 정부가 국가 단위로 추진하고 있는 주요 자원봉사활동에는 2011년부터 시행하고 있는 '전국 시민서비스(National Citizen Service: NCS)'가 있다. 이 사업은 주로 16세에서 17세의 청소년을 대상으로 사회적 결속, 개인적 발전, 지역사회 참여가 중심 목표이며, 지역사회 활동을 통해 이를 달성하고자 하는 것이다. 모험(adventure)-발견(discovery)-사회적 행동(social action)-축하(celebration)의 4단계로 진행되는 이 프로그램에는 전국의 60여 만 명이 넘는 청소년이 참여하였다. 1962년부터 시작되어 이전에는 지역공동체 서비스 자원봉사로 알려진 'Volunteering Matters'는 자원봉사자들에 의해 지역사회 변화 창출이 목적으로, 주요 내용에는 의료, 교육, 사회복지 등의 분야에서 장기간 봉사인 '풀타임 자원봉사', 노인자원봉사자와 간병인을 연결하는 '그랜드 멘토(Grandmentors)', 노인과 취약계층의 외로움 퇴치를 위한 '친구되기(Befriending) 프로젝트' 등이 있다. 또한 소외된 청소년들에 대한 교육, 취업, 기업에서 자원봉사 기회를 통한 성장을 지원하는 'The Prince's Trust'가 있다. 1976년에 설립된 이 기관의 프로그램에는 1백만 명이 참가하였는데, 커뮤니티 참여 팀 프로젝트와 기업 내 멘토 지원인 기업 프로그램을 중심으로 운영되고 있다. 2000년부터 시행되어 처음에는 'Do-it.org'으로 시작하였다가 현재에는 'Do IT'으로 바뀐 이 사업은 온라인 플랫폼을 통해 개인을 자원봉사 기회와 연결하는 사업이다. 이 플랫폼은 수백만 명의 등록 사용자를 보유한 영국 최대 규모의 자원봉사 플랫폼 중 하나로, 다양한 일정을 가진 개인이 자원봉사활동에 자유롭게 접근 가능하고 유연하게 참여할 수 있도록 하는 것이 특징적인 사업이다. 코로나19의 상황에서 보건의료영역을 중심으로 전개된 'NHS Volunteer Responders', 임종 환자 및 가족지원의 'Marie Curie Volunteer Program', 응급처치 및 응급의료지원을 제공하는 'St. John Ambulance Volunteers'도 있고, 지역 유산과 자연환경을 보존하고 홍보하는 'The National Trust', 야생동물 및 서식지 보호의 'The Wildlife Trusts', 쓰레기 감축 및 지속가능환경 지향의 공공장소 청소 및 에코스쿨 사업을 하는 'Keep Britain Tidy' 등도 전국적으로 추진하고 있는 특색 있는 사업의 일환이다.

영국의 자원봉사활동을 총괄하는 전국자원봉사단체협의회가 수행하고 있는 주요 프로젝트 및 사업은 다음과 같다.

① **시민사회 연감**(UK Civil Society Almanac) **발간**: 경제적 기여도와 인력 동향을 포함하여 자원봉사 부문에 대한 포괄적인 데이터와 분석을 제공하는 연간 간행물 발간 및 제공

② **자원봉사 프로젝트 및 프로그램 개발 지원**: 자원봉사 관리를 위한 툴킷(tool-kit) 제작, 청소년 자원봉사 참여 촉진 등 자원봉사 기회를 늘리기 위한 프로젝트 운영

③ **공공 부문 파트너십 운영**: 공공 부문과 자원봉사 부문 간의 파트너십을 통해 서비스 제공을 개선하기 위해 정부 기관과 협력

④ **디지털 혁신 지원**: 조직이 운영 및 지원을 강화하기 위한 기술을 채택하는 데 도움이 되는 교육 및 자원 제공

⑤ **지속가능한 자금 조달**: 자원봉사단체의 지속 가능성을 보장하기 위해 수입 재원의 다각화, 재정 관리, 보조금 확보에 대한 지침 제공

⑥ **형평성, 다양성, 포용성**(EDI) **계획 수립 및 추진**: 자원봉사 부문 내의 불평등을 해결하고 포용적 관행을 장려하며 소외계층의 대표성을 보장하기 위해 노력

⑦ **브렉시트 및 코로나19 지원**: 브렉시트 및 코로나19 팬데믹과 같은 중요한 국가적 행사가 진행되는 동안에 NCVO는 자원봉사단체의 재원 축소, 규제 완화, 서비스 수요 증가 등의 문제를 헤쳐 나갈 수 있도록 돕기 위해 맞춤형 지원을 제공

영국 대부분 지역에서 자원봉사와 관련된 자원봉사자 모집, 교육 및 훈련, 활동 등과 관련한 허브 역할을 하고 있는 자원봉사센터는 지역마다 조직 운영과 특성, 활동 내용이 각각 특색 있게 진행되고 있으며, 자율성과 독립성을 기반으로 운영된다. 독자적인 자원봉사 인프라와 재정 운영, 연구 및 사업기획이 진행되고 있다. 자원봉사활동에 대한 정보 제공, 프로그램의 개발 및 시행, 연구 및 조사, 홍보, 간행물 발간 등의 활동을 하고, 6월 1일부터 1주일 간 자원봉사자 주간을 설정하여 자원봉사자의 수고에 감사를 표하고 자원봉사의 가치 및 활동의 확산을 추진한다. 영국 자원봉사센터의 주요 업무는

다음과 같다.

① **자원봉사자 모집 및 배치**: 지역 요구에 대한 데이터베이스를 유지하고 자원봉사자를 자신의 기술과 관심 사항에 맞는 역할에 연결함으로써 개인 맞춤형 자원봉사 기회와 연결

② **지원 및 훈련**: 센터는 자원봉사자에게 필요한 기술을 갖추도록 훈련 프로그램을 제공하고 긍정적인 자원봉사 경험을 보장하기 위해 지속적인 지원 제공

③ **관련 조직을 위한 자문(advice)**: 지역의 주요 기관 및 조직이 자원봉사 프로그램을 개발하도록 지원하고 자원봉사 관리 및 법적 고려 사항의 모범 사례에 대한 지침 제공

④ **자원봉사활동 촉진**: 이벤트, 캠페인, 파트너십을 통해 인식을 제고하고 지역사회 내에서 자원봉사의 가치를 적극적으로 홍보

⑤ **혁신적인 매칭 솔루션 제공**: 자원봉사자와 기회를 연결하고 지역사회 내 특정 사회문제 해결을 위한 혁신적인 방법을 개발하고 이를 위한 기금 신청 및 활용

(3) 법제적 기반

영국에서의 자원봉사는 자원봉사자와 조직 모두에게 공정성, 안전, 명확성을 보장하는 법률 및 규정의 틀에 따라 진행된다. 단일한 자원봉사법은 없지만, 자원봉사활동에는 다양한 법적 측면이 적용된다. 영국에서 자원봉사자의 정의는 재정적 이득(financial gain) 없이 다른 사람의 이익을 위해 자신의 시간, 기술 및 에너지를 자유롭게 제공하는 개인을 의미한다. '자원봉사 계약서(volunteer agreement)'는 조직과 자원봉사자 사이의 기대치를 기술한 문서로 법적 구속력은 없지만 명확한 지침을 설정하고 오해를 방지하기 위한 목적으로 작성되는데, 역할에 대한 설명, 교육 및 지원 제공, 합리적 비용 상환을 그 내용으로 하고 있다.

1974년 「직장 보건 및 안전법(the Health and Safety at Work Act)」에 따라 조직은 자원봉사자의 건강, 안전 및 복지를 보호할 의무가 있으며, 위험을 평가하고 안전 및 복지를 보호할 의무가 부여된다. 훈련 및 보험과 관련된 조항도 담겨 있다. 2010년에 제정된 「평등법(The Equality Act)」은 연령, 성별, 장애, 인종, 종교 또는 성적 취향과 같은 특성에 따른 차별로부터 자원봉사자를 보호하도록 되어 있고, 공정한 채용과 합리적 시설 이용의 조정의무 등이 법에 명시되어 있다. 그 외에도 자원봉사활동 중에 발생한 합당한 비용의 상환에 대한 법도 제정되어 시행 중에 있다.

(4) 재원

영국 자원봉사센터와 조직 및 단체의 재원은 중앙정부 및 지방정부의 보조금, 정부사업 지원금, 지역사회 개인 및 기업의 기부금, 회원의 회비, 다양한 사업 수익금, 기업의 후원금, 사회복지 공동모금회의 후원 등 다양하다. 이전에는 지역사회 기부금의 비중이 많았으나 점차 정부의 보조금이 차지하는 비중이 높아지고 있다. 정부의 재정적 위기가 심각해지면서 보조금 및 지원금이 감축되기도 하여 자원봉사센터 및 관련 사업의 재정적·안정적 확보가 위협을 받기도 한다.

자원봉사 담당 중앙부처의 디지털·문화·미디어·스포츠부는 보조금, 기금, 사업재원 확보를 하여 다양한 경로를 통해 자원봉사활동을 지원하고 있다. '국가 복권 커뮤니티 기금(The National Lottery Community Fund: NLCF)' 역시 지역사회 개발, 건강, 교육 및 사회복지 활동에 자원봉사자를 참여시키는 조직을 지원하기 위해 기금을 운영하고 있다. 지방정부 역시 지역 내 자원봉사센터, 지역사회 자원봉사 프로그램, 지역사회복지 및 돌봄, 청소년 및 아동 지원 등을 위한 보조금 및 사업 지원금을 배분하고 있다. '적십자'를 통한 모금활동과 기부금 조성, 'Age UK'를 통한 친구 사귀기 서비스, 옹호, 사회복지 등 노인들을 위한 자원봉사 서비스 자금 지원, 기타 많은 자선단체의 기금, 기업의 사회적 책임 관련 기금 등이 자원봉사활동의 재정적 기반이 되고 있다.

2. 미국의 자원봉사

1) 자원봉사의 역사

(1) 17~18세기 자원봉사의 시작

콜럼버스 등에 의한 신대륙의 발견 이후 종교의 자유를 위한 이주민들로 시작된 근대 미국의 역사에서 초기 정착민들은 생존과 독립적인 공동체 생활을 위해 서로 협력해야만 했다. 이러한 과정에서 사회적 필요를 해결하기 위해 교회, 학교, 자선단체를 설립하였고, 청교도 및 퀘이커 신앙을 가졌던 초기 정착민들은 지역사회 봉사를 위한 도덕적 의무를 강조하였다. 1657년 환자와 빈민 구제를 위한 최초의 우호방문협회인 스콧자선협회(The Scots' Charitable Society)가 스코틀랜드 이주민이 많았던 보스턴 지역에 설립되었고, 이후 다수의 자선조직(charitable organization)이 여러 지역에 설립되었으며, 고아원과 병원도 만들어졌다(류기형 외, 2020). 1700년대에 이주민 정착의 지역공동체는 질병, 사망 또는 경제적 어려움이 많아 도움이 절실했으며, 이 시기에 구성원을 지원하기 위해 상호부조회(Mutual Aid Societies)를 조직하였는데, 이는 오늘날 비영리조직의 전신이라고 할 수 있다. 미국 독립혁명 시기(1775~1783년)에 시민들은 민병대를 조직하고, 독립운동을 강화하기 위해 지역사회 중심의 계획과 지원활동을 전개하면서 자원봉사의 필요성도 증대되었다(McCurley & Lynch, 1997).

(2) 19세기 자원봉사의 확장

1800년대 미국 전역에 다수의 민간기관이 설립되었고, 지역사회 환경 개선 및 빈민을 지원하기 위한 민간단체들이 크게 증가하였다. 1843년에는 뉴욕의 빈민생활상태개선협회가 조직되었는데, 이는 다수의 민간단체 간에 빈민 지원의 상호 역할 조정과 업무의 배분, 효과적인 사무 수행을 위한 것이었다. 19세기는 미국 내 노예제 폐지(abolitionism)와 같은 사회개혁의 사상이 확장되었고, 음주를 줄이고 사회 문제를 해결해야 한다는 절제운동(temperance movement)도 있었으며, 여성의 참정권 운동(Women's suffrage movement)도 확장되었는데, 이 모두가 주로 자원봉사자들에 의해 주도되었다. 1844년에는 YMCA, 1881년 적십자 등 다수의 자원봉사단체가 이 시기에 설립되어 시민들의 참여를 통한 사회변화 운동이 전개되었다. 19세기 자원봉사의 확장은 미국 남북전쟁(1861~1865년) 및 그 이후 시기로, 전쟁 발발 이후에 전쟁 피해 극복, 이재민, 고아, 과부들을 지원하기 위한 자원봉사활동이 폭발적으로 증가하였고, 정부도 지역사회의 재건을 위한 '자유민국(自由民局, Freedmen's Bureau)'의 조직을 설립하여 체계적인 지원활동을 전개하였다(McCurley & Lynch, 1997). 미국 도시들의 빠른 성장과 산업 및 경제의 발전은 산업재해, 질병, 실업, 빈곤, 가족 붕괴 등 다수의 사회경제적 문제를 확산시키게 되었고, 상당수의 사람들이 가족 및 사회의 지원을 받지 못하는 상황이 발생하였다. 이러한 급속한 산업화에 따른 문제를 해결하기 위해 1869년 영국에 이어 미국에서도 1877년 버팔로시에 최초로 '자선조직협회(The Charity Organization Society: C.O.S.)'가 만들어지게 되었다. '자선조직협회'는 도움을 필요로 하는 개인 및 가족에 대한 정보를 수집하고, 지역사회 내에 존재하는 다수의 민간 자선단체의 자원과 활동을 파악, 조정, 지원하는 역할을 하였다.[2)]

2) 이러한 기구는 클리어링 하우스(clearing house), 등록 사무소, Community Chests, 공동체 조직, 사회서비스 교환소(social service exchanges) 등 다양한 이름으로 불리었다.

이 시기의 자선단체는 1873년 유럽 경제대공황이 남북전쟁으로 피폐해진 미국에도 영향을 미쳐서 대규모 실업과 빈민층의 확산으로 어려움을 겪던 미국 시민들의 생활 극복에 도움을 주는 계기가 되었다. 미국 자선조직협회는 단순한 구호품 제공을 넘어서서 체계적인 자원 배분 및 지원, 과학적인 접근 방식, 전문적 개입 시도, 유급의 전문가 양성 및 배치 등 자원봉사영역의 현대적 과정에 매우 긍정적인 영향을 미쳤다는 점이 의미가 깊다고 하겠다. 다양한 자선적 활동은 지역사회 내 현대적 사회복지관의 모태가 된 스탠튼 코이트(Stanton Coit)의 1886년 뉴욕 '근린 길드(Neighborhood Guild)'와 제인 아담스(Jane Addams)의 1889년 시카고 '헐 하우스(Hull House)'가 설립되도록 영향을 미치기도 하였다.

(3) 20세기 자원봉사의 제도화

20세기 초 미국은 지역의 자발적 결사체이자 자원봉사를 기초로 하는 전국적 연맹 형태의 '보이스카우트' '걸스카우트' '소년클럽(Boys Club)' 'YWCA' 등이 설립되어 활발한 활동을 하였다. 제1차 세계대전 중에는 군인과 가족을 지원하는 자원봉사활동이 확대되었으며, 1926년에는 최초의 자원봉사사무국이 보스턴에 설립되었고, 세인트루이스 등 다수 지역에 확대되었다. 1929년 이후 수년간 직면했던 미국의 대공황은 자원봉사의 역할을 더욱 강화시키게 되었다. 경제공황으로 인한 돌봄 및 복지, 보건의료, 교육, 실업 등의 문제가 심각해지면서 '시민보존단(The Civilian Conservation Corps: CCC)'이 설립되어 활동하였고, '주니어 리그(Junior League)' 등의 시민단체가 자원봉사센터 운영에 참여하여 자원봉사활동을 전개하였다. 제2차 세계대전 이후에는 자원봉사자들을 중심으로 민권운동과 환경옹호운동 등 사회 정의 요구와 정책 변화의 욕구가 크게 증가하였다. 자원봉사를 통한 사회 문제 해결에 정부의 대응으로 주목할 만한 일은 1961년 케네디(John F. Kennedy) 대통령이 주도한 '평화봉사단(The Peace Corps)'으로, 이는 자원봉사자를 해외로 파견하여 사회 문제 해결 및 사회개발 프로젝트에 참여시키는 사업이었다. 1960년대에 린든 존슨(Lyndon B. Johnson) 대통령은 미국 내 빈곤 퇴치 및 사회 문제 해결을 위해 '위대한 사회(Great Society)' 건설과 '빈곤과의 전쟁'을 표방하고, 교육, 주택과 도시개발, 교통, 환경보호, 이민정책 등에 대한 적극적 의지를 천명하였다. 또 인종에 대한 차별 철폐에 대해서도 「공민법(Civil Right Act)」 시행 등 강력한 실천과 결의를 보이기도 하였다(McCurley & Lynch, 1997). 나아가 빈곤 퇴치 등 사회 문제 해결에 자원봉사를 활용하는 'VISTA(Volunteers in Service to America)' 프로그램을 적극 시행하였다. 리처드 닉슨(Richard Nixon) 대통령 시기에는 민간자원봉사 프로그램의 지원을 위해 정부 내에 '전국자원봉사활동센터(The National Center for Voluntary Action: NCVA)'가 설립되었고, 자원봉사활동의 제도화를 위해 「국내자원봉사활동법(Domestic Volunteer Service Act)」이 제정되었다. 이 법은 연방정부의 자원봉사 지원활동 및 공공 자원봉사단 운영에 대해 규정하고 있고, 지원을 제도화하는 내용을 담고 있다(류기형 외, 2020).

1979년에는 '전국자원봉사정보센터(The National Information Center on Volunteerism)'와 'NCVA'가 통합되어 '전국시민참여센터(The National Center for Citizen Involvement)'인 'VOLUNTEER'가 설립, 운영되었다. 'VOLUNTEER'는 촛불재단(Points of Light Foundation)과 통합되기 이전까지 각 주의 자원봉사센터 및 자원봉사자활동센터 등 총 400여 개의 자원봉사 조직을 상호 연계하는 통합적 체계로 운영되었다(류기형 외, 2020). 1980년대의 사회복지 재정 위기 등 복지국가 체제의 조정으로 신연방주의(New Federalism)가 강조되면서 사회보장 책임을 연방정부에서 지방정부 및 민간으로 넘기려는 경향이 강화되었고, 그 결과 민간의 자원봉사에 대한 중요성이 강조되었다. 1980년대의 조지 허버트 워커 부시(George H. W. Bush) 및 빌 클린턴(Bill Clinton) 정부 시기에는 학교 현장에서의 봉사학습(service learning)에 주목하여 자원봉사를 초·중·고·대학생들의 학습 역량의 일환으로 추진하였다.

(4) 21세기 현대 자원봉사

2001년 9.11 테러 이후 응급구조대원 등 다수의 희생자의 정신을 기리고 지역사회 봉사 기회를 제공하기 위해 '미국 자유봉사단(USA Freedom Corps)'이 제안되었고, 산하에 지역사회 봉사단, 노인봉사단, 시민봉사단이 포함되었으며, 자원봉사활동 선도 전략, 자원봉사활동 우선, 자원봉사단 프로그램 등 다수의 사업이 추진되었다.

2005년에는 카트리나 허리케인으로 인해 다수의 피해자가 발생하여 자원봉사활동을 중심으로 주택 및 도시 기반 재건, 구호 물품 제공, 이재민 가족 지원 등이 추진되었다.

2007년에는 '촛불재단'과 '핸즈 온 네트워크(Hands On Network)'가 합병하면서 자원봉사활동의 체계적 조직화와 광범위한 시민참여 활성화가 추진되었다.

2009년에는 일명 「에드워드 케네디 미국자원봉사법(The Edward M. Kennedy Serve America Act)」이라고 하는 「국가 및 지역사회 서비스법(National and Community Service Acts)」이 제정되었는데, 버락 오바마(Barack H. Obama) 대통령이 서명한 이 법은 자원봉사 프로그램의 확대를 위해 재정 지출도 늘리고, 더 많은 새로운 자원봉사를 창출하자는 내용이다. 이 법에 따라 교육, 에너지 효율성, 건강과 같은 시급한 문제 해결을 강조하였고, 재원을 확보하여 더 많은 비영리단체가 자원봉사 선도 전략을 바탕으로 사업을 전개할 수 있게 되었다. 다수의 청소년과 청년이 자원봉사 학습의 과정에 참여하여 시민적 역량을 향상시키는 계기도 만들어졌다(Connors, 2019).

2020년 이후부터는 코로나19에 따른 팬데믹으로 인해 원격 자원봉사의 확산이 가속화되었고, 비대면으로 기술과 시간을 지원하면서 자원봉사활동의 기회가 크게 늘어났다. 특히 디지털 및 AI 기술, 영상 제작 및 보급의 확대는 자원봉사의 비대면 활동을 촉진하는 기틀을 마련할 수 있게 하였다.

지난 몇 년간 자원봉사에서 디지털 기술의 확대, 환경 · 생태적 인식 강화 등의 긍정적 측면도 강화되었다. 하지만 재해 및 건강 위기 상황에서 자원봉사 지원에 대한 수요가 증가하면서 소진 및 유지에 대한 우려가 높아졌고, 팬데믹 동안의 경제불황은 비영리 기금에 영향을 미쳐서 자원봉사 프로그램 관리 역량을 감소시켰으며, 어린이 및 노인 등 취약계층 대상의 자원봉사활동에 대한 보다 전문적인 규정 제정 및 준수의 필요성이 증가하기도 하였다.

2) 자원봉사 운영체계

(1) 조직체계

미국 연방정부 차원에서 자원봉사의 수부부서는 '국가 및 지역사회 자원봉사 협력단(Corporation for National and Community Service: CNCS)'으로, 이는 '국가 및 지역사회 서비스법(National and Community Service Acts)' 등을 근거로 하고 있으며, 2020년 'AmeriCorps'로 브랜드가 변경되었다. 전국 차원에서도 'AmeriCorps'가 있고, 각 주별로도 'AmeriCorps'가 설립되어 있다. 이 기관에서 국가 및 지역사회에서의 재난과 자원봉사 대처의 필요성이 있을 때 정책, 사업, 재원 운영을 지원하고 있고, 이를 위해 비영리조직, 학교 및 정부 기관에 보조금을 제공하고 있다. 'AmeriCorps'는 재난 지원 서비스, 경제적 기회 확대, 교육, 환경지킴이, 건강한 미래 활동, 예비군 및 군인 가족 지원 등 6개 영역을 중심으로 활동을 하고 있다.

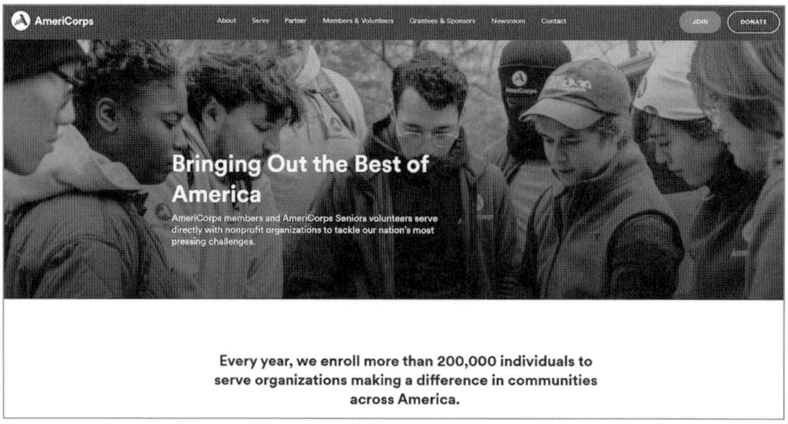

[그림 7-3] 'AmeriCorps' 홈페이지

자료: AmeriCorps(https://americorps.gov/, 2024년 11월 1일 검색).

'AmeriCorps' 산하에 'AmeriCorps NCCC' 'AmeriCorps VISTA' 'Seniors Corps' 'AmeriCorps Seniors Foster Grandparent' 'AmeriCorps Seniors RSVP' 'AmeriCorps Senoir Companion' 등의 조직이 운영되고 있다. 'AmeriCorps NCCC(National Civilian Community Corps)'는 전국의 팀 기반 자원봉사 프로젝트에 청년 등을 참여시켜서 지역 및 사회적 변화를 위한 사업을 전개하고 있으며, 'AmeriCorps VISTA'는 조직의 역량을 구축하여 빈곤 완화에 중점을 두고 사업을 전개하고 있다. 'Senior Corps'는 노인봉사단으로, 'AmeriCorps Seniors Foster Grandparent(위탁 조부모)' 'RSVP(Senior Corps Retired and Senior Volunteer Program, 은퇴 및 노인 자원봉사 프로그램)' 'AmeriCorps Senoir Companion(노인 동반자)'와 같은 프로그램을 통해 노인(55세 이상)에게 봉사할 수 있는 기회를 제공하고 연결하는 사업을 추진하고 있다.

연방정부 산하에 자원봉사 관련 기관으로는 '평화봉사단(the Peace Corps)' '재향군인국' '연방재난관리청(Federal Emergency Management Agency: FEMA)' '지역사회 응급대응팀(Community Emergency Response Teams: CERT)' 등이 국제자원봉사, 제대군인 지원, 재난 대응, 지역사회 내 긴급사항 대응 등에서 중요한 활동을 수행한다.

주정부 및 시정부, 지역공동체 단위에서도 앞에서 소개한 기관들의 지역 단위 조직에서 동일한 활동이 수행된다. 특히 지방정부에서는 지역사회의 요구 사항에 대응하면서 개인에게 봉사 기회를 연결시켜 주고, 재난 대응, 환경보전, 교육, 동네 환경 정비, 음식 배급 등을 위한 프로그램을 운영하고 있다.

연방 및 지방정부의 관련 기관들은 자원봉사와 관련하여, ① 자원봉사활동 및 시설을 지원하기 위한 자원 조달과 배분, ② 자원봉사자와 참여 활동의 기회를 연결시키기 위한 온라인 플랫폼(예: 'Volunteer.gov')과 같은 시스템 구축 등 인프라 지원, ③ 자선활동 및 기부활동에 대한 세금 공제 지원, 학교 자원봉사 장려, 자원봉사 인센티브 제공 등 정책 개발 활동, ④ 자원봉사자 및 비영리기관 직원에 대한 교육·훈련 및 역량 강화, ⑤ 자원봉사자에 대한 인증 및 유공자에 대한 표창 활동을 중심으로 역할을 한다.

미국 자원봉사에서 중심축은 사실 민간 비영리조직이다. 그중에서도 1990년 조지 허버스 워커 부시 대통령의 선거공약으로 설립된 '촛불재단'의 역할이 매우 중요하다. 이 재단은 국회에서 독립적인 예산 편성을 받아 30여년 이상 폭넓은 경험과 지역 회원, 기업자원봉사협의회, 전국자원봉사센터 등을 합병하여 조직되어 매우 강력한 활동을 하고 있다(류기형 외, 2020; Connors, 2019). '촛불재단'은 지역에 따라 다양한 명칭을 갖고 있으나 기능은 유사하게 수행된다. '촛불재단' 산하에는 'HandsOn Network'가 운영되고 있는데, 이는 자원봉사활동센터이다. 세상을 변화시키는 행동을 하도록 사람들에게

[그림 7-4] '촛불재단(Points of Light Foundation)' 홈페이지

자료: Points of Light Foundation(https://www.pointsoflight.org/, 2024년 11월 1일 검색).

영감을 주고, 준비시키며, 필요 사업에 참여하게 하고, 교육 등을 통해 실무 지원을 해 준다. 다양한 프로젝트를 기획 및 보급하며, 자원봉사 참여를 위한 교육 및 기술을 제공하기도 하고, 재해복구활동을 기획하기도 한다(Connors, 2019).

지역사회 자원봉사활동의 핵심적 거점은 지역자원봉사센터이다. 지역자원봉사센터 중에는 독립기관형도 있지만, 많은 경우에 지역사회 보건복지협의회의 부설기구형, 공동모금회 지부형, 민간단체 부설형, 지방정부 부설형 등 그 형태가 다양하다. 지역자원봉사센터와 촛불재단은 서로 독립적이나 협력적인 관계로 사업을 수행한다. 자원봉사센터의 전국적 협의기구로는 '전국자원봉사센터협의회(National Council of Volunteer Centers: NCVC)'가 있어서 비영리단체 지원, 자원봉사 관련 교육 및 워크숍 개최·운영, 모범사례 안내, 자원 제공, 자원봉사박람회 등 자원봉사센터 및 자원봉사자를 지원하는 역할을 하고 있다(Connors, 2019).

'사회복지공동모금회(United Way of USA)' '미국 적십자(American Red Cross)'도 자원봉사활동을 지원하고, 재난에 대응하며, 다양한 지역사회활동에 중요한 역할을 하는 기관이다.

자원봉사활동과 관련하여 언급되어야 할 중요 기관 중 하나는 타임뱅킹이다. 미국의 타임뱅킹은 칸에 의해 1980년대에 개발된 개념으로, 이전 19세기 로버트 오웬(Robert Owen)과 조시아 워렌(Josiah Warren)과 같은 사회개혁가들의 저술에서도 관련 개념이 등장하지만 체계화한 사람은 바로 칸이다. 그는 1995년에 'Time Banks USA'를 창립하게 되는데, 이곳을 중심으로 회원들이 탁아, 개인교습, 집수리, 노인 돌봄과 같은 서비스를 교환하도록 장려함으로써 더욱 강력하고 상호 연결된 지역사회를 구축하고 있으며, 전통적인 경제에서는 인정받지 못하거나 보상을 받지 못하는 기술에 가치를 부여함으로써 소외된 집단에 힘을 실어 주기도 하고, 다양한 공공 프로그램에 대한 지원을 통해 지역사회 변화 및 개선활동을 주도하기도 하였다. 현재 미국 타임뱅킹의 플랫폼인 'TimeBanks.Org'의 핵심 사업영역은 용역(서비스)의 교환, 협력, 지역공동체 만들기, 포용 사회 조성, 타인과의 유연한 관계 맺기, 시간 크레디트 운영 등이다. 전국 단위 활동 조직인 'Time Banks USA' 외에도 미국 내 타임뱅킹은 주별로도 왕성한 활동을 하고 있는데, 메인주의 'Portland Time Bank', 위스콘신주의 'Dane County TimeBank', 캘리포니아주의 'Neighbor-to-Neighbor Program' 등이 대표적이다. 미국 타임뱅킹 활동의 핵심적 철학은 자선보다는 상호 주고 받는 호혜성, 모든 개인의 기여에 대한 동등한 평가의 포용성, 사회적 네트워크 강화 및 신뢰 조성의 지역공동체 연대성 등이다.

[그림 7-5] 'TimeBanks.Org' 홈페이지

자료: TimeBanks.Org(https://www.timebanks.org/, 2024년 11월 1일 검색).

(2) 주요 사업

'AmeriCorps'는 연방정부, 주정부, 지방정부의 재정적 지원을 통해 교육, 건강, 재난 대응 등 매우 광범위한 사업을 수행하고 있다. 'AmeriCorps' 산하의 'AmeriCorps VISTA'는 비영리단체를 중심으로 빈곤 완화에 중점을 두고 있으며, 'AmeriCorps NCCC'에서는 지역사회를 중심으로 인프라 개선, 재해 구호 및 환경 보존을 다루는 팀 기반 프로그램을 운영하고 있다. 'Senior Corps'에서는 자원봉사자가 위험에 처한 청소년의 멘토이자 교사 역할을 하는 위탁 조부모(Foster Grandparents) 사업, 재난 대응, 멘토링, 환경 프로젝트 등 다양한 자원봉사 기회를 제공하는 '은퇴자 및 노인 프로그램(Retired and Senior Volunteer Program: RSVP)', 노인이 노인 및 장애인과 동행하며 지원하는 '노인 동반자(Senior Companions)' 사업이 대표적으로 운영되고 있다. '평화봉사단'에서는 자원봉사자들을 국제 사회에 배치하여 교육, 보건, 농업 등의 프로젝트에 참여하도록 하는 연방 프로그램을 운영하고 있으며, 귀국한 봉사자들에 대해서도 지역 프로젝트와 옹호를 통해 봉사에 대한 헌신을 계속하게 하고 있다. 'Citizen Corps'에서는 연방재난관리청과 지역사회 응급 대응팀의 활동을 하고 있다(Connors, 2019).

'촛불재단'에서는 개인 및 조직이 세상을 변화시키는 활동을 하도록 영감을 주고, 준비시키고, 동원하는 데 전념하는 대표적인 비영리조직이다. 주요 프로젝트로 'HandsOn Network'는 자원봉사자들을 지역사회에서 봉사할 수 있는 기회와 연결하는 약 250개의 자원봉사활동센터로 구성되어 있다. 'GenerationOn'에서는 어린이, 청소년 및 가족이 지역사회에 참여하고 동정심 많고 참여적인 시민으로 발전하도록 장려하는 청소년 자원봉사 운동을 전개하고 있다. 'The Civic 50'은 가장 공동체 정신을 갖춘 50개 기업을 표창함으로써 사회적 영향을 확대하기 위해 시간, 기술, 자원을 사용하려는 사업이다. 'Service Enterprise'는 자원봉사자와 그들의 기술을 활용하여 지역사회 요구 사항을 해결하도록 비영리단체의 역량을 강화하는 프로그램을 수행하고 있다. '기업 솔루션(Corporate Solutions)'은 기업과 협력하여 직원 자원봉사 프로그램을 구축하고 성장시켜서 기업의 사회적 책임 목표를 지역사회 요구에 부응하도록 하는 사업이다. '촛불재단'은 이외에도 자원봉사에 대한 표창, 자원봉사 활성화를 위한 연구 수행, 워크숍 및 교육사업 등도 활발하게 수행하고 있다.

지역자원봉사센터는 자원봉사자들에 대한 정보 제공, 자원봉사자의 모집, 적재적소에 대한 배치, 자원봉사자와 수요처 및 기회와의 상호 연결, 자원봉사 관련 교육 훈련·기술·자문, 홍보 및 PR, 인정 및 승인, 지역사회 변화를 위한 계획 수립 및 프로그램 운영, 지역사회 및 구성원에 대한 옹호, 자원봉사활동의 주요 장애 요인 해결 및 개선, 자원봉사자들에 대한 지지 등 다양한 활동을 수행하고 있다.

(3) 법제적 기반

클린턴 정부 시기에는 「전국봉사트러스트법(National Service Trust Act)」을 통해 'ACTION'과 '전국 및 지역사회 봉사 국가위원회'를 통합하여 '국가 및 지역사회 봉사 협력단(Corporation for National and Community Service)'을 구성하였다.

이전의 법을 넘어서 유사 관련 법을 통합하여 2009년에 제정한 「국가 및 지역사회 봉사법(National and Community Service Act)」에서는 자원봉사의 개념 규정, 주요 활동, 정부의 지원, 재정 지원 및 운영 등을 규정하였다. 이 법에서 저소득 지역의 욕구를 위한 관련 서비스 지원단을 만들었으며, 'AmeriCorps'와 같은 자원봉사 전문 활동의 내용을 규정하고 있다(Connors, 2019).

미국은 「자원봉사보호법(Volunteer Protection Act)」을 개정하면서 자원봉사자에 대한 책임 보호를 국가가 제공하게끔 하여 안전하게 자원봉사가 수행될 수 있도록 하였다. 「재해 및 비상 대응법(Disaster and Emergency Response Laws)」은 허리케인 등 다양한 재해 대응과 관련해서 자원봉사 역할을 공식화하기 위해 제정되었으며, 특히 카트리나 허리케인의 극복을 위한 「카트리나 허리케인 이후 긴급 관리 개혁법(The Post-Katrina

Emergency Management Reform Act)」도 제정되어 허리케인 재난 이후의 단기적 대응이 아닌 중장기적 재난 극복의 법적 근거를 확보하기도 하였다.

(4) 재원

미국의 자원봉사 자금 조달은 공공 자금, 민간 기부, 세금 인센티브 및 조직 지원을 포함하는 역동적인 시스템에 의해 이루어지고 있다. 기술 투자, 형평성 기반의 프로그램 및 기업 파트너십은 자원봉사 자금 조달의 지속가능성을 보장한다.

미국 자원봉사와 관련된 가장 중요한 보조금은 '국가 및 지역사회 봉사 협력단 보조금(Corporation for National and Community Service Grants)'이다. 규모는 약 10조 달러에 이르며, AmeriCorps 및 Senior Corps와 같은 자원봉사 프로그램을 지원하기 위해 자금을 배분한다. 이 보조금을 통해 자원봉사 창출 기금이 운영되며, 자원봉사자 모집, 유지, 관리 역량 향상을 위해 지출된다. 주요 재난과 관련하여 연방재난관리청, 지역사회 응급 대응팀에서도 재정을 공급하여 자원봉사활동을 통한 재난 극복을 지원하고 있다.

자원봉사활동의 재정 지원을 위해 정부의 재원뿐 아니라 민간 재단도 중요한 역할을 하고 있다. '빌과 멜린다 게이츠 재단(the Bill & Melinda Gates Foundation)' '포드재단(Ford Foundation)' '록펠러재단(Rockefeller Foundation)'의 기금은 대표적인 민간 자원봉사 지원 기금들이다. 최근에는 'GoFundMe' 및 'GlobalGiving'과 같은 크라우드펀딩 플랫폼을 사용하여 자원봉사 프로젝트를 위한 기금을 모으는 조직도 늘어나는 추세이다.

3. 일본의 자원봉사

1) 자원봉사의 역사

(1) 고대~근대 자원봉사

일본 자원봉사의 역사적 과정은 우리나라의 경험과 유사한 점이 많다. 농경시대에 가족과 부락 공동체가 사회의 기본 구조를 형성하였던 시절에는 농촌을 중심으로 서로 돕는 공동의 경작활동과 관혼상제의 문화가 강조될 수밖에 없었다. 특히 벼농사가 주가 되었던 동아시아의 경작 체제는 대규모 관개, 경작 기간 동안 지속적인 노동, 공동의 협력적 대처 필요로 인해 상부상조의 문화를 더욱 강화하게 하였다. 이러한 과정에 일본으로 전파된 불교나 토착화된 종교인 신도(神道)는 이웃, 특히 취약계층에 대한 자비심을 중요시하였고, 종교적인 자선 행위의 확산으로 연결되었다.

메이지(明治) 유신 이후에 서양의 사상이나 제도가 도입되어 근대적인 복지활동의 형태가 정돈되기 시작하면서 일본에는 자선적 활동도 체계화되었다. 이 시기에 적십자사도 만들어졌다. 이후 제국주의 침략 전쟁 및 제2차 세계대전 도발 등 다수의 전쟁을 치르면서 많은 전쟁 난민과 희생자를 양산하게 되었고, 이에 대응하면서 구호활동을 전개하였다. 교육과 복지 분야에서 자선활동이 증가하였고, 민간의 복지도 확대되었다(池田 幸也, 2022).

(2) 전후 부흥기~고도 성장기

패전 후 혼란 수습을 위한 긴급 구호 및 재건사업이 진행되었고, 부상자 및 부랑자를 보호하고자 하는 자원봉사자들이 확대되었다. 이 시기의 자원봉사는 자생적 · 비조직적 형태라는 특성을 가지고 있다. 1946년에는 전국사회복지협의회가 설립되면서 지역별 사회복지 활동도 활발히 시작되었으며, 지진과 태풍 등 재해와 관련된 다양한 자원봉사 활동이 추진되었다. 이후 모금, BBS 운동, Workcamp, 학생인보관 운동이 시작되었으며, 취약계층을 발굴하고 지원하는 민생위원제도도 시작되었다. 전국 각지에 사회복지협의회가 창설되어 다양한 형태의 자원봉사활동도 추진되었다(류기형 외, 2020).

일본에서 자원봉사의 최초 사용은 1952년 청년사회복지사 자원봉사조직에 의해 시작되었고, 1965년 오사카에 최초의 자원봉사협회가 만들어지면서 자원봉사교육사업이 본격화하였다(류기형 외, 2020). 1960년대는 사회복지협의회 산하에 민간 주도 자원봉사 조직이 만들어지면서 급속도로 확산되었다. 1960년대의 자원봉사는 고도 경제성장기에 생활 수준이 향상되면서 시민들이 차츰 환경 문제나 도시화에 따른 사회 문제에 관심을 가지게 되었고, 공해 문제 및 환경보호 문제 개선에 참여하는 과정이 더욱 확대되었다. 1964년 니가타 지진 등 대규모 재해에 대응한 자원봉사활동이 주목을 많이 받게 되었다. 1968년 전국 사회복지협의회에서는 자원봉사자 육성 요강을 만들고, 전국선의은행연락협의회를 발족시키게 되었다. 이를 통해 일본의 자원봉사활동은 전국적 차원의 통일된 규정과 기준을 마련하게 되었고, 한층 높은 수준의 자원봉사실천을 할 수 있게 되었다(池田 幸也, 2022).

1970년대는 석유파동에 따른 경제적 위축과 노인, 아동, 장애인 등의 복지 문제 등으로 취약계층을 지원하는 자원봉사의 중요성이 다시금 강조되었다. 1973년에는 중앙에 전국자원봉사활동진흥센터, 도도부현(都道府県) 및 지정시에는 자원봉사센터가 설립되어 자원봉사의 체계가 정비되었고(川村匡由, 2006), 1970년대 후반에 정부는 보조금을 지급하게 되어 자원봉사활동의 제도적 기반을 갖추게 되었다.

(3) 1980~1990년대

1980년대는 일본형 복지사회의 구상이 진행되면서 복지의 책임이 중앙정부에서 지방정부로 옮겨 가면서 지역 및 주민의 사회참여가 강조되었다. 정부 부처에서도 지역의 자원봉사를 강화하는 정책을 추진하였고, 복지 자원봉사 중심의 마을 만들기인 '볼런토피아사업'이 실시되었으며, 자원봉사활동 보급사업 협력학교도 확대되었다.

1990년대에는 기업의 사회참여가 주목을 받았고, 일부 기업에서는 사회봉사휴가제도도 도입되었으며, 일본 재개 전국단체인 전국경제단체연합에서 연간 경상수익의 1%를 기부하는 '1%클럽'도 만드는 등 사회 공헌활동이 확산되었다. 노동조합 전국연합조직에서도 생활 개선 및 임금 투쟁 이상으로 사회공헌형 노동조합활동이 강조되는 등 기업의 사회참여 및 자원봉사 확대가 두드러지게 나타났다(川村匡由, 2006). 대형 재난은 자원봉사의 사회적 체제를 바꾸게 되었는데, 1995년 한신 · 아와지(阪神 · 淡路)대지진은 큰 규모의 피해를 발생시켰으나 많은 시민이 피해 현장에 달려와 재난 대처와 복구에 매진하였다. 이 당시 시민들의 자원봉사 참여가 일본 사회에 큰 인식적 변화를 초래하게 되어 1998년 「특정비영리활동촉진법(NPO법)」이 제정되는 계기가 되었다. 또 자원봉사 분야를 중심으로 한 국제적 협력의 중요성이 제기되면서 청년해외협력대와 국제NGO의 역할이 부상되는 전환점이 되었다.

(4) 2000년대 이후

일본 사회의 저출산과 인구 감소, 지역 간 상호 연결력의 약화 및 지방 소멸, 디지털의 급진전 등으로 자원봉사활동에도 다양한 변화를 초래하게 되었다. 디지털 기술을 활용하고 비대면 자원봉사가 증가하였는데, 코로나19 팬데믹은 이러한 경향을 더욱 촉진시켰다. 원격 자원봉사는 감염병으로 인한 사회적 위축을 해소하는 계기가 되었고, 사회적 활동 역량을 크게 향상시키도록 하였다. 출산율 저하와 인구 감소는 외국인 주민과 다문화 공생 사회에 대한 관심을 증진시키도록 하였고, 외국인 거주자 및 그 가족을 지원하는 자원봉사활동에 박차를 가하도록 하였다.

2000년 「사회복지법」의 개정으로 지역복지계획에서 시정촌(市町村) 단위까지 자원봉사센터를 설치하도록 하여 기초지방자치단체의 자원봉사 대응력이 더욱 중요하게 되었다. 2011년 동일본 대지진, 2016년 구마모토 지진은 재해 시 자원봉사의 대응 및 중요성을 다시 한 번 확인시키는 계기가 되었다.

기후변화와 탄소중립, 에너지 전환 등은 생태·환경 중심의 자원봉사 참여를 더욱 증가시키고 있다. 비영리단체도 전문 지식과 기술을 가진 인재의 참여가 많아지면서 문제해결력과 사회적 성과도 높아지고 있다. 민간과 공공 간의 상호 연계에 의한 사업 참여도 늘어나면서 지역 과제 해결력도 높아지고 있다. 특히 지역포괄케어시스템에서 공공과 민간의 협력은 초고령사회 일본의 돌봄과 복지서비스의 효과성을 높이고 있다. 자원봉사 조직과 민간 비영리단체의 사업 운영에서 재원 조달도 공공자금 외에 크라우드 펀딩 등 다각화가 이루어지고 있으며, 기존 자원봉사의 경계를 넘어선 융복합(hybrid)의 사업들이 다양하게 등장하고 있다. 기업의 종사자들이 자원봉사에 참여하는 정도도 높아지고, ESG경영이 확대되는 등 사회적 책임의 진화도 거듭되고 있다.

2) 자원봉사 운영체계

(1) 조직체계

자원봉사에 있어서 정부 차원의 특성을 보면 우선 자원봉사활동과 비영리 민간단체의 업무를 총괄하는 부처는 일본 내각부(内閣府)이다. 이 부처가 자원봉사활동의 시책 수립과 실행, 비영리활동의 촉진, 단체 설립 및 운영 가이드라인 수립·집행 등을 담당하고 있다. 후생노동성(厚生労働省)은 복지 및 의료 분야의 자원봉사활동을 지원하는 중심적인 역할을 하고, 전국 사회복지협의회와 재해 발생 시 자원봉사센터 설치에도 관여하게 되며, 고령자 지원 및 장애인 지원 분야에서 자원봉사활동이 활발해지도록 가이드라인과 보조금 제도를 제공 및 운영하고 있다. 외무성(外務省)은 청년해외협력대(JICA)와 관련하여 개발도상국에서의 청년들의 국제자원봉사활동을 지원하고, 국내외에서 활동하는 국제 NGO에 대한 자금 지원 및 연계 촉진을 실시하고 있다. 문부과학성(文部科学省)은 학교에서 자원봉사를 추진하고 있고, 지역활동이나 사회공헌의 중요성을 학생에게 교육하고 학습하는 일을 지원하며, 대학에서 자원봉사활동을 장려하는 일을 수행하고 있다.

적십자사와 스포츠진흥센터 역시 자원봉사활동을 운영하고 지원하는 역할을 수행한다.

일본의 광역지방자치단체인 도도부현에서 자원봉사활동을 지원하는 조직은 사회복지협의회 소속의 자원봉사센터로 자원봉사의 코디네이터, 연수, 상담 창구의 운영 등을 실시하게 된다. 재해 시에도 재해자원봉사센터 설치는 의무화되어 있고, 재해 대처 및 극복의 자원봉사활동을 하게 된다. 도도부현은 자원봉사단체에 대한 자금 지원 및 보조금을 제공하여 활동을 지원한다. 일본의 기초지방자치단체인 시정촌(市町村)에서도 대체로 자원봉사센터가 설치되어 있으며, 자원봉사자의 모집, 배치, 교육 및 훈련, 인정 및 보상 등의 업무를 운영하고 있다(内海成治, 2019).

일본의 자원봉사센터 명칭은 선의은행, 봉사은행, 자원봉사국, 자원봉사협회, 자원봉사코너, 자원봉사상담실, 지역사회센터 등 다양한 명칭으로 불리며, 드물기는 하지만 사회복지협의회가 아닌 기관에 설치된 경우도 있다(류기형 외, 2020). 사회복지협의회하의 자원봉사센터의 전국 조직으로 전국자원봉사활동센터가 있고, 도도부현, 시정촌에 동일한 명칭으로 설치되어 있다. 전국자원봉사활동센터는 자원봉사 육성과 관련한 중앙기구의 역할을 수행하고 있다. 복지 업무도 도도부현에서 시정촌의 역할이 강화되고 있듯이, 자원봉사 역시 시정촌의 역할이 강화되고 있다.

지역에는 사회복지협의회 및 자원봉사센터 외에도 정내회(町内会), 자치회(自治会)가 지역공동체 내 돌봄, 환경보존, 방재훈련, 노인 및 장애인 지원, 청소년 지원 등의 역할을 수행하며, 어린이 식당 및 푸드뱅크에서도 저소득가구의 무료 식사 및 잉여식품의 제공의 역할을 수행하고 있다.

민간 단위의 자원봉사활동단체로는 환경단체, 의료, 국제협력단체 등이 있다. 환경과 관련하여 삼림보호, 해양생태계 보전, 환경교육 및 개발을 하는 일본 자연보호협회, WWF 저팬 등이 있으며, 재해 지원단체로는 피스윈즈 저팬, 재해자원봉사네트워크가 있고, 의료자원 봉사단체로는 메딕 일본, 지역의료지원 NPO 등이 있으며, 국제협력단체로는 일본 유니세프 협회, 국경없는 의사단 등이 있다(内海成治, 2019).

자원봉사정보네트워크는 자원봉사의 대표적 플랫폼으로, 전국사회복지협의회지역복지부 및 전국자원봉사 · 시민활동진흥센터가 관장하고 있으며, 지역복지와 관련된 정보와 함께 전국자원봉사활동의 정보 사이트를 운영하면서 정보 제공, 활동 희망자와 필요한 단체와의 매칭을 지원하고 있다.

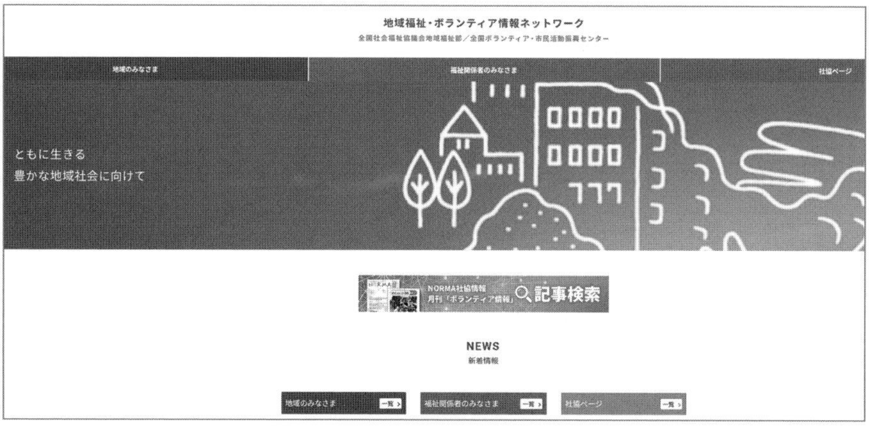

[그림 7-6] 지역복지 · 자원봉사 정보네트워크

자료: 地域福祉・ボランティア情報ネットワーク(https://www.zcwvc.net/, 2024년 11월 1일 검색).

(2) 주요 사업

일본 자원봉사활동과 관련된 주요 사업은 사회복지, 재해 대응, 환경보호, 교육 지원, 국제협력 등 다방면에 걸쳐 있다(川村匡由, 2006). 사회복지와 관련해서는 고령자 방문, 도시락 배달, 교류 등 고령자 지원사업, 이동 지원 및 취미 지원 등 장애인 지원사업, 저소득 아동 푸드뱅크 및 어린이 식당 운영 등 생활 곤궁자 지원사업 등이 있다. 재해 대응과 관련해서는 재해지역 재해자원봉사센터 운영, 주택 수립 및 마음관리 지원사업을 전개하고 있다. 환경보호와 관련해서는 지역 청소활동, 생태계보호활동 등을 수행하고 있다. 교육 지원과 관련해서는 학습 지원, 어린이 식당 운영 등이 대표적이다. 국제협력과 관련해서는 해외 지원 프로젝트, 다문화 공생 이벤트 등 외국인 지원사업 등이 있다. 건강 및 의료 관련 사업은 건강 계발 활동, 헌혈추진사업이 있다. 문화 · 스포츠 사업으로는 문화활동지원사업, 스포츠 이벤트 지원 등이 있다.

앞서 지적한 것처럼 일본의 자원봉사와 관련된 중앙부처는 내각부, 후생노동성, 외무성 등이며, 자원봉사활동 총괄 지원, 비영리단체 활동 지원, 조사 및 연구, 시책 개발, 인증, 관련 재정 및 보조금 지원, 가이드라인 구축, 플랫폼 및 정보 · 통계 관리, 홍보 등 다양한 업무를 수행하고 있다.

도도부현 사회복지협의회는 해당 지역 전체를 총괄하여 자원봉사 업무를 조정하는 역할을 담당하고 있다. 시정촌 사회복지협의회의 자원봉사 관련 업무는 자원봉사센터 운영, 활동 희망자에 대한 상담 창구의 제공, 지역 주민에 대한 자원봉사 관련 계발 활동, 자원봉사단체의 업무 지원 등을 들 수 있다.

(3) 법제적 기반

일본의 경우 자원봉사활동에 관한 독립된 법률은 존재하지 않으며, 가장 대표적인 관련법은 「사회복지법」이다. 동법은 사회복지사업의 기본적인 틀을 정하고, 사회복지법인이나 사회복지협의회가 자원봉사활동을 지원 및 조정하는 역할을 규정하고 있으며, 자원봉사활동을 사회복지협의회가 수행하도록 명기하고 있고, 사회복지협의회가 자원봉사센터의 운영 및 활동 조정 기능을 담당하도록 규정하고 있다. 「고령자복지법」에서는 고령자를 위한 방문 돌봄 및 자원봉사 등에 대해서 명기하고 있으며, 「장애인종합지원법(障害者総合支援法)」에서는 장애인의 이동 지원 및 생활 지원에 대한 자원봉사 참여 등을 규정하고 있다.

「재해대책기본법」에는 재해 시 자원봉사활동의 중요성을 인식하고 지방자치단체의 자원봉사센터 설치 및 자원봉사활동에 대한 규정이 있고, 「피해자생활재건지원법」은 대규모 재해의 피해자 지원에 관한 틀을 정하는 법으로, 피해자 생활 재건을 위한 봉사활동 등에 대해 규정하고 있다.

일명 「NPO법」이라고 하는 「특정비영리활동촉진법」은 NPO 법인의 설립 요건이나 운영 방법을 정하여 자원봉사활동이 광범위하게 전개될 수 있는 기반을 제공하고 있다.

이상의 법 외에도 「환경기본법」 「폐기물처리법」 「학교교육법」 「사회교육법」 「노동기준법」 「노동안전위생법」 등에 자원봉사 관련 조항이 포함되어 있다.

자원봉사와 관련된 제도로는 사회복지협의회에서 설치하도록 규정한 자원봉사센터, 자원봉사활동 중 사고 및 손해에 대응할 수 있는 자원봉사보험, 자원봉사를 통한 지역의 과제 해결을 제시한 지역복지계획, 지역사회 고령자 돌봄을 위한 자원 제공이 운영되는 지역포괄지원센터, 재해 발생 시 재해 지역에서 자원봉사활동을 조정 및 운영하는 거점 역할의 재해자원봉사센터, 재해 시 피난 유도나 부흥 지원활동에 참가하도록 하는 방재사(防災士)제도, 학교자원봉사제도 및 학생자원봉사제도, 환경교육을 권하는 「환경교육추진법」, 에코활동 지원제도, 청년해외협력대, 지역국제화회사(CLAIR) 등 다수가 존재한다.

(4) 재원

자원봉사활동을 위해 정부는 재정 지원과 보조금을 제공하고 있다. 특히 사회복지, 재해 지원, 지역활성화와 관련된 활동에 대한 정부 지원 예산이 주로 투입되고 있다. 재해 자원봉사지원금은 재해 지역의 자원봉사활동을 하는 단체 및 자원봉사사업에 투입되고 있으며, 지역복지지원금은 지역복지활동에 참여하는 자원봉사단체에 대해 지원하고 있다.

도도부현 및 시구정촌(市区町村)에서도 지역의 자원봉사활동을 지원하기 위해 보조금을 교부하고 있고, 지역복지활동이나 재해 시 지원활동에도 관련 지원금을 제공하고 있다. 복지 관련으로는 고령자나 장애인 지원, 지역 주민에 대한 원조활동을 위한 보조금이 운영되고 있고, 방재 및 재해 시에는 긴급 지원활동 및 복구활동에 대한 재정적 지원이 이루어지고 있다.

NPO법인(法人)의 자원봉사활동에 대해서도 세제상의 우대 조치와 재정 지원이 이루어지고 있다. NPO법인이나 개인이 기부활동을 쉽게 할 수 있도록 제도를 운영하고 있고, 세금 공제에 대해서도 편리한 운영이 이루어지고 있으며, 자원봉사 및 사회 공헌활동에 대해 지원금을 제공하고 있다(内海成治, 2019).

자원봉사활동을 위한 재정 운영의 과제도 있다. 첫째, 자금이 부족하고 지역 간 격차가 있어서 주로 대도시 지역의 재정 여건은 나으나 더 많은 지원이 필요한 지역의 재정 상황은 더욱 나쁜 실정에 있다. 둘째, 자원봉사활동 부문 간 격차이다. 기업의 사회 공헌이나 디지털 분야 등은 재정 사항이 상대적으로 나으나 그 외 부분은 어려움을 겪고 있는 등 자원 동원 및 재정력의 격차가 있어서 균형 있는 재정 운영이 절실한 상황이다. 셋째, 새로운 재원 확보의 확대 필요성이다. 새로운 재원영역이 확대되고는 있으나 대체로 전통적인 재원 방식의 비중이 높아서 자원봉사단체의 다양한 재정 확보 방식 및 홍보 수단의 개발은 해결해야 할 시급한 과제이다.

학습 과제

1. 영국의 자원봉사 역사에서 대표적 특성은 무엇인지 제시하시오.
2. 2000년대 이후 최근까지 영국 자원봉사의 주요한 도전 과제와 극복 정책에 대해 설명하시오.
3. 미국 자원봉사의 'AmeriCorps'의 특징적 측면을 설명하고, 우리나라에서의 적용 방안에 대해 제시해 보시오.
4. 미국 타임뱅크의 특성을 설명하고, 우리나라에서 적용 시 긍정적 측면과 부정적 측면에 대해 각각 설명해 보시오.
5. 2000년대 이후 일본의 자원봉사의 주요한 도전 과제와 극복 정책에 대해 설명하시오.
6. 우리나라의 자원봉사 조직체계와 대비가 되는 일본 조직체계의 특성에 대해 제시해 보시오.

참고문헌

류기형, 남미애, 박경일, 홍봉선, 강대선, 배의식(2020). 자원봉사론. 양서원.

池田 幸也(2022). ボランティア論-市民社会の創造. 大学図書出版.

川村匡由(2006). ボランティア論. ミネルヴァ書房.

內海成治(2019). ボランティア.難民.NGO 共生社會を目指して. ナカニシヤ出版.

Brudney, J. L. (2016). Designing and Managing Volunteer Programs. In Renz, O. & Hermau, R. (eds.). *The Jossey-Bass Handbook of Nonprofit Leadership and Management*. New Jersey: JWiley.

Buck, D., Mundle, C., Naylor, C., & Weakes, L. (2013). *Volunteering in Health and Social Care: Securing a Sustainable Future*. London: The Kings Fund.

Connors, T. D. (Ed.). (2019). *The Volunteer Management Handbook: Leadership Strategies for Success*. New Jersey: JWiley.

Eliasoph, N. (2013). *The Politics of Volunteering*. Cambridge: Polity Press.

McCurley, S., & Lynch, R. (1997). *Volunteer Management: Mobilizing All the Resources of the Community*. New York: Heritage Arts Pub.

NCVO. (2019). *Volunteering Impact Report*.

NCVO. (2024). *The UK Civil Society Almanac*.

ONS. (2019). *The Economic and Social Impact of Volunteering in the UK*.

Smith, D. H., Stebbins, R. A., & Grotz, J. (Eds.). (2016). *The Palgrave Handbook of Volunteering, Civic Participation, and Nonprofit Associations*. London: Springer.

Wilson, J. (2000). "Volunteering", *Annual Review of Sociology, 26*, 215-240.

⁂ 사이트

AmeriCorps. 2024. 11. 1. 검색. https://americorps.gov/.

Points of Light Foundation. 2024. 11. 1. 검색. https://www.pointsoflight.org/.

TimeBanks.Org. 2024. 11. 1. 검색. https://www.timebanks.org/.

地域福祉・ボランティア情報ネットワーク. 2024. 11. 1. 검색. https://www.zcwvc.net/.

제8장

나눔 실태와 과제

학습목표

1. 자원봉사 참여 및 주요 관심에 대한 현황 이해
2. 자원봉사활동의 결과 현황에 대한 파악
3. 자원봉사 참여의 결정 현황에 대한 이해
4. 자원봉사 관리와 지원의 주요 현황 파악
5. 자원봉사활동의 패러다임에 대한 성찰

학습개요

- 제8장에서는 나눔의 대표적 활동인 자원봉사의 참여와 활동에 대한 실태와 과제를 살펴본다.
  - 1절에서는 자원봉사활동 경험과 주요 활동 내용 등 자원봉사활동 참여와 관심 현황에 대해 파악한다.
  - 2절에서는 자원봉사활동 만족도, 지속 및 신규 참여 의지, 자원봉사 효과 및 경제적 가치 등 자원봉사활동의 결과 현황에 대해 이해한다.
  - 3절에서는 자원봉사 참여 동기, 참여 경로, 참여 시작 연령, 교육받은 경험 등 참여 결정 현황에 대해 파악한다.
  - 4절에서는 자원봉사 지원 제도에 대한 인지도, 이용률 등 자원봉사 관리 및 지원의 주요 현황에 대해 파악한다.
  - 5절에서는 자원봉사의 문화와 참여, 인프라 및 관리, 특성화 및 전략사업 등을 중심으로 자원봉사활동의 패러다임에 대해 성찰한다.

2023년은 자원봉사에 있어서 전환기에 해당한다. 자원봉사활동 진흥을 위한 제3차 국가기본계획의 종료(2018~2022년)와 함께 제4차 기본계획(2023~2027년)이 수립되면서 새로운 패러다임으로 전환되는 계기가 되었기 때문이다.

2022년까지 전 세계를 강타했던 코로나19 팬데믹은 디지털 활용의 전면화, 환경 가치의 급부상, 위험의 일상화와 약화된 사회적 연결, 정부 역할의 확대와 공동체적 개인주의의 부각이라는 사회현상을 보편화시켰다(정진경 외, 2022). 자원봉사실천 현장에서도 이전의 익숙했던 방식과 낯익었던 현상이 감소하고 위기를 돌파하기 위한 새로운 방식들이 시도되었다.

'자원봉사활동 진흥을 위한 제4차 국가기본계획'의 출발과 함께 국내 및 해외 봉사의 방식으로 온라인과 현장 봉사, 대면 및 비대면 활동, 공식 조직을 통한 활동과 비공식 봉사, 시간 인증 관리에서 벗어난 활동, 지역화 및 소규모화 등 자원봉사활동의 방식이 다양화되면서 스펙트럼이 확장된 것이다. 제4차 기본계획은 코로나19 및 4차 산업혁명으로 인한 대전환기(New Normal)를 맞아 자원봉사의 가치와 참여 확산을 통해 공동체성을 회복하고, 다양한 영역과 주체 간의 연대와 화합을 기본 방향으로 설정하고 있다. 크게 3대 정책영역, 14개 정책과제에 33개의 세부과제로 구성되어 있으며, 영역별 정책과제는 다음과 같다.

〈표 8-1〉 자원봉사활동 진흥 제4차 국가기본계획 정책과제

제1영역 자원봉사 문화와 참여	제2영역 자원봉사 인프라 및 관리	제3영역 자원봉사 특성화 및 전략사업
• 시민성(citizenship)의 가치 확장 • 문제해결형 일상적 자원봉사 확대 • 자원봉사 지원 방식의 다원화 • 자원봉사 홍보 활성화 • 세계시민성 기반 국제자원봉사 활성화	• 자원봉사 관련 법 · 제도 개선 • 자원봉사 지원 및 재정의 안정화 • 자원봉사 관리자 및 자원봉사사 역량 강화 • 자원봉사 협력적 거버넌스 강화 • 자원봉사 정보시스템 고도화 • 자원봉사 연구 · 평가 체계화 및 활성화	• 디지털 기반 자원봉사 활성화 • 생애별 · 사회계층별 맞춤형 자원봉사 • 대한민국 자원봉사 캠페인 및 브랜드화

출처: 행정안전부(2023).

제4차 기본계획의 과제를 달성하기 위해서는 현장에서의 노력과 함께 정부의 정책과 제도 및 시스템이 마련되어야 할 것이다. 따라서 전국의 만 19세 이상 79세 이하의 성인(1,300명)을 대상으로 실시한 2023 전국자원봉사활동 실태조사는 환경의 변화가 한국

사회의 자원봉사영역에서 어떠한 현상이 나타나고 있는지 알 수 있어서 그 어느 때보다 활용도가 높을 것으로 보인다. 통계청(2023)에서 조사 · 발표한 '2023년 사회조사'는 복지, 사회참여, 여가, 소득과 소비, 노동 부문에 대하여 전국 약 19,000 표본 가구 내에 상주하는 만 13세 이상 가구원 36,000여 명을 대상으로 조사한 결과이다.

이러한 측면에서 이 장에서는 2023년 실태조사와 통계청의 사회조사(2023년) 결과를 바탕으로 자원봉사 참여와 관심, 자원봉사활동의 결과, 자원봉사 참여 결정, 자원봉사 관리와 지원 등의 현황을 살펴보고, 자원봉사활동의 패러다임 변화를 모색하고자 한다.

1. 자원봉사 참여와 관심 현황

1) 자원봉사 참여율

(1) 자원봉사활동 경험

통계청(2023)의 사회조사 결과, 2023년 기준 지난 1년 동안 자원봉사활동 경험이 있는 사람은 10.6%로 나타나 2021년 조사보다는 2.3% 증가하였으나 10년 전 기준으로 해마다 감소하고 있는 것을 알 수 있다. 향후 자원봉사활동에 참여 의사가 있는 사람은 25%로 매년 감소하고 있다.

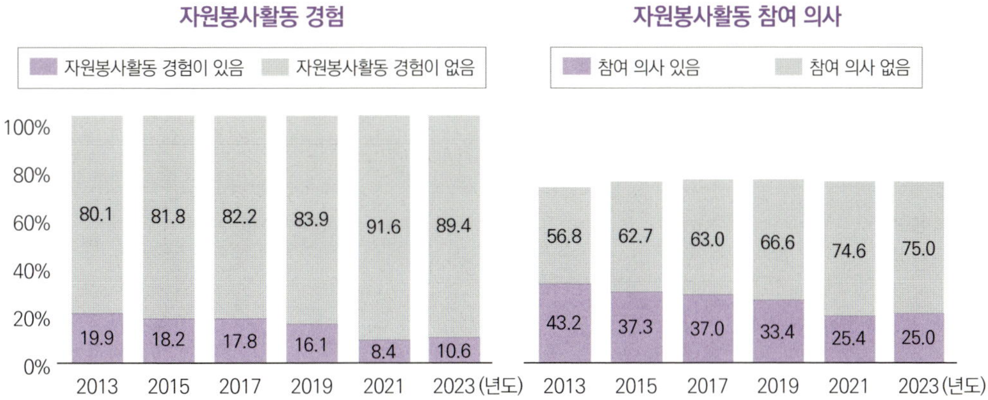

[그림 8-1] 자원봉사활동 경험과 참여 의사

출처: 통계청(2023).

성별로 보면 여자가 남자보다 상대적으로 자원봉사활동에 더 적극적이며, 평균 참여 횟수는 9.3회, 평균 시간은 26.7시간으로, 2년 전보다 평균 참여 횟수 및 평균 참여 시간 모두 증가하였다. 연령대별로 보면 13~19세(27.2%), 50~59세(12.0%), 40~49세(11.1%) 순으로 높게 나타났다.

〈표 8-2〉 자원봉사활동 참여 (단위: %, 회, 시간)

	참여 경험		참여자 1인당(연간)		향후 1년 이내 참여 의사	
	있음	없음	평균 횟수	평균 시간	있음	없음
2021년	8.4	91.6	7.1	20.9	25.4	74.6
2023년	10.6	89.4	9.3	26.7	25.0	75.0
남자	10.1	89.9	8.2	24.5	22.7	77.3
여자	11.1	88.9	10.3	28.7	27.3	72.7
13~19세	27.2	72.8	5.2	11.5	40.2	59.8
20~29세	8.9	91.1	6.5	22.5	26.2	73.8
30~39세	6.1	93.9	7.8	23.9	21.8	78.2
40~49세	11.1	88.9	8.1	25.1	28.5	71.5
50~59세	12.0	88.0	11.8	33.2	29.4	70.6
60세 이상	8.6	91.4	12.9	36.8	17.6	82.4

출처: 통계청(2023).

자원봉사활동에 참여한 이유는 학교나 직장 등에서의 단체활동에 동참하려고(25.9%), 남을 돕는 것이 행복해서(25.8%), 어려운 사람을 돕거나 사회 문제를 해결하려고(12.7%) 등의 순으로 조사되었다.

〈표 8-3〉 자원봉사활동에 참여한 이유 (단위: %)

	참여 경험 있음	참여한 이유								
		학교나 직장 등에서의 단체활동에 동참하려고	남을 돕는 것이 행복해서	어려운 사람을 돕거나 사회문제를 해결하려고	종교적 신념을 실천하려고	여가 시간을 의미 있게 활용하려고	시민의 책임이므로	진학, 취업 등 자기개발에 도움이 되므로	남의 도움을 받은 적이 있고, 이를 갚고 싶어서	기타
2021년	8.4	24.0	26.0	14.1	8.6	7.4	7.0	9.3	3.2	0.4
2023년	10.6	26.0	25.8	12.7	11.3	8.0	7.4	6.6	1.9	0.3

출처: 통계청(2023).

자원봉사활동에 참여하지 않은 이유는 시간적 여유가 없어서(48.7%), 자원봉사에 관심이 없어서(33.6%), 자원봉사활동 경비가 부담되어서(5.3%) 순으로 나타났다.

〈표 8-4〉 자원봉사활동에 참여하지 않은 이유 (단위: %)

	참여 경험 없음	참여하지 않은 이유						
		시간적 여유가 없어서	자원봉사에 관심이 없어서	자원봉사활동 경비가 부담되어서	신체적 · 정신적인 질환이나 장애가 있어서	자원봉사 참여 방법을 몰라서	희망하는 자원봉사 활동이 없어서	기타
2021년	91.6	46.3	31.8	5.9	4.6	5.2	3.5	2.7
2023년	89.4	48.7	33.6	5.3	4.7	4.3	2.7	0.7

출처: 통계청(2023).

2023년 자원봉사실태조사 결과에서는 전체 응답자 중에서 자원봉사 참여자는 17.3%로 나타났으며, 공식 조직 연계 활동(이하 공식 자원봉사) 참여자는 8.2%, 비공식 활동(이하 비공식 자원봉사) 참여자는 7.9%로 나타났다.

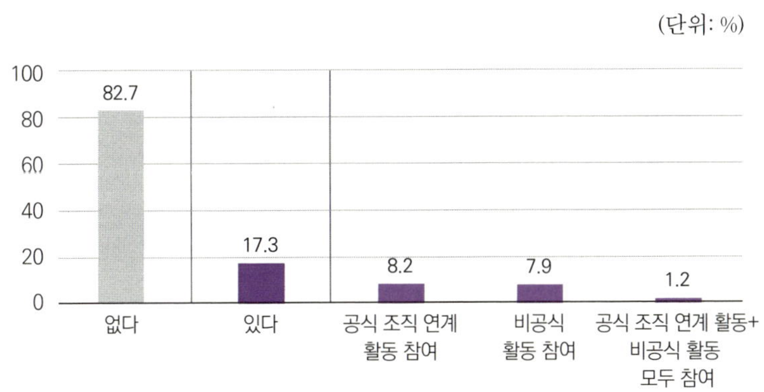

[그림 8-2] 자원봉사 참여 여부

출처: 행정안전부, 한국자원봉사학회(2023).

여기서 공식 자원봉사활동의 활동처는 사회복지기관 및 시설과 청소년단체(45.8%), 공익 민간단체(18.7%), 관공서 및 공공기관(17.4%) 순으로 높게 나타났다.

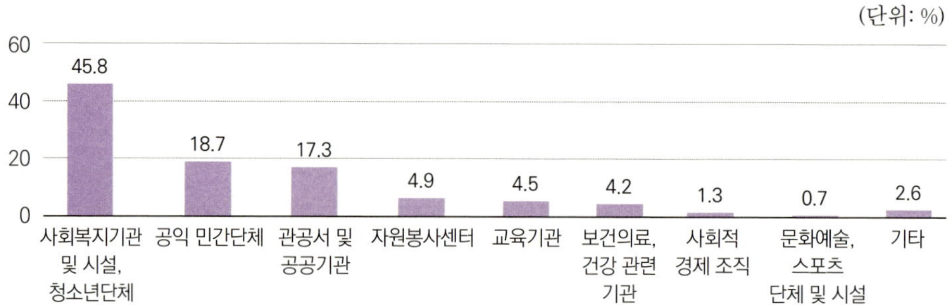

[그림 8-3] 공식 자원봉사활동처

출처: 행정안전부, 한국자원봉사학회(2023).

(2) 자원봉사활동 시간과 횟수

2023년 자원봉사실태조사 결과 자원봉사활동의 1회 평균 활동 시간은 3시간, 연간 평균 참여 횟수는 13.8회, 연간 평균 참여 시간은 47.1시간으로 조사되었다. 1회 평균 활동 시간은 공식 자원봉사(3.9시간)가 비공식 자원봉사(2.43시간)보다 약 1.6배 더 많았고, 연간 평균 참여 횟수는 비공식 자원봉사(18.85회)가 공식 자원봉사(9.19회)보다 약 2배 더 많은 것을 볼 수 있다. 이는 공식 자원봉사는 한 번에 많은 시간을 참여하고, 비공식 자원봉사는 활동 시간이 상대적으로 적지만 자주 참여하는 특성을 알 수 있다.

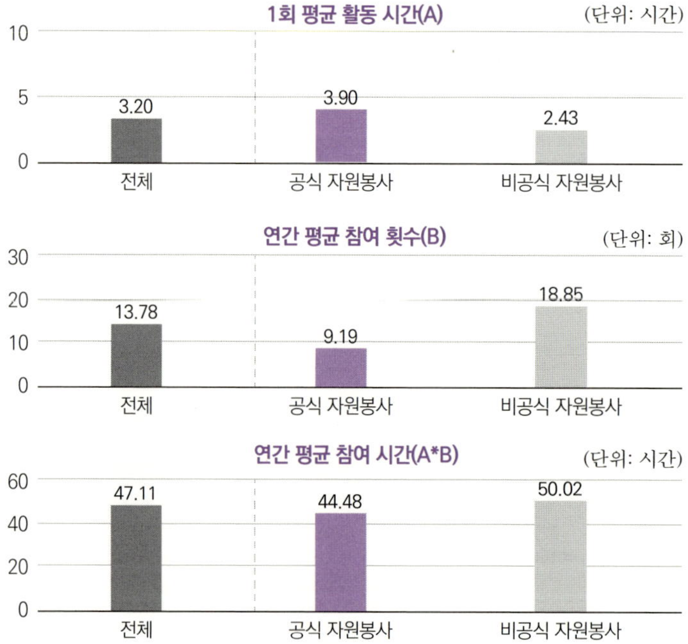

[그림 8-4] 자원봉사활동 시간과 횟수

출처: 행정안전부, 한국자원봉사학회(2023).

(3) 자원봉사활동 정기성

정기적으로 자원봉사활동에 참여하는 비율은 43.1%로 나타났다. 공식 자원봉사와 비공식 자원봉사의 정기성을 비교해 보면, 공식 자원봉사의 정기적 활동 비율(52.1%)이 비공식 자원봉사(33.1%)보다 약 1.6배 높은 것으로 나타나 공식자원봉사의 정기적 활동이 많은 것을 알 수 있다.

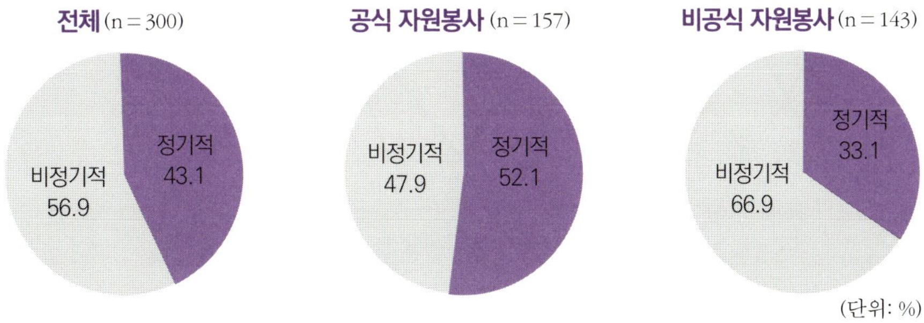

[그림 8-5] 자원봉사활동 정기성

출처: 행정안전부, 한국자원봉사학회(2023).

자원봉사와 관련한 전국 조사인 통계청 사회조사와 행정안전부의 자원봉사활동 실태조사를 기반으로 지난 10년간 자원봉사 참여율의 추이를 살펴볼 때, 2013년 이후 점진적으로 감소하는 것을 알 수 있다. 2021년도 사회조사(8.4%)에서는 2019년(16.1%)과 비교해 50%가량 참여율이 급감하였고, 이는 1365 자원봉사포털 등록자 중 자원봉사활동에 참여한 실인원의 감소 폭이 2019년과 비교해서 2020년도에 절반 수준으로 급감한 것과 같은 흐름이다. 2020년 행정안전부의 자원봉사활동 실태조사에서 급증한 이유는 조사방식(온라인)의 변화, 비대면을 포함한 활동처 추가(온라인 등) 등으로 인하여 자원봉사 응답에 영향이 있었을 것으로 보인다.

〈표 8-5〉 한국자원봉사활동 참여율 추이

구분	2013	2014	2015	2016	2017	2018	2019	2020	2021	2022	2023
사회조사[1]	19.9	–	18.2	–	17.8	–	16.1	–	8.4	–	10.6
자원봉사실태조사[2]	–	22.5	–	–	21.4	–	–	33.9	–	–	17.3
1365 포털[3]	264	317	374	459	487	429	419	223	186	196	208

1) 통계청 사회조사: 만 13세 이상 가구원 면접조사(단위: %)
2) 행정안전부 자원봉사실태조사: 만 19세 이상 면접조사, 2020년 온라인 조사(단위: %)
3) 1365 자원봉사포털: 등록자수 대비 실활동 인원(단위: 만 명)
출처: 행정안전부(2023), '자원봉사활동 진흥 제4차 국가기본계획'심의자료를 바탕으로 추가함.

이를 그래프로 나타내면 다음과 같다.

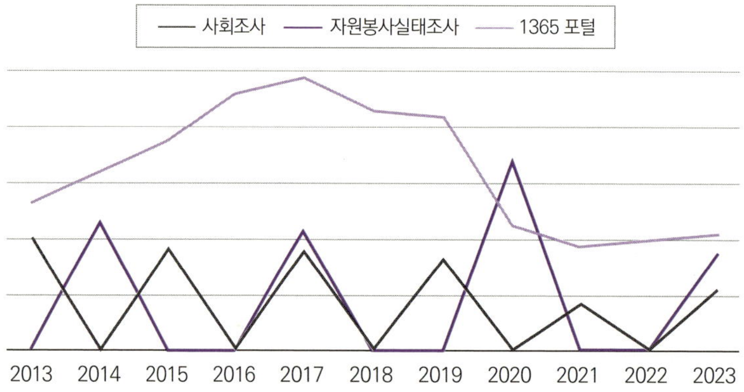

[그림 8-6] 한국자원봉사활동 참여율 추이

2) 자원봉사활동의 내용

(1) 자원봉사활동 대상

자원봉사자 중 한 개 대상을 위해서만 활동한다는 응답은 69.6%, 두 개 이상의 대상을 위해서 활동한다는 응답은 30.4%로 나타나 많은 자원봉사자가 여러 대상을 위한 복수의 활동에 참여하고 있음을 알 수 있다.

(단위: %)

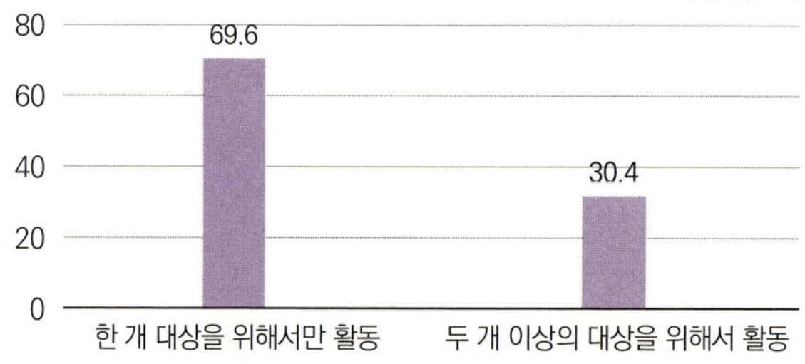

[그림 8-7] 자원봉사활동 대상 1

출처: 행정안전부, 한국자원봉사학회(2023).

활동 대상은 노인(29.2%), 아동 · 청소년(17.7%), 장애인과 그 가족(12.7%) 순으로 나타났으며, 공식 · 비공식 자원봉사 모두 비슷하게 나타났다.

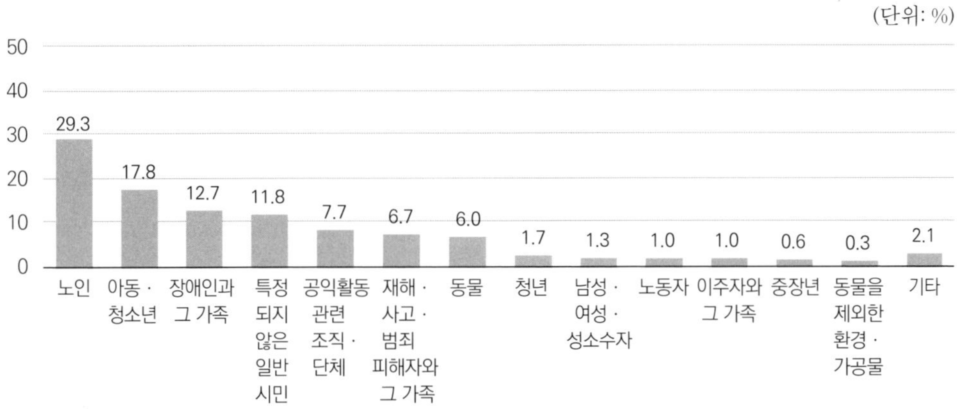

[그림 8-8] 자원봉사활동 대상 2

출처: 행정안전부, 한국자원봉사학회(2023).

(2) 자원봉사활동 분야

자원봉사활동 분야는 돌봄 · 일상생활 및 경제활동 지원(49.1%), 지역사회 발전 및 생활 여건 개선(10.9%), 공공안전 · 재난 대비 및 구호(9.7%), 환경(8.8%), 건강 의료(8.2%) 순으로 나타나 돌봄 · 일상생활 및 경제활동 분야가 자원봉사를 가장 많이 필요로 하는 분야라는 것을 알 수 있다.

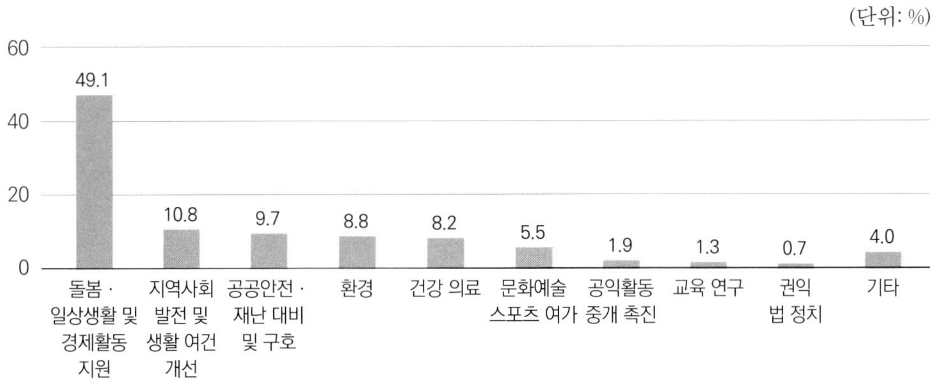

[그림 8-9] 자원봉사활동 분야

출처: 행정안전부, 한국자원봉사학회(2023).

(3) 자원봉사활동 지역

자원봉사활동 지역은 국내-도시(61.4%), 국내-특정되지 않은 지역(20.1%), 국내-농어촌(16.2%), 해외(2.3%) 순으로 나타나 농어촌보다는 도시를 선호하고, 해외보다는 국내 자원봉사활동을 많이 하는 것을 알 수 있다.

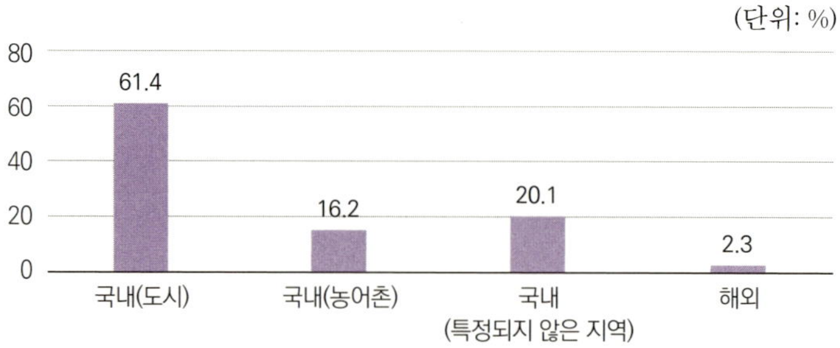

[그림 8-10] 자원봉사활동 지역

출처: 행정안전부, 한국자원봉사학회(2023).

전체 자원봉사활동 중 현장 활동은 87.6%, 온라인은 6.8%, 온라인 현장 병행은 5.6%로 나타나 온라인에서 활동하는 자원봉사자가 12.4%에 달하는 것을 알 수 있다.

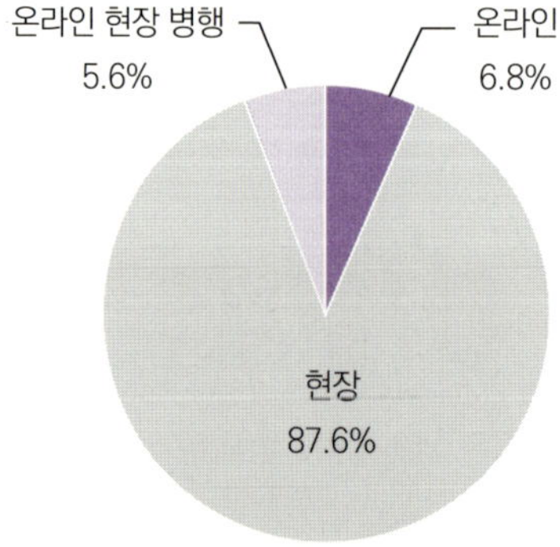

[그림 8-11] 자원봉사활동 현장/온라인 여부

출처: 행정안전부, 한국자원봉사학회(2023).

2. 자원봉사활동의 결과 현황

1) 자원봉사활동 만족도

자원봉사자 중 자원봉사활동에 전반적으로 만족한다는 응답은 96.7%로 매우 높게 나타났다. 만족도 내용에서 '필요한 사람이라는 느낌을 주었다(95.8%)'의 만족 비율이 가장 높았고, '새로운 기술을 배울 기회를 주었다(60.9%)'는 응답이 가장 낮게 나타났다.

〈표 8-6〉 자원봉사 만족도 (단위: %)

구분	전체 (n=230)		공식 자원봉사 (n=157)		비공식 자원봉사 (n=143)	
	만족하지 않음	만족함	만족하지 않음	만족함	만족하지 않음	만족함
1) 즐기며 할 수 있는 활동이었다.	12.1	87.9	10.1	89.9	14.1	85.9
2) 개인적 성취감을 주었다.	7.0	93.0	5.8	94.2	7.0	93.0
3) 나의 삶의 경험을 넓혀 주었다.	7.6	92.4	5.5	94.5	13.4	86.6
4) 자기중심적인 사고에서 벗어나게 해 주었다.	18.4	81.6	12.3	87.7	24.8	75.2
5) 내가 누군가에게 필요한 사람이라는 느낌을 주었다.	4.2	95.8	2.7	97.3	7.5	92.5
6) 내가 무언가 할 수 있다는 자신감을 주었다.	10.4	89.6	7.5	92.5	14.4	85.6
7) 새로운 기술을 배울 기회를 주었다.	39.1	60.9	31.5	68.5	46.3	53.7
8) 인간관계를 넓혀 주었다.	21.0	79.0	14.0	86.0	27.0	73.0
9) 활동은 전반적으로 만족스러웠다.	3.3	96.7	3.6	96.4	3.5	96.5

출처: 행정안전부, 한국자원봉사학회(2023).

자원봉사의 만족도가 낮다고 한 응답자의 이유를 살펴보면 '활동처는 나의 활동을 인정하기보다는 당연한 것으로 여겼음' '활동 경비가 부담되었음'의 비율이 상대적으로 높게 나타나 이러한 의견에도 관심을 가질 필요가 있겠다.

〈표 8-7〉 자원봉사의 만족도가 낮은 이유 (단위: %)

구분		사례수(명)	1순위	2순위	3순위
전체		(8)	활동경비가 부담되었음(27.4)	활동처는 나의 활동을 인정하기보다는 당연한 것으로 여겼음(26.4)	활동처에서 활동에 필요한 교육, 훈련, 지원, 안내 등을 충분히 제공하지 않았음(12.9)
자원봉사 유형별	공식 자원봉사	(6)	활동처는 나의 활동을 인정하기보다는 당연한 것으로 여겼음(53.1)	활동경비가 부담되었음(18.9)	실제로 한 활동이 내가 생각했던 것과 달랐음(17.1)
	비공식 자원봉사	(5)	활동경비가 부담되었음(41.9)	활동처에서 활동에 필요한 교육, 훈련, 지원, 안내 등을 충분히 제공하지 않았음(39.2)	나에게 의미 있는 활동이 되지 못했음(18.9)

출처: 행정안전부, 한국자원봉사학회(2023).

2) 공익활동 지속 및 신규 참여 의지

전체 응답자의 향후 1년 이내에 공익활동(자원봉사, 현금 및 물품 기부, 청원 · 지지 · 옹호 대변, 소비자 행동)의 지속 또는 신규 참여 의지에 대한 조사 결과, 참여 의지가 있다는 응답은 절반 이상(51.8%)으로 나타났다. 활동의 지속 및 신규 참여에 대한 긍정적인 응답은 자원봉사자(89.3%), 타 공익활동자(75.9%), 비활동자(30.7%) 순으로 나타나, 자원봉사자의 참여 의지가 가장 높고, 비활동자는 참여 의지가 상당히 낮은 것을 알 수 있다.

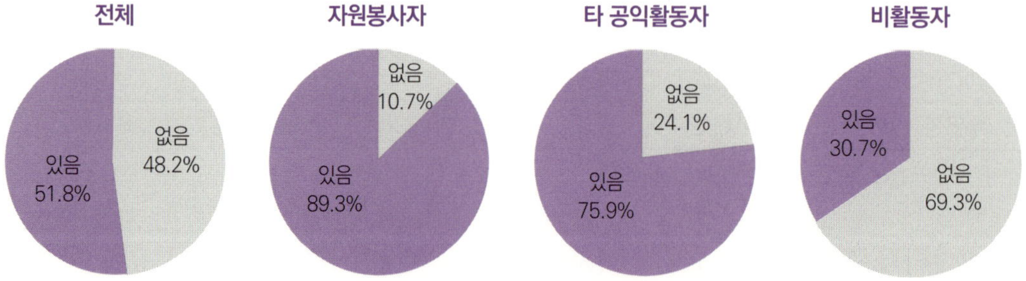

[그림 8-12] 공익활동 지속 및 신규 참여 의지

출처: 행정안전부, 한국자원봉사학회(2023).

3) 자원봉사의 효과

전체 응답자의 효능감(5.00만점) 평균은 자원봉사자(3.90), 타 공익활동자(3.75), 비활동자(3.44) 순으로 나타나 자원봉사자의 효능감이 상당히 높았고, 비활동자의 효능감은 낮은 것을 알 수 있다.

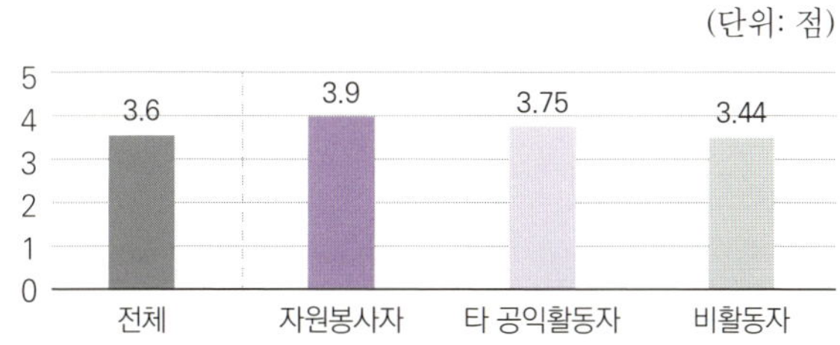

[그림 8-13] 자원봉사 효능감

출처: 행정안전부, 한국자원봉사학회(2023).

주관적 웰빙과 신뢰에 관한 조사 결과, 자원봉사자와 타 공익활동자가 비활동자보다 높은 수준의 긍정 정서, 전반적 삶의 만족도, 신뢰, 낮은 수준의 부정 정서를 보이는 것으로 나타났다. 즉, 자원봉사자는 자원봉사활동을 통하여 긍정 정서와 전반적 삶의 만족도, 신뢰 등의 주관적 웰빙이 높아지는 것을 알 수 있다.

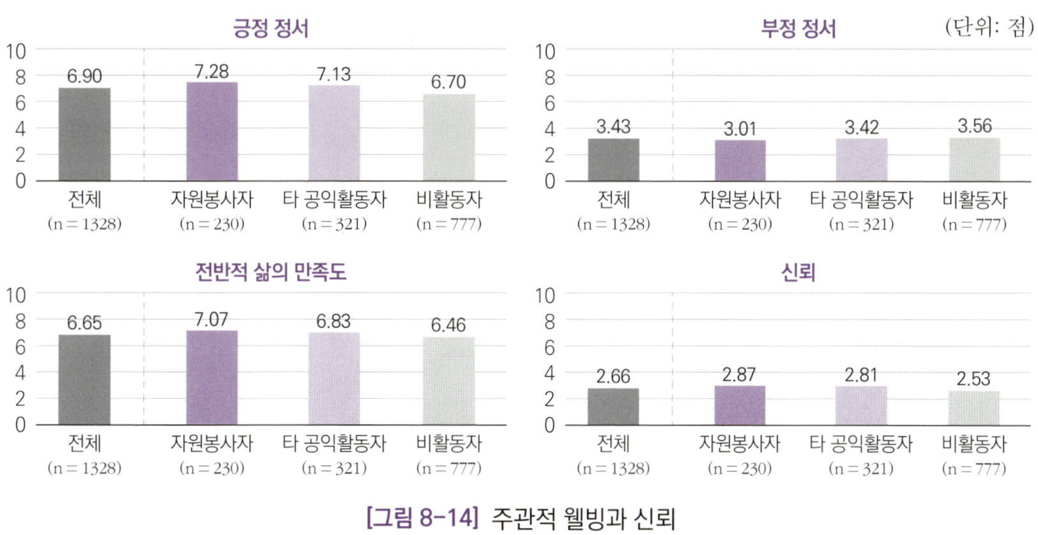

[그림 8-14] 주관적 웰빙과 신뢰

출처: 행정안전부, 한국자원봉사학회(2023).

4) 자원봉사활동의 경제적 가치

자원봉사활동의 경제적 가치는 봉사활동 시간을 화폐적 가치로 환산하여 계산한 것으로, 총 자원봉사활동 시간을 2023년도 시간당 최저임금인 9,620원으로 환산할 경우에 대략 3조 2,285억여 원이 산출되었다. 1인당 연평균 47.11시간의 봉사활동을 적용할 경우에 총 335,671,694시간이 봉사활동 시간으로 나타나 이를 근거로 계산한 것이다. 이는 2022년 국내총생산 대비 0.14%에 이르는 규모로, 자원봉사활동의 경제적 가치가 높은 것을 알 수 있다.

경제적 가치 : 41,234,229명(모집단 인구 수) × 0.172822131667447(자원봉사 참여율)
× 47.11(1인 연평균 봉사활동시간) × 9,620(2023년도 시간당 최저임금)
= 3,228,545,964,796.11원

* 명목 GDP 대비: 3228545964796.11 / 2161773900000000 × 100 = 0.14934706931174

** 실질 GDP 대비: 3228545964796.11 / 1968839500000000 × 100 = 0.163982181625069

출처: 행정안전부, 한국자원봉사학회(2023).

3. 자원봉사 참여 결정 현황

1) 자원봉사활동 참여 동기

전체 자원봉사자의 자원봉사활동 참여 동기는 '타인과 사회에 도움이 되고 싶어서(53.2%)' '시간을 의미 있게 활용하기 위해서(39.1%)' '다양한 사회 문제 해결에 관심이 있어서(24.9%)' '다양한 경험을 해 보고 싶어서(17.9%)' 순으로 나타나 자원봉사의 기본 가치인 이타심이 많이 작용하는 것을 알 수 있다.

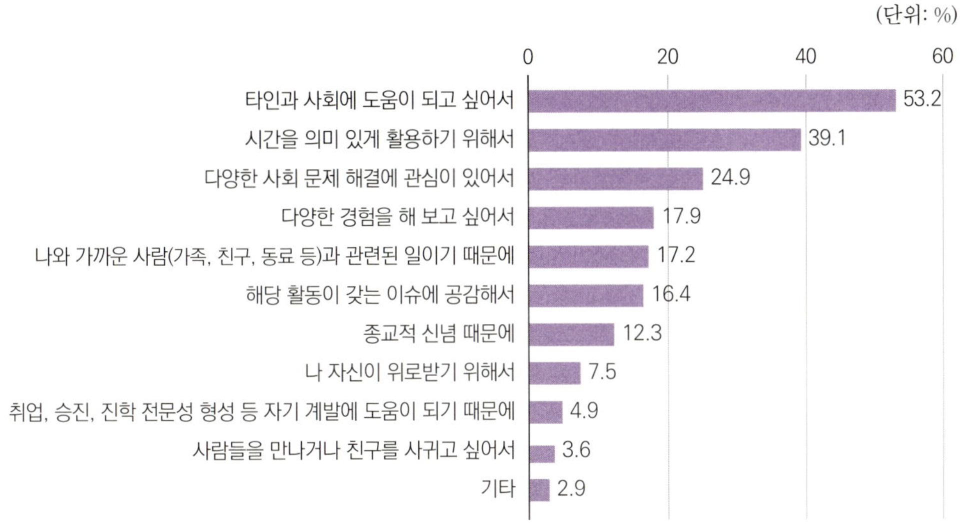

[그림 8-15] 자원봉사 참여 동기(중복응답)

출처: 행정안전부, 한국자원봉사학회(2023).

2) 자원봉사활동 참여 경로

자원봉사활동 참여 경로는 '소속된 단체나 학교 및 직장을 통해(29.6%)' '스스로 찾아서(19.6%)' '누군가로부터 요청이나 권유를 받아서(18.2%)' '가족이나 친구들의 활동을 보고(11.4%)' 순으로 나타났다.

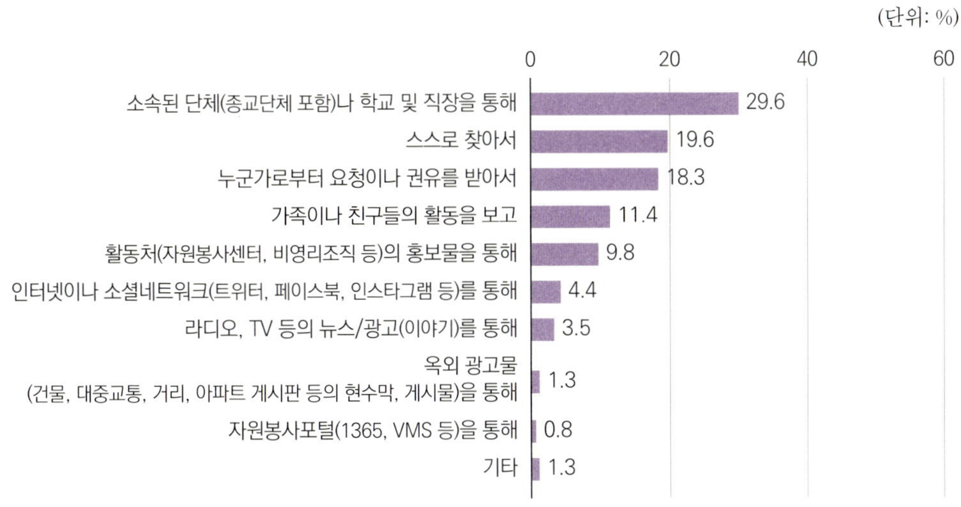

[그림 8-16] 자원봉사 참여 경로

출처: 행정안전부, 한국자원봉사학회(2023).

3) 자원봉사 참여 시작 연령

자원봉사를 처음 시작한 연령대는 10대(18.1%), 20대(14.1%), 40대(8.9%), 30대(8.5%), 50대(6.1%), 60대 이상(2.5%) 순으로 나타나 10대부터 자원봉사활동을 했던 사람이 이후에도 지속적으로 활동할 가능성이 높은 것을 알 수 있다.

(단위: %)

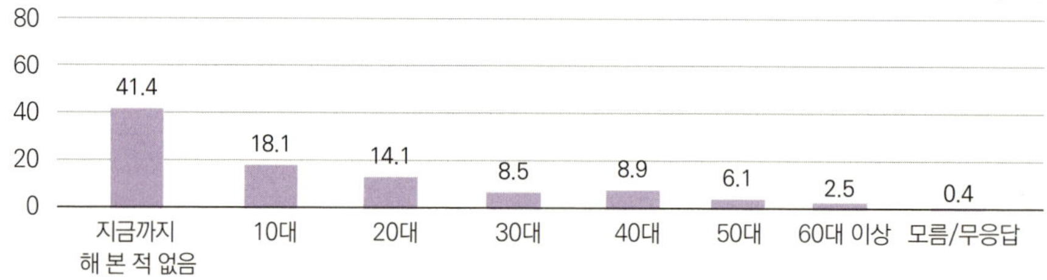

[그림 8-17] 자원봉사 참여 시작 연령

출처: 행정안전부, 한국자원봉사학회(2023).

4) 조직에서 자원봉사 관련 교육 경험

전체 응답자 중 조직에서 자원봉사 관련 교육을 받은 비율은 21.8%로 나타났는데, 조직에서 자원봉사 교육을 받은 경험은 자원봉사자(40.3%), 타 공익활동자(24.5%), 비활동자(15.2%)의 순으로 나타났다. 타 활동자보다 자원봉사자의 응답 비율이 높기는 하지만, 많은 자원봉사 조직에서 자원봉사와 관련된 교육을 진행하는 것에 비추어 볼 때 상당히 낮은 수치이다. 자원봉사 조직은 오리엔테이션을 교육으로 인식하지만, 자원봉사자는 그것을 교육으로 인식하지 않을 수 있다는 것을 의미하기도 한다. 그러나 실제로 자원봉사자의 교육이 부족하다고 인식할 수 있기에 좀 더 관심을 가질 필요가 있다.

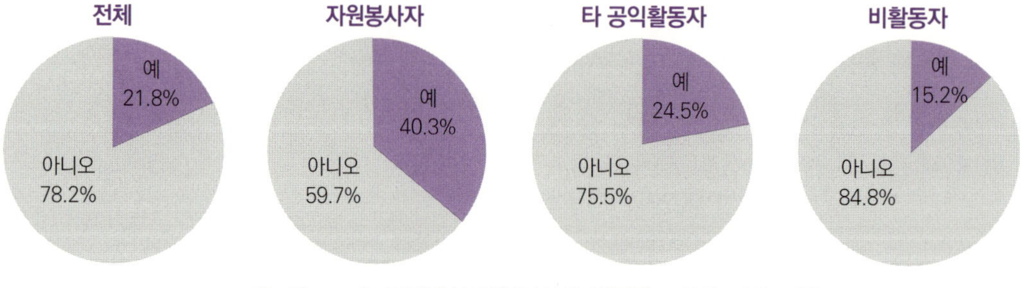

[그림 8-18] 조직에서 자원봉사와 관련된 교육을 받은 경험

출처: 행정안전부, 한국자원봉사학회(2023).

4. 자원봉사 관리와 지원 현황

자원봉사 지원제도에 대한 인지도를 살펴본 결과, 자원봉사센터(50.8%), 특별재난지역 재난 대응 봉사활동의 기부금처리제도(28.8%), 대한민국 자원봉사 대상(28.8%)을 제외하고 대부분 20% 미만으로 나타나 대체적인 인지도가 낮은 것을 알 수 있다.

(단위: %)

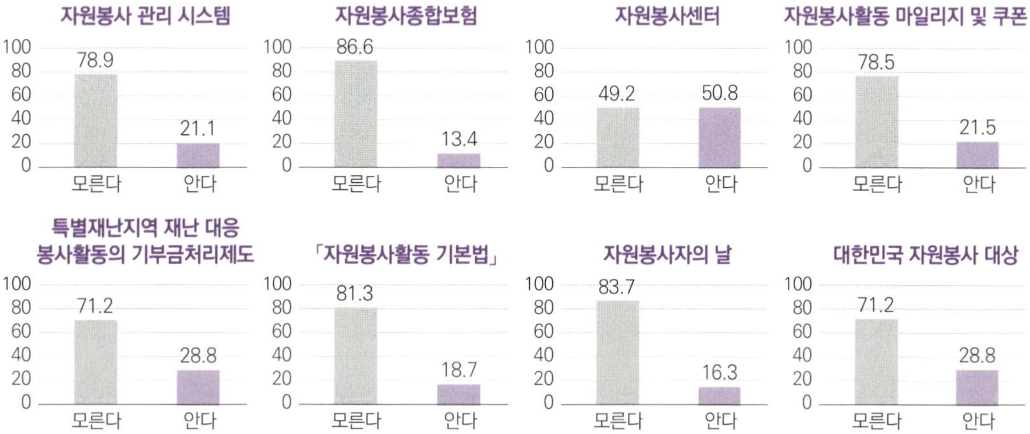

[그림 8-19] 자원봉사 지원제도 인지도

출처: 행정안전부, 한국자원봉사학회(2023).

자원봉사 지원제도에 대한 이용률을 살펴본 결과, 자원봉사센터(14.3%), 자원봉사 관리 시스템(8.8%), 특별재난지역 재난 대응 봉사활동의 기부금처리제도(8.4%) 순으로 인지도보다 아주 낮게 이용하는 것을 알 수 있다.

(단위: %)

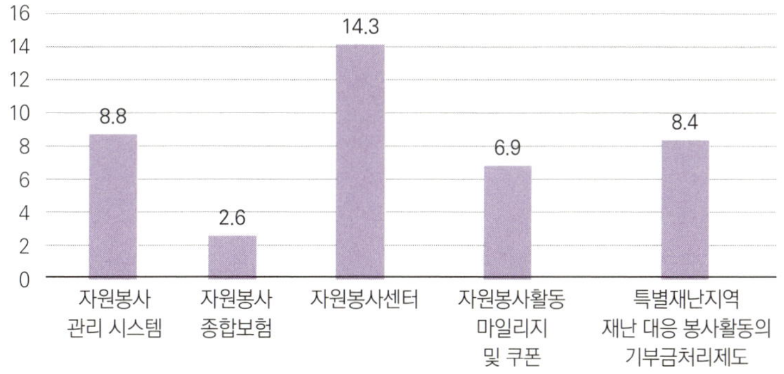

[그림 8-20] 자원봉사 관련 제도 이용률

출처: 통계청(2023).

5. 자원봉사활동의 패러다임 변화

코로나19 이후 본격화된 뉴노멀(New Normal) 시대를 맞이하여 기후 재난의 위기와 돌봄의 필요성이 증대하고 있다. 사회 관계의 변화로 한층 복잡해진 사회 문제에 대응하기 위해서는 자원봉사에도 혁신적인 방식이 필요하게 되었다. IT 기술이 발전하면서 홀몸 어르신에게 사람이 일일이 찾아가서 돌보는 일은 이제 비효율적인 방식이 되어 버렸다. 인공지능을 탑재한 기기로 노인의 응급 상황에 대처하고 어르신의 움직임을 체크할 수 있게 되었다.

그런 가운데 직접 가정방문을 통해 어르신의 안부를 묻는 자원봉사활동은 매년 노인 자살을 감소시키고 있으며, 노인의 정신건강에 긍정적인 작용을 하고 있다. 화단에 꽃과 나무를 심는 봉사활동으로 인해 쓰레기 배출이 줄어들어 마을 환경에 기여하고 있다. 이처럼 자원봉사활동의 의미와 가치도 여러 각도에서 재조명되고 있다. 따라서 급변하는 사회 변화에 능동적으로 대처하기 위해서는 자원봉사의 패러다임 전환이 필요하다.

일반적으로 자원봉사활동이라고 하면 호혜성에 기반하여 이웃을 돕는 선한 활동으로 인식하고 있다. 그러나 최근의 급격한 사회 변화에서는 선한 활동을 넘어서 사회를 변화시키고자 하는 운동의 역할이 주목받고 있다. 이러한 기조에서 자원봉사 실태조사 결과에 기반하여 자원봉사활동 진흥 제4차 국가기본계획에서 제시하는 정책과제를 중점으로 자원봉사의 패러다임 변화를 살펴보고자 한다.

1) 자원봉사 문화와 참여

자원봉사 실태조사 결과에서 자원봉사를 처음 경험한 연령대 중에서 10대의 비율이 18.1%였지만, 2022년 교육과정 개편과 함께 학생들의 자원봉사가 줄어들고 있으므로 이후에는 10대의 비율이 줄어들 것이라고 예상된다. 전 생애를 통한 자원봉사의 활성화를 위해서는 자원봉사활동이 일상에 스며들도록 기획하고 관리할 필요가 있다. 이를 활용하여 전 생애에 걸친 자원봉사의 일상화가 이루어질 수 있도록 문화를 조성할 필요가 있다.

또한 공식 자원봉사활동에서 정기적 활동의 비율이 높았던 점을 고려하여 정기적으로 자원봉사활동에 참여하도록 유도하기 위해서는 공식 활동의 비중을 늘리는 것이 필요하다. 자원봉사자들은 주로 기관을 중심으로 움직이는 공식 자원봉사를 선호한다. 따라서 공식적으로 명명되지 않았던 활동을 공식 자원봉사 체계 안에 재편하는 작업도 필요하다. 자원봉사를 바라보는 관점을 다양하게 확장해야 할 것이다.

그리고 자원봉사 지원제도에 대한 인지도와 활용도가 낮은 점을 볼 때 이에 대한 홍보가 부족함을 알 수 있었다. 지금보다 다양한 지원제도를 도입하고 이를 적극적으로 홍보하여 누구나 쉽게 활용할 수 있도록 접근성을 높여야 할 것이다.

또한 자원봉사 지원 방식을 다양하게 기획하여 누구나 참여하고 누릴 수 있는 자원봉사의 문화가 정착되어야 할 것이다. 자원봉사에 관심은 있지만, 시간과 품을 들이기가 어렵다는 사람들에게 퇴근길에 할 수 있는 활동을 제공한다면 누구나 쉽게 참여할 수 있을 것이다. 여행에 플로깅을 더하여 관광 코스와 자원봉사를 접목한 프로그램도 관심을 끌 수 있을 것이다. 이는 참여자들의 여행을 단순히 지역을 소비하는 여행이 아니라 지역과 상생하는 여행이 되는 것이다.

실태조사 결과 자원봉사활동을 통하여 긍정 정서와 전반적 삶의 만족도, 신뢰 등의 주관적 웰빙이 높아지는 것을 확인하였다. 자원봉사활동은 내가 사는 사회를 더 안전하게 만드는 행위이며, 자원봉사활동이 결국 나에게도 유익한 활동이라는 경험을 쌓을 수 있도록 해야 할 것이다. 이러한 점을 자원봉사 홍보에도 적극적으로 활용할 필요가 있다. 누구나 쉽고 즐겁게 참여하는 자원봉사로 인한 웰빙의 문화가 정착되기를 기대한다.

2) 자원봉사 인프라 및 관리

자원봉사활동 참여 경로에서 소속된 단체나 학교 및 직장을 통해(29.6%)가 가장 높았던 점을 고려하여 자원봉사를 활성화하기 위해서는 자원봉사자를 조직화하는 과정이 필요하다. 특히 대학이나 직장에서 자원봉사자를 관리할 수 있는 전문 인력을 배치하여 교육과 프로그램을 개발할 필요가 있다. 그리고 자원봉사활동을 통해 공동체성을 회복할 수 있도록 하기 위해서는 공간의 확보와 실비적 성격의 교통비와 식대 지급 등이 일상화될 필요가 있다. 실태조사 결과, 자원봉사활동의 경제적 가치가 높은 것을 확인하였다. 따라서 자원봉사를 통한 경제적 가치를 높이기 위해서는 범국가적 노력이 필요하다. 그러기 위해서는 자원봉사활동의 체계적 관리를 통해 조직을 지원하고 관리하는 시스템이 마련되어야 할 것이다.

실태조사 결과, 자원봉사의 만족도가 낮다고 한 응답자의 이유에서 “활동처는 나의 활동을 인정하기보다는 당연한 것으로 여겼다."와 "활동 경비가 부담되었다."는 응답이 높았다. 이는 자원봉사활동에 대한 인정과 보상체계가 미흡했다는 것을 보여 준다. 또한 자원봉사 지원제도에 대한 인지도와 이용률이 낮게 나타났다. 따라서 이제는 자원봉사에 대한 인정을 사회적 예우로 하여 자원봉사자들이 사회에 기여한 시간과 재능, 자원봉사의 가치와 의미를 사회적으로 공유하도록 체계화하는 것이 필요하다.

공공서비스는 사회공동체의 편익을 위하여 제공되는 재화와 용역을 포괄하는 개념으로 공공재(public goods)라고도 한다. 최근 지방자치단체 기준으로 자원봉사활동 누적 시간에 따라 공공서비스 및 공공시설의 할인 혜택을 받을 수 있는 근거를 자원봉사활동 지원 조례 또는 운영 규정에 담고 있다. 그러나 이러한 공공서비스 할인 혜택은 지방자치단체마다 그 기준과 종류를 달리하고 있어서 형평성 문제와 민원 요소로 작용하여 자원봉사 현장의 어려움이 가중되고 있다. 따라서 국가적 차원에서 자원봉사자를 인정하는 기반을 조성하고, 인정을 당연한 권리로 인식하여 조례가 아닌 법률로서 명시하여야 할 것이다.

특히 자원봉사활동에 대한 여러 영역과의 합의된 인정 기준 마련이 필요하다. 자원봉사는 주무 부처인 행정안전부를 비롯하여 보건복지부, 문화체육관광부, 여성가족부, 과학기술정보통신부, 외교부, 법무부 등 10개의 관련 부처가 있다. 많은 부처로 인해 자원봉사 실적 인정 기준과 관리 시스템이 상이하게 운영되고 있다. 따라서 자원봉사 인정을 위한 통합된 온라인 플랫폼 구축이 필요하다. 최근 지역적 경계를 넘어서는 봉사활동이 늘어나고 있어서 통합된 온라인 플랫폼을 통하여 접근성을 높이고 다양한 활동 제공과 안정적인 인정체계를 구축해야 할 것이다.

3) 자원봉사 특성화 및 전략사업

최근 비대면 자원봉사에 대한 관심이 늘어나고 있다. 실태조사에서도 온라인에서 활동하는 자원봉사자가 12%에 달하는 것을 확인하였다. 따라서 디지털 기반 자원봉사 프로그램을 개발하여 적극적으로 활용할 필요가 있다.

실태조사 결과에서 자원봉사활동 지역은 농어촌보다는 도시를 선호하고, 해외보다는 국내 자원봉사활동을 많이 하는 것을 알 수 있었다. 지역적 형평성과 자원봉사를 활성화하기 위해서는 농어촌과 해외 자원봉사 프로그램을 개발할 필요가 있다. 지역별, 사회계층에 따라 다양하게 실천할 수 있는 자원봉사활동이 필요할 것이다. 무엇보다 자원봉사활동의 특성화가 필요한 시점이다.

또한 실태조사 결과, 자원봉사 관련 교육을 받은 비율이 21. 8%로 낮게 나타났다. 어떠한 이유에도 자원봉사자의 교육이 필요하다는 인식이 앞선다. 자원봉사의 특성화를 위해서는 자원봉사자를 위한 전문교육을 확대하고 이를 봉사활동에 적용할 수 있도록 구조화할 필요가 있다. 특히 성인들은 정보화에 미숙하고 IT 기술 활용에 많은 어려움을 겪는다. 최근 기술의 발달로 내가 걸은 거리를 측정하고, 주운 쓰레기를 종류별로 분류하고 수거량을 측정하여 실체로 줄인 탄소량이 얼마나 되는지 수치로 확인 가능한 세상이 되었다. 이런 플로깅 프로그램을 다양한 자원봉사활동에 적용하기 위해서는 IT 기술을 활용하는 방법을 교육할 필요가 있다. 전문 분야 자원봉사활동을 활성화하기 위해서도 자원봉사자를 위한 전문교육이 이루어질 필요가 있다.

봉사활동에 참여하고자 하는 시민들에게 필요한 정보를 제공하고 활동의 의미와 목적 등의 활동에 필요한 교육을 지원하여 안전하게 자원봉사활동이 이루어질 수 있도록 여건을 만드는 게 중요하다. 자원봉사자의 다양한 욕구를 존중하고, 온오프라인을 병행하는 하이브리드형 방식을 선택할 수 있게 하며, 활동 현장의 안전을 사전에 점검하고 제공하는 것이 필요하다. 이 과정에서 자원봉사 관리자들의 전문 역량이 매우 중요한 요인으로 작용한다. 따라서 자원봉사 관리자를 위한 교육과 지원도 이루어져야 할 것이다. 관리자들의 전문성을 강화하여 변화에 대한 대응력을 높이고 자원봉사센터의 사회적 위상을 높여야 한다.

더불어 자원봉사 캠페인을 다양화하고 브랜드화해서 농어촌과 해외까지 영역을 확장해 나가야 한다. 언제 어디서나 누릴 수 있는 자원봉사, 누구나 필요할 때 제공하고 제공받는 자원봉사, 직접 먼 길을 가지 않아도 참여할 수 있는 온라인 시스템이 갖추어지길 기대한다.

학습 과제

1. 자원봉사활동 참여 동기에는 어떤 것이 있는지 제시하시오.
2. 자원봉사활동으로 인한 경제적 파급효과를 제시하시오.
3. 자원봉사 관리체계에는 어떤 것이 있는지 제시하시오.
4. 자원봉사자의 인정시스템에는 어떤 것이 있는지 제시하시오.

참고문헌

정진경, 구지윤, 김유나, 이종화(2022). 자원봉사의 뉴노말과 실천전략 수립 연구. (재)한국자원봉사센터.

통계청(2023). 2023 사회조사 결과.

행정안전부(2023). 자원봉사진흥 제4차 국가기본계획.

행정안전부, 한국자원봉사학회(2023). 2023 자원봉사활동 실태조사 연구.

제4부

자원봉사의 실천

新 자원봉사론

제9장

자원봉사실천

학습목표

1. 자원봉사활동 절차 피악
2. 다양한 자원봉사실천 방법 파악과 나에게 맞는 자원봉사실천 방법 구상
3. 자원봉사 인권 친화적 환경 조성에 대해 고찰

학습개요

- 제9장에서는 자원봉사활동 절차, 다양한 자원봉사실천 방법, 자원봉사 인권 친화적 환경 조성에 대해 파악한다.
  - 1절에서는 자원봉사실천 절차의 이해, 자원봉사 참여 방법 및 실천 정보를 파악한다.
  - 2절에서는 비대면 자원봉사활동, 비공식 자원봉사활동, 마이크로 자원봉사활동, 해외봉사, 국제대회·행사 및 대규모 자원봉사활동에 대해서 파악한다.
  - 3절에서는 자원봉사자 인권, 자원봉사자의 보호에 대해서 고찰한다.

1. 자원봉사실천 절차

1) 자원봉사활동 절차의 이해

자원봉사활동 절차는 자원봉사 이해-선택-준비-활동-평가의 다섯 단계로 진행되며, 일반적으로 자원봉사활동 단계는 준비, 실행, 종결의 세 단계로 나눌 수 있다(진재문, 2019).

준비단계는 자원봉사에 대한 이해를 돕고, 자원봉사활동 장소를 선택하며, 활동에 필요한 준비를 수행하는 단계이다. 이 단계에서는 자원봉사자의 자세가 무엇인지, 어떠한 방법으로 참여할지, 어떻게 자원봉사활동에 임할지 등 자원봉사에 대한 기본적인 사항을 인지하고 참여를 준비하는 단계이다.

실행단계에서는 자원봉사활동 기관이나 자원봉사자의 역할이 정해지면 기관의 안내로 자원봉사 대상자나 장소를 배치받는다. 이 단계에서는 자원봉사활동의 마음가짐이나 활동 자세의 유지가 중요하다.

마지막 종결단계에서는 활동 전체의 평가 단계로서 자원봉사자가 자신이 한 전체 활동을 되돌아본다. 기관에서 환영하는 자원봉사인지, 수혜자가 고마워하거나 감동하는 자원봉사활동이었는지, 자신의 잠재력을 실현하기 위한 기회로 활동이 되었는지 등을 점검하는 단계이다. 평가에서 전문가나 직원의 조언을 얻거나, 팀의 리더 혹은 동료 자원봉사자와 의견을 교환하는 것도 방법이다. 종결단계에서 평가는 바람직한 자원봉사가 무엇인지 성찰할 수 있다.

2) 자원봉사 참여 방법 및 실천 정보

행정안전부, 한국자원봉사학회(2023) 조사에 의하면, 자원봉사의 참여 경로는 '소속된 단체나 학교 및 직장을 통해(29.6%)' '스스로 찾아서(19.6%)' '누군가로부터 요청이나 권유를 받아서(18.2%)' '가족이나 친구들의 활동을 보고(11.4%)'이고, 자원봉사자의 자원봉사활동 참여 동기(중복응답)는 '타인과 사회에 도움이 되고 싶어서(53.2%)' '시간을 의미 있게 활용하기 위해서(39.1%)' '다양한 사회 문제 해결에 관심이 있어서(24.9%)' '다양한 경험을 해 보고 싶어서(17.9%)'의 순으로 나타났다.

자원봉사 참여와 실천의 주된 요인에서 '스스로 찾아서'와 '가족이나 친구의 활동을 보고'의 비중이 30%에 이른다. 타인과 사회에 도움이 되고 싶고, 사회 문제 해결에 관심이 있다는 조사결과는 자원봉사활동이 개인의 자발적이고 능동적인 시민성임을 나타내고 있음을 알 수 있다. 또한 자원봉사자의 자원봉사 참여 경로와 동기가 다양하고 세밀함을 엿볼 수 있다. 이에 자원봉사 절차, 방법 등 자원봉사실천을 위해 어떠한 방법과 내용이 있는지 탐구해 볼 필요가 있겠다.

(1) 자원봉사 참여 방법

우리나라의 자원봉사기관은 대체로 세 가지로 나눌 수 있다. 첫째, 자원봉사의 수요와 공급을 연계하는 자원봉사 연계기관(예: 자원봉사센터), 둘째, 자원봉사자를 배치하고 활용하는 자원봉사 수요기관(예: 사회복지시설), 셋째, 자원봉사자를 모집하고 교육하며 활용하는 자원봉사 공급기관(예: 종합복지관)이다(진재문 외, 2019).

자원봉사자는 원하는 자원봉사활동의 내용을 보고 수요와 공급을 동시에 하는 기관, 수요만 하는 기관, 공급만 하는 기관을 선택해서 참여한다.

한편, 온라인으로 운영되고 있는 1365 자원봉사포털이 있다. 정부 부처별로 운영하는 자원봉사 시스템에 분산되어 있던 데이터를 행정안전부에서 2012년부터 상호 연계하여 전국 자원봉사 현황과 정보를 통합하여 관리하고 있다. 대표적으로 보건복지부의 VMS(사회복지 봉사활동 인증 관리 시스템)와 교육부의 NEIS(교육행정정보 시스템)를 시작으로, 현재 공공 및 민간 영역의 자원봉사 데이터를 상호 연계하고 있다(한국중앙자원봉사센터, 2023).

[그림 9-1] 1365 자원봉사포털

1365 자원봉사포털은 자원봉사 대표 시스템으로, 전국의 자원봉사 정보를 볼 수 있고, 자원봉사 정보 검색, 신청, 실적 확인까지 원스톱으로 연계기관을 통한 실적 확인 및 확인서를 1365 자원봉사포털에서 직

접 발급받을 수 있는 서비스를 제공하고 있다.

또한 1365 자원봉사포털에 등록되어 있는 초중고 학생들의 자원봉사활동 실적은 본인의 신청으로 교육부(NEIS)에 제공된다.

〈표 9-1〉 1365 자원봉사 부서별 연계체계(한국중앙자원봉사센터, 2023)

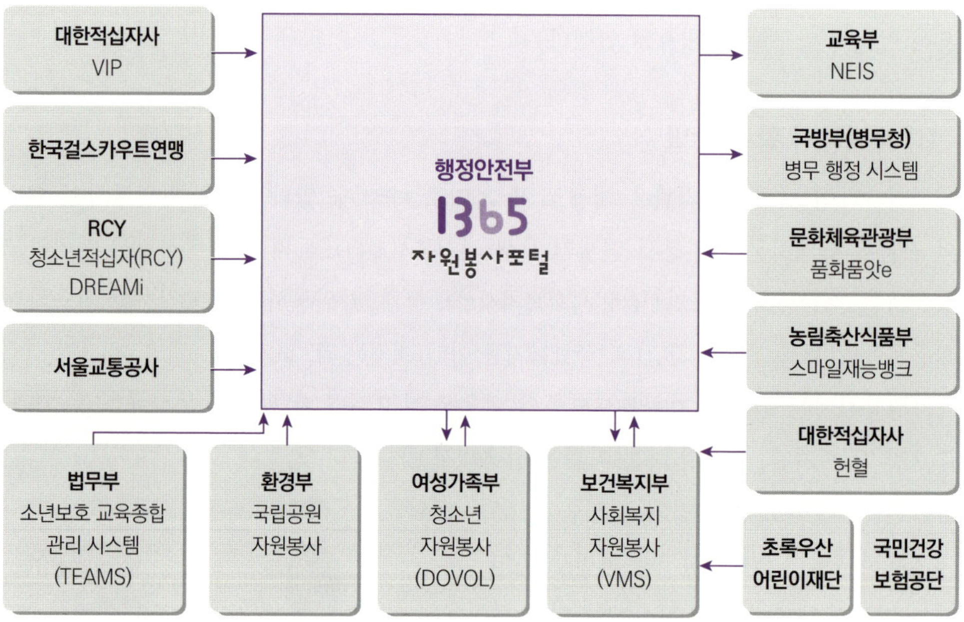

(2) 자원봉사실천 정보

자원봉사활동을 하기 위해서는 자원봉사 주요 기관에 대한 정보를 사전에 알아보는 것이 중요하다. 현재 우리나라는 246개의 자원봉사센터가 있고, 청소년활동진흥센터와 사회복지시설, 그 밖에 민간에서 운영되고 있는 자원봉사 전문단체 등이 있다.

① 자원봉사 주요 기관

법적으로 설립 근거가 있는 자원봉사 주요 기관인 한국중앙자원봉사센터, 한국자원봉사센터협회, 한국자원봉사협의회는 자원봉사의 대표적인 기관이다. 이 기관들의 주요 활동 내용은 다음과 같다.

〈표 9-2〉 자원봉사 주요 기관

구 분	한국중앙자원봉사센터	한국자원봉사센터협회	한국자원봉사협의회
설립(치) 근거/연도	「자원봉사활동 기본법」 제19조/2010 (재단법인 설립은 2019)	「민법」 제32조/2000	「자원봉사활동 기본법」 제17조/1994
설립 주체	정부(행정안전부)	민간 자원봉사단체	민간 자원봉사단체
회원	-	지역 자원봉사센터	민간 자원봉사단체
설립 형태/성격	재단법인/정부위탁기관	사단법인/민간단체	사단법인/민간단체
지원 형태	직접 지원	간접 지원 (대한민국자원봉사센터 대회)	간접 지원 (자원봉사자대회, 콘퍼런스 등)
정부와 관계	정부의 직접 지도·감독	상호 협조 관계	상호 협조 관계
운영 기준	기본(관계) 법령 및 정관	정관	기본 법령 및 정관
주요 기능 (활동)	• 중앙단위 자원봉사기관, 단체 및 기업과 민관 협력체계의 구축 및 국제 교류 • 지역 자원봉사센터 간 협력체계 구축 • 자원봉사 문화 확산을 위한 홍보 • 자원봉사 정책 개발 및 연구 • 자원봉사 기록물 발간 및 보존 • 자원봉사 통합 정보 시스템 운영 지원 • 재난 자원봉사 대응 및 지원체계 구축 • 자원봉사 인정과 지지 • 자원봉사 현장의 역량 강화를 위한 교육 • 자원봉사 관련 국가 정책과제 수행 • 기타 재단의 설립 목적 달성에 필요한 사업	• 전국 자원봉사센터연합체 -246개 중 238개 참여 • 회원 센터 및 종사자의 권익 증진 • 자원봉사 관리자의 역량 강화와 자격제도 운영 • 자원봉사 관련 정책 개발 • 회원 센터 간 정보 교류 및 협력사업 • 국가 및 지방자치단체 간 등의 위수탁사업 및 수익사업 • 기타 목적 달성에 필요한 사업	• 자원봉사계의 각종 현안에 대한 협의·조정 • 회원 단체 간의 협력 (113개 단체 회원가입) • 자원봉사활동 진흥을 위한 국민 홍보와 국제 교류 • 자원봉사활동 관련 정책 개발·건의 • 자원봉사활동 관련 조사·연구, 교육·훈련 • 자원봉사활동 관련 정보 연계 및 지원 • 국가 및 지방자치단체로부터 위탁받은 사업 및 기관의 운영 • 국제 교류 및 국외 자원봉사활동 지원 • 기타 이 회의 목적 달성에 필요한 제반사업 등

출처: 행정안전부, 한국중앙자원봉사센터(2024).

② 알아 두면 활용하기 좋은 자원봉사 사이트

〈표 9-3〉 자원봉사 주요 사이트

사이트명	내용	사이트 주소
자원봉사 아카이브	자원봉사 기록저장소	archives.or.kr
자원봉사V캠퍼스	자원봉사 온라인 교육 플랫폼	vcampus.or.kr
1365 자원봉사포털	자원봉사 대표 시스템	1365.go.kr
사회복지자원봉사인증관리	사회복지자원봉사 실적 인증 관리 시스템	www.vms.or.kr
청소년자원봉사	청소년을 위한 자원봉사 시스템	www.youth.go.kr
대한적십자사	재난, 공공의료 등 자원봉사활동	www.redcross.or.kr
한국자원봉사문화	자원봉사 생태계 활성화를 위한 플랫폼	volunteeringculture.or.kr/
한국대학사회봉사협의회	대학의 사회봉사 촉진 기관 교육부 산하	http://kucss.kcue.or.kr
코피온	지구촌 기회의 불평등 문제 해소 외교통상부 산하	www.kopion.or.kr
코이카	글로벌 가치를 실현하고 상생을 통해 국익을 창출하는 글로벌 기관	www.koica.go.kr
세계자원봉사협의회	세계 80여 개국 자원봉사 민간 기구	www.iave.org
미국 촛불재단	미국 자원봉사 연합체	www.pointsolight.org
핸즈온 네트워크	세계 250개 단체 자원봉사 조직	www.handsonnetwork.org

2. 자원봉사실천 방법

일반적으로 자원봉사실천 방법은 자원봉사활동을 탐색하고, 자원봉사활동을 신청, 교육, 봉사, 배치, 실적 인증, 인증서 발급 등의 절차를 거친다. 그리고 자원봉사에 참여하는 형태는 다양한 방법으로 실천되고 있다. 지역 축제 참여, 복지관 프로그램 참여 지원, 공원 정리, 도서관 도서 관리, 어린이 및 노인들을 대상으로 돕는 활동 등 지역사회에서 진행되는 행사나 프로그램에 참여해서 자원봉사를 하는 방법과 NGO 혹은 비영리단체, 기관 등에서 진행되는 프로젝트에 참여해서 비영리단체의 목적에 부합하는 자원봉사를 하는 방법이 있다. 또한 의료봉사, 법률상담, 공연 등 전문적인 지식이나 기술을

활용해서 자신의 재능을 통해 자원봉사에 참여하는 방법도 있으며, 음식물 기부, 금전 기부 등 물질적인 지원이나 자금을 기부하여 자원봉사 참여도 가능하다.

코로나19 이후부터 자원봉사 참여 형태에서 가장 특징적인 영향을 준 것은 시공간적 한계에서 벗어나 자유로운 비대면 · 비공식 방식의 자원봉사활동에 대한 수요와 관심이 증가하고 있다는 점이다. 이에 자원봉사실천 방법으로 아직까지는 생소한 비대면 · 비공식 · 마이크로 자원봉사 참여 방법과 코로나19로 잠시 주춤했던 국경을 초월한 자원봉사활동과 대규모 자원봉사활동을 살펴보고자 한다.

1) 비대면 자원봉사활동

2020년 자원봉사활동 실태조사에 따르면, 대상자와 직접 대면하여 활동하는 대인서비스활동에 대한 선호가 45.8%에서 27.4%로 감소하고, 상담, 조사, 캠페인 등의 비대면 자원봉사에 대한 경험과 선호가 증가한 것을 볼 수 있다. 활동 장소 또한 온라인, 집, 카페 등 개별적인 곳에서 비대면으로 활동하는 경우가 10.2%로 적지 않은 수치를 보였다. 향후 비대면 자원봉사활동에 참여할 의향을 묻는 항목에 대하여 '있다'의 응답이 79.7%로 10명 중 8명이 긍정적인 답을 하였다(한국중앙자원봉사센터, 2021).

2023년 자원봉사활동 실태조사(행정안전부, 한국자원봉사학회, 2023)에 의하면, 국내 및 해외 봉사의 방식으로 온라인과 현장 봉사, 대면 및 비대면 활동, 공식 조직을 통한 활동과 비공식 봉사, 시간 인증 관리에서 벗어난 활동 등 자원봉사활동이 다양화되고, 스펙트럼이 확장되었다고 한다. 그에 따라 자원봉사 관리자나 자원봉사자 모두에게 ICT 활용이 전면화되었고, UNV(유엔자원봉사단)에서도 자원봉사활동의 패러다임에 통합적으로 접근해야 할 필요성을 강조하였다.

① 구조적 측면에서 조직화된 자원봉사활동과 일상생활의 일부로 수행되는 도움 제공 활동, ② 장소의 측면에서 현장 기반 대면 자원봉사와 온라인을 활용한 자원봉사, ③ 활동의 강도에 있어서도 정기적 혹은 장기적 활동뿐 아니라 일회적이며 산발적인 간헐적 봉사활동, ④ 자원봉사의 동기에 있어 타인을 돕는 이타적 동기와 의무감뿐 아니라 자원봉사자가 자원봉사활동을 통해 얻게 되는 혜택 등 이 모두가 통합되어야 한다. 국내외에서 공통적으로 발견되는 자원봉사활동 패러다임의 변화는 전통적 방식에서 새로운 방식으로의 전환뿐 아니라 자원봉사활동의 개념이 보다 포괄적이며 통합적으로 정의되어야 함을 시사하고 있다.

〈표 9-4〉 전환기 이전과 전환기 이후의 자원봉사

구분	전환기 이전	전환기 이후
참여 방식	오프라인 봉사	융·혼합형(대면+비대면) 자원봉사
활동 장소	국내 활동 중심	글로벌 자원봉사 확산(국내외)
주요 이슈	사회복지 관련 이슈	지역사회 문제 해결 관련 이슈
활동 범위	전통적 사회복지시설 중심	지역사회 단위/특성화
참여 동기	자선적/이타적 참여 동기	성찰적/자기 성장 참여 동기
구조/기간	조직 중심/장기적 참여 위주	개인 중심/단기적 이슈 위주
관계성	활동가와 수혜자의 분리	상호 호혜적 관계
자원봉사 특성	프로그램/서비스 제공형	시민주도적·전문적·창의적 자원봉사
공식 여부	공식적 자원봉사	공식적·비공식적 자원봉사

출처: 행정안전부, 한국자원봉사학회(2022). '자원봉사진흥 제4차 국가기본계획 수립 연구'에서 발췌

(1) 개념 정의

비대면 자원봉사란 자원봉사자 간, 자원봉사자와 수혜자 간, 그리고 자원봉사자와 중간 매개자 간의 비접촉을 전제로 하는 자원봉사활동이다. 자원봉사를 위한 불가피한 부분적 접촉은 포함된다(한국중앙자원봉사센터, 2021). 또한 한국중앙자원봉사센터 비대면 자원봉사활동 운영 가이드(2021)에는 자원봉사자와 대상자(기관) 간에 대면하지 않고 이루어지는 자원봉사활동으로 온라인과 오프라인 활동을 모두 포함한다고 정의하고 있다. 특히 비대면 자원봉사의 전형적인 특징은 온라인 자원봉사이다. 온라인 자원봉사활동은 자원봉사 일감을 인터넷을 통해서 활동하는 것을 말한다. 온라인 자원봉사활동은 '가상적'으로 어디서나 할 수 있다. 따라서 비대면 자원봉사활동은 사람과 대면하지 않는 자원봉사활동으로 정의하고 있다.

(2) 비대면 자원봉사활동의 특성

비대면 자원봉사활동은 자원봉사의 기본 원칙인 공익성, 자발성, 무보수성을 지니는 동시에 자원봉사를 수행하는 시공간적 제약이 적고, 참여 방식이 다양하며, 신속성과 확산성을 갖는다는 것이 특징이다. 그러나 자원봉사활동 시간의 정확한 확인이 어렵고, 성과(결과물)에 대한 관리가 제한적이라는 한계가 있다. 이러한 한계를 극복하기 위해 활동의 목적과 내용에 따라 증빙자료를 간소화할 필요가 있다. 또한 비대면 자원봉사활동은 주로 개인 혹은 가족, 동아리 등 소규모 단위로 이루어지며, 집, 카페, 온라인 커뮤

니티 등 사적인 공간이나 온라인 내에서 활발히 이뤄진다(한국중앙자원봉사센터, 2021).

이에 따라 비대면 자원봉사활동에 대한 다양한 인정과 환류의 방법을 개발하여 비대면 자원봉사자의 의미성을 부여하는 일이 반드시 병행되어야 한다. 이를 위해서 디지털 시민성 문화를 지속적으로 개발, 공유하고, 온라인 자원봉사자 교육과 디지털 시민성 교육의 연계 추진도 필요하다.

비대면 자원봉사활동은 정부의 개입이나 지원이 필요하다. 앞으로의 비대면 시대에 필요할 자원봉사활동 측면에서 정보통신기술 소외계층에 대한 접근성 향상을 위한 사업들이 추진되어 정부 차원에서 카메라, 모니터, 마이크, 스피커 등 시스템 지원으로 정보 격차를 감소해 나가야 된다.

그리고 비대면 자원봉사가 활성화되기 위해서는 행정안전부, 보건복지부, 교육부의 자원봉사지침 등이 통일되어 온라인 자원봉사에 대해서 지속적이고 체계적인 활동이 이루어져야 한다. 이를 위해서는 비대면 자원봉사를 활성화하고 지원하는 방향으로 지침이 전환 및 강화되어야 할 것이다.

또한 비대면 자원봉사활동 인증 방식의 특성 중에는 활동 인증의 원칙이 있다. 최근에는 시간 인증과 활동 인증을 병행해서 추진하고 있다.

(3) 비대면 자원봉사활동 유형

① 온라인 자원봉사활동

온라인 프로그램을 통한 대학생 · 직장인 멘토링 활동, 비대면 교육봉사, 테마별 릴레이 응원활동, 탄소중립 실천을 위한 기후 위기 대응 온라인 캠페인 활동, 홈페이지 · 숏폼 제작 관리, 온라인 진로 사람책 등 자원봉사자와 대상자(기관) 간에 대면하지 않고 이루어지는 자원봉사활동으로 인터넷이나 모바일 등을 활용해서 수행하는 자원봉사활동이 이에 해당한다.

② 오프라인 자원봉사활동

걸으면서 쓰레기를 줍는 플로깅 활동, 이웃 어르신 안부 및 도시락 전달 활동, 시각장애인 녹음 봉사활동, 마스크 재택 키트 만들기 활동, 캔버스페이팅 등이 오프라인이지만 비대면으로 개인이 각자 자원봉사활동을 하는 행태이다.

③ 온오프라인 결합 융 · 혼합형(하이브리드) 자원봉사활동

대면과 온라인 활동이 혼용된 형태로, SNS 등 디지털을 활용해서 자원봉사를 원하는 시간, 방법으로 단기적이고 개별적으로 참여하는 방식이다(행정안전부, 2023).

드라이브 스루(drive-thru)로 김치를 수령해서 취약계층에 전달하는 활동, 메타버스나 홈페이지를 통해 환경 교육을 한 후에 오프라인으로 재활용 수집 정리를 하는 활동 등이 이에 해당하며, 자원봉사자와 대상자(기관) 간에 대면하지 않고 이루어지는 자원봉사활동이다. 그리고 개인이 걸은 만큼 기부로 이어지는 활동, 탄소중립 실천을 위해서 음식물쓰레기 줄이기 활동 등 하나의 목적을 갖고 여러 사람이 함께 공동 목표를 실천해 나가는 목적 지향적 자원봉사활동 또한 하이브리드 자원봉사활동에 해당된다. 이 밖에 전래동화 및 어린이 도서 번역, 치매 어르신 정서 지원, 교통약자를 위한 보행 정보 수집, 사회 이슈 영상 제작 등이 하이브리드 자원봉사활동의 사례이다.

2) 자원봉사활동에 대한 포괄적 접근: 비공식 자원봉사활동

(1) 비공식 자원봉사활동의 개념과 동향

UNV(2009)의 보고서에 따르면, 건강한 시민정신, 가족의 전통, 종교적 의무로 수행되는 '이타적 이웃돕기 행동'을 자원봉사(volunteering) 및 비공식 자원봉사(informal volunteering)라고 칭하고 있고, 자원봉사센터가 이를 구조화하여 비공식 자원봉사의 체계를 마련해야 한다고 주장하고 있다(한국중앙자원봉사센터 · 한국자원봉사문화, 2021).

〈표 9-5〉 자원봉사활동 개념에 대한 통합적 정의

구분	조작적 정의
International Labour Organization(ILO)	개인이 무보수, 비강제적으로 조직을 통하거나 직접적으로 가족, 친지가 아닌 다른 이들을 위해 시간을 할애하는 활동 또는 일
United Nations Volunteer(UNV)	전통적인 형태의 상호 부조 및 자조, 공식적 서비스 제공 및 기타 형태의 시민 참여를 포함하여 자유의지에 따라 수행되는 광범위한 활동
UK	그룹, 조직 참여 등 공식적 자원봉사와 직장을 통한 자원봉사, 친척이 아닌 이들에게 개인으로 도움을 제공하는 비공식 자원봉사
European Union(EU)	개인 스스로의 자유로운 의지, 선택 및 동기에서 금전적 이득에 대한 관심 없이 추구되는 모든 형태의 공식 · 비공식 봉사활동

출처: 행정안전부, 한국자원봉사학회(2023).

비공식 자원봉사활동은 자원봉사의 기본 체계를 갖추지 못했다는 약점이 있으나, 스피드와 즉시성, 유연성, 혁신성, 경제성 등의 여러 가지 면에서 장점이 매우 많다.

또한 비공식 자원봉사활동은 경제적 대가를 바라지 않고 자발적으로 공식이나 타인을 위해 비영리·공익 조직을 통하지 않고 비공식 모임 또는 비공식으로 개인이 직접 수행한 활동(행정안전부, 한국자원봉사학회, 2023)으로, 자원봉사활동의 스펙트럼 확장의 면을 나타내고 있고, 선의로 베풀던 활동 등이 비공식 활동에 포함된다.

UNV(2018)에서는 비공식 자원봉사가 비대면 자원봉사와도 비슷한 면을 가지고 있다고 하였다. 전 세계 자원봉사자 1억 9백만 명 중에 비공식 자원봉사가 차지하는 비율이 70%인 것으로 추정하고 있다(한국중앙자원봉사센터·한국자원봉사문화, 2021).

영국은 기관 중심의 공식 자원봉사제도에서 개인 중심의 비공식 자원봉사제도로의 큰 변화를 가져오게 되었는데, 2010년에 집권한 보수당은 '큰 사회(Big Society)'라는 사상과 의제를 통해 지역공동체와 자원봉사를 강조하며 특히 비공식 자원봉사 활성화를 강조하였다. 비영리조직 중심의 공식적 자원봉사제도에서 비정형화된 공동체 중심의 다양한 활동인 비공식적 자원봉사 제도로 이동했던 영국의 자원봉사제도의 변화는 개인과 공동체의 자발성이 회복됨으로써 오히려 결과적으로 공식적 자원봉사도 함께 활성화되는 결과로 나타났다(송정안, 이혜영, 2017).

〈표 9-6〉 이웃돕기의 내용 목록을 비공식 봉사로 측정한 예

구분	주요 내용
국제노동기구(ILO)	이웃의 장례돕기, 이웃의 반려동물 돌봄, 집수리 봉사, 요리 돕기 등
영국	친척이 아닌 타인을 위해 무보수로 자문/상담, 곤경에 처한 사람과 연락(방문, 전화, 메일), 쇼핑이나 연금 수령 또는 영수증 납부, 요리/청소/세탁/정원일/가사, 장식/집 정리/차 수리, 유아/아동 돌보기, 병약자 돌보기, 집 지켜 주기/애완동물 돌보기, 편지/서류 작성, 심부름/대리 활동, 운전/에스코트, 기타 도움주기
2020년 자원봉사활동 실태조사	①친구나 타인(이웃)을 위한 심부름, 부탁이나 대리인 심부름, ② 친구나 타인(이웃) 상담, 정서적 위로, ③ 친구나 타인(이웃)을 위한 쇼핑, 물품 구매, ④ 친구나 타인(이웃)의 애경사(결혼, 장례 등)와 관련된 도움주기, ⑤ 친구나 타인(이웃)의 집안일(청소, 수리, 정원일, 요리 등) 도움주기, ⑥ 친구나 타인(이웃)에게 차량, 트럭 등 이동 지원, ⑦ 친구나 타인(이웃)에게 편지쓰기, 문서작성 등 도움주기, ⑧ 친구나 타인(이웃)의 아이나 병약자 돌봐 주기, ⑨ 친구나 타인(이웃)의 동물(애견, 고양이 등) 돌봐 주기, ⑩ 친구나 타인(이웃)의 어려움을 돕기 위한 모임(조직) 만들기의 총 10가지로 구성됨

출처: 행정안전부, 한국자원봉사학회(2023).

3) 마이크로 자원봉사활동

짧은 시간을 활용하여 큰 영향과 높은 효율성을 발휘하는 자원봉사활동을 마이크로 자원봉사활동이라고 한다. 인터넷 및 휴대전화의 발달로 숏폼, 유튜브, SNS를 통해 나눔 정보를 공유하거나 기부하며, 온라인으로 자원봉사활동에 참여하는 것이 대표적인 예이다. 마이크로 자원봉사활동은 오랜 시간이 걸리지 않고, 쉽게 참여할 수 있으며, 개인의 생활에 맞춰서 참여할 수 있으므로 전 세계 사람들이 함께 참여도 가능하다.

특히 온라인 자원봉사활동을 전형적으로 반영하고 있는 유형이 마이크로(micro) 자원봉사활동이다. 짧은 시간 동안에 이루어지며, 어렵지 않고, 주로 온라인을 통해 수행되는 활동이 대부분이다. 마이크로 자원봉사활동이 대체로 짧은 시간 동안에 활동한다면, 장기간 동안에 지속적으로 활동을 요구하는 온라인 자원봉사 유형도 있다. 이는 개발도상국의 지역 문제 해결 컨설팅, 법 제도 개선 캠페인 활동, 온라인 자살 상담, 학습 증진 멘토 활동 등의 형태로 이루어지고 있다. 온라인 자원봉사활동은 시간과 장소에 얽매일 필요가 없어서 자원봉사활동의 융통성과 유연성을 높여 준다.

한편, 다른 시각에서는 부정적인 면도 있다. 마이크로 봉사활동의 확대, 온라인 자원봉사활동의 증가, 새로운 자원봉사 세대의 등장과 같은 변화가 새로운 사회체제를 만들어 낼 것이라는 전망은 밝다. 반대로 대면접촉이 제한된 시대의 온라인 자원봉사활동의 증가는 코로나19의 출현으로 등장한 느슨한 형태의 자원봉사가 시민의 욕구를 충족시키지 못하였다는 부정적 입장도 있다(노법래 외, 2022).

4) 국경을 초월한 자원봉사활동, 해외봉사

해외봉사활동은 대학, NGO, 기업, 동호회 등으로 확산되고 있다. 과거에는 시민들의 의식이 단순히 해외여행에 머물러 있었다면, 현재는 다양한 세계 문제 해결에 동참하려는 세계 시민의식이 사회 저변에 형성되고 있다.

해외봉사활동은 1950년대에 신생 독립국가의 빈곤 문제를 해결하기 위해 호주 대학생들이 개발도상국에 파견되면서 시작되었다. 1958년 영국에 VSO(Voluntary Service Overseas), 1961년 미국에 평화봉사단(Peace Corps) 등이 창설되었으며, 1961년 경제협력개발기구(OECD)가 구성되면서 전 세계적으로 확산되었다.

한국의 해외봉사활동을 국가(공공)기관에서 운영한 것은 1990년에 유네스코한국위원회가 정부의 위임을 받아 출범시킨 '한국청년해외봉사단(청년봉사단)'이다. 청년봉사단은 44명을 아시아 4개국에 파견했고, 그다음 해인 1991년에 한국국제협력단(KOICA)이 창립되었으며, 1995년에는 봉사단에 지원할 수 있는 연령을 확대하면서 그 명칭을 '한국해외봉사단'으로 변경했다. 그 후 우리나라를 대표하는 해외봉사단의 단일 브랜드로 WFK(World Friends Korea)를 만들고, 여기에 가입하는 기관들의 예산을 코이카로 통합하는 등의 조치가 이루어졌다. 민간에서는 1990년대 중반부터 여러 단체와 기관에서 해외봉사사업을 시작하였고, 1999년 한국해외원조단체협의회의 창립을 계기로 본격화되었다. 2012년에 한국해외원조단체협의회는 국제개발협력민간협의회(Korea NGO Council for Overseas Development Cooperation: KCOC)로 명칭을 변경했다. 최근에는 코이카와의 협력을 바탕으로 관련 단체들을 연계하거나 지원하고 있으며, 한국대학사회봉사협의회 등 대학생들의 해외봉사활동을 꾸준히 지원하고 있다(대전광역시자원봉사센터, 2021).

해외봉사활동은 자원봉사활동의 한 형태이므로 자원봉사의 가치에 충실해야 한다. 해외봉사에서는 자원봉사자들의 관리(지원과 활용, 안전 등)가 핵심 사항이다. 해외봉사는 거시적 차원이 아니라, 미시적 수준에서 현지의 주민과 관계자 등을 직접 접촉하며 이루어지는 사업이고, 국제개발협력의 목적을 이루려는 방법(수단)의 하나이다. 최근 들어 대학생의 세계 시민의식을 향상시키기 위해 해외봉사활동이 많아졌고, 실제 해외봉사활동으로 지식, 기술, 태도, 실천 의지의 변화를 가져오고 있다.

5) 국제 대회 · 행사 및 대규모 자원봉사활동

올림픽, 아시안게임, 월드컵, 엑스포, 세계육상선수권대회, 세계탁구선수권대회, 전국체전 등 국내외 스포츠 행사뿐만 아니라 국제 콘퍼런스, 국제 문화행사, 지역 축제 등 대규모 행사 시 자원봉사자들이 대규모로 참여하고 있다. 향후에도 국내외 대규모 이벤트 행사에 자원봉사자의 참여가 증가할 것으로 보인다.

대규모 자원봉사활동에서는 직무 교육, 직무 배치, 직무 환경의 만족이 자원봉사자들의 자원봉사 만족에 많은 영향을 미치고 있다(오세윤, 1997). 대규모 행사 시 자원봉사활동은 대체로 자원봉사자의 참여 욕구나 의지가 매우 큰 편이다. 그에 비해서 활동 전의 직무 교육 내용과 실제 활동과의 연계성이 미흡한 경우가 많다. 대규모 자원봉사를 위해서는 기관 간 역할에 관한 업무 분장, 자원봉사자의 역할 안내 및 교육자료 준비가 필수적이다. 또한 현장 상황에 대한 사전 준비와 충분한 준비 기간이 필요한 자원봉사활동이다. 대규모 자원봉사활동 참여 전에는 행사 규모에 대한 기대감보다는 현실적인 현장을 담당하는 자원봉사자로서의 역할과 대응이 중요하다.

국제 자원봉사활동은 국내를 대표할 수 있는 민간 외교관의 역할이 필요한 활동이다. 조직위원회와 운영체계 간의 매개체 역할에서부터 행사 참여자와 행사 관계자와의 연결을 위한 관계 형성을 지원해야 한다. 또한 다름과 차이를 인정하는 매너를 가져야 한다. 국가별 인사나 신체 접촉 등 다양한 문화를 존중하는 자세가 필요하다.

대규모 자원봉사활동은 모든 국민이 관심이 있고 국위가 걸린 문제이기도 하다. 이에 자원봉사활동은 시민들의 일체감을 고양시키는 역할과 위화감을 감소시키는 역할을 하게 된다.

한편, 올림픽과 같은 메가 스포츠 이벤트의 경우에는 작은 규모의 스포츠 이벤트와 비교해 볼 때 전반적으로 직무 환경, 직무 배치, 직무 교육이 좋은 편이기 때문에 만족감이 높을 수 있지만, 업무에 임하는 자세에 대한 요구가 높을 수 있다. 그러므로 교통, 숙박, 유니폼 등과 같은 직무 환경을 개선하여 자원봉사자들의 만족도를 높여야 한다.

3. 자원봉사 인권 친화적 환경 조성

자원봉사자는 누구에 의해서 억지로 자원봉사활동을 하는 존재가 아니다. 자원봉사활동을 통해서 스스로의 권리를 찾고, 권리를 요구할 수 있다. 우선 자원봉사활동에 대한 인증(시간 인증, 활동 인증)을 받을 수 있다. 자원봉사활동에 대한 포상 및 인센티브도 적용받을 수 있고, 자원봉사 보험이나 활동증명서, 실비 제공 등과 같은 제도적 지원을 받을 수 있으며, 자원봉사자 소양 교육이나 전문기술 교육에 대해서도 요구할 수 있다. 또한 자원봉사활동에 대한 슈퍼비전을 받을 수 있고, 간담회를 요청할 수 있으며, 서비스 대상자들의 만족도를 요구할 수 있다.

1) 자원봉사자의 인권

최근 들어 자원봉사 현장에서 인권 문제에 적극적으로 대응하는 사례들이 나타나고 있다. 이는 자원봉사 현장의 인권의 감수성이 높아진 결과이며, 인권 문제를 개인적으로 다루기보다는 시스템 안에서 공동의 문제로 인식하고 해결해 나가기 위한 노력이다(한국중앙자원봉사센터, 2023).

또한 「자원봉사활동 기본법」 제14조에 따르면, 국가와 지방자치단체는 자원봉사활동이 안전한 환경에서 이루어질 수 있도록 노력해야 한다. 자원봉사자를 모집한 기관에서는 자원봉사 현장의 인권 보장을 위한 방안을 적극적으로 모색해야 하고, 인권 침해 행위에 대한 구제 절차를 마련해야 한다.

자원봉사 관리자는 자원봉사자의 인권을 존중하고 인권 침해가 일어나는 일이 발생하지 않도록 노력해야 한다. 자원봉사 활성화를 위한 자원봉사센터 운영지침(행정안전부, 2023)에서는 자원봉사 인권보호에 대해 다음과 같이 설명하고 있다.

① 자원봉사자가 '무임금 노동자'나 '동원의 대상'이 아닌 인격을 지닌 권리의 주체로 존중받을 수 있도록 해야 한다. ② 자원봉사자의 사생활이 존중될 수 있도록 해야 한다. ③ 자원봉사 현장에서 희롱, 추행, 학대 등 모든 형태의 성폭력을 방지하고, 성평등의 문화가 정착될 수 있도록 노력해야 한다.

인권 침해 및 차별 내용으로는 자원봉사자의 동의 없이 사진을 찍는 초상권 및 프라이버시권, 햇빛에 노출되어 외부 현장에서 활동을 강요한 건강권, 체육대회의 선수들을 돕는 봉사활동에서 선수가 숙소에서 옷을 벗은 채로 있었던 성희롱, 화재 현장에서 다치게 되었던 안전권, 교대자가 없는 상황에서 화장실이나 식사를 하러 갈 시간이 없었던 휴식권이 있고, 이 밖에 인격권, 나이 차별, 장애 인권, 알권리 및 정보 접근권, 자기결정권 등의 사례가 있다.

한편, 한국중앙자원봉사센터는 자원봉사 인권상담소의 홈페이지를 통해 온라인 상담을 접수, 운영하고 있다(자원봉사 인권상담소 주소 https://www.v1365.or.kr/new/qna/02.php).

2) 자원봉사자의 보호

(1) 자원봉사자의 개인정보보호

2024년 초에 보건복지부 산하 한국사회복지협의회는 '사회복지자원봉사인증관리시스템(VMS)'이 해킹 공격을 받아 전체 930만 명의 회원 중 135만 명의 개인정보 유출이 의심되는 사고가 발생했다는 내용의 뉴스를 접하게 되었다. 사회복지자원봉사인증관리시스템은 자원봉사자의 모집이나 배치, 봉사 실적 정보가 등록된 데이터베이스이다. 유출이 의심되는 개인정보는 회원 아이디, 이름, 영문 성명, 생년월일, 성별, 주소, 연락처, 이메일의 8개 항목과 직업, 학교 정보, 학력, 자격면허의 4개의 선택항목 등 총 12개이다(경상일보, 2024. 1. 17.).

1365 자원봉사포털에는 1,500만여 명의 자원봉사자가 등록되어 있고, 회원 탈퇴 전까지 10년간 데이터를 보관하도록 되어 있어 앞선 뉴스기사와 같이 개인정보 유출에 있어 자유로울 수 없는 상황이다. 현재 1365 자원봉사포털은 「개인정보 보호법」과 「자원봉사활동 기본법」을 근거로 하여 개인정보 보호 규정을 준수하고 개인정보 처리 방침을 수립하며 관련 업무를 수행하고 있다.

또한 기관에서는 자원봉사자의 개인정보에 대하여 사전에 동의를 받거나, 수집 목적 외의 어떠한 용도라도 사용할 수 없으며, 자원봉사활동 중에 작성한 참석자 명부, 신청서 명단 등 개인정보를 1년 이내에 폐기하거나 암호화하여 안전하게 보관해야 한다.

(2) 자원봉사 종합보험

「자원봉사활동 기본법」 제7조(자원봉사활동의 범위), 「자원봉사활동 기본법」 제14조(자원봉사자의 보호), 「자원봉사활동 기본법 시행령」 제10조(자원봉사자에 대한 보험가입 등), 「보조금 관리에 관한 법률」 및 「보조금 관리에 관한 법률 시행령」(준용)을 근거로 하여 자원봉사 종합보험이 운영되고 있다. 행정안전부는 자원봉사자의 보호를 위해 자원봉사자 보험을 가입하고 있으며, 보장범위나 금액 등 보험 혜택 확대를 위해 지방자치단체 간에 통합 계약을 실시하고 있다. 자원봉사 종합보험 사업비는 국비 50%와 지방비로 50% 이상 부담하고 있다. 한국중앙자원봉사센터 외 245개 지역자원봉사센터, 한국사회복지협의회, 한국청소년활동진흥원 등이 통합해서 계약을 추진하고 있다. 보험 대상자는 자원봉사활동 중에 인적·물적 피해를 입은 자원봉사자로, 사업 시행 기관에서 확인이 가능한 자원봉사활동이나 사업 시행 기관에서 자원봉사활동으로 인정된 비대면·비공식·일회성 자원봉사활동도 포함하고 있다.

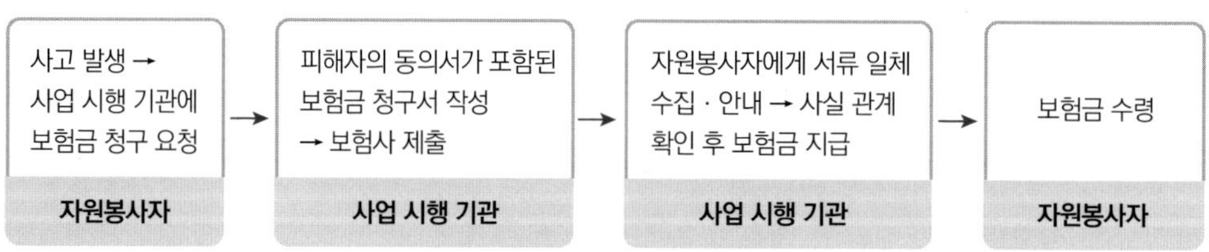

[그림 9-2] 보험금 청구 절차

〈표 9-7〉 보장 내용

구 분	내 용(2022년 기준)
보장 내용	〈 사업 시행 기관에서 확인이 가능한 봉사활동 〉 • 자원봉사활동(정규 · 특별 활동 포함)에 직접 참여 중인 때 • 자원봉사활동 시작 전 또는 종료 후에 활동 장소에 있는 동안 • 자원봉사활동을 위한 활동 장소와 주거지와의 통상적인 경로 통행 중 • 프로그램에 참여하는 동안은 모든 상황(숙박포함)에 대해서 보장 등 • 사전에 계획된 공식 활동의 경우에는 모두 포함 • 재난 복구 활동 시 재난에 의해 발생한 사고에 대해서도 보장 • 국외 자원봉사활동으로 발생한 사고에 대해서도 보장 〈 사업 시행 기관에서 자원봉사활동으로 인정된 경우에 보장(2022년 추가) 〉 • 비대면 자원봉사활동 중 발생한 사고에 대해 자원봉사 • 지역사회의 비공식 봉사자 및 일회성 봉사자에 대해 자원봉사

출처: 행정안전부(2024).

학습 과제

1. 자원봉사 참여 방법에 대해서 설명하시오.
2. 최근 자원봉사실천 방법의 특징에 대해 설명하시오.
3. 전환기 이전과 전환기 이후의 자원봉사에 대해 비교 분석하여 설명하시오.
4. 비대면 자원봉사활동의 유형에 대해서 예를 들어서 제시하시오.
5. 공식 자원봉사활동과 비공식 자원봉사활동을 비교 분석하여 설명하시오.
6. 자원봉사 인권 보호에 대해 자원봉사센터 운영 지침을 중심으로 설명하시오.

참고문헌

노법래, 정진경, 최권호, 이민영(2022). 코로나19 팬데믹 이후 국내 자원봉사활동 변화의 실제. 한국사회복지학, 74(1): 133-155..

대전광역시자원봉사센터(2021). 해외봉사 단기 활동 매뉴얼.

송정안, 이혜영(2017). 영국의 자원봉사제도 변화(1998-2013)에 관한 연구. 한국거버넌스학회보, 24(2): 217-242.

오세윤(1997). 대규모 이벤트행사의 회고와 자원봉사활동의 새로운 방향. 한국사회와 행정 연구, 8(1): 117-130.

정진경, 천희(2018). 온라인 자원봉사자의 인구사회학적 및 봉사활동 특성에 관한 연구. 시민사회와 NGO, 16(1): 49-84.

진재문, 장유미, 강정희, 이강훈, 신세민, 조명희, 강종희, 정민경, 박성애(2019). 자원봉사와 시민의 삶. 학지사.

한국중앙자원봉사센터(2021). 자원봉사 정책저널 제20호.

한국중앙자원봉사센터(2021). 비대면 자원봉사활동 운영 가이드.

한국중앙자원봉사센터(2023). 자원봉사 수요처 관리자 실무 가이드.

한국중앙자원봉사센터(2023). 자원봉사 현장 인권보호를 위한 대응매뉴얼.

한국중앙자원봉사센터 · 한국자원봉사문화(2021). 비공식 자원봉사 실태와 유형: 새로운 자원봉사의 대두.

행정안전부, 한국중앙자원봉사센터(2024). 2024 자원봉사센터 현황.

행정안전부, 한국자원봉사학회(2022). 자원봉사진흥 제4차 국가기본계획 수립 연구. 행정안전부.

행정안전부, 한국자원봉사학회(2023). 2023년 자원봉사활동 실태조사. 행정안전부.

행정안전부, 한국자원봉사학회(2024). 자원봉사센터 운영지침.

행정안전부(2023). 자원봉사활동 진흥을 위한 제4차 국가기본계획.

미디어

경상일보(2024. 1. 17.). 자원봉사자 135만 명 개인정보 유출된 듯. https://www.ksilbo.co.kr/news/articleView.html?idxno=989916

네이버 지식백과(2024. 4. 10. 검색). 검색어 '지속가능발전목표'. https://terms.naver.com/entry.naver?docId=3595806&cid=43667&categoryId=43667

제10장

자원봉사의 관리

학습목표

1. 자원봉사관리의 의미와 필요성에 대해 이해
2. 자원봉사관리자의 역할과 윤리에 대해 고찰
3. 자원봉사관리 과정에 대해 파악

학습개요

- 제10장에서는 자원봉사관리의 의미와 필요성, 자원봉사관리자의 역할과 윤리, 자원봉사관리 과정에 대해 학습한다.
  - 1절에서는 자원봉사관리의 의미, 자원봉사관리의 정의, 자원봉사관리의 필요성에 대해 이해한다.
  - 2절에서는 자원봉사관리자의 기능과 역할, 자원봉사관리자의 윤리에 대해 고찰한다.
  - 3절에서는 자원봉사 프로그램 기획, 자원봉사자 모집과 배치, 자원봉사자 교육훈련, 자원봉사자 활동관리, 자원봉사 평가와 인정에 대해 파악한다.

1. 자원봉사관리의 의미와 필요성

1) 자원봉사관리의 의미

우리나라 시민들의 자원봉사활동 참여는 점진적으로 증가하는 추세였다가 코로나19 몇 년 전부터 감소 추세를 보였으며, 코로나19로 인해 전통적 대면 방식의 자원봉사 참여 제한으로 증가 추세가 주춤하게 되었다. 기존의 대면성, 집단성, 공식성, 정규성의 참여 방식에서 온라인 자원봉사와 같은 비대면성, 비공식성, 비정규성, 개인적 일대일 접근 방식으로 전환되었다(행정안전부, 2024).

이러한 자원봉사의 패러다임의 변화와 뉴노멀 사회로의 전환에 따라 기존의 자원봉사 방식에서 벗어나 새로운 환경 변화에 따르는 자원봉사 참여 방식과 프로그램의 중요성이 대두되었다. 그리고 시대에 맞는 체계적인 자원봉사관리 기능의 필요성이 더욱 부각되고 있음을 시사한다.

'자원봉사관리'란 자원봉사자의 파트너가 되어 그들의 성장을 지원하고, 자원봉사자들이 기여하는 시간과 재능을 잘 나누어서 지역사회의 긍정적 변화를 촉진하는 과정이다. 이를 수행하는 자원봉사센터 및 수요처 담당자를 '자원봉사 관리자'로 지칭한다(한국중앙자원봉사센터, 2023).

최유미(2011)는 자원봉사관리를 자원봉사활동을 원하는 측의 욕구와 자원봉사활동의 지원을 받는 측의 욕구를 연결하여 효과적인 자원봉사활동이 이루어지게 하는 일련의 절차와 방법을 강구하는 것으로 정의하였고, 남기철(2022)은 자원봉사활동의 수요처와 공급처 간의 적절한 연계와 조정을 의미하는 것이라고 정의하였다.

김범수와 이기백(2023)은 자원봉사활동을 하는 주체인 자원봉사자에 대한 관리와 자원봉사 프로그램 관리로 나누어서 자원봉사의 가치를 실현하고 지역공동체를 만들어 가는 자원봉사의 가치와 목적, 자원봉사 정책, 자원봉사 정보, 자원봉사 위험 등에 대한 관리 전반을 포함하였다.

이렇듯 자원봉사관리는 자원봉사자 모집이나 배치, 자원봉사활동 시간을 관리하는 것 이상의 의미를 갖는다. 자원봉사가 개인의 희생을 통해서 사회적 약자만 돕는 활동이 아니라, 사회 문제에 대해 능동적으로 반응하며, 공동체 회복과 지역사회 문제 해결을 위해 당연히 가져야 할 시민의 권리이자 의무이다.

자원봉사관리는 자원봉사자 스스로 자원봉사 팀의 소속감을 갖게 하고, 지속적인 자원봉사활동을 유도할 수 있어야 한다. 또한 다양한 자원봉사활동의 변화에 따라서 자원봉사는 왜 하는지, 자원봉사활동에 참여하고 어떤 감정을 갖고 가는지, 자원봉사활동으로 인해서 우리 지역사회에 어떠한 변화를 보여 줄 수 있는지에 대한 계속된 질문을 통해서 체계적인 자원봉사활동관리가 필요하다.

자원봉사관리에 대한 의미도 사회의 환경 변화에 따라 변화되고 있다. 기존에는 기관이나 직원 중심으로 관리를 주도하는 방식이었다면, 자신의 재능을 살려 자원봉사에 참여하거나 새로운 분야를 경험하고 성장하고자 하는 시민들의 욕구가 커지면서 자원봉사자의 주도성을 강화하는 관리 방향으로 변화하고 있다(한국중앙자원봉사센터, 2023).

2) 자원봉사관리의 정의

자원봉사관리는 자원봉사자가 가진 재능을 자원봉사 업무와 연결하여 자원봉사 프로그램을 성공할 수 있게 하기 위해서는 자원봉사관리가 매우 중요하다.

자원봉사관리의 전문성 개발에 있어 미국자원봉사관리사협회(Association for Vlluntter Adminstration: AVA)에서는 '자원봉사관리'를 공식적으로 'Volunteer Administration'이라고 하고 있다. 그러나 영어에서 자원봉사관리는 또 다른 말인 'Volunteer Management'라고 하기도 한다. 이 두 말은 같은 뜻으로, "목적을 달성하기 위한 활동을 기획 · 조직, 그리고 조절하는 것"이라는 뜻이다. 따라서 자원봉사관리는 기관(단체)의 목적을 달성하기 위한 자원봉사 프로그램을 계획, 개발, 조직, 조정, 그리고 지원하는 등 자원봉사를 총괄하는 조직적 활동이라고 할 수 있다(이대근, 2004).

3) 자원봉사관리의 필요성

"좋은 사회를 만드는 것은 정부에 의해서 이룩되는 것이 아니라 시민들에 의하여 이룩되는 것"이라고 영국의 윌리엄 베버리지(William Beveridge)는 자원봉사활동이 바람직한 미래 사회를 위한 우리의 기본적 책무라고 강조했다.

자원봉사관리의 필요성에 대해서 김범수와 이기백(2023)은 자원봉사는 타인을 이롭게 하는 유익한 활동이지만, 선한 의지만 있으면 된다는 인식과 일방적인 시혜 중심의 자원봉사는 도움 대상자나 유급 직원들에게 당혹감, 불편, 불신, 심지어 적대감 및 마음의 상처까지 낳게 할 수도 있다는 점을 고려해야 한다고 하였다.

류기형 등(1999)에 따르면 자원봉사관리는 과학적이고 전문적이면서 임시방편으로 운영되어서는 안 되고, 관리가 제대로 운영되지 못할 경우에 시간과 노력을 들여 확보한 자원봉사자를 효과적으로 활용할 수 없고 자원봉사자의 기대 또한 충족시킬 수 없다고 하였다.

또한 류기형(2016)은 자원봉사관리의 필요성에 대해서 거시적인 차원과 미시적인 차원으로 나누었는데, 거시적인 차원은 기관이나 조직의 발전을 위한 것으로 서비스의 질을 높이고 자원봉사자나 직원의 사기를 높여 조직적이고 체계적이며 효과적이고 효율적인 자원봉사활동을 전개함으로써 기관이나 조직의 유지 및 발전을 도모하기 위한 것이라고 하였고, 미시적인 차원은 자원봉사자들의 만족감과 성취감 등을 높여 그들이 적극적이고 지속적인 자원봉사활동을 유도하기 위한 방안으로 과학적이고 전문적인 관리과정의 도입과 이를 담당할 전문 인력 확보의 필요성에 따른 것이라고 하였다.

따라서 자원봉사의 전문성이 부족한 직원이 자원봉사 업무를 담당하는 것은 자원봉사 활성화에 오히려 장애 요인이 되기도 하고, 자원봉사의 관리가 어떻게 행해지냐에 따라 기관에 대한 만족도 및 지속성에 중요한 역할을 하며, 지역 주민들에게 제공되는 서비스의 질을 결정하는 중요한 부분이다.

2. 자원봉사관리자의 역할과 윤리

1) 자원봉사관리자의 기능과 역할

관리자의 기능에 대해 정민자 등(2001)은 기획, 조직, 배치, 감독, 통제, 상호작용 및 정보 역할, 정책결정자라고 하였고, 자원봉사관리자의 역할은 자원봉사의 직무설계, 자원봉사자의 모집, 면접 및 배치, 업무 부여, 교육훈련, 지도 감독, 인정 보상이라고 하였다.

한국중앙자원봉사센터(2023)에서는 자원봉사관리자에 대해 자원봉사활동의 전 과정을 체계적으로 관리할 책무를 지니고, 자원봉사자의 욕구를 파악하고, 자원봉사자의 긍정적인 경험과 성장을 지원하고, 지역사회 자원을 발굴 및 연계하고, 다양한 주체와 협력하고, 안전하고 공정한 자원봉사 환경을 조성하는 역할을 한다고 하였다.

캠벨과 엘리스(Campbell & Ellis, 1995)는 자원봉사관리자가 수행해야 하는 기능을 프로그램 계획과 행정, 모집과 연계, 면접과 선발, 오리엔테이션과 훈련, 슈퍼비전, 동기부여와 인정, 프로그램 평가, 기록 유지와 보고, 기타 책임 등 9가지로 분류하였다(류기형, 2016에서 재인용).

미국자원봉사관리사협회(현외성, 2024 재인용)에서는 자원봉사관리자의 역할에 대해 프로그램 기획과 조직, 직원 배치와 감독, 통제, 기관 · 지역사회 · 전문인과의 관계, 예산과 기금 모집 등 5가지로 분류하였고, 이대근(2004)은 관리자의 기능에 대해 인간 욕구 충족을 가능하게 하는 기능, 인간 욕구 충족을 가능하게 하는 사회적 분위기 조성의 기능, 창조적이고 책임 있는 사회발전에 기여하는 기능, 인적 및 물적 사회자원 동원을 촉진하는 기능, 복지, 사회, 경제, 의료보건, 정치, 그리고 관련 분야에 영향을 미치는 정책결정 과정에 자원봉사자를 참여시키는 기능이라고 정의하였으며, 역할에 대해서는 자원봉사자 모집, 오리엔테이션, 면접 및 선정, 인정 및 지속, 업무 설계, 지도 · 감독, 프로그램 계획과 조직, 교육 및 훈련, 위험 관리, 퇴출, 자원봉사 정책개발, 기록 보존, 평가 등 13가지로 분류하였다.

2) 자원봉사관리자의 윤리

효과적인 자원봉사 운영을 위해 관리자의 역할은 다각적으로 변화해야 하고, 직업적인 소명의식 또한 필요하다. 이에 자원봉사 전문기관 및 단체에서는 자원봉사관리자 윤리강령을 2015년도에 제정하였고, 미국자원봉사관리사협회에서는 신뢰성, 배려, 사회공헌과 책임성, 공정과 공평, 사생활 보장, 존중, 책무, 책임 등 자원봉사 관리전문인 윤리강령을 발표하였다.

자원봉사관리자 윤리강령을 살피며
자원봉사관리자로서 나를 돌아보며 다짐하기

자원봉사는 시민의 권리와 책임에 기반한 활동으로, '건강한 시민'들이 '좋은 사회'를 만들어 가는 동력이다. 자원봉사관리는 자원봉사가 일상의 문화로 자리 잡아 긍정적인 사회 변화에 기여할 수 있도록 지원하고 촉진하는 과정이다.

이에 자원봉사관리자는 자원봉사의 가치를 수호하고, 자원봉사자와 함께 일하며, 개인·가족·집단·지역사회 등 공동체의 공존과 변화를 촉진하는 역할을 수행함에 있어 다음과 같은 윤리적 가치를 되새겨 우리 양식(良識)의 원천으로 삼는다.

시민성 자원봉사관리자는 더 많은 시민이 자원봉사활동의 기회를 충분히 누리도록 안내함으로써 스스로 사회 문제와 욕구 해결에 기여하는 시민임을 인식한다.

성장과 변화 자원봉사관리자는 지식과 기술을 갖춘 전문가로서 모든 이해관계자와 함께 상호 성장하고 변화함으로써 시민사회 발전에 이바지한다.

자율과 공평 자원봉사관리자는 자원봉사의 정책과 실천 현장에서 자율성을 최우선 가치로 두며, 자원봉사가 지닌 공공성에 걸맞은 책임성을 가질 수 있도록 공평한 자원봉사 환경을 제공한다.

개방과 연대 자원봉사관리자는 다양한 주체 및 영역과 연결될 수 있는 열린 자세를 가지고, 정부, 기업, 시민사회의 다양한 주체와 영역 간의 적극적인 협력을 이끌어 낸다.

2015년 11월 5일 제정
2018년 12월 5일 개정

한국자원봉사협의회 한국자원봉사센터협회 한국중앙자원봉사센터
자원봉사이음 한국자원봉사문화 한국자원봉사포럼 종교계자원봉사협의회
경기교육자원봉사단체협의회 비비비(BBB)코리아 자원봉사애원 중앙일보시민사회환경연구소
코피온 한국사회복지협의회 한국청소년활동진흥원

[그림 10-1] 자원봉사관리자 윤리강령

미국자원봉사관리사협회 자원봉사 관리전문인 윤리강령

신뢰성

기관, 지역사회, 전문직을 포함해서 다른 사람에게 정직성, 성실성, 신뢰성 그리고 충실성을 보여 주어야 한다.

배려

다른 사람의 입장을 이해하고 동정과 공감을 실제로 나타내어야 한다.

남의 기여를 인정하여야 한다.

사회공헌과 책임성

사회공헌에 대한 개인적 철학을 개발하여야 한다.

자원봉사 운동을 향상시켜야 한다.

자원봉사 정신의 가치를 실제로 보여 주어야 한다.

공정과 공평

고의로 불공정하게 하지 말아야 한다.

다른 사람을 공평하게 그리고 편견 없이 대해야 한다.

공평을 지지하는 정책과 기준을 향상시켜야 한다.

사생활 보장

비밀 정보에 관해 이해를 하고 비밀을 보장하여야 한다.

존중

모든 사람을 존중하고 존엄하게 대하여야 한다.

다른 기관의 업무를 존중하며, 동료 그리고 전문직을 존중하여야 한다.

책무

전문직 기준을 신뢰해야 한다.

정확하고 진실해야 한다.

자원을 현명하게 활용해야 한다.

책임

전문가로서 행동을 해야 한다.

근면함과 자제심을 보여 주어야 한다.

전문가로서 자기 성장을 해야 한다.

[그림 10-2] 미국자원봉사관리사협회 자원봉사 관리전문인 윤리강령

3. 자원봉사관리 과정

자원봉사관리의 범위를 어디까지로 볼 것인가에 대한 선행연구를 살펴보면, 남기철(2022)은 자원봉사관리의 기능을 계획 수립, 직무 설계, 요원 구성, 교육훈련, 지도감독, 자원 동원, 평가 등 7가지로 분류하였고, 김영호 등(2006)은 자원봉사 업무의 설계, 자원봉사자의 모집, 심사 및 선발, 교육훈련, 배치 및 업무 부여, 지도감독, 인정 보상 등 7가지로 분류하였으며, 행정안전부(2008)는 자원봉사관리 업무를 13가지로 분류하였다.

〈표 10-1〉 자원봉사관리 업무의 표준 영역(행정안전부, 2008)

표준 1: 운영 전략 및 관리 방침의 수립	비전과 사명 수립 자원봉사관리 세부 실행 방침 수립
표준 2: 자원봉사 프로그램의 개발 및 운영	지역사회 욕구조사 프로그램 기획, 실행, 평가
표준 3: 자원봉사자 업무 기획	자원봉사자 필요 업무 조사 업무설명서 작성
표준 4: 자원봉사자 모집	모집 대상 결정 모집 메시지 및 홍보 수단 결정 모집 활동 실행 및 평가
표준 5: 자원봉사자 면접과 배치	자원봉사활동 신청서 작성 및 추가 질문 자원봉사활동에 대한 설명 및 안내 수요처 연계
표준 6: 자원봉사 교육	교육 계획 수립 교육 대상자 모집 교육 실행 평가
표준 7: 자원봉사활동의 관리감독	관리감독 체계 수립 및 실행 모니터링, 상담 및 조정 문제 및 갈등 해결
표준 8: 자원봉사단체 및 수요처 개발 관리	단체 조직화 단체 등록 및 관리 단체 구성 및 운영을 위한 지침 제공
표준 9: 자원봉사 위험 관리	위험 관리체계 수립 상해보험 가입 및 관리 활동 계층별 위험 관리와 평가

〈계속〉

표준 10: 자원봉사 인정과 보상	기대 욕구 파악 인정 보상 기준 마련 인정 보상 실행
표준 11: 자원봉사 홍보와 진흥	캠페인 및 행사 개최 언론 홍보
표준 12: 재난 재해 관리	재난 재해 발생 시 기관, 단체별 역할 분담 재난 재해 대비 자원봉사단 구성 및 교육
표준 13: 행정 관리	인사 관리 재정 관리 위원회 관리

이에 자원봉사관리 과정에 포함되어야 사항을 자원봉사 프로그램 기획, 자원봉사자 모집 및 배치, 교육훈련, 자원봉사활동 관리, 평가 · 인정 등 5가지로 분류하고자 한다.

1) 자원봉사 프로그램 기획

(1) 자원봉사 프로그램의 개발 과정

자원봉사 프로그램이란 자원봉사자들의 참여를 통해 지역사회의 문제와 욕구를 해결하기 위한 일련의 과정으로서 욕구 조사, 기획에서부터 자원봉사자 모집, 교육, 지도, 평가 등의 과정을 포함한다. 모든 과정에서 자원봉사자들을 보다 효과적으로 참여시키고 효율적으로 관리하여 참여한 자원봉사자들이 변화될 수 있는 활동이 되도록 하며, 지역사회와 사람의 변화를 위해 목표를 수립하고, 이를 달성하기 위한 프로그램을 기획, 실행하고 평가한다(행정안전부, 2008).

자원봉사 프로그램의 개발 과정은 문제 확인 및 욕구 조사, 목적과 목표 수립, 실행계획 수립, 자원봉사자 모집, 프로그램 실행, 평가 등 6가지 개발 과정으로 살펴볼 수 있다.

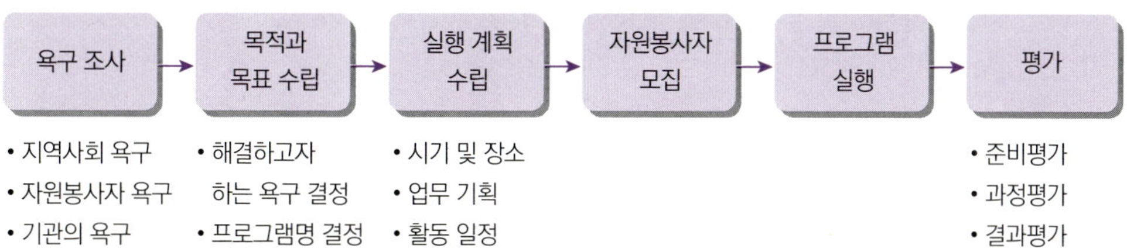

[그림 10-3] 자원봉사 프로그램 개발 과정(행정안전부, 2008)

〈표 10-2〉 프로그램 개발 과정(행정안전부, 2008)

단계	내용
프로그램명 정하기	• 재미있고 어떤 내용인지 쉽게 알 수 있는 제목 • 프로그램명을 정하는 데 많은 시간을 소요하지 않도록 함
목적과 목표 수립	• 목적은 하나의 문단으로 짧고 간결하게 표현 • 목적: 프로그램의 추상적인 가치를 포함 • 목표: 목적 달성을 위한 구체적이고 실행 가능한 목표 • 프로그램의 성과를 평가하기 위해 측정 가능한 목표를 수립
실행 계획 수립	• 사업 개요: 일시 및 장소, 대상, 구체적인 활동 내용 • 추진 일정 계획: 봉사자 모집 시기, 교육 일정, 활동 일정 등 • 자원봉사자 업무 기획: 업무설명서 작성 • 소요 예산 • 협력 기관, 필요한 자원 계획 • 기대 효과, 평가 방법 등 필요에 따라 변경 및 생략 가능 • 프로그램 실행에 필요한 모든 준비물과 용품을 파악
자원봉사자 모집	• 실제적인 홍보를 통해 자원봉사자를 모집 • 중간 점검을 통해 프로그램 개발 계획에 수정이 가능함
프로그램 실행	• 모집된 자원봉사자들을 교육시키고, 자원봉사 프로그램과 관련하여 오리엔테이션을 하여 배치 • 실제 활동을 원활하게 할 수 있도록 돕는 제반 준비 • 자원봉사활동 중에 발생하는 문제와 욕구들에 적절히 대처하며 지도 감독하고 조언을 주는 다양한 역할을 수행해야 함
평가	• 준비평가: 준비 과정에 대한 평가 • 과정평가: 프로그램 진행 과정 중에 발생한 사항에 대한 검토 • 결과평가: 프로그램 활동 후에 결과에 대한 평가 • 동료 또는 다른 관리자들과의 회의를 통한 평가

(2) 자원봉사 프로그램 개발의 범위

자원봉사 프로그램 개발의 범위는 자원봉사활동 대상이나 분야, 자원봉사자, 자원봉사기관, 자원봉사활동의 방법 등의 내용이 주요하다(현외성, 2004).

① 자원봉사활동 대상

연령별 대상과 사회 문제의 취약계층, 환경이나 지역사회, 사회제도를 변화시키려는 노력 등이고, 이 대상들은 중복되고 복합적인 경우가 대부분이다.

② 자원봉사자에 따른 프로그램

자원봉사자의 수와 자원봉사자의 역량, 그리고 기관의 비전과 목적에 동조하는 자원봉사자를 대상으로 프로그램을 개발한다.

③ 자원봉사기관에 따른 프로그램

자원봉사자를 필요로 하는 기관의 특성에 따라 자원봉사 프로그램의 내용이 달라진다.

④ 자원봉사활동 방법

자원봉사의 활동 방법에 대한 프로그램의 계획에 따라 다양한 내용의 프로그램이 개발될 수 있다.

2) 자원봉사자 모집 및 배치

(1) 자원봉사자 모집

자원봉사자 모집은 일반 시민을 자원봉사활동으로 발굴하는 과정이다. 자원봉사활동을 필요로 하는 기관, 대상자, 환경에 적합한 자원봉사자를 모집하는 것은 간단한 개념이지만, 모집하는 내용과 인원에 맞게 자원봉사자를 선발해야 하므로 매우 섬세하고 어려운 과정이다. 필요로 하는 인원에 초과해서 자원봉사자를 모집하게 되면 자원봉사자가 활동을 못하거나, 자원봉사자의 기대 욕구를 충족시키지 못하게 되어 불만이 발생하게 되고, 아예 자원봉사활동에 참여하지 못해 자원봉사자를 그냥 돌려보낼 수도 있다.

이렇듯 자원봉사자 모집은 자원봉사 프로그램과 업무에 가장 적합한 자원봉사자를 모집하기 위해 최적의 장소와 시기를 선택하고, 자발적으로 참여할 수 있는 메시지를 준비하여 잠재적인 자원봉사자에게 알리는 과정이다. 자원봉사자 모집 홍보 활동은 지역사회의 문제 해결에 참여하는 시민으로서의 자원봉사자를 양성하는 의미 있는 일이라고 할 수 있다(행정안전부, 2008).

(2) 자원봉사자 모집의 유형

① 다수의 모집

특별한 자격 없이 약간의 훈련을 통해 업무를 수행할 수 있거나 많은 수의 자원봉사자가 단기간 동안에 필요할 때, 프로그램이나 사업에 대한 정보를 가능한 한 많이 알려야 한다.

② 특정 대상자 모집

특정한 기술, 전문지식, 시간, 재능 등의 업무나 필요한 자격 조건을 갖춘 자원봉사자를 모집해야 할 때, 확인하는 방법들을 개발해야 한다.

③ 기타

스스로 자원봉사에 참여하는 방법과 기존의 자원봉사자를 통한 모집과 지역사회 내에서 홍보를 통한 일반적인 모집 방법 등이 있다.

(3) 자원봉사자 모집 방법

자원봉사자 모집 전에 자원봉사자의 업무를 명확하게 정하고, 조직이나 기관의 목표와 업무에 대하여 정확하게 설명할 수 있는 방법을 준비하며, 자원봉사활동의 목적, 계획, 관련 사항에 대해 정확하게 전달해서 다양한 사람을 수용해야 하며, 자원봉사자 관리에 관한 체계를 준비해야 한다.

자원봉사자의 효과적인 모집 방법으로 정민자 등(2001)은 활동 희망자 중에서, 등록자 중에서, 개인적 접촉을 통해서, 대중매체와 SNS를 통해서, 단체, 동아리, 동호회를 통해서 등의 5가지 유형을 제시하였다.

① 활동 희망자 중에서

자원봉사의 욕구 접수와 희망 활동을 바로 연결하는 방법이다. 자원봉사활동 희망자 중에서 적합한 대상자를 선정해서 요청한다.

② 등록자 중에서

기관에서 이미 연락이 있거나, 모집되었던 사람들, 적당한 활동처가 없거나 바라는 활동이 없어서 등록만 되어 있는 사람들 중에서 적합한 대상자를 선정해서 요청한다. 자원봉사자 중에서 등록은 했지만 활동으로 이어지지 못하는 휴면 자원봉사자를 대상으로 활동과 연결한다.

③ 개인적 접촉을 통해서

이미 자원봉사활동을 경험한 자원봉사자에 의해 동기가 유발되므로 기존의 자원봉사자와 개인적 접촉을 통해 자원봉사활동에 참여하도록 한다.

④ 단체, 동아리, 동호회를 통해서

지역에서 활동하고 있는 단체, 동아리, 동호회 등에 의뢰하여 도움을 요청한다. 동아리가 단체로 활동을 맡을 수도 있으며, 동아리의 회원 중에 희망자를 찾을 수도 있다. 지역의 자원봉사센터에 의뢰하는 것도 방법이다.

⑤ 대중매체와 SNS를 통해서

신문, TV, 라디오와 같은 대중매체를 통해 자원봉사자 모집을 광범위하게 알릴 수 있다. 최근에는 SNS를 이용하는 방법이 가장 많이 활용되고 있다.

(4) 자원봉사자 모집 시 유의점

자원봉사자가 업무 수행을 잘할 수 있도록 관찰하고 원활히 활동할 수 있도록 지원해주는 슈퍼비전이 필요하다. 자원봉사자를 효과적으로 모집하기 위해서는 몇 가지 검토해야 할 사항들이 있다. 자원봉사자가 왜 필요한지, 어느 정도의 규모인지, 어떤 재능과 특징을 가진 사람들을 필요로 하는지, 어떤 가치를 가지고, 어떤 종류의 활동에 참여할지에 대해 고려하여 자원봉사자를 모집한다.

스텐젤과 휘니(Stenzel & Feeney)는 자원봉사자를 모집할 때 고려해야 하는 요소로 5가지를 제시하였다(현외성, 2004에서 재인용). 첫째, 자원봉사를 하고자 하는 사람의 개인적인 관심이나 욕구를 파악해야 하고, 둘째, 기관의 목적 및 철학을 고려한 모집이 되어야 하며, 셋째, 프로그램 내에서 자원봉사자의 업무 및 역할이 구체적으로 명시되어야 하고, 넷째, 기관 및 지역사회를 고려한 프로그램의 목표에 따른 모집이어야 하고, 마지막으로, 기관에서 제시하는 자원봉사자 훈련 프로그램의 내용이 고려되어야 한다.

(5) 자원봉사자 배치

자원봉사자를 적재적소에 배치하기 위해서는 자원봉사자의 개인적 특성, 참여 동기, 관심사, 기술과 재능, 원하는 봉사 분야 등에 대한 정보가 필요하다. 자원봉사자의 개인 정보를 수집한 후에 자료를 검토하여 알맞은 프로그램에 배치하기 위한 상담을 실시한다. 배치 상담은 자원봉사를 지원한 개인의 목표와 자원봉사활동 조정자의 조직 목표를 일치시키는 과정이다(진재문 외, 2019).

또한 자원봉사자 배치는 기관의 욕구와 자원봉사자의 자원을 매개하는 일이다. 기관이 필요로 하는 것과 자원봉사자를 연결한다는 것은 자원봉사자를 적합한 활동에 배치한다는 의미이다. 배치에 있어 대단히 중요한 도구는 업무명세서이다. 자원봉사자를 필요로 하는 기관은 자원봉사자가 무엇을 할 것인가에 대한 내용을 설명하고 약속하는 업무명세서가 필요하다. 자원봉사관리자는 자원봉사자 업무명세서를 작성하고 기관에서는 그들의 역할과 책임을 확실하게 한다. 업무명세서는 필요로 하는 기술, 요구되는 훈련, 그리고 활동에 필요한 최대의 시간 등을 포함시킨다.

스텐젤과 휘니(Stenzel & Feeney)가 제시한 자원봉사 업무 설명의 항목을 살펴보면 업무 명칭, 업무 목적, 업무 책임 분야, 업무 수행 시간, 책임 계통, 자원봉사자의 자격 요건, 업무 수행에 소요되는 시간, 선발 방법, 업무 수행에 요구되는 교육 및 기간, 업무 수행에 부수적으로 따르는 요구나 행사 및 업무 수행이 종료된 후에도 지속적으로 자원봉사에 참여할 수 있는 방법과 절차, 그리고 봉사와 관련된 내용을 포함한다(현외성, 2004에서 재인용).

활동 명칭:
직함/직책:
목적:
활동:
활동 시간:
총 예정 시간:
활동 장소:
필요한 자격:
혜택:
직원 접촉:

[그림 10-4] 업무명세서 양식의 예(이대근, 2004)

기관명:
자원봉사자 업무 설명서:
부서명:
프로그램명:
담당 업무:
담당 업무의 목표:
업무 책임영역:
업무 수행 기간/요일/시간:
선발 방법:
자격 요건(경험, 특기 등):
필요한 교육:
보상 계획:
기타 사항:

[그림 10-5] 자원봉사자 업무 설명서 일부 수정(현외성, 2004)

3) 자원봉사자 교육훈련

효과적인 자원봉사자 훈련의 기초는 자원봉사활동에 필요한 지식, 기관의 가치를 전달, 자원봉사자의 동기부여 방법 등을 확인하는 것이다. 자원봉사 교육을 통해 자원봉사의 개념을 이해하고, 자원봉사의 가치와 자원봉사활동에 필요한 지식과 기술을 습득하게 하여 업무를 효과적으로 수행할 수 있게 역량을 강화하는 과정이다.

자원봉사 교육을 통해 자원봉사자의 가치와 소양을 형성함으로써 자원봉사자로 하여금 사회적 책임을 성실히 이행하게 하는 계기로 작용하고, 자원봉사 교육을 통해 자원봉사에 대한 동기를 부여하고, 지속적인 자원봉사활동을 유도할 수 있다(행정안전부, 2008).

(1) 자원봉사자 교육훈련의 유형

현외성(2004)은 자원봉사 교육훈련에 대한 내용으로 오리엔테이션, 기본교육, 현직훈련, 정기적인 점검과 피드백, 전환훈련, 기타 및 훈련 등 6가지로 설명하였다.

① 오리엔테이션

자원봉사활동, 자원봉사활동 기관의 정보를 제공하고 자원봉사활동에 대한 이해를 돕는 교육은 오리엔테이션이다.

오리엔테이션은 자원봉사자가 활동하게 될 해당 기관과의 명확한 관계를 수립하는 준비 과정으로서, 기관과의 명확한 관계를 준비하는 과정으로서 기관과 자원봉사자 간의 유대 관계를 형성하는 중요한 역할을 한다(진재문 외, 2019).

오리엔테이션에 포함될 내용에 대해 현외성(2004)은 다음과 같이 제시하였다. ㉠ 직원과 자원봉사자의 인사, ㉡ 기관의 철학과 역사 안내, ㉢ 프로그램 안내, ㉣ 지역과 정부 부처와의 관계 설명, ㉤ 기관과 자원봉사자의 권리와 책임 안내, ㉥ 보험 및 기타 보상에 대한 안내, ㉦ 기관 견학이 그것이다.

② 기본교육

자원봉사자가 원활하게 의사소통을 하고, 집단 내에서 환영받는 느낌이 들도록 하는 것이 중요하다. 또한 경험 있는 자원봉사자가 새로 시작한 자원봉사자를 배치하여 자신의 활동뿐만 아니라 다른 자원봉사자의 활동을 이해할 수 있는 기회를 제공하는 방법도 있다.

③ 현직훈련

현직훈련은 자원봉사자의 기술을 향상시키고 문제점을 해결하여 타성에 젖은 자원봉사자가 되지 않도록 한다. 현직훈련은 사기를 향상시키고 유지하는 중요한 수단이 된다.

④ 정기적인 점검과 피드백

실무에서 정기적인 점검이 이루어지기는 힘들다. 그러나 자원봉사자 교육 계획을 세우는 데 자원봉사자의 의견을 듣는 것은 중요하다. 아울러 일을 추진할 때 피드백을 실천에 담을 계획을 갖는다. 계획이 잘 지켜지고 있는지, 또는 새로운 문제가 제기되고 있는지에 대한 토의가 필요하다.

⑤ 전환훈련

자원봉사자가 자원봉사활동을 계속하거나 새로운 일을 하게 될 때 유의해야 할 점은 중요한 책임을 지는 일의 수준으로 전환되어야 할 때이다. 새롭게 업무를 시작할 때는 많은 에너지가 요구된다. 특히 기존의 일에 능력을 잘 발휘했다고 해서 새로운 일도 반드시 능력을 발휘하게 되리라는 보장이 없음을 유념하고 전환훈련을 비롯하여 기본훈련, 정기적인 점검과 피드백 기간이 필요하다.

⑥ 기타 및 훈련

집단의 결속과 효과적인 자원봉사활동의 기반으로서 집단 구성원들의 성장 프로그램이나 리더십 훈련, 기타 생활과 관련된 다양한 정보, 기술 및 취미 등에 관한 교육을 제공하기도 한다. 이러한 교육은 자원봉사자들이 매력적으로 생각하는 것이기도 하다.

4) 자원봉사자 활동 관리

(1) 자원봉사자에 대한 슈퍼비전

슈퍼비전은 상급자나 많은 경험과 지식을 가지고 있는 사람이 업무의 향상을 위해 실행하는 전반적인 관리 활동을 말한다. 슈퍼비전은 지지적 측면, 행정적 측면, 교육적 측면의 효과를 가진다. 이는 자원봉사자에 대한 슈퍼비전도 마찬가지이다. 자원봉사관리에서 자원봉사자들이 활동하고 있는 동안에 책임과 정보를 함께 나눌 수 있는 사람에게 접근할 수 있는 통로를 만들어 주어야 한다. 슈퍼비전은 누가 누구에게 지시를 내리는 일이 아니라, 자원봉사자들이 각 자원봉사활동처에서 담당하고 있는 역할을 잘 수행할 수 있도록 정보와 피드백 및 필요한 도움을 제공하는 것을 말하며, 자원봉사활동의 지속과 유지에 매우 중요한 요소이다(남기철, 2022). 또한 슈퍼비전을 통해 자원봉사자가 자원봉사활동의 역할을 잘 수행할 수 있도록 활동에 대한 피드백을 제공하여 활동 관리의 효율성을 높일 수 있다.

(2) 자원봉사 갈등 및 위험 관리

① 자원봉사 갈등 관리

자원봉사관리에서 다루어야 할 중요한 부분은 자원봉사자 간의 갈등 관리 부분이다. 조직 내 갈등 시 자원봉사자들은 자원봉사활동에 참여하는 것을 회피하려고 하거나 부정적인 반응을 보이기도 한다. 이러한 경우에 갈등 관리의 개입은 갈등을 보이는 자원봉사자들의 인정과 격려, 슈퍼비전을 통해 전반적인 통솔 장치를 발휘하며, 가끔은 원칙과 소신으로 지배하는 모습도 필요하며, 격렬한 갈등 상황은 적절히 회피하거나 타협을 통해서 조정해야 한다. 무엇보다 교육을 통해서 자원봉사자들이 속해 있는 조직의 갈등을 사전에 예방할 수 있는 장치가 필요하다(구혜영, 2008).

자원봉사활동에서 나타나는 일반적인 갈등 유형은, ㉠ 자원봉사자와 유급 직원 간의 갈등, ㉡ 자원봉사자와 수요자인 클라이언트와의 갈등, ㉢ 자원봉사자와 자원봉사자 간의 갈등 등이다(김영호 외, 2006).

직원과 자원봉사자 간의 분쟁의 예방에 대해 9가지를 고려해야 한다(김영호 외, 2006). ㉠ 자원봉사자 활용에 관한 결정에 직원이 참여, ㉡ 자원봉사자들을 위한 업무와 지원계획, 그리고 감독체계에 대해 미리 계획하고, 일들을 알아서 할 것으로 기대하지 않음, ㉢ 지위 때문에 자원봉사를 하려는 사람을 받아들여서는 안 됨, ㉣ 자원봉사를 하려는 사람은 필요한 기술 혹은 지식을 자원봉사하면서 배울 수 있다고 간주하지 말고 교육이 필요하면 직원을 포함시킴, ㉤ 직원이 더 많은 교육을 받아야 함, ㉥ 자원봉사자들이 기관에 기여하는 것에 대해서 감사를 표시해야 함, ㉦ 자원봉사자와 함께 업무를 잘 수행한 직원도 포상해야 함, ⓞ 주의를 끄는 문제가 발견되면 덮어두지 말고 경청을 통해 불만을 해결함, ㉧ 분쟁 발생 시 흑백 논리를 적용하지 말고 타협이 최선의 방책이라는 것을 알아야 한다.

② 자원봉사 위험 관리

자원봉사자가 자원봉사활동에 참여하게 되면 기관은 자원봉사자에 대해 책임을 져야 한다. 일과 관련된 위험을 제거하거나 위험에 잘 대처할 수 있도록 준비되어야 한다. 자원봉사 위험 관리 중에 가장 중요한 것은 안전한 활동이다. 기관은 자원봉사자, 서비스 대상자의 사고, 재산상의 손실을 예방할 수 있도록 가능한 조치를 해야 한다. 우리나라는 법적(「자원봉사활동 기본법」「사회복지사업법」「청소년활동 진흥법」「재난 및 안전관리 기본법」「학교안전사고 예방 및 보상에 관한 법률」 등)으로 자원봉사활동 중에 일어날 수 있는 사고의 위험으로부터 자원봉사자를 보호하기 위해 자원봉사 종합보험을 실시하고 있다. 자원봉사자들이 안전한 환경 속에서 자원봉사활동을 할 수 있도록 자원봉사활동 중에 발생할 수 있는 각종 사고에 대해 자원봉사자 개인의 경제적 · 심리적 불안을 자원봉사종합보험이 어느 정도 해소하고 있다.

한편, 자원봉사 종합보험이 시행되고 있으나 위험 발생 가능성을 감소시킬 수 있도록 주의해야 한다. 프로그램에 적합한 자원봉사자를 선정하고, 업무 처리 규정을 설명, 지도, 감독하여 안전하게 활동할 수 있도록 교육하고, 위험에 따를 수 있는 활동에 대해서 자원봉사자에게 사전에 충분하게 설명을 해야 한다.

5) 자원봉사 평가와 인정

(1) 자원봉사 평가

평가는 자원봉사활동의 효과성과 적합성을 인식할 수 있는 유일한 방법이며, 자원봉사자와 직원, 자원봉사 관리자의 사기를 고양시키기 위해서 매우 중요하고, 최근에 와서는 프로그램 후원자나 기부자들도 평가에 대해 요구가 점점 증가하고 있다(류기형, 2016).

일반적으로 자원봉사활동의 평가는 자원봉사활동의 마지막 단계나 자원봉사관리의 최후의 단계에 이루어지는 관리 과정으로 볼 수 있다. 또 평가 결과를 다시 피드백하여 자원봉사 프로그램을 만들고, 자원봉사활동의 홍보와 자원봉사자의 모집 등 제반 과정에 반영시킬 수 있다. 그리하여 자원봉사활동의 전체적인 질적 수준을 향상시키고 효과적이고 효율적인 목표 달성을 가능하게 한다(현외성, 2004).

자원봉사 평가 내용은 자원봉사자의 모집에서부터 교육훈련, 배치 등을 포함하여 프로그램의 개발, 지도감독까지 자원봉사활동을 지원하는 기관 전체도 평가의 대상과 내용이 될 수 있다. 〈표 10-3〉을 통해 평가 내용과 측정 기준을 발췌하여 사용할 수 있다.

〈표 10-3〉 자원봉사 평가 측정 기준

구분	측정 기준
프로그램 계획	목표에 대한 열의 프로그램 산출 자원봉사 조정자의 만족도 상위 의사결정자의 만족도 클라이언트의 만족도
업무 설계	자원봉사자의 만족도 중도 탈락률 배치되지 않은 자원봉사자의 수 부족한 자원봉사 업무의 수
모집	소요된 시간과 노력 비용 탈락률

〈계속〉

면접	면접 계획 혹은 면접 안내서의 적절성 면접관의 자질 면접에 드는 시간
오리엔테이션 및 배치	사용된 방법들과 기술들 자원봉사자의 동기와 열의 탈락률 배치에 사용된 척도 유급 직원의 만족도
활동 중 훈련	사용된 방법과 기술들 자원봉사자의 태도 자원봉사자의 의견 자원봉사자의 기술, 태도, 지식이 담당 업무에 적절한지에 대한 증거 자원봉사자의 의견
인정	보상체계, 수료증, 상패
기록과 보고	기록, 보고의 정도
예산	자금 출처, 자금 배당
평가 목적	평가에 사용된 시간과 비용 선택된 척도 사용된 방법과 기술

출처: 현외성(2004)에서 재구성.

(2) 자원봉사자 인정

행정안전부 자원봉사센터 운영 지침(2023)에 따르면, 자원봉사자 인정에 대해 자원봉사활동의 가치 증진과 감사의 표현, 동기부여라는 자원봉사 인정 본연의 목적 범위 내에서 시행하고, 실비 지급 및 활동비 지원, 자원봉사 시간 인증 등은 자원봉사 활성화 영역에 포함되는 것으로 이를 자원봉사자에 대한 인정 및 예우의 수단으로 활용되지 않도록 하고 있다.

현외성(2004)은 자원봉사란 반대급부를 받지 않고 이루어지는 활동이라고 하였다. 자원봉사활동에 대해 기관에서는 금전적인 급여가 아닌 방법으로 그 대가를 교환하는 과정이다.

자원봉사자 인정은 자원봉사자를 유지하고 발전하고 동기부여하는 데 의의가 있다. 자원봉사 관리자는 자원봉사자를 인정 방법에서 자원봉사자의 동기가 무엇이며, 욕구가 무엇인지, 그리고 원하는 것이 무엇인지, 또는 무엇을 가장 자랑스럽게 생각하고 보

〈표 10-4〉 인정 · 예우 사업 유형 및 예시

유 형	인정 · 예우 사업의 내용
정서적 인정	• 감사카드, 축하카드(생일, 성년 등), 연하장, 휴대전화 문자 등 • 언어적 · 비언어적 감사의 표시와 관심 표현
기회의 인정	• 국내외 행사 참석 기회, 보건소 무료 건강검진 기회 • 전문 심화교육, 워크숍 참석 기회 • 국내외 연수, 테마여행 기회
상징적 인정	• 자원봉사자 배지(누적 봉사활동 시간에 따른 금 · 은 · 동 배지) • 자원봉사자(리더) 명함 제작 또는 자원봉사 인증패 증정 • 이달의 모범 자원봉사자 선정 또는 봉사왕 선정 등
간접적 · 경제적 인정	• 주차할인권, 공공시설 및 복지관 프로그램 이용료 할인 • 놀이공원 · 공연관람료 할인 또는 무료 티켓 등 제공 • 할인쿠폰 제공(할인가맹점 이용)
사회적 인정	• 추천이나 추천서 제공 • 우수 자원봉사자 표창, 정부포상 추천 • 지역 또는 전국적 미디어 활용 홍보 • 자원봉사활동 기록 및 자원봉사 명예의 전당 등재

출처: 행정안전부(2023).

람 있어 하는지를 잘 알아야 한다. 인정은 다른 형태로 자원봉사자의 기여에 대해 감사를 표시하는 것이다.

자원봉사자의 측에서 보면 기관에 의해서 제공되는 인정과 보상을 통해서 자원봉사활동의 의미를 이해하게 되며, 자원봉사자들이 가지고 있는 동기와 목적을 성취하고 있다고 인식하게 되는 기회가 되기도 한다. 따라서 이러한 기회를 기반으로 하여 자원봉사자의 활동이 지속적으로 유지되므로 자원봉사활동 조정자 및 관리자의 인정과 보상관리는 매우 중요한 기능을 한다고 볼 수 있다(현외성, 2004).

① 공식적인 인정과 보상[Fletcher, 현외성(2004)에서 재인용]

- 특정한 기술(skill)을 사용할 수 있는 기회
- 특정한 기술을 활용하고 개발할 수 있는 기회
- 미래의 고용 준비를 위한 업무 훈련의 기회
- 가능한 자신의 경력을 탐색할 수 있는 기회
- 개인이 특히 관심 있는 문제에 대해서 무언가 행동할 수 있는 기회

- 기관의 한 부분이 될 수 있는 기회
- 대인관계의 기술을 발달시킬 수 있는 기회
- 이전에 도움을 받은 경험이 있는 사람이 이에 대한 교환적 욕구에 부응할 수 있는 도움을 베풀 수 있는 기회
- 사회적 개입의 기회
- 특정 활동 및 행동의 한 부분으로의 역할을 할 수 있는 기회
- 사회적으로 쓸모 있는 유용 활동에 참여하려는 욕구 충족
- 자신이 필요한 존재로 인정받고 감사를 받는 경험(지역사회 봉사상 시상 대상자 추천)
- 공식적 행사에서 인정받을 수 있는 기회(연말 자원봉사자 만찬 또는 파티에서의 감사장 전달)
- 어떤 상징적 편이나 자격증을 받는 기회(장기 자원봉사자 명단에 기록 및 게재)
- 뉴스레터, 신문 또는 다른 대중매체에 이름이나 관련 기사가 오르는 것

② 비공식적인 인정과 보상[Fletcher, 현외성(2004)에서 재인용]

- 수시로 적절한 시기에 맞추어서 "감사하다"는 말을 전하는 것
- 자원봉사자들의 불편을 고려해서 훌륭한 물리적인 환경을 조성하는 것
- 자원봉사자들이 '메시지'를 받을 수 있는 우편함을 설치해 주는 것
- 불가피한 사정으로 또는 근무 일정이 없어서 결근했다가 출근했을 시에는 그동안의 안부와 기관이 아쉬웠다는 말을 전하는 것
- 자원봉사자들에게 기관의 새로운 변화나 발달적 사실들을 반드시 전하는 것
- 자원봉사자들과 직원 회의, 직원 프로그램, 그리고 직원의 사교 행사에 참여시키는 것
- 자원봉사자들을 점심 또는 커피 모임에 동반해서 참여하는 것
- 경험 많은 자원봉사자에게 새로운 자원봉사자의 훈련을 도와줄 것을 요청하는 것
- 자원봉사자의 준비 상태를 점검하여 새로운 책임을 부과하는 것
- 자원봉사자 개개인의 특별한 기술이나 전문적 능력의 영역에 대해 자문하는 것
- 자원봉사자의 생일에 카드를 보내거나 기관 내에서 생일 케이크를 준비해서 축하하는 것
- 자원봉사자의 직위 및 업무와 관련된 훈련 과정의 참여 비용을 제공하는 것
- 자원봉사자들이 잘 수행한 특정의 업무들에 대해서 칭찬해 주는 것

③ 자원봉사 인정의 고려 요소(행정안전부, 2008에서 수정)

- **인정 대상 결정**: 다양화된 인정 기준의 개발 필요, 자원봉사활동의 시간 투여 및 희생, 활동 업무의 난이도, 책임 등 고려
- **봉사자의 욕구 파악**: 자원봉사자가 인정, 보상의 수단으로 무엇을 희망하는지 욕구를 파악하여 개개인의 성향에 맞는 인정 방법을 고려
- **수단의 가능성 검토**: 다수의 자원봉사자가 희망하는 욕구와 이에 대한 우선순위 선별, 인정과 보상의 수단으로 제공되는 내용에 대한 법적(선거 관련 법 등) · 경제적 활용 가능성 등을 검토, 자연발생적이며 비용이 많이 들지 않는 방법의 개발
- **형평성을 고려한 보상의 제공**: 대상자가 결정되면 합리적으로 선정되었는지 검토, 인정과 보상의 제공 방법과 시기에 대해 형평성을 기반으로 결정하며, 결정 과정을 투명하게 공개
- **기타 유의 사항**: 자원봉사 정신과 기본 가치인 무대가성, 자발성 등을 훼손하지 않는 범위 내에서 제고되어야 하고, 자원봉사자의 특성과 욕구에 맞게 개별화된 인정을 제공, 자원봉사의 인정은 합리적이며 공정한 기준을 통해 제공되어야 하고, 자원봉사자, 자원봉사센터, 지역사회 등 관련 주체들의 협력과 협의 필요, 자원봉사관리 과정 전반에 걸친 지속적인 실천 필요

학습 과제

1. 자원봉사관리의 필요성에 대해서 설명하시오.
2. 자원봉사 관리자의 기능 및 역할에 대해서 설명하시오.
3. 자원봉사관리 과정에 포함되어야 사항을 5가지로 분류하여 설명하시오.
4. 직원과 자원봉사자 간의 분쟁 예방에 대해 고려해야 될 사항을 제시하시오.
5. 자원봉사 인정의 고려 요소에 대해서 설명하시오.

참고문헌

김범수, 이기백(2023). 자원봉사론. 학지사.

김영호, 오정옥, 김상조, 문혜숙, 이은경, 창지사(2006). 자원봉사의이론과 실제. 창지사.

구혜영(2008). 자원봉사실천론. 신정.

남기철(2022). 자원봉사론. 학지사.

류기형, 남미애, 박경일, 홍봉선, 강대선, 배의식(1999). 자원봉사론. 양서원.

류기형(2016). 자원봉사관리론. 공동체.

정민자, 박을남, 이충우, 이순덕, 김명희(2001). 자원봉사 길라잡이. 양지.

진재문, 장유미, 강정희, 이강훈, 신세민, 조명희, 강종희, 정민경, 박성애(2019). 자원봉사와 시민의 삶. 학지사.

이대근(2004). 자원봉사관리 실제. 한국자원봉사연합회.

최유미(2011). 자원봉사관리론. 공동체.

현외성(2004). 자원봉사론 강해. 학지사.

한국중앙자원봉사센터(2023). 자원봉사 수요처 관리자 실무 가이드.

행정안전부(2008). 자원봉사활동 관리 표준매뉴얼 개발 연구.

행정안전부(2024). 2024 자원봉사 활성화를 위한 자원봉사센터 운영 지침.

행정안전부(2023). 자원봉사활동 진흥을 위한 제4차 국가기본계획.

제 11 장

주체별 자원봉사활동

학습목표

1. 청소년 자원봉사활동의 의의 및 문제점 파악과 활성화 방안 모색
2. 대학생 자원봉사활동의 의의 및 문제점 파악과 활성화 방안 모색
3. 노인 자원봉사활동의 의의 및 문제점 파악과 활성화 방안 모색
4. 전문 자원봉사활동의 의의 및 문제점 파악과 활성화 방안 모색

학습개요

- 제11장에서는 자원봉사활동의 각 주체(청소년, 대학생, 노인, 전문가)별 활동의 의의 및 문제점을 파악하고 활성화 방안을 모색한다.
  - 1절에서는 청소년 자원봉사활동의 의의 및 관점, 주요 활동 내용의 특성을 파악하고, 문제점을 살펴보며, 활성화 방안에 대해 모색한다.
  - 2절에서는 대학생 자원봉사활동의 의의를 이해하고, 문제점을 살펴보며, 활성화 방안에 대해 모색한다.
  - 3절에서는 노인 자원봉사활동의 의의를 이해하고, 문제점을 살펴보며, 활성화 방안에 대해 모색한다.
  - 4절에서는 전문자원봉사활동의 의의를 이해하고, 문제점을 살펴보며, 활성화 방안에 대해 모색한다.

자원봉사는 현대사회에 필요한 인적자원을 보완하고 사회 구성원의 사회참여를 촉진시키는 데 기여하고 있다. 급격한 사회변동에 따른 새로운 시민 욕구에 대처하기 위해서는 전문적 서비스뿐만 아니라 자원봉사활동과 같은 개인 및 사회적인 도움도 필요하다.

최근 자원봉사 분야에서 정보통신기술(Information and Communication Technology: ICT)의 혁명으로 인한 새로운 변화가 일고 있다. 스마트폰의 사용 확대로 인하여 SNS(Social Network Service)를 통한 자원봉사 프로그램의 참여와 홍보가 이루어지고 있으며, 시간과 공간에 제약 없이 자유롭게 이루어지는 버추얼 볼런티어(virtual volunteer)가 확대되고 있다.

또한 자원봉사의 패러다임이 기존의 무보수, 자선주의에 입각한 관점에서 복합적인 사회 문제를 해결하기 위하여 공공성과 시민성에 기반한 상호 호혜적 관점으로 전환되고 있다. 이를 실현하기 위해서는 자원봉사활동에 다양한 주체의 참여가 필요하다.

특히 최근 코로나19 이후 자원봉사활동이 대면 활동에서 온라인 활동으로 급격히 전환하였던 것처럼, 청소년과 청년을 중심으로 한 디지털세대의 새로운 참여 방식이 필요한 시점이다. 자원봉사자는 자원봉사활동을 하려는 의사가 있는 아동・청소년, 대학생, 장애인, 노인, 기업, 전문가를 의미하며, 이들을 자원봉사의 주체라고 한다. 이에 이 장에서는 청소년, 대학생, 노인을 비롯한 생애주기별 자원봉사자뿐만 아니라 전문 자원봉사자에 대한 주체별 자원봉사자들의 의의와 특징, 활성화 방안을 살펴보고자 한다.

1. 청소년 자원봉사

1) 청소년 자원봉사의 의의와 관점

「청소년 자원봉사활동 관리 규정」에 따르면, 청소년 자원봉사활동이란 "청소년들이 공공의 이익을 위하여 자발적으로 참여함으로써 나눔을 실천하고, 민주시민으로서 자질을 함양하는 활동"으로 정의되어 있다(한국청소년활동진흥원, 2017). 이 규정은 청소년 자원봉사활동 활성화와 신뢰성 확보를 위하여 청소년 자원봉사활동 운영 및 관리를 총괄하는 터전 운영사업에 대하여 안내하고 있다. 터전 인증, 터전 동아리 인증, 보고 및 포상, 청소년 자원봉사 자문위원회 등의 내용으로 구성되어 있어 청소년 자원봉사의 운영과 관리가 체계적으로 진행되는 것을 알 수 있다.

청소년의 자원봉사활동은 2009년 학교 교육과정에 봉사활동 의무화와 대학 입학전형 반영이라는 제도적 토대를 구축하면서 매년 80%에 육박하는 높은 참여율을 유지해 왔다(남화성 외, 2022). 그러나 통계청(2023) 자료에 의하면, 코로나 확산 이후 청소년 자원봉사 참여율은 2021년 23.3%로 급격히 낮아졌으며, 2023년에도 27.2% 수준으로 3년간 낮게 유지하고 있다.

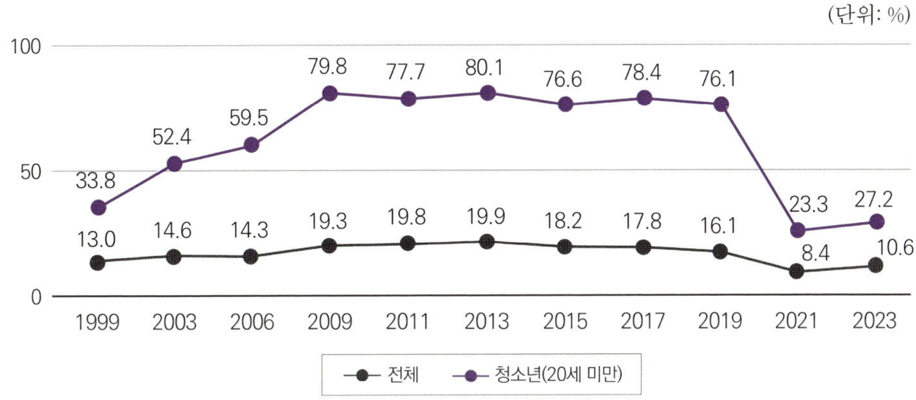

[그림 11-1] 1999~2023년 자원봉사 참여율 변화 추이

*주: 1) 지난 1년 동안 자원봉사활동에 참여한 적이 있는 사람들의 비율
2) 2009년까지는 15세 이상, 2011년부터는 13세 이상 인구를 대상으로 함
출처: 통계청(2023).

이러한 변화는 대입제도에 있어서 공정성을 강화할 목적으로 개편된 2022년 교육과정에서 대입전형의 변화로 청소년 자원봉사 참여의 급격한 감소로 이어졌다. 2024년부터 학교 외 비교과 활동(자원봉사 포함)은 대입(학생부종합전형)에 미반영되기 때문이다. 또한 창의적 체험활동이 자율활동, 동아리활동, 봉사활동, 진로활동의 4가지 영역이었던 것이 2025년부터 자원봉사를 포함한 동아리활동, 자율활동, 진로활동의 3가지 영역으로 재구조화하기에 이르렀다.

청소년 자원봉사는 1995년 자원봉사활동의 학교 교육과정 의무화와 함께 제도화되어 출발하였다. 민주시민 자질 향상 및 공동체의식 제고를 위한 인성교육이 도입되었으며, 고교 자원봉사활동이 생활기록부에 기록되어 대입전형에 반영하게 되면서 확산되었다. 1996년에는 문화체육부에서 전국 청소년자원봉사센터를 설치·운영하는 지원계획을 발표하였고, 2005년 청소년 자원봉사활동 관리시스템(DoVol)을 구축하여 운영하기 시작하였다. 2009년 교육과정 개편에 따른 학교 창의적 체험활동의 일부로 제도화하였다. 2010년 입학사정관제와 학생부종합전형 등 대입전형 관련 이슈가 발생하면서 2019년 대입제도 공정성 강화 방안을 발표하였다. 이에 2022년 개정 교육과정에서는 학교 교육과정 이외 활동(청소년 자원봉사 포함)의 대입 반영을 폐지하게 되었다. 이러한 정책적 변화는 그동안 양적으로 급속하게 발전해 오던 청소년 자원봉사활동의 축소를 야기하고 있다.

청소년에게 있어 자원봉사는 자신의 재능과 소질을 발전시키고 공동체적 삶을 체험하기 위하여 자발적으로 행하는 활동이다. 청소년은 자원봉사활동을 통하여 다양한 사회를 경험하고 사회성을 발전시킬 수 있으며 성취감과 리더십을 향상시킬 수 있다. 또한 청소년의 올바른 도덕관 발달과 자아정체감 확립, 책임 있는 사회인으로의 역할을 다할 수 있도록 돕기 때문에 교육적인 역할도 겸하고 있다.

청소년 자원봉사활동은 민주적 시민성, 사회정의, 사회 공동체성, 사회 문제의 해결, 사회적 생산성의 강화에 기여하고, 개인적으로는 건강, 자아존중감, 자기효능감, 사회성, 진로 성숙도, 리더십 개발, 학교생활 적응력 강화에 기여하는 등 사회발전과 청소년의 성장 발달에 중요한 영향을 미친다(이경상, 2014).

청소년 자원봉사활동이 가지는 의의는 '청소년의 인성 계발에 유익'하며 '민주시민으로서의 자질을 배양'하고, '현장 교육을 통해 지적인 성장'을 돕는 것이다(류기형 외, 2018). 청소년 자원봉사활동은 '학습' '활동 방법' '생활 구조'로 바라보는 관점(류기형 외, 2018)이 주를 이루고 있다. 그러나 사회변화에 맞추어 이러한 관점에도 다양한 적용이 필요하다. 이에 청소년 자원봉사활동을 바라보는 관점을 다음과 같이 세 가지로 정의하고자 한다.

첫째, '봉사학습'으로 자원봉사를 바라보는 관점이다.

청소년은 자원봉사활동을 통해 지역사회의 다양한 문제 해결 방법을 터득하며, 사회경험, 도덕적 가치의 체험 등으로 전인적 발달과 성장에 직접적으로 영향을 미친다. 청소년은 교과 학습을 통하여 얻은 지식과 기술을 지역사회에서 봉사활동으로 실천함으로써 그 지식을 현장에서 연결시키게 된다. 또한 자원봉사활동 경험을 통해 청소년의 자신감이 향상되고 잠재적인 지도력을 개발하며 학습 경험을 풍부하게 한다. 청소년은 자원봉사활동을 통하여 신체적, 정신적, 정서적으로 건강한 사람으로 성장할 수 있게 된다. 따라서 청소년이 자원봉사활동을 통해 여러 사회 경험을 얻고 이를 자신의 삶에 반영하여 일상생활로 이어지도록 주도적인 활동 여건을 만들어 줄 필요가 있다.

둘째, 사회생활에 필요한 직업에 대한 탐색과 준비 과정인 '진로 역량 개발'의 관점이다. 청소년은 자원봉사활동을 통해 자신의 적성을 발견하는 기회를 획득하며, 새로운 기술 또는 이미 가진 기술을 더욱 발전시킬 수 있게 된다. 여러 연구에서 청소년의 자원봉사활동은 학습에 대한 흥미와 자신감 향상, 의사소통역량, 학업성취도, 진로 결정에 효과적이라고 하였으며(김가형 외, 2019), 성취 동기 역량, 문제 해결 역량, 자아 역량, 대인관계 역량, 리더십 역량, 시민성 역량을 비롯한 전반적인 청소년 활동 역량의 증가와 진로 성숙에 효과를 보인다는 결과(신수경, 최낙천, 2017)를 제시하였다.

따라서 진로, 진학, 취업에 대하여 높은 관심이 있는 청소년들이 자원봉사 경험을 통해 실제적인 사회 · 경제적 활동에 참여를 이룰 수 있도록 지원해야 한다. 청소년이 자원봉사활동으로 역량을 발휘하여 우리 사회의 변화와 발전에 영향력을 행사할 수 있도록 다양한 참여 기회를 제공해야 할 것이다.

셋째, '사회적 책임'으로 자원봉사를 바라보는 관점이다. 청소년들은 자원봉사활동을 통하여 사회성을 기르고 집단 간의 접촉 기회가 확장되어 원만한 사회생활을 이어 갈 수 있다. 또한 더불어 살아가는 공동체의식과 사회적 연대감을 함양하여 지역사회에서 대인관계의 발전을 가져올 수 있다. 이러한 청소년 자원봉사활동의 유용성은 청소년 스스로 인격 형성 및 자기 존재의 의미와 자기 존중의 정신을 깨달을 수 있고 인간의 존엄성과 가치를 인식할 수 있게 된다. 따라서 다양한 자원봉사영역의 체험학습을 통해서 개인적 만족감과 사회참여의 기회가 확대되어 사회에 되돌려주는 것이므로 사회적 책임의 실천이 된다.

이는 청소년의 자원봉사가 '지역사회와 국가 및 인류 사회의 공익과 사회적 가치 구현을 위하여 개인 또는 조직(단체)을 통하여 대가 없이 자발적으로 시간과 노력을 제공하는' 자원봉사의 기본 가치를 실현함과 동시에 '사회 기여 활동'의 중요한 영역 중 하나라는 것을 강조하는 관점이다(남화성 외, 2024). 청소년들이 환경을 지키기 위하여 탄소중립을 외치며 참여하고 진행하였던 ESG 프로그램이 대표적인 예이다.

2) 청소년 자기 주도형 봉사활동

최근 청소년 활동에 있어서 사회변화와 함께 다양화되는 욕구에 부합하는 자원봉사활동 거리 제공의 한계가 청소년 활동 현장 전문가들을 통해 제기되어 왔다. 기존의 프로그램은 소비 중심의 수동적이고 타율적인 활동이라는 지적이 있었다. 청소년 주도하에 자발적, 지속성 있는 새로운 청소년 자원봉사활동의 참여 방식이 요구되었다. 이에 한국청소년활동진흥원에서는 청소년들이 봉사활동 프로그램에 참여할 수 있도록 다양한 형태의 프로그램을 운영하면서 청소년 자기 주도형 봉사활동을 기획하고 보급하기에 이르렀다.

청소년 자기 주도형 봉사활동은 청소년이 지역사회에서 나타나는 문제점을 스스로 조사, 분석하고, 그 문제를 해결하기 위해 주도적으로 봉사활동 프로그램을 계획, 실행, 평가까지 하는 봉사활동을 의미한다. 이는 청소년이 자신과 주변을 돌아보며 만들어 가는 봉사활동으로 활동의 목표를 주변에서 찾는다는 것에 의의를 둔다.

자기 주도형 봉사활동은 그 자체가 봉사활동이라는 프로젝트를 스스로 기획해서 실행하는 과정이기 때문에 '프로젝트 기반 활동(project-based activities)'의 일부로 간주한다. 따라서 사전 조사와 계획이 매우 중요한 하나의 활동 과정이라는 특징이 있다.

여성가족부에서는 1998년부터 매년 4월 셋째 주 주말을 '세계 청소년 자원봉사의 날(Global Youth Service Day)'로 지정하였으며, 한국에서는 2003년부터 5월을 '청소년의 달'로 지정하여 5월 1일부터 말일까지 전국적으로 다양한 행사를 진행해 오고 있다. 최근에는 '청소년의 자기 주도형 봉사활동을 통한 지역사회 현안 해결(Youth-led solutions to real world problems)'을 주제로 청소년 개인, 청소년이 포함된 가족, 청소년 동아리 및 단체 등이 지역사회에서 다양한 봉사활동을 진행하고 있다.

자기 주도형 봉사활동에서는 참여자들의 자기 주도적 요소를 강조하지만, 실제 현장에서는 자발적인 문제의식과 동기를 가지고 기존의 봉사활동 프로그램에 참여하는 '낮은 수준의' 자기 주도형 활동부터 목표와 방법과 수행을 모두 스스로 만들어 가는 매우 '높은 수준의' 자기 주도형 활동까지 다양한 범위를 포괄한다. 실제로 이미 진행 중인 봉사활동에 참여하는 형식의 청소년 봉사활동이라고 할지라도 그 활동의 진행 과정에 문제의식과 자발성이 담겨 있다면 자기 주도형 봉사활동으로 볼 수 있다(한국청소년활동진흥원, 2023).

청소년 자기 주도형 봉사활동은 다음과 같은 3단계를 거치면서 활동하게 된다.

〈표 11-1〉 청소년 자기 주도형 봉사활동 단계

단계	활동 내용	주의사항
준비단계	• 나와 내 주변을 탐색해서 활동 목표 설정하기 • 목표 달성을 위한 계획 수립, 계획서 승인받기 • 문제 발견 및 선택하기 → 사전 준비 → 활동계획서 작성	필요에 따라 행사 준비 체크리스트 만들기
활동단계	• 사전 계획에 따라 활동을 진행 및 활동일지 작성하기 • 활동명, 시간, 장소, 참여 인원, 활동 내용 등 진행한 봉사활동 내용을 작성하기	그룹일 경우에 봉사자 명단과 역할, 진행 상황에 대한 체크리스트 작성하기
평가단계	• 활동 내용을 기록 · 평가 · 봉사활동 보고서 작성하기 • 잘된 점, 아쉬운 점, 향후 개선 방안 등 활동에 대한 소감과 의견 작성하기	

출처: 한국청소년활동진흥원(2023)을 참고하여 작성.

여성가족부와 한국청소년활동진흥원(2023)에서는 청소년 자기 주도형 봉사활동에 필요한 7가지 마음을 〈표 11-2〉와 같이 자발성, 문제의식, 창의성, 현실 인식, 책임감, 과제 관리, 소통 협력에 두고 이를 강조하고 있다.

〈표 11-2〉 청소년 자기 주도형 봉사활동에 필요한 7가지 마음

요소	내용
자발성	남이 시켜서가 아니라 내가 하고 싶어서 하는 자발성
문제의식	내가 생활하는 동네 또는 소속된 곳에 대한 관심과 문제의식
창의성	새로운 프로젝트를 개발하고 실행하는 기획자로서의 창의성
현실 인식	실제로 필요하고 실행 가능한 봉사를 찾으려는 현실인식
책임감	스스로 세운 계획을 수행하려는 성실성과 책임의식
과제 관리	활동 과정에서 발생한 문제들을 해결하여 활동을 추진해 내는 과제 관리 능력
소통 협력	혼자가 아니라 함께 목표를 달성해 내기 위해 필요한 소통, 협력의 기술

출처: 한국청소년활동진흥원(2023) 참고.

3) 청소년 자원봉사활동의 문제점 및 활성화 방안

청소년 자원봉사활동은 최근 코로나19의 확산과 대입제도 변화, 자원봉사활동 진흥 제4차 국가기본계획(2023~2027년), 제7차 청소년정책기본계획(2023~2027년)의 수립

등 관련 정책과 사업 환경 변화에 대응하기 위하여 새롭게 재구성될 필요가 있다. 이에 새로운 사회와 정책 환경 변화에 대응한 미래 청소년 자원봉사활동의 방향과 추진 과제를 모색해야 할 필요성이 제기되고 있다.

청소년 자원봉사 참여를 의무화한 정책 방향은 청소년을 사회화하기 위함이었으나 자원봉사활동의 핵심 가치인 자발성을 개인의 자율적 선택 또는 강제된 의무와 책임으로 대체하고자 하였던 문제점이 발생하였다.

이러한 청소년 자원봉사활동의 문제점을 극복하고 청소년 자원봉사의 활성화를 위해서는 다음과 같은 방안 마련이 필요하다.

(1) 청소년 자원봉사활동의 인정의 다양화와 법적인 보장

일회성, 단기간의 체험형 자원봉사보다는 지속가능한 사회 혁신과 성장에 대한 청소년의 사회적 기여 기회로서의 자원봉사로 전환이 필요하다. 청소년의 자원봉사활동을 인정하는 것은 청소년의 참여 의지와 지속성에 중요한 역할을 한다. 그동안 자원봉사 시간에 대한 점수로만 인정을 받았다면, 앞으로는 인정 · 보상 체계를 다양화할 필요가 있다. 자원봉사 동아리 지원 방안, 인정서 및 감사장 수여, 장학금 지급, 지역화폐 활용 등의 다양한 방법으로 보상해 준다면 청소년 자원봉사의 지속성 및 활성화에 기여할 것이다.

또한 청소년 자원봉사활동 기록을 어떻게 활용할 것인지 방안을 마련하고, 행정안전부, 교육부, 여성가족부, 지방자치단체 등과 협력하여 청소년 자원봉사 활성화 지원을 위한 연구와 정책개발에 힘써야 할 것이다. 더불어 청소년의 자원봉사활동에 있어서 안전과 건강한 성장을 지원하기 위해서는 교육과정과 별도의 새로운 법적 제도화가 추진되어야 할 것이다.

(2) 홍보 방법의 다양화와 지역 인프라 관리

청소년 자원봉사에 있어서 홍보는 청소년의 자발적 참여율을 높이는 데 기여한다. 4차 산업혁명과 정보화사회에 맞추어 홍보에도 변화가 필요하다. 청소년들이 즐겨 사용하는 SNS를 최대한 활용할 필요가 있다. 야외 이동형 봉사활동이 잦은 특성을 반영하여 애플리케이션(Application) 매체를 활용하여 자원봉사의 수요자와 공급자를 연결하고 인정까지 받을 수 있도록 서버를 구축해야 할 것이다.

또한 청소년기 자원봉사 참여 경험을 기반으로 자원봉사 참여의 지속성과 사회 기여를 점진적으로 강화해 나갈 수 있는 로드맵을 설정하여 홍보와 정책에 반영할 필요가 있다. 그러기 위해서는 교육청, 자원봉사센터, 청소년활동진흥센터 등 관련 기관과 민간 전문가로 구성된 협의체 운영 등을 통해 체계적인 지원 정책을 추진해야 할 것이다.

(3) 청소년과 대학생, 청년과 연계한 디지털 중심 자원봉사

대학생과 청년 집단은 자기 주도적이면서 전문적이고 창의적인 자원봉사활동 영역을 주도하고 있는 세대이다. 특히 청년층의 자원봉사는 기존의 자원봉사활동 영역에서 발전하여 플랫폼 등을 활용한 다양한 영역과 융합된 형식으로 발전해 나가고 있다. 이러한 온라인 플랫폼 형식의 자원봉사는 온라인에 일상화된 청소년과 연계하여 정보 제공과 상담, 인정과 보상까지 이루어질 필요가 있다.

최근에는 VR · AR · AI, 빅데이터, 메타버스 등 ICT 기술을 융합하여 기존과 다른 새로운 서비스가 등장하고 있다. 이를 청소년 자원봉사활동에도 적용하여 청소년 자원봉사 플랫폼을 구성하고 청소년 · 청년 주도형 자원봉사활동 문화로 정착할 필요가 있다.

또한 방학을 활용하여 청소년과 대학생이 멘토, 멘티가 되어 스스로 프로그램을 기획하고 실행할 수 있는 역량을 기르면 청소년 자원봉사 활성화에 더욱 효과적일 것이다. 더불어 청소년 · 청년봉사단을 적극적으로 지원하고, 청소년 · 청년 주도형 자원봉사 참여 기회를 확산하여 사회변화에 대응할 수 있는 디지털 자원봉사 리더를 양성해야 할 것이다.

(4) 미래 지향적 진로 개발과 연계한 자원봉사

그동안 청소년 자원봉사가 학교의 의무교육 체계와 함께 발전해 왔다면, 이제는 생활 속에서 이루어지는 이타적 행위를 일상화할 수 있도록 재구조화할 필요가 있다. 그러기 위해서는 우선적으로 청소년 자원봉사활동에 대한 인식을 제고해야 한다. 학생으로서 의무적으로 진행하는 봉사활동보다는 자기 주도적이며 미래 지향적인 자기 계발이 될 수 있도록 설계되어야 할 것이다. 청소년 개인별 · 경험별 · 특성별 맞춤형 지원체계를 구축하여 생애 전 과정을 통해 지속적으로 발전해 나가는 자원봉사 참여를 유도해야 한다. 또한 청소년이 자원봉사활동을 통해 지역사회에 관심을 가질 수 있고 청소년의 진로 개발 및 진로 설정에도 큰 도움이 될 것이다.

(5) 미래 사회 변화에 대응한 청소년 핵심 역량 활동으로 패러다임 전환

사회환경 변화에 따라 청소년 자원봉사활동에도 청소년의 수요에 적합한 가치를 적용할 필요가 있다. 그동안 대입을 위한 수단으로서의 자원봉사활동이 아닌 청소년 주도의 자원봉사활동을 통한 사회 문제 해결, 진로 역량 개발과 미래 사회 변화에 대응하는 핵심 역량을 기를 수 있도록 전환할 필요가 있다. 그러기 위해서는 다양한 디지털 기술을 빠르게 적용하고, 빅데이터 분석을 통해 청소년의 욕구에 맞는 청소년 자원봉사활동 프로그램을 개발하여 새로운 자원봉사활동 방식으로 정착시켜야 할 것이다.

청소년 개인별로 특성화·맞춤화된 진로 연계 봉사활동을 개발하고, 청소년 개인별 활동 특성 및 고교학점제를 통하여 지역사회와 연계한 다양한 프로그램을 개발할 필요가 있다. 또한 청소년 자원봉사활동 참여 이력을 미래 사회 핵심 역량 강화, 진로 탐색 및 연계 활동, 사회 구성원으로서 사회 문제 해결 등 다양한 형태로 활용할 수 있도록 구조화되어야 할 것이다.

2. 대학생 자원봉사

1) 대학생 자원봉사의 의의

대학생의 자원봉사활동은 다른 성인들과 공통점 및 차이점이 있다. 대부분의 자원봉사활동이 도움이 필요한 대상에게 직·간접적으로 도움을 제공하는 활동이라는 측면에서 일반 성인과 대학생과의 공통점이 있다. 이는 자원봉사활동을 통해 사회에서 도움을 받는 수요자의 측면에서 공통으로 수용되는 것을 말한다.

그러나 대학생의 자원봉사활동은 학생으로서의 성장과 변화를 도모하는 학습 과정 또는 학습활동의 하나라는 점에서 차이점이 있다. 대학에서 배움의 과정에 있는 학생이 전공 관련 현장에서 직접 체험하면서 배우는 학습 유형으로 더욱 의미가 있는 것이다. 즉, 자원봉사활동을 통해 지역사회의 문제점을 파악하고 지역사회에 대한 인식과 체험을 하는 것으로 교육의 연장선이라고 할 수 있다. 따라서 대학생의 자원봉사활동은 도움을 주는 의미의 서비스 제공 차원을 뛰어넘어 대학생의 교육활동의 한 부분이라는 점에서 차별성이 있다. 전공별·교과목별 학습에 자원봉사활동을 연계하여 대학생에게 진로와 성장의 경험을 제공하려는 교육활동이라는 점이다.

각 대학에서는 급격한 경제발전과 국제화로 인하여 다원화된 사회에서 현장 경험이 많고 다양한 입장을 수용할 수 있는 사회지도자를 양성하기 위해 노력하고 있다. 이러한 지도자의 역량은 자원봉사활동을 통해 다양한 지식과 정보를 활용하고 복합적인 인간관계에서 유연한 사고를 실천하면서 확립될 수 있다.

이러한 측면에서 우리나라 대학생의 자원봉사활동은 중고등학생보다 빠르게 제도화되었다. 1994년 한양대학교에서 사회봉사 교양 필수과목을 채택하면서 봉사 학습 시스템이 시작되었다. 이후 동덕여자대학교와 건국대학교에서 자원봉사 교양 및 자원봉사은행이 신설되어 자원봉사활동을 지원하게 되었다. 현재 많은 대학에서 교양이나 전공선택으로 자원봉사 교과목을 운영하고 있다. 최근에는 서비스-러닝(Service-Learning)으로 자원봉사의 교육적 효과와 가능성을 강조하고, 사회적 가치를 실현하는 혁신 교육방법으로 활발하게 도입되고 발전하고 있다.

대학생 자원봉사활동이 빠르게 제도화되고 확대된 요인으로는 기업의 신입사원 채용에 있어서 진로 체험활동 및 사회활동 경험이 채용 기준에 포함된 것을 들 수 있다. 대학에서는 기업의 요구에 따라 학문 탐구의 역할을 중시하기보다는 사회에서 요구하는 전문 인력을 양성하는 데 중심을 두고 있다. 이는 대학의 운영 평가 기준에 졸업생의 취업률이 크게 작용하기 때문이기도 하였다. 따라서 대학에서는 자원봉사 연구 개발 및 해외 자원봉사자 파견, 교과목과 지역사회와 연계한 활동 권장, 비교과를 활용한 자원봉사활동 프로그램 개발 등을 추진하여 대학생의 사회 경험의 기회를 확대하고 있다.

유숙영(2023)은 현대 대학생의 시대적 변화와 특성을, ① 공동의 경험과 사회적 관계의 결핍으로 인한 자기 인식 부족, ② '불안'과 '두려움'을 직면하기보다는 회피하는 경향, ③ 나를 넘어서는 공동체 가치에 대한 냉소적 태도, ④ 독립을 배우지 못한 유리로 만든 아이로 보았다. 그는 이러한 대학생(학습자)의 결핍과 함께 가능성에 대한 기대와 강점을 찾고 그것을 활용하거나 강화하기 위하여 균형 있는 자원봉사 프로그램의 개발의 필요성을 주장하였다. 즉, 대학생의 성장과 대학교육의 실질적인 효과가 자원봉사 프로그램에 포함되어야 한다는 것이다.

현외성(2017)은 대학생이 자원봉사활동에 참여함으로써 얻을 수 있는 유익한 점을 다음과 같이 5가지로 설명하였다.

(1) 장래 사회지도자로서 자질 형성

학생은 장차 우리 사회의 각 분야에서 선도적인 역할을 담당하게 될 위치에 있다. 그들은 학문적 · 전문적 기술은 물론 인격적 역량에서도 다른 사람을 이끌 수 있는 자질을 갖추어야 한다. 대학 시절의 자원봉사활동은 다양한 경험을 통해 인생과 사회 문제와 의미를 생각하고 자신의 전공을 연결하는 좋은 계기가 된다.

(2) 전문 기술의 적용

대학은 학문적 지식과 전문 기술을 기르는 곳이다. 학생은 각자 자기가 전공한 전문 지식과 기술을 지역사회 현장에 자원봉사활동을 통하여 지역 주민을 돕고 자신의 기술과 지식을 보완하는 학습의 연장으로 삼을 수 있다. 따라서 자신의 전공과 관련된 분야와 연계하여 자원봉사활동을 실천하면 더욱 유익하게 적용할 수 있다.

(3) 사회 문제에 대한 새로운 인식과 사회적 책임감 획득

학생이 자신의 전공을 살리거나 혹은 자신이 지닌 가치관에 따라 자원봉사활동을 수행하는 과정에서 여러 가지 사회 문제에 직면할 수 있다. 그러나 이러한 사회 문제를 해결하는 과정에서 학생은 문제해결력을 기르고 문제의 배경에 대한 새로운 시각을 갖출 수 있다. 이 상황에서 학생은 학교에서 학습할 수 없는 복잡하고 다양한 의미를 갖는 문제에 대처하여 자신과 사회를 돌아보는 계기를 얻게 된다. 더불어 사회 전반의 상황에 대한 새로운 인식을 갖게 되고 사회 구성원으로서의 책임감을 통감할 수 있다.

(4) 인간의 존엄성과 가치에 대한 인식

학생이 자원봉사활동을 수행하는 과정에서 자원봉사 대상자를 만나 그들이 처한 어려움을 이해할 수 있다. 그들의 처지와 형편을 알고 사회적 약자에 대한 가치와 인간의 존엄성을 생각하는 계기가 된다.

(5) 성숙한 자아의 형성

자원봉사활동 과정에서 여러 사람과 협력하게 되고 사회가 직면한 다양한 문제를 발견하고 해결하는 과정에서 자신과 가정 및 사회를 새롭게 볼 수 있는 시각을 갖추게 된다. 또한 타인에 대한 배려와 이해심을 넓게 가질 수 있는 경험을 하게 된다. 이러한 과정에서 성숙한 자아가 형성되는 것이다.

2) 대학생 자원봉사의 문제점 및 활성화 방안

대학생의 자원봉사활동은 학습으로 큰 의미가 있다. 대학생 자원봉사활동을 통하여 학습이 지역사회에서 실천되고 사회의 요구가 대학의 교육과정에도 반영되어 있다. 그러나 학습에 있어서 학점 또는 기타 점수 부여라는 평가로 인하여 자발적 의지보다는 졸업을 위한 필수조건으로 진행하게 된다는 점에서 여러 문제점을 발생시키기도 한다. 즉, 순수한 사회 기여와 이타성에 의한 동기보다는 자신을 위한 자원봉사가 될 수 있다는 점이다. 따라서 자발적 동기부여의 측면에서 기본적인 자원봉사의 가치가 실현될 수 있도록 계획할 필요가 있다.

또한 학점이나 점수를 획득하기 위한 일회성의 자원봉사활동으로 그칠 수 있다는 문제점이 있다. 자원봉사에 대한 확고한 신념 없이 개인적 이득만 생각하여 수요자에 대한 책임감이 낮아질 수 있다. 수요자(또는 수요처)는 꾸준하고 지속적인 자원봉사자를 필요로 한다. 서비스의 단절과 연계성이 낮아질 수 있기 때문이다. 이를 위해서는 지속적인 활동을 위한 프로그램과 연계 방안이 필요하다.

그동안 대학생 자원봉사는 성인 자원봉사활동 원칙을 따르고 있지만 총괄하는 주무부처가 없으며 지역사회나 기업, 해외 자원봉사활동 중심으로 이루어져 오면서 질적인 관리가 부재하였다. 이에 청소년 · 청년 결합형 자원봉사 로드맵 설정이 필요하다는 의견이 제시되고 있다.

이러한 문제점을 극복하고 대학생 자원봉사의 활성화를 위해서는 다음과 같은 방안 마련이 필요하다.

(1) 대학생의 자발적 · 지속적 참여를 위한 동기부여 확대

자원봉사활동에 자발적 · 지속적인 참여를 유도하기 위해서는 동기를 부여하는 것이 무엇보다 중요하다. 자원봉사에 대한 홍보와 자원봉사자에 대한 체계적인 교육이 필수적이다. 교육은 필요에 따라 오리엔테이션, 팀별 간담회, 보충 교육, 개인 상담과 평가회, 캠프 등으로 진행할 수 있다. 교육은 계획적이고 지속적으로 이루어져야 하며 자원봉사자에 대한 지도 · 감독 과정도 자원봉사활동의 효과를 높이는 데 도움이 될 것이다(류기형 외, 2018).

대학의 자원봉사활동이 순수하게 자발적으로 확대되기 위해서는 교내의 모든 홍보수단을 이용하여 자원봉사의 필요성과 사례들을 계속 홍보해야 한다. 대학생이 자원봉사에 대한 확실한 신념을 가지고 실제 봉사활동에 잘 적응하여 정기적이고 지속적으로 활동할 수 있도록 체계적인 교육시스템과 홍보가 필요할 것이다.

(2) 대학생 자원봉사활동 지원체계 구축

대학생들의 참여와 사회적 기여, 교육적 효과를 높이기 위해서는 대학에서 적절한 행정체계 인프라가 구축될 필요가 있다. 여러 대학에서 학생지원팀을 운영하고 있으나 자원봉사 전담 인력의 배치는 미미한 실정이다. 대학생의 자원봉사활동을 지원할 수 있는 조직이나 기구를 설치하여 전문적인 관리가 필요하다. 또한 대학생 자원봉사 프로그램을 기획하고 조정하면서 대학의 특성에 맞는 자원봉사 모형이 개발되어야 할 것이다. 그러기 위해서는 대학 내에 자원봉사센터를 도입하고 전문가를 배치하여 운영할 필요가 있다. 대학의 비전을 기초로 학과(전공)별 특성 및 지역사회의 특성을 고려하여 자원봉사센터의 사업에 반영하고 이를 대학생이 실천할 수 있도록 지원체계를 구축해야 한다.

또한 행정안전부, 여성가족부, 고용부, 교육부, 환경부, 문화체육관광부, 중소벤처기업부, 지방자치단체 등 주무 부처들과 원활한 연계가 이루어질 필요가 있으며 산 · 학 · 연 연계 자원봉사활동 지원체계를 갖출 필요가 있다.

(3) 지역의 자원봉사 기관 · 단체와 협조체계 구축

대학생의 자원봉사활동이 효과적으로 추진되기 위해서는 지역 내에 있는 자원봉사 기관 및 단체와 긴밀한 협조체계가 필요하다. 지역사회에는 각 구 · 군별 자원봉사센터(1365)가 있으며 청소년자원봉사 Dovol(두볼) 터전, 사회복지자원봉사(VMS) 기관들이 있다. 이들 기관을 관장하는 부처가 행정안전부, 여성가족부, 보건복지부 등으로 구분되어 있으며 각각 다른 인증시스템을 사용하고 있어서 이들 간에 긴밀한 협조에 어려움이 있다. 대학에서 학생들의 자원봉사활동에 대한 인증을 받기 위해서는 이들 기관에 입력요청을 해야만 한다. 따라서 대학에서도 이러한 시스템을 사용할 수 있는 권한을 부여하고 전문가를 배치하여 관리하도록 지원할 필요가 있다. 또한 대학생의 자원봉사 학습활동을 확대하고 지역사회 문제 해결을 지원하기 위해서는 지역에 있는 다양한 수요처와도 긴밀한 협조체계를 구축하여야 할 것이다.

(4) 대학생 자원봉사 인센티브 제도 개발 및 강화

대학생의 자원봉사활동을 활성화하기 위해서는 각종 인센티브를 필요로 한다. 무보수의 자원봉사 가치만 강조하다 보면 지속적인 자원봉사 문화를 만들기에 한계가 있다. 지속적이고 효과적인 자원봉사실천을 위해서는 대학생에게 도움이 되는 유인책이 다양하게 필요할 것이다. 예를 든다면 성적과 별도의 자원봉사 학점, 자원봉사 장학금, 포상제도, 자원봉사 동아리 지원, 대학 화폐(교내 사용 가능) 지급 등의 확대가 이루어질 필요가 있다. 더불어 자원봉사활동을 취업에 반영하는 비율을 늘린다든가 공공기관 채용에 있어서 혜택 등 다양하게 지급할 수 있는 인센티브 제도를 개발하고 강화할 필요가 있다. 그러기 위해서는 대학 구성원들의 공감대 형성과 대학의 정책적 지원이 따라야 할 것이다.

(5) 대학 내 자원봉사캠프 도입

현재 한국자원봉사센터협회에서는 지역별 자원봉사센터를 통해 자원봉사캠프 사업을 운영 및 지원하고 있다. 이는 지역 내 촘촘한 자원봉사 지원체계를 위하여 마을이나 프로그램 단위의 캠프를 운영하도록 한 것이다. 이를 대학의 학생회와 연계하여 자원봉사캠프로 운영함으로써 학생회 활동의 지원과 수많은 대학생의 자원봉사활동을 활성화하는 데 기여할 것이다.

대학에는 장애 학생을 비롯하여 세계화로 인한 다양한 문화를 가진 학생들이 있다. 이들은 대학교육에 있어 여러 어려움을 내포하고 있으므로 주위의 많은 지원이 필요하다. 이들이 대학생활에 잘 적응하고 훌륭한 지도자로 양성되도록 돕는 것은 결국 지역사회에 기여하는 길이기도 하다. 그러기 위해서는 학교의 정책적 지원 외에도 여러 도움이 필요하다. 따라서 대학 내 자원봉사캠프는 학생들의 인권 확대와 자발적인 사회기여 활동을 포함하여 지역사회에 한발 다가서는 기회가 될 수 있다.

3. 노인 자원봉사

1) 노인 자원봉사의 의의

노인 자원봉사활동이란 노인이 주체가 되어 어떠한 물질적 보상을 바라지 않고 자신의 재능, 시간 및 자원을 서비스 대상자나 지역사회에 제공하는 나눔 활동을 의미한다

(Millette & Gagne, 2008).

우리나라의 급속한 고령화 진입으로 인하여 노년기의 사회활동 참여가 강조되고 있으며 노인의 자원봉사활동은 활기찬 노후생활을 영위하는 데 중요한 부분으로 인식되고 있다. 사회 · 경제 · 과학의 발달로 인간의 평균수명이 연장되면서 삶의 중심이 인생의 후반기로 이동하는 추세이다. 이웃과 환경에 대한 관심이 증가하는 노년기에는 건강만 허락한다면 자원봉사활동을 통해 삶의 보람과 자아실현의 욕구를 충족하려는 노인이 늘고 있다.

노인 자원봉사활동이 중요한 이유는 최근 노인의 건강 수준이 증가하고 있고, 노년기가 길어지면서 노인이 활용할 수 있는 여가 시간이 늘어나는 것과 비교적 경제적으로 안정된 노인 인구가 증가하고 있으며, 사회적 자본의 활용 측면에서 중요하게 다루어지고 있다.

2023년 전체 자원봉사 참여율이 10.6%로 낮은 가운데 60세 이상 노인의 자원봉사활동 참여율(16%)은 청소년(27.2%) 다음으로 높은 것을 알 수 있다(통계청, 2023).

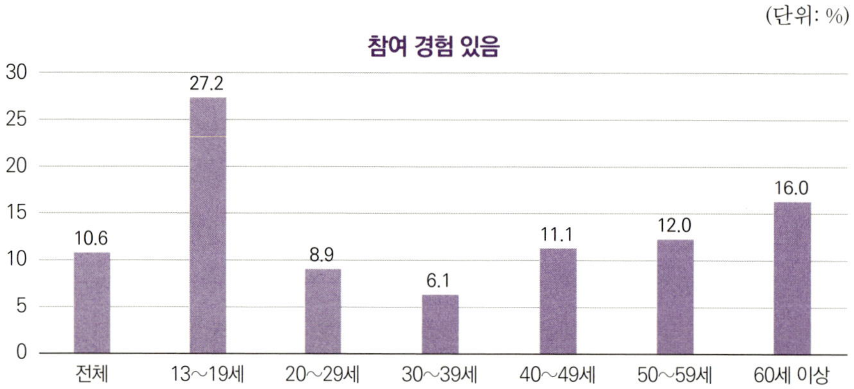

[그림 11-2] 자원봉사활동 참여 경험

출처: 통계청(2023).

노인의 자원봉사활동 참여 동기는 에이브러햄 매슬로(Abraham Maslow)의 욕구 5단계에 의해 설명될 수 있다. 매슬로(Maslow, 1954)는 생리적 욕구, 안전의 욕구, 사랑과 소속감의 욕구, 자기 존중의 욕구, 자아실현의 욕구 등 인간의 기본적인 욕구 충족이 동기를 유발한다고 하였다. 자원봉사활동을 하는 노인은 사회에 소속되어 이웃을 돕거나 지역사회에 기여하는 일에 의미를 부여하고 자아실현을 추구하고자 하므로 욕구 수준에 따라 적합하게 동기부여가 될 때 긍정적인 효과가 나타날 수 있다(김창석, 최수일, 2012).

노인의 자원봉사활동을 설명하는 이론은 교환이론, 활동이론, 계속이론 등 학자마다 다양하게 주장하고 있지만, 여기서는 교환이론, 지속이론, 선배시민이론, 성공적 노화이론을 근거로 설명하고자 한다.

첫째, 교환이론이다. 교환이론은 사회에서 인간관계의 기본을 주고받는 '교환 과정'으로 설명하며, 이러한 교환 과정을 통해 서로 간에 이익이 있다고 판단될 때 인간관계가 지속된다는 것이다. 교환이론의 관점에서 노인의 자원봉사활동은 노인이 보유한 자원과 축적된 지식과 경험을 사회에 환원하고, 이에 대한 인정을 보상받음으로써 노인의 자원과 지위를 부상시킬 수 있는 주요한 교환 수단으로 보는 것이다. 즉, 자원봉사활동을 통해 노인은 주위로부터 인정과 존경이라는 사회적·심리적 보상을 받는 것을 교환으로 설명하는 것이다.

둘째, 지속이론이다. 지속이론에서 인간은 성장하면서 가지는 습관 등을 그대로 유지하려는 경향을 보이므로 성인기부터 활발한 활동을 해 온 노인들은 노년기에도 비슷한 수준의 사회참여 활동을 유지하고자 하는 경향이 있다. 그리고 이러한 노인들에게 자원봉사란 적극적인 사회활동이라는 연속적인 생활양식으로 인식하기 때문에 노년기에도 지속될 수 있다고 설명한다(김용현, 2020).

셋째, 선배시민이론이다. 선배시민이론에서는 선배 시민(노인)은 후배 시민들과 함께 풍요로운 공동체를 위해 참여하고 실천하는 존재로 본다. 선배시민으로서 생각하고 실천할 때 노인의 권위와 품위를 가질 수 있다고 보는 것이다. 또한 노인도 권리와 의무를 갖는 공동체의 구성원이기 때문에 공동체를 염려하고, 개입하고 변화시키려는 주체이며 끊임없이 운명을 개척하는 존재로 간주한다. 따라서 노인은 돌봄의 대상이 아니라 지역사회와 다음 세대를 돌봐 주는 역할을 수행할 수 있다고 설명한다.

넷째, 성공적 노화이론이다. 성공적 노화이론은 기존의 활동이론(activity theory)에서 기인한 것으로, 노년기에 다양한 활동에 적극적으로 참여하는 사람들은 그렇지 않은 사람들에 비해 삶의 만족도가 더 높다는 것을 강조하면서 은퇴로 인해 상실된 역할을 대체할 만한 다른 활동에 적극적으로 참여하는 것이 중요하다고 주장한다.

이러한 이론을 바탕으로 살펴보면 노인의 자원봉사활동은 노인 자신과 사회 양측에 이익이 되는 사회적 행동이라고 할 수 있다. 이러한 이익을 노인 측면과 사회 측면으로 나누어 살펴보면 〈표 11-3〉과 같이 정리할 수 있다.

〈표 11-3〉 노인 자원봉사활동으로 인한 이익

이익	내용
노인 측면의 이익	• 퇴직으로 인해 상실되었던 사회적 지위와 역할 보충 • 상실되기 쉬운 자신의 사회적 가치성 회복 또는 유지 • 노년기의 자아상(자존감)을 긍정적으로 유지 또는 향상 • 소외감 극복을 돕고 창의성과 책임성을 발휘할 수 있는 기회 제공 • 젊은 세대와의 교류를 통해 세대 간 연대의식 • 계속적인 신체활동을 통해 신체 능력의 긍정적인 효과 및 소실 감소
사회 측면의 이익	• 노화 또는 노인에 대한 인상을 긍정적으로 변화 • 노인 스스로 자신을 긍정적으로 바라보게 됨 • 사회에 봉사하고 사회의 발전에 기여 • 시민참여 활동 증진 및 사회자본의 증가

출처: 류기형 외(2018).

2) 노인 자원봉사의 문제점 및 활성화 방안

사회의 변화 흐름에 따라 노인들 역시 자신을 복지서비스의 대상으로 삼아 왔던 정책에 대응하여 스스로 자활 의식을 가지고 능동적으로 대처하려는 적극적인 경향을 보이고 있다. 자원봉사의 범사회적 인식 확산에 힘입어 노인들은 주체적으로 자원봉사활동에 참여하고 있으며 지속할 의사를 보이고 있지만, 단순 봉사활동에 그치는 경우가 많다. 또한 노인의 발달단계와 개인적 능력을 고려한 전문적 자원봉사 교육이 이루어지지 않고 있다. 특히 노인복지관이나 노인단체에 노출되지 않은 노인에게 자원봉사활동 참여에 대한 홍보와 정보의 제공이 필요하다. 이러한 문제점을 기반으로 노인 자원봉사활동을 활성화하기 위해서는 다음과 같은 방안이 마련되어야 할 것이다.

(1) 노인에 대한 인식 변화

노인 스스로 자신을 수동적인 존재로 보는 경향이 있다. 노인은 도움을 받는 존재이며 수동적이고 쓸모없는 사람이라는 기존의 고정관념을 버리고, 나눔을 실천하여 타인에게 혜택을 주는 자, 능동적 존재, 자신의 재능으로 사회에 기여하는 존재라는 인식의 전환이 필요하다. 이제는 노인 스스로 사회를 위해 자신의 시간과 노력을 투자하여 기여함으로써 노인에 대한 긍정적인 이미지로의 변신이 필요하다. 이를 통해 자신의 존재에 대한 의미를 찾고 세대 간의 갈등을 해소할 수 있게 된다.

현재 자원봉사활동을 하는 노인들은 지속적인 봉사활동을 해 오고 있으며, 앞으로도 계속할 의사를 표현하고 있다. 이러한 노인 자원봉사자들의 긍정적 태도와 사회적 이익을 홍보하여 노인 스스로 자부심과 긍지를 가지며, 사회의 존경을 받도록 분위기를 조성해 주어야 한다.

(2) 노인 자원봉사 교육 및 프로그램의 개발

사회·경제적 발전으로 노인의 개인적 능력이 향상되고 있어 이들 노인에게 적합한 자원봉사 프로그램의 개발과 보급이 필요하다. 노인의 특성과 재능을 고려한 자원봉사 프로그램의 부재가 노인 자원봉사를 단순 자원봉사에 머물게 하는 가장 큰 원인으로 지적되고 있다. 단순한 봉사활동보다는 인생 경험과 지식, 기술, 가치관 등 노인의 전문적 자질을 활용할 수 있는 노인 자원봉사 프로그램을 개발하고 보급해야 한다. 따라서 노인의 체력과 능력, 적성에 따른 활동과 함께 노인이 원하는 활동을 바탕으로 노인자원 봉사프로그램을 제공해야 할 것이다. 무엇보다 노인 자원봉사자들이 자신에게 적합한 프로그램을 선택할 수 있도록 기회를 주는 것도 중요하다. 또한 교육과 훈련을 통해 자원봉사에 대한 동기를 강화하고, 자원봉사의 사회적 의미를 이해할 수 있도록 도와주며, 자원봉사자가 수행하게 되는 업무에 기술적으로나 심리적으로도 적합하도록 준비시키는 것이 필요하다.

(3) 노인 자원봉사단의 공간 확보

대한노인회나 노인복지관처럼 기관이나 단체에 소속되어 있지 않은 노인이 자원봉사활동을 함에 있어서 그들만의 공간 확보가 필요하다. 노인의 자원봉사활동을 전문적인 활동으로 발전시키기 위해서는 전문교육과 집단활동이 필요하며 노인 간 교류도 이루어져야 한다. 자원봉사활동에 있어서 소외된 노인이 없도록 소통과 나눔의 공간이 제공되어야 할 것이다. 공간이 확보되면 노인들은 자생적 조직으로 봉사단을 만들 수도 있으며 지역사회 내에 소외된 노인을 활동 영역으로 이끄는 역할도 할 수 있다.

(4) 노인 자원봉사활동비 및 보상체계 확대

노인 자원봉사활동이 전문화되기 위해서는 노인 자원봉사자 보상체계 구축이 필요하다. 노인 자원봉사자들이 활동 중 사고 위험으로부터 안심하고 자원봉사활동에 전념할 수 있도록 경제적 지원과 보험 가입의 확대가 필요하다. 노인 자원봉사자에 대한 보상체계를 확대하여 노인의 참여를 활성화할 필요가 있다. 무료 건강검진이라든지 지역사회 내에 편의시설 이용 시 할인 혜택, 지역화폐 이용 등의 제도적 지원이 이어져야 할 것이다. 물질적 보상뿐만 아니라 현재 운영 중인 자원봉사 인증제도(1365) 체계와 연동시켜, 나중에 봉사자가 자신이 기여한 만큼 되돌려 받는 등 체계적인 보상체계를 구축해야 한다.

(5) 노인 자원봉사자의 과학적 관리 및 평가

노인 자원봉사활동을 활성화하려면 자원봉사자의 관리 및 평가는 새로운 자원봉사 지원자를 모집하는 것보다 중요하다고 할 수 있다. 자원봉사활동에 지속적으로 참여하도록 하기 위해서는 무조건적인 개인의 희생을 강조하기보다는 자기 성장과 여가 선용, 개인적인 성취감 등의 동기 유인도 매우 중요할 것이다(심현숙, 2007). 노인 자원봉사자라 하더라도 자원봉사단 자체의 목적, 목표, 평가 지표, 평가 방법 및 도구를 마련하여 체계적이고 과학적인 자원봉사 관리 및 평가가 필요하다. 이러한 과학적 관리는 노인 자원봉사자 모집과 선발, 조직화, 안정화, 소속감, 전문성 향상과 지역사회 내 노인 자원봉사활동에 대한 인지도를 높이는 계기가 될 수 있다.

(6) 50+세대의 자원봉사학교 운영으로 프로보노 확대

50+세대는 50대 이상 인구로 노년에 가장 가까운 인생 주기를 보이며 베이비붐 세대, 신중년 세대, 장년기, 전환기 등 다양한 용어와 함께 사용하고 있다. 이 중 50대는 일에 참여하고자 하는 욕구가 높고 은퇴 전인 경우가 많으므로 일과 병행할 수 있는 자원봉사를 매칭하고 장기적으로 노인 자원봉사자로 활동할 수 있도록 지원할 필요가 있다.

50+세대는 과거와 다른 사고방식을 가지고 있으며 교육과 경제 수준이 높아 중요한 사회적 자본이라고 할 수 있다. 이들은 자신이 축적한 전문적 지식과 기술을 가지고 있으므로 프로보노 영역의 자원봉사활동을 개발하고 지원할 필요가 있다. 50+세대를 위한 자원봉사학교를 운영하여 그들이 원하는 배움과 나눔을 동시에 실천할 수 있는 문화를 형성해 나가는 것이 필요하다. 50+세대는 일자리와 여가, 자원봉사 영역으로 구분하여 희망에 따라 전문 자원봉사 영역을 매칭해 주는 장기적인 시스템을 갖출 필요가 있다.

4. 전문자원봉사

1) 전문자원봉사의 의의

전문적인 자원봉사자와 전문직 자원봉사자에 대한 용어를 정의하면 전문직 자원봉사자는 이미 전문직을 가지고 있는 사람들이 여유 시간을 내어 봉사활동을 하는 사람인 반면, 전문적인 자원봉사자는 활동 내용이나 영역에서 전문성을 요하는 경험과 지식을 바탕으로 한 봉사활동을 하는 사람이다. 전문직에 종사하는 사람이라 하더라도 전문성과 관련된 내용의 자원봉사활동을 수행하지 않는 경우도 종종 있으므로 이러한 두 종류의 봉사자를 포함한 개념이 전문자원봉사이다. 전문자원봉사는 단순노동이 아닌 특정한 기술이나 지식을 활용하는 숙련된 자원봉사활동을 말한다(박기상, 2012). 따라서 전문성이 인정되는 전문자원봉사는 활동 주체의 전문성과 활동 내용이 전문적이라는 것을 포함하는 개념이다.

최근에는 '프로보노'라는 용어와 혼용하고 있으며 공익 차원에서 전문적인 지식이나 서비스를 무료로 제공하는 것으로, 라틴어 'Pro Bono Publico(공익을 위하여)'에서 유래된 용어이다. 미국의 변호사들이 경제적 여유가 없는 사람들에게 무료로 법률서비스를 제공하던 것을 시작으로, 현재는 다양한 분야의 전문가들이 자신의 재능을 기부하는 활동으로 확대됐다.

통계청(2023) 조사에서 자원봉사활동 경험자 중 27.2%가 직업, 자격증, 전공 등의 전문성을 활용한 자원봉사활동 경험이 있으며, 그 내용은 아동 학습 지도(19.0%), 의료(12.3%) 순으로 나타났다. 이는 전체 자원봉사활동에 비해 낮으며 2019년에 비해 감소하고 있는 것을 알 수 있다.

〈표 11-4〉 전문성을 활용한 자원봉사 (단위: %)

	계	있다	아동 학습 지도	의료	요리	운전	공연	평생 학습 관련	주택 수리 등	전문 상담	이용·미용	통역 및 번역	기타	없다
2019년	100.0	34.6	23.5	11.5	9.1	10.6	9.3	7.8	8.4	5.7	6.6	2.7	4.8	65.4
2023년	100.0	27.2	19.0	12.3	12.1	9.6	8.9	7.9	7.9	6.6	6.1	2.9	6.7	72.8

출처: 통계청(2023).

또한 전문관리직 종사자가 자원봉사활동에 참여하는 이유는 '남을 돕는 것이 행복해서(26.3%)', '학교나 직장 등에서의 기부활동에 동참하기 위해서(25.7%)'의 비율이 높았으며, 참여하지 않은 이유는 '시간적 여유가 없어서(65.1%)'가 월등히 높았고 '관심이 없어서(24.8%)'의 순으로 나타났다.

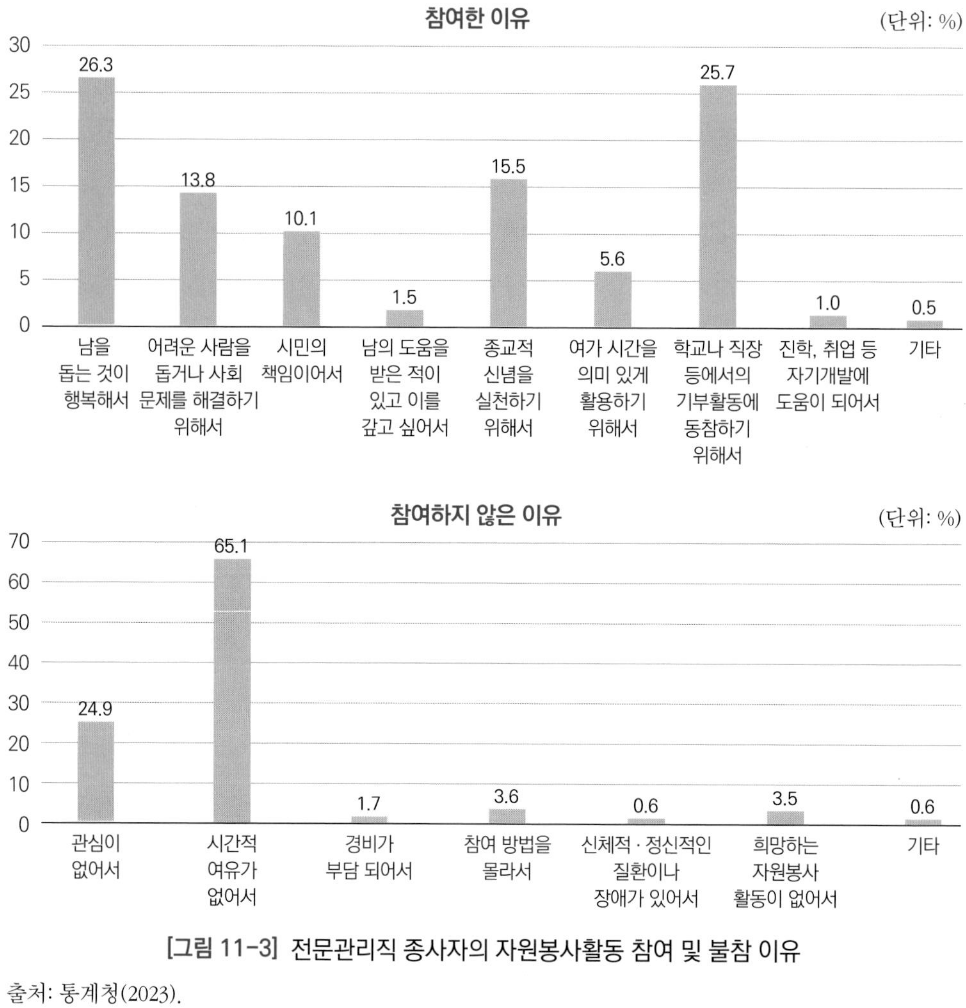

[그림 11-3] 전문관리직 종사자의 자원봉사활동 참여 및 불참 이유

출처: 통계청(2023).

전문자원봉사의 의의를 살펴보면 다음과 같다(류기형 외, 2018). 첫째, 전문적인 기술과 지식을 가지고 있어 서비스의 확대 및 서비스의 질을 향상시킨다. 둘째, 전문자원봉사자는 시간적 · 경제적 여유가 있고 시간에 대한 통제력을 소유하고 있어 자원봉사자로 활동하기에 유리한 조건을 가지고 있을 가능성이 높다. 셋째, 전문자원봉사자는 이미 전문적 지식과 기술을 가지고 있으므로 자원봉사 활용 기관에서 최소한의 시간과 비용, 노력으로 경제적 효율성과 정치적 효과성을 거둘 수 있다. 넷째, 자원봉사활동 계획 과정부터 전문적인 자문이나 조언을 통해 계획 팀의 일원으로 자원봉사 조정자나 관리자를 도울 수 있으며, 자원봉사 교육이나 훈련에도 투입되어 이론과 실제를 통합시키는 데 유용하다.

이러한 전문자원봉사활동의 장점에도 불구하고 의료봉사, 교육봉사, 법률상담, 예체능 지도, 행정 봉사, 기술 봉사(집수리, 미용 등)와 같이 전문적이거나 기술적 능력이 필요한 봉사활동을 하는 전문자원봉사자는 그 수가 절대적으로 부족한 현실이다. 이러한 배경에는 그동안 자원봉사활동이 주로 시간적 여유가 있는 사람들이 하는 단순 노력 봉사나 비전문적인 활동으로 간주되는 인식이 자리하고 있기 때문이다. 따라서 향후 자원봉사활동 서비스의 양적 확대와 질적 제고를 위해서는 전문자원봉사에 대한 인식 전환과 프로그램 개발에 힘써야 할 것이다.

사회가 변화하는 만큼 자원봉사활동에 대한 가치와 실천도 변화하고 있다. 복잡한 사회 문제가 증가하고 사회복지 욕구가 상승하면서 전문자원봉사자의 활동은 매우 중요하게 다루어지고 있으며 양적 활성화 및 질적 능력의 극대화를 위해 다각적인 노력을 기울이고 있다. 공공기관이나 민간 사회복지기관 등에서는 전문자원봉사 자원을 확보하기 위하여 자원봉사활동에 참여할 새로운 자원을 개발하는 노력이 활발히 이루어지고 있다. 다양한 자원봉사 자원을 개발하기 위하여 전문직 종사자나 각 분야의 숙련자, 전문직에서 은퇴한 노인, 블루칼라 계층 등의 참여를 독려하고 있다.

전문자원봉사자의 동기는 기존에 강조해 온 시민으로서의 의무 이행이나 박애주의와는 다른 것으로 접근해야 한다. 최근 자원봉사자의 학습 동기는 새로운 경험을 습득하거나 자신의 지식을 활용하려는 동기, 삶의 변화를 향한 기대, 재취업을 위한 준비나 탐색, 자기 발전과 성장, 같은 생각을 지닌 사람들과의 교류, 대인관계의 확대, 주류사회에 머물고 싶은 욕구 등이 포함된다(박기상, 2012).

전문자원봉사자는 일정한 기간에 한시적으로 전문적 활동에 봉사하는 경우가 많으며 특히 자원봉사활동의 질적인 측면이 강조되고 있다. 또한 자원봉사자 분야에서 유급 전문직으로 일할 수 있는 새로운 기회가 증가하고 있다. 외국의 경우에는 보험 등의 제도적 혜택과 함께 자원봉사자 경력이 직업을 선택할 때 유리하게 작용한다. 전문자원봉사자는 그들의 봉사에 대해 보수를 받지 않더라도 활동으로부터 여러 가지 혜택과 만족감을 얻을 수 있다.

2) 전문자원봉사의 문제점 및 활성화 방안

전문자원봉사자는 이미 과거에 교육 및 훈련을 받았고 자신이 가진 지식과 기술을 나눔으로 실천하려는 준비된 태도를 가진 자격 있는 사람으로 인식하여 본의 아니게 교육 및 훈련의 사각지대에 놓이는 경우가 발생한다. 그러나 그들도 개인적 특성을 살린 교육과 훈련이 필요하며 때로는 독립적이고 심화된 교육이 필요하기도 하다.

전문자원봉사자의 자격이 전문성을 갖춘 자로 제한되어 있고 거대한 자원봉사 영역에서 상대적으로 소수가 활동하고 있어, 그 어느 영역보다도 지속성이 요구되는 자원봉사활동 분야이다. 전문 자원봉사활동의 지속성이 절실하게 요구되는 현실이지만 전문자원봉사활동은 여전히 부족한 실정이다.

또한 전문자원봉사는 과거 전문직들의 개별 중심 활동에서 차츰 각 전문가협회와의 연계 · 협력을 통한 공동 추진 형태로 발전하고 있다. 그들은 직업적 자립성이 높으며 고도의 직업윤리를 요구하는 전문적 단체를 중요하게 생각한다. 이러한 특성을 가진 전문자원봉사를 활성화하기 위해서는 다음과 같은 방안이 필요하다.

(1) 전문자원봉사 프로그램의 개발과 교육 제공

전문자원봉사는 그들이 가진 지식과 기술을 활용하는 데 일차적 목적이 있지만, 전문자원봉사자라고 해서 활동 영역을 자신의 전문 분야에 한정할 필요는 없다. 오히려 자신의 전문 지식을 활용할 수 있는 다른 분야와 연결하면 더 매력적 요소가 될 수 있다. 따라서 그들의 욕구와 관심 분야를 파악해서 교육을 통하여 잠재 능력을 발휘하도록 하는 게 중요하다. 최근 시도 단위로 50플러스센터나 자원봉사학교를 운영하는 지방자치단체가 늘고 있다. 이러한 공식적인 교육을 활용하여 전문자원봉사자들의 교육을 다양화하고 이를 프로그램에 반영하여 전문자원봉사 영역을 다양하게 확대할 필요가 있다. 또한 비용적인 측면에서 기업과 연계한 프로그램의 개발도 필요하다.

(2) 전문가 단체와의 협력 강화

전문가들은 자체적으로 협회 등 단체를 통해서 활동하며 집단의 권익과 사회참여 활동을 수행하고자 하는 경향이 강하다. 따라서 직종별, 단체별로 협조를 요청하여 자원봉사활동에 참여하도록 홍보하면 효과적이다. 전문가 단체는 공식적 · 비공식적 모임이 있으므로 이런 모임을 활용하는 방법도 유용하다. 때에 따라서는 전문가들로 구성된

단체를 모집해서 활동할 수 있도록 교육과 환경 등 다방면으로 지원하는 방안도 필요하다.

(3) 시공간의 유동화

전문자원봉사자는 직장에서 은퇴한 경우도 있지만, 직업에 종사하는 사람도 있으므로 시간을 할애하기에 어려움이 있을 수 있다. 특히 통계청(2023) 조사에서 전문직 종사자의 65.1%가 시간적 여유가 없어서 자원봉사활동에 참여하지 않는다고 응답한 것을 보더라도 이들에게는 시간적 여유가 부족함을 알 수 있다. 따라서 그들이 종사하는 사업장으로 찾아가거나 중간 지점으로 장소를 정하여 참여 시간과 공간 접근을 최소화해 업무에 지장이 가지 않도록 배려할 필요가 있다.

(4) 사회적 인정 욕구의 충족과 지원 확대

전문가들은 사회에 공헌하고자 하는 부담감과 사회적으로 인정받고자 하는 욕구를 동시에 가진 경우가 많다. 따라서 사회적 인정을 위한 홍보나 사진, 기록, 상장 등을 제공하면 효과적이다. 최근에는 언론, 지역신문, 인터넷이나 SNS를 통한 홍보가 많이 활용된다. 이는 전문자원봉사자에 대한 신뢰감, 책임감, 지속성을 끌어올리는 역할을 한다.

학습 과제

1. 청소년자원봉사에 있어서 가장 중요한 부분이 무엇인지 제시하시오.
2. 대학생 자원봉사를 활성화하기 위한 구체적인 방안을 제시하시오.
3. 노인 맞춤형 자원봉사 프로그램을 개발한다면 어디에 초점을 둘 것인지 제시하시오.
4. 전문자원봉사자를 양성하기 위한 프로그램을 제시하시오.

참고문헌

김가형, 정광훈, 강형구, 이현옥(2019). 과학관 전시해설 자원봉사에 참여한 고등학생들의 비형식 과학학습과 진로탐색 경험에 대한 인식. 교과교육학연구, 23(4), 277-289. 이화여자대학교 교과교육연구소.

김용현(2020). 충남도 노인자원봉사 활성화 방안. 충남연구, 4(1), 27-48.

김창석, 최수일(2012). 노인의 자원봉사활동 참여동기와 활동 만족도 간의 영향 관계. 한국콘텐츠학회논문지, 12(4), 315-326.

남화성, 유금봉, 마영배, 조유영, 최명선(2022). 미래 청소년자원봉사 변화 방향 연구 보고서, 한국청소년활동진흥원.

남화성, 유금봉, 김지수(2024). 사회 변화에 따른 청소년 자원봉사의 흐름 탐색. 청소년학 연구, 31(1), 51-80.

류기형, 남미애, 박경일, 홍봉선, 강대선, 배의식(2018). 자원봉사론 제5판. 양서원.

박기상(2012). 전문자원봉사활동 지속 기간이 평생학습 참여, 삶의 행복감, 학습의 사회적 성과에 미치는 영향: 광주광역시 전문자원봉사자 대상. 광주대학교 석사학위논문.

신수경, 최낙천(2017). 유아교육학 전공연계를 통한 고등학생의 자원봉사활동이 청소년 활동역량 및 진로성숙도에 미치는 효과: 유아교육과 진학을 희망하는 고등학생을 중심으로. 학습자중심교과교육연구, 17(20), 181-207. 학습자중심교과교육학회.

심현숙(2007). 노인자원봉사 활성화를 위한 제도적인 방안에 관한 연구. 영남대학교 행정대학원 석사학위논문.

유숙영(2023). 대학교육에서 자원봉사의 다양한 교육적 가능성과 방안 탐색. 2023 한국자원봉사학회 전기학술대회 자료집.

이경상(2014). 학생 봉사활동의 실태 및 발전과제. 이슈페이퍼 2014. 현안보고 CP 2014-08-1. 한국교육개발원.

정진경, 이종화, 김윤민(2023). 2023 자원봉사활동 실태조사 연구. (사)한국자원봉사학회.

통계청(2023). 사회조사.

한국청소년활동진흥원(2017). 청소년자원봉사활동 관리 규정.

한국청소년활동진흥원(2023). 청소년 자기주도형 봉사활동 지도자 매뉴얼.

현외성(2017). 현대 자원봉사론. 창지사.

Maslow, A. (1954). *Motivation and Personality*. NewYork: Harpers.

Millette, V., & Gagne, M. (2008). Designing volunteers' tasks to maximize motivation, satisfaction, and performance: The impact of Job Characteristics on Volunteer Engagement. Motivation & Emotion, 32(1), 11-22.

제5부

자원봉사의 새로운 확산

제 12 장

기부와 모금

학습목표

1. 기부와 모금의 개념과 의의에 대한 이해
2. 기부 동기와 모금 지속성에 대한 이론적 측면에서의 탐구
3. 기부의 현황과 트렌드 파악
4. 모금 활동과 실제 사례를 통해 모금 전략 고찰

학습개요

- 제12장에서는 기부와 모금의 개념 및 의미를 이해하고, 국내의 기부와 모금 현황을 분석하며, 이론적 이해와 다양한 사례를 통해 이를 종합적으로 탐색한다.
  - 1절에서는 기부에 대한 내용으로 기부의 개념의 의의, 기부 동기, 기부 현황, 기부 트렌드에 대해 살펴본다.
  - 2절에서는 모금에 대한 내용으로 모금의 개념과 의의, 이론적 이해, 모금 활동과 구체적인 사례를 통한 모금 전략에 대해 이해한다.

윈스턴 처칠(Winston Churchill)은 "우리는 받은 것으로 삶을 살지만, 우리는 주는 것으로 인생을 만든다."라고 하였고, 오프라 윈프리(Oprah G. Winfrey)는 "다른 이에게 행복을 주는 것은 당신을 더 행복하게 만든다."라고 하였다. 많은 사람이 이들의 이야기에 공감하는 이유는 그 안에 나눔에 대한 철학이 깃들어 있기 때문이다. 그만큼 다른 이들과 더불어 살아가고자 하는 공동체적인 노력은 우리 사회가 지켜 나가야 할 중요한 가치 중 하나이며, 이는 현대사회에서 더욱 강조되는 가치이다. 이러한 공동체적 가치를 실천하는 대표적인 행동으로 기부(giving)와 모금(fundraising)이 있다.

기부와 모금은 유기적으로 연결되어 함께 논의되는 개념이다. 기부란 아무런 대가 없이 자발적으로 개인의 자원을 타인에게 제공하는 것으로 공급자의 측면에서 표현되고, 모금은 기부에 대한 적극적이고 능동적인 요청으로, 수요자 측면의 표현이라고 할 수 있다(Frumkin, 2010). 기부와 모금은 둘 다 자원이라는 가치가 교환된다는 공통점이 있다. 기부는 자발적으로 이루어지며 공동의 이익 실현을 위한 자원 제공이라는 점에서 자원봉사의 본질적인 목적과 일맥상통한다고 할 수 있다(진재문 외, 2017).

1. 기부

1) 기부의 개념 및 의의

(1) 기부의 개념

기부는 개인이 가진 자원을 자선단체나 타인에게 자발적으로 제공하여 다른 사람들의 중요한 욕구를 충족시키는 것을 의미한다(White, Strarfelt Sutton, & Zhao, 2023). 자원은 현금, 시간, 노력, 재화, 서비스, 장기(organ), 혈액(blood) 등 다양한 형태로 제공될 수 있다. 또한 기부란 공익을 위한 자발적 행위로 정의되기도 한다(Payton & Moody, 2008). 최근에는 기부라는 용어보다는 필란트로피(philanthropy)에 기반한 '나눔'이란 용어가 널리 사용되고 있다(김소영 외, 2020).

기부의 개념은 효용 범위에 따라 체러티(charity)와 필란트로피(philanthropy)로 구분할 수 있다(김경미, 이영민, 2021). 체러티는 개인 혹은 단체에 '금전이나 물품을 자발적으로' 전달하는 것을 의미한다. 즉, 자선적 기부인 체러티는 일반적으로 개인이 느끼는 감정적인 욕구나 관심사에 기반하여 이루어지며, 주로 짧은 기간 동안에 필요한 도움을 제공한다. 이에 대해 "체러티는 주로 빈곤에 관심을 두며 근본적 원인을 해결하기보다는 임시적인 배고픔만을 해결해 준다."는 비판을 받기도 하였다(Frumkin, 2010). 한편 필란트로피는 인간에 대한 사랑을 나타내는 용어로, 인간의 존재와 가치에 주목하며, 세계에 대한 비전과 긍정적인 인식을 바탕으로 한 기부를 의미한다(비케이 안, 2020; 홍은진, 2005). 필란트로피적 기부는 사회 문제의 원인을 해결하고 예방하는 데 중점을 두며, 장기적인 사회적 영향과 지속가능한 변화를 추구한다. 즉, 필란트로피적 기부는 자조와 기회 창출이라는 원칙을 바탕으로 빈곤 완화가 아니라 근본적인 빈곤 원인 제거라는 믿음을 전제로 한다(Frumkin, 2010).

(2) 기부의 의의

사회의 급격한 변화와 경제 규모의 확대로 인해 국가의 역할만으로는 새로운 사회적 위험으로부터 시민들을 보호해 줄 수 없게 되었고, 사회 구성원들의 다양한 욕구를 충족시키기에 예산과 인력의 한계가 발생하였다. 이를 보완하기 위해 한국 사회에서도 복지 다원주의(welfare pluralism)에 관한 본격적인 논의가 시작되면서 민간 부문의 복지 자원으로 자원봉사와 기부, 이를 위한 모금 등의 활용 방안에 대한 관심도 함께 증가하였다.

복지 다원주의는 사회 문제에 대한 해결을 위해 정부, 비정부 기구, 비영리단체, 그리고 개인들이 함께 협력하여 복지서비스를 제공하는 접근 방식을 의미한다. 이는 사회 문제를 해결하고 사회적 평등과 공정성을 증진하기 위해 다양한 자원과 전문성의 결합을 강조하고 있기에 현시대를 살아가는 데 있어 중요한 요소가 된다.

복지 다원주의 측면에서 기부는 다양한 사회 문제 해결을 위한 하나의 자원이 될 수 있다. 즉, 기부를 통해 사회 문제 해결을 위한 자금이나 자원을 제공할 수 있으며, 확보된 자원으로 사회서비스를 제공할 수 있다. 또한 기부는 복지 다원주의의 핵심 원칙 중 하나인 사회적 연대와 협력을 실천하는 방법의 하나이기도 하다. 이를 통해 다양한 사회 구성원이 함께 협력하여 사회 문제를 해결하고 사회적 공정성을 실현하는 데 기여할 수 있다.

2) 기부의 동기

기부에 대한 이론적 논의는 기부 행위의 동기 요인이 무엇인지, 즉 사람들이 왜 기부하는지에 대해 주목한다. 2023년에 실시된 사회조사[1]에서 기부 경험이 있는 사람들을 대상으로 기부 이유에 대해 조사한 결과, 남을 돕는 것이 행복해서(27.5%)가 가장 높은 응답률을 보였고, 그다음으로 어려운 사람을 돕거나 사회 문제 해결을 위해서(26.2%), 종교적 신념을 실천하기 위해서(18.7%) 등의 순으로 나타났다(통계청, 2023). 이는 2021년의 결과와 비교했을 때 비슷한 응답 패턴을 보이고 있다.

〈표 12-1〉 기부한 이유 (단위: %)

구분	남을 돕는 것이 행복해서	어려운 사람을 돕거나 사회 문제 해결	종교적 신념 실천	학교, 직장 등에서 기부 활동에 동참	시민의 책임	기부에 대한 세제 혜택	남의 도움을 경험과 이를 갚고 싶어서	기타
2021년	28.7	26.2	18.8	10.4	8.8	3.4	3.1	0.6
2023년	27.5	26.2	18.7	10.7	9.6	3.9	2.7	0.7

출처: 통계청(2023).

한편, 기부 경험이 없는 사람들이 기부하지 않은 이유로는 경제적 여유가 없어서(46.5%), 기부에 관심이 없어서(35.2%), 기부단체를 신뢰할 수 없어서(10.9%) 등의 순으로 나타났다. 본인의 경제적인 여력과 관심, 신뢰 측면이 기부를 하지 않는 주요 이유였다. 2021년과 비교했을 때 기부하지 않는 이유 또한 응답의 순위에는 변화가 없었다.

〈표 12-2〉 기부하지 않는 이유 (단위: %)

구분	경제적 여유가 없어서	기부에 관심이 없어서	기부단체를 신뢰할 수 없어서	직접 요청을 안 받아서	기부 방법을 몰라서	기타
2021년	45.8	35.0	12.3	4.3	2.5	0.1
2023년	46.5	35.2	10.9	4.5	2.7	0.2

출처: 통계청(2023). 2023년 사회조사 결과.

---

1) 사회조사는 10개 부문을 2년 주기로 매년 5개 부문에 대해 조사하고 있다.
  * (홀수 해) 기본, 복지, 사회참여, 여가, 소득과 소비, 노동
  * (짝수 해) 기본, 가족, 교육과 훈련, 건강, 범죄와 안전, 생활환경

이처럼 개인마다 다양한 기부 동기를 가지고 있지만, 크게 두 가지로 구분해 보면 타인과 자신을 위한 행위에서 출발한다고 할 수 있다. 기부는 타인을 위한 이타적인 관심에 의해 동기부여가 되기도 한다(Chapman, Masser, & Louis, 2020). 예를 들어, 기부의 필요성 인식이나 어려움을 겪는 이들의 복지에 대한 걱정과 같은 이타주의, 다른 사람의 입장에서 생각하는 공감 능력 등이 기부를 지향하는 동기로 강조되어 왔다(Konrath & Handy, 2017; Sargeant & Woodliffe, 2007). 그러나 기부는 기부자 자신이 혜택을 받을 수도 있고 실제로 기부 동기의 많은 부분이 자기지향적인 가치를 포함하고 있어 수혜자가 아닌 기부자의 이익에 의해 주도될 수 있다(Chapman et al., 2020). 예를 들어, 기부자는 자신의 명예를 높이거나 칭찬받기를 원하는 이기적인 이유로 기부할 수 있다. 또는 물질적·심리적 혜택인 세제 공제나 보람을 느끼기 위해 기부할 수 있다(Konrath & Handy, 2017; Sargeant & Woodliffe, 2007). 이러한 동기는 개인 기부자의 이익을 강조하기도 한다.

기부의 동기는 사회자본(social capital) 요인으로 설명되기도 한다. 사회자본은 네트워크, 신뢰, 규범으로 구성되며, 이 세 가지 요인이 상호 혜택을 위한 조정과 협력을 촉진하고, 집단적 행동을 촉진할 수 있기에 친사회적 행동으로 이어질 수 있다는 것이다(Putnam, 1995). 이와 관련된 다양한 연구에서 실증적 결과를 보여 주었다. 사회적 네트워크는 정보 공유와 요청을 통해 사람들의 자선 활동 참여 가능성을 높이고, 개인은 다른 사람 또는 사회가 공공재에 기여하고 있다고 기대하고 신뢰할 때 공공재 기여 활동에 협력할 가능성이 높아진다는 것이다(이래혁, 장혜림, 2022; 전신현, 2022; Glanville, Paxton, & Wang, 2016).

기부의 동기는 계획된 행동이론(Ajzen, 1985)으로도 설명할 수 있다. 이 이론은 개인이 의도적으로 특정 행동을 수행하는 것을 설명하는 이론이다. 태도(attitudes), 주관적인 규범(subjective norms), 행동의 통제감(perceived behavioral control)의 3가지 요인이 이론의 핵심 구성 요소이다. 이 이론을 기부 동기에 적용할 때 3가지 요인이 결합하여 개인의 기부 의도와 행동 결정에 영향을 미친다고 할 수 있다(전신현, 2022).

- **태도**: 개인의 기부 행동은 사람들의 태도에 의해 영향을 받을 수 있다. 즉, 기부에 대한 긍정적인 태도가 있다면 기부할 가능성이 높아진다는 것이다.
- **주관적인 규범**: 주변 사람들의 기대나 사회적 압박은 개인의 기부 행동에 영향을 줄 수 있다. 만약 주변 사람들이 기부를 적극적으로 지지하고 장려한다면 개인은 기부를 더욱 쉽게 결정한다는 것이다.

- **행동의 통제감**: 개인이 기부할 수 있는 능력과 기회를 갖고 있는지에 대한 인식은 기부 행동에 영향을 줄 수 있다. 만약 개인이 기부할 수 있는 적절한 자원과 시간을 가지고 있다고 느낀다면 기부할 의도가 높아진다는 것이다. 이는 기부를 하지 않는 이유로 경제적 여력이 없어서라는 이유와도 일맥상통한다.

또 다른 접근은 자기효능감이다. 자기효능감은 사회학습이론(Bandura, 1977)의 하위 개념 중 하나이다. 자기효능감은 특정 작업이나 상황에서 성공적으로 수행할 능력에 대한 개인의 믿음을 의미한다. 즉, 자기효능감이 높을수록 개인은 어려운 상황에서도 더 높은 수준의 성취를 경험할 가능성이 높다는 것이다. 자기효능감 개념을 통해 기부의 동기를 설명하기도 한다. 즉, 어떤 변화를 끌어낼 수 있는 능력에 대한 자신감을 가지고 있을 때 기부에 대해 긍정적으로 생각하고, 적극적으로 기부 활동에 참여할 가능성이 높아진다는 것이다. 최근에는 이를 '기부효능감'이라고 표현하기도 한다. 기부효능감을 통해 자신의 정체감과 긍정적 자아감을 강화할 수 있고, 긍정적 자아감을 유지하려는 욕구가 기부 행위를 지속하게 하는 요인이 될 수 있다.

실제로 기부 행위는 다양한 요인의 복합적인 상호작용으로 이루어지기에 어느 하나의 측면만으로는 설명될 수 없으며, 다양한 이론이 보완적으로 적용될 수 있다. 그 외에도 사회경제적 상황으로 인해 개인의 기부 행위가 일어나기도 하며, 미경험 기부자와 지속적 기부자의 기부 요인은 다르게 작용할 수 있다.

3) 기부 현황

전 세계적으로 기부에 대한 관심은 점점 높아지고 있다. 영국의 자선단체(Charities Aid Foundation: CAF, 2023)에 따르면 2022년 기준 42억 명(전 세계 성인의 72%에 해당)이 현금과 시간 기부를 통해 낯선 사람(stranger)을 도운 적이 있다고 응답했다. CAF는 2010년부터 매년 기부 경험(현금 기부), 낯선 사람 도움 제공 여부, 자원봉사(시간 기부) 경험을 바탕으로 세계기부지수를 수치화해 발표하고 있다. 2023년 기준 142개국 중 인도네시아의 세계기부지수가 가장 높은 것으로 나타났고, '모르는 누군가를 도운 적이 있다'는 61%, '현금 기부'는 82%, '시간 기부를 통한 봉사'는 61%로 나타났다. 이에 비해 한국의 세계기부지수 순위는 79위로 '다른 사람을 도운 적이 있다'고 응답한 사람은 57%, '현금 기부'는 40%, '시간 기부를 통한 봉사'는 18%로 1위와 큰 차이를 보였다.

〈표 12-3〉 세계기부 지수 순위

순위	국가	세계기부지수	도움 (% of adults)	기부 (% of adults)	시간 자원봉사 (% of adults)
1	인도네시아	68	61%	82%	61%
2	우크라이나	62	78%	70%	37%
3	케냐	60	76%	53%	51%
4	라이베리아	58	80%	30%	65%
5	미국	58	76%	61%	38%
6	미얀마	57	54%	83%	34%
7	쿠웨이트	57	79%	54%	37%
8	캐나다	54	67%	62%	32%
9	나이지리아	53	79%	41%	37%
10	뉴질랜드	53	65%	58%	35%
79	한국	38	57%	40%	18%

자료: CFA. (2023), pp. 15-16.

다른 국가와 비교한 상대적인 기부 수치는 낮은 편이지만, 한국 내에서의 기부에 대한 관심은 꾸준히 증가하고 있다. 사회조사 결과에서 기부한 경험이 있다고 한 응답자의 비율은 2021년 21.6%에서 2023년 23.7%로 증가하였고, 응답자 중 기부한 경험이 있는 남성은 2021년 20.2%에서 2023년 22.0%로, 여성은 2021년 23.0%에서 2023년 25.5%로 증가한 것으로 나타났다(통계청, 2023). 연령대별로는 40대 33.1%, 50대 32.5%, 30대 24.5%, 60세 이상 20.2%, 20대 13.5%의 순으로 나타났다.

기부 방법은 현금 기부가 22.6%, 물품 기부는 2.1%로 나타났고, 주로 모금단체(53.8%)와 종교단체(33.6%)를 통한 기부가 이루어지는 것으로 나타났다(통계청, 2023). 2022년 기부금 총액은 15.1조 원, 개인 기부 금액은 10.7조 원으로 전년도에 비해 4천억 원 상승한 반면, 기업 기부 금액은 4.4조 원으로 전년도에 비해 9천억 원이 감소한 수치를 보였다(아름다운재단 기부문화연구소 홈페이지).

4) 기부 트렌드

기부 문화 활성화 노력과 함께 기부 인식과 기부 트렌드는 변화하고 있다. 기존의 기부에 대한 인식은 빌 게이츠(Bill Gates)나 존 록펠러(John D. Rockefeller)처럼 경제적 여유가 많은 사람들이 하는 노블리스 오블리제[2](noblesse oblige)이거나 기업의 사회공헌 활동의 일환이라는 생각이 지배적이었다. 하지만 최근 개인 기부자들은 금액이 많든 적든 간에 자신의 일시적인 참여를 통해 직·간접적으로 사회가 직면한 문제를 해결하고 변화를 만드는 것에 동참하는 것에 관심을 가진다. 친사회적 가치 소비를 통해 사회 변화에 영향력을 행사하며 참여하길 원하는 것이다. 기부 영역도 소외계층에 집중되었던 것에서 나아가 동물, 환경 보호 등으로 확대되고 있다. 이런 기부 트렌드에 대해 기부 주체인 개인, 기업, 기업과 개인의 연계 기부로, 기부 형태인 캠페인, 온라인 플랫폼, 키오스크로, 기부 영역인 환경, 동물, 지역적 특성 등으로 구분하여 살펴보고자 한다.

(1) 기부 주체

개인 기부에서의 가장 큰 변화는 기성세대와는 다른 방식으로 기부 결정을 하는 MZ 세대와 알파 세대가 등장했다는 것이다(박미희 외, 2024). 기성세대는 특정 비영리기관에 정기적으로 후원하고, 한번 인연을 맺은 기관에 장기적으로 기부하며, 발행된 소식지나 뉴스를 통해 기부의 결과를 확인하였다. 또한 자신의 기부 활동을 다른 사람에게 잘 알리지 않는 경향이 있었다. 이와는 달리 현재의 MZ세대들은 자신의 관심사에 따라, 자신이 원하는 시기에, 온라인 또는 모바일을 통해 참여하고, 정기 후원보다는 일시적이고, 소액의 기부를 하며, 특정 기관에 대한 선호보다는 자신의 관심사에 대한 활동을 하는 기관의 기부 활동에 참여하는 특징을 보인다. 이들은 '주도적 기부자'로 표현되기도 한다(박미희 외, 2024). 또한 본인의 기부 활동을 SNS을 통해 적극적으로 다른 사람들에게 알리며 기부자로서 본인의 정체성을 보여 주는 것을 선호한다. 이들은 가시적으로 자신의 기부를 통한 변화를 확인함으로써 기부의 지속성과 다른 기부에의 참여를 결정한다. 이런 측면에서 이들을 '임팩트 세대'로 표현하기도 한다(Goldseker & Moody, 2021). 즉, MZ세대들은 자신의 기부로 실제 변화가 일어나는 것을 확인하길 원하고, 이를 통해 기부 효능감을 느끼기를 원하고 있다.

기업의 기부는 사회공헌(Corporate Social Responsibility: CSR)의 형태로 이어져 왔고, 취약계층 중심의 행사나 직접 지원 사업을 주로 진행하였다. 특히, 아동, 청소년, 노인

---

2) 이 용어는 프랑스어에서 유래한 것으로, "귀족은 의무가 있다."라는 의미를 담고 있다. 이는 사회적으로 부유하거나 권력이 있는 사람들이 자신의 지위와 재산을 이용하여 사회적 의무와 책임을 이행해야 한다는 개념이다.

층을 대상으로 한 사업이 주를 이루었다. 이로 인해 기업의 사회공헌 사업의 성과를 국민들이 체감하기가 쉽지 않았다. 그러나 코로나19 이후 기업의 사회공헌 사업의 형태가 달라졌다. 감염의 위험으로 대면 서비스가 비대면 서비스로 전환되었고, 그 대상이 취약계층만이 아닌 전 국민을 대상으로 한 사업으로 확대되어 진행되었다(박미희 외, 2024). 기업 기부의 대상이 국민이 체감할 수 있는 현 사회가 직면한 문제 해결을 위한 사업의 형태로 전환된 것이다. 예를 들어, 마이크로소프트는 생태 보존을 위해 인공지능을 활용하여 지리 공간(geo-spatial) 데이터를 더 빠르고 정확하게 분석하고 환경에 민감한 지역을 보호하는 모델을 구축하고 있으며, 제품의 무게를 20% 줄임으로써 온실가스 배출량을 감소시키고자 노력하고 있다. 또한 '디지털 기술'을 활용하여 교육, 보건, 환경 등 다양한 분야에서 사회 문제 해결을 위한 프로그램을 운영하고 있다(Microsoft CSR 홈페이지 참고). 이처럼 기업에서는 사회 문제 해결을 위해 지속가능한 사회공헌 활동을 이어가고 있다.

[그림 12-1] 기업과 개인 기부의 연계 예시

출처: 기브앤레이스 홈페이지.

한편, 개인과 기업의 기부는 분리된 것이 아닌 연계된 형태로 발전해 가고 있다. 기업에서 전통적으로 진행해 오던 사회공헌 활동을 비영리기관에 현금 기부, 기업 내 구성원들의 자원봉사활동 등의 기업만의 활동으로 끝내는 것이 아니라, 일반 개인이 기업의 사회공헌 활동에 함께 참여하는 형태로 진행되고 있다. 예를 들면, '기브앤레이스'라는 기부 마라톤이 있다(기브앤레이스 홈페이지 참고). 스포츠와 기부가 결합한 형태로 메르세데스-벤츠(Mercedes-Benz)가 주최하고 사회복지법인 아이들과미래재단을 통해 마라

톤 참가비 전액이 아동 및 청소년 지원을 위한 기금으로 활용된다. 이처럼 기업의 사회공헌 활동을 기부의 대상자만 경험하는 것이 아니라 일반 시민들이 함께 참여하여 경험하고 있다는 특징이 있다.

(2) 기부 형태

기성세대들에게는 연말 이웃돕기 성금 방송을 통한 기부가 익숙하게 느껴지지만, 최근의 기부는 다양한 활동과 기부가 연계된 형태로 다양화되고 있다. 특히, 젊은 세대들은 재미 추구를 중요하게 생각하기 때문에 일명 퍼네이션(fun+donation 합성어)을 할 수 있는 기부 형태로 발전하고 있다. 그중 하나는 캠페인을 통한 기부이다. 사회적으로 이슈가 되고 있는 문제를 대중들이 인식할 수 있도록 캠페인이라는 형태에 동참하여 이것을 기부로 이어지게 하는 것이다. 예를 들어, 2014년에 시작된 아이스버킷 챌린지는 많은 연예인, 정치인, 인플루언서의 참여로 화제를 모으며 루게릭병에 대한 사회적 인식을 높였다. 이는 많은 시민의 관심과 기부로 이어졌고, 그 결과 루게릭 요양병원 건립이 가능해져 2024년에 개원하였다(박미희 외, 2024). 또한 플로깅(plogging)은 산책을 하며 쓰레기를 수거하는 활동으로, 환경을 보호하기 위한 시간 기부에 참여하는 청년들도 늘어나고 있다.

[그림 12-2] 루게릭 환자를 위한 아이스버킷 챌린지

출처: '승일희망재단' 홈페이지.

온라인이나 SNS를 활용한 기부 활동 역시 주목받고 있다. 이러한 접근 방식은 기부자가 직접 비영리기관을 찾는 수고로움 없이, 인터넷을 통해 자연스럽게 기부의 기회

를 발견할 수 있다는 용이성을 제공한다. 또한 일상에서 사용하는 메신저 등을 활용하여 쉽게 기부할 수 있고, 다양한 사회 문제를 해결하기 위해 직접 참여할 수 있는 장점이 있다. 이러한 기부 형태는 누구나 기부에 참여할 수 있다는 분위기를 형성할 수 있으며, 이는 MZ세대의 수요와도 잘 부합한다. SNS를 활용한 기부 활동의 대표적인 예는 카카오 메신저의 '카카오같이가치'[3] 기부 프로그램이다. 한국의 대표적인 메신저인 '카카오톡'을 통해 쉽게 접근할 수 있으며, 모바일을 통해 짧은 시간 내에 본인이 원하는 영역에 기부할 수 있다. 또한 목표 금액과 현재의 기부 상황 및 결과를 바로 확인할 수 있다. 소외계층을 위한 기부 활동부터 동물과 환경을 위한 기부 활동까지 다양한 분야의 기부 활동을 선택할 수 있다.

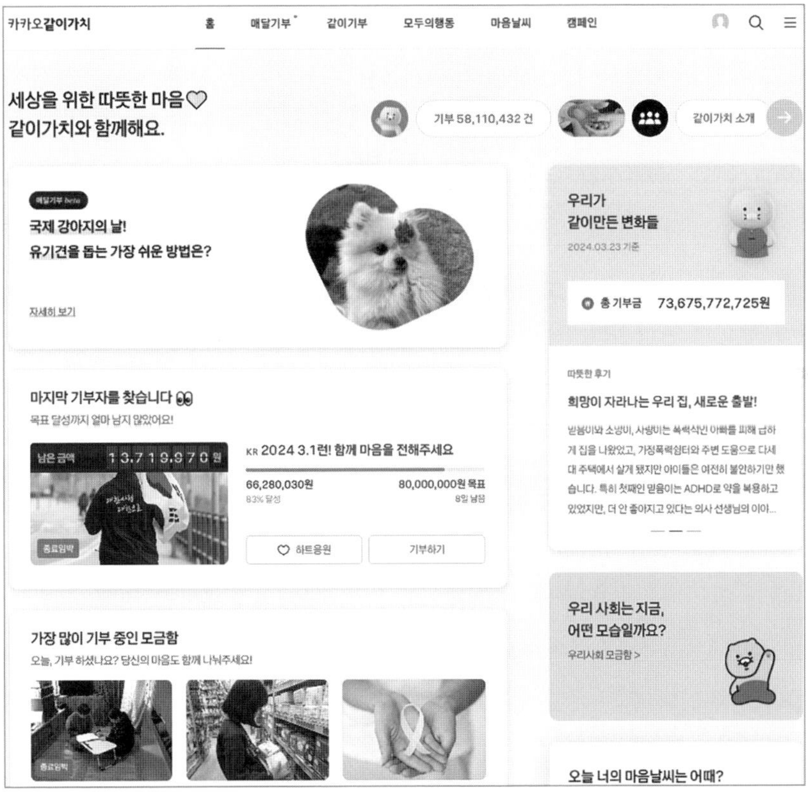

[그림 12-3] SNS를 활용한 기부 예시-카카오같이가치 기부

출처: '카카오같이가치' 홈페이지.

3) '카카오같이가치'는 클라우드 펀딩 플랫폼이라고도 할 수 한다. 클라우드 펀딩은 인터넷을 통해 자금을 모으는 방식 중 하나이며, 일반인 혹은 단체들이 인터넷을 통해 프로젝트나 아이디어에 자금을 제공할 수 있도록 한다.

그 외에도 키오스크를 통한 기부도 각광받고 있다. 키오스크 주문 및 결제 시 기부에 대한 안내가 표시되며, 잠재적 기부자들은 그 자리에서 즉각적으로 기부 여부를 결정하게 된다. 주로 소액 기부를 요청하고 있기에 부담 없이 기부를 결정할 수 있어 참여율이 높은 편이다.

(3) 기부 영역

전통적으로 기부는 주로 소외계층을 대상으로 이루어졌으나, 최근에는 필란트로피를 바탕으로 보다 넓은 기부의 개념을 활용하여 대중들의 관심사에 부합하는 다양한 영역에 대한 기부가 이루어지고 있다. 특히 환경과 동물에 관한 관심이 증가함에 따라 이와 관련된 기부 행위가 가장 많이 증가되고 있다. 시민들은 자신이 직·간접적으로 경험하는 이슈에 대해 관심을 가지고 반응하는 경향이 있는데, 코로나19를 겪으며 환경 및 재해, 고립으로 인한 외로움에 관심을 가지게 되었다. 이러한 상황에서 자연재해로 발생한 재난 복구를 위한 기부뿐만 아니라, 언택트 시대의 도래로 반려동물에 대한 관심도 급증하였다. 이로 인해 동물 보호를 위한 기부에도 많은 관심이 집중되고 있다. 또한 전쟁으로 인해 고통 받고 있는 우크라이나 난민들을 위한 기부도 증가하고 있다. 이러한 추세로 볼 때 향후 시대적 요구와 사회 문제 해결을 위한 다양한 영역에서의 기부가 더욱 증가할 것으로 전망된다.

한국 사회에 최근 등장한 기부 영역 중 하나는 지역적 특성을 활용한 기부이다. 2023년 1월 1일부터 「고향사랑 기부금에 관한 법률(약칭: 「고향사랑기부금법」)」이 시행되었다. 이 법률은 자신이 거주하지 않는 지방자치단체에 기부 시 세제 혜택과 함께 답례품을 받을 수 있도록 규정하고 있다(유찬희, 박혜진, 2024). 고향사랑 기부에 대해서는 다양한 견해가 있는데, 이 법률을 적극적으로 지지하는 입장에서는 지역 경제 활성화와 주민들의 삶의 질 향상을 기대하고 있다. 다른 한편으로는 기부금이 정치적 영향을 받을 수 있다는 우려와 민간 주도 기부 문화의 위축 가능성 등에 대해 염려하고 있다. 최근 도입된 고향사랑기부제의 성과에 대한 성급한 판단보다는 개선과 활성화에 집중하여 고향사랑기부제의 본래 의도를 달성하고, 지속 가능한 성장을 이루도록 노력해야 할 것이다.

2. 모금

1) 모금의 개념 및 의의

모금에 대한 개념을 이해하기 위해서는 모금과 기부와의 관계에 대해 다시 생각해 볼 필요가 있다. 기부가 자발적으로 자신의 자원(현금, 현물, 시간 등)을 제공하는 행위를 의미하는 반면, 모금은 주로 비영리단체가 도움이 필요한 개인에게 자금을 조달하기 위해 활동을 기획하고 실행하는 모든 과정을 포괄한다. 즉, 모금은 비영리단체인 NGO, 재단, 협회, 집단 등이 자원을 모아 자신들의 프로젝트를 실행할 수 있도록 자발적인 기여를 도모하는 과정이다(비케이 안, 2020).

모금은 단순한 물품이나 현금을 모으는 행위를 넘어 사회 변화를 촉진하고, 지역사회뿐만 아니라 전 세계적으로 긍정적인 변화를 이끌어 내는 중요한 역할을 한다. 구체적으로 모금은 사회 구성원들이 협력하여 공동의 목표를 달성할 수 있는 기회를 제공하며, 사회적 연대감을 강화하고 있다. 모금된 자금은 자선단체나 비영리기관이 더 많은 사람을 지원하고 필요한 자원을 제공하여 나눔 활동을 촉진시킨다. 또한 모금은 기부문화를 육성하고 자원을 공유하며 다른 사람들을 돕는 기회를 제공하여 사회적 책임감을 높인다. 더불어 모금을 통해 지속가능한 프로그램을 구축하고 비영리단체나 사회적 기업이 지속가능한 발전을 이룰 수 있도록 지원한다.

2) 모금에 대한 이론적 이해

모금 관련 학자 및 현장 관계자들의 주요 관심사는 기부자의 확보와 유지이다. 모금의 지속성을 보장하기 위해서는 먼저 기부자들의 동기를 파악하고 기부 의욕을 저해하는 요인을 제거하기 위한 노력이 필요하다. 이러한 역할을 수행하는 사람이 모금 전문가이다. 모금 전문가는 잠재적 기부자를 발굴하고 사회 문제와 기부자의 관심사를 연결시켜 기부로 이어지도록 한다.

모금 전문가들은 기부 문화를 촉진함과 동시에 기부자들의 기부 의사결정에도 영향을 미친다. 모금 전문가이자 투자 전문가였던 데이비드 로젠버그(David Rosenberg)는 워렌 버핏(Warren Buffett)에게 현재 기부의 긴급성과 가치를 설득하여 워렌 버핏이 먼

미래가 아닌 현재의 문제 해결을 위해 자기 재산의 85%를 기부하는 계기를 만들었다(비케이 안, 2020). 이런 사례를 통해 모금 전문가들은 로젠버그의 원칙(Rosenberg's rule)을 기부자 발굴에 적용하고 있다. 즉, 잠재적 기부자들에게 현재의 기부가 미래에 더 큰 사회적 가치를 창출할 수 있다는 점을 강조하며 기부를 유도하는 것이다.

한편, 모금의 지속성은 윤리적 측면과도 연관된다. 기부자들은 자신이 기부한 자원이 제대로 전달되는지에 대해 관심을 가지는데, 이는 모금의 투명성과 신뢰로 이어진다. 국제 모금 윤리 선언(International Statement of Ethical Principles)은 전 세계 모금 전문가들이 준수해야 할 윤리적 원칙(Principles)을 5가지로 제시하고 있다(Association of Fundraising Professionals: AFP homepage).

- 첫째, 정직(honesty): 모금 전문가는 언제나 정직하고 진실되게 행동하여 대중의 신뢰를 유지하며 후원자나 대중을 오도하지 않아야 한다.
- 둘째, 존중(respect): 모금 전문가는 수혜자와 기부자를 항상 존중하며, 가능한 한 그들의 선택과 의사를 따라야 한다.
- 셋째, 성실(integrity): 모금 전문가는 언제나 성실하게 행동하며, 법률 및 규제 요구 사항을 준수하며, 언제나 우리의 목적과 후원자의 최대 이익을 위해 노력해야 한다.
- 넷째, 투명성(transparency): 모금 전문가는 항상 투명하고 명확하며 정확하게 기금 활동, 기부금의 관리 및 사용 방법에 대해 설명하고, 비용 및 영향에 대해 정확하게 보고해야 한다.
- 다섯째, 책임(responsibility): 모금 전문가는 우리의 공통 목표인 공공의 이익을 위한 모금 능력을 증진하기 위해 책임감 있게 행동할 것을 이해하며, 다양성을 존중하고 전문적인 기준을 계속 발전시키기 위해 노력해야 한다.

출처: AFP homepage. International Statement of Ethical Principles in Fundraising, 저자 번역.

국제 모금 윤리 선언은 모금 전문가들이 지켜야 하는 다양한 윤리적 특성을 확인하고 성장할 수 있도록 도와준다. 이는 모금의 투명성과 신뢰를 높이고 모금 활동의 지속성을 보장하는 데 도움이 된다.

3) 모금 활동 및 사례를 통한 모금 전략

(1) 모금 활동 현황

한국의 대표적인 모금 기관은 한국사회복지공동모금회이다. 감사원에 의해 불우이웃돕기 성금의 민간 이양 필요성이 지적되었고, 「사회복지공동모금회법」 제정과 함께

1998년에 전문 모금 및 배분 기관으로 공동모금회가 설립되었다. 초기에는 기업의 모금에 주로 초점을 맞추었지만, 이후에는 다양한 모금 활동을 통해 개인 기부자들의 참여를 촉진하고, 현물 기부에서 현금 기부 및 지정위탁제를 도입하여 민간 자원을 확대해 나갔다(김교성 외, 2017).

한국사회복지공동모금회의 성과 보고에 따르면, 2022년 기준으로 7,925억 원이 모금되었으며, 이 중 27.7%가 지역사회로, 25.3%가 위기 가정으로, 21.5%가 아동 및 청소년에게 배분되었다(사회복지공동모금회 홈페이지). 한국사회복지공동모금회 외에도 아름다운재단, 월드비전, 대한적십자사 등의 다양한 모금기관에서 사회 문제 해결을 위한 모금 활동을 진행하고 있다.

(2) 모금 사례 및 전략

사회 문제의 복잡성에 따라 기부자들의 욕구도 다양해지고 있으며, 이에 대응하기 위해서는 다양한 모금 전략이 필요하다. 특히 기부 효능감을 높이는 모금 전략을 구축하는 것이 중요하다. 비영리단체들은 고액의 기부자를 유치하기 위해 모임(클럽)을 구성하기도 한다. 예를 들어, 미국 공동모금회(United Way U.S.A.)는 '토크빌 소사이어티'라는 고액 기부자 클럽을 운영하고 있다(United Way U.S.A. homepage). 이 클럽에는 워렌 버핏, 빌 게이츠와 같은 유명 인사들도 회원으로 참여하고 있다. 토크빌 소사이어티는 1만 달러부터 100만 달러 이상의 금액을 기부하는 회원들을 9등급으로 구분하여 관리하고 있다. 클럽 멤버들은 다양한 사회봉사활동, 교육 프로그램, 국내외 네트워킹에 참여할 수 있을 뿐만 아니라, 지역사회 변화를 위한 투자에 참여할 기회를 제공받는다. 또한 백만 달러 클럽 회원만이 참여할 수 있는 국내외 네트워크에도 참여할 수 있다. 한편, 한국의 사회복지공동모금회는 토크빌 소사이어티 모델과 유사한 '아너소사이어티'를 20007년에 만들었다. 아너소사이어티는 개인 고액 기부자들의 그룹으로, 1억 원 이상의 기부를 하거나 5년 이내에 납부를 약속한 사람들로 구성된다(사회복지공동모금회 홈페이지). 2023년 기준 아너소사이어티 회원은 총 3,340명으로 집계되었으며, 이 중 기업인이 48.1%로 가장 큰 비중을 차지하고 있다. 그다음으로 기타 업종 및 익명이 24.3%로 나타났다(사회복지공동모금회 홈페이지).

기부 장려를 위해서는 기부자 모집과 더불어 기부자들에게 다양한 혜택(benefits)을 제공하는 것 또한 중요하다. 이를 위한 대표적인 방법은 세액공제를 통한 기부 활성화이다. 기부금 세액공제는 세법에서 정한 기부금 단체에 기부했을 때 받을 수 있는 혜택이다. 세액공제를 받을 수 있는 기부금은 주로 법정기부금과 지정기부금으로 나뉜다(아름다운재단 기부문화연구소 홈페이지). 법정기부금은 국가, 지방자치단체나 사립대학, 국립대병원, 사회복지공동모금회 등에 기부된 금액을 포함하며, 지정기부금은 기획재정부가 지정한 단체에 기부된 금액을 의미한다. 지정기부금으로 인정받을 수 있는 대표적인 단체로는 아름다운재단, 동물자유연대, 굿소사이어티 등이 포함된다. 법정기부금은 소득금액에서 전액을 공제받을 수 있지만, 지정기부금은 소득금액의 30%만 공제가 가능하다(2024년 3월 기준). 세액공제율은 기부 금액이 많을수록 높아지게 된다. 이러한 방법은 미국, 영국 등에서도 널리 활용되고 있으며, 최근에는 키오스크를 통한 기부에도 전화번호를 통해 세액공제를 받을 수 있는 방법이 도입되어 많은 사람이 선호하고 있다(박미희 외, 2024).

기부 굿즈 판매를 통해 기부 활동에 대한 기억을 되새기고 가치 소비를 유도하는 방법도 있다. 예전에는 '사랑의 열매' 배지가 기부의 상징으로 활용되었고, 기부 영수증을 통해 기부 활동을 기억하였다. 모금 기관에서는 이제 굿즈 제품들을 적극적으로 활용하여 마케팅 전략을 짜고 있다. 유명 브랜드와의 협업으로 굿즈를 출시하거나, 트렌디한 디자인과 실용성을 갖춘 굿 굿즈(Good Goods)를 선보이기도 한다. 예를 들어, '유니세프'의 'Hope Ring'은 아동들의 희망을 후원하는 이벤트로 많은 인기를 끌었으며, 현재는 '유니세프' 팀 반지와 팔찌를 통해 정기후원자를 모집하고 있다. 이런 다양한 형태의 굿즈들을 통해 기부자들은 자신의 기부를 특별하게 인식하고 기억하게 된다. 그러나 일부 사람들은 이러한 굿즈를 통한 기부가 일시적이며, 기부의 의미를 퇴색시킬 수 있다는 우려를 표하기도 한다.

[그림 12-4] 유니세프 정기 후원 굿즈-팀 팔찌

출처: '유니세프' 홈페이지.

기부자의 특성과 기부 방법은 변화할지라도 모금을 함에 있어 변하지 않는 활동 형태는 기부자와의 의사소통이다(박미희 외, 2024). 기부와 모금은 결국 사람과 사람 간의 관계를 기반으로 하며, 마음을 움직이고 그것이 행동으로 이어지는 과정이기 때문에 의사소통은 핵심적인 요소이다. 이제 모금 조직들은 기부자를 단순히 기부금을 제공하는 주체로만 보지 않고, 프로젝트를 함께하는 파트너로 인식하고 있다. 따라서 파트너인 기부자에게 기부금의 사용 과정과 사용처를 구체적으로 공개하는 것은 당연한 일이다. 이를 통해 모금 조직에 대한 신뢰도가 높아지고, 신뢰가 쌓인 기관과는 오랫동안 협력할 수 있으며, 장기간의 기부를 통해 깊은 관계를 형성할 수 있다. 이를 위해서는 일방향이 아닌 양방향의 의사소통이 필요하다. 고액 기부자이든, 소액 기부자든 기부 금액과 상관없이 양방향의 소통을 통해 지속적인 기부를 유도할 수 있다. 모금 기관들은 기부자에게 YouTube, SNS를 통해 현재 상황과 모금 결과를 공개하고, 이에 대한 실시간 댓글을 통해 기부자와 상호작용을 할 수 있는 방법을 채택하여 고객 관계 관리 전략으로 활용하고 있다(박미희 외, 2024).

학습 과제

1. 자신이 참여하였거나 참여하고 싶은 기부 활동에 대해 찾아보고, 기부 참여 동기에 대해 설명하시오. 기부를 통해 어떤 변화를 기대하는지 생각해 보시오.
2. 현재의 기부 시스템을 개선하거나 새로운 기부 방법을 도입하여 더 많은 사람의 참여를 유도할 수 있는 방법에 대해 생각해 보시오.
3. 다양한 세대별 특성을 고려하여 효과적인 모금 전략을 고안해 보고 세대 간에 어떤 차이가 있으며, 세대별로 어떤 모금 방법에 더 반응할 것으로 예상되는지 논의해 보시오.

참고문헌

김교성, 박미희, 송민, 김윤민, 김혜진, 정유경, 이창숙(2017). 사회복지공동모금회 20년, 사회적 영향력 및 성과분석. 사회복지공동모금회 나눔연구소.

김경미, 이영민(2021). 기부의도 및 기부장려금 신청의도의 영향요인에 대한 탐색적 연구: 기부동기 및 기부행동 관련 이론을 중심으로. 한국소통학보, 20(4), 189-221.

김소영, 김수영, 조남경, 허용창, 유재윤, 송기호, 박준혁(2020). 나눔토대연구: 한국의 나눔, 정의와 변천. 조사연구 2020-09. 사회복지공동모금회. 사랑의열매.

박미희, 노연희, 이수현, 윤지현, 한우재, 이민영, 유재윤(2024). 기부트렌드 2024. 사회복지공동모금회(나눔문화연구소). 사랑의열매.

비케이 안(2020). 모금학 개론. 비영리단체를 위한 모금 전략의 모든 것. 한국기부문화연구소. 한양대학교 출판부.

유찬희, 박혜진(2024). 고향사랑기부제 시행 1년, 성과와 과제. 한국농촌경제연구원.

이래혁, 장혜림(2022). 이타적 성향과 사회적 신뢰가 코로나19 대응 기부 행동에 미치는 영향: 성별 및 연령의 차이를 중심으로. 한국콘텐츠학회논문지, 22(6), 495-505.

이병관, 문영숙(2015). 기부 동기와 기부 의도에 영향을 미치는 심리적 요인: 기부와 자기자비의 관계성에 관한 탐색적 연구. 광고연구, 107, 126-158.

이영주, 장윤주, 정민정(2022). 국내외 연구조사를 통해 본 기부의 개념과 측정. 아름다운 재단 Issue 4.

전신현(2022). 대학생의 기부 시작과 지속 원인 비교: 계획된 행동이론, 기부동기, 사회자본 요인들의 통합을 중심으로. 공공정책연구, 39(1), 179-206.

진재문, 장유미, 강정희, 이강훈, 신세민, 조명희, 강종희, 정민경, 박성애(2017). 자원봉사와 시민의 삶. 학지사.

통계청(2023). 2023년 사회조사 결과. 사회통계국. 사회통계기획과.

홍은진(2005). 기부참여와 기부규모에 영향을 미치는 요인에 대한 연구. 한국사회복지행정학, 7(3), 123-152.

Ajzen, I. (1985). From Intentions to Actions: A Theory of Planned Behavior. In J. Kuhl & J. Beckmann, (Eds.), Action Control. SSSP Springer Series in Social Psychology. Springer, Berlin, Heidelberg. https://doi.org/10.1007/978-3-642-69746-3_2

Bandura, A. (1977). Self-efficacy: Toward a unifying theory of behavioral change. *Psychological review, 84*(2), 191-215. https://doi.org/10.1037/0033-295X.84.2.191

CAF. (2023). World Giving Index 2023 Global Trends in generosity. Charities Aid Foundation

Chapman, C. M., Masser, B. M., & Louis, W. R. (2020). Identity Motives in Charitable Giving: Explanations for Charity Preferences from a Global Donor Survey. *Psychology & Marketing, 37*(9), 1277-1291.

Frumkin, P. (2010). The Essence of Strategic Giving: A Practical Guide for Donors and Fundraisers. University of Chicago Press.

Glanville, J. L., Paxton, P., & Wang, Y. (2016). Social Capital and Generosity: A Multilevel Analysis. *Nonprofit and Voluntary Sector Quarterly, 45*(3), 526-547.

Goldseker, S., & Moody, M. (2021). 임팩트 세대: 차세대 기부자들의 기부 혁명(사랑의열매 나눔총서 5) (*The Impact Generation: How Next Gen Donors Are Revolutionizing Giving*). (신봉아 역). 교유서가. (원서는 2017년에 출간).

Konrath, S., & Handy, F. (2017). 5 Reasons Why People Give Their Money Away-Plus 1 Why They Don't. The Conservation.

Payton, R. L., & Moody, M. P. (2008). Understanding Philanthropy: Its Meaning and Mission. Indiana University Press.

Putnam, R. D. (1995). Bowling alone: America's declining social capital. *Jounal of democracy, 6*(1): 65-78.

Sargeant, A., & Woodliffe, L. (2007). Building Donor Loyalty: The Antecedents and Role of Commitment in the Context of Charity Giving. *Journal of Nonprofit & Public Sector Marketing, 18*(2), 47-68.

White, K. M., Starfelt Sutton L. C., & Zhao, X. (2023). Charitable Donations and the Theory of Planned Behaviour: A Systematic Review and Meta Analysis. *PLoS ONE, 18*(5), e0286053. https://doi.org/10.1371/journal.pone.0286053

⁂ 사이트

기브앤레이스 홈페이지. 2024. 3. 20. 접속. https://www.givenrace.com/give#/

아름다운재단 기부문화연구소 홈페이지. 2024. 3. 21. 접속. 아카이브 [기부통계②] 국내 기부금 총액. https://research.beautifulfund.org/13835/

아름다운재단 기부문화연구소 홈페이지. 2024. 4. 28. 접속. 연말정산, 기부금 세액공제 계산하기. https://research.beautifulfund.org/19814/

유니세프 홈페이지. 2024. 3. 22. 접속. https://www.unicef.or.kr/event/unicef-team3-1/

사회복지공동모금회 홈페이지. 2024. 3. 28. 접속. https://chest.or.kr/base.do

승일희망재단 홈페이지. 2024. 4. 1. 접속. https://www.sihope.or.kr/donation/?act=sub11

카카오같이가치 홈페이지. 2024. 3. 25. 접속. https://together.kakao.com/

AFP homepage. International Statement of Ethical Principles in Fundraising. Retrieved April, 30, 2024. from https://afpglobal.org/international-statement-ethical-principles-fundraising

Microsoft CSR homepage. Retrieved April, 10, 2024 from https://www.microsoft.com/en-us/corporate-responsibility

United Way U.S.A. homepage. Retrieved April 10, 2024 from https://www.unitedway.org/get-involved/groups/tocqueville-society/membership

제 13 장

기업사회공헌과 ESG

학습목표

1. 기업의 사회적 책임에 대한 이해
2. 기업사회공헌의 현황과 한계에 대한 비판적 성찰
3. 기업사회공헌 활동 유형 및 현황에 대한 고찰
4. ESG의 의의 및 구성 요소에 대하여 파악
5. ESG 구성 요소에 따른 기업의 역할에 대한 고찰

학습개요

- 제13장에서는 최근 더욱 주목받고 확산되는 기업사회공헌과 ESG에 대한 이해로, 먼저 기업사회공헌에서 사회적 책임에 대한 시대적 요구인 다양한 사회공헌활동의 패러다임에 대하여 살펴보고, 이어서 ESG가 추구하는 기업의 비재무적 요소인 환경(E), 사회(S), 지배구조(G)에 대하여 파악하게 된다.

- 1절에서는 기업의 사회공헌이 추구하는 가치와 지역 복지의 연계 및 확대에 대해 고찰한다.
- 2절에서는 기업사회공헌의 현황과 한계, 기업사회공헌 활동의 유형 및 현황 등을 살펴보게 된다.
- 3절에서는 ESG의 역사, 적용 필요성, 우리나라에서 ESG의 확산 배경, ESG 적용 사례를 기업별로 살펴보게 된다.

1. 기업사회공헌

전 세계적으로 기업의 사회적 책임에 대한 요구가 높아짐에 따라 기업에서는 다양한 사회공헌활동에 대한 노력을 지속하고 있다. 저성장 기조, 청년실업, 비정규직, 고령화에 따른 사회적 비용과 갈등이 장기화되면서 기업의 윤리를 포함한 사회 구성원으로서의 기업의 사회적 책임 실현 문제까지 관심의 범위로 확대되고 있다.[1)]

대외적으로는 세계화 심화 추세와 맞물려 UN, OECD, ILO 등과 같은 국제기구들이 기업의 사회적 책임을 지속적으로 강조하였고, 2010년 11월 1일 '사회책임에 관한 국제 가이드라인'에서 ISO26000이 발효되었다.[2)] 국내에서는 글로벌 경제위기 상황에서 적극적 일자리 창출과 안전한 고용 유지 등 기업의 역할과 책임에 대한 기대가 높아지고, 기업의 사회적 책임의 이행 상황을 공시하도록 법제화하려는 움직임이 가시적으로 나타나고 있다. 이러한 대내외적인 환경 변화에 따라 대기업 및 일부 선도 기업들을 중심으로 기업의 사회적 공헌 전담 부서를 설치하고, 국제 기준에 맞춰 기업의 사회공헌 보고서를 발간하는 등 국내 기업들도 다양한 사회공헌활동을 전개하고 있다. 중요한 것은 사회공헌이 시혜적인 차원의 기업 중심의 일방적・획일적 활동이 되어서는 안 되며, 가능한 한 공급자와 수요자 모두에게 맞춤형 사회공헌활동이 될 수 있어야 한다. 수혜자 각각의 상황에 따라 어떤 공급 자원 및 활동 등이 필요한지, 공급 자원이 어느 정도 가능한지 그리고 가장 적합한 공급 자원은 어디에 있는지, 그 자원을 이용할 수 있는지 등의 데이터 뒷받침이 중요하다. 기업의 사회적 책임은 선택사항이 아니라 지속 성장과 경쟁력 향상의 원천이라는 방향으로 논의가 되고 있다. 또한 융합 환경하에서 기업의 사회공헌이 추구해야 하는 가치와 지역 복지의 연계 및 확대에 대한 고찰이 필요한 시기이다.

1) 성은빈, 백현식(2016). 경기도 내 기업의 사회적 책임(CSR) 관련 조례연구, 경기연구원, GRI 연구논총 제18권 제2호, 155면 참조.

2) 장영철, 안치용(2012). 기업의 사회적 책임(CSR)과 기업성과・경쟁력의 재음미, 대한경영학회, 대한경영학회지 제25권, 3554면 참조.

2. 기업사회공헌의 현황과 한계

1) 기업의 사회적 책임 의의

기업은 사회에서 재화와 서비스를 생산하고 판매하면서 수익을 창출하고 그 과정에서 일자리 창출에 따른 임금 지급 등의 과정을 통해 직·간접적으로 사회와 상호 관계를 맺어 왔다. 기업의 사회적 책임(Corporate Social Responsibility: CSR)이란 기업을 경영하는 과정에서 사회 구성원의 하나로 기업이 사회에 가져야 하는 책임을 통칭하는 것이라 할 수 있다. 기업의 사회적 책임에 대하여 광범위한 개념으로 접근한 보웬(Bowen, 2013)은 "우리 사회 목표나 가치에 적합하게 기업의 의사결정이 이루어지고, 그것을 행동으로 옮겨야 하는 기업인의 의무"로 정의하였고, 맥과이어(McGuire, 1963)는 경제 및 법적 의무뿐만 아니라, 그 범위를 넘어서서 사회 전반에 대한 책임이 있다는 관점으로 진전시켰으며, 캐럴(Carroll, 1979)은 경제적·법적·윤리적·자선적 책임으로 구체화하였다.[3] 즉, 경제적 책임, 법적 책임 뿐만 아니라 윤리경영과 자선적 책임을 모두 포괄하는 광의의 개념으로 '기업의 사회적 책임'을 정의한 것이다. 그 외에 주요 국제기구에서 정의하고 있는 기업의 사회적 책임은 매우 다양하다.[4] 그중 국제표준화기구(ISO)에서는 2010년에 ISO26000을 제정하면서 사회적 책임을 "조직의 의사결정과 활동이 사회 및 환경에 미치는 영향에 대해 조직이 부담하는 책임"으로 정의하고 있다.

---

3) 안종희, 양준규(2012). 한국철도학회, 한국철도학회 학술발표대회 논문집, 2012.5, 437면 재인용; 정기한, 허미옥, 신재익(2007). 기업의 사회적 책임, 이미지, 신뢰, 몰입, 고객충성도 간의 관계에 관한 연구, 한국경영학회 통합학술대회 참조.

4) 이 밖에도 CSR에 관해 많은 정의가 존재하는데, 일반적으로 경제적 책임을 넘어선 보다 넓은 활동 영역을 사회에 대한 기업의 책임 영역으로 간주한다는 데 공통점을 가진다. 국제기구들에서는 보편적으로 '기업의 사회적 책임(CSR)'이란 용어를 쓰고 있으나 경제협력개발기구(OECD)나 국제상공회의소(ICC)는 '사회적'이란 단어를 사용하면 기업의 책임을 사회 문제에 국한할 우려가 있다는 지적을 반영해 CSR에서 'Social'을 빼고 '기업의 책임(CR)'이란 말을 쓴다. ISO26000을 발효시킨 국제표준화기구(ISO)는 사회책임이 기업에만 한정되지 않는다고 보아 CSR에서 corporate을 빼고 SR이란 용어를 사용한다.

2) 기업 사회공헌활동의 유형 및 현황

(1) 사회공헌활동의 의의

기업의 사회적 책임이 중요시되면서 사회적 책임을 실행하는 의미를 담고 있는 사회공헌활동이 주목을 받고 있으며, 기업의 본질적 활동인 경제적 역활의 차원을 넘어 보다 적극적인 차원에서 사회발전에 기여하고자 하는 일련의 활동으로 접근하고 있다. 기존에는 단순히 기부나 생색내기식의 봉사활동에 그쳤으나, 지역사회의 문제 해결을 위해 앞장서는 등 보다 적극적인 활동으로 그 영역을 확장해 가고 있다. 즉, 기업의 사회공헌활동은 기업이 사회 구성원으로서 수행해야 하는 여러 가지 책임 중에서 기업의 본래 목적인 경제적 활동 이외에 자발성을 전제로 여러 분야에서 다양한 방식으로 사회발전에 기여하기 위해 행하는 활동이라 할 수 있다. 이러한 사회공헌활동에 대해 연구자마다 다양한 정의를 내리고 있으며, 캐롤은 사회공헌활동을 사회적 책임의 구성항목 중에서 자선적 책임에 해당하는 활동으로 정의하였다. 국내 연구자들은 구성원들이 개인 소유의 자원과 기업의 인적자원을 자발적으로 지역사회에 제공하여 활용할 수 있도록 하는 활동이라고 설명하기도 하고, 기업과 지역사회 간의 상호작용으로 기업이 지역 주민과 지역의 여러 조직으로부터 좋은 이미지를 회복하고 지역사회복지에 기여함으로써 명성을 얻게 되는 활동으로 정의하기도 한다. 또한 사회적 요구에 적극적으로 반응하는 행위로서 기업이 자발적인 자원으로 투입하여 행하는 모든 활동이라고도 한다. 이처럼 다양한 관점에서 정의되고 있는 기업의 사회공헌활동은 융합 환경을 고려해 볼 때, 기업이 소비자와의 다양한 관계 속에서 상호 간의 작용을 원활히 하기 위하여 지역사회와 함께 유무형의 자원을 제공하여 행하는 모든 공헌 활동이라고 볼 수 있다.

(2) 사회공헌활동의 유형

기업의 사회공헌활동은 일반적으로 현금이나 물품의 기부, 서비스 지원, 시설 제공, 봉사활동 등으로 이루어지고 있는데, 유형이나 방식이 매우 다양하고 그 분류 또한 여러 형태로 나타날 수 있다. 대개는 기업의 사회공헌활동을 단순한 기부나 협찬 활동으로 분류하거나, 임직원을 통한 자원봉사활동 또는 직접적 사회 공익 활동으로 크게 분류한다. 전국경제인연합회에 의하면 우리나라 사회공헌활동 운영방식별 유형은 자율 프로그램과 간접 프로그램으로 분류되어 있다. 기업이 뚜렷한 기획 의지를 갖추고 참여한 자율 프로그램과 외부 협찬, 재해구호금 등 외부 활동을 지원하는 간접 프로그램인 일반기부금으로 나뉜다. 자율 프로그램은 자체 사업과 파트너십으로 구분되고 있는데, 자체 사업은 외부 공익법인을 거치지 않고 기업이 단독 운영하는 공익사업으로 자체 예산으로 직접 사무국을 두고 진행한다. 사업비, 사회공헌 성격의 캠페인 비용, 임직원 봉사에 사용된 각종 부대비용 등 사회공헌 지출, 기획사나 대행사 등 활용한 사회공헌 사업 관련 행사 비용 등을 포함된다. 파트너십은 기업의 다양한 내부 자원을 투입하여 외부와의 협업을 통해 진행하는 사업으로 분류된다. 간접 프로그램으로는 외부의 기존 프로그램에 대한 후원 협찬과 재해구호금과 같은 비지정 기부금 등의 일반기부금으로 구분된다.

분야별 유형은 취약계층, 교육 · 학교 · 학술, 문화예술 · 체육, 해외 지원, 환경보전, 의료보건, 기타로 분류된다. 대상별 유형으로는 아동 · 청소년, 사회 일반, 장애인, 노인, 환경, 다문화가정, 여성, 사회적 기업, 기타로 구분하고 있으며, 사업 파트너의 유형은 단독추진, 파트너 단체와 공동 추진되는 NPO(Non Profit Organization), 정부 및 지방자치단체, 자사 출연재단, 기타로 나뉜다. 지역별 구분으로는 전국 단위형, 지역사회형, 글로벌형으로 분류하고 있으며, 지원 형태별로는 시설을 건립하거나 물품을 지원하는 하드웨어 지원형, 특정 프로그램 중심의 소프트웨어 지원형, 하드웨어와 소프트웨어를 동시에 지원하는 혼합형으로 구분된다.[5]

(3) 기업의 사회공헌활동 현황

2022년 기업 사회공헌활동 실태를 통해 2022년 사회공헌 지출 현황 및 사회공헌 프로그램의 현황은 다음과 같다.[6]

① 사회공헌 총지출 규모(2022년도)

2022년 주요 기업 260개 사가 지출한 사회공헌 총지출 규모는 3조 5,367억 1,096만 원으로, 2021년 2조 9,251억 원보다 20.9% 증가하였다.

1개 사 평균 지출 규모는 153억 1,044만 원이며, 응답 기업의 지출 규모를 나열한 중간값은 20억 9,800만 원으로 조사되었다. 평균값과 중간값이 차이가 크게 나는 이유는 상위 그룹과 하위 그룹 간 사회공헌 비용 규모 차이가 크기 때문이다. 2021년 대비

5) 사회공헌활동의 전반적인 유형은 전국경제인연합회. 2016 주요 기업 · 기업재단 사회공헌백서, 2016. 10. 참조.

6) 전국경제인연합회(2022). 2022년 주요 기업 · 기업재단 사회공헌 백서. 참조.

2022년의 사회공헌 비용이 증가한 기업은 63.5%, 감소한 기업은 30.3%, 응답 기업의 6.2%는 증감 규모가 ±2% 내외로 비슷한 수준을 유지하고 있다. 사회공헌 비용 증감률 분포를 보면 전년 대비 25% 이상 증가했다고 응답한 기업이 39.8%로 가장 많았고, 전년 대비 10~25% 이상 증가한 기업도 14.7%에 달한다.

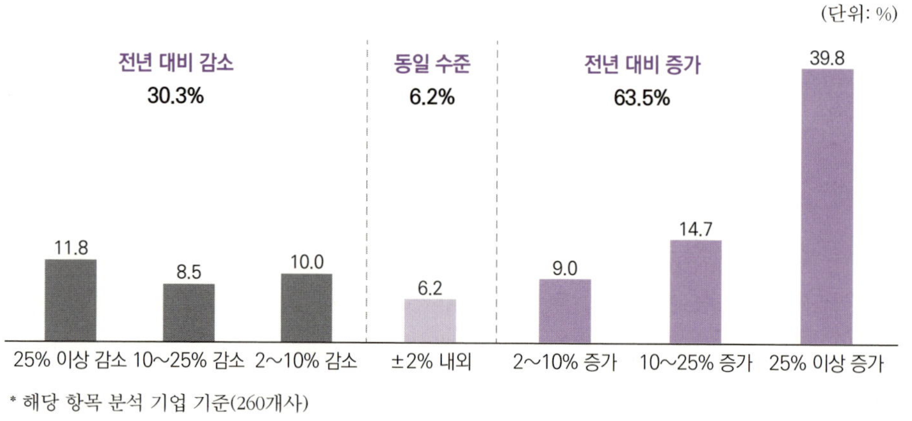

[그림 13-1] 2021~2022년 분석 기업 증감 현황 분포

증감 원인으로는 2022년에 국내외에서 발생한 재난, 코로나19 변이 바이러스 확산, 팬데믹 규제 완화 등이 기업 사회공헌에 가장 큰 영향을 미친 것으로 조사되었다. 사회공헌 지출 감소 원인으로 '코로나19 사회적 거리 두기로 인한 대면 사회공헌 프로그램 추진의 어려움(31.7%)'을 가장 많이 응답하였다.

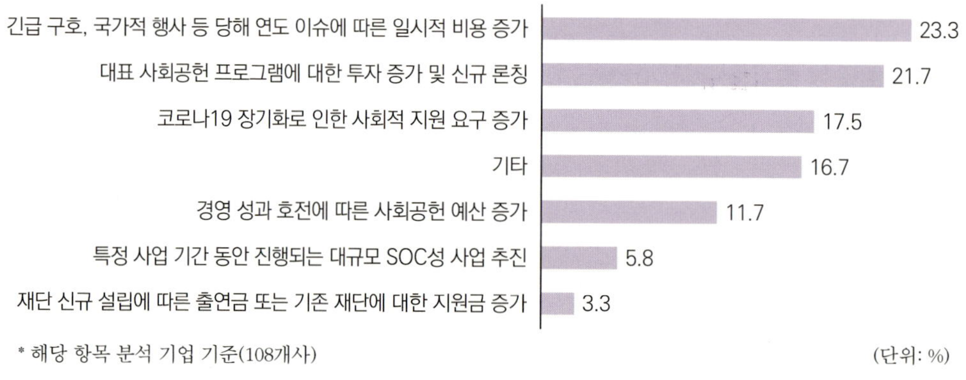

[그림 13-2] 2021~2022년 사회공헌 비용 증가 원인

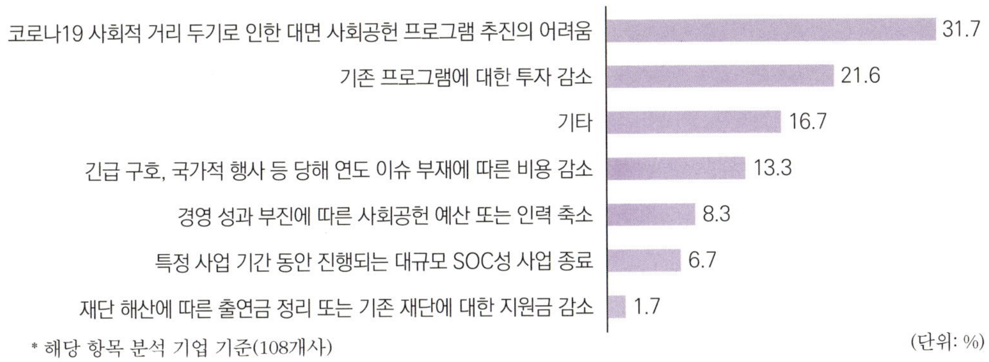

[그림 13-3] 2021~2022년 사회공헌 비용 감소 원인

② 운영 방식별 지출 현황

사회공헌 운영 방식별 지출 현황을 보면 자율 프로그램 비율은 61.8%, 일반 기부에 대한 지출은 38.2%인 것으로 나타났고, 작년 대비 자체 사업 비중이 4.0% 증가했지만, 파트너십 비율은 2.4% 감소하였다. 이는 효율적인 사회공헌을 위해 내부 전문성을 활용하거나 프로젝트 성과 관리 차원에서 기업들이 직접 사회공헌을 챙기는 비중이 늘었음을 시사해 주고 있다. 또한 임직원 재능 기부 활성화, 기업의 자산과 기술을 활용한 기업의 가치를 살린 프로그램이 많아진 추세와도 연관이 있다고 할 수 있다.

③ 분야별 지출 현황

분야별 지출 현황을 보면 취약계층 지원에 대한 지출(33.5%)이 가장 높고, 이어서 교육·학교·학술(17.5%), 문화예술 및 체육(16.4%) 순으로 나타났다. 취약계층 지원은 전통적으로 기업들이 가장 많은 관심을 보여 왔던 영역으로 사회가 복잡하고 다변화되면서 지원 분야(디지털·에너지·문화 격차, 주거 불안 등)와 대상(여성 가장, 환우, 영세 자영업, 범죄 피해자 등)의 세분화에 따라 지출 비율 역시 증가하고 있는 것으로 보인다. 문화예술 및 체육 분야에 대한 지출은 16.4%로 2006년 집계 이래 가장 높은 비율을 보이고 있는데, 이는 그간 창의 인재의 중요성과 삶의 질을 중시하는 인식이 확산되면서 문화예술을 수단으로 활용한 교육·치유 프로그램이 증가한 까닭으로 분석되고 있다.

3) 사회공헌 프로그램 현황

사업 분야별로는 소외계층 지원, 지역사회복지, 복지 인프라 후원 등 취약계층 대상 사회복지 성격의 지출이 39.7%로 가장 많이 나타났으며, 이어서 교육 · 학교 · 학술 연구에 대한 프로그램이 21.4%로 나타났다. 사업 대상별로는 '아동 · 청소년' 분야가 40.1%로 가장 많았으며, 이어 일반 대중을 대상으로 하는 '사회 일반'이 21.0%로 나타났다. 사업 파트너별에서는 기업 3곳 중 1곳(31.7%)은 NPO와 공동으로 사업을 추진하고 있다고 응답했으며, 기업이 단독으로 추진하는 사회공헌 프로그램도 28.4%로 나타났으며, 정부 · 지방자치단체와의 협업 비율이 작년 대비 증가(7.9%)한 것을 특징으로 볼 수 있다. 지역별로는 사업장 소재지 또는 특정 지역을 기반으로 한 지역 밀착형 프로그램이 절반 이상을 차지(57.2%)하였다. 지원 형태별에서는 하드웨어와 소프트웨어 혼합형이 52.3%로 가장 많았으며, 소프트웨어 지원은 29.1%, 하드웨어 지원은 18.6%로 조사되었다.

(1) 융합 환경에서의 지식 기반 사회공헌 지향

① 4차 산업혁명과 지식기반산업을 통한 공유경제 및 공유가치 지향

인터넷 혁명으로 인하여 지식 정보를 에너지로 한 생태적 생활공간인 전자공간이 무수히 만들어지고 있다. 지식 정보는 새로운 세계, 새로운 사회를 열어 가는 원동력이다. 글로벌 웹 곳곳을 흐르면서 무한대의 전자공간을 창출해 내고 있고, 동시에 자기 진화의 에너지로서 작용한다. 지식정보사회 내지 지식 기반 산업사회의 도래는 정치 · 경제 · 사회 · 문화 · 교육 등 제반 생활영역에 많은 변화를 불러오고 있다.[7] 이제는 생활화가 된 전자공간의 하나인 스마트폰은 PC에서 모바일로 전자공간을 확장하면서 기존의 제조업과 IT 기술의 융복합에 의한 제4차 산업혁명 시대를 열어 가고 있고, 이를 통해 공유경제가 진화하고 있다. 공유경제를 반영한 서비스로는 '에어비앤비'와 '우버'를 대표로 꼽을 수 있다. 빈집 혹은 빈방을 유료로 빌려주는 '에어비앤비'와 자신의 차량을 다른 사람과 함께 타는 '우버'는 스마트폰을 매개로 형성된 협력적 커뮤니티 서비스로, 공유경제를 공유가치로 전환하는 새로운 영역의 서비스로 볼 수 있다.

제4차 산업혁명 속에서 자연스럽게 새로운 공유경제를 구축해 가는 핵심은 전자공간이라는 매개체를 통해 쌍방향, 다방향의 정보 공유가 극대화되어 다면 · 다중 관계 형성을 통한 주체적 참여가 웹 기반의 콘텐츠 및 서비스 매체를 통해 확대되고 있는 점이다.

---

7) 최승원(2010). IT 기술 환경의 변화와 정보 통신법제의 전망, 한국법제연구원, 법연 개원 20주년 특집호, 2010.8, 18면 참조.

즉, 콘텐츠와 서비스를 이용한 새로운 사업영역을 창출하고 있는 것이다. 기존의 기업 형태를 벗어나 온오프라인을 통한 새로운 콘텐츠와 서비스 융합 모델을 만들고 계속 진화하면서 다양한 형태의 시장을 열어 가고 있는 것이다. 제4차 산업혁명 시대에서의 공유경제는 IT 기술과의 접목으로 일반인들이 경험을 공유하고 수요와 공급이 지속해서 늘어나면서 이를 뒷받침하기 위하여 만들어 낸 플랫폼 비즈니스 모델을 뒷받침하며, 고객에게 수익을 돌려주겠다는 기업 철학이 내재하여 있다는 점[8]에 주목해야 할 것이다. 이처럼 기업의 이익만 좇아가는 산업 시대와 달리 기업과 회원, 회원과 회원이 상호 이익을 공유하는 친밀한 네트워크와 융합 기업의 성장을 이끌어 내는 것으로, 기업이 새겨야 할 사회공헌의 중요한 공유가치로 지향해 갈 필요가 있다. 또한 제4차 산업혁명 시대에서 나눔 경제는 B2B, B2C, C2C, 즉 B2B2C2C가 서로 정보를 공유하고 의견을 나누는 경제 민주주의와 그런 문화 속에서 만들어진 생산자와 판매자, 소비자들이 상호 유기적 관계 속에서 다양한 비즈니스 모델을 공동 형성하고 판단하며 선택하는 진정한 자본주의의 원리를 실현하는 원동력이 될 수도 있을 것이다.

② 사회공헌활동의 다양화와 지역 복지 연계

최근 기업의 사회공헌활동은 취약계층 지원을 중심으로 행해지고 있으며, 현대사회가 다양화됨에 따라 분야와 지원 형태가 세분화되는 듯하지만, 그 분야들이 그리 많지 않다. 전통적 복지 분야 외의 교육, 문화, 환경, 역사 등 다양한 분야와 관련된 인적 · 물적 · 유무형 자원을 연계한 사회공헌 모델들이 나와야 하고, 하드웨어적 지원에서 소프트웨어, 특히 콘텐츠와 서비스 지원 방향으로의 접근이 점점 확대되어야 한다. 이를 통해 실질적인 복지 확대와 사각지대 발굴, 중복 비효율 방지 등의 효과도 기대할 수 있다. 기업과 사회는 상호 간의 커뮤니케이션과 상생 관계 속에서 순환되고 있다. 지역 복지체계가 잘 이루어져야 기업의 사회공헌활동에도 효용성이 커진다. 기업의 사회공헌활동이 지속해서 원활히 이루어지기 위해서는 지역 복지와의 연계, 즉 기업과 지역, 지

8) 예를 들어, 공유경제를 구현하고 있는 한 여행사인 WorldVentures 기업시스템은 rovia.com에서 공개형 무료 예약사이트, 그리고 dreamtrups.com을 통해 매년 11,000종류에 달하는 전 세계 여행 상품들을(물론 한국 상품도 포함) 구매하는 폐쇄형 여행 예약사이트를 운영하고 있다. 이 회사가 다른 부킹사이트와 다른 점은 '무료회원'과 '유료회원'으로 나뉘어 있고, 유료회원에게는 가격부터 상품의 질까지 특화된 서비스를 제공한다는 것이다. 또 하나는 여기서 제공하는 여행 상품을 직접 경험한 회원이 여행 가치는 물론 가치에 비해 낮은 상품에 감동을 받아 가까운 회원들을 소개함으로써 자연스럽게 수익을 창출할 수 있다는 매력적 시스템을 보유하고 있다. 이 때문에 세계적 불황기임에도 불구하고 매년 50%가 넘는 놀라운 성장률을 기록하고 있다고 설명하면서 공유경제의 특징을 꼽고 있다.

역 간, 지역 내 민관협력의 네트워크는 필요하고도 중요한 기제이다. 이를 통해 지역 내 민간 복지 조직의 기능 활성화와 참여를 통한 중간 역할이 확대될 수 있고, 이에 기반한 기업과 지역 간의 사회적 협력을 통한 지역 복지 모델이 더욱 탄력을 받을 수 있을 것이다. 특히 소비 모델에서 생산 유통 판매 모델에 이르기까지 사회공헌활동이 확대되면 지역경제나 지역발전에도 상당한 기여가 될 수 있다. 즉, 기업의 사회공헌과 지역 복지의 연계 방향은 공급자 중심의 일률적이고 획일적인 형식적 차원이 아닌, 수요자 맞춤형 서비스를 위한 분업과 협업이 기본이 되어야 한다. 따라서 지역사회를 구성하는 다양한 주체가 공동의 목적을 중심으로 함께 모이고, 무엇보다도 그 지역에 대한 깊은 이해를 바탕으로 한 전문 사회기관이 적합한 역할을 감당할 때 보다 더 큰 복지와 사회공헌 성과가 발생할 수 있을 것이다.[9] 또한 이 과정에 있어 그 기관의 책임 경영을 맡고 있는 사회복지법인, 지역의 복지전문가들, 지역의 기업들, 소상공인들의 역할에 대한 인식 및 실천이 동반될 때 그 영향력은 배가될 수 있을 것이다. 나아가 모든 지역의 고민이 될 수 있는 고령화사회에 일과 복지가 양립되어야 하는 방향으로 접근되어야 한다. 즉, 기업이나 사회공헌에 연계되고, 지역에 지속가능한 사회공헌 발전 모델을 통한 다양한 연령층의 지식, 일자리 창출 또한 지역경제, 지역 복지의 질을 높이는 새로운 사회공헌의 시도가 될 수 있을 것이다.

3. ESG란

ESG란 기업의 비재무적 요소인 환경, 사회, 지배구조(Environmental, Social, Governance)를 뜻하는 말로, 기업이 환경에 대한 책임을 다하는지, 주주, 직원, 고객에게 친화적으로 사회적 책임을 다하는지, 기업의 지배구조 및 경영권 승계가 투명한가 등이 포함된다. 옛날에는 기업의 재무적 안정성, 시장점유율, 핵심 기술 등으로 기업의 가치를 평가했으나 세계적인 기후변화 위기와 코로나19를 겪으면서 기업의 비재무적 가치인 ESG의 중요성이 커지고 있다. 기업의 제품이나 기술이 매우 뛰어나더라도 그 과정에서 환경오염, 직원 및 협력사에 대한 갑질과 무시, 비윤리적인 행위, 소비자 피해,

9) 윤희숙(2015). 지역사회복지 중심으로 사회복지법인의 역할과 실천 과제, 한국 사회복지 행정학회, 한국 사회복지 행정학회 학술대회 자료집. 2015. 4. 168면. 참조.

산업재해 등이 발생한다면 고객들로부터 외면을 받게 된다. 그러므로 ESG는 기업이 지속 가능한 발전을 위한 핵심 요소이며, 객관적인 평가 지표인 재무제표에는 표현되지 않지만 기업의 가치에 상당한 영향을 끼치는 비재무적 지표라고 할 수 있다. 환경 측면에서 가장 중요하고 핵심적인 것은 기후변화와 탄소 배출이다. 수년 전부터 세계 곳곳에서 발생하는 이상기후 현상은 점점 더 심각해지고 있다. 즉각적인 탄소 배출 절감을 하지 않는다면 인간, 동물, 식물의 생태계는 존속하지 못하게 될 것이다. 환경파괴를 예방하기 위한 폐기물 및 자원 관리, 새로운 에너지의 개발과 효율적인 에너지 사용이 매우 중요하다. 사회적인 면에서는 지역사회 기여, 노사관계, 근로환경 개선과 같은 항목이다. 기업의 외부 항목과 내부 항목으로 구분할 수 있는데, 내부 항목 중에서는 노동조합 가입률, 직원 만족도, 직원당 평균 교육 시간과 같은 근로 여건과 여성 직원의 비율, 장애 보유 직원의 비율과 같은 다양성 관련 항목이 핵심이다. 외부 항목에는 제품 책임, 고객 만족, 지역사회 기여 등이 관련되어 있다. 기업의 사회적 책임은 기업의 평판과 신뢰도에 직접적인 영향을 끼치게 된다. 또한 기업이 사회 문제에 적극적으로 대처한다면 새로운 제품이나 서비스를 개발하거나 새로운 시장을 개척할 수 있다(김재필, 2021). 지배구조 면에서는 믿을 수 있고 투명하게 운영되는 이사회와 감사위원회 구성, 부정부패 척결, 뇌물 척결, 정치 기부에서 합법적이며 윤리적인 기준을 가질 것이 요구된다. 전문가들은 ESG의 3가지 요소 중 지배구조를 으뜸으로 치는데, 지배구조(Governance)가 제대로 갖춰 있지 않으면 환경(Environmental)과 사회(Social)가 쉽게 무너질 수 있기 때문이다. 따라서 CEO나 내표의 독선적 황제 경영, 사내외 이해관계자들에 대한 갑질 경영을 막기 위해 지배구조를 제대로 세우고 운영해야 한다. 바른 지배구조는 기업의 이해관계자들(고객, 주주, 사회 등)에게 신뢰감을 주며, 기업의 장기적인 지속가능성과 경제적 가치를 높일 수 있다(김재필. 2021).

〈표 13-1〉 ESG의 구성 요소

환 경 (Environmental)	사 회 (Social)	지배구조 (Governance)
• 환경오염/환경규제 • 기후변화/탄소 배출 • 에너지 효율 • 생태계/생물의 다양성 • 책임 있는 구매/조달 등	• 근로자 안전 등 • 고객 만족 • 데이터 보호/사생활 보호 • 지역사회 관계, 공급망 관리 • 인원 성 평등 및 다양성	• 기업윤리/공정경쟁 등 • 이사회/감사위원회 구성 • 뇌물/반부패 • 컴플라이언스 • 로비/정치 기부

출처: 대한상공회의소(2021).

1) ESG의 역사

ESG는 산업혁명 시기부터 시작되었다. 아동에 대한 노동과 일산화탄소가 이슈가 되면서 기업 경영이 사회와 환경에 피해가 야기되지 말아야 한다는 공감대가 형성되었다. 그 이후에 글로벌 규약들이 하나둘씩 만들어지고 윤리경영, 지속가능 경영, 환경 경영 등이 강조되어 왔다. 특별히 지속가능한 경영은 ESG의 보다 기본적인 개념으로, 오늘날 ESG는 지속가능 경영과 사회적 책임이 진화하여 제도화, 규범화된 것으로 이해할 수 있다. 1987년 세계환경개발위원회(WCED)와 유엔환경계획(UNEP)이 공동으로 채택한 '우리 공동의 미래(Our Common Future)'라는 보고서(브룬트란트 보고서라고도 불림)에서 '지속가능한 발전'이라는 용어가 처음으로 화두에 올랐다. 지속가능한 발전을 '미래 세대의 잠재력과 꼭 필요한 자원을 훼손하지 않으면서 현세대의 수요를 만족시키기 위해 지속적 유지 가능한 발전'으로 정의하고 있다. 1992년 브라질 리우 회의에서 유엔환경계획은 '리우선언'을 채택함으로써 세계 3대 환경 협약인 생물다양성협약, 사막화방지협약, 기후변화협약을 신설했다. 2005년 유엔글로벌콤팩트(UNGC)에서는 ESG 용어가 공식적으로 제시되었고, 사회책임 투자에 대한 글로벌이니셔티브의 설립을 결정하였다. 2006년에는 현재 ESG 경영의 초석이 되는 UN 책임투자 원칙(Principles for Responsible Investment: PRI)이 결성되었다. UN PRI는 지배구조, 사회, 환경과 연관된 항목을 의사결정 및 투자 정책 수립, 자산운용에 고려한다는 논제가 담겨 있다(권미엽 외, 2022).

〈표 13-2〉 UN 사회책임투자 원칙

① 투자 분석 및 의사결정 시 ESG를 적극적으로 포함한다. ② 투자 철학 및 운용 원칙에 ESG를 반영한다. ③ 기업에 ESG 관련 정보의 공개를 요구한다. ④ 금융산업의 PRI 이행과 준수를 위해 힘쓴다. ⑤ PRI의 효율적 정착을 위해 상호 협력한다. ⑥ PRI의 정착을 위한 활동과 진행 상황을 보고한다.

〈표 13-3〉 ESG의 역사

연도	주 최	보고서 및 선언	내 용
1987	세계환경개발위원회(WCED), 유엔환경계획(UNEP) 공동	브룬트란트 보고서(우리 공동의 미래)	자원과 잠재력을 훼손치 않는 지속가능한 발전을 전 세계적 의제로 제시
1992	유엔환경계획(UNEP)	리우선언	기후변화협약, 생물다양성협약, 사막화방지협약 신설
2005	유엔글로벌콤팩트(UNGC)	사회책임 특사에 대한 글로벌 이니셔티브의 설립 결의	ESG 용어 공식 제시
2006	유엔 책임투자 원칙(UN PRI)	UN 책임투자 원칙(Principles for Responsible Investment: PRI) 발표	ESG를 투자 정책 수립과 의사 결정, 자산 운용에 고려
2016	비영리단체(Global Reporting Initiative: GRI)	GRI 표준 발표	환경 · 사회 · 경제 부문으로 구분해 기관이나 기업의 지속가능성 평가 지표를 제시
2017	기후변화 관련 재무 정보 공개 태스크포스(TCFD, Climate-related Financial Disclosures)	기후변화 관련 재무 정보 공개 권고	기후변화와 관련된 기회 요인과 리스크에 따른 재무 정보 공개 권고안 제시
2019	미국 TOP 기업 CEO의 연례회의 BRT(Business Round Table)	New Purpose 선언	기업과 관련된 이해관계자의 가치가 포함된 새로운 기업 목적을 제시
2020	세계경제포럼	지속가능성 의제 논의	지속가능한 가치를 측정할 수 있는 백서 발간
2020	자산운영사 블랙락	연례 서한	ESG와 기후변화 위험을 투자 결정 시에 핵심 요소로 반영 선언

출처: 대한상공회의소(2021).

2016년에 비영리단체인 GRI(Global Reporting Initiative)는 기업의 사회적 책임은 환경만이 아닌 사회 · 환경 · 경제 부문으로 구분하여 기관이나 기업이 지속 가능한지를 평가하는 지표에 따른 '지속 가능 보고서' 가이드라인을 제정하고 발표하는 일을 하였다. GRI의 비전은 모든 조직의 경제성과, 사회성과, 환경성과에 대한 보고의 정형성과 비교가능성을 재무 보고의 수준으로 만드는 것이다. 주요 20개국(G20) 재무장관 회의 내 금융안정위원회(FSB)가 2015년에 설립한 협의체인 기후변화 관련 재무 정보공개 협의체

(Task Force on Climate-related Financial Disclosures: TCFD)에서 2017년 기후변화를 초래할 수 있는 지배구조, 위험관리, 목표관리 등의 기업정보 공개를 권고했는데, 이는 고객과 투자자 등 이해관계자들이 쉽게 접근하고 파악할 수 있도록 하기 위해서이다. 또한 기업이 기후 위기에 대한 평가, 구별, 관리를 하도록 함으로써 탄소 의존이 낮은 경제구조로 변경되었을 때 기업의 재무 리스크 상태를 파악할 수 있도록 하는 것을 목표로 한다. 다시 말하여 기후 위기로 인해 발생할 기업의 재무 리스크 정도를 파악할 수 있도록 하는 것이다. 2021년 1월부터 영국은 주요 기업에 TCFD 기준에 따른 공시를 의무화하고, 홍콩과 일본, 스위스도 이 기준에 의해 공시하도록 요청하고 있다. ESG 투자 자금이 쉽게 흘러들어 올 수 있는 여건을 만들기 위해서 주요국이 경쟁적으로 ESG 공시제도를 도입하고 있다. 2020년 10월을 기준으로 전 세계 1,500여 개 기업과 단체들이 TCFD 지지 의사를 표명했다. 2023년 2월 16일을 기준으로 한국 기업으로는 LG 에너지솔루션, KB금융그룹, 현대건설 등이 지지 선언을 한 상태이다. 2019년의 BRT(Business Round Table) 선언은 최근에 기업의 ESG 경영 논의에 불을 붙이게 된 본격적인 계기가 되었다. BRT는 미국에서 가장 영향력이 있는 기업인 블랙락, 아마존, 애플, 월마트의 CEO가 참여하는 연례회의이다. 2019년에 진행된 연례회의에서 글로벌 기업 CEO들은 기업의 전통적인 목적인 주주 이익의 극대화 원칙을 제거하고 모든 이해관계자의 가치를 합한 새로운 기업 목적(Purpose of a Corporation)을 발표했다. 글로벌 기업 CEO 181명이 서명한 이 선언에는 얼마 전까지 주주(Stockholder)를 최우선했던 기업들이 이제는 주주를 포함하여 협력사, 지역사회, 직원, 고객 등 모든 이해관계자(the interested parties)의 중요성을 고려해야 한다는 내용이 포함되어 있다.

〈표 13-4〉 2019년 BRT 선언: 새로운 기업의 목적

① 고객에게 가치를 전달한다.
② 직원들에게 투자한다.
③ 협력사를 공정하고 윤리적으로 대한다.
④ 우리가 소속된 지역사회를 지원한다.
⑤ 주주를 위한 자익적 가치를 창출한다.

세계 최대 자산운용사 블랙락의 공동 창업자인 래리 핑크 회장은 매년 투자 기업들의 최고경영자에게 편지를 보내는데, 세계 돈의 흐름이 래리 핑크 회장이 보내는 편지 내용에 따라 크게 변하므로 많은 투자자와 기업은 래리 핑크(Larry Fink) 회장의 편지

에 많은 관심을 보인다. 2020년 1월, 래리 핑크 회장은 연례 편지에서 '환경 지속가능성(Environment sustainability)' 이후에 회사 운영의 핵심 전략으로 둘 것이며, 화석연료 생산 기업이나 석탄 개발업체 등에는 투자를 하지 않겠다는 발표를 시발점으로 전 세계 ESG 투자가 획기적으로 증가하게 되었다. 다음은 2020년 래리 핑크 회장의 'CEO 서신'의 핵심 내용이다. ① 근본적인 금융의 재구성: 기후변화에 기여하도록 금융구조를 재편한다. 소비자 행동주의는 많은 다른 요인 중에서도 특히 소비자의 이러한 진화 방향에 영향을 미친다. ② 기후 리스크는 투자 리스크: 금융상품 중 30년 모지기와 같은 장기 상품의 경우, 경제성장 예측가능성과 장기 투자에 기후변화가 큰 영향을 미치면서 진화할 것이다. ③ 지속가능성 공개를 위한 요구가 늘어남: 기타 이해관계자 및 투자자는 투자 전략을 다시 구성하기 위해 지속가능성 및 기후 중점 영역에 대한 정보공개를 회사에 더욱 요구할 것이다.

ESG 공개는 자본 조달 면에서 매우 중요하다. 이해관계자들에 대한 적절한 대응을 수행하고 투명성이 확보된 국가와 기업에 대해서는 좀 더 효과적인 투자 유치를 기대할 수 있기 때문이다. 투자의 큰손 블랙락은 기업에게 연말까지 기후변화 관련 재무 정보공개 협의체의 정보공개 권고안의 권장 사항에 따라 기후 관련 리스크 내용 공개를 요구하거나, 산업별 지속가능 회계기준위원회(Sustainability Accounting Standards Board: SASB)의 지침에 따른 공시 개시 또는 비슷한 데이터셋의 공개를 요구한다. 그리고 투자의 큰손 블랙락은 기업이 지속가능성에 기반한 사업 계획 등에 관해 충분한 진전을 이루지 못한다고 판단되거나 지속가능성을 공개하지 못하면 이사회 이사 및 경영진의 결정에 대하여 반대 의사 표시를 한다. 기후변화는 장기적이고 구조적인 위기 조건으로 투자자, 기업 및 정부는 지속가능 전략을 위한 자본 재분배를 철저히 준비해야 한다. 이처럼 기업은 투자자들에게 지금의 준비 활동에 대한 정확한 상황을 제공해야 할 책임이 있기에 지속가능성을 위한 투명성은 모든 회사의 자본 유치에 있어 아주 중요한 요소가 될 것이다. 래리 핑크 회장의 2021년 새로운 연례 편지에서는 전 세계 투자 기업들에 대해 온실가스의 배출량과 제거량을 합해서 순 배출량이 0인 상태인 Net-Zero(넷제로)에 대한 계획을 밝힐 것을 공개적으로 요구하였다. 연례 편지의 마지막에서는 인재 채용 전략과 다양성 등 '이해관계자와의 연결성'을 강조했다. "인종적 정의, 경제적 불평등, 지역사회 공헌 등은 ESG 중에 S(사회) 문제로 분류되지만, 사실 ESG 범주들을 명확히 선 긋는 것은 잘못"이다. "기후변화는 벌써 전 세계의 소득이 낮은 지역사회에 불균등한 영향을 끼치고 있는데, 이것은 S(사회)인가, E(환경)인가? 결국에 사회 문제와 환경 문제는 깊은 상호 의존성을 지니고 있다."는 것이다. ESG는 개별적인 요소가 아닌 유기적으로 연결된 하나의 개념임이 강조된다.

2) ESG의 적용 필요성

기업이 ESG 경영을 적용해야 하는 필요성에 대하여 다음과 같이 살펴보자. 첫째, ESG는 기업의 지속가능성과 성장에 중요한 역할을 하여 환경적 · 사회적 · 거버넌스 측면에서 책임을 다하고 관리하면서 기업은 긍정적인 영향을 창출하고 리스크를 완화할 수 있다. 따라서 지속가능한 경영은 기업의 입지를 강화하고 투자자들과 고객들에게 신뢰를 주게 된다. 둘째, ESG는 기업이 다양한 리스크를 예방하고 관리하는 데 도움을 준다. 환경 리스크(기후변화, 자원 고갈, 생태계 변화, 에너지 효율), 사회 리스크(노동 기준 위반, 인권 침해, 성 평등, 지역사회 관계, 근로자 안전, 공급망 관리, 데이터 보호), 지배구조 리스크(컴플라이언스, 공정경쟁, 로비 및 정치 기부, 뇌물 및 반부패, 이사회 불일치)에 대한 적절한 대응은 기업의 재무적인 안정성과 명예를 보호하는 데 중요하다. 셋째, 많은 투자자가 ESG 관련 정보를 고려하여 투자 결정을 내리고 있다. ESG 관련 요구 사항을 충족시키는 기업들은 투자자들의 자금 유입을 유도할 수 있으며 장기적으로 긍정적인 투자수익을 창출할 수 있다. 넷째, 다양한 국가와 국제기구가 ESG에 관한 규제와 가이드라인을 도입하여 ESG 요구 사항을 준수함으로써 법적 규제를 준수하고, 벌금이나 명예 손상 등의 부정적인 영향을 피할 수 있다. 다섯째, ESG는 사회의 요구에 부응하기 위한 수단으로 기업은 사회적 책임을 다하고, 사회적 가치를 창출하며, 지역사회와 상호작용하여 사회적으로 존중받게 되어 기업의 이미지와 평판을 향상시켜야 할 것이다.

3) 우리나라에서 ESG의 확산 배경

ESG가 우리나라 기업에도 널리 받아들이게 된 계기는 2021년에 일어난 두 가지 사건 때문이다. 첫째는 네덜란드 연기금이 한국전력의 석탄발전소 추가 건립을 이유로 투자하고 있던 800억 원 규모의 지분을 전량 매각하며 투자를 철회한 일이다. 둘째는 정부가 탄소중립위원회를 설치하고, 2021년을 ESG 경영 확대의 첫해로 선언하여 온실가스 감축 목표값(Nationally Determined Contribution: NDC)을 대폭 높이는 등의 정책을 추진하였다. 이 정책에 따라 각 부문의 탄소 배출량 감축이 실제적인 과제로 떠오르게 되었다. 즉, 기업의 환경 책임 경영 평가에 따라 투자 유치가 좌우될 수 있음을 경험하고, 국제사회에 국가적 탄소 배출량 감축 목표를 약속함과 동시에 실행을 위한 구체적 계획을 수립하며, 우리의 경제도 본격적으로 ESG 경영 시대에 접어들게 되었다. 우리나라는 ESG 경영과 관련한 의무를 강화하는 추세이다. 산업통상자원부는 2021년 12월에 'K-ESG 가이드라인'을 발표했다(한국재정정보원, 2022. 3.).

〈표 13-5〉 K-ESG 가이드라인

환경(17건)	정보공시(5건)	사회(22건)	지배구조(17건)
• 환경 경영 추진체계 · 목표 • 용수 및 에너지 사용 • 온실가스 배출 • 폐기물 및 재활용 비율 • 환경 관련 법규 위반 등 • 대기 · 수질 오염 물질 배출	• 정보공시 내용 • 정보공시 검증 • 정보공시 형식 – ESG 정보공시 범위 – ESG 정보공시 주기 – ESG 정보공시 방식	• 산업안전(산업재해율) • 노동(정규직 비율 등) • 다양성 및 양성 평등 • 인권 정책 수립 • 지역사회(사회공헌 등) • 동반성장(협력사 ESG 지원 등)	• 주주권리(배당정책 등) • 이사회 구성 및 활동 – 사외이사 비율 – 이사회 출석률 등 • 감사기구 • 윤리경영

출처: 한국재정정보원(2022).

K-ESG 가이드라인은 DUSK(Dow Jones Susta inability Indices), GRI(Global Reporting Initiative), MSCI(Morgan Stanley Capital International) 등 국내외 13개 평가 및 공시 관련 기관의 지표와 측정 항목을 분석하여 공통 사항을 도출한 뒤 글로벌 기준에 부합하면서 국내 기업 환경에 적합하도록 만들어졌다. 가이드라인은 정보공시(Public), 환경(Environmental), 사회(Social), 지배구조(Governance) 등 4개 영역, 61개 항목을 통해 기업들이 ESG 강령 수준을 자체적으로 점검할 수 있도록 하고 있다. 중견 · 중소 기업에 대해서는 4개 영역, 27개 항목을 선별해서 우선적으로 활용하도록 하고 있다. 환경영역의 경우에 환경 경영 목표 및 추진체계 목표, 온실가스 배출, 용수 및 에너지 사용, 폐기될 오염물질 배출, 환경 관련 법규 위반 등 17개 항목을 제안하고 있다. 또한 기업활동 과정에서 발생하는 오염물질 배출량과 감축을 위한 노력이 포함되어야 하고, 자원의 효율적 사용과 재활용에 관한 내용도 점검 대상이다. 사회영역에서는 다양성 및 양성 평등, 노동, 산업안전, 인권, 지역사회, 동반성장 등을 범주로 하는 22개 항목이 포함되어 있다. 신규 채용과 고용 유지, 정규직 비율 등을 노동 관련 진단 항목으로 제시하고 있으며, 여성 구성원의 비율과 장애인 고용률은 다양성 및 양성 평등 수준을 가늠할 수

있는 항목이다. 그리고 협력사 및 지역사회에 대한 기여도 포함되어야 한다. 기업들은 ESG 활동과 성과를 충분히 나타낼 수 있는 정보를 적당한 채널을 통해 적시에 제공하고 있는지 점검해야 한다. 외부 기관의 검증 등 공개하는 정보의 신뢰도를 높이기 위한 노력도 필요하다. 지배구조영역의 경우에는 이사회 구성과 활동, 주주권리, 윤리경영 감사기구 등과 관련한 17개 항목을 점검하도록 하고 있다. 이사회 구성과 관련해서 사외이사 비율 및 이사회의 성별 다양성 등의 내용을 포함하고, 주주권리 보장을 위한 의결권 행사 시스템, 배당정책 등을 점검할 것을 제안하고 있다.

4) ESG 적용 사례

(1) 환경(Environmental) 부문

① 삼성전자

삼성전자는 2050년까지 탄소중립을 실현하기 위한 목표를 세우고 탄소중립 사업에 투자하고 있다. 오염물질 최소화, 공정 가스 저감, 수자원 보존, 폐전자제품 수거 및 재활용 등의 과제에 2030년까지 총 7조 원 이상을 투자할 계획이다. 삼성전자의 가전제품 및 휴대전화는 소비자가 일상생활 속에서 직접 사용하며 에너지 절감을 체험할 수 있다. 또한 최근에는 AI 기술을 제품에 접목하여 사람이 조정하는 것보다 더 정확하고 효율적인 환경을 조성하여 에너지 사용량을 줄였다. 반도체 부문에서는 초절전 기술을 확보함으로써 향후 모바일기기와 데이터센터에서 사용되는 메모리의 전력 소비량을 큰 폭으로 절감할 수 있도록 할 계획이다. 재활용 플라스틱이나 글라스를 적용한 부품을 제조하여 환경보호에 기여한 점은 높이 평가할 만하다. 세탁 과정 중에서 발생하는 미세플라스틱을 줄이는 기술과 세탁기 배수구에 외장형 '미세플라스틱 저감 필터'를 개발하여 오염 배출을 줄임으로써 해양오염을 방지하고자 하였다. 삼성전자 공기청정기에 들어가는 필터는 일정 수명이 다하는 주기마다 교체하였는데, 재사용이 가능한 필터를 개발하여 교체용 필터 생산 및 폐기 비용을 절감할 뿐만 아니라 환경에도 좋은 영향을 끼치게 되었다. 또한 에어컨에 사용되는 기존 냉매 410을 대체하는 친환경 R32 냉매를 개발하여 탄소 배출량을 획기적으로 감소시키는 데 크게 기여하였다. 솔라셀 리모컨을 개발하여 일회용 건전지를 사용하지 않는 환경을 만들기도 하였다. 삼성전자 반도체 부문에서는 공공하수처리장의 방류수를 정화하여 반도체 공업용수로 재이용함으로써 탄소 절감뿐만 아니라 국가적인 물 부족 문제 해소에도 기여하였다. 또한 주주총회 관련

우편물을 주주들에게 발송하는 대신에 전자 공고로 대체하여 3천 5백만 장의 종이를 절감하는 등 작은 활동까지도 실천하고 있다.

② 포스코

포스코는 2050년까지 탄소중립(Carbon Neutral)을 실현하기 위해 기술과 제품 혁신 및 탄소 감축을 위한 사회적 노력에 동참하고 있다. 자원 사용의 효율을 개선하기 위해 생산 과정에서 발생하는 폐기물을 재활용하고 있으며, 생태계 보전을 위한 다양한 사업을 진행하고 있다. 포스코는 철강 생산 과정에서 이산화탄소를 획기적으로 줄일 수 있는 '수소 환원 제철 기술'을 개발하고 있다. 이 기술이 완성된다면 우리나라 이산화탄소 배출량의 상당한 양을 감소시킬 수 있을 것이다. 자동차에 사용되는 경량화된 초고강도/고효율 강판을 개발하여 2021년에 온실가스를 700만 톤을 감축하였다. 철강을 생산할 때 나오는 슬래그 등 각종 부산물의 약 98.4%를 친환경적인 방법으로 재활용하고 있으며, 특히 철강 부산물의 거의 절반을 차지하는 고로슬래그로 시멘트와 규산질 비료를 만들고, 바다숲을 조성하여 생물의 다양성을 조성하는 데 기여했다. 포스코는 철강 제품을 운송하는 화물 차량을 LNG 차량으로 점차 전환하여 이산화탄소뿐만 아니라 질소산화물과 초미세먼지 발생을 억제하고 있다. 철강 공정에서 발생하는 부생가스를 발전소 및 철강 공정의 연료로 활용하여 2021년 제철소 사용 전력의 88%를 자체 생산하고 있다. 이산화탄소를 포집, 저장, 활용하는(Carbon Capture · Utilization · Storage: CCUS) 기술은 탄소중립을 위해 꼭 필요한 기술이며, 포스코는 파이넥스 공정에서 발생하는 부생가스에서 CO_2를 분리하는 세계 최대 규모의 상용 이산화탄소 포집 설비를 운영하고 있다. CO_2 포집 설비의 CO_2는 약 75%의 CO_2를 함유하고 있으며, 이를 코크스 오븐에 주입하여 공정 연료로 사용되는 코크스 공정 부생가스로 전환시키고 있다. 또한 포집한 CO_2를 화학제품 원료나 다른 대체 연료로 활용할 수 있는 다양한 방법을 검토 중이며, 안전하고 충분한 저장 인프라가 구축된다면 포집한 탄소를 제공하는 방안도 검토될 것이다. 포스코의 2021년도 온실가스 배출량은 78.5백만 톤으로 우리나라 전체 배출량 679.6백만 54톤의 11.6%를 차지하였다. 철강 제품을 제조하는 특성상 아주 많은 온실가스를 배출하고 있다. 현재 개발 중인 '수소 환원 제철 기술' 완성 목표 일정을 앞당기기 위해서는 정부의 적극적인 자금 및 기술 지원이 필요해 보인다. 이렇게 크게 온실가스 감소 효과를 볼 수 있는 연구 활동은 민간기업에만 맡기지 않고 정부가 주도하여 이끌어 가야 할 것이다. 환경 부문에서 삼성전자 및 포스코는 동일하게 2050년까지 탄소중립 달성 목표를 세

웠고, 이를 달성하기 위한 다양한 프로젝트를 활발하게 전개해 나가고 있다. 삼성전자는 2021년에 18.41Tw(테라 와트시) 전력을 소모했으며, 한국전력으로부터 가장 많은 전기를 구매한 기업으로 지목되었다. 이러한 이유로 삼성전자는 생산 과정에서 에너지를 줄이거나 완제품의 사용 과정에서 에너지 효율을 개선할 수 있는 제품 개발에 중점을 두고 있다. 포스코는 광양과 포항의 제철소에서 2021년에 사용한 전력량은 약 25TWh(테라 와트시)로, 이것은 원자로 3기를 합친 발전량에 해당된다. 그러나 필요 전력의 약 15%인 3.76TWh만 한국전력으로 구매했으며, 나머지 85%는 자가발전으로 해결했다.

포스코는 철강 생산 과정에서 발생하는 탄소(온실가스) 배출 감소를 위한 기술 개발 및 에너지 효율을 극대화하는 활동에 초점을 맞추고 있다. 기존에는 제철소가 필요 전력의 대부분을 제철 공정 중에 발생하는 부생가스를 활용하여 자가발전을 중심으로 안정적으로 해결해 왔다. 그러나 미래에는 제철 공정이 고로가 아닌 전기로, 수소 환원 제철 등 저탄소 친환경 제철 공정으로 변경되어 자가발전 비중의 감소와 전력 사용량이 증대될 예정이다. 따라서 전력 생산 과정 중에서 탄소 발생이 거의 없고 안정적인 그린에너지 공급이 더욱 중요해질 것으로 전망된다. 정부의 재생에너지 확대 전략에 동참하기 위한 전략으로 수소/암모니아 발전을 활용하는 무탄소(carbon-free) 발전을 검토하고 있으며, 한전이나 재생에너지 발전사업자로부터 전력을 구매하는 것을 계획하고 있다. 이 경우에 현재보다 전력 수급에 필요한 비용이 더 소요될 것이다.

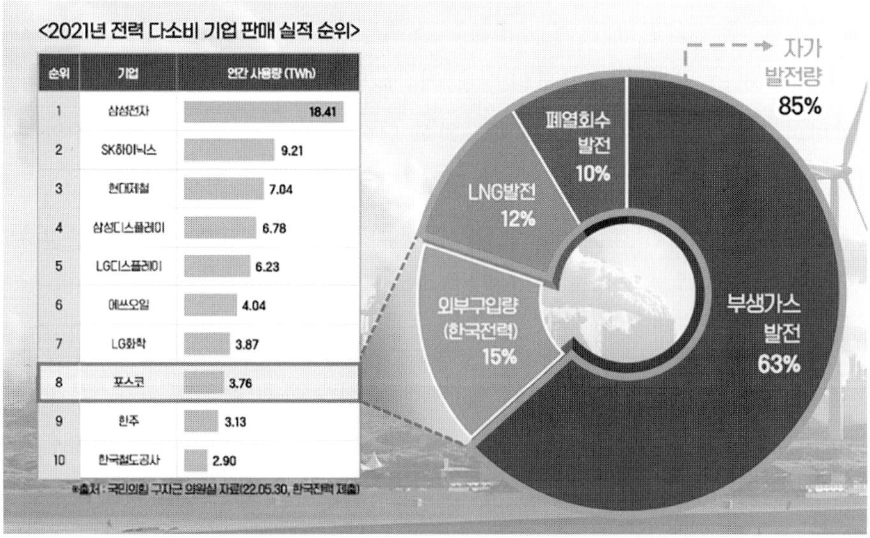

[그림 13-4] 2021년 전력 다소비 기업 및 포스코 제철소 전력 사용 현황

출처: 윤순진(2024).

삼성전자와 포스코는 한국 정부의 기업이 사용하는 전력의 100%를 재생에너지로 충당(Renew able Energy 100: RE100)하는 확대 전략(2030년까지 전체 전력 사용량의 20%를 재생에너지로 전환)에 동참하기 위해 노력하고 있다. 삼성전자 반도체 부문은 2019년 해외 사업장에서 사용하는 모든 전력의 100%를 재생에너지로 대체하였고, 국내 사업장에서도 재생에너지 사용을 늘리기 위해 각 사업장의 주차타워 및 옥상정원에 태양광 시설을 설치했다. 하지만 국내에서의 태양광 발전의 경우에 지정학적 특성상 하루 평균 약 3.2시간만 최대 효율로 발전이 가능하다고 한다. 우리나라는 적도 인근에 위치한 나라와 달리 일조량이 불규칙하고 태풍이나 장마철 등 기상 악화로 장시간 햇볕이 없을 경우에 전력 수급이 불안정해지는 위험이 발생한다. 풍력 발전의 경우에는 보통 7㎧ 이상의 바람이 불어야 경제적인 발전이 가능하다고 전문가들이 보고 있다. 그러나 태풍이 없는 아시아 내륙 지역이나 유럽 북해와는 달리, 태풍의 주요 이동 경로에 해당되는 우리나라의 남서해는 강풍에 의한 블레이드 손상 위험이 있고, 산맥이 많은 우리나라 특성상 불어오는 바람이 막히는 경우가 많아서 불안전한 측면이 있다. 이러한 점을 고려하여 정부에서는 RE100을 국내 기업에게 강요할 것이 아니라 안정적인 전력 수급을 위한 또 다른 대안을 제시하여야 할 것이다.

삼성전자와 포스코는 폐기물을 재활용하는 데 적극적으로 동참한다. 삼성전자는 2022년에 '폐기물 매립 제로' 인증의 최고 등급인 플래티넘 등급을 획득하여 폐기물을 자원으로 재활용하고 있다. 반도체 공정에서 발생하는 폐수 슬러지에서 구리를 추출하여 구리괴로 만드는 기술을 개발한 것 또한 훌륭하다. 현대제철과 협동하여 폐수 슬러지를 이용해 제철 과정에 꼭 필요한 형석 대체재를 만드는 기술도 개발했는데, 이는 처리 곤란한 폐기물을 꼭 필요한 자원으로 다시 만든 훌륭한 기술이다. 반도체 생산 라인에서 발생하는 CV 분진을 태우면 폭발 위험이 있어서 매립하는 수밖에 없었으나, 이 분진으로부터 텅스텐, 금과 같은 가치 높은 금속을 뽑아내는 데 성공했다. 삼성전자의 반도체는 먼지마저 재활용하는 기술에까지 이르게 되었다. 이와 같이 삼성전자의 우수한 기술력이 환경 부문 및 재생에너지 개발에 지속적으로 투자되고 연구가 이어져야 할 것이다. 포스코 또한 철강을 생산할 때 발생하는 슬래그 등 각종 부산물의 98.4%를 친환경적으로 재활용하는 것에 대하여 이미 경험하였다.

삼성전자 반도체 부문에서는 자체적으로 친환경 평가 지표인 SEPI를 개발하여 반도체 생산공정 내에서의 클린테크 기여도 평가, 주요 환경요소 평가, 환경 경영과 관련된 모든 영역의 평가, 반도체 특성 지표 개발, 지속가능경영보고서 등의 공시자료로 활용하고 있다. 이러한 활동은 반도체 생산 이전, 생산 도중, 사용 단계에서 발생하는 고성능 · 저전력 반도체 생산 역량과 주요 환경 경영 현황을 평가해 친환경 효과에 대한 기준을 설정하고 성과를 공시해 친환경 활동을 강화하는 효과가 있다. 이러한 자발적인 활동이 다른 부문에서도 확대되어 투자자 및 소비자의 기업에 대한 신뢰도를 높이는 데 활용될 것이다. 환경 부문, 특히 기후변화에 대응하기 위해서는 단일 기업을 넘어 '범산업' 차원의 협력이 매우 중요하다. 반도체 생산 과정에서 발생하는 탄소 직접 배출량 감축 역시 반도체 제조사 단독으로 해결할 수 있는 문제가 아니기 때문에 소재 업체는 물론 반도체 장비사와 제조사 간의 3자 협력이 이뤄져야 한다. 포스코도 철강 원재료 채굴, 생산, 제품 출하, 폐자원 회수 및 재활용 단계까지 탄소 배출 저감을 위한 활동을 협력사와 함께 진행해야 한다. 탄소중립을 이루기 위한 필수 사항이 '혁신 기술 개발'이다. 현재 제조 중인 제품에서 각각 세계 1등의 자리를 차지하고 있는 삼성전자와 포스코가 탄소중립을 이룰 수 있는 획기적인 기술을 개발하여 탄소중립의 목표 달성을 위하여 노력하고 있다.

(2) 사회(Social) 부문

① 삼성전자

Ⓐ 사회공헌

삼성전자 임직원이 봉사활동을 실시한 총 시간은 2012~2021년 누적 9,903,186시간이다. 이런 활동으로 수혜를 받은 사람은 22,150,865명에 이른다. 사회 양극화, 청년 실업 등 사회적으로 어려운 문제의 해결을 위한 사회공헌활동에 집중하고 있으며, 대표 프로그램으로는 삼성청년SW아카데미, 삼성스마트스쿨, 삼성주니어SW아카데미, 삼성드림클래스, 희망디딤돌(자립 준비 청소년 지원), 푸른코끼리(청소년 사이버폭력 예방) 등이 있다. 글로벌 프로그램인 삼성솔브포투모로, 청소년아이디어경진대회 등 학생들의 과학 · 기술 · 공학 · 수학 역량 및 4차 산업혁명 시대 사회에서 요구되는 창의적 문제해결 능력을 키울 수 있도록 지원한다. 교사와 삼성전자 임직원들은 이 대회에 참석하는 학생들의 멘토가 되어 근본적인 원인과 최선의 해결 방안을 모색하고 아이디어를 구체화할 수 있도록 지원한다. 2021년에는 33개 국가에서 학생 16만여 명, 교사 3만 8천여 명이 참가했다. '삼성청년SW아카데미'는 2018년부터 고용노동부와 함께 국내에서 운영하고 있는 프로그램으로, 소프트웨어 개발자를 꿈꾸는 청년들의 취업경쟁력을 증가시킬 수 있도록 1년간 이론과 실습 교육을 지원한다. 교육생들은 알고리즘, 코딩, 웹 기술, IoT, AI 등 4차 산업혁명 기술을 활용할 수 있도록 실전 역량을 기른다. 1기부터 7기까지 총 3,400여 명이 교육을 수료했고, IT, 금융권 등 다양한 분야의 기업에 취업(84%, 22.4월 기준)했다. '삼성스마트스쿨'은 구도심, 도서 산간과 같은 교육환경이 열악한 지역에 위치한 학교에 삼성의 최신 스마트기기뿐만 아니라 인테리어, 교육 지원 솔루션, 학습 콘텐츠 등 종합적인 교육환경을 제공하여 청소년의 미래 역량 강화 및 교육격차 해소를 지원하는 프로그램이다. 2012년부터 국내 98개 교육기관의 193개 교실을 지원했고, 2021년에는 국내와 인도 우수 학교 10개씩을 선발하여 학교당 2개의 교실을 리뉴얼하였다.

Ⓑ 중소기업 지원(스마트공장 구축 등)

열악한 중소기업의 제조 혁신을 위해 2015년부터 맞춤형 스마트공장 구축을 지원했고, 중소벤처기업부/중소기업중앙회와 협력하여 2018년부터는 제조, 품질, 물류, 구매, 금형 등 각 부문의 노하우를 보유한 전문가 200명을 중소기업에 파견하여 생산시스템과 자동화 솔루션을 구축하여 제조 현장 혁신을 지원하고 있다. 스마트공장 지원 기업 중 대표이사가 희망하는 업체에 한해 삼성전자 전문 멘토가 4~12주간 해당 기업에 상주하며 임직원에게 생산성 및 품질 혁신 기법, 공정 프로세스 개선 등을 전수하게 된다. 2015년부터 2021년까지 스마트공장 지원사업 수혜 기업 수는 누적 2,800여 개이다. 현장 혁신 지원, 생산성 향상 지원뿐만 아니라 기술에 대한 애로사항 지원, 전문 인력 양성을 위한 교육, 국내외 판로 개척, 스마트 365센터 운영을 통한 스마트공장 고도화 및 유지 관리 등에 대하여 해당 기업들이 자생력을 지속적으로 확보할 수 있도록 지원하고 있다. 중소기업중앙회 조사에 의하면 스마트공장을 도입하여 적용한 중소기업이 도입하지 않은 중소기업보다 종업원 수 3.2%p, 매출액 11.4%p, 영업이익 37.6%p가 더 높은 것으로 확인되었다. 몇 가지의 사례를 들어보면 다음과 같다.

- **풍림파나텍**: 백신의 주사 잔량을 최소화하는(Low Dead Space: LDS) 주사기의 생산성을 향상시켜 매출 신장률이 향상되었고, 백신이 부족하던 코로나19 발병 시기에 잔여 백신 활용도를 높여 세계적으로 주목을 받았다. 2020년 말부터 4개월 동안의 작업으로 생산량 1.5배, 불량률 3%에서 0.1% 이하로 개선되었다. 당시에는 세계 여러 나라에서 코로나19 백신 확보에 온 힘을 쏟는 가운데 LSD 주사기는 '협상의 지렛대'로 사용되었으며, 이를 계기로 백신 도입 협상이 급진전되었고, 화이자 백신의 조기

도입으로 이어졌다.

- **수젠텍 청주공장**: 2020년 코로나 확산 시기에 진단키트의 생산력을 유지하면서 4개월 동안 개선 작업을 하여 생산량 약 1.5배 증가, 불량률 3%에서 0.1% 이하로 향상시켰다.
- **건우정공**: 금형 제조사 납기 50% 단축 실행(설계 · 가공 · 조립 공정)으로 생산성은 3배가 향상되었으며, 35가지 현장 혁신과제도 해결되었다. 스마트공장 지원을 통해 이루어진 혁신과제 해결로 2022년 5월 26일 '대한민국중소기업인대회'에서 대통령 표창을 받았다.

Ⓒ 생활치료센터 제공 등 코로나19 극복을 위한 노력에 동참

2020년 3월 코로나19 환자 급증에 따른 병상 부족을 해결하기 위해 삼성생명 전주연수원과 삼성인력개발원 영덕연수원을 생활치료센터로 제공하여 환자들의 치료와 회복을 지원하였다. 2020년 8월에는 수도권 지역의 환자들을 위해 용인시 삼성물산 국제경영연구소와 고양시 삼성화재 글로벌 캠퍼스를 생활치료센터로 제공하였다. 삼성의료원 소속 전문 의료진을 생활치료센터에 파견하여 효율적인 치료를 도왔으며, 코로나19로 어려움을 겪는 자가격리자 · 확진자, 아동 · 청소년, 의료진 · 취약계층 등을 위해 성금 총 300억 원과 구호 물품을 전국재해구호협회에 기부하였다.

Ⓓ 저시력자들의 TV 접근성 강화

2023년 Neo QLED TV에 '릴루미노(Relumino, 시각장애인을 위한 AR 기기) 모드'를 적용해 낮은 시력을 가진 시각장애인들의 TV 접근성을 강화하였다. 릴루미노 모드는 화면의 윤곽선, 명암과 색채 대비를 강조하여 저시력자들에게 콘텐츠를 보다 이해하기 쉽게 하였다.

Ⓔ 장애인 표준사업장 '희망별 숲'

'희망별 숲'은 발달장애인 중심의 제과 사업을 운영하는 회사이다(발달장애: 이루어져야 할 발달이 이루어지지 않은 것으로, 자폐와 지적 장애를 묶어서 부르는 말). 삼성전자는 2022년 11월 한국장애인고용공단과 협약하여 '자회사형 장애인 표준사업장'을 2023년 3월 31일에 설립 완료했다(자회사형 장애인 표준사업장 제도: 장애인의 안정적 일자리 창출과 고용의 활성화를 위해 도입된 것으로, 장애인 적합 직무가 많지 않은 기업이 장애인 편의시설을 갖춘 자회사를 설립해 장애인을 고용하는 경우에 자회사를 설립한 모회사가 장애인을 고용한 것으로 인정하는 제도). 현재 62명의 근로자가 근무 중이며, 2023년 말까지 150명 이상 확대되었다. 발달장애인에게 일자리를 제공함으로 더불어 살아가는 사회를 실천한 좋은 사례이다.

Ⓕ 반도체 Nano 스케일의 패턴 웨이퍼 지원사업

반도체 소재, 부품, 장비설비업체, 연구소, 학교 등에서 신규 장비나 재료, 부품을 개발하거나 검증하기 위해서는 패턴 웨이퍼(미세 회로 패턴이 새겨진 웨이퍼)가 필요하다. 따라서 반도체 소재, 부품, 장비설비업체 연구소 및 대학 등에서 실제 설비에 따른 비용적인 부담을 해소하기 위하여 지원사업을 진행하고 있다. 이는 상생 협력 프로그램의 하나로, 2015년부터 패턴 웨이퍼를 지원하는 사업을 실시하고 있다. 성균관대 신소재공학부 플라즈마 공정연구실 박사과정의 대학원생들은 삼성전자의 패턴 웨이퍼를 공급받아 실험 연구를 할 수 있었다. 연구 내용으로는 ㉠ 깊은 패턴에서 원자층 증착이 어떻게 이루어지는지 확인, ㉡ 신규 가스를 사용해서 SiO2층만 식각하고 마스크는 식각하지 않는 공정의 고선택비 식각연구를 진행하였다. 삼성전자의 패턴 웨이퍼의 패턴은 60나노에서 200나노 정도의 홀과 원하는 라인이나 홀을 선택해서 사용이 가능하며 균일하게 되어 있다. 이러한 지원사업을 통해 한국의 반도체 발전에 기여하고 있다.

② 포스코

Ⓐ 사회공헌

포스코 임직원의 인당 연평균 봉사활동 시간은 16시간이며, 2021년 임직원 봉사활동 총 누적 시간은 296,729시간이다. 2021년도에 포스코 1% 나눔재단을 통해 기부한 기부금은 49,455백만 원이다. 이 나눔재단은 2013년 포스코 그룹 임직원과 협력사 임직원도 자신의 월 급여에서 1%를 기부하고 있으며 포스코 그룹이 매칭 그랜트를 출연해서 설립한 비영리 공익재단이다. 2021년 기준 포스코 그룹 임직원의 98%가 본 기부에 참여하였다[매칭 그랜트(Matching grant): 임직원의 자선 기부 행위를 촉진하기 위해 기업이 함께 참여하는 방식으로, 임직원의 기부 금액에 맞춰 기업도 일정한 비율로 기부]. 2021년 기부 인원은 34,490명이며, 사업수익(기부금, 회사 매칭, 이자수익 등)은 100.6억 원이다. 사업수익은 미래 세대 교육, 다문화가정 자립 지원, 문화예술, 장애인의 나은 삶을 위해 사용하고 있다. 미래 세대 교육 프로그램에는 1% 나눔 아트스쿨(지역 아동의 건강한 성장을 위한 참여형 문화예술 프로그램), 상상 이상 사이언스(지역 중학생의 체험형 과학 교실), 두드림(자립 준비 청년의 자립 생활자금 지원), 드림스쿨(지역 중고등학생의 교육 격차 해소를 위한 비대면 온라인 학습멘토링)이 있다. 다문화가정 자립 지원 프로그램으로 결혼이주여성 교육 지원, 다문화가정 자녀 진로 지원 프로그램이 있다. 포스코 청암재단은 1971년부터 시작한 지역사회 및 아시아 지역의 인재 양성을 위한 장학재단이다. 2021년 546명이 수혜를 받았고, 누적 수혜자 수는 12,733명에 달한다. 포스코 교육 재단 또한 1971년에 출범하여 포항지역 6개 학교, 광양지역 5개 학교, 인천지역 1개 학교 등 유치원부터 초중고등학교에 이르는 총 12개 학교를 운영 중이다. 2021년 수혜자 수는 2,205명, 누적 수혜자 수는 129,112명이다. 또한 지역 관광 활성화를 촉진하기 위하여 포항 환호공원 스페이스 워크(총 길이 333m의 철 구조물 트랙을 따라 걷는 공간)를 제작 및 기부하였다. 문화예술 방면으로는 포항과 광양지역에 역사관, 미술관, 홍보관, 아트홀을 운영하여 다양한 공연과 전시를 무상으로 제공함으로써 문화 격차 해소에 기여하고 있다. 2021년 포스코 홍보관인 '파크 1538'의 이용객 수가 19,452명이며, 포스코 역사관 이용객이 16,395명, 이는 포스코 미술관 전시 6회 개최에 따른 이용객 수이다.

Ⓑ 임직원 참여 봉사활동

포스코 임직원은 개인의 특기와 업무 특성을 활용하는 '재능봉사' 활동으로 지역사회 구성원들에게 실질적인 도움을 주는 것과 동시에 봉사자들에게는 행복과 보람까지 느끼게 해 주는 프로그램이다. 2021년에는 서울 · 광양 · 포항 지역에서 모두 104개의 재능봉사단을 운영하였다. 구체적인 사례를 살펴보면 다음과 같다. 첫째, '클린오션 봉사단'에서는 지역사회 해양생태계 보전 활동을 진행하거나 지역사회 인근 어촌지역 해안가 및 해양 속 환경 정화 활동을 실시하는데, 2021년 누적 1,830명이 참여하였다. 둘째, '다문화 프렌즈봉사단'은 다문화 합동결혼식 지원 및 멘토링을 통한 한국 문화 적응 지원, 결혼이주여성 및 아이들과 함께하는 요리교실, 국악교실, 스포츠 관람 등 다양한 문화교류 프로그램을 운영하는 등 2021년 누적 참여 인원은 994명이다. 셋째, '목공예 봉사단'은 가구 설계부터 재단, 조립, 마무리까지 임직원의 재능을 활용해 제작한 후에 소외계층 가정에 맞춤형 가구를 설치하여 주거생활 안정에 기여하였다. 넷째, '학습지도 봉사단'은 지역아동센터를 이용하는 아동 · 청소년을 대상으로 학습지도를 지원하였으며, 지적인 능력 향상은 물론 사춘기 청소년 고민에 대한 멘토링을 진행해 긍정적 마인

드로 성장할 수 있도록 활동하였다.

Ⓒ 대중소 상생형 스마트공장 구축지원 사업

포스코는 설계, 제조, 유통 등 생산 전 과정에 첨단 IT 기술을 적용하여 스마트공장 구축을 지원하는 '대 · 중소 상생형 스마트공장 구축지원 사업'을 중소벤처기업부와 공동으로 운영 중이다. 포스코는 거래 여부와 관계없이 중소기업의 스마트화 지원사업에 연간 40억 원, 10년간(2013~2023년) 400억 원을 출연, 2013~2021년까지 1,731건의 사업을 지원하여 중소기업의 생산성 향상 및 체질 개선을 추구하며 혁신 성장을 돕고 있다. 이 사업은 포스코 고유의 혁신방법론 'QSS(Quick Six Sigma)'으로, 작업환경 및 생산공정 개선, 공정 스마트화 기반 구축을 지원하는 '스마트화 역량 강화 컨설팅'을 진행했던 경험을 잘 적용한 사례이다. 중소기업중앙회 조사 결과에 의하면, 포스코 스마트공장 구축 지원사업(2019~2021년까지)에 참여한 기업은 참여 전과 비교해 생산성 향상 17.5%, 품질 향상 29.7%, 납기 단축 20.3% 등의 성과를 얻은 것으로 나타났다.

Ⓓ 장애인 사업장 '포스코휴먼스'

'포스코휴먼스'는 국내 1호 자회사형 장애인표준사업장으로 2007년 12월에 설립되었다. 포항, 광양, 서울, 인천, 송도에 사업장이 있으며, 근로자 총 666명 중 장애인 근로자 317명(47.6%)이 근무하고 있다. 장애인 근로자의 고용 안정화를 위한 맞춤형 지원제도를 비롯해 역량 강화를 위한 직장 적응, 자립 역량, 평생교육, 문화 여가 등 다양한 교육 프로그램이 운영 중이다. 장애인 근로자들이 안정된 삶을 누리기 위해 고용의 안정은 무엇보다도 중요하므로 정규직 채용이 원칙이며, 임금 및 인사제도 등에 있어 장애 · 비장애 차별 없이 처우한다. 장애인 근로자가 입사하면 각 사업장에서 근무 중인 장애인 재활상담사들이 초기부터 단계별로 재활상담을 하고, 애로사항 및 고충이 있을 경우에는 재활상담사, 소속 직책자 등 관련 담당자들이 사례 회의를 열어 솔루션을 제공하고 있다. 뿐만 아니라 장애인 근로자 가족을 대상으로 장애에 대한 이해 등에 관한 교육을 시행하고 수시로 건의 사항을 들으며 회사와 가정이 연계하여 회사에서의 적응을 돕고 있다. 장애인 임직원을 대상으로 한 주요 지원제도로는 입사 1년 미만의 근로자 대상 주택 임차료 지원, 안정적 직무 수행을 위한 보청기, 의족 등 보조기구 구입 자금을 지원하고 있고, 장애로 인한 정기적 병원 방문 필요시 월 8시간 사용이 가능하며, 월 16시간 혈액투석에 따른 부분도 근태로 인정하고 있다.

(3) 지배구조(Governance) 부문

① 삼성전자

투명성과 독립성을 높이기 위해 이사회 의장과 CEO를 2018년에 분리하였으며, 사외이사를 이사회 의장으로 2020년 2월에 선임한 후 신임 의장도 사외이사 중에서 선임하였다. 특히 사외이사는 IT, 재무, 공공 부문, ESG 및 법률 전문가로서 다양한 관점에서 이사회 안건을 협의하고, 객관적이고 전문적으로 경영을 감독 및 조언하는 이사회는 독립성, 투명성, 전문성, 다양성을 갖추고 있다. 효과적인 윤리 및 준법 프로그램 구축을 위해 모니터링, 사전예방, 사후관리의 3단계로 이루어진 프로그램을 운영하고 있다. 사전예방단계로 컴플라이언스 정책 및 가이드를 CPMS에 게시하고 있으며, 법규 위반 리스크를 최소화하기 위해 임직원 교육 프로그램을 운영하며 규제 동향을 센싱하고 있는 중이다. 모니터링단계로 전담 조직 및 인력에 의한 점검을 매년하고 있으며, 그 결과를 1년에 1회 이상 이사회에 보고하고 있다. 또한 회사나 임직원의 비리 사실 및 법규 위반 등에 대하여 제보 채널을 구축하여 제보를 받고 있다. 사후관리단계로는 점검 제보 및 문제 대응의 결과를 분석하여 절차를 개선하는 등 재발 방지 대책을 수립하고, 위반자가 발생하면 내부 기준에 따라 징계 조치 또는 교육 등의 개선을 시행하고 있다.

② 포스코

포스코는 선진적인 지배구조를 운영하기 위하여 사외이사를 선임하였고, 이사회의 독립성 강화를 위해 이사회 산하 전문위원회(ESG 위원회, 감사위원회) 위원장을 모두 사외이사로 선출하여 사외이사 중심의 이사회 운영체계를 확립했다. 또한 CEO 직속 자문기구로 기업 시민 자문회의를 설립하여 안전, 환경, 조직 문화 및 지배구조, 커뮤니케이션 전문가를 보강하였다. ESG 경영 전반에 대한 점검, 기업 시민 성과, 산업안전 보건 관련 이슈 등에 대해 전략 자문을 실행하고 있다. 포스코 사외이사는 특정 부분에 기울지 않고 경영진이 합리적인 의사결정을 내리는 것에 대하여 지원할 수 있도록 학계, 산업계, 법조계, 회계 분야, 공공 부문, 금융계 등 다양한 분야에서 전문성과 풍부한 경험을 가진 인사들로 구성하였다. 삼성전자와 포스코는 사외이사의 자문을 통해 TCFD, SASB 등 ESG 공시 표준화 대응 및 탄소중립 방향성에 대한 조언 등 회사 ESG 경영에 기여하고 있다.

〈표 13-6〉 ESG 사례 비교

항 목		삼성전자 (2020년)	포스코 (2020년)
환경 부문	온실가스 배출량 (한국: 656.22백만 톤)	14.80백만 톤 (2.25%)	75.64백만 톤 (11.52%)
	대기오염물질 배출량 (한국 NOx: 929,227톤 Sox: 180, 157톤 먼지: 58,558톤)	NOx: 652톤 SOx: 6톤 먼지: 210톤	NOx: 40,700톤(4.4%) SOx: 24,900톤(13.8%) 먼지: 300톤(0.5%)
	에너지 사용량	29,024GWh	104,131GWh
	용수사용량	142백만 톤	136.4백만 톤
사회 부문	재해율	0.006%	0.07% (협력사 포함)
	재해자 수(재해 사망률)	지속가능경영보고서 미기재	20명(협력사 13명 포함) (0.01%)
	임직원 인당 봉사 시간	3.66시간(2018년) 3.06시간(2021년)	17시간(2018년) 16시간(2021년)
	육아휴직 사용자 및 복직율	3,897명 (98%)	97명 (95.5%)
	여성 인력 비율(한국)	24.9%	5.2%

학습 과제

1. 컨버전스 시대의 중요한 점은 기업이 최적화된 사회공헌을 해 가는 것이다. 이를 위한 사회공헌 계획에 대하여 생각해 보시오.
2. 사회공헌과 관련하여 입법을 위한 정책적 제언을 한다면 어떻게 하여야 할지 생각해 보시오.
3. ESG 경영활동의 3가지 요소는 지배구조, 환경, 사회 문제 부문이며, 환경 및 사회 문제를 해결하기 위하여 기업에서 추진하는 방안에는 무엇이 있어야 할지 생각해 보시오.

참고문헌

권미엽, 김홍현, 박경상, 손주현, 연경흠, 유하은, 윤나영, 이아령, 이진규, 장상훈(2022). ESG, 한 권에 담았다. 한국공인회계사회.

김경호(2016). 4차 산업 시대를 열어가는 공유경제 서비스, 지속 가능 과학회, SASS 지속 가능과학회 학술대회.

김재필(2021). ESG 혁명이 온다. 한즈미디어.

김정문(2021). 한국 ESG 평가 최고 등급 받았다. 에코 타임스.

대한상공회의소(2021). 삼정KPMG, 중소 중견기업 CEO를 위한 알기 쉬운 ESG.

한국경제(2021). ESG 글로벌 기구가 뜬다. '기후변화'부터 '인권'까지 평가 기준 등 표준화.

문철수(2004). 기업 PR 캠페인으로서의 전략적 사회공헌활동에 관한 연구. 한국광고학회. 광고학연구 제15권 제5호.

배유진, 최승원(2016). 사회복지 데이터관리와 법제 방향. 사회복지법제학회. 사회복지 법제 연구 제7권 제1호.

삼성전자(2021). 지속가능경영보고서.

성은빈, 백현식(2016). 경기도 내 기업의 사회적 책임(CSR) 관련 조례연구. 경기연구원. GRI 연구논총, 제18권 제2호.

윤희숙(2015). 지역사회복지 중심으로 사회복지법인의 역할과 실천과제. 한국 사회복지 행정학회. 한국 사회복지 행정학회 학술대회 자료집.

안종희, 양준규(2012). 한국철도학회. 학술발표대회 논문집.

윤순진(2024). 수소환원제철 국내 생산 확대를 위한 그린에너지 인프라 구축 정책 제안. 탄소중립시대 철강 탈탄소 방안 토론회.

이홍일(2009). 기업 사회공헌의 전략적 특성 및 기업의 사회적 정당성이 재무성과에 미치는 영향에 관한 연구. 한양대학교 대학원 박사학위 논문.

이성록(2009). 자원봉사 행동에 대한 다차원적인 동인의 영향력. 사회복지실천 제1권: 215-274.

장영철, 안치용(2012). 기업의 사회적 책임(CSR)과 기업성과 · 경쟁력의 재음미. 대한경영학회. 대한경영학회지, 제25권 제9호.

정기한, 허미옥, 신재익(2007). 기업의 사회적 책임, 이미지, 신뢰, 몰입, 고객 충성도 간의 관계에 관한 연구. 한국경영학회. 한국경영학회 통합학술대회.

진용주(2009). 기업 커뮤니케이션의 사회적 책임 유형과 주제가 기업평판과 사회적 연결감에 미치는 영향. 홍익대학교대학원 박사학위 논문.

전국경제인연합회(2022). 2016 주요 기업. 기업재단 사회공헌 백서. 전국경제인연합회. 2022 주요 기업. 기업재단 사회공헌 백서.

포스코(2021). 포스코 기업 시민 보고서.

최승원(2010a). IT 기술 환경의 변화와 정보통신 법제의 전망. 한국법제연구원. 법연 개원 20주년 특집호.

최승원(2010b). 전자정부와 지식 행정. 한국공법학회. 공법연구 제43집 제3호.

최재용(2023). ESG 그게 뭐지?. 디즈비즈북스

한경 경제용어사전. hyrax 수소 환원 제철 기술.

한국재정정보원(2022). 공공부문 ESG 경영 확산의 배경과 과제.

한상운(2021). 기후 정의 실현을 위한 정책 개선방안 연구(III). 에너지경제연구원.

황현순(2022). 일본 2050년 탄소 중립에 수반되는 녹색성장 전략. 한국법제연구원.

BlackRock(2020). Larry Fink's Letter to CEOs

Bowen, H.(2013). Social Responsibilities of the Businessman. Iowa: University of Iowa Press.

GRI(Global Reporting Initiative) (2016). The GRI Standards.

미디어

삼성 뉴스룸(https://news.samsung.com.kr)

아주경제.「아주초대석」김희대 포스코휴먼스 대표 "장애인을 위한 양질의 일자리 하나둘 늘 때 보람 느끼죠", 2022.

포스코 뉴스룸(https://newsroom.posco.com/kr)

한국경제 Business(2021). 'ESG 경영'의 짧지만 긴 역사, 브룬트란트 보고서에서 지속 가능 경영까지.

사이트

www.airbnb.com

www.rovia.com

www.dreamtrups.com

www.uber.com

新 자원봉사론

제 14 장

국제자원봉사활동과 전망

학습목표

1. 국제자원봉사의 개념에 대한 이해
2. 국제자원봉사의 변천 과정과 전망에 대한 이해
3. 국제자원봉사의 구분과 내용 파악
4. 국제자원봉사 기구 파악
5. 국제자원봉사 참여 시 유의할 사항에 대한 고찰

학습개요

- 제14장에서는 국제자원봉사의 개념부터 변천 과정까지 체계적으로 이해하고, 미래 전망과 참여 시 고려해야 할 사항을 살펴본다.

- 1절에서는 국제자원봉사의 전반적 개념에 대해 이해하고, 관련 개념들에 대해 이해한다.
- 2절에서는 국제자원봉사의 기원과 역사적 흐름에 대해 이해하고, 전망에 대해 살펴본다.
- 3절에서는 국제자원봉사의 다양한 기준을 통해 구분하고, 그 내용에 대해 간략히 살펴본다.
- 4절에서는 국제자원봉사 조직 및 기구에 대해 소개하고, 참여 방법, 활동, 내용 등에 대해 살펴본다.
- 5절에서는 국제자원봉사 참여 시 유의사항에 대해 이해한다.

오늘날 세계는 다양한 위기 상황에 직면해 있다. 환경 파괴, 자연재해, 사회적 불평등, 경제적 불안정, 국제 분쟁 등의 문제들은 단일 국가 또는 지역 차원에서 해결하기 어려운 규모와 복잡성을 가지고 있다. 이에 대응하기 위해서는 국제사회의 협력과 노력이 필요하다. 그중에서도 국제자원봉사는 세계 문제에 대처하고, 해결 방안을 마련하는 데 중요한 역할을 하고 있다. 전 세계적으로 15세 이상의 월별 봉사자 수는 약 8억 6,240만 명(2021년 기준)이 넘는 것으로 나타났고, 6,100만 명의 풀타임(full-time) 자원봉사자가 주당 약 40시간의 활동을 하고 있는 것으로 추정되고 있다(UNV, 2022). 이처럼 국제자원봉사자들의 노력은 세계 문제 해결을 위한 중요한 자원이 되고 있다.

한국은 OECD 개발원조위원회(Development Assistance Committee: DAC)[1]의 회원국으로서 국제사회의 지속가능한 발전을 위한 공동 노력에 동참하고 있다. 또한 수원국에서 공여국으로 전환된 유일한 국가로서 이와 관련한 경험을 공유하고 지식과 기술을 지원하는 등 세계 문제 해결 과정에 적극적으로 참여하고 있다. 한국의 자원봉사자들 또한 국제사회의 발전을 위해 전 세계 각지에서 활동하고 있다. 시민사회의 구성원으로서 전 세계적인 협력과 노력에 참여하기 위해서는 국제자원봉사에 대한 올바른 이해가 필요하다.

1. 국제자원봉사에 대한 이해

1) 국제자원봉사의 개념

국제자원봉사는 봉사자들의 국경을 초월한 노력과 시간 등의 기부를 통해 호스트 국가가 필요로 하는 자원이나 기술 등을 지원해 주는 활동으로 정의된다(Sherraden et al., 2006). 이는 다양한 영역에 걸쳐서 이루어지며, 주로 개발 협력 프로젝트, 재난 구호 및 복구 활동, 교육 및 의료 지원 등이 포함된다. 이러한 활동은 전 세계적인 불평등과 발전 수준의 차이를 이해하고 이를 해소하기 위한 노력으로도 이해된다. 글로벌 노스

1) OECD에 속해 있는 개발원조위원회(Development Assistance Committee: DAC)는 공적개발원조 공여국들의 대표적인 협의체로서 30개 회원으로 구성되어 있다(ODA 통합 누리집 참고). DAC 회원국들은 매년 ODA 실적을 DAC에 보고하여 회원국 전체의 ODA 실적을 집계하고 있다.

(Global North)[2)]와 글로벌 사우스(Global South)라는 용어는 이러한 발전 수준의 차이를 설명하는 데 사용된다. '글로벌 노스'는 주로 경제적 발전과 산업화를 이룬 국가들을 가리키며, '글로벌 사우스'는 경제적으로 발전이 미흡한 국가들을 가리킨다. 21세기에는 글로벌 노스의 개인들이 글로벌 사우스에서 자원봉사활동을 수행하기 위해 더 많은 시간을 투자하면서 국제 자원봉사가 급격히 확대되고 있다(Schech, 2017). 국제자원봉사는 사회문제 해결과 지역사회 발전 지원, 그리고 상호 이해와 상호 협력 촉진을 통해 국제사회의 발전에 기여하는 중요한 역할을 한다.

2) 국제자원봉사 관련 개념

국제자원봉사의 목적과 의미를 보다 잘 이해하기 위해서는 국제개발협력에 대한 이해가 선행되어야 한다. 국제자원봉사의 등장은 국제개발협력의 일환으로, 개발도상국의 인프라 구축, 교육, 보건 등 다양한 분야에서의 인력 부족을 보완하고 발전을 촉진하기 위함이었다. 특히, 공적개발원조(Official Development Assistance: ODA), 밀레니엄 발전 목표(Millennium Development Goals: MDGs) 및 지속가능한 발전 목표(Sustainable Development Goals: SDGs) 에 대한 이해가 필요하다.

(1) 공적개발원조

공적개발원조는 "한 국가의 중앙 또는 지방정부 등 공공기관이나 원조 집행기관이 개발도상국의 경제개발과 복지 향상을 위해 개발도상국이나 국제기구에 제공하는 자금의 흐름"을 말한다(ODA 통합 누리집 홈페이지). 이러한 지원은 금전적인 지원뿐만 아니라 기술, 지식, 의료, 식량 등의 다양한 형태로 이루어질 수 있다. 주로 유럽이나 미국 등 서구 국가들이 중심이 되어 공적개발원조를 집행해 왔으나, 최근에는 선진국

2) 'Global North'라는 용어는 일반적으로 북반구에 위치한 발전된 경제와 산업화된 국가들(선진국)을 가리킨다. 이러한 국가들은 높은 생활수준, 더 나은 인프라, 자원 및 기술에 보다 많은 접근권을 갖고 있다. 이에 속하는 국가로는 미국, 캐나다, 서구 유럽의 국가들, 일본, 한국 및 호주 등이 있다. 반면에 'Global South'라는 용어는 주로 남반구에 위치한 경제적으로 발전이 미흡한 국가들(저개발국, 개발도상국)을 설명한다. 이러한 국가들은 빈곤, 의료 및 교육에 대한 접근권 제한, 정치적 불안정, 환경 문제 등과 같은 문제에 직면해 있다. 이에 속하는 국가로는 아프리카, 라틴아메리카, 카리브해 및 일부 아시아 국가가 있다. 이러한 구분은 지리적 위치에만 근거하는 것이 아니라 역사적 및 구조적 요인에 따라 형성된 전 세계의 부와 권력 및 자원 분배를 설명하는 데 사용되기도 한다. 'Global North'와 'Global South' 간의 분할은 전 세계적인 불평등, 개발 원조 및 국제 정치와 관련된 논의에서 자주 사용된다.

이 아닌 다양한 국가도 점차 공적개발원조를 확대하는 추세이다(KOICA ODA 교육원 & KCOC, 2017).

공적개발원조는 전달 경로에 따라 양자원조와 다자원조로 구분된다. 양자원조는 협력 대상국에 직접 지원하는 것으로, 협력 대상국의 상환의무 여부에 따라 유상원조와 무상원조로 나뉜다. 한편, 다자원조는 국제기구를 통한 간접적인 지원을 의미한다. 공적개발원조가 성립되기 위해서는 일정한 조건이 충족되어야 한다(ODA 통합 누리집 홈페이지). 첫째, 원조의 주체가 공적 기관이어야 한다. 개인, NGO, 민간기업의 원조는 공적개발원조라고 할 수 없다. 둘째, OECD 개발원조위원회 협력 대상국에 대한 원조이어야 한다. 협력 대상국이 아닌 타 국가에 대한 원조는 공적개발원조에 해당하지 않는다. 셋째, 협력 대상국의 경제개발과 복지 증진이 원조의 목적이어야 한다. 상업적이거나 군사적 목적의 원조는 공적개발원조에 해당하지 않는다. 마지막으로 차관[3]의 경우, 소득그룹별 증여율 기준을 충족(최빈국 · 저소득국: 45% 이상, 하위 중소득국: 15% 이상, 상위 중소득국: 10% 이상)하여야 한다. 특정 증여율 미만인 차관은 공적개발원조로 인정되지 않는다(ODA 통합 누리집 홈페이지).

(2) 밀레니엄 발전 목표

2000년 9월에 열린 유엔(United Nations: UN) 총회에서 187개국의 정상과 정부 대표들은 지난 천년 간 해결하지 못한 각종 개발 난제들을 공동으로 해결하고자 '새천년선언'에 서명하였다. 이에 대한 세부 실천 계획으로 2015년까지 전 세계가 함께 달성해야 하는 8가지 밀레니엄 발전 목표를 제시하였다. 이 목표들은 국제적 빈곤 문제와 인류의 복지 향상을 위해 설정되었고, 전 세계 각국에서 자국의 정책 및 개발 프로그램을 구축할 때 이를 지침으로 활용하였다.

3) 차관은 수원국이 지원받은 현금이나 물자에 대해 채무를 지게 됨을 의미한다.

〈표 14-1〉 밀레니엄 발전 목표

목표 1. 절대 빈곤 및 기아 퇴치
목표 2. 보편적 초등교육의 달성
목표 3. 성 평등과 여성 능력의 고양
목표 4. 유아(영아) 사망률 감소
목표 5. 산모 건강의 증진
목표 6. HIV/AIDS, 말라리아 및 기타 질병 퇴치
목표 7. 지속가능한 환경 보장
목표 8. 개발을 위한 국제 파트너십 구축

출처: KOICA ODA 교육원 & KCOC(2017), p. 29.

국제사회의 다양한 노력으로 많은 영역에서 밀레니엄 개발 목표 달성의 성과를 보였다(KOICA ODA 교육원 & KCOC, 2017). 구체적인 예로,

- 식량 안보 증가 및 굶주림 감소(1999년 개발도상국의 절대 빈곤층 비율 47% → 2015년 14%로 감소)
- 교육 접근성 증가(아프리카 지역 초등학교 취학률 2000년 60% → 2015년 80%로 증가)
- 결핵이나 인간면역결핍바이러스(HIV)·후천면역결핍증(AIDS) 등의 전염병에 대한 예방과 치료 성공(전 세계 항레트로바이러스 치료를 받은 사람의 수 2000년 800만 명 → 2014년 1,360만 명)

하지만 불균형한 발전과 지속가능한 개발의 어려움 등의 한계점이 지적되었다. 특히, 밀레니엄 개발 목표 구성 시 인권 문제나 불평등의 문제가 포함되지 않았다는 점과 유엔의 관련 기관 및 시민들과의 협의 절차가 없었다는 점도 문제로 지적되어 왔다(KOICA ODA 교육원 & KCOC, 2017). 유엔은 밀레니엄 개발 목표의 한계를 보완하고, 지속가능한 개발의 중요성을 강조하기 위해 '지속가능한 발전 목표'를 제시하였다.

(3) 지속가능한 발전 목표

지속가능한 발전 목표는 유엔이 2015년에 채택한 국제적인 개발 목표로, 전 세계적으로 2030년까지 지속가능한 발전을 위한 틀을 제공하고 있다. 이 목표들은 전 세계적으로 인류의 복지와 행복을 증진시킴과 동시에 지구 환경을 보호하는 것을 목표로 하고 있으며, 밀레니엄 발전 목표와는 다르게 국내 및 국가 간의 불평등 개선, 모두를 위한 양

질의 일자리(decent work) 제공 등 개발도상국과 선진국 모두를 대상으로 지속가능한 발전을 위한 목표가 포함되어 있다(KOICA ODA 교육원 & KCOC, 2017). 지속가능한 발전 목표의 달성을 위해 취약계층과 극빈층뿐만 아니라 정부, 기업, 시민사회단체, 유엔 등 모든 기관이 함께 협력할 것을 강조하고 있다. 지속가능한 발전 목표는 총 17개로 구성되어 있으며, 각 목표는 세부적인 하위 목표들을 가지고 있다.

〈표 14-2〉 지속가능한 발전 목표

목표 1. 모든 곳에서 모든 형태의 빈곤 종식
목표 2. 기아 종식, 식량 안보 달성, 개선된 영양 상태의 달성, 지속가능한 농업 강화
목표 3. 모두를 위한 전 연령층의 건강한 삶 보장과 웰빙 증진
목표 4. 모두를 위한 포용적이고 공평한 양질의 교육 보장 및 평생학습 기회 증진
목표 5. 성평등 달성과 모든 여성 및 여아의 자력화
목표 6. 모두를 위한 물과 위생 설비의 가용성 및 지속가능한 유지·관리 보장
목표 7. 모두를 위한 적정 가격의 신뢰할 수 있고 지속가능하며 현대적인 에너지로의 접근 보장
목표 8. 모두를 위한 지속적·포용적인 경제성장, 생산적인 완전 고용과 양질의 일자리 증진
목표 9. 복원력 높은 사회 기반 시설을 구축하고, 포용적이고 지속가능한 산업화 증진 및 혁신 장려
목표 10. 국내 및 국가 간 불평등 감소
목표 11. 도시와 주거지를 포용적이며 안전하고 복원력 있고 지속가능하게 보장
목표 12. 지속가능한 소비와 생산 양식 보장
목표 13. 기후변화와 그로 인한 영향에 맞서기 위한 긴급 대응
목표 14. 지속가능한 발전을 위한 대양, 바다, 해양자원의 보존과 지속가능한 사용
목표 15. 지속가능한 육상 생태계 보호·복원·증진, 지속가능한 삼림 관리, 사막화 방지, 토지 황폐화 중지 및 복구, 생물의 다양성 손실 중단
목표 16. 지속가능한 발전을 위한 평화롭고 포용적인 사회 증진, 모두를 위한 정의로의 접근 제공, 모든 수준에서 효과적이고 책임성 있고 포용적인 제도 구축
목표 17. 이행 수단 강화, 지속가능한 발전을 위한 글로벌 파트너십 활성화

출처: KOICA ODA 교육원 & KCOC(2017), pp. 41-42.

3) 국제자원봉사의 동기 및 효과

국제자원봉사에 참여하는 동기는 다양하다. 국제자원봉사 참여자는 자신의 전문적 성장 혹은 자아실현 등의 개인적 이유나 해당 국가의 발전 등을 위한 이타주의(altruism)

적 이유에서 참여한다(오단이, 2014). 또한 해외에서의 전문성 개발 및 경력 개발과 새로운 문화를 경험하고 글로벌 네트워크를 확장하기 위해 국제자원봉사에 참여하기도 한다.

자원봉사자의 활동은 개인, 지역사회(community) 및 국제사회의 상호 변화와 발전에 기여할 수 있다(Devereux, 2008). 봉사자 개인에게는 문화적 자본과 기술을 개발할 수 있는 기회를 제공하며, 이를 통해 자신의 역량을 키우고 새로운 파트너십을 형성할 수 있다(APPGGH, 2007). 또한 지역사회는 자원봉사자가 지닌 기술, 지식 및 네트워크를 통한 문제 해결 능력 향상, 리더십 역량 함양 및 신뢰 관계를 구축하고 발전할 수 있다. 이를 통해 궁극적으로는 전 세계 불균형 발전 등의 국제사회가 직면한 사회 문제를 해결하는 데 기여할 수 있다(Thompson et al., 2020).

2. 국제자원봉사 변천 과정[4] 및 전망

국제자원봉사의 활동 구조와 방법은 세대를 거치면서 변해 가지만 그 정신과 본질은 변함없이 유지되고 있다. 국제자원봉사의 역사가 언제 시작되었는지에 대해 정확히 정의할 수는 없지만 대체로 20세기 초반을 그 시작점으로 보고 있다(류기형 외, 2018). 국제자원봉사의 시기별 특징과 전망에 대해 살펴보면 다음과 같다.

1) 초기 시기(20세기 초반~1940년대)

국제자원봉사의 역사는 20세기 초반에 시작되었다. 제1차 세계대전 이후, 교육 및 재난 복구를 위한 자원봉사활동이 주를 이루었다. 워크캠프(Work-Camp)와 선교사들이 제공한 서비스를 지칭하는 국제 서비스(International Service)가 국제자원봉사를 처음 지칭한 표현 중 하나였다. 이 기간 동안, 국제자원봉사를 통해 세계 시민권 및 문화 이해에 대한 개념이 점차 확산되었다.

1930년대부터는 신생 독립국가에 경제적 지원을 제공하기 위한 워크캠프 운동과 선

4) 이 내용은 Lough. (2015). The Evolution of International Volunteering 중 일부를 발췌하여 번역하고 재정리하였다.

교사들의 활동이 더욱 확대되었다. 국제자원봉사의 확대와 함께 유엔과 같은 국제기구가 성장하였고, 이러한 국제기구들이 전쟁 후 재건과 국가 간의 화해를 위한 계획을 세우면서 국제자원봉사 운동은 더욱 확대되었다.

2) 발전 시기(1950~1970년대)

1950년대부터 1960년대까지 국제사회는 국제협력개발을 위한 기술적 지원과 노동력(midium-level workforce) 제공의 중요성을 강조하였다. 이를 충족하기 위해 각 국가는 정부가 지원하는 국제자원봉사 기관을 설립하였다. 1951년 호주의 자원봉사단(Australian volunteer Graduate Scheme)을 시작으로, 이후 1961년에는 미국의 평화봉사단(Peace Corps)을 비롯하여 유럽 여러 나라에서 해외봉사단을 설립하였다. 국제사회는 개발 활동에 더 많은 청년을 참여시키고자 다양한 자원봉사 프로그램을 설립하였다. 자원봉사단체들의 시민권 운동과 해방 운동은 전 세계적인 연대와 협력에 대한 논의를 형성하는 데 중요한 역할을 하였다.

1970년대에는 세계 평화를 위한 시민 행동이 더욱 활발해지면서 국제자원봉사에 대한 관심이 증가하였다. 1971년에 유엔자원봉사단(United Nations Volunteer: UNV)이 설립되었고, 민간 및 자발적 부문의 국제자원봉사 기관들(Non-Government Organizations: NGOs) 또한 많이 늘어났다. 이 시기의 환경 운동과 사회 정의(social justice)를 위한 성명서들이 국제자원봉사 기관들의 방향을 결정하는 데 중요한 영향을 미쳤다.

3) 변화와 도전 시기(1980~1990년대)

1980년대는 신자유주의 등장과 개혁으로 인해 공적개발원조가 줄어들게 되었다. 이에 따라 국제 자원봉사협력 기관들(International Volunteering Cooperation Organisations: IVCOs)은 추가 자금을 조달하기 위해 더 많은 노력을 기울여야 했다. 과거 인프라 및 산업화에만 초점을 맞추었던 국제자원봉사 및 협력 기관들은 이후 인적 개발 및 취약계층의 참여에 집중하며 방향을 전환하였다. 이 시기에는 HIV/AIDS와 같은 세계적인 보건 위기가 발생하면서 공중보건 및 지역사회 발전을 위한 자원봉사의 중요성이 더욱 부각되었다.

1990년대에 국제자원봉사 및 협력 기관들은 새로운 자원봉사 모델을 실험하고, 글로벌 사우스-사우스(Global South-South) 협력[5]을 통해 선진국이 아닌 국가들의 발전을 위해 노력하였다. 1991년 한국국제협력단(Korea International Cooperation Agency: KOICA)의 해외 자원봉사 프로그램 출범으로 인해 국제자원봉사의 기회가 더욱 확대되었다.

4) 혁신과 다양화 시기(2000년대~현재)

2000년대에 국제자원봉사 및 협력 기관들은 밀레니엄 개발 목표에 부합하도록 조직화되었고, 연구, 평가 및 결과 중심적 관리에 집중하였다. 인터넷 기술의 발전은 자원봉사자 모집 및 의사소통 방법을 혁신적으로 변화시켜 국제 자원봉사자가 국제 개발 노력에 쉽게 참여할 수 있게 하였다. 또한 기업의 사회적 책임(Corporate Social Responsibility: CSR)의 부상과 공공-민간 파트너십의 등장은 국제 자원봉사의 지형을 재구성하였고, 기업과 비영리기관 간의 협력도 증가시켰다.

2010년대 이후 자원봉사의 상업화 및 단기 참여 경향이 두드러지면서 정부 자금 및 기부자들의 철학 또한 변화하게 되었다. 국제자원봉사 및 협력 기관들은 새로운 자금 모델에 적응하고, 자원봉사자 및 수원국 지역사회에 대한 구체적인 영향을 입증하기 위해 노력하고 있다. 2015년부터는 지속가능한 개발 목표 달성을 위한 프로젝트 수행을 위해 전 세계 자원봉사 기관들이 노력하고 있다.

소셜미디어와 온라인 플랫폼의 부상은 자원봉사자 동원 및 세계적 이슈에 대한 대중의 참여를 용이하게 하고 있다. 봉사자들은 온라인을 통해 프로젝트에 참여하고 정보를 공유하며, 글로벌 네트워크를 형성하여 소통하고 있다. 또한 인공지능(AI) 기술의 발전은 봉사활동의 효율성과 효과성을 높이는 데 기여하고 있다.

5) 전망

앞으로의 국제사회에서는 더욱 복잡하고 다양한 문제가 지속적으로 발생할 것으로 예상된다. 따라서 국제자원봉사에 대한 수요는 계속해서 증가할 것이며, 특히 국가 간 분쟁, 환경 파괴, 자연재해와 같이 공동의 노력이 필요한 분야에서의 자원봉사활동이

5) 두 개 이상의 개발도상국이 지식, 기술, 재원 등을 교환하거나 지역 협력을 추진하여 공동의 역량 개발을 추구하는 협력 형태이다.

더욱 확대될 것으로 보인다. 이러한 노력들은 4차 산업혁명 결과물인 다양한 기술을 접목한 형태로 이루어질 것이다. 예를 들면, 원격 시스템 구축을 통한 온라인 참여가 확대되고, 가상현실(Virtual Reality: VR)을 통해 현장에 대한 가상교육 제공 등의 형태가 증가할 것이다.

글로벌 노스와 글로벌 사우스 사이의 경제적 불평등과 격차가 감소하고 있고, 글로벌 노스와 사우스의 협력을 강조하고 있지만, 노스와 사우스 간의 격차는 여전히 존재한다. 따라서 글로벌 노스가 글로벌 사우스의 개발을 지원하는 경향은 계속될 것으로 예상된다. 이에 따라 관광과 봉사가 결합된 볼런투어리즘이 글로벌 노스에 속한 개인들에게 더욱 널리 보급될 것으로 예상된다.

또한 전 세계적인 고령화로 인해 노인들의 국제자원봉사도 증가할 것으로 예상된다. 베이비부머 세대는 이전 세대의 노인들과 달리 교육 수준이 높고 건강 상태도 양호한 편이다. 이들은 은퇴 이후에도 지속적으로 사회 문제 해결에 참여하려는 욕구가 높기에 이를 국제자원봉사활동을 통해 자아실현을 이루고자 할 것으로 보인다. 따라서 현재까지는 대학생들을 중심으로 한 프로그램이 주를 이루어 왔으나, 이후에는 노인을 대상으로 하는 프로그램이 더욱 확대될 것으로 전망된다.

3. 국제자원봉사 구분 및 내용

1) 국제자원봉사의 구분

현대사회에서 국제자원봉사는 다양한 형태로 나타나고 있다. 이로 인해 국제자원봉사의 유형을 명확히 구분하는 것은 쉽지 않다(이만식 외, 2017). 국제자원봉사를 유형화하는 데 있어 학자마다 다른 기준을 적용하기도 한다. 다양한 국제자원봉사를 구분하는 기준은 봉사 프로그램의 목적, 서비스 기간, 그룹 규모, 활동 장소, 주최 기관의 성격, 자금의 출처 등 여러 가지 요소를 고려하여야 한다(류기형 외, 2018; 이만식 외, 2017; Lough & Tiessen, 2018; Sherraden et al., 2006). 또한 봉사자의 자격 요건(연령, 교육 또는 기술 수준)에 따라 구분하기도 한다(Lough & Tiessen, 2018).

(1) 목적에 따른 구분

국제자원봉사는 봉사의 목적에 따라 두 가지 유형으로 구분할 수 있다. 첫번째는 국제사회 이해(international understanding) 증진을 위한 봉사자 중심(participant-centered)의 활동이다. 주로 짧은 기간 동안 활동에 참여하며 특별한 기술이 요구되지 않는 경우가 많다. 예를 들어, 대학생들이 학점 이수를 동반한 봉사활동이나 외국의 비정부기구에서 일정 기간 인턴십을 수행하는 경우가 있다(이재풍 외, 2018). 또한 여행과 동시에 사회 문제 해결에 기여하는 방식의 볼런투어리즘(Volunteer+Tourism: Volunteerism)이 있다. 볼런투어리즘은 참여자들이 비용을 지불하고 참여하는 형태로 운영되는데, 이런 경우에 본래의 목적에서 벗어나 상업적인 활동으로 변질될 수 있다는 우려의 목소리가 있는 것도 사실이다(Schech, 2017). 두 번째 유형은 지역사회 중심(society-centered)의 발전 도모(development-focused)를 위한 자원봉사이다. 이는 특정 분야의 전문적인 지식 및 기술을 갖춘 자원봉사자들이 지역사회의 발전과 재건(reconstruction)을 위해 임무를 수행하는 데 중점을 둔다(Sherraden et al., 2006). 주로 장기간에 걸쳐 활동에 참여하며, 전문 기술이나 현지 언어를 습득하기 위한 훈련을 받는 경우가 많다(McGloin & Georgeou, 2016). 이러한 국제자원봉사 활동의 국제사회 이해와 지역사회 개발의 목적은 동시에 추구되기도 하며, 상호 보완적으로 이루어지기에 두 유형의 경계를 명확히 구분하기는 어렵다(Lough & Tiessen, 2018).

(2) 기간에 따른 구분

참여자의 봉사활동 일정에 따라 국제자원봉사의 기간을 구분한다. 일반적으로 단기봉사는 1~8주, 중기 봉사는 3~6개월, 장기 봉사는 6개월 이상을 의미한다(Sherraden et al., 2006). 봉사 기간에 대한 관심은 자원봉사의 결과(outcome)와 깊은 관계가 있다. 호스트 지역사회와 기관에서는 장기 자원봉사자를 더 선호하는데, 이는 장기 자원봉사자가 더 지속적이고 전문적인 지원을 제공할 수 있기 때문이다(Perold et al., 2013). 한편, 단기 자원봉사도 장기 자원봉사 못지않은 효과를 거둘 수 있다는 주장도 있다. 특히, 고강도의 기술이 필요한 미션(예: 의료봉사)에서는 단기 자원봉사자도 관계 구축이나 호스트 지역사회 및 기관에 도움이 될 수 있다는 것이다(Lough, 2016). 이러한 분석은 단기자원봉사의 긍정적인 측면을 제시하며, 젊은 층의 해외 경험과 대학생들의 대체 학점 인정을 위한 자원봉사에 대한 부정적 인식을 완화해 주는 역할을 하였다. 향후에는 자원봉사활동 기간과 결과와의 관계를 보다 심층적으로 이해하기 위한 연구가 필요하다.

무엇보다도 단기 자원봉사로 인한 잦은 봉사자 교체율 및 그에 따른 재교육 투자 등에 대한 호스트 지역사회와 기관의 의견을 고려하는 것이 중요하다.

(3) 참여 형태에 따른 구분

참여 형태에 따라 국제자원봉사를 그룹 활동과 개인 활동으로 나눌 수 있다. 그룹 활동은 다국적 봉사자들이 동일 그룹에 소속되어 문화 교류의 기회를 제공한다는 장점이 있지만, 때로는 호스트 지역사회와의 소통보다는 봉사자들 간의 문화 교류에 중점을 둘 수 있다는 우려가 있다(Lough & Tiessen, 2018; Sherraden et al., 2006). 물론 그룹 활동은 학교 건설, 나무심기, 해변 청소와 같이 많은 노동력을 필요로 하는 프로젝트 완수에 효과적인 참여 형태이기도 하다. 개인 활동은 주로 개별 봉사자가 본인의 기술, 관심 분야 등에 기반한 프로젝트에 참여하는 것으로 이는 지역사회와의 밀접한 상호작용이 가능하다는 장점이 있지만, 다양한 문화 교류 기회는 줄어들 수 있다. 최근의 추세는 다국적 봉사자들이 그룹을 이루어 활동하는 것으로, 국제자원봉사의 목적에 부합하기 위해 봉사자 간의 문화 교류뿐만 아니라 호스트 지역사회와의 활발한 의사소통이 강조된다. 쉐라든과 동료들(Sherraden et al., 2006)은 국제자원봉사의 목적, 기간, 참여 형태에 의한 유형화를 통합하여 각각의 유형에 해당하는 국제자원봉사활동의 예시를 다음과 같이 제시하였다.

〈표 14-3〉 쉐라든과 동료들(Sherradenn et al., 2006)의 국제자원봉사 유형 구분 및 예시

구분	국제사회 이해를 위한 국제자원봉사		개발원조와 인도적 구호를 위한 국제자원봉사	
	단기	중장기	단기	중장기
그룹 서비스	자연보호구역 개발을 위한 청소년들의 워크캠프 참여	거리 아동을 위한 팀 봉사활동	안구 수술을 위한 간호사와 의사들의 팀 봉사활동	재난 후 재건을 위한 다학제 간 팀 봉사활동
개별 서비스	대학생들의 여름 캠프 자원봉사 참여	특수 요구를 지닌 사람들을 위한 시설에서의 자원봉사자 활동	엔지니어의 재난 이후 재건 노력 지원 봉사활동	지역사회 개발을 위한 농업 전문가들의 재능 기부

출처: Sherraden et al. (2006), p. 166. 저자 번역.

(4) 파견 기관의 유형과 자본의 출처에 따른 구분

파견 기관의 유형이나 주요 자본의 출처에 따라 국제자원봉사를 구분할 수 있다. 파견 기관이 공공 · 비영리 · 영리 · 종교 기반의 기관 중 어디에 속하는지, 그리고 주요 자

본이 공공 · 민간 · 멤버십 기반 중 어디로부터 온 것인지를 고려하여 구분할 수 있다(Lough & Tiessen, 2018). 공공기관에서 파견된 자원봉사자들은 주로 정부 기관으로부터 관련 비용을 지원받아 활동하게 되며, 그 외의 다른 기관에서 파견된 봉사자들은 민간 기관으로부터 관련 비용의 일부 또는 전부를 지원받거나 본인이 비용을 부담하여 활동한다.

(5) 활동 장소에 따른 구분

활동 장소에 따라 국제자원봉사를 국내 체류형과 해외 체류형으로 나눌 수 있다(이만식 외, 2017). 국내 체류형 봉사는 자국 내에서의 자원봉사활동으로, 주로 국내의 난민, 인권, 환경 등에 관련된 활동을 하는 단체에서 주최하는 국제 행사나 모금행사에 자발적으로 참여하는 것을 의미한다(오단이, 2014). 최근에는 온라인 플랫폼을 통해 전문적인 조언을 저개발국가에 제공하는 활동도 늘어나면서 국내에서도 국제자원봉사를 할 수 있는 기회가 증가하고 있다. 해외 체류형이 우리가 일반적으로 생각하는 국제자원봉사로, 자국 이외의 국가에서 일정 기간 동안 생활하며 활동하는 것을 말한다. 이러한 활동은 국제개발협력 프로젝트에 참여하거나 재난 구호 활동을 지원하는 것을 포함한다.

(6) 자원봉사자의 요건에 따른 구분

자원봉사자들의 나이, 교육, 기술 수준 등의 특징에 따라 구분하기도 한다. 청년 중심의 프로그램들은 주로 연령 제한이 있지만, 교육이나 기술에 대한 요건은 엄격하지 않은 편이다(Lough & Tiessen, 2018). 반면에 개발 중심의 봉사활동 프로그램의 경우에는 자원봉사자들에게 학사 학위나 전문적인 기술에 대한 자격이 요구되기도 한다. 최근에는 실버봉사단에 대한 관심도 증가하고 있으며, 은퇴자들이 자신의 재능과 전문성을 저개발국 정부나 지역사회에 전달하기 위해 참여하고 있다. 이 경우에는 연령과 특정 기술에 대한 자격 요건을 요구하기도 한다.

2) 국제자원봉사활동 영역

국제자원봉사활동은 보건 및 의료, 교육 및 문화, 인프라 개발 및 건설, 환경보호 및 지속가능한 개발 영역 등 다양한 분야에서 이루어지고 있다. 각 영역에 대한 구체적인 내용은 다음과 같다.

(1) 보건 및 의료 영역

보건 및 의료 영역에서는 해외로 파견된 의료진이 진료소나 병원에서 진료를 실시하거나, 보건교육을 제공함으로써 의료서비스를 제공하고 의료 인프라를 지원하는 활동이다. 대표적인 예로는 국경없는의사회(Médecins Sans Frontières: MSF)의 활동이 있다. 전 세계적으로 의료 인력이 부족한 지역이나 전염병 진원지에 의료진을 파견하여 의료서비스를 제공하고 있다. 의료적 도움이 필요한 상황에 신속하게 대응하기 위해 구호 활동가 네트워크와 세계 곳곳에 물류 창고를 확보하고 있다. 주로 무력분쟁 지역, 의료 사각지대, 자연재해 및 전염병이 창궐한 지역에서 긴급 구호 활동을 하고 있다.

국경없는의사회 현장 소식[6)]

"남수단: 질병 유행 예방 위해 경유지 내 인도적 지원 강화 시급"

남수단 어퍼나일(Upper Nile)주의 불루카트(Bulukat)와 렝크(Renk) 지역은 수천 명의 피난민들이 몰려들면서 인도적 위기가 심각해지고 있다. 수단 내전으로 인해 고국을 떠난 사람들은 깨끗한 물, 식량, 거처, 의료서비스 등 기본적인 생필품 부족으로 어려움을 겪고 있다.

2023년 4월 수단 내전 발발 이후 50만 명 이상이 남수단으로 피난했으며, 그중 80%는 고국으로 돌아갈 수 없는 남수단 출신이다. 대부분은 명확한 목적지 없이 경유 센터 안팎에서 수 주, 심지어 수개월을 머물며 불안정한 상황 속에서 생존을 위해 고군분투하고 있다.

특히 렝크의 경유지에서는 심각한 물 부족 문제가 발생하고 있다. 1인당 하루 11리터에 불과한 물 공급량은 비상 상황에서 건강 유지를 위한 일일 권장량 20리터의 절반에도 미치지 못한다. 많은 사람이 강물을 마시고 일상생활에 사용하기 때문에 수인성 질병 위험에 노출되어 있다.

이러한 위기 상황에 대응하기 위해 국경없는의사회(MSF)는 5월부터 렝크에서 이동 진료소 두 곳, 7월부터 불루카트에서 이동 진료소 한 곳을 운영하며 귀환민, 난민, 수용 지역사회에 기본적인 의료 지원을 제공하고 있다. 불루카트 이동 진료소는 매일 약 150명의 환자를 진료하고 있으며, 운영 이후 28,000건 이상의 외래 진료를 실시하였다.

6) 국경없는의사회 한국 홈페이지 '현장 소식' 내용을 인출하여 정리하였다(https://msf.or.kr).

(2) 교육 및 문화 영역

교육 지원 및 교육 인프라 개선을 위한 활동으로 교사나 교육 전문가가 학교에서 교육 활동을 실시하거나 교육자료를 개발하고 문화 교류 프로그램도 진행하고 있다. 한국 문화에 대한 관심이 높아지면서 한국어교육을 통한 국제자원봉사활동도 증가하고 있다. 유니세프(United Nations Children's Fund: UNICEF)는 개발도상국의 어린이들에게 교육 기회를 제공하고 교육 인프라를 지원하는 프로그램을 운영하고 있는데, 이를 위해 학교 건립, 교사 교육, 학교용품 제공 등을 지원하고 있다.

(3) 인프라 개발 및 건설 영역

주로 개발도상국이나 재해 지역의 인프라 개발과 건설을 지원하는 활동으로, 도로, 다리, 학교, 병원 등의 건설 및 보수, 환경보호 활동 등을 포함한다. 예를 들어, 농촌 지역에서 농업 인프라를 개발하거나, 긴급 상황에서 재해 지역의 인프라를 복구하는 사업을 지원하고 있다. 유엔개발계획(United Nations Development Programme: UNDP)에서는 저개발국가의 지역 주민들과 협력하여 지역사회의 인프라 개발과 건설을 지원하고 있다.

(4) 환경보호 및 지속가능한 개발 영역

환경보호 및 지속가능한 발전을 위한 활동으로 환경 전문가나 봉사자들이 해외로 파견되어 환경보호 활동을 실시하거나 지역사회에 환경교육을 제공하는 것을 포함한다. 예를 들어, 유엔환경계획(United Nations Environment Programme: UNEP)에서는 세계적인 환경보호 및 지속가능한 발전을 촉진하기 위해 다양한 자원봉사자를 파견하여 해양보호, 쓰레기 처리, 기후변화 대응 등의 환경보호 활동을 하고 있다. 또한 유엔개발계획에서는 환경보호와 관련된 자원봉사 프로젝트를 진행하며 쓰레기 처리 시설 구축, 재생에너지 활용, 생태계 보전 등을 위한 노력을 지속하고 있다.

이 외에도 다양한 분야에서 국제자원봉사활동이 이루어지고 있으며, 이러한 영역은 명확히 구분되지 않고 서로 중복되기도 한다. 이를 위해 다양한 분야의 자원봉사자가 협력하여 활동하고 있다.

4. 국제자원봉사 조직 및 기구

1) 유엔 기반의 국제자원봉사 기구

(1) 유엔자원봉사단(United Nations Volunteers: UNV)[7)]

유엔자원봉사단은 전 세계의 지속가능한 발전과 평화 유지에 기여하기 위해 1970년 유엔총회 결의에 따라 설립된 유엔 내 봉사기구이다. 본부는 독일의 본(Bonn)에 위치하고 있으며 유엔개발계획(UNDP)에서 관할하고 있다(외교부 홈페이지). 유엔자원봉사단은 교육, 보건, 환경보호, 인권, 재난 관리 등 다양한 분야의 프로젝트를 지원하며 전 세계의 자원봉사자들에게 봉사의 기회를 제공한다.

최근 유엔자원봉사자는 166개국에서 55개의 유엔 파트너를 지원하였으며, 자원봉사자의 총 국적 수는 179개로 증가한 것으로 나타났다(UNV, 2022). 2022년 기준 유엔자원봉사자가 가장 많은 활동을 한 지역은 아프리카이며, 라틴아메리카와 카리브해 지역이 그다음으로 많은 자원봉사자가 활동했으며, 이어 아시아와 태평양 지역, 아랍 국가 지역, 유럽과 독립국연합(CIS) 지역 순으로 나타났다.

유엔자원봉사단은 현장 봉사뿐만 아니라 온라인 봉사자들도 모집하고 있다. 이들은 온라인을 통해 국제 지역사회에 필요한 지원을 제공하고 있다. 예를 들어, 2022년에는 이스탄불 국제 민간 부문 발전 센터에서 유엔개발계획(UNDP)의 자원 데이터 과학자 이니셔티브를 지원하였고, 볼리비아에서는 가정 내 폭력 생존자 및 성차별 피해자를 위한 무료 콜센터를 개설하는 데 도움을 주었다(UNV, 2022).

또한 2022년 유엔자원봉사단은 주요 국제 위기에 대한 유엔 파트너의 대응 노력을 신속하게 지원하기 위해 자원봉사자를 파견했다. 예를 들어, 우크라이나 전쟁에 대응하기 위해 281명의 유엔자원봉사자가 우크라이나 및 이웃 국가에서 15개의 유엔 파트너와 함께 활동하였다. 유엔자원봉사자들은 위기 대응 및 조정, 현지 사회 참여, 난민 보호, 그리고 정신건강 서비스 등 다양한 역할을 담당하고 있다.

유엔자원봉사단은 2022년 호주, 중국, 체코, 핀란드, 프랑스, 독일, 아일랜드, 일본, 카자흐스탄, 룩셈부르크, 노르웨이, 대한민국, 러시아 연방, 스페인, 스웨덴 및 스위스 등

7) UNV 홈페이지(https://www.unv.org/)를 참고하여 작성하였다.

각국 정부의 자금(full funding)으로 지원되는 유엔자원봉사자 736명을 파견했다. 이 중 72%가 여성이며, 52%가 유엔 청년 및 대학 자원봉사자, 12%가 장애인으로 나타났다(UNV, 2022).

참여 방법

유엔자원봉사단 활동에 참여하기 위해서는 계정을 만든 후 자원봉사자 프로파일(profile)을 작성해야 한다. 프로파일에는 개인정보(생년월일, 성별, 국적, 주 언어 등), 참여 유형(현장형, 온라인 참여, 현장과 온라인 모두), 여권 정보, 교육 정보, 기술, 구사 가능한 언어, 전문적 경험 등에 대한 정보를 입력하고 제출하면 자원봉사자로 등록된다. 유엔자원봉사단의 통합 자원봉사 플랫폼([그림 14-1] 참조)을 통해 다양한 임무(assignments)를 찾아본 후 본인의 자격, 기술, 경험, 교육 배경 등에 일치하는 임무에 지원하면 된다.

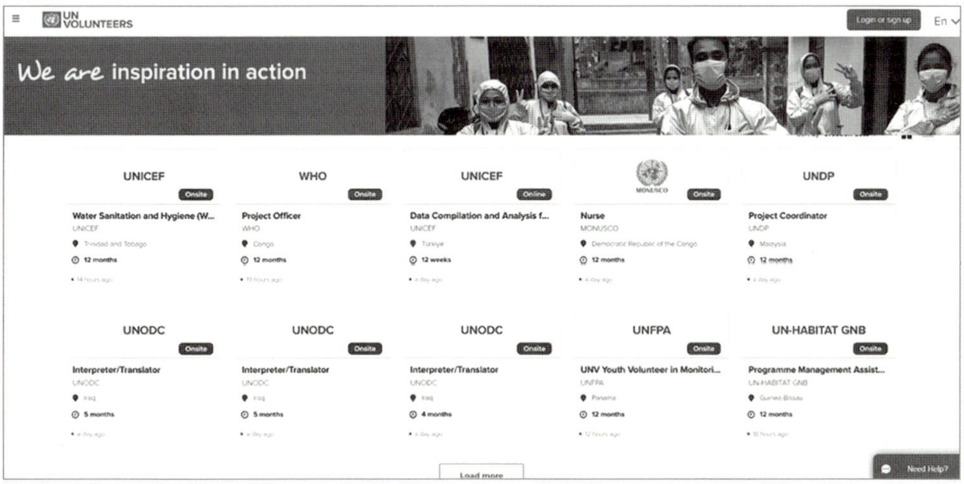

[그림 14-1] 유엔자원봉사단 통합 자원봉사 플랫폼

출처: UNV 홈페이지.

직무기술서에 현장 업무인지, 온라인 업무인지에 대한 구분, 활동 지역, 필요한 봉사자 수, 봉사 기간, 연장 가능 여부, 시작일, 지속가능한 개발 목표 중 어떤 목표에 해당하는 업무를 하는지에 대한 정보가 자세히 제시되어 있다([그림 14-2] 참조).

UN VOLUNTEERS

UN VOLUNTEER DESCRIPTION OF ASSIGNMENT

Id	1754455834530048
VMAM Id	1754455834530048
Opportunity Type (Online/Onsite)	Onsite
Opportunity Title	Youth Engagement and Inclusive Governance Assistant

UN VOLUNTEER DESCRIPTION OF ASSIGNMENT

Host Entity	UNDP Vietnam
Country of Assignment	Viet Nam
Duty station	Hanoi,
Volunteer Category	International UN University Volunteer
Number of UN Volunteers	1
Duration	5m
Possibility of Extension	No
Expected Start Date	09/20/2024
Sustainable Development Goal	16. Peace, justice and strong institutions
Disabilities	No

DOA Details

Organisation mission and objectives	On the ground in about 170 countries and territories, the United Nations Development Programme (UNDP) works to eradicate poverty while protecting the planet. We help countries develop strong policies, skills, partnerships and institutions so they can sustain their progress. In Viet Nam, the Government and UNDP partnership officially started in 1978. Since then UNDP has been working closely with the Government and other partners to expand the choices for people and ensure that everyone has equal access to opportunities to realize their full potentials. The current Country Programme (2017-2021) contributes to three inter-related outcomes of the One UN Strategic Plan for Viet Nam, aiming to address poverty and inequalities; enhance citizen participation and protection of rights; as well as promote sustainable low- carbon development while strengthening resilience of the targeted groups. Outcome 1: Poverty eradication and greater socio-economic equity. Outcome 2: Low-carbon, resilience and environmentally sustainable development. Outcome 3: Institutional accountability, people's voice and access to justice.

[그림 14-2] 유엔자원봉사단 통합 플랫폼 자원봉사 임무 예시

출처: UNV 홈페이지.

2) 정부 기관 기반의 국제자원봉사 기구

(1) 월드프렌즈 코리아: 코이카 봉사단[8)]

월드프렌즈 코리아(World Friends Korea)는 한국 정부가 각 행정부처의 해외봉사단 사업을 2009년에 통합하며 출범하였다. 월드프렌즈 코리아는 개발도상국 주민들의 삶의 질 향상과 국가 간의 우호 협력 및 상호 이해 증진, 봉사활동을 통한 봉사자들의 개인적 성장과 자아성찰을 파견 목표로 하고 있다. 각 부처별 국제자원봉사 프로그램은 외

8) 한국국제협력단 홈페이지(https://www.koica.go.kr/sites/koica_kr/index.do), 월드프렌즈 코리아 홈페이지(http://www.worldfriendskorea.or.kr/view/intro.business.do), 코이카 봉사단 홈페이지(https://kov.koica.go.kr/ho/main.do)를 참고하여 작성하였다.

교부(KOICA 봉사단 · 자문단), 과학기술정보통신부(IT 봉사단, 과학기술지원단), 교육부(PAS · KUCSS 청년봉사단), 산업통상자원부(NIPA 자문단), 보건복지부(대한한방해외의료봉사단)에 있는데, 현재 월드프렌즈 코리아에서 통합하여 관리하고 있다.

〈표 14-4〉 월드프렌즈 코리아 사업 개요

프로그램	부처	시행 기관	파견 대상	파견 기간
KOICA 봉사단	외교부	KOICA	개발도상국 현지 수원기관에서 활동, 주민의 삶의 질 향상, 개발도상국과의 협력 증진, 봉사자의 자아실현 목표	1~2년
KOICA 자문단			민간 · 공공 부문 퇴직 혹은 퇴직 예정자 중 기술, 지식 및 풍부한 경험이 있는 자를 파견, 한국의 산업 발전 개발 노하우 전수 프로그램	1년
IT 봉사단	과학기술 정보통신부	한국지능정보사회진흥원	대학생, IT 전문가 등의 인력을 개발도상국의 정부기관, 공공기관 및 대학 등에 파견, 국가 간 정보 격차 해소 기여	4~6주
과학기술 지원단		한국연구재단	이공계 전공 석박사 학위 소지자 중심으로 개발도상국 대학교, 연구소 및 기타 기관에 파견하여 공동 연구 및 과학기술 관련 교육	1년
청년 봉사단	교육부	한국대학사회봉사협의회(KUCSS)	하계 및 동계 방학 기간 중 한국과 현지 대학생들 사이의 연계와 교류를 통해 친선 및 상호 이해 증진	2~3주
		태평양아시아협회(PAS)		
NIPA 자문단	산업통상 자원부	정보통신산업 진흥원	정보통신, 무역 투자, 에너지자원, 지역개발, 산업기술 등 5개 분야의 민간 · 공공 부문 퇴직 혹은 퇴직 예정자 중 기술, 지식 및 풍부한 경험을 지닌 자를 파견하여 한국 산업 발전 개발 노하우 전수	1년
한방봉사단	보건복지부	대한한방해외 의료봉사단	한의사 또는 일반 봉사자를 팀으로 구성하여 개발도상국으로 파견, 한의약을 중심으로 의료 혜택에서 소외된 주민들의 건강증진을 위한 의료봉사활동	1주~ 2개월

출처: 월드프렌즈 코리아 홈페이지.

이 장에서는 다양한 국제자원봉사 프로그램 중 외교부 산하 한국국제협력단[9](KOICA)이 운영하고 있는 코이카 봉사단에 대해 살펴보고자 한다. 코이카 봉사단은 지금까지 2만 명이 넘는 봉사단원이 파견되어 한국의 발전 경험과 지식을 공유하고 있으며, 2024년 4월 기준 아시아, 아프리카, 중남미, 동구 · CIS, 중동 등의 45개국에서 1,037명이 활동 중이다(KOICA 홈페이지). 한국국제협력단은 해외봉사 단원의 원활한 국제자원봉사활동과 국제사회 경험을 위해 국내 교육, 출국 준비, 해외 봉사활동(생활 경비, 안전관리, 활동 경비, 건강 관리), 귀국 시 필요한 다양한 지원 등을 제공하고 있다.

코이카 봉사단[10]은 현장 참여형, 교육 지도형, 연구 사무형, 연계 업무형 등 다양한 활동 유형을 제공하고 있다(한국국제협력단 홈페이지). 현장 참여형은 농업개발, 수리 사업, 지역개발, 청소년 지도, 보건, 영농 지도 등의 분야에서 현지 주민과 함께 현장에서 활동하는 것을 말한다. 교육 지도형은 인적자원개발을 위해 대학, 전문학교, 직업교육원, 기타 교육기관에서 학생들을 지도하고 교육하는 활동을 포함한다. 연구 사무형은 연구실 등에서 외국의 전문가와 협력하여 한국의 개발 경험 및 기술을 전수하며 자문하는 활동을 주로 수행한다. 연계 업무형은 현지 프로젝트 사업에 참여하거나 소규모 프로젝트를 개발하여 현지 인력과 자원을 활용하여 활동한다. 또한 코이카 봉사단은 일반봉사단과 드림봉사단, KOICA-UNV 대학생 봉사단 등으로 구분할 수 있다.

• 일반봉사단

① 활동 개요

- 2년 동안 교육(미술 · 과학 · 미용 · 수학 교육, 요리 · 유아 · 음악 교육, 청소년 개발, 체육교육, 초등교육, 컴퓨터 교육, 특수교육, 한국어 교육, 사서 등), 보건/의료(간호, 물리치료, 방사선, 임상병리), 기술 환경 에너지(건축, 기계, 섬유/의류, 자동차, 전기/전력 등), 공공행정(사회복지, 관광 등), 농림수산(식품가공, 농업, 지역개발 등) 분야에 참여

9) 한국국제협력단은 개발도상국의 빈곤 감소 및 삶의 질 향상, 여성, 아동, 장애인, 청소년의 인권 향상, 성평등 실현, 지속가능한 발전 및 인도주의를 실현하고, 협력 대상국과의 경제 협력 및 우호 협력 관계 증진, 국제사회의 평화와 번영에 기여하기 위해 1991년 정부 출연기관으로 설립되었다(KOICA 홈페이지). 목표 달성을 위해 다양한 프로젝트 진행, 개발 컨설팅, 연수생 초청, 민관협력, 봉사단 파견, 소규모 무상원조, 국제기구 협력사업, 인도적 지원 등의 다양한 사업을 진행하고 있다.

10) 코이카 봉사단 자격 여부에 대해 홈페이지에서 미리 체크해 볼 수 있다. "나도 봉사단이 될 수 있을까?" https://kov.koica.go.kr/recruit/qualification.koica

② 자격 요건

- 봉사 정신이 투철한 만 19세 이상 대한민국 국적 소지자(만 50세 이상, 해당 직종 10년 이상 경력자는 시니어 단원으로 지원 가능)
- 해외봉사활동을 수행하는 데 적합한 심신이 건강한 자
- 개발도상국이 요청하는 자격 기준에 해당하는 자
- 「국가공무원법」 제33조의 결격사유에 해당하지 아니하는 자
- 남자는 군복무를 필했거나 면제된 자

③ 우대사항

- ODA 교육원 강의 수료 또는 ODA 자격증 소지자 우대

④ 모집 절차

- 모집: 연간 6회 모집, 모집 시 분야별 선발
- 선발: 1, 2차 서류 전형 후 신체검사, 신용조회, 신원조회 통과 필요
- 발표: 국내 교육대상자 발표, 8주 소요
- 교육:
  - 국내 교육: 현지어 교육, 자기계발, 봉사 정신 함양의 5주 내외의 온오프라인 교육
  - 현지 적응교육: 현지어 심화교육과 현지 문화 습득 등 8주 내외의 합숙교육
- 봉사활동: 출국일로부터 1~2년간 활동

• 드림봉사단

① 활동 개요

- 특성화 고등학교에서 3년간 직무교육을 받은 학생을 대상으로 선발하는 봉사단으로, 1년 동안 본인의 재능을 개발도상국에 전수하는 활동을 수행
- 주요 활동 영역은 교육(요리 · 제과제빵 · 컴퓨터 교육 등), 산업에너지(전자, 용접, 기계, 자동차, 전기/전력 등) 등을 포함
- 드림봉사단 활동을 통해 봉사자는 개발도상국 주민들에게 관련 기술을 전파하고 그 나라 경제사회의 발전에 도움을 줌으로써 국제사회에 봉사자 자신이 보유한 기술을 나누고 해당국의 문화와 언어를 경험함으로써 자신의 역량 개발 가능

② 자격 요건

- 특성화고 및 마이스터고 졸업예정자(3학년 재학 중인 자)
- 해외봉사활동이 가능한 심신이 건강한 자
- 개발도상국이 요청하는 자격 기준에 해당하는 자

③ 모집 절차

- 모집: 연 1회 모집
- 선발: 1차 전형(각 학교 학교장의 추천을 받은 자 대상으로 선발), 2차 전형(봉사자 자질 및 전문성 평가를 위한 일반면접 및 기술면접 실시), 해외봉사적합도 검사, 신체검사, 신용조회, 신원조회 통과 필요
- 발표: 국내 교육대상자 발표, 12주 소요
- 교육: 현지 적응교육(파견 후 현지어 심화교육 및 현지 문화 습득, 7주 내외의 합숙교육)
- 봉사활동: 출국일로부터 1년간 활동

• KOICA-UNV 대학생 봉사단

① 활동 개요

- 유엔자원봉사단(UNV)과 협력하여 진행하는 대학생 봉사단은 유엔 현지 기구에 파견된 청년들에게 현지 생활 및 국제 무대 경험을 제공하여 개발 협력을 도모
- 활동영역은 유엔봉사단에서 제시하는 활동과 동일하며 총 6개월 동안 활동

② 자격 요건

- 파견 기간 기준 만 18세 이상~29세 이하
- 다음의 기준을 충족하는 대학 또는 대학원 재학·휴학생, 졸업예정자, 졸업자
  - (졸업자) 지원서 제출 시점 기준 대학(원) 졸업 1년 이내
  - 대학원 재학 중인 취업자의 경우 파견 전까지 개별적으로 신분 정리(퇴직, 휴직 등) 필요
- 해외봉사활동을 수행하는 데 심신이 적합 또는 건강한 자
- 해외여행에 결격사유가 없는 자
- 해당 파견 기관이 요청하는 자격 기준(전공, 경험 등)에 해당하는 자
- (선택사항) 지원자는 UNV 인사등록 페이지 로그인 후 'Additional Remarks' 메뉴에서 외국어 시험성적표 등록 가능

③ 우대사항

- 스페인어, 아랍어, 프랑스어 등 제2외국어 가능자 우대
  - 각 기관별 우대 제2외국어 상세 내용 직무기술서(DoA) 참고

④ 모집 절차

- 모집: KOICA-UNV 대학생 봉사단 모집 기간에 UNV 로스터 등록
- 선발: UNV 본부 서류 심사
- 면접: UNV 현지 사무소 면접 심사(일정 개별 안내, 외국어로 진행)
- 기타: 출국 준비, 사전 교육
- 봉사활동: 출국일로부터 6개월(+6개월 연장 가능)

5. 국제자원봉사 참여 시 유의사항

국제자원봉사는 주로 저개발국의 개발과 긴급 구호를 위해 이루어지는데, 국내에서 참여하는 봉사활동보다 더 많은 주의가 필요하다. 국제자원봉사자들은 봉사활동을 하게 될 국가 및 지역사회에 대한 사전 교육과 훈련을 받지만, 현장에서는 예상치 못한 상황이 많이 발생할 수 있다. 따라서 다음과 같은 노력이 요구된다.

(1) 문화적 이해와 존중

국제자원봉사자들은 다양한 문화를 이해하고 존중하는 마음가짐을 가져야 한다. 또한 다양한 배경을 가진 사람들과 상호작용하면서 그들의 문화적 관행과 가치관을 존중해야 한다. 다문화 감수성(multicultural sensitivity)은 다양한 문화적 배경과 가치관을 존중하고 이해하는 능력을 말하는데, 이를 통해 상호 관계를 강화하고 더 나은 협력을 이룰 수 있으며, 상호 존중과 이해를 통해 갈등을 줄이고 협력과 연대감을 증진할 수 있다. 국제자원봉사자들은 본인의 문화적 역량(cultural competency)에 대해 점검하고 본인이 가지고 있는 문화적 편견을 확인한 후 이를 보완하고 개선하려는 노력을 기울여야 한다.

(2) 언어와 의사소통

국제사회에서 효율적인 봉사활동을 하기 위해서는 다양한 언어로 의사소통할 수 있는 능력이 필요하다. 현지 언어를 배우고 사용할 수 있다면 언어적 오해를 줄임으로써 상호작용이 원활해지고, 이로 인해 협력과 활동의 효율성을 높일 수 있다. 이러한 원활한 의사소통은 문제 해결과 목표 달성에 기여한다.

(3) 식습관과 종교적 관행

다른 나라나 지역에서는 식습관과 종교적 관행의 차이가 존재할 수 있으므로 이러한 관행을 이해하고 존중하는 것이 중요하다. 예를 들면, 채식주의자를 위한 식사를 제공하거나 종교적인 행사에 대한 존중을 보이는 것으로, 이를 통해 상호 간의 신뢰를 증진할 수 있다.

(4) 의료 및 보건 관련 사항

국제자원봉사를 할 때는 현지의 의료 및 보건 상황을 고려해야 한다. 필요한 예방 접종을 받고, 현지의 보건 상황을 이해하고 적절한 보건 수칙을 준수해야 한다.

(5) 환경보호

자원봉사활동 시 환경을 보호하고 지속가능한 방식으로 활동해야 한다. 봉사활동으로 인해 발생하는 폐기물을 친환경적으로 처리하고 에너지를 절약하며, 자연과의 조화를 유지하는 것이 중요하다.

(6) 지역 주민과의 협력

국제자원봉사는 현지 주민과 자원봉사자 간의 협력으로 이루어져야 한다. 현지인의 의견을 경청하고 그들의 필요를 이해하며, 함께 협력하여 지속가능한 발전을 위한 프로젝트를 구상하고 실행해야 한다. 협력 관계 형성을 통해 지역사회에서 진행되는 프로젝트들을 지속적이고 효과적으로 수행할 수 있다.

학습 과제

1. 국제자원봉사가 지역사회와 세계적인 발전에 미치는 영향에 대해 생각해 보시오.
2. 볼런투어리즘이 국제자원봉사와 관련하여 지속가능한 발전을 위한 해결책이 될 수 있을지에 대한 본인의 생각을 정리해 보시오.
3. 다문화 감수성이 국제자원봉사활동 수행에 있어 왜 중요한지 생각해 보고, 다문화 감수성을 키우기 위한 효과적인 방법이 무엇인지에 대해 생각해 보시오.
4. 자신이 생각하는 가장 시급한 국제사회 문제가 무엇인지 생각해 보고, 이를 위해 국제자원봉사가 어떤 역할을 수행할 수 있는지에 대해 생각해 보시오.
5. 향후 국제자원봉사의 전망에 대해 논의해 보고, 국제자원봉사가 발전하는 데 영향을 미칠 수 있는 주요 요인과 이로 인해 어떤 변화가 예상될 수 있는지에 대해 고찰해 보시오.

참고문헌

류기형, 남미애, 박경일, 홍봉선, 강대선, 배의식(2018). 자원봉사론. 양서원.

오단이(2014). 국제자원활동 동기 및 현지적응과정에 관한 탐색적 사례연구: 국제개발협력민간협의회(KCOC)에서 파견한 캄보디아 L 단체 단원을 중심으로. 한국사회복지행정학, 16(3), 373-399.

이만식, 김성호, 오단이, 전구훈, 원도연(2017). 뉴패러다임 시대의 자원봉사론. 학지사.

이재풍, 김남희, 김동진, 이외승, 최선희, 황유정(2018). 자원봉사론. 양서원.

APPGGH. (2007). *Improving Health at Home and Abroad: How Overseas Volunteering from the NHS Benefits the UK and the World*. APPGGH.

Devereux, P. (2008). International Volunteering for Development and Sustainability: Outdated Paternalism or a Radical Response to Globalisation?. *Development in practice, 18*(3), 357-370.

Kerlin, J., & Thanasombat, S. (2006). The International Charitable Nonprofit Subsector: Scope. *Size, and Revenue*, Urban Institute Policy Brief September.

KOICA ODA 교육원 & KCOC. (2017). 세계시민 첫걸음 필독서 국제개발협력 입문 개정증보판.

Lough, B. J. (2015). *The Evolution of International Volunteering*. United Nations Volunteers.

Lough, B. J. (2016). Reciprocity in International Volunteer Cooperation. *Fredskorpset, Oslo*.

Lough, B. J., & Tiessen, R. (2018). How do International Volunteering Characteristics Influence Outcomes? Perspectives from Partner Organizations. *Voluntas: International Journal of Voluntary and Nonprofit Organizations, 29*, 104-118.

McGloin, C., & Georgeou, N. (2016). 'Looks Good on Your CV': The Sociology of Voluntourism Recruitment in Higher Education. *Journal of sociology, 52*(2), 403-417.

Perold, H., Graham, L. A., Mavungu, E. M., Cronin, K., Muchemwa, L., & Lough, B. J. (2013). The Colonial Legacy of International Voluntary Service. *Community Development Journal, 48*(2), 179-196.

Schech, S. (2017). International Volunteering in a Changing Aidland. *Geography Compass, 11*(12), e12351.

Sherraden, M. S., Stringham, J., Sow, S. C., & McBride, A. M. (2006). The forms and Structure of International Voluntary Service. *Voluntas: International Journal of Voluntary and Nonprofit Organizations, 17*, 156-173.

Thompson, S., Sparrow, K., Hall, J., & Chevis, N. (2020). Volunteering for Development: What does Best Practice Look Like?. *Development in Practice, 30*(7), 972-978.

UNV. (2022). UNV Annual Report 2022. UN Volunteers.

⁂ 사이트

ODA 통합 누리집 홈페이지. 2024. 4. 10. 접속. ODA 용어집. https://www.odakorea.go.kr/kor/term/TermList

국경없는 의사회 홈페이지. 2024. 4. 10. 접속. https://msf.or.kr/

외교부 홈페이지. 2024. 4. 10. 접속. 국제기구 인사센터. https://unrecruit.mofa.go.kr/new/unv/introduce.jsp

월드프렌즈 코리아 홈페이지. 2024. 4. 10. 접속.
http://www.worldfriendskorea.or.kr/view/intro.business.do

KOICA 홈페이지. 2024. 4. 10. 접속. https://kov.koica.go.kr/ho/main.do

한국국제협력단 홈페이지. 2024. 4. 10. 접속. https://www.koica.go.kr/sites/koica_kr/index.do

UNV homepage. Retrieved April 2, 2024, from https://www.unv.org/

찾아보기

ㅊ

ㅋ

ㅌ

ㅍ

ㅎ

저자 소개

초의수(Cho Eui Soo)

부산대학교 문학박사(사회학)

현 신라대학교 사회복지학과 교수

[주요 경력] 대통령직속 국가균형발전위원회 전문위원, 여성가족부 정책자문위원

[주요 저서]『부산시사 제7권 사회복지 · 보건의료사』(공저, 부산시사편찬위원회, 2025),『사회문제와 사회복지』(공저, 양서원, 2024),『사회복지조사론』(정민사, 2019)

최영규(Choi Young Kyu)

신라대학교 사회복지학박사

현 신라대학교 사회복지상담학과 초빙교수

[주요 경력] 신라배움나눔공동체 대표, 사상구마을교육공동체 위원

[주요 논문]「사회적 기업 종사자의 사회적 가치, 시장 지향성이 서비스품질에 미치는 영향」(공저, 사회적기업연구, 2021)

박선숙(Park Sun Sook)

신라대학교 사회복지학박사

현 동명대학교 사회복지학과 교수

[주요 경력] 행정안전부 자원봉사진흥실무위원, 법무부 법무보호위원

[주요 저서]『사회복지윤리와 철학』(공저, 어가, 2024),『청소년활동론』(공저, 양서원, 2023),『웰다잉을 위한 호스피스 실천론』(공저, 학지사, 2023)

민은주(Min Eun Ju)

신라대학교 사회복지학박사

현 부산광역시자원봉사센터 사무처장

[주요 경력] 부산디지털대학교 강사, 신라대학교 사회복지상담학과 초빙교수

[주요 저서 및 논문]『부산시사 제7권 사회복지 · 보건의료사』(공저, 부산시사편찬위원회, 2025),「대학생 자원봉사자의 자원봉사 참여도 및 만족도와 사회적 책임의 관계에 대한 연구」(박사학위논문, 2024),「코로나19 시기 자원봉사자의 자원봉사 분야 IPA와 자원봉사 참여 긍정적 경험들의 영향 요인에 대한 연구」(공저, NGO연구, 2024)

최미선(Choi Mi Sun)

The Ohio State University 사회복지학박사

현 신라대학교 사회복지학과 교수

[주요 경력] Age-Friendly Innovation Center (The Ohio State University) 협력교수, 한국사회복지정책학회 편집위원

[주요 논문]「Contributing factors for older workers' mental health: Perceived team leader equitable treatment and core self-evaluations」(공저, Jounal of workplace behavioral health, 2023),「Does self-efficacy and team leader equity matter for older workers' mental health?」(공저, The Gerontologist, 2020),「Access to employment, volunteer activities, and community events and perceptions of age-friendliness: The role of social connectedness」(공저, Jounal of applied gerontology, 2019)

新자원봉사론

New Volunteerism

2025년 5월 20일 1판 1쇄 인쇄
2025년 5월 30일 1판 1쇄 발행

지은이 • 초의수 · 최영규 · 박선숙 · 민은주 · 최미선
펴낸이 • 김진환
펴낸곳 • ㈜학지사
• 04031 서울특별시 마포구 양화로 15길 20 마인드월드빌딩
대표전화 • 02-330-5114 팩스 • 02-324-2345
등록번호 • 제313-2006-000265호

홈페이지 • http://www.hakjisa.co.kr
인스타그램 • https://www.instagram.com/hakjisabook

ISBN 978-89-997-3365-9 93330

정가 24,000원